大展好書　好書大展

大展好書 好書大展

命理與預言 62

現代鬼谷算命學

維湘居士／編著

大展 出版社有限公司

目錄

序　章　由出生年月日了解個人宿命的占卜法

——你受到哪種星的支配呢——

鬼谷算命占星學是哪種學問呢？

「我到底是怎樣的人呢？」、「真想了解真正的自己！」、「有沒有更能發揮自己的方法呢？」像這樣常常抱持疑問，想要再深入探討「像自己的生活方式」的人增加了。

光靠知識和理論，是沒有辦法說明這一切的。而光靠財富或是地位名聲，也無法決定「什麼」——心靈、靈魂、氣、宿命、命運、愛、神……。希望追求幸福，是所有人類的夢想。

這裡所介紹的中國最古老的占星學，是使用觀測宇宙法則，而創造出來的獨特曆。能夠因詳細了解宿於個人出生年月日中的小宇宙＝宿命，而精密指示創造更好命運的方法，是屬於實用的研究人類的學問。

〈鬼谷算命占星學〉是由中國戰國時代的戰略家鬼谷子，在二千幾百年前所創立出來的。它是基於十六理論大系而形成的龐大占卜法，進而成為治人、治國的帝王學，當然也成為王室的秘傳。

然而，今日卻可以把它當成，「要深入了解自我、了解他人，或者擁有運用在自他與全體上必要的獨特訊息」。

但是，有一點希望各位了解，即這個訊息對自己到底有好的影響或是壞的影響，其關鍵就在於我們的心靈，以及使用方法。

出生年月日是不可以改變的，所以天生的「宿命」也是不可以改變的。然而，不斷運轉的「命運」，卻可以藉著我們心中所創造出來的環境、選擇、努力、行動和善行等，而有所改變。這是一個充滿可能性的世界。

算命學（在文中稱為鬼谷算命占星學）對於個人的性格判斷非常重要，因為「創造命運的是性格」、「要使命運更好，了解性格是必要條件」。

因此，被當成入門書的本書，首先是以了解性格（即宿命）為主。算命學明言：「對於人類而言，最好的師父是宇宙。」要以嶄新冷靜的眼光，找出你按照大宇宙規律生存的本質。此外，為了讓你所擁有的無可取代的星星在人生中閃耀光芒，希望藉著本書能夠發揮許多作用……。

你的人體星座表的看法——參考卷末230～234頁，就能簡單的作成——

要利用算命學了解正確的宿命，首先需要正確的人體星座表。

按照卷末230頁的〈人體星座表的作法〉，即不需要任何的計算，只要將記號替換成星的名稱就可以了。可以參考一下全部都已經換算過的輕鬆曆。

算命學是由表裡、內外、看得到與看不到的各種事物、陰陽二個世界所構成的，我們將其稱為〈陰占〉、〈陽占〉。

〈陰占〉是由十干與十二支的組合，來看你的「看不到的宿命」（本書將十干、十二支納入星座曆中，所以在此省略說明）。

〈陽占〉則是藉著十大主星和十二大從星的組合，看出你的「容易表現於現象中的宿命」。

本書所介紹的〈陰占〉，是第一章的主精，以及出現在人體星座表中的天沖殺二者。而〈陽占〉則是由第二章到第八章為止的七種。

如果你的人體星座表已經完成了，在此說明看的方法。

主精——將你比喻為萬象時，能夠了解你的「本質」

首先談論主精。其正式名稱為十干（甲、乙、丙、丁、戊、己、庚、辛、壬、癸），但是本書將其意義，稱為十大主精（樹、花、陽、燈、山、土、鐵、寶、海、雨），讓人一看就知道是什麼。

主精是什麼呢？一言以蔽之，就是當你置於自然界的萬象中時，到底會變成什麼。

實際上主精是存在於肉眼看不到的世界（內在世界），而且是你將「星之心」具體表現出來的結果。當你生於這個世間的瞬間，如果宇宙創造的根源，與你能夠發揮自己精神肉體功能的生命、中心、本質、使命、核、主人神似，就算是主精。

這個主精，相當於出生年月日中的「日」，而星則是「出生日」。

在出生年月日當中，算命學最重視「生日」，即年星、月星、日星全都合而為一，所構成的小宇宙（宿命）。在這個小宇宙中，有一個治理一個國家的主人、國王或女王，那不是別人就是你自己。也就是說，一個國家就是「出生日」所具有的小宇宙。

要引導出人體星座表中的八個星時，所需要的就是生日，也就是主精。

就好像天空中有木星、火星、土星、金星、水星這「五大行星」閃耀光輝一樣，十大主精來自於木性、火性、土性、金性、水性。在地球上除了動物以外，全都是由木性、火性、土性、金性、水性這五大元素所成立的。基於這個「五行說」，便構成了算命學。而這五者，則各自是由陰陽二大要素所構成的。

這個想法稱為「陰陽五行說」，代表中國的獨特自然觀與思想哲學。的確，在空中有太陽，地上有山、海和樹，而雨降落成水，滋潤大地。

全都是必要的東西，各具有重要的使命和個性，而且全體互有關連並構成全體，這就是十大主精。那麼，你是屬於哪一精呢？

像卷末例題中所列舉的A（一九六七年二月十日生），他的主精是『花』。如果以自然界的萬象來比喻A，他就是「花精」。所有的人，都要以生日主精為中心，得到由年或月所表現的資源。

將其翻譯為星並表現出來，即構成人體星座表中各處出現的八星。如果用小宇宙、宿命來表現，就是資源、寶物、財產。不過，在實際活用時，可以表現為性格、才能、能量等。

當然，每個人的主精都不同。即使有同樣的主精，宿命星所得到的資源也不同。此外，海的人不會成為花，山的人則不可能擁有太陽。

只要看第一章，就能判斷出你的主精被賦予何種天命、宿命、任務。

請看下述，了解十大主精所表示的意義。

木性
- 樹（陽）：樹木（建材）——率直、認真、頑固——慢步調
- 花（陰）：花草（蔦）——柔軟、具有耐性——內柔外剛

火性
- 陽（陽）：太陽（包括月亮）——開朗溫和、犧牲奉獻——樂天派
- 燈（陰）：燈火（火、照明）——孤獨、燃燒熱情——纖細

土性
- 山（陽）：山岳（神的居處）——不動、被動——守備
- 土（陰）：大地（田園、城鎮）——庶民性、廣大——育成

金性 「鐵（陽）：鋼鐵（武器）——銳剛、攻擊——雄壯

「寶（陰）：寶石（貴重金屬）——美意識、特別意識——光輝燦爛

水性 「海（陽）：海洋（大河、湖、交通）——流動、變動——自由

「雨（陰）：雨露（飲料、霜）——聚集、踏實——母性豐富

主星——將胸星當成「中心星」，五顆星當成宿命

即將進入〈陽占〉世界的星了。請看你的人體星座表。除了左上天沖殺座的片假名之外，總共有八個星。其中，出現在頭、中心、腹、右手、左手的五處星，就是你的宿命，即一生陪伴著你的主星。

首先是胸星。因為位在你的中心部心靈之座，所以本書稱為「中心星」。

當然，存在於你的人體星座表中的星，全都是你自己宿命。但是，中心星是全部八個星的星格，因此，也可以說是性格的中樞部。

在先天宿命中，算命學最重視的就是「性格」。此外，性格也會支配後天的命運。

圍繞著中心星的四個星，因其座（位置）的不同，各自象徵著你的家族到底是什麼樣的人。

頭星是你的父母，對面的右手星是你的兄弟，左手星是配偶，腹星是子女。

每一個人都可以藉著自己的出生年月日，清楚的看到其性格或個性。所以，在此意謂著以你為中心，可以看到你和家人的關係。

從第四章到第七章是討論家族，第八章則是廣泛的討論朋友、知己、上司、部屬、戀人等其他的人。相信藉此能夠幫助你更為積極，並使人際關係更為順暢、充實。

從星——顯示你的才能和能量（1～12點）的三個從星

其次，要說明出現在你人體星座表中的三個星，即以右肩、右足、左足為座，成為你的宿命時，所選出來的星。

這個從星，是由表示「時間」的十二支（子、丑、寅、卯、辰、巳、午、未、申、酉、戌、亥）所引導出來〈陽占〉的星世界（包括在星座曆中，在此省略說明）。

這三個從星，都是表現你一生宿命的性格、才能與能量，而這個星所在的座，則表示從星強烈出現的時間。右肩星是掌管初年期（從出生到二十歲為止），右足星是掌管中年期（三十歲到五十歲為止），左足星是掌管晚年期（六十歲到死為止）。

基於自然法則的算命學，不可能只限定在我們人類成為肉體存在的一生期間內。

像樹，其葉和花會凋零，在寒風中只能看到枯木。但是，卻能利用深根吸收泥土的養分，翌年又重新甦醒，發出綠芽，開著茂密的花朵和枝葉。算命學將這個自然循環法則託於從星，將人的一生分為前世（出生前的胎兒期）、現世（誕生成人，直到老了為止）、他世

（肉體死亡之後進入墳墓，只有靈魂還存在於宇宙空間的時期）這三期。

十二從星各自屬於其中的某一個時期，各人生時期所象徵的能量或特徵，則成為其從星的世界，構成你的宿命。

關於從星，為了避免各位誤解，在此附帶說明。

也就是說，希望各位不要侷限在各從星所屬時期的印象，或者是其能量點數的強弱上，而產生消極的接受態度。

能量強的星（天南、天祿、天將），其本質是在「現實的」生意等的世界、團體中，能夠堅強的活著。但是，即使是強星，如果本人不了解這種力量，或是不認同這種力量，不想主動發揮，則能量不完全燃燒，可能會過著懷才不遇的生活。

相反的，能量較弱的星（天極、天庫、天馳、天胡），其特色是生活方式特別重視「精神性」及「肉眼看不到東西」。所以，擁有敏銳的感性和藝術性，只要埋首於學問、技術的世界中，就能夠使生命更有意義。

算命學出現的星，不只是十二大從星，我認為沒有所謂的「好運、壞運，幸運或不幸」。

為什麼呢？因為你的出生年月日是你自己所選擇的，是讓宇宙支持你，使你的生命形成小宇宙，是充滿神秘的日子。而算命學將這個星的氣當成宿命，指示出所有人的個性世界。然而最重要的，就是要謙虛的接受真實的自我，盡量發揮自己原有的生命或使命，在活著的每一天都要擁有愛。

天沖殺——安靜的充電期間，必須被動，努力休息和充實

最後簡單的探討一下人體星座表中左上角的「天沖殺」。你的天沖殺是二三四頁的表所引導出來的。

例題中A（一九六七年二月十日出生）的天沖殺是『V』，看表發現是「虎、卯」。在十二年內（十二支），不論是誰都會遇到連續

二年的天沖殺，這時你不能自己積極的去找尋新的事物。而月的天沖殺在一年的十二個月內也會出現二個月，像A則是每年的二月和三月。然而，最需要小心謹慎，不可以勉強或是從事新事物的，就是「年的天沖殺」。

不可以因為天沖殺而戰戰兢兢，或者是憂鬱、擔心。

但是也不要刻意在這個時期故意展開新的事物，因為這個時期天不會給你足夠的氣。新的事物包括「結婚」、「生產」、「蓋新房子」、「搬新家」、「獨立自營」、「就職」、「轉職」，或「不動產」、「購車」等昂貴的購物行為，以及「訴訟」、「離婚」等等。

天沖殺和自然法則同樣都是休息的時候，所以要以被動的態度等待機會，並聽從他人的意見，努力學習而引出自我。要對父母敬孝、供養祖先，要儲蓄、犧牲奉獻、充電等等，可以做的事情有很多。如果現在正逢天沖殺，就必須過著謹慎的生活方式，一邊休息一邊學習成長，等到春天來臨，就能開花結果。別忘了，對於人生而言，這是必要的「循環法則」。

十大主星所表示的意義如左記所述：

木
- 貫索星（陽）：自我心、頑固、獨立、努力家、守備型
- 石門星（陰）：協調、社交性、對等、集團、政治力、宗教心、守備型

火
- 鳳閣星（陽）：趣味、優閒、遊戲、自然體、味覺、和平型
- 調舒星（陰）：反叛、神經質、浪漫、孤獨、幻想、感受性、藝術

土
- 祿存星（陽）：愛情、犧牲奉獻、現實主義、義理人情、周轉金、安定型
- 司祿星（陰）：溫厚、踏實、家庭、蓄積、常識、不動產、保守型

金
- 車騎星（陽）：直爽、快速、行動力、焦躁、責任感、正直、動亂型
- 牽牛星（陰）：自尊心、責任感、認真、自制心、地位名譽、嚴肅

水
- 龍高星（陽）：改革、忍耐、創造、爆發、自由、離別放浪、構想
- 玉堂星（陰）：智慧、學問、古典、邏輯性、現實主義、母愛、和平

十二大從星所表示的意義及能量點數一覽表如下：

前世——天報星：胎兒期—變化、多才多藝、情緒不穩定、無的形成—3點

現世——
天印星：嬰兒期—無心、甘之如飴、可愛、幽默、長男、養子—6點
天貴星：幼年期—長男長女、驕傲、品味、學問、學習、信賴、灑脱—9點
天恍星：青少年期—自由、演員性、夢、優雅、戀愛、離鄉、色情—7點
天南星：青年期—批判精神、前進力、頑固、不服輸、有耐性、反抗—10點
天祿星：壯年期—安定、踏實、忍耐、説服力、平衡、慎重、邏輯—11點
天將星：首領期—國王、領導者、充滿能量、苦境、創始者—12點
天堂星：老人期—寧靜、理性、自制心、平衡、常識、畏縮—8點
天胡星：病人期—夢、浪漫、音感、直感、感受性、懷古趣味—4點

他世——
天極星：死人期—柔性、宗教、直覺、寬廣、純粹、溫和、技術—2點
天庫星：入墓期—堅持性、研究心、守墓、長男長女、歷史、頑固—5點
天馳星：來世期—忙碌、活動、瞬間的大器、快速、無慾—1點

由此可知，事實上我們同時擁有各方面的表現、性格、才能、使命、個性、能量等。雖然本書能夠告訴各位的知識有限，但是已網羅了重要的基本。

此外，並不是準不準的程度，而是透過和許多人的關係，盡量探索你充滿可能性的世界，藉此創造豐富的人生。

第一章　你帶著何種天性出生

—宿命—

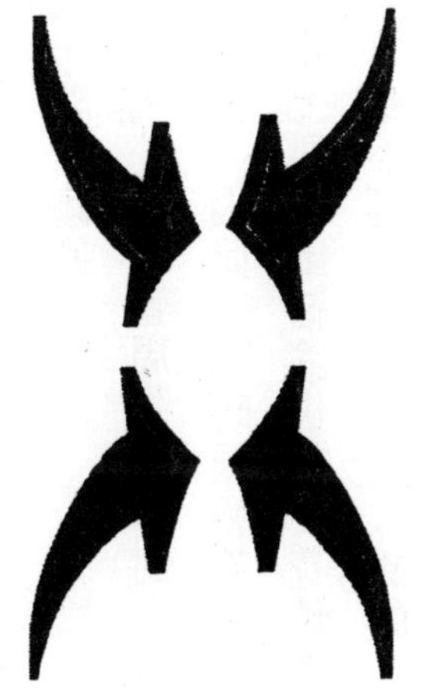

主精	☆				
天沖殺		頭		右肩	
左手		中心		右手	
左足		腹		右足	

在此利用主精可以知道你的天性

筆直延伸的「樹木」者

主精在「樹」者的天性

你是不喜歡拐彎抹角的正直者，天賦的資質是「樹木」。

如果替換成自然界的東西，那麼你就是筆直朝天伸展的一棵大樹。樹從種子到樹苗，然後成長為大樹，需要長久的歲月。也就是說，你的人生步調比較緩慢。

你的性格比較溫馴、優閒，但是就好像一棵樹一樣，會不斷的往上伸展。你擁有獨立獨特的氣概，非常剛直。

如果自己不同意，那麼不管周圍的人對你說什麼，依然我行我素，不會因為一點小事而改變你的主張。因此，有時候會被視為頑固者、缺乏融通性的人。

此外，由於實際上要找出結論也許要花較多的工夫，所以可能在這段時間內會讓機會逃脫。然而，樹不可能一夜成為大樹的，你必須要用自己能夠同意的步調和方式，在心中燃燒著鬥志，保持自己一貫的態度，著實的朝向目的前進。在渡過寒冬、暴風、長雨，或者是炙熱的陽光之後，穩穩的紮根，使樹質堅硬。因此，具有樹的特質的你，是屬於大器晚成型，你的雄壯和努力，一定能開花結果，並在目標的世界裡拓展豐富的枝葉，而成爲重要的存在。

你的人生絕對不能夠焦躁，如果因此而生病或者是急躁，對你完全沒有好處。你原本便具有積極的氣魄，所以對於上天所賜予你的雄厚力量要擁有自信，悠哉悠哉的將現在該做的事情一一做好。

隨著年齡的增長，在立場上也逐漸擁有力量。然而原本屬於領導型的你，卻容易變得獨斷獨行，或者是任性，關於這一點一定要多加注意。

你原本不只是雄壯，而且就像木造的房子、木造的家具一樣，具有溫厚的人品，能夠吸引衆人，因此要慢慢的培養這種魅力和能力。

主精爲『樹』的人，是「生命的象徵」，所以可以透過醫學、宗教、學問等，在幫助他人的世界中，強力發揮其力量。

比較具有特色的月份是二月，此月出生者爲「森」，擁有政治力。以及三月出生者，擁有大能量，能夠掌握領導權。五月出生者，爲「街路樹」，給人祥和的氣氛。八月出生者，是「掉落的果實」，能夠聚集物資，完成總結的任務。九月出生者，與老年人有關的事情，會對你有好處。十一月出生者，具有很多的可能性。

溫柔、堅忍不拔的「花草」者

主精在「花」者的天性

你是溫柔中具有堅忍性格的人，天賦的資質是「花草」。如果用自然界的物質來比喻，就好像是盛開在山野楚楚動人的花朵，或者是在庭園中的花朵。不光是美麗，你就好像在攀爬岩壁時，不會隨意被折斷的蔦草，或者是即使被踐踏，到了翌年春天還是會開出新芽的路邊花草一樣，具有彈性和韌性。

花草和一棵棵獨立的樹木不同，具有群生的特質，因此不能單獨，必須在團體中才能發揮其個性和魅力。

由於天性溫柔，使人容易親近，不管是和任何人，或是在任何團體當中，都能自然的融入其中，互相協調，並且和睦相處。雖然具有社交性，能與他人協調，但也不會只是光聽他人的吩咐。因爲具有外柔內剛性，所以算命學認爲主精爲『花』的人，是女性的理想。

花草者的內在比較堅強，但是，其強韌是屬於被動的、保守型的，並不具有攻擊性。

花草從一顆種子開始萌芽、成長、結成花苞，然後盛開花朵。所以，你對於事物的處理方式是不可以急躁，要吸收陽光、吸收水分，慢慢的成長。

你原本就不是會做出破天荒事情的人，如果爲了早點成事，反而會造成內心的不穩定，而沒有辦法清楚的表達出自己的意思，也沒有辦法開出目的的花朵。

爲了使自己獨特的花朵盛開，一定要多加照顧，灌注情愛。你擁有自己的步調，而且也能夠與他人融合，是可以讓別人在你的身邊休息、享受快樂，並成爲使環境和人類心靈豐富的花精。

需要注意的事情是，花草外柔，步調比較慢，所以欠缺進取的氣概和魄力。雖然已經打定了主意，但是在別人看來卻覺得「曖昧不清」，所以要明確的說「Yes」或「No」具有特色的月份：二月出生的「桂」，非常頑固，不輸給環境，凡事貫徹自我。三月出生者爲「蔦」，會配合交往的對象或是社會，巧妙的變化自己。五月出生者，深受異性的喜愛，成爲外國人喜愛的花。六月出生者，爲「生長在沙漠中的仙人掌」，是能夠忍耐孤獨的人。八月出生者，是供奉在神前的「楊桐」，爲有德者。九月出生者，正義心旺盛。

開朗、大而化之、光輝燦爛的「太陽」者

主精在「陽」者的天性

你以溫柔的心包容衆人，是非常快樂的人。天賦的資質是「太陽」，如果以自然界的物質來比喩，你就好像是在天空中閃耀光輝、燦爛的太陽。

有個值得注意的特色，是在十大主精當中，只有太陽不存在於地球上。一年三百六十五天，太陽持續給與在地上的我們光與熱，不過其實體卻在遙遠的上空。因此，主精爲『陽』的人，對於現世的慾望或持著比較淡薄，似乎已經脫離浮世，凡事大而化之，很優閒。

你具有太陽的個性，天生擁有能使環境和衆人開朗的力量。你的使命是給與，因此，能夠表現自己的能量，便成爲你的喜悅，而且興趣非常廣泛，是非常懂得享受人生的人。具有能量、對人溫柔的你，養成力非常大，給與衆人的影響極大，且具有活潑的性格，給人華麗的存在感。

然而，就好像太陽無法一直待在那兒一樣，你的弱點是缺乏恆常性和忍耐心。

雖然行動快速是你的優點，但是，有時候還是必須累積忍耐、努力和踏實，可是在這方面你比較沒辦法做到。

具有大器，具有豐富的人性，絕對不會樹立敵人，內外都是正直的性格。但是，在人生中還是有很多必須要很有耐性、踏實去做的事情。雖然保持自然體是很好的，不過有時候還是要採用努力向下紮根的生活方式。例如，在人際關係上，看到是很難應付的人，也不要只是表面應付而已，一定要以雙方互相了解的想法，和他交往。

本質上，你是會帶來偉大恩惠的太陽者，不需要別人要求，因爲給與別人是發揮你的使命、開拓命運的作法，要重視這一點，不要讓你的生活方式失去了光輝。

具有特色的出生月份：三月出生者，對於對方做的行爲一定會有所回報，不論是好事或是壞事都會產生回應。五月出生者，具有居於人上的才幹。八月出生者，具有敏銳的直覺。九月出生者，一定會供養祖先。十一月出生者，與努力無關，人生的風波較少。十二月出生者，具有初代運。

時而溫柔、時而激烈燃燒的「燈火」者

主精在「燈」者的天性

你是個溫柔、熱情、感受性敏銳的人，天賦的資質是「燈火」。如果用自然界的物質來比喻，就是燃燒的火、燭火、照明、營火等。燈或照明會給黑暗明亮，營火在寒冷的戶外能夠給與衆人溫暖，但是卻因此要減少自己的部分，而給與他人。

所以，燈火者的本質隱藏著一抹孤獨感，但是對外卻不斷的放出開朗和熱情，持續燃燒，非常的華麗、熱心。

同時，也是非常纖細、容易受傷，感情非常脆弱的人。

然而，可以從小小的火柴或是一根燭火，變成熊熊燃燒的野火，甚至釀成森林大火。一旦燃燒時，其所引發的熱情和威力，非常的驚人。

不論是在戀愛、工作、興趣或是學習上，一旦遇到可以讓他燃燒的對象時，就會瞬間燃燒起來，拼命的埋首於其中。但是，火的特性是易冷易熱，所以一旦熱情冷卻之後，就無法長久持續下去。對事情很敏感，具有才氣，但是沒有耐心。總喜

歡太早下結論，對任何事情講求快速，所以想要他踏實的努力，拼命忍耐，是很困難的。因此，燈火者情緒變化快速，時而熱情，時而憂鬱，這種感情和人生的起伏非常激烈。

談到燈火，一根火柴就能產生光亮，而在黑暗的室內，只要開燈，就能使得整個室內明亮。不只是照明，對日常生活而言，也是不可或缺的燃料。因此，對於衆人而言，事實上是非常有效的存在，價值非常大。由於具有優秀的直覺，藝術的才能及豐富的表現力，因此，要在自己喜歡的工作上，很有耐心的表現自我。

就像照明夜晚道路的街燈，還有燈臺、探照燈的光等等，你成爲照亮許多人前行道路的指標。但是你太過於情緒化，而且容易動搖，必須要改善這些缺點，控制自己激動的情緒，靜靜的長久持續燃燒火焰。

具有特色的出生月份：二月出生者，爲「釜火」，是能夠產生實用構想的人。三月出生者是「屋火」，這種照明能夠持續保住家庭和公司，以及衆人心中的光明。五月出生者爲「龍火」，不論好壞，對人的影響都很大，屬於在亂世中可以救國的人。六月出生者，爲大器晚成型，只要渡過苦難，就能夠重見天日。九月出生者，很懂得循序漸進。十二月出生者，要修養精神，擁有向上心，就能變得很好。

優閒值得依賴的「山岳」者

主精在「山」者的天性

你非常優閒，心胸開闊，天賦的資質爲「山岳」。如果以自然界的物質來比喻，就是聳立的高山。

這個山，象徵財富或是經濟，在算命學上認爲山是財富和愛情的象徵。衆人會在遠處眺望群山，對其非常嚮往，因爲深受山的吸引而爬山。

因此，山岳者大多受到別人的依賴，而實際上也很喜歡照顧別人。然而，山是不動的，不會主動接觸他人，也不會積極的展現行動，所以要由周圍的人展現行動。不過，他能夠自然的使人聚集到他的周圍，而且因爲具有犧牲奉獻的精神，不會對別人說「不」，非常親切，會很有耐心的盡量幫助他人。

既然山岳是財，那麼就非常的現實，計算力極強，很適合做生意。再加上是屬於保守型的人，所以會採取安全志向，是值得依賴的人。不過，雖然他絕對不會想要很多東西，但是在無意識當中，卻會撥動算盤，精打細算。

不管多少人來接近山岳者，命運都會藉著與自己有關的事項來改善自我，開闢道路。不論是在人際關係、工作、學習或是戀愛上，有時還是要自己主動積極，否則機會可能會逃脫。

你也許具有夢想或浪漫的一面，但是因爲事實傾向較強，非常的堅強雄壯，使得你太過於現實而沒有辦法擴展豐富的世界。把你所擁有的山岳當成目標而登山的人，當然都是浪漫者，而且對你也有一些憧憬和期待的印象。

對任何人都非常親切，具有博愛力量的你，在日常生活當中，或是決定人生大事時，會毫不吝嗇的給與大愛，保護衆人。

其特色會因出生季節的不同而有所不同。如果是在春天（二、三、四月）出生，就好像春霞籠罩一般，讓人看不淸楚。好像朦朧的遠山一樣，給人難以捉摸的印象。如果是夏季（五、六、七月）出生者，稱爲「岩山」，是天下最頑固的人，非常的堅定，耐性極強。一旦開始做任何事情，一定要努力成功才行。如果是秋天（八、九、十月）出生者，本人很安靜，但是一旦出動，周遭就會產生變化。如果是冬天（十一、十二、一月）出生者，則是白雪覆蓋的山，具有溫柔的氣氛，能夠吸引異性。

蘊藏豐富，非常廣大的「大地」者

主精在「土」者的天性

你非常具有庶民性，心直口快，具有溫厚的人品，天賦的資質是「大地」。

若以自然界的物質來比喻，就好像是孕育農作物和植物的田園土地。看起來不顯眼，給人樸素氣氛的人，實際上內在擁有各種才能，就好像泥土含有豐富的養分一樣。其內含有豐富的能力，就好像培育作物般，具有培育人才的能力。即使不是從事教育或是指導工作方面的職業，然而其天生的自然、堅忍耐性，以及情愛也能發揮作用。你的人生步調和性格都是屬於踏實型，雖然行動是屬於慢步調的，不過由於天性忍耐力強，能有效發揮作用，所以可以建立一個踏實堅定的人生。

不論在任何的世界，大地者最初都是「背後的支持者」。但是，如果沒有力量，是無法持續支持下去的。只要在別人沒有察覺到之處，不斷努力，並且培養眞正實力，就能夠發揮實力。雖然不懂得冒險，沒有辦法配合快速的步調，也沒有辦法配合狀況或是他人，但是卻非常的堅強、認眞。

如果是女性，則非常踏實，雖然比較不顯眼，卻是理想的家庭主婦。而其豐富的能力，在工作的世界也能夠發揮所長。因此，不論是在任何世界，都是能夠將工作安心交給他的寶貴存在。

表面溫柔，但是堅忍不拔者，是屬於標準型。此外，還有善良、能將事情做好的「和平型」。雖然有旺盛的研究心和探索心，但是，不會輕易改變自己，也討厭命令或是束縛，做起事來非常小心謹慎，希望走著安全的人生之路。但是有時候也想冒險，可能會嘗試著把自己的目標擺在一邊，輕鬆接納他人的想法。這種超越範圍的勇氣，能夠使你豐富的頭腦更加的肥沃，而擁有新的飛躍。一旦泥土變硬之後，想要重新耕作，需要花很多時間。所以，隨時保持溫厚的態度非常重要。

其特色會因爲出生季節的不同而有所不同，若是春天（二、三、四月）出生，具有足夠的包容力，而且擁有成爲基礎的力量。是夏天（五、六、七月）出生，對於慢步調的大地者而言，是屬於異色型，對於事物的感覺敏銳，很懂得掌握機會。是秋天（八、九、十月）出生，非常的剛毅木訥，卻具有豐富的財力、知識和精神性。是冬天（十一、十二、一月）出生，則經常受到他人的依賴，照顧他人，是能夠讓周圍的人放心者。

雄壯清高的「鋼鐵」者

主精在「鐵」者的天性

你具有堅強雄壯的意志，是具有行動力的人，天賦的資質是「鋼鐵」。如果以自然界的物質來比喻，你是最堅硬的鋼鐵石。因爲意味著武器，同時也可以成爲刀劍或是攻擊用的道具。

不光是堅強而已，自古以來鐵製品就對人類的生活有益處。

但是，想要成爲眞正有益處的人，即使是具有強韌性質的鋼鐵，還是需要經過許多考驗及磨練。所謂「打鐵趁熱」，年輕時的辛苦能夠使你成爲有益的人，一旦太逍遙，就只是氣強而已。所以，要把辛苦當成是發揮自己的使命，改善自己命運的方法來實行。

當然，原本就是堅強型的人，遇到困難也不會舉手投降。

鐵原本就具有武器的意思，因此鐵的人比較急躁，具有攻擊性，動不動就和他人發生爭執。如果是不知辛苦、只是單純氣強的人，必須要下意識的多磨練自己。

基本上，沒有表裡，具有爽快的性格，最不喜歡深思熟慮，算是某種單細胞型的人類。對於任何事情最不懂得仔細的思考，而且是如果不能將事情黑白分明，就會覺得很不高興的直腸子型。

鋼鐵的人和地（大地）的人同樣的，都很難改變自己，必須是藉著實際行動而發揮自己使命的行動派。因此，不要逃脫，自己要積極一點，才可以成大器。尤其是主精爲『燈』或『陽』的人所說的話，即使非常嚴格，你也要乖乖的聽從，因爲對你會有好的影響。

具有特色的出生月份：二月出生者，在經過各種苦難磨練後，就能成爲具備財力、名譽及知性的成功者。三月出生者，很難自己積極行動，因此最好讓環境陷入痛苦的狀況中。五月出生者，是能夠成爲創始者、創造新世界的人。九月出生者，很容易在無意中因爲語言或是態度而傷人，因此要特別注意這一點。十二月出生者，是具有回到過去能量的人。例如，如果朝向處理考古學或是古董的世界前進，就能發揮天命。

纖細具有品格的「寶石」者

主精在「寶」者的天性

你非常驕傲，是自我意識、美意識很強的人，天賦的資質是「寶石」。

若以自然界的物質來比喻，你是閃耀光芒、價值極高的各種天然石的原石。一旦從礦山中挖掘出來，經過研磨、加工之後，就能成爲寶石飾品。

衆人都很羨慕你的美麗和高貴，非常受人喜愛。然而，寶石者，非常的單純，容易受傷，自尊心很高，而且希望自己很顯眼，因此，在十大主精當中，具有最高位及品味。

理想極高，但非常奢侈。具有敏銳的美感，因此沒有辦法和粗野的人配合。個性相當灑脫，神經敏銳纖細，非常的敏感，但容易焦躁。

由於激烈性格和容易受傷的脆弱心靈，所以很擔心連累他人，使得內在的疲勞很大。你看起來好像華麗輕鬆，但有的人卻覺得你好像遊戲人間似的。然而，事實上你卻非常認眞踏實，不會隨意脫離範圍。你具有如寶石般稀少的價值和魅力，但是要讓自己更放鬆一些，成爲自然體比較好。

不只對於有限的人，對於任何人都必須要開放自己。如此一來，你一定可以擁有嶄新的世界和喜悅。

自我意識過剩、任性、太驕傲……有時別人會對你有此感覺，事實上你對任何人都會產生敏感的神經反應，而這種纖細的神經也許會成爲你的重擔。你是屬於無慾的人，但有時候即使捨棄實力，也要擁有名聲，這純粹是你高傲自負心的表現。

的確，你具有看穿人心和時代的眼光，但是這種敏銳性有時會讓人覺得是一種冷淡。正義心極強的你，本質是屬於和平型。如果能夠有效的發揮個性，在許多範圍都能夠產生很好的感覺，並藉著與許多人的交往，擴展光輝的世界。

具有特色的出生月份：二月出生者，好像庭石一般，也就是鑑賞用的人。其品格高尚，在演藝世界能夠閃耀光芒。五月出生者，具有他人很難了解的實際姿態，一定要充分的鍛鍊自我。六月出生者，是追逐夢和理想的人，即使判斷不行，也會頑固的持續前進，屬於比較執著的人。八月出生者，就好像是原石一樣，會因爲環境而不斷的改善，並綻放出不同的光芒。九月出生者，稱爲「王冠」，是經由洗練的完成品，一定要重視自己。

******************************充滿浪漫與冒險的「海洋」者

主精在「海」者的天性

你是擁有美夢和氣度的人，天賦的資質是「海洋」。

如果以自然界的物質來比喻，你就是廣大無邊、湛藍的海洋。以海爲目標而流入的是大河和巨大的湖，你就好像是大的水精，好像波濤一樣，不斷的移動，很難停留在一個地方。

基本上，你屬於冷靜知性派的人，頭腦聰明，能夠以邏輯的方式來思考事物。不受任何拘束，擁有自由奔放的改革心，能夠脫離束縛或範疇，發揮自己精神的行動者。而且，具有洞察力以及智慧的你，非常冷靜，能夠看穿人心深處以及事物的內在。

就像海水一般，你經常注意新的事物，甚至會爲了決定好的目的，使用驚人的能量，發揮忍耐力。

水具有孕育沿岸萬物的力量，因此，具有教育或是提拔人才的能力。

此外，水也意謂者「產生事物」，所以具有極高的創造力及藝術性，能夠脫離既成的概念，創造出奇異、獨特的東西。

水，被視爲是智慧之神，因此具有很高的學習能力，大多是有知識的人。

但是，由於你具有水獨特的柔軟性，控制自己感情的理性力很強，因此，別人無法看清你的內在，很難判斷你到底在想些什麼，所以會給人冷淡的感覺。

當然，你自己並不在意他人的想法和世間的常識等，過著大膽獨特的人生，有時候會選擇長期待在海外的生活，享受放浪之旅。

因此，人生的波濤具有極大的變化，具有很好的子女運，得到好的子女，就能帶來好運，沒有子女的人，也不用擔心財產的問題。

具有特色的出生月份：二月出生者，就如初春的海洋一樣，屬於優閒、緩慢步調的人。三月出生者，就好像「春水氾濫」，對於戀愛、事物的思考方式、生活方式等，不拘限於任何的範疇內，比較大膽。五月出生者，稱爲「河口」，能夠聚集水、聚集事物，很喜歡聚集衆人。九月出生者，是非常乾淨的池，對現實面比較軟弱，但卻能夠帶給別人快樂。

靜靜滋潤大地的「雨露」者

主精在「雨」者的天性

你能夠以邏輯的方式思考事物，屬於安靜的知性派，天賦的資質是「雨露」。如果以自然界的物質來比喻，你就好像滋潤田園、孕育草木和農作物時不可或缺的「雨」，也是雪、霜、霧及飲料。

正如慈雨一樣，你能夠滋潤人心，是非常溫柔的人。因此，很多人都會對你撒嬌、依賴你，尤其年紀小的人會仰慕你，而你會好好的照顧他們，給他們建議。

慈悲心就是母愛，所以，不論男女，都具有培育人才、指導教育的才能。水具有順從方圓之器的特質，因此，不管你在任何環境，遇到任何型態的人，都能夠適應。

但是，絕對不是懦弱，就好像長時間滴水穿石一樣，具有強韌的力量。不過，你是屬於古風型的人，不會自己積極的去冒險，也不喜歡脫離世間的常識，具有正統派的傳統，而且內心裡很在意學歷、家室等。

雨露的人，和海洋的人不同，並不奇特，但是具有實用的才能。

你的特色，則是會因跟從的人物、老師或老闆的不同，而對將來的命運造成極大的影響。所以，不要一味的講道理，一定要培養看穿他人本質的眼光。

雨露的人必須注意的，就是雨的本質具有不斷往下降的特質，所以比較擔心因爲容易在意小節，而陷入憂鬱的狀態中。防止憂鬱的方法，就是有時要比較積極一點，一定要進行心靈修行，消除負面的影響。

此外，水如果不流動，只聚集在一處，就會造成腐臭。

因此，爲了成爲隨時保持新鮮、充滿活力的水，你自己要潔身自愛，擁有上進心，積極展現行動。

具有特色的出生月份：首先是三月，一旦憂鬱時，也許會拖得很久，所以一定要盡量放開心胸。五月出生者，是「虹」，喜歡美麗的事物，擁有浪漫的夢想。六月出生者，就好像「刮風」一樣，人生觀和情緒容易改變，無法抵擋誘惑，一定要多注意。八月出生者，爲「霧」，看起來好像很難捉摸。十一月出生者，則是含有豐富水流動的大河。

第二章　支配你一生的本性

—性格—

主精					
天沖殺		頭		右肩	
左手		中心	☆	右手	
左足		腹		右足	

在此藉著中心星就可以
知道你的性格

頑固具有獨立心的「自我者」

中心星為「貫索星」者的性格

你會花很長的時間在一件事物上，不斷的努力，在人生中是屬於長距離跑者。雖然不懂得掌握要領，但是具有堅忍的耐性，能夠貫徹既定的目標。而且不會失去強烈的信念，一旦開始之後，絕對不會中途放棄。

不過，缺乏協調性，不喜歡配合人或團體步調的你，可能會因此被認為是「頑固者」，或者是「優閒者」。

不喜歡父母或上司給你任何的指示或命令，在孩提時代是個不聽話的孩子，對父母而言，是很難處理的孩子。成為社會人之後，自我心較強，因為不聽上司的吩咐，所以對上司而言，是很難相處的部屬。但是，如果放任不管，就會配合自己的步調，默默耕耘。原本就是不喜歡阿諛奉承，非常踏實、努力的人，因此，經過一段長時間之後，就能得到他人的信賴。

很難融入團體中，喜歡單獨行動，不喜歡任何的束縛或者是囉嗦。所以年輕時，朋友關係不是很廣泛，而且也不願意特意的和別人交往，認為只要遇到心意互通的人就足夠了。

以貫索星為中心星的你，如果想要發揮本領，需要累積一些經驗，並且得到地位之後才能實現。所以有的人一開始就不願意當上班族，寧可獨立自營。總之，隨著年齡增長，在能夠驅使他人之後，就會比較輕鬆了。然而，在人際關係上，因為不會阿諛奉承，所以沒有辦法與他人達到圓滿的交往。不過如果遇到情投意合，或者是值得信賴、親密的人，可能會持續一生的友情。若以龜兔賽跑的例子來說，你屬於烏龜型。不可看到兔子，就顯得焦躁，或者想趕緊跑走。因為對於中心星為貫索星的人而言，愈長久的歲月，才愈能夠成為人生的好伴侶。

以貫索星為中心星的人，如果在人體星座表中，還存在另一個貫索星，則其個性堅忍不拔，但是比較小心謹慎，為非行動者。如果有石門星，則對於時代的轉變，非常的敏感，對於時間的使用方法比任何星都來得巧妙。如果有鳳閣星，在健康面比較開朗，人生能夠緩慢的前進。如果有調舒星，在自由業的世界能夠有驚人的發展。如果有司祿星，表示表裡一致的正直人性。如果有龍高星，則表示還有接近領悟的忍耐力。

中心星爲「石門星」者的性格

你具有廣泛的視野，非常好的現實感覺，以及和任何人都能和睦相處的協調性，所以你的朋友很多，在學校、公司團體或組織中，也都能夠融合。再加上待人處事非常溫柔，具有統御力，不論是人際關係或是工作都做得很好。

但是，你太容易附和他人，有時看起來好像八面玲瓏者，然而內心裡卻隱藏著非常堅定的意志，是典型的外柔內剛者。因此，有時在外所展現的一面，和在家所看到的一面不同。

男女都能夠成爲團體的領導者，非常的活躍，很喜歡與人交往。不論是在單身時代或是結婚之後，都與住家男女的生活無緣，所以算命學將石門星稱爲「出家星」。但並不是實際的出家，而是具有宗教性或信仰心，具有說服力和領導能力，因此能夠逐漸擴展人脈。

石門星也意謂著政治力、實業家的意思，因此，在社會上具有充分的發展性。

雖然具有協調性，但是並不是打從心底順從或是追隨，所以，在信賴關係上多少會遇到一些難題。

這型的女性沒有辦法一直待在家庭裡，因此，大多是屬於擁有工作，保持與他人的交往，而縱橫發揮能量的人。

如果只能過著爲人妻、爲人母的生活，恐怕在內心會產生反彈，所以一定要建立能夠發揮自己的興趣或人際關係。

中心星在石門星的人，如果在人體星座表當中，還有一個石門星，則和有一個貫索星一樣，具有同樣的性格。也就是說，即使進入團體中，容易展現個人的行動，看起來好像怪異者一樣。

如果有鳳閣星，則行動非常敏捷。如果有調舒星，比較大而化之。如果有祿存星，則具有旺盛的行動力，在經濟面能發揮力量，並藉著人和而發揮才能。如果有司祿星，則重視家庭，在工作方面屬於大器晚成型。如果有車騎星，即使是犧牲家庭，也要將熱情灌注在工作上的性向非常顯著。如果有牽牛星，理性能發揮作用，但求平安無事的想法對你有好處。如果有龍高星，對金錢的感覺稍微淡薄，會朝向藝術或是創造的方向發展。如果有玉堂星，則精神平衡，非常的穩定、安詳。

優閒享受人生的「優閒者」

中心星為「鳳閣星」者的性格

你具有柔軟的思考力，是大而化之的人。在每天的生活當中，總是放鬆精神，很了解快樂的方法。算命學將這個星視為是「孩子星」，也就是遊玩、喜悅、食祿、健康長壽星。你的人生不會勉強努力工作，或者是努力用功，希望考取名校，而過著優閒的人生。

對於金錢和物質不會非常執著，凡事大而化之，有沒有都無所謂。因此，沒有辦法刻苦耐勞、拼命努力。

原本不具有名譽慾或是出世慾，因此，能夠藉著「過著自己喜歡的生活比較好」的自然體生存。不管工作或是不工作，衣食無缺，這種天生的宿命才形成了這種性格。

喜歡吃美食，很懂得做菜，具有廣泛的興趣，能夠從遊玩中找出樂趣來，生活過得非常優閒。你擁有非常優秀的自由天線，如果能夠掌握，就能成為表現傳達者，發揮很好的才能。

此外，由於有柔軟、不偏不倚的構思，使你能夠在大衆傳播世界中巧妙的發揮自我。你因爲大而化之的態度而受人喜愛，能夠創造出問題較少的和平人生，雖然缺乏耐性是遺珠之憾，但是，能夠過自己喜歡的生活，也是一種德。

你對於食物非常具有品味，味覺很好，大多是烹飪師，但是，要注意不要吃太多。是屬於和肥胖有緣的類型，尤其是秋天出生者，如果年輕時不注意，到了中老年齡層時，就糟糕了。

中心星在鳳閣星的人，如果在人體星座表當中，還有一個鳳閣星，會減少大而化之的態度，而變成比較纖細的調舒星的神經。如果有調舒星，則具有相融性、協調性。如果有祿存星，則具有強大的魅力。如果有司祿星，爲家庭星，非常有耐性，而且重視家庭。如果有車騎星，雖然不具有家庭性，但是財運極高。如果有牽牛星，可能具有情緒不穩定的性情，但是非常的誠實。如果有龍高星，在精神上性格比較複雜，因此神經容易緊張。必須盡可能發揮二種星的才能，巧妙轉換到創造世界、冒險世界而燃燒吧！你是屬於做別人沒有做過的事情，擁有大膽構思，實現革新世界的天才者。如果有玉堂星，會表現出冷靜和激情的二面。

纖細感覺敏銳的「藝術者」

中心星爲「調舒星」者的性格

你具有敏銳的感性，以及纖細容易受傷的神經，是浪漫主義者。

這個星的擁有者，擁有一般人不會想到的怪異構想，有時候可能會有名留青史的發現或是發明。然而基本上，是喜歡作夢，情緒起伏激烈的藝術家型。

有一些比較奇怪的癖性，是屬於藝術型的人，因爲進入音樂、文學的世界，所以喜愛孤獨的人也很多。因此，你是比較寂寞的人，最討厭束縛、囉嗦和麻煩的事情。對他人的好惡也比較偏激，在經營人際關係上比較辛苦。

不拘小節，比較不在意小事，但是，敏感的態度並不只是針對他人，在與自己有關的事情上，有時也會表現出來。

感情脆弱，沒有辦法率直的表現自我，具有比較彆扭的性格，但是反抗心極強，在幼兒期讓父母傷透了腦筋。

由於也具有「宗敎性」的意義，因此，這個星的內心深處潛藏著豐富的慈悲之心。這個優點如果能夠發揮在衆人及世上，就能成爲掌握他人心情的纖細聖職者。總之，要藉著積極開朗的心情生存下來，在經過喜怒哀樂等各種的體驗之後，而逐漸的提升自我。

中心星爲調舒星的人，因主精的不同而有不同的才能。

如果你的主精是『樹』或是『花』，則表示你具有豐富的藝術才能，一定要多磨練這一方面的才能。如果是『山』或『土』，算命學認爲是「土金育秀」，在教育田園時能夠發揮很好的能力。如果是『陽』或『燈』，具有獨特發明發現的才能。如果是『海』或『雨』，則在大衆性的藝術範圍裡具有發展的可能性。如果是『鐵』或『寶』，則智能指數（智商）較高，是頭腦清晰的人，是在成才之路具有可能性的特殊星。

在你的人體星座表中，如果還有一個調舒星，必須充分留意健康。此外，你在藝術、哲學、宗教的世界裡，一定能夠發揮才能。如果有祿存星或司祿星，在現實世界具有力量。如果有車騎星，表示比較倔強。如果有牽牛星，表示經濟感覺衰退。如果有龍高星，可以將目標放在海外。如果有玉堂星，容易有很多的不滿，一定要多注意。

愛情豐富、踏實的「現實者」

中心星爲「祿存星」者的性格

你很懂得照顧人，是非常親切的人。具有豐富的義理人情，沒有辦法坐視別人的困難而不顧，充分具有「犧牲奉獻的精神」。你的這種愛情，不分骨肉之親或者是他人，能夠平均的分給任何立場的任何人。

能夠對他人有所幫助，是你的喜悅，這也連帶的使你完成使命。具有「給與」意義的星，然而不光是情愛，連時間和金錢都包括在內。因此，也包括「浪費」的意義在內。

不喜歡存錢而喜歡盡量用錢，但因爲具有配合的收入，所以一生都不會因爲經濟窮困而苦惱。而且包括了周轉金的意義在內，因此，適合自己開創事業。此外，比較適合從事的職業是和金融界緣份較深的銀行職員、會計師、稅務師等職業。

雖然能夠運用大筆的金錢，不過基本上安定志向強烈，是值得依賴的人。對你而言，最關心的就是每天都能過著充實的生活。

不具有夢想或是浪漫的氣氛，但是優閒、大而化之的魅力，卻深深吸引著同性和異性。再加上非常的親切，而擁有許多的戀愛。

雖然不能夠改變思考，但是對於眼前的苦難卻具有加以處理的能力。因此，不管是在家庭中或是人際關係上，都能製造出和平穩定的狀況。

中心星爲祿存星，而主精爲『樹』的人，天命希望你能夠從事幫助他人的職業，所以大多會成爲醫師、藥劑師、與藥品有關的職業、護士、治療師或是針灸師等。

中心星爲祿存星的人，如果在人體星座表中，還有一個祿存星，則比較頑固，會踏實的走著人生之路，同時也能夠培養出他人對你的信賴度。如果有司祿星，則表示財運極強。如果戀人星的祿存星和妻星的司祿星二者共存，算命學稱爲「妻妾同宮」。對男性而言，還加上「女難」的意義。對女性而言，不要過度的表現溫柔。如果有牽牛星，則屬於有品格，能夠優閒的走著人生之路的類型。如果有龍高星，待人非常親切。原本就是「爲愛情犧牲奉獻」的祿存星，再加上與「具有能夠看到鮮血的膽量」的龍高星同宮，則此人天命爲「外科醫師」。如果加上玉堂星，則子孫繁榮，具有豐富的母愛，非常的穩重。

家庭性誠實的「努力者」

中心星為「司祿星」者的性格

你擁有踏實的想法，是非常穩重的人。平常不會滿口道理，屬於做任何事都非常小心謹慎的人。但是在有事發生的時候，卻能夠不慌不忙，從容的發揮潛力。

有這個星的人，在日常生活當中，會自然的做一些小努力，慢慢蓄積人生所需要的力量。

不會擁有大的夢想，或美麗的浪漫經歷，但是人生不慌不忙，每天每天都充滿力量，做自己能做的事情。此外，會努力存錢，避免金錢的浪費，但是並不是吝嗇的人，生活方式也絕不勉強。

當然不只是金錢，司祿星也意謂著「家庭」和「愛情」。

因此，花長時間能夠蓄積的，就是「對家族的愛」。即使有幾個孩子，對每一個孩子都非常的公平、溫柔。男性或是有工作的女性，在平常的人際關係以及經驗、信賴等各方面，都非常的踏實。

但是，算命學認爲司祿星要花四十年的時間，才能表現出自己眞正好的一面，所以如何保持這種優閒被動的生活態度，就好像安全駕駛一樣，絕對不要焦躁。你的優點就是不慌不忙，溫柔纖細，所以能夠得到信賴，著實建立穩定的人生。

中心星爲司祿星，如果其主精爲『樹』、『陽』或『山』的人，則具有長男長女的宿命。女性可以成爲家庭主婦、好的妻子，建立理想的世界。而男性也非常的纖細溫柔，甚至有時也會做家事，是位好丈夫。

中心星爲司祿星的你，如果在人體星座表中有祿存星，則男性容易引起異性關係的糾紛，要避免引起誤解。如果還有另一個司祿星，則現實性最強。相反的，對於子孫的精神性也很強。

此外，如果有貫索星或是石門星，原本是屬於缺乏行動力的保守型，會變得喜歡展現行動，甚至會忙著和鄰居交往或是和朋友交際應酬。如果有車騎星，則非常雄壯，具有前進的行動力，在用錢方面也非常大膽。如果有牽牛星，具有強烈的保守性。如果有龍高星，在不會超越家庭範圍的程度內，會進行冒險。如果有玉堂星，可將企劃力和現實性合而爲一，而成爲有益的企劃人員，發揮能力。

正直努力生存的「行動者」

中心星為「車騎星」者的性格

你具有大膽的行動力，是勇敢的人。不會懷疑他人，非常單純，屬於直腸子型，但也具有激烈的性格。正直、單純，不懂得在小事上耗損神經。做事急躁，對任何事情如果不能快速進行，就覺得很不高興，而且如果不能黑白分明，也會覺得很不舒服。動不動就生氣，因此不具有壓抑情緒的才幹。愈是親密的關係，衝突愈多。但是原本就像竹子剖開似的，具有非常乾脆的性格，因此，就算爭吵時說了些氣話，事後就忘得一乾二淨了。

屬於靠感覺行動型，想到什麼就會立刻說出來，喜怒哀樂也會立刻表現出來，但事後卻經常後悔。

你是無法靜靜待在那兒的好動者，所以會選擇經常移動的人生，沒有比你更無慾、更不懼逆境的勇敢意念了。然而因為太過於勇敢，反而使得有些小心謹慎，或者是思慮頗深的人冒出冷汗。

透過體驗，能夠培養實力。不講道理，藉著敏銳的才氣發揮作用，不論男女都具有活力和魅力。男性爲營業員或是運動萬能型的人，而女性缺乏纖細感，但是就好像大姐頭一樣，不計較損益得失，走向快速的人生之路，爲短跑選手。

最糟糕的，就是沒有辦法踏實、努力的累積力量，沒有辦法長時間靜靜的思考，但是只要培養忍耐力，就可「如虎添翼」。

如果你的主精是『樹』或『花』，則隱藏著宗教性。如果是『陽』或『燈』，則非常重視現實，決斷迅速，而且非常清楚。雖然是熱心型，但是看起來比較冷淡。如果有『山』或『土』，則能夠融合在與農業、畜牧、土木、植物等自然有關的世界中。如果是『鐵』或『寶』，非常驕傲，在人際關係上會遇到一些困難，必須要注意。如果是『海』或『雨』，則是在背後努力型，非常適合暗地裡的世界。

中心星爲車騎星的人，如果在人體星座表中加上牽牛星，則女性稱爲「官殺混雜」，是深受男性喜愛的人。如果是還有一個車騎星，表示神經變得比較纖細。如果有祿存星或是司祿星，則急躁的車騎星加上堅忍的耐性，就能夠產生智慧。如果有龍高星或是玉堂星，能夠表現冷靜沈著的一面。如果有鳳閣星或是調舒星，比較大而化之，因爲心中加上神經質的一面，因此能夠巧妙的紓發壓力。

嚴肅、驕傲的「認真者」

中心星為「牽牛星」者的性格

你具有潔癖，有強烈的責任感，幾乎不會脫離範疇，非常重視常識、世間體、家室、家風和公司的作風等等。

沒有任何缺點，屬於優等生型。想要遵守禮節禮儀，因為這個品格而同時得到他人的信賴。非常的認眞誠實，自制心能發揮作用，雖然不具有融通性，有時缺乏趣味性，但是並不是軟弱的人。能夠經常考慮到自己所處的立場，以冷靜的態度處理事物。

有的人會認為你比較艱苦，讓人喘不過氣來。但是如果讓喜歡規規矩矩的你，表現出馬馬虎虎的態度，反而使你無法平靜下來。

對於身邊的家人、朋友、戀人或是配偶，有時甚至是對孩子，要求比較嚴格。

但是，因為擁有明確的目的，而且不會變更正確的信念，自然培養出的「勇氣」便能夠引導出具有柔軟性的思考以及行動。牽牛星原本就是文官、政府官員星，因此，完整的組織或是社會體制才能夠適合自己。而且自尊心最高，即使捨棄實力也要擁有名聲。

是遵從古典想法型的人，可能很難應付時代的變化或是新的思考。但是，能夠在和平穩定的世界中生存，就能擁有信用和名譽。

中心星爲牽牛星的人，依出生季節的不同，其特色也有所不同。

如果出生在春天（二、三、四月），非常具有柔軟性，而且具有司祿星的溫柔。如果出生在夏天（五、六、七月），具有智慧，但也有野人的一面。如果出生在秋天（八、九、十月），則具有勇猛的性格。如果出生在冬天（十一、十二、一月），非常聰明，加強貴人的要素，具有藝術和學問的才能。

除了中心星是牽牛星之外，在人體星座表中，如果還有一個牽牛星，加上車騎星的要素，就比較焦躁。如果有貫索星或是石門星，則爲努力家，表面穩重。如果有祿存星或司祿星，要在人際關係上增加穩重性，才能產生人情味，而減少人生的浮沈。如果有龍高星，會增加藝術和創造的力量。如果有玉堂星，會增加改革和冒險心。如果有調舒星，則命運浮沈強烈。如果有鳳閣星，會改變爲保守型。

愛自由獨特的「冒險者」

中心星爲「龍高星」者的性格

你擁有異想天開、有趣的構思，是能夠創造新時代的人。非常討厭拘泥在常識或是傳統中，會按照自己的心情到處飛翔。你的行動非常具有動力，經常會發動破壞與創造的能量，甚至對周圍的人造成刺激。

基本上，反體制的你，是個人主義者。不會說出自己的眞心話，所以令人很難判斷——這是別人對你的印象。

忍耐力很強，貪念也很強，是擁有「學習本能」的努力家。然而，因爲難以想像這種獨特的內在，所以平常不會將穩重表現出來。

不拘泥於傳統、體制或常識，經常追求「嶄新的東西」、「夢想」以及「浪漫」，是「冒險者」、「放浪者」。

事實上，你很討厭束縛和限制，喜歡追求自由的旅行。此外，很愛動物和植物，所以待在大自然中，最能使你朝氣蓬勃。絕對不會受到地位、名譽、財物等的吸引，喜歡隨心所欲，創造新的人生。

因此，這類的人沒有辦法侷限在上班族或是ＯＬ的範疇內，即使是上班的人，心中仍舊有想要獨行其道的想法。而且具有優秀的創造能力，作家和色彩感覺都非常的獨特，可以成爲畫家或是設計家等等。此外，在十大主星中，龍高星的膽子最大，不怕血，也是當外科醫師不可或缺的星。

中心星爲龍高星，主精爲『樹』或『花』的人，放浪心強，因此職業不穩定，比較容易辛苦，但是可以在自己喜歡的道路上多盡點力。如果是『陽』或『燈』的人，可以在藝術創造的世界裡開花結果。如果是『山』或『土』的人，具有進取的精神及旺盛的構思。如果是『鐵』或『寶』的人，具有不畏懼修羅場的膽子，屬於喜歡嘗試各種事物的類型。如果是『海』或『雨』，是頭腦聰明的人，喜歡探討思想面。

除了中心星爲龍高星之外，如果在人體星座表當中，還有另一個龍高星，則以一生一業爲主旨。如果有玉堂星，具有不可思議的藝術能力。如果有貫索星，具有強烈的忍耐力。如果有石門星，具有表現力，可以成爲社交家。如果有司祿星，能夠得到他人的援助。如果有祿存星，到了最後關頭能夠增強力量。

體貼家人、穩重的「學究者」

中心星爲「玉堂星」者的性格

你會以邏輯的方式思考事物，非常的安靜，具有品格，是有理性的人。

但是，與獨創的構思的飛躍等完全無緣，也不懂得作夢，或者是張開幻想的翅膀。

會自然融入時代的常識、組織等範疇中，或者過著穩重而不勉強的人生。步伐非常的優雅，絕對不會加快速度，能很有耐心地走長遠的路。

中心星爲玉堂星的人，即使不在學問的世界，不論他從事何種職業，過著何種生活方式，都脫離不了「學習」。

藉著學習，創造自我，擴展視野，而得到滿足。

因此，對於任何事都抱持關心，並且加以研究，藉著學習而吸收知識。由於在這一方面表現得非常貪婪，所以算命學將玉堂星視爲是「學問星」。不過，在此是指傳統的、正統的學問，是屬於比較古典性、歷史的知識，而對於流行尖端或嶄新的事物則不關心。具有非常好的「觀察力」、「批判力」，是喜歡「講道理」的人。

這個星另一個最大的特色，就是對於父母、兄弟、姐妹等親戚的情愛非常的細緻。一旦這個特色過度發揮時，會對親戚過度的關心，甚至將親戚和他人加以區分，而失去了自己的人生。這類的女性具有強烈的母愛，非常疼愛孩子，但是卻會成為沒有辦法放開孩子的母親，所以不要失去理性。

玉堂星是擁有智慧、學問和母親星的人，所以也有將自己所學教導給他人的任務。因此，從幼稚園的老師到大學教授的教育園中，有很多玉堂星的人。而且男性不管是在哪一個環境中，都會很親切的照顧晚輩或是部屬，並努力的指導後進。

中心星除了玉堂星之外，如果在人體星座表當中，還有一個玉堂星，則表示非常的強壯。如果有祿存星或是司祿星，很懂得處世的技巧，不會偏重精神或是物質，而擁有平衡的感覺。如果有車騎星，會變化為長距離人生，而且能夠成為達成清濁交流的人。如果有石門星，能夠成為新集團的創始者，是很有才能的人。如果有鳳閣星，在教育方面比其他星更具有特異能力，能夠當成助手。如果有很多玉堂星及龍高星，除了親生父母之外，養父母的存在也很重要。

第三章　怎樣過你的人生

—才能與特質—

主精					
天沖殺		頭		右肩	☆
左手		中心		右手	
左足	☆	腹		右足	☆

在此藉著右肩、右足、左足星，可以知道你的才能

擁有獨特感性的「變化星」

擁有「天報星」者的宿命

如果以人的一生來比喻，天報星就是「胎兒」的時代。在十二從星當中，只有一個「前世星」。這個即將出生的小生命，介於現世與後世之間，每天在腹中都會產生變化，調整形狀。而由這個狀況，也顯示出天報星的世界，即意謂著「無的形成」、「變化轉變」、「多才多藝」以及「可能性」。

就如同胎兒並未自覺到這個時代，天報星的人會在無意識當中遵從自己情緒上的變化，經常若無其事的推翻自己先前所說的話。

這種快速的「心理變化」，令周圍的人覺得「不可以聽他的說法」，也就是「情緒化的人」。

這個變化的特性一旦朝壞處發展時，會變得情緒不穩定。變成沒有信念的人，只會追求快樂以及嶄新的東西，而且信賴心減弱。

算命學稱這個星爲「三歲升降轉轉」，也就是說，這個星每三年都會有幸或不幸、喜悅或不滿的情況陸續出現，形成波濤起伏的人生。但是，這種奇妙的感覺和行動變化太迅速，不需要改善，因爲事實上這種星是具有多方面的可能性的。

好不容易擁有的可能性，不能因爲「缺乏才幹」而使其終結。因此，要儘可能在二十歲的時候，就發現「就是這個！」的「喜歡的東西」，並埋首於其中，千萬不要在中途放棄。

目光容易轉變的天報星，只要能朝著「一件」事物持續發展，相信在這條路上一定能夠獲得成功。

天報星的有趣之處，就在於沒有辦法用理論或是道理來分割，而且根本說不通。主要以神奇的感性爲基礎，而充滿著可能性。

胎兒時期那種對時間感覺的缺乏，可說是這個星的特質。所以，可以一個人同時做二件、三件工作，或者是學習。

只要高興，即使每天忙著工作也無所謂，也能享受興趣、學習語言，能夠和人交往。即使排了如超人般的時間表，也不會覺得疲累。

具有與一般常識稍有不同的獨特感覺，尤其到達極限狀態時，其表現就好像某種狂人似的，能夠開拓獨自的境地，開花結果。

天真無邪、受人喜愛的「人氣星」

擁有「天印星」者的宿命

在人的一生當中，天印星是指「嬰兒時代」，嬰兒所具有的責任，就是這個星的世界。由於教養嬰兒的女性具有母親的強烈自覺，因此，擁有天印星的人，擁有強大的母親力量，與母親的緣及精神羈絆很深。

天印星的世界，就像嬰兒一般，非常「天眞無邪」，而且「有無窮的魅力」、「喜歡撒嬌」、「幽默」。這個星也是「最受人喜愛的星」。

天眞無邪、熟睡的臉龐，天眞無邪的笑容，以及可愛的動作，嬰兒擁有能夠令周圍人喜悅及開朗的魅力。因此，天印星的人不需要努力就能夠製造人和，具有和任何人都能交往的社交性天性。況且，嬰兒的天印星不需要靠自己的力量，因爲他能夠從周圍的人那兒得到力量。看似無力，反而擁有很大的力量，看似被動，但是在任何的狀況之下，都擁有能夠接受來自他人援助的德。因此，與其自己率先努力，還不如接受其他人事物的生活方式。然而不管是哪一種生活方式，一生吃穿都不用愁，因爲嬰兒一定有人會照顧他、關心他。所以這個星的人，一定要重視自己天性中的嬰兒魅力，但是不可以忘記純眞、率直，這樣才能擁有一生的寶物。

別名爲「養子星」，所以可能入贅爲妻子家中的人，或是成爲養子。此外，也可能會領養他人的孩子。

因爲是嬰兒星，所以很受小孩的歡迎，可能是因爲小孩對於天印星所具有的無心，感覺好像是同類的緣故吧！

基於本能哭、笑、生氣，屬於自然兒的天印星的人，有時可能會慌張，出小錯，但是不管說什麼或做什麼，總是會有吸引人的魅力，而讓人覺得「爲什麼沒有辦法恨他呢」？

雖說是嬰兒星，但是如果在成年之後強烈出現這種個性，會成爲遊玩過度的懶惰者。如果想要成爲成熟的大人，一定要多加注意。

此外，這個星關心的不是過去或是未來，而是「現在」。總是考慮現在快樂的事情，想做的事情，過著「被動的人生」。雖然不執著於過去，也不擔心未來的生活方式是否很好，但是你的人生是得到許多人的幫助才能順利度過，因此，不可以忘記「感謝」與「感恩」，所以要全力以赴，創造美好的未來。

好奇心旺盛、聰明的「貴人星」

擁有「天貴星」者的宿命

算命學認爲天貴星是「入魂期」、「出發期」，而從幼兒到小學生爲止，即兒童的世界裡，就存在著這個星的特點。就像兒童一樣，擁有好奇心以及認眞的向上心，是認眞的知性派。雖然功成名就，但是在懷才不遇或是邁入老境的時候，天貴星的人仍然能夠擁有「新鮮看待事物的眼光」，而會一生持續學習。

天貴星具有將所學「教導給他人」的才能，所以很適合當學校老師或是才藝老師。再加上擁有旺盛的知識慾，總是無法滿足現狀，會持續研究，並大量吸收新的情報。所以對學生而言，是非常好的老師。

但是，屬於不會嘗試破天荒行爲的保守派，因此，對於嶄新的事物可能會產生抵抗感。很容易被具有歷史性、古典性的事物深深吸引，所以很多人都會選擇當作家、詩人、宗教家、學者、教育家、藝術家等，過著「精神的」生活方式。而從廣泛的意義來看，由於基本上具有獨立發展的力量，因此也很適合從事自由業。

「自尊心」非常的高，但由於氣質中包含了孩子的天眞無邪在內，所以不會讓人感到不快。擁有精神、品格、品味，是「精神的貴人」，所以在任何世界中都會成爲受人仰慕、值得「信賴」的人。

天貴星的人是屬於「長男長女」的星，即使不是如此，在人生當中也會擔負重責大任，因爲「強烈責任感」，而要完成自己的工作。但是由於擁有長男長女個性，所以對金錢感覺不佳，不適合當精於計算的商人，以及處在現實的世界裡。此外，由於具有孩子獨特的純粹和品性，使得這個星非常的驕傲。

具有非常好的「美感」，所以特色是對藝術的關心度極高，可以從事藝術工作或是建立興趣，而綻放光芒。

由於太過純粹以及深情，所以缺乏能夠超越逆境的堅強，有時可能因此而蒙受意想不到的損害。

精神不失去純眞是很好的，但是想法太過於輕鬆，擁有孩童般無瑕之心的人，在現在的社會裡，是沒有辦法應付圈套和生意，一定要自覺到這一點。

擁有二個天貴星的人——人性非常的好，但是欠缺現實的力量，只能接受他人的照顧而成功。

充滿夢與青春的「魅力星」

擁有「天恍星」者的宿命

從中學生到成人爲止的青少年時代，象徵「青春期」的，就是天恍星的世界。並不是天眞無邪的孩子，但也不是成熟的大人，而是精神狀態處在「混沌」年代裡搖動的人。

自我意識很強，「任性」、「灑脫」、「戀愛」等的想法都覺醒過來，對未來抱持著夢想。嚮往不受拘束的自由生活，經常尋求一些事物，並且忠實的表現自我，是屬於「迷惘較多的摸索」世界，這就是天恍星的個性。

反抗父母和社會，甚至想要脫離父母的身邊，而得到獨立及自由，所以又稱爲「離鄉星」。離開故鄉，到處碰壁，靠自己的力量建立人生，才是適合其本質的生活方式。

很多人會飛翔到海外，因此也稱爲「異國星」。

因爲年輕，所以生活方式大多不合時宜，甚至經常和現實社會產生摩擦，非常辛苦。但是，最不可思議的，就是絕對不會將辛苦的一面表現出來，反而能夠使周圍的人開朗，具備獨特的氣氛。

在「離巢」的姿態中，暗示著「孤獨」，非常的寂寞。然而無意識當中卻能藉著明朗和亮麗來遮掩這一切，可以說是「暗中帶明」，天生具有能夠使他人快樂的天份。

以自我爲中心，比較「任性」，但是因爲能營造「華麗的氣氛」，引人矚目，可以說是「最爲吸引異性的星」。

本身具有魅力，而且本人也想要表現出來，因此，比較適合從事演員、模特兒、大衆傳播媒體、特種營業等工作，可以說是最適合朝演藝界發展的星。

而這個星所具有青少年期的夢想，也會展現在學者、作家、詩人、服裝、音樂等創造性的世界中。但是由於其個性強烈，再加上容易吸引異性，天生就是非常吃香的人，所以有時會蒙受一種「色難」，必須特別注意。

因爲是迷惘較多的人生，所以天恍星到了中年、晚年，也不會失去其獨特的光輝，很多人看起來比實際年齡更年輕。

帶有正義心前進的「青春星」

擁有「天南星」者的宿命

迎向成人式，成爲社會人之後，青年的姿態就是天南星的世界。一大特色就是具有青春的能量，能夠以突飛猛進的姿態朝向人生的馬拉松賽。

「有勇無謀」、「獨立心」、「批判力」、「前進力」、「不服輸」等字眼，都充分表現出天南星的世界，而絕對不是平靜、穩定的。

在從未踏入的原野中，毫無恐懼的前進、不斷前進，開闢道路。遇到任何逆境，也不氣餒，這種「反抗精神」非常棒，但是過於急著達成目的，有時會造成他人的不快，因此一定要小心。

因爲「正義心」太強，所以攻擊力很旺盛。而由於「富於辯才」以及有「銳利的批判精神」，因而被稱爲「評論家」。當你自認爲正確時，就會表現出正直的一面，即使是面對年長者或者是上司，也會想到什麼就說什麼。但是有時會在無意之間傷害他人，或者是使他人憤怒，因此要特別注意，不要禍從口出。

如果能夠培養「中庸」、「反省」、「應對進退」等各方面的修養，則如虎添翼。在新範圍的工作發揮強烈的個性，就能開花結果。天南星能夠成爲攪拌器，也能成爲火車。

由於這種個性，使得天南星被稱爲「大衆傳播星」，在這一方面非常活躍的人不勝枚舉。這個星很難將經濟和工作合而爲一，具有改變的特徵。當工作帶有浪漫時，就會嘗試冒險，對於金錢比較不執著。但是如果偏重於經濟時，則不在乎工作內容，比較執著於金錢。所以，必須考慮二者之間的平衡，發揮作用，才能避免失敗。由於擁有動亂型推進力，因此這個星的前途無可限量，藉此也可以發揮天南星的眞正價值。

不適合「被動的態度」、「被動的精神」，不管活到幾歲，看起來心情都非常年輕，而且看不出眞實的年齡。但是，要學會巧妙的剎車，否則可能會因爲心情太過於年輕，而和自己的孫子等年輕人爭吵，有時會遭遇痛苦。此外，別名女王星，具有強大的力量。

智慧豐富、溫厚的「和平星」

擁有「天祿星」者的宿命

擁有豐富的人生經驗，從四十幾歲的風格所形成的世界就是天祿星的世界。

不會像年經人一樣有勇無謀，或者是追求刺激、冒險。正如「安定」、「踏實」、「愼重」、「忍耐」、「觀察力」、「平衡」等字眼所象徵的，經驗豐富的「守備型」是這個星的特徵。

具有足夠的能量，以及穩重踏實的大人風格，所以看起來好像比較落伍，而且年輕時看起來年紀比較大。然而不光是和同年齡，也會和年長或是晚輩的人交流，是具有責任的中年期的星。因此，重視家人，和家人之間的羈絆很深。不適合太過激烈的事情，必須以邏輯的方式來思考，慢慢的訂立自己的計劃。能夠完全接受、毫不勉強的訂立時間表，藉著沒有失敗或錯誤的方法而度過人生。

時而休息，享受快樂，擁有健康、懂得過著快樂和平人生的智慧，是屬於「現實派」。

慢步調、小心謹愼的性格，有時會被視爲是「多一事不如少一事主義者」，但是絕對不是膽小鬼。雖然表面溫柔，卻擁有銳利的眼光，能夠看穿現實。判斷事物不依賴感覺或直覺，而是靠由體驗得到的確實智慧。因此，具有執著的思考，是衆人信賴的人。如果你找他商量，他也會給你適當的答案。

凡事會考慮到整體的平衡，再展現行動，所以不會輕易的捲入是非中。可是一旦決定好道路，或者是自己必須負責的工作，絕對不會半途而廢。因此，可以說是最有利的「輔佐者」、「守候者」、「和平的負責者」。雖然不會成爲第一領導者，卻會成爲第二領導者。

此外，天祿星大多是多才多藝的人，因此，在「特殊的世界」能夠嶄露「專家」的頭角，藉著經驗的累積，什麼事都可以做。

尤其有關「醫學、藥學」等方面，在爲他人服務的世界中能夠發揮優秀的能力。此外，具有演技力，因此，很多人會進入「演藝世界」，而且非常活躍。

不過，因爲堅忍不拔，必須累積經驗才能培養實力，而擁有確實的判斷力，所以不適合生存於靠著直覺或感覺一決勝負的快速世界裡。

充滿力量、感情豐富的「領導星」

擁有「天將星」者的宿命

在十二從星當中，別名為「帝王」、「國王」的天將星，具有最大的能量。以生命週期來說，就是五十幾歲的人。在社會也是經驗最豐富、最充實的時期。而在家中則成為一家之主，君臨天下，這就是天將星的世界。

這個星的人意謂著「領袖」、「創始者」，不管進入哪個世界，都具有「領導者」的才幹。雖然具有溫厚的人情，看似穩重溫和，但事實上非常的強韌。

在長久的人生當中，可能會努力照顧兄弟、父母或者是親朋好友而毫無怨言，但是在遭遇其他的辛苦時，可能會不太高興。然而，只有「重擔」、「困難」，才能夠使天將星將上天所給與的能力發揮得淋漓盡致。如果是懷才不遇或者是比較倒楣，抑或是家庭的情況不佳，反而能夠發揮本領，將其當成是成為優秀領導者的準備期間。

擁有這個星的人，不必因為青年期的苦惱而傷透腦筋，事實上，是值得慶幸的事情。但是如果從幼少期開始，就是在幸福受寵的環境中成長，則強大的能量沒有辦法消化掉，反而會變成「任性」或「獨斷獨行」，充滿著迷惘和不平不滿。此外，體調不佳。對於這些現象，當然可以在事前避免其發生，只要擁有比較吃重的工作，或者是幫助遇到困難的人及社會，並比他人更盡心盡力好幾倍，高興的將自己所擁有的能量分享給衆人。也許「故意選擇危險的道路」，便是完成身爲國王使命的必要條件。

原本就是「創始者」、「初代」之星，因此，與其追尋他人的腳步，還不如從零開始，創造新的世界，是屬於「大器晚成」型。很難以小才幹度過人生，儘可能訂立規模較大的目標，並將目標訂在別人做不到的事情上。

若是女性，在結婚之後一直待在家中，或者是過著優閒的生活，比較會耗費精神，而且好不容易擁有的力量也無法發揮。

這個星的優點，就是在不依賴任何人而度過苦難之後，就能得到更大的世界，而成爲大人物。所以大多是骨肉親情較淡薄的人，屬於「寂寞者」。但是他的人緣很強，並得到衆人的喜愛，而且能夠在爲了社會、世人犧牲奉獻的生活中，感受到眞正的喜悅，但是，這個選擇必須由本人的意志或者是行動來決定。

寧靜深邃的「安定星」

擁有「天堂星」者的宿命

如果以人的年代來換算，天堂星就是晚年，也就是六十歲以後，故稱為「老人星」。擁有這個星的人，可能像老人一樣，沒有霸氣，具備「穩重」、「自制心」、「平衡」等的條件，所以與年長者之間不會產生年齡的鴻溝，同時也受到同年齡或年輕人的依賴。

與年長者有很深的緣份，小時候可能是在老人家的照顧下成長，而在職業場所則會受到董事長、總經理、課長等中年以上的人照顧。

屬於溫厚、勤勉、踏實、圓滿的常識家，由於累積各種的經驗，有的人在年輕時就已經領悟重視內在而不在乎表面，且對地位或財物也不會太執著。

因為不懂得表現自己，所以看起來會讓人覺得有點「畏縮」，但是絕對不是秘密主義者。而對周圍不關心，則是由於強韌「自制心」的表現所導致的。

被稱為「安靜、自我的人」，具有深邃的人性。也許要稍微多花一點時間，才能得到周遭衆人的了解。

如果以車子來比喻天堂星，則是小型車。一生要保持一定的速度，踏實的前進，注意到「耐心」、「安全」。不會特別的阿諛奉承，因此不會給人強烈的印象。但是，非常穩重，所以看起來比實際年齡更大，自然的人品深受衆人的信賴。

具有讓人想和他交往一生的神秘魅力，即使是與年齡差距較大的老年人或兒童的交流，也能夠非常的順暢。

在職業場所較少出錯，是能夠讓人安心的人。因此，即使把麻煩的工作交給他也無妨。也就是說，他很懂得如何「打好基礎」，並在踏實、保守的生活方式中，發現能力，所以非常適合這一類的工作。

喜愛藝術、動物、植物，重視私人時間。在現實生活當中，能夠在「精神的提升」以及「充實」中，感受到喜悅。

磨練內在是很好的事，所以不要覺得麻煩。要積極的與他人交往，走入廣大的世界，才能夠使你的喜悅擴大。

雖然本來就是晚年星，而且在年輕時就是結成花苞的時候，但是也不要因此而焦躁，要擁有自信，持續努力，這樣中年以後就能發揮你眞正的所長。

充滿美的意識與浪漫的「感性星」

擁有「天胡星」者的宿命

人在進入衰老期之後，身體很自然的就會衰退，而容易臥病在床。然而，雖然身體已經老化，但心靈卻不會老化。雖是在有意識當中，卻接近無意識世界，徘徊在夢與現實邊緣的，就是天胡星的世界。

因此，在十二從星當中，天胡星的人，其心理與思考是最複雜的。因爲是「病人期」之星，所以的確缺乏幹勁，爲蒲柳之質。雖然身體比較衰弱，但是不會得什麼重病，也就是所謂的一病息災。因爲了解自己的身體，結果反而能長命。

具有獨特的個性，對自己有好的影響。適合從事與生病者有關的醫師或護士的工作，以及按摩師、針灸師、看護士、營養師等與「醫療有關的職業」，在這一方面能夠充分發揮你的使命和能力。

臥病在床的人，因爲不能自由行動，就會常常在心裡想：一旦恢復元氣時，要做些什麼?而存有各種的想法。

可能是想要得到自由，也可能會經常回憶快樂的過去。因此，天胡星具有「幻想」、「浪漫」、「懷古趣味」等意義。然而，想要在脫離現實的世界中創造夢想，讓精神世界豐富、多彩多姿，反而使得自己的印象與現實生活之間出現了一道鴻溝，有時會感到消沈痛苦。這樣不懂得與他人競爭的純眞心，實在不適合殘酷的現實和利害的世界。

但是，這個星具有「纖細的神經」、「敏銳的直覺力」和「優良的美意識」，所以在藝術和創造的世界裡能發揮才能。有些人的「音感」出類拔萃，所以適合擔任音樂家、作曲家、歌手，或者是與音樂有關的舞蹈家、舞者等。甚至其中也有很多人有語言的天份，這就是來自於天胡星的世界。

如果在幼兒期便給與音樂教育，一定能在這個領域發揮才幹。但如果沒有這個環境，或者是課程中斷，可是只要重視這個成為優良「音樂愛好家」的能力，也能藉此開運。

由於不喜歡在團體中享受，因此，反而能在獨處的時間裡找到快樂。但是，儘可能要走向自己所「嚮往」的人生之路，這樣才能夠得到眞正的幸福。

柔軟、自然體的「純粹星」

擁有「天極星」者的宿命

天極星意味者死者的世界，但是請各位不要誤解，死絕對不是不好的事。能夠從喜、悲、苦、慾望等感情中解放出來，並將以往發生的事情全部都付諸流水，反而能夠得到無限廣大的自由。

這種「純粹度」在十二從星中是最大的，在展現行動時，不會考慮損益得失，但也由於這種無慾的表現，反而能夠產生強韌之心。具有超強的精神，性質上就好像水一樣，能夠順從方圓之氣，時而柔軟，時而強韌，配合自然的生活，絕對不會違逆自然。因此，這個星的人，與任何人都能配合，具有「相合性」，而且在任何環境中，都會變化自己的行動或思考。此外，還具有「柔軟性」，雖然有時候看起來好像性格過於溫馴，或是沒有信念，但這並不是避免衝突的迎合，也不是一種追隨，而是一種「毫不勉強生活」的表現。

既然是死亡世界之星，因此，天生隱藏著他世的感覺。如能多加磨練敏銳的感覺，甚至會培養一種靈感能力。適合技術、藝術、學術、醫學、宗教、哲學等世界，只要累積平常的努力，就能夠在「特殊能力」的世界中建立獨特的地位。不適合擔任政治家、商人或是官員，所以一開始就要避免選擇走這些路。

你天生擁有一雙靈巧的手，因此應該要培養一些「技術」，不一定要活用在工作方面，也許是用在手藝或是編織、文字處理機、雕刻、繪畫、樂器等方面。使用靈巧的手，對你有好的影響，而不會有不良的影響。只要是使用手指，什麼事都可以做。如果在還沒有從事之前，就認爲「我眞沒用……」而放棄，這種想法實在是太消極了。就算沒有用，可是藉著「使用手」，就能發現快樂，相信一定可以爲你開闢一個嶄新的世界。

但是，一旦沒有挑戰的目標時，「無慾」或「容易放棄」反而會釀成災禍，可能只是安居在小小的世界中。所以，即使覺得很快樂，還是要不斷磨練自己，因爲如果不持續努力，就沒有辦法開拓人生。

當發現喜歡的事情時，要利用天生的熱情持續下去，則可培養這個星的「敏銳感性」，而對社會有所幫助。但是，如果太過於投入，可能會對群衆心理造成影響，所以不要什麼事都想做，只要集中在一件事情上，才能夠開花結果。

頑固、探究心極強的「學者星」

擁有「天庫星」者的宿命

天庫星表示進入墳墓時的世界，但也表示與祖先的緣份較深，以及祖先的加護較強。這類的人擔負著「供養祖先」、「守墓」的重要使命，惟有完成義務才能夠使運勢提升。

因此，大多是「長男長女」或者是「么兒」。即使是中間的兄弟姐妹，也會因爲一些情形而擔負長子的責任。擁有這種星的人，一生有好幾次都會得到祖先的幫助，而得到九死一生。就像在懸崖邊進退不得時，會有人伸出援手，你應該有過這樣的經驗吧！

這時，你一定要養成感謝祖先的習慣，因爲這是擁有這種星的人所得到的隱藏恩惠。

性格不具有融通性，是「頑固者」。對任何事情如果不能黑白分明，就會覺得很不高興。不會勉勉強強的忍耐或妥協，而且很討厭來自他人的命令或強制，是屬於表裡一致，一根腸子通到底的「正直者」，所以不懂得處世術。

但是，卻不會遭人嫌棄或孤立，這是因爲本質帶有「純粹」部分的緣故。了解這種人品的人，就會信賴他，而且在與人交往當中，並不注重廣而淺，而是注重長而深。

由於具有旺盛的「探究心」和「堅忍性」，所以在選擇職業時，比較適合配合自己步調進行的自由業。而且，不論是興趣、學習、工作、遊戲等任何事物，只要是自己關心的事物，都會朝前猛衝。如果覺得有興趣，就會更深入了解這方面的知識。

就好像墳墓的象徵一樣，會對老舊的事物有興趣。因此，在「思考」、「歷史」、「占卜」等世界中，深受在精神上深邃、無形的事物所吸引，所以比較適合敎師、學者、作家等廣泛知識的職業。

即使在痛苦、不受肯定或是沒有錢的時候，也會朝向目標、目的，毫不考慮的前進，非常的具有「忍耐力」。而且，只要正直、頑固、踏實的努力，日後就能夠靠自己的力量而得到大世界。

靈感與無慾的「行動星」

擁有「天馳星」者的宿命

在天上奔馳……。也就是說，天馳星的個性是「動」，而且速度非常快，是「忙碌」的「活動家」，不具有乖乖待著的持久力。

經常把自己放入緊湊的時間表中，這點最適合自己的個性。因此，天馳星的人，就算同時給他二、三件工作，他都能做得很好，而且認爲這是一種快樂。

因爲是「能夠堅持到最後關頭的星」，所以與普通人相比，即使在窮途末路時，也能夠產生瞬發力，而充分發揮天馳星的本領。

不管在任何情況下，都具有能夠度過危機的「不可思議的潛力」。因此，也擁有「瞬間的大器」、「市井的聖人」的匿稱。如果將岌岌可危的公司交給他，他能夠使其重新站起來。而且最懂得幫助陷入苦境的人，就如同上天交付給他「救護車」的使命一樣。

具有敏銳的「靈感」，以及充分的力量。能夠同時進行許多事物，因此無法一直待在同一個地方。對他而言，這是痛苦的事情，所以當然不適合坐辦公桌。

然而，缺點是勞動和經濟不見得能成正比。天生就不關心財力和名譽，但是由於「無慾」和「有很好的靈感」，因此本人並不在意這些事情。感情脆弱，是「好好先生」，沒有辦法在看到別人有困難時而坐視不顧。總是非常的「溫柔」，而且不求任何的回報，擁有「爽朗」的個性。

想到什麼就會立刻付諸行動，不過，若是不喜歡的事情，可能在中途就會立刻停止，所以很容易放棄。然而，被耍的卻是周圍的人，因爲這個星的感情和行動，就好像以超高速吹過來的颱風似的，想要配合他的步調是很困難的。實在是很難跟得上。因此，什麼事他都想要自己收拾，認爲以「單獨行動」的方式創造人生，對他而言比較容易。這可能是在於他是存在於宇宙空間的星，所以總是在脫離現實處具有不可思議的力量。

因爲忙碌才能引出才能，進而提升好運的人生，所以不可能有穩定和優閒的情況出現。但是，卻能藉著純粹的心和行動力，在自由業的世界裡拓展活動。

此外，由於是好動的星，所以，事實上在運動界有很多都是帶有天馳星的活躍者。

第四章　父母的繫絆

—父母與自己—

主精					
天沖殺		頭	☆	右肩	
左手		中心		右手	
左足		腹		右足	

在此藉著頭星與中心星，
可以知道你和父母的關係

頭部有「貫索星」者的父母

是非常穩重的父母，屬於獨立心極強的努力家，因此不適合居於人下的工作，大多經由一代就能努力建立事業。這個傾向強烈的表現在父親身上，也就是所謂的頑固父親。然而你自己又不服輸，所以很容易和父親發生衝突。但是，因爲很少依賴父母，在長大成人之後，便會建立對等關係。

你的中心星是貫索星或石門星——屬於非常類似的親子，具有好像在互相競爭頑固的有趣關係。雖然意見不同或有摩擦，但是卻能夠互相了解，好像兄弟一樣。

中心星是鳳閣星或調舒星——你的父母經常爲子女煩惱，對你疼愛得不得了。你是在父母強烈的情愛下順利成長的人。

中心星是祿存星或司祿星——大多感覺父母強迫你接受他們的意見，但是焦躁和忍耐卻能夠鍛鍊你。

中心星是車騎星或牽牛星——你們是頑固父母和急躁孩子的組合。瞬發力較強的你，可能會非常倔強，而令父母感到煩惱，最好保持穩重的應對態度。在人體星座表的某處如果出現龍高星或是玉堂星，可能有小衝突，但是不用擔心。

中心星是龍高星或玉堂星——事實上你是非常體貼父母的人。對父母而言，你會照顧他們，非常值得依賴。

頭部有「石門星」者的父母

具有社交性，人際關係廣闊，是屬於社會性的父母。但有時不具有家庭性，這個傾向強烈的表現在母親身上，而你的母親是在穩重的家庭中成長的。父母的能量都很強，具有獨立的氣概，大多是從事自營業或是自由業，而你也承襲他們堅強的性格。

你的中心星是貫索星或石門星——成爲沒有上下感覺，好像朋友一樣的親子。因爲不會聽從他人的意見，所以有時意見不同，但是不會因而產生摩擦。

中心星是鳳閣星或調舒星——父母非常擔心你，願意盡量爲你付出，一生都是圓滿的親子關係。

中心星是祿存星或司祿星——父母的個性堅強，容易強迫你接受他們的觀念，因此你會想要對他們敬而遠之。但如果你讓他們看到孫子，就會圓滿了。

中心星是車騎星或牽牛星——父母很辛苦，然而你的倔強和急躁令父母非常煩惱，是屬於經常有摩擦的關係。理性的對待能夠解救你。

中心星是龍高星或玉堂星——對父母敬孝的你，非常擔心父母。長大之後親子關係逆轉，變成你經常會照顧父母，而頑固的父母也會乖乖的順從你，並建立和平的親子關係。

頭部有「鳳閣星」者的父母

父母的性格是屬於大而化之的優閒型，也給你穩定的物質精神生活。雖然在重要的時刻也許缺乏忍耐力，但是與財力大小無關，能夠擁有精神的餘地，以自然體度過人生。

具有柔軟性，不會強迫子女，爲自己創造一個平穩的環境。

你的中心星是貫索星或石門星——父母比較吊兒啷噹，但身爲子女的你卻非常的踏實。很自然的父母會依賴你，而你也會儘可能的奉養父母。

中心星爲鳳閣星或調舒星——親子都非常優閒，好像朋友一樣，沒有明顯的上下意識。

中心星爲祿存星或司祿星——父母會將大量的愛灌注在你身上，是溫柔的父母。你從父母那兒得到很多物質及精神的支持，和父母的關係非常圓滿。

中心星為車騎星或牽牛星——慢步調的父母和行動型的你，會產生摩擦，然而感到焦躁的卻是你。所以，向父母學習擁有優閒的心也很重要。

中心星為龍高星或玉堂星——由於價值觀和感覺的不同，大多會對父母產生批判，而父母也會因為你的事情而使得情緒不穩定。如果在人體星圖表的某處有貫索星或石門星，則幾乎不會出現這種傾向。

頭部有「調舒星」者的父母

你的父母非常在意小事，為擔心症神經質，屬於感情脆弱、容易流淚的人情家。情緒起伏激動，絕不妥協，因此有時比較寂寞、孤立。

具有獨特的才能，為感性敏銳的藝術家型。但是，由於擁有特殊的癖性，因此身為孩子的你，會感覺耗費神經，或者是產生反感。

你的中心星為貫索星或石門星——雖然父母性格不是很率直，卻會對體貼父母且穩重的你敞開心扉，安心的依賴你。

中心星為鳳閣星或調舒星——與其說是親子，還不如說是好像朋友一般的對等關係。有很多同質的部分，就算有些摩擦也不用擔心。

中心星爲祿存星或司祿星——父母會注意細節，非常在意你，而你則坦然接受父母的恩惠。

中心星爲車騎星或牽牛星——感覺和生活方式都不同的親子。父母神經纖細的愛，讓你覺得很厭煩，使得衝突不斷，而這種傾向以中心星爲車騎星時最強。如果離開父母身邊，可能變成相合的關係。

中心星爲龍高星或玉堂星——會令父母擔心，與父母的緣份較淺，但是如果某處有貫索星或石門星就不要緊了。分居比較能避免衝突。

頭部有「祿存星」者的父母

屬於只要別人拜託，就絕對不會拒絕的好人。把照顧他人當成是一種喜悅，是非常親切的父母。重視義理人情，有財運，但是經常使用金錢。父母給與你一個經濟和精神都非常穩定的家庭環境，使你人生有一個好的開始。此外，要重視父母遺傳給你的犧牲奉獻精神。

你的中心星爲貫索星或石門星——不聽別人的話而且又頑固的你，常令父母感到煩惱。要考慮到父母的想法，並擁有柔軟的自我主張。

中心星爲鳳閣星或調舒星——你是非常懂得盡孝的溫柔者。此外，因爲你的誕生而增強了父母的財運，關係非常圓滿。

中心星爲祿存星或司祿星——由於心意互通，對於事物的想法和價值觀沒有任何的鴻溝，就好像好朋友似的親子關係，這種關係能持續下去。

中心星爲車騎星或牽牛星——父母持續將豐富的愛灌注在你身上，使你在精神及物質方面都蒙受極大的恩惠，而保持開朗的關係。

中心星爲龍高星或玉堂星——即使知道是出自父母的愛，但是仍會感覺被強迫，因而導致許多迷惑的關係。

如果過分強調自己的說法，可能會與父母產生摩擦，所以你會忍耐。但是，與其時常壓抑，後來暴發出來，還不如平常就敞開心扉與父母對話。

頭部有「司祿星」者的父母

非常重視家庭的安定，是非常體貼的父母。由於是踏實努力型，因此沒有冒險心。這個傾向非常強烈的表現在母親身上，她擁有踏實的生活方式，非常小心謹愼，因此對你照顧得無微不至。雖然能夠安全的守護你，但是，對於追逐夢或浪漫的人而言，似乎是比較彆扭的關係。

你的中心星爲貫索星或石門星——你的頑固令父母感到非常驚訝，不過如果人體星座表的某處有鳳閣星或是調舒星，就不會有這種情況發生了。

中心星爲鳳閣星或調舒星——你非常擔心父母的事情，會不斷照顧父母。由於溫柔的心意互通，因此對父母而言，你是非常難能可貴的孩子。

中心星爲祿存星或司祿星——是以對等感覺交往的開朗親子關係。對你而言，與父母的關係非常輕鬆。

中心星爲車騎星或牽牛星——能夠順從父母的想法，充分接受穩定的愛，所以不會承受來自父母的壓力。

中心星爲龍高星或玉堂星——屬於保守型、踏實的父母，可能會勉強你接受他的價值觀。因此，你會覺得很彆扭，想要敬而遠之，但是不要逃避，要表現自己。

頭部有「車騎星」者的父母

你的父母屬於勤勞者，沒有辦法一直待著不動。非常正直，但是不喜歡仔細思

考、講道理，喜歡快速展現行動，而且非常的勇猛。

沒有辦法忍耐育兒工作，比較急躁，具有乾脆的性格。而且不管說些什麼，事後絕對不會留在腦海中。

你從自己父母身上學到的，就是活動身體，勞動的尊貴。

你的中心星爲貫索星或石門星——沒有辦法跟上父母的速度，也許會有重苦感。這時千萬不要忍耐或是忽略，互相溝通是很重要的。

中心星爲鳳閣星或調舒星——是摩擦較多的關係。父母發過脾氣就忘了，但是如果中心星爲調舒星，可能會產生激烈衝突，所以千萬不要太過於神經質。

中心星爲祿存星或司祿星——對任何人都很親切的你，對父母的愛很強，屬於會照顧父母的孝順者。對父母而言，因爲得到來自你的許多恩惠，是非常幸福的人。

中心星爲車騎星或牽牛星——雙方都是乾脆的性格，因此，感覺好像朋友般爽快的親子關係。雖然有時意見不同，但是不會形成複雜狀況，且能互相溝通。

中心星爲龍高星或玉堂星——是將愛完全放在你身上的正直父母，而你也能從父母那兒學到很多的事情。

頭部有「牽牛星」者的父母

非常驕傲，具有強烈責任感，而且重視世間的體面。像這樣非常認眞的父母，總是以規規矩矩的生活爲主旨，因此教養嚴格，不具有融通性，有時會讓人覺得很難過。

認眞的他們，不喜歡冒險，缺乏趣味性，但是，保證能給你一個浮沈較少的安定環境，是以父親爲中心的家庭。對父母擁有感謝和敬意，不過你必須要自己磨練個性，並與父母保持緊密的接觸。

如果你的中心星是貫索星或石門星——由於父母不具有融通性，有時他的想法會讓你覺得很厭煩。注意不要讓壓力積存，要好好表達自己的意見和心情。

中心星爲鳳閣星或調舒星——對於討厭束縛的你而言，父母的意見會讓你覺得很囉嗦，但你的態度卻會讓父母誤以爲你對他不屑一顧。因此，如果有誤解時，就要立刻解開。

中心星爲祿存星或司祿星——你凡事都順從父母的心意，而且盡量讓父母高興，非常體貼父母。對擁有你的他們來說，可以說是擁有溫柔的孩子、最幸福的父母。

中心星為車騎星或牽牛星——心意互通，你們的關係就好像朋友般似的。你比任何人都了解父母踏實、驕傲的心情。

中心星為龍高星或玉堂星——雖然對嚴格的教養會產生抵抗感，但是你還是會接受，能夠充分得到父母的恩惠，是非常圓滿的親子關係。

頭部有「龍高星」者的父母

你的父母充滿冒險心、改革心，而且不會受到常識的束縛，為追求理想的人。看似穩重，但是內心隱藏的能量非常的強，總是沈默寡言，不會輕易表露眞心。同樣的，對子女也不會加以束縛，因而讓人覺得冷淡，為淡薄的親子關係。這也導致你很早就會脫離父母。

你的中心星是貫索星或石門星——雖然冷淡，但是父母很懂得養育子女，而且對你的情愛很深，具有圓滿的親子關係。

中心星為鳳閣星或調舒星——由於形態的不同，很難互相了解，父母過度的體貼反而會對你造成負擔。如果中心星是調舒星，會有反抗和曲折的傾向。對於事物不要採取消極的看法，要換一個觀點來看。

中心星爲祿存星或司祿星——對於希望安定、保守的你而言，很難接受父母的想法。因此，常會意見不同，在精神上也會造成父母的困擾。

中心星爲車騎星或牽牛星——能夠肯定父母獨特的生活方式，會爲了父母而盡量努力盡孝。

中心星爲龍高星或玉堂星——親子都具有智慧以及好奇心。親子之間並沒有上下隔閡感，就好像朋友一樣，能夠持續良好的關係。

頭部有「玉堂星」者的父母

對子女的愛非常強烈，爲熱心教育的父母。因此，容易囉嗦干涉，而這個傾向特別強烈的表現在母親身上，所以你會受到母親的強烈影響。很喜歡講道理，是具有向上心的理論派。在批評他人時，通常能夠一針見血，但是身爲子女的你，卻沒有辦法進行冷靜的判斷。

和具有強烈骨肉親情的父母之間，保持著開明的關係。

你的中心星是貫索星或石門星——父母可能對你過度保護或是干涉，但他們同時也是熱心教育的溫柔父母。對你而言，能夠和你建立圓滿的關係。

中心星爲鳳閣星或調舒星——對於感情派的你而言，他們好像是喜歡講道理、囉嗦的父母，總是和你意見不同。如果不能夠進行自我主張，可能事後會讓你自己痛苦。

中心星爲祿存星或司祿星——雖然很體貼、溫柔，但是卻不願意順從父母意見的你，會令父母焦躁、煩惱。

中心星爲車騎星或牽牛星——你非常在意父母，會爲了父母盡心盡力。這對於雙方而言，都是難能可貴的關係。

中心星爲龍高星或玉堂星——感覺非常類似，所以能夠保持朋友般快樂的關係。一旦學習同樣的事物時，更能夠增加喜悅。

第五章　你和兄弟姐妹的關係

—兄弟姐妹運—

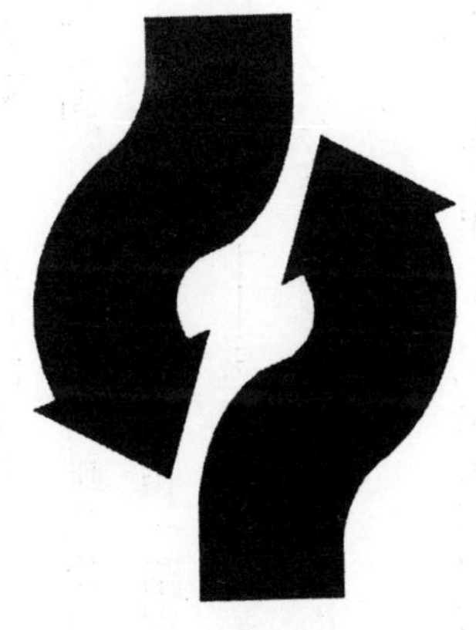

主精					
天沖殺		頭		右肩	
左手		中心		右手	☆
左足		腹		右足	

在此藉著右手星與中心星，
可以了解你和兄弟姐妹的關係

右手有「貫索星」者的兄弟姐妹

你的兄弟姐妹獨立心很強，是非常踏實的人。但是，不管有幾人，都是各自分散在不同的環境中成長，屬於「三雁分離」的兄弟姐妹運。各自的個性極強，頑固的想要走出自己的人生來。因此，會有離家或是離開故鄉的傾向。其中有的兄弟會繼承他人的工作或財物，而發揮長男的作用。

你的中心星是貫索星或石門星——都很頑固，而且自行其道。兄弟姐妹關係則是自己是自己，對方是對方，非常的淡薄。

中心星爲鳳閣星或調舒星——平常雖然是分開居住，但是當你遇到困難時，他們就會即時伸出援手，是溫柔、值得依賴、踏實的兄弟姐妹。

中心星爲祿存星或司祿星——是堅強的兄弟姐妹，但是，有時會對你強力灌輸他的意見，而使你逃之夭夭。爲了相處和睦，你必須要表現自己，因爲互相摩擦而使得雙方成長。

中心星爲車騎星或牽牛星——兄弟姐妹會被焦躁的你所連累，所以爲了避免引起問題，一定要充分的溝通。

中心星爲龍高星或玉堂星——你是非常體貼兄弟姐妹的人。當他們遇到煩惱時，你會像父母一樣的援助他們，努力的引導出圓滿的關係。

右手有「石門星」者的兄弟姐妹

重視與外人的交往，是社交家，屬於外觀較好的兄弟姐妹，不過，並不會因此而對家人太冷淡。交際範圍廣泛，很懂得照顧人，只要有時間，他是個很好的商量對象。與弟妹相處的情況會比和兄姐相處時要來得好。如果有幾位兄弟姐妹，其中可能有人會繼承家裡的事業。

而如果把兄弟姐妹的朋友也當成是自己的朋友，就會更快樂。

你的中心星是貫索星或石門星——雙方互不侵犯，能和睦相處，並順利發展兄弟姐妹關係。

中心星爲鳳閣星或調舒星——在有事的時候，會對你伸出援手，是值得依賴的溫柔兄弟姐妹。也可以說是以你爲中心，而使得兄弟姐妹團結起來。

中心星爲祿存星或司祿星——你不會反駁兄弟姐妹，感覺好像是被壓迫似的。然而對你而言，兄弟姐妹是迷惑的存在，所以要避免衝突，並且以自然體努力的表現自己。

中心星爲車騎星或牽牛星——焦躁、凡事都講求快速的你，和兄弟姐妹之間的步調及想法都不合，可能會連累兄弟姐妹，所以要注意。

中心星爲龍高星或玉堂星——體貼兄弟姐妹的你，會幫助他們、照顧他們，甚至有的人會代替父母照顧兄弟姐妹，因此具有良好的關係。

右手有「鳳閣星」者的兄弟姐妹

非常活潑，是具有大而化之性格的兄弟姐妹。無慾、性格溫柔，不喜歡工作，但是擁有廣泛的興趣，屬於希望優閒享受人生者。此外，衣食無缺。兄弟姐妹之間的關係良好，不管是誰遇到困難狀況，大家都能夠互助合作，解決問題。

兄弟姐妹之間不拘小節，什麼事情都能夠攤開來談，相處得非常快樂。

如果你的中心星是貫索星或石門星——穩重的你，能夠幫助兄弟姐妹。而不拘小節、優閒的兄弟姐妹是你心靈的休憩所，你們之間能夠維持良好的關係。

中心星爲鳳閣星或調舒星——兄弟姐妹和你一樣，擁有想要享受人生的想法，當然能在心靈上契合。你們就好像朋友一樣，具有乾脆的關係。

中心星爲祿存星或司祿星——對於踏實的你而言，非常嚮往保持自然體生活的兄弟姐妹。心意互通的兄弟姐妹能夠給你情愛和援助。

中心星爲車騎星或牽牛星——雖然沒有惡意，但是個性喜歡黑白分明的你，可能會因爲兄弟姐妹而感到焦躁，要盡量和兄弟姐妹保持良好的關係。

中心星爲龍高星或玉堂星——因爲你是優閒的人，所以容易與兄弟姐妹之間產生不協調的關係。惟有雙方互不干涉，才能夠使雙方幸福。

右手有「調舒星」者的兄弟姐妹

具有敏銳的感受性，自尊心極強、溫柔，是具有纖細神經的兄弟姐妹。討厭別人踏入自己的範圍，而且不願意展露自己的眞心，是喜愛孤獨的浪漫者。由於比較內向，所以你和兄弟姐妹的緣份比較淡薄，特別是同性的兄弟姐妹。總之，兄弟姐妹不值得依賴。

如果你的中心星是貫索星或石門星——你很重視兄弟姐妹所擁有的純粹心，對於那些依賴你的兄弟姐妹，你能夠支持他們所決定走的人生。

中心星爲鳳閣星或調舒星——只有二人時，能夠互相說眞心話，表露眞心，而成爲同志意識堅強的關係。

中心星爲祿存星或司祿星——兄弟姐妹喜愛溫柔的你，平常就會照顧你。在遇到困難時，總是儘可能的幫助你。

中心星爲車騎星或牽牛星——意見容易形成對立的關係，所以兄弟姐妹關係不算很好。但是，可以當成是一種人生學習，而將其轉爲好的影響。

中心星爲龍高星或玉堂星——就好像水和油的關係一樣，不論做什麼事情都是衝突不斷。由於雙方的感受性不同，因此應該互相尊重對方的自由。但如果人體星座表的某處有貫索星或石門星，就不用擔心了。

右手有「祿存星」者的兄弟姐妹

這類型的兄弟姐妹，具有八面玲瓏的要素，但是也有犧牲奉獻的精神。是好好先生，擁有一顆溫柔的心。一旦受人拜託時，總是無法拒絕，會過分接受，這也可以算是瑕疵。

但是，對你非常親切，當兄弟姐妹任何一人遇到困難時，就會團結一致，互助合作，形成關係良好的兄弟姐妹緣。

你的中心星是貫索星或石門星——你的頑固有時會傷害兄弟姐妹，所以不要光是貫徹自己的想法，有時也要傾聽兄弟姐妹的意見。

中心星為鳳閣星或調舒星——你非常體貼兄弟姐妹，而兄弟姐妹也能夠了解你追逐夢想、天眞的性格，所以會溫柔的包容你，而建立良好的關係。

中心星為祿存星或司祿星——能夠互相了解對方在想些什麼，而且不會干涉，是會讓人忘記年齡差距的兄弟姐妹。

中心星為車騎星或牽牛星——很會照顧人，是值得依賴的兄弟姐妹。你得到兄弟姐妹的恩惠，算是幸運者，兄弟姐妹之間當然能夠保持長久的良好關係。

中心星為龍高星或玉堂星——關係良好。但是，屬於好好先生的兄弟姐妹，在不小心遭遇到問題時，可能也會影響到你。有時問題會很棘手，就很難處理。

右手有「司祿星」者的兄弟姐妹

踏實、努力、溫柔、認眞的兄弟姐妹，具有小心謹愼的性格，因此在金錢方面比較看重些。你和姐妹的緣份比兄弟多，因此姐妹數比較多。而且，即使有哥哥或是弟弟，也是屬於會煮飯、燒菜、洗衣、打掃的家庭型的兄弟姐妹。總之，非常的溫馴，具有踏實的性格。當雙方都有家庭時，關係會更好。

你的中心星是貫索星或石門星——你的頑固可能會折騰兄弟姐妹，不要讓他們覺得很難親近你。

中心星爲鳳閣星或調舒星——關係良好，沒有問題。而且，你比較容易照顧兄弟姐妹。

中心星爲祿存星或司祿星——雙方都喜歡平穩，具有相同的價值觀。所以，相處得很輕鬆，話不必多說，也能夠保持心意互通的良好關係。

中心星爲車騎星或牽牛星——兄弟姐妹會疼愛你、幫助你，具有和睦的關係。對於擁有這麼好的兄弟姐妹運，你應該心存感謝才對。

中心星爲龍高星或玉堂星——對於不喜歡脫離範疇的兄弟姐妹而言，他可能會出口干涉你，讓你覺得有點麻煩、囉嗦。但是，與其爭吵，還不如好好的溝通，才能建立良好的關係。

右手有「車騎星」者的兄弟姐妹

這類的兄弟姐妹，是屬於一根腸子通到底的正直者。很容易發生爭執，但事後絕不會記仇。具有爽快的性格，是行動力超群的勞動者。喜歡忙碌的人生，擁有輕快的步伐，也有很多的勇氣。你和男的兄弟比較有緣份，而且你可以依賴他們。

有時比較急躁，但是隨時都能保持元氣，是朝氣蓬勃的兄弟姐妹。

你的中心星是貫索星或石門星——幼兒期可能只會互相爭吵，而且步調不合，但是不會受到兄弟姐妹的折磨。

中心星爲鳳閣星或調舒星——大多是格格不入的兄弟姐妹，所以不會特別照顧你。尤其調舒星的人會保持一定的距離，用以防止焦躁。

中心星爲祿存星或司祿星——是一刻也閒不住、非常忙碌的兄弟姐妹。而情愛頗深的你，也會照顧他。

中心星爲車騎星或牽牛星——非常正直，和你很類似。因此，基本上處得很好，但是可能會因爲急躁而有摩擦，可是在事後不會記恨。

中心星爲龍高星或玉堂星——在你遇到困難的時候，能夠以積極的行動力支持你的兄弟姐妹。

右手有「牽牛星」者的兄弟姐妹

屬於認眞、責任感極強，具有清廉性格的兄弟姐妹。非常驕傲，很注意世間體，希望過著規律的生活。如果是異性的兄弟姐妹，則非常的穩重。如果你的中心星爲陰（石門星、調舒星、司祿星、牽牛星、玉堂星），能夠得到兄弟姐妹的幫助。如果中心星爲陽（貫索星、鳳閣星、祿存星、車騎星、龍高星），則在兄弟姐妹當中，你最成功。

你的中心星是貫索星或石門星——能夠按照自己步調生活的你，會受到兄弟姐妹的干涉。就把他當做是人際關係的修行，側耳傾聽吧！

中心星爲鳳閣星或調舒星——對於在意世間體、不會冒險的兄弟姐妹，你能夠給予他們刺激，但是要記得不可以太過於嚴重。

中心星爲祿存星或司祿星——你能夠爲兄弟姐妹竭盡心力，是情愛頗深的人。兄弟姐妹之間關係非常好，但是過度援手會形成過於保護，一定要注意這一點。

中心星爲車騎星或牽牛星——步調和心意都能互通，所以能夠建立良好的關係。尤其是中心星爲牽牛星者，兄弟姐妹甚至攜手合作，並在工作上獲得成功。

中心星為龍高星或玉堂星——認眞、親切的兄弟姐妹能夠對你有所幫助，當然兄弟姐妹關係也會非常圓滿。

右手有「龍高星」者的兄弟姐妹

表面穩重，但是內心隱藏的能量極強。想要尋求自由的世界，充滿冒險心，是獨特的兄弟姐妹。因此，最討厭命令或是束縛，但卻不會正面衝突或是反抗，所以不知道他在想些什麼，在家族中是屬於異質的存在。

也不能說是沒有情愛，可是，對你而言，他可能是比較薄情的兄弟姐妹。具有很早就脫離父母身邊的傾向，也是能夠獲得成功的兄弟姐妹。

你的中心星是貫索星或石門星——雖然各自分居，但是卻經常想到你，是具有深情的兄弟姐妹。在萬一的時候能夠幫助你，是難能可貴的存在。

中心星為鳳閣星或調舒星——意見和行動都有衝突，最好保持適當的距離。萬一關係不睦時，要請親友調停。

中心星為祿存星或司祿星——雙方的個性不同，再加上你很倔強，所以關係不好。因為雙方都有親情，所以只要不干涉對方，就能和睦相處。

中心星爲車騎星或牽牛星——行動派的你，會盡量照顧兄弟姐妹，建立圓滿的兄弟姐妹關係。

中心星爲龍高星或玉堂星——因爲在無意識當中，存在著重視雙方自由的心，所以即使覺得非常的契合，也不會太過於接近。

右手有「玉堂星」者的兄弟姐妹

是冷靜的理論家，對任何事情都喜歡講道理，屬於智慧豐富的兄弟姐妹。具有強烈的骨肉親情，會爲了家人不斷努力，而且會照顧家人。

你的中心星是陽（貫索星、鳳閣星、祿存星、車騎星、龍高星），則兄弟姐妹很多。若中心星爲陰（石門星、調舒星、司祿星、牽牛星、玉堂星），兄弟姐妹比較少，甚至有可能是獨子。

依狀況的不同，有時兄弟姐妹可能會代替父母照顧你。

你的中心星是貫索星或石門星——是對你非常溫柔、體貼的兄弟姐妹，會盡量照顧你。而你也容易向他們撒嬌，擁有最好的兄弟姐妹關係。

中心星爲鳳閣星或調舒星——由於性格和價值觀不同，所以意見常會有摩擦，讓你覺得很麻煩。如果能夠盡量了解對方的心意，就能輕鬆相處了。

中心星爲祿存星或司祿星——你會向兄弟姐妹撒嬌，表現任性的一面，因此爭執較多。所以要努力保持自重，要記得相處和睦的關鍵是掌握在你手中。

中心星爲車騎星或牽牛星——你能夠接受兄弟姐妹的性格和意見，而且能夠加以尊重、援助，是具有行動力的人。

中心星爲龍高星或玉堂星——兄弟姐妹之間能夠分享知識或意見，然而一旦開始講道理時，可能互不相讓，這一點一定要多注意。

第六章　你的丈夫（妻子）是怎樣的人

—配偶運—

主精					
天沖殺		頭		右肩	
左手	☆	中心		右手	
左足		腹		右足	

在此藉著左手星與中心星，
了解你和配偶的關係

左手有「貫索星」者的配偶運

你的配偶是頑固的人，而且不會調整自己的步調，是朝向目的猛衝的類型。只要不干涉，應該能夠保持圓滿的關係。對男性而言，她可能是沒有辦法如你所願的妻子，但是卻是踏實者，而且大多會擁有工作，忍耐力極強，是值得依賴的人。對女性而言，妳擁有一個走著自己的生存步調，屬於大器晚成型的丈夫。他是一個獨斷獨行者，而和他相處的秘訣，就是巧妙的支持他。此外，他也是具有獨立的氣概，值得依賴的人。所以你不要焦躁，要信賴他。

你的中心星是貫索星或石門星——就好像是心意互通的朋友關係的延長，你們是保持平等感覺的夫妻。一旦頑固時會發生衝突，但是，只要認同雙方的意見，就會很圓滿。

中心星爲鳳閣星或調舒星——對於配偶的強烈自我表現，你不太在意。不過，配偶也會非常體貼你，並爲你盡心盡力。

中心星爲祿存星或司祿星——對你而言，對方的頑固是一種壓迫。如果持續忍耐，可能會使雙方之間的鴻溝越來越大。所以平常就要敞開心扉，表現自我。此外，子女是圓滿的根源。

中心星爲車騎星或牽牛星——你的存在，會給對方造成刺激，而有口角之爭。但是不要焦躁，要在心中擁有餘地，並朝外界擴展。

中心星爲龍高星或玉堂星——能夠包容對方的頑固，並藉著你的深情和溫柔，保持圓滿的夫妻關係。但是，一旦過度時，可能會被對方愚弄，因此，要保持平衡。

左手有「石門星」者的配偶運

你的配偶是懂得與人相處，朋友很多的社交家。雖然不具有家庭性，但是卻能豐富你的人際關係。就男性而言，專業主婦或是待在家庭中的主婦，不適合當你的妻子。必須是能和你成爲具有社會性的伙伴關係者，才會對你有好的影響。就女性而言，妳有一個重視交往的丈夫。一旦尋求家庭不滿時，可能會遭遇不滿以及夫妻失和。因此，要讓他做喜歡做的事情，而妳也可以發揮自己的才能。

你的中心星是貫索星或石門星——好像同志一般的伴侶，不會堅持己見，能夠共享苦樂，相處非常的圓滿。

中心星爲鳳閣星或調舒星——不只懂得與人相處，同時也非常重視你的溫柔。因此，是關係非常圓滿的伴侶，值得依賴。

中心星爲祿存星或司祿星——對於重視家庭的你而言，對方可能會令你感到焦躁。如果以小孩爲主，巧妙的製造遊戲日，就能夠避免麻煩。

中心星爲車騎星或牽牛星——因爲焦躁，你也會變得急躁，這時對方就會逃之夭夭。偶爾養成和雙方父母一起享樂的習慣，對你們有好的影響。

中心星爲龍高星或玉堂星——他會因爲得到你的愛情和援助而有所成長。對你而言，他也是能夠讓你自然產生這種關係的對象，是能夠成爲穩定關係的伴侶。

左手有「鳳閣星」者的配偶運

你的配偶非常開朗，是具有大而化之性格的人。雖然不是勤勞工作者，而且有時看起來也好像在偷懶，但是你應該向他的快樂學習。

就男性而言，你的妻子是非常輕鬆優閒的人，應該很會烹飪。就女性而言，妳的丈夫應該是具有旺盛的遊玩心，興趣廣泛、開朗的人。雖然出世慾比較弱，常讓妳膽顫心驚，但是，卻能過著穩定、和平的婚姻生活。

你的中心星是貫索星或石門星——他對你非常坦白，就像孩子一樣，你根本不會對他有任何的埋怨。他是有魅力的對象，而且會配合你的意思，所以很容易建立圓滿的夫妻關係。

中心星爲鳳閣星或調舒星——雙方能夠以自然體配合環境，並且和睦的相處。中心星爲調舒星者，也許有點焦躁，但是不必擔心。

中心星爲祿存星或司祿星——對你而言，對方優閒的生活態度和性格，可以給你好的影響，所以夫妻關係非常順利。

中心星爲車騎星或牽牛星——對方的優閒步調也許會讓你焦躁，但是不要說一些難聽的話，要共同擁有快樂的生活方式。

中心星爲龍高星或玉堂星——如果你有意想要以道理來攻擊他，恐怕會不順利。惟有重視雙方的感覺和感情，才能優閒的相處。

左手有「調舒星」者的配偶運

你的配偶神經纖細，是喜歡孤獨的藝術家型。非常執著於自我的世界，不懂得與人交往。如果你太接近他，也許會讓他覺得很厭煩。

就男性而言，你擁有一個不懂得與他人交往的妻子，但是她非常注意細節，而且個性溫柔，只是有時容易擔心。就女性而言，你擁有比較難以相處的丈夫，所有的意見或是指示都會造成不良的影響。因此，絕對不要出口干涉，要喜愛他的才能，才能共同踏上人生之路。

你的中心星是貫索星或石門星——你會有一個依賴你的配偶，可是他卻不易妥協，性格也比較不好。不過卻能夠對你敞開心扉，因而能夠建立良好的夫妻關係。

中心星爲鳳閣星或調舒星——你們是像朋友一樣的夫妻。如果中心星是調舒星，則會太過於細心。一旦疲累時，會造成反彈或摩擦，所以要不拘小節。

中心星爲祿存星或司祿星——是比較封閉的配偶，但是照顧你卻不遺餘力，充分表現溫情。由於他是非常溫柔的人，所以可以建立圓滿的關係。

中心星爲車騎星或牽牛星——單純的你和纖細的他，容易發生衝突。因此你不能夠急躁，要接受對方的性格。

中心星爲龍高星或玉堂星——你的配偶不具有協調性，具有纖細的性格，若採用理論武裝會造成不良的影響。所以，不要失去愛心，必須要重視二人之間個性的差距。

左手有「祿存星」者的配偶運

你的配偶很喜歡幫助他人，如果別人有事拜託他，他絕對不會說不。然而，太好說話可能會造成浪費，但就當成是積德好了。就男性而言，你擁有性格堅強的妻子。她非常親切，對任何人都能灌注同樣的情愛，因此交友廣闊。就女性而言，妳的丈夫在愛情和財力兩方面都非常的強而有力，是希望得到他人認同的男性。所以，妳也要好好的表現自己對他的感謝與愛。

你的中心星是貫索星或石門星——你一旦率直的表現自我時，可能會傷害對方，所以要溫柔的撒嬌，不可以表現任性的一面。

中心星為鳳閣星或調舒星——你自然體的溫柔體貼，能夠成為他心靈的支撐，而共享興趣和遊戲，並建立圓滿的關係。

中心星為祿存星或司祿星——雙方互相體貼，因此關係和睦。由於你的伴侶個性開朗，而且與你心意互通，所以即使有衝突，也不會發生什麼大問題。

中心星為車騎星或牽牛星——在經濟面和愛情面上，你都能充分滋潤你的配偶，所以能夠過著滿意的婚姻生活，應該要心存感謝。

中心星爲龍高星或玉堂星——非常親切，但有時會強迫你，讓你覺得憂鬱。如果忘了感謝的心，會使雙方關係不睦。

左手有「司祿星」者的配偶運

你的配偶具有踏實的性格，能夠營造出努力、踏實的人生。也許不懂得描繪廣大的夢想和浪漫，卻是重視家庭的和平型，所以能夠得到衆人的信賴。

就男性而言，專業的主婦是你理想的妻子。也許比較無趣，但是卻能讓你安心的把家庭交給她。就女性而言，妳的丈夫能夠爲家庭和子女建立一個安定的生活基礎，做事非常小心謹愼，比較保守，在人生中比較不會有大的波濤。

你的中心星是貫索星或石門星——是意見摩擦較多的關係，而原因大多是來自你的頑固。因此，必須要擁有傾聽對方意見的肚量。

中心星爲鳳閣星或調舒星——你要積極協助配偶建立他的理想家庭，而且任何事情都要互相商量。只要二人互助合作，就能成爲圓滿的伴侶。

中心星爲祿存星或司祿星——爲了建立安定、溫暖的家庭，就必須要互助合作，才能過著快樂的婚姻生活。而當目的明確時，心意的互通能夠讓你們發揮良好的團隊精神。

中心星爲車騎星或牽牛星——他是充滿情愛的配偶，對你會盡量犧牲奉獻，任何事情他都會很高興的爲你去做。比較節儉，有時會讓你感到很彆扭，但是二人關係圓滿。

中心星爲龍高星或玉堂星——他對任何事情都喜歡出口干涉，但是卻也表示了他的性格很認眞，所以你不要對他發洩你的不滿。

左手有「車騎星」者的配偶運

你的配偶非常的勤勞、認眞，是正直者。性格急躁，凡事黑白分明，對任何事情都會快速展現行動力，是非常忙碌的人。如果你是男性，你的妻子是喜歡勞動身體的勤勞者，與纖細無緣，是屬於女丈夫型。雖然不太會做家事，但是卻能營造開朗的家庭氣氛。如果妳是女性，妳的丈夫工作非常忙碌，充滿精力。雖然非常焦躁，但是從不記恨，具有爽快的性格。

你的中心星是貫索星或石門星——一旦有摩擦時，原因就出在你的頑固和對方的焦躁。只要運用雙方的理性和智慧，互補缺點，就會變成有趣的伴侶。

中心星爲鳳閣星或調舒星——由於對事物的想法和步調不同，容易產生問題。所以不要惹對方生氣，要努力表現自我。

中心星爲祿存星或司祿星——你會尊敬配偶，並且照顧他，然而對方還是很焦躁，不過能夠與你保持圓滿的關係。

中心星爲車騎星或牽牛星——有時心意互通，有時不通，有時會爭吵，但是事後不會記恨，能夠建立如朋友般的夫妻關係。

中心星爲龍高星或玉堂星——動作乾淨俐落，會照顧你，是有元氣的配偶。擁有身爲理性派的你所沒有的魅力，因此雙方具有和睦的關係。

左手有「牽牛星」者的配偶運

你的配偶非常的驕傲，責任感很強，是認眞的人。重視社會的面子，希望建立規規矩矩的人生，因此，也許給人比較艱苦的感覺。

如果你是男性，你的妻子比較認眞、有潔癖，在家庭生活和育兒工作上，都能夠正確的完成。而且會遵從家風和良知的規範，是能夠支持你的踏實妻子。如果妳是女性，妳的丈夫有很強的自尊心，是踏實的人。會好好的訂定生活計劃，絕對不會做一些有勇無謀的事情，所以能夠過著安定的人生。

你的中心星是貫索星或石門星——你的頑固和配偶的驕傲會產生摩擦，所以必須要理性的找出問題的原因。

中心星為鳳閣星或調舒星——當你以自我為中心時，會傷害對方，所以要盡量了解對方的性格，並且好好的相處。

中心星為祿存星或司祿星——你會對配偶灌注情愛，並且努力符合對方的希望，是擁有豐富情愛的人，而二人之間的關係也很圓滿。

中心星為車騎星或牽牛星——雙方都能保持輕鬆、積極、開朗的態度，是清爽的朋友夫妻。

中心星為龍高星或玉堂星——你會依賴對方，並從對方那兒學到很多，是難能可貴的配偶。二人的關係和睦，能夠過著順暢的婚姻生活。

左手有「龍高星」者的配偶運

你的配偶討厭束縛，喜歡追求自由，因此沒有辦法將家庭當成安居場。內心隱藏著不受世間體或常識拘束的大膽性格，對人生抱著浪漫的憧憬。

如果你是男性，你的妻子是不適合待在家庭中的理論派妻子。她具有才幹，而你會得到她如母親或是姐姐般的寵愛。如果妳是女性，妳的丈夫是具有冷靜和激動二方面表現的自由人，所以不適合當上班族，而且是具有創造力的人，會向你撒嬌。

你的中心星是貫索星或石門星——配偶會為你竭盡忠誠，而你也能夠從他那兒吸收到很多的事物，在婚姻生活中能夠得到極大的成長。

中心星為鳳閣星或調舒星——因為對方和你的想法和感覺都完全不同，會造成很大的煩惱。所以，你們必須從認同雙方的自由開始。

中心星為祿存星或司祿星——因為對方是討厭束縛的人，所以你的親切有時會讓他認為是好管閒事，要放鬆一點才能建立良好的關係。

中心星為車騎星或牽牛星——你的配偶能夠接受你的盡心盡力，而你的愛情則會成為配偶的能量來源，因此婚姻生活圓滿。

中心星為龍高星或玉堂星——雙方都喜歡自由，擁有不受常識限制的新生活方式。是獨特的伴侶，也會有爭吵，但是不失開朗。

左手有「玉堂星」者的配偶運

你的配偶看似安靜、溫柔的人，但是卻是充滿智慧的理論家型。具有旺盛的向上心，對於古典事物的關心度極強，非常重視傳統。

如果你是男性，你的妻子非常照顧家人，對你會灌注如母親般溫柔的情愛，是能夠讓你敞開心扉、撒嬌的對象。

如果妳是女性，有可能會嫁給年紀比妳小的丈夫。他非常的溫柔，妳們溫和人生的波濤非常平靜。

你的中心星是貫索星或石門星——配偶會支持你。由於他擁有豐富的情愛和知性，能夠藉著婚姻生活而使你再度成長。

中心星為鳳閣星或調舒星——由於對方經常對你灌輸理論，有時你會覺得配偶非常囉嗦，但是要稍微忍耐，盡量向他學習。

中心星為祿存星或司祿星——二人可能會發生摩擦，但是要仔細傾聽對方的想法，並努力達成協調。

中心星為車騎星或牽牛星——你會為了配偶不斷的犧牲奉獻，而對他來說，你則是一大支柱，所以具有強烈的夫妻繫絆。

中心星爲龍高星或玉堂星——就好像同班同學似的，爲同等資格的伴侶。能夠透過分享知識和意見，在人生旅途上共同成長，建立良好的婚姻生活。

第七章　你擁有怎樣的孩子

——子女運——

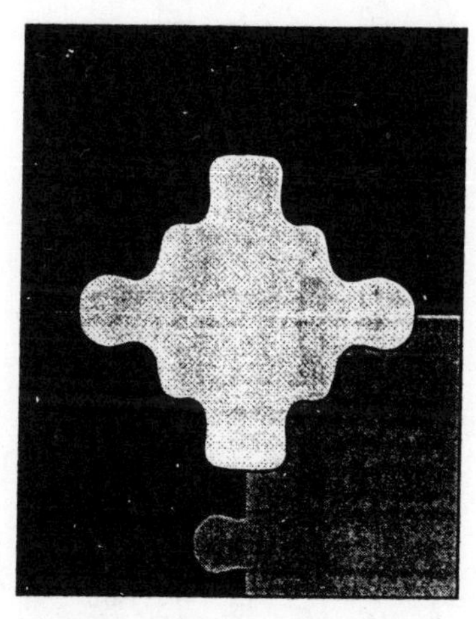

主精					
天沖殺		頭		右肩	
左手		中心		右手	
左足		腹	☆	右足	

在此藉著腹星與中心星，
了解你和子女的關係。

腹部有「貫索星」者的子女運

堅忍不拔，是非常清楚自己意志的孩子。基本上是保守型，不喜歡爭辯或是反抗，但是也討厭他人的指示或是束縛。非常的頑固，貫徹自己的想法。撒嬌和依賴心較少，不具有協調性，但是卻能配合自己的步調而開闢自己的道路，是屬於長距離跑者。因此要持續給他信賴與支持，平常則要側耳傾聽他的希望和想法，不要勉強或是說教，並注意雙方的了解和溝通。

你的中心星是貫索星或石門星——好像鏡子一般的親子，但由於意見不同，可能因爲頑固而有摩擦。然而只要能互相了解，就能建立好像親友般的關係。

中心星爲鳳閣星或調舒星——你能夠公正的傾聽孩子的解釋，而你的孩子則擁有極強的獨立心，是能夠體貼父母的子女。你是能夠保持開朗親子交流的「子福者」。

中心星爲祿存星或司祿星——你是非常溫柔的父母，但是，可能會帶有鋼鐵的意志，會強迫子女。所以，有時會受到子女的折騰，而秘訣就是要具有柔軟性。

中心星爲車騎星或牽牛星——你具有乾脆的性格，但會單純的對孩子灌輸自己的價值觀。這樣一來，容易成爲「不講理的父母」，因此要巧妙的運用智慧。

中心星爲龍高星或玉堂星——教育熱心的你，會因爲子女而煩惱。特色是親子衝突較少，具有圓滿的關係。不過，如果軌道鋪得太長，可能會出現過於保護的缺點，一定要特別小心。

腹部有「石門星」者的子女運

表面溫柔，和任何人都能和睦相處，是懂得結交朋友的孩子。但是，內在非常的頑固，不願意與周圍的人配合或是順從。對於父母兄弟或是年長者、長輩，具有平等意識，好像朋友一樣，一旦你想要支配他時，任何事情他都會反抗你。因此，要在團體當中培養他不失去自己的和睦性，並培養他的觀察力和統御力，這樣他就會不拘小節，也能夠重視朋友。

你的中心星是貫索星或石門星——爲沒有上下意識的同格親子型。互相認同雙方的想法，可能也會有一些小摩擦，但卻是正直開朗的關係。

中心星爲鳳閣星或調舒星——也許你不相信，但是他的確是體貼父母的子女。在內心深處非常在意你，在有事的時候，一定會爲你盡心盡力。

中心星爲祿存星或司祿星——重視與朋友的交往，將家人擺在次等地位，不聽父母的話。所以，在小時候就要建立親密的親子關係，讓他覺悟，儘早自立。

中心星爲車騎星或牽牛星——行動快速的你，和子女的步調不合。如果勉強他，會造成很深的斷絕。與祖父母理性的對應，會成爲潤滑劑。

中心星爲龍高星或玉堂星——你會爲子女犧牲奉獻，但若太過於溺愛，會教養出任性的孩子。所以，一定要擁有冷靜的眼光。

腹部有「鳳閣星」者的子女運

非常優閒的孩子，喜歡遊玩，享受快樂，但是卻不喜歡努力用功或是勤勞工作。不過，與未來的不安或焦躁無緣。最好保持自由的自然體，對於他的享受人生，不要太過於在意。當然父母可能會擔心，孩子太過於優閒是否會成爲缺乏幹勁的「偷懶者」？其實只要好好的培養他的柔軟性就可以了，如此一來，快樂也許會更多。

你的中心星是貫索星或石門星——你非常擔心孩子過度大而化之的未來，動不動就出口干涉，是很懂得照顧孩子的父母。在必要時可以給與他課題或是負擔。

中心星為鳳閣星或調舒星——親子一起享受優閒的遊戲，從興趣和遊戲中，能夠創造開朗、快樂的人生。這種傾向，尤其是中心星為鳳閣星時更強。

中心星為祿存星或司祿星——看似優閒，但其實非常的踏實，具有看穿現實的眼光。是能夠對父母盡孝的子女，並與父母保持良好的親子關係。

中心星為車騎星或牽牛星——優閒型的子女和行動派的你，步調容易混亂。所以，有時要停下來、蹲下來，擁有共同享受快樂的餘裕。

中心星為龍高星或玉堂星——非常疼愛孩子，但是要巧妙的控制一下。對於自然志向的孩子而言，一旦造成過重負擔，會使他的個性萎縮。

腹部有「調舒星」者的子女運

擁有敏銳的感受性，以及纖細的神經，屬於藝術家型的孩子。對於任何的事物和人，都要求完美，追求浪漫，是非常溫柔、寂寞的人。可是，由於反抗心很強，而且絕不妥協，一旦你太過於嚴格時，可能會傷害他。然而太過於寵愛他時，又可能會造成他的任性。所以，在十五歲之前的教育方式，以及對待方式非常重要。要趁早發現他豐富的才能，或是使他的才能覺醒，盡量的發揮，這是父母重要的責任。

你的中心星是貫索星或石門星——擁有信念，是非常疼愛子女的父母。但是，太過於盡心盡力，甚至到了犧牲的地步時，可能會教養出好惡偏激、任性的孩子，一定要注意這一點。

中心星爲鳳閣星或調舒星——具有相同形態的感覺，與其說是親子，不如說好像朋友關係一樣。

中心星爲祿存星或司祿星——你的孩子具有人情味，非常纖細。他非常在意你、體貼你，會配合你的親情，並成爲你的支持。

中心星爲車騎星或牽牛星——單純、乾脆型的你，和神經纖細型的孩子，因爲型態的不同而產生不協調。所以，一定要盡量豐富孩子的情愛表現。

中心星爲龍高星或玉堂星——感性派的子女和理論派的父母，不但雙方無法互相了解，反而會消除其特性或是才能，因此，最好以朋友的態度互相接近。

腹部有「祿存星」者的子女運

你的女兒較多，與女孩的緣份較深。子女的性格富於奉獻精神，而且情愛豐富。此外，也是非常雄壯的穩重者。當別人拜託他時，絕對不會說不。遇到別人遭遇困難時，也絕對不會坐視不管，是喜歡照顧人，受人歡迎者。

對於金錢和愛情的關心度極強，因此，在日常生活當中，一定要趁早加以指導。而對於異性覺醒也較早，是屬於早熟型，所以友善的談話非常重要。

你的中心星是貫索星或石門星——子女可能難以抗拒你的頑固，所以應該要將手中的韁繩放鬆一下，並要擁有足夠的享樂時間。

中心星爲鳳閣星或調舒星——你的大而化之以及自然，能夠與子女同化，優閒的培養出子女的優點和魅力。

中心星爲祿存星或司祿星——價值觀和對事物的感受完全相同，沒有鴻溝，能夠建立好像朋友般輕鬆的親子關係。此外，如果能夠一起學習事物就更棒了。

中心星爲車騎星或牽牛星——你的孩子具有行動力，會盡量照顧你，而且絕對不會斷絕親子關係，具有圓滿的親子關係。

中心星爲龍高星或玉堂星——你是會答應子女要求的父母，而且爲了避免子女養成浪費的習性，必須要從幼少期開始就劃清界線。

腹部有「司祿星」者的子女運

擁有喜愛家庭、個性溫柔的子女。如果是女孩，則是非常穩重、值得信賴的人。然而不論男女，都是認眞努力型，能夠踏實的建立不危險的人生。具有建立家庭的才能。即使是男孩，也能巧妙做家事，而得到周圍衆人的喜愛。可以趁早讓他養成幫忙料理、洗衣、掃地、縫衣服的習慣。此外，要以自由的形態讓他自由的擴大範圍，但也要注意不要使他脫離範圍。

你的中心星是貫索星或石門星——在不知不覺中，你的倔強是否會對他造成壓迫呢？爲了不使他未來的性格變質，所以一定要大而化之。

中心星爲鳳閣星或調舒星——你是照顧孩子不遺餘力的父母，而你的溫柔則會成爲養育子女的水。但是太過分也不好，一定要斟酌情況。

中心星爲祿存星或司祿星——完全沒有上下關係，就好像朋友一樣的親子關係。當你想要展現父母的威嚴時，可能會遇到困難，是對子女比較放鬆的父母。

中心星爲車騎星或牽牛星——具有家庭性、溫柔的子女，能夠幫助你保持穩定的親子關係。

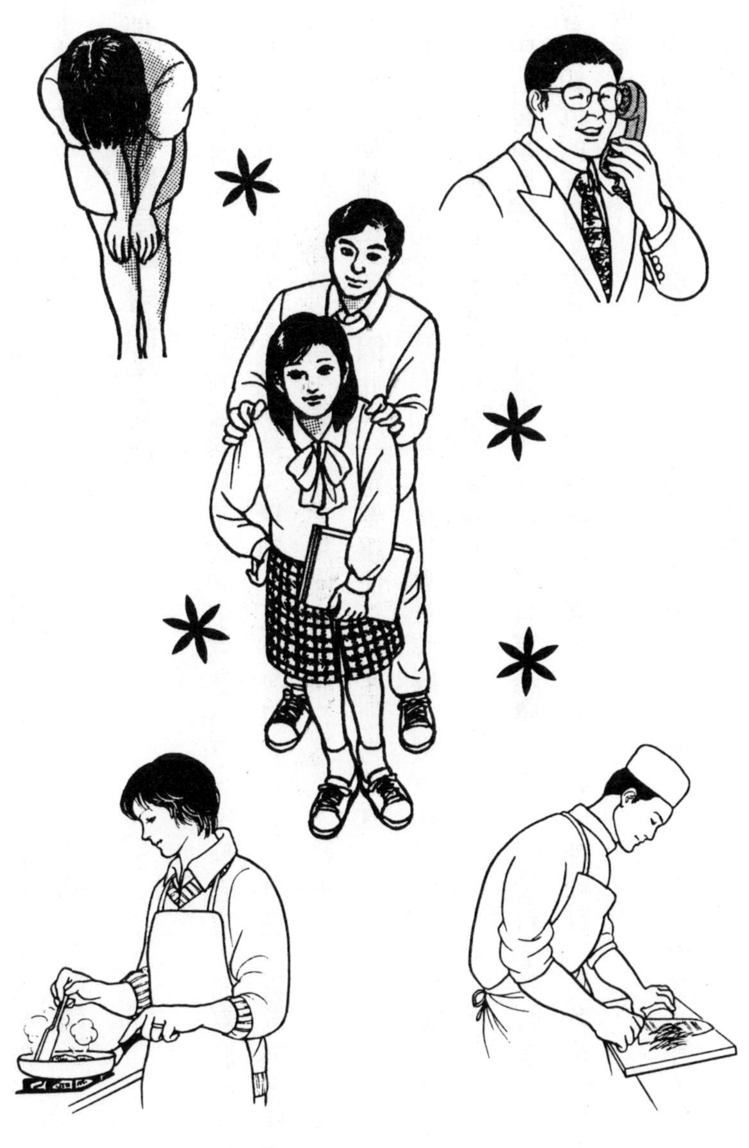

中心星爲龍高星或玉堂星——可能會受到子女的意見所影響，或者覺得子女的要求讓你產生一種沈重。如果由於配偶擔任疏通的角色，應該就沒有問題了。

腹部有「車騎星」者的子女運

男女都非常活潑，是具有威勢的子女。不喜歡坐下來冷靜思考，而喜歡活動身體，具有超群的行動力。不拘小節、單純、正直，具有爽朗的個性。喜歡展現快速的行動，但是動不動就容易生氣，非常焦躁，可能容易與人發生爭執。不過，活動身體反而能使精神安定，因此，一定要讓他養成運動的習慣。

你的中心星是貫索星或石門星——你會被焦躁、很有活力的孩子折騰。所以如果由祖父母出面，較能保持順暢的關係。

中心星爲鳳閣星或調舒星——也許你沒有實際感受到，但是對子女而言，你是不容易親近的父母，尤其是中心星爲調舒星者。注意不要太神經質，要多花點功夫表現愛。

中心星爲祿存星或司祿星——你是會持續傾注情愛的父母，對子女而言，是能夠撒嬌的父母。但是，注意不要過度保護。

中心星為車騎星或牽牛星——能建立良好的親子關係，但是雙方都很焦躁，動不動就容易發生爭執，還好事後都不會記恨。

中心星為龍高星或玉堂星——你的子女非常擔心父母，會不斷展現行動。如果中心星是玉堂星，則非常的孝順，會以父母為優先考慮。

腹部有「牽牛星」者的子女運

認眞、非常驕傲、純眞的子女。責任感極強，很有禮貌，很懂得照顧周圍的人。非常在意他人對於自己行為和能力的反應，常要求他人給與評價，因此，絕對不會忽略小的行為或努力，而你也不可以太大而化之。

要好好的觀察他、認同他，該稱讚他的時候，就要給與稱讚，這會讓他有極大的鼓勵和喜悅。如果頭一個孩子是男孩，能夠成為值得依賴的繼承人。如果是女孩，則是女系家族開始的象徵。

你的中心星是貫索星或石門星——萬一孩子給與你什麼刺激，你絕對沒有辦法表現出安閒的態度來。所以，父母必須要成為智慧袋，才能建立順暢的關係。

中心星為鳳閣星或調舒星——你們給人的感覺是感性不同的親子，所以你必須要自我擁有情愛，而且要盡量關心子女。

中心星爲祿存星或司祿星——在無意識當中，你會成爲情愛過多的父母。關心並不是不好，但若是過度照顧，反而會使孩子失去自立心或是個性。

中心星爲車騎星或牽牛星——你們是會成爲好朋友、好的競爭對手、好的爭吵對手的友善親子。雖然有一些衝突，但事後不會記恨，所以總是能重修舊好。

中心星爲龍高星或玉堂星——擁有極強的責任感，是能體貼父母的溫柔子女。尤其頭一個孩子會成爲值得依賴的人，而且子女會好好照顧你。

腹部有「龍高星」者的子女運

小時候就具有天生的洞察力，是能夠了解大人話語的子女。本能中擁有旺盛的想法和情感，但不會表露出來，所以有時很難掌握他到底在想些什麼。然而內在具有非常棒的創造性、無與倫比的耐心，以及大膽的冒險心，是一位努力家。當決定目標時，能與任何世界的人同化，自由奔放的發展其能力與個性，是具有浪漫氣息的子女。

你的中心星是貫索星或石門星——是重視父母的子女，就算將來住在遠處，還是會經常想起你。

中心星爲鳳閣星或調舒星——意見不同的你們，仍然可以維持良好的親子關係。可是摩擦很多，這時你的兄弟會成爲你們的救星。

中心星爲祿存星或司祿星——有時子女會覺得你的情愛有壓力，如果不想浪費你的體貼，秘訣就是父母都要溫柔的對待子女。

中心星爲車騎星或牽牛星——你的情愛是爽朗中帶有細緻，是非常懂得教養子女的父母。子女會把你的情愛當成養分，而得到豐碩的果實。

中心星爲龍高星或玉堂星——你們是分享知識，充滿向上心的親子。就好像學校的前輩與晚輩，或者是關係良好的朋友，是非常開朗的親子關係。

腹部有「玉堂星」者的子女運

你的孩子非常的穩靜沈著，是屬於學究派的性格。比較喜歡講道理，但是因爲是知性派，反而非常的聽話，能夠在環境中「學習」，然後提高並形成自我的能力。要加強向上心，並擁有豐富的觀察力、判斷力以及學習力，就能夠感受到父母、兄弟等強烈的親戚繫絆。擁有溫柔之心，不會脫離時代、家族系統、體制、環境等的範疇，能夠過著穩定、毫不勉強的生活。

你的中心星是貫索星或石門星——你的子女非常纖細、優雅，會把父母的幸福當成是自己的幸福，非常的孝順。因此，幸福的你，千萬不要太任性。

中心星爲鳳閣星或調舒星——理論派的子女和感覺型的你，由於對事物的觀點不同，因而產生對立時，可以請你的兄弟出面幫忙。

中心星爲祿存星或司祿星——子女認爲有時候你太過於勉強他們，給他們太大的壓力。而當產生這種反應時，可由你的配偶出面調解。

中心星爲車騎星或牽牛星——你非常疼愛子女，是忙著工作的父母。你擁有聰明、驕傲的子女，但千萬不要過度保護，以免事後後悔。

中心星爲龍高星或玉堂星——雖然是親子，但任何事情都能互相商量，也能彼此交換知識和構想，具有向上心。因爲得到根本的了解，而成爲愉快的親子關係。

第八章　為你帶來幸福的對象

—人際關係—

主精					
天沖殺		頭		右肩	
左手		中心	☆	右手	
左足		腹		右足	

在此藉著你的中心星與對方的中心星，了解雙方的相合性。

中心星有貫索星的你的相合性

與中心星有「貫索星」者的相合性

你是頑固的人，在事情進行順利的時候，是穩重的人。但是一旦意見不同時，會向對方強烈灌輸自己的意見。此外，相似的二人，能夠享受快樂的交友關係。

如果是工作關係者，雙方的協調性淡薄，所以要採取柔性的態度。若是部屬，不喜歡受人指使，是靠自己力量努力的人。只要能掌握他本人的步調，就可以將基本的工作交給他做，而且一定能夠進行得很順利。若是上司，是屬於獨斷獨行型。但是如果你願意乖乖的跟隨他，可以從他那兒學習到很多的事物，而且是值得依賴的人。如果有天南星，再加上政治力，能在這一方面有所發展。

如果是戀人，不要深陷其中，也不可太過於露出本性，而導致雙方失和。否則，會引起很多的爭執，必須要靠雙方的心態來培養愛。

與中心星有「石門星」者的相合性

堅忍不拔，是和任何人都能夠相處良好的人。基本上是具有和睦的關係，只要你不表現頑固，會是非常好的朋友。

如果是工作關係者，打基礎和交涉事情是他的範圍，而你則可以按照自己的步調，高興的去做。若是部屬，上下意識淡薄，具有不隨聲附和的性格，因此要從整體的觀點來談話。若是上司，即使地位差距很大，仍然能夠進行對等的交往。而且對你也非常友善，你可以學習他那成熟大人的生活方式。如果有天極星，他會好好的照顧你。

如果是戀人，感覺好像朋友伴侶似的。但是一旦長期交往之後，可能會表現出自己強勢的一面，所以還是必須要斟酌情況。

與中心星有「鳳閣星」者的相合性

他能夠照顧你，也會對你伸出援手。即使是你那強烈的個性，他也能接受，是比較大而化之的人。因此，你們能夠達到順暢的交流。

如果是工作的相關人士，是創意功夫非常好的人，而且對你的意見也表現強烈的關係。若是部屬，行事不會魯莽，而且具有柔軟性。若是上司，在工作上能留餘地，是一個玩心豐富的人。在優閒中擁有獨特的觀點，能夠牢牢掌握住你的性格和特色，很多事情都會拜託你去做。

如果是戀人，步調吻合，而且是由你當主導者。但是如果經常出口干涉，反而會勒緊自己的脖子。因此，有時要將方向盤交給對方，你也比較輕鬆。

與中心星有「調舒星」者的相合性

神經質、感性極佳的人，喜歡單獨行動。即使長期交往，也必須要保持一定的規矩，不要讓對方覺得厭煩。

二人的相合性很好，而想要長久保持二人關係的秘訣，就是「若即若離」。

如果是與工作有關的人，有才能但是不服輸。如果你表現出頑固的一面，會使他產生強烈的反抗感，惟有穩重才能發揮二人的力量。若是部屬，很難配合體制行動，必須要有你的支持才能發揮能力。若是上司，是深情的人。爲了使仰慕自己的人高興，會盡心盡力，所以你可以敞開心扉向他撒嬌，或者是表現任性的一面，而這也表示他對你有正面的評價。

如果是戀人，好像是很難取悅的人。因此，你很擔心，會不斷的照顧他。但是如果照顧過度反而會覺得疲累，應該重視雙方的自由。

與中心星有「祿存星」者的相合性

很懂得照顧人，但絕對不是弱者。如果你一再強調自我主張，不讓步，會使得雙方關係不佳，所以一定要自重。不管怎樣，因爲都是由你主導的交往方式，所以要站在對方的立場上爲對方考慮。只要擁有這種溫柔，就能順利發展關係。

如果是工作的關係者，你的勉強會對這個人造成壓迫感，所以要以寬容的心對待對方。若是部屬，希望得到認同，所以對他的優點一定要誇張的給與好評。若是上司，是具有強烈表現慾、強壯的人，所以不要去找出他的缺點，要對他的優點表示敬意。以這樣的方式交往，他就能夠回應你的好意。

如果是戀人，對方天生就是犧牲奉獻者，因此，容易由你掌握主導權。有時候要停下腳步，表現出被動的一面。

與中心星有「司祿星」者的相合性

是穩重的人，不過小心謹愼及保守性會使你焦躁。但是，如果你一再的表現自我，即使是善意，也會成爲對方的沈重負擔。因此，最好保持君子之交淡如水的態度。

如果是工作關係者，非常認眞，但是比較消極，所以任何事情都必須由你掌握主導權。關於經濟方面，事實上他是一個很吝嗇的人。若是部屬，是最適合處理蓄積型工作的人才，不過也許要花點時間和耐心來培養他。若是上司，是絕對會避免危險、會繞道而行的人。他不會讓你冒險，而你也可以學習他的信用。

如果是戀人，而你是男性，她應該是一個樸素型的女性，絕對不會浪費，可以安心與她交往。如果妳是女性，他可能會經常對小事發牢騷或表現不滿，但是這只是他的個性，妳不必太在意。

與中心星有「車騎星」者的相合性

焦躁、黑白分明的人，容易使你的步調混亂。一旦你表現頑固的一面時，二人一定會產生摩擦。

雖然對方不太講道理，但由於具有爽快的個性，因此你就在心中默唸「承認失敗就是獲勝」，把它當成是一種修行好了。

如果是工作關係者，首先你要了解，他是不願意仔細思考的行動派。若是部屬，是勤勞者，會展現快速的行動，而你一定要充分的跟從。若是上司，屬於突飛猛進型，你一定要訓練自己來配合他的步調。如果磨磨蹭蹭，他一定會生氣。

如果是戀人，而你是男性，則對方是一根腸子通到底的人，比較焦躁，因此會有很多爭執，但不會記恨。如果妳是女性，他沒有辦法安靜下來。假如持續配合他，與他交往，會感到疲累，所以不要勉強。

與中心星有「牽牛星」者的相合性

是責任感極強，認眞的人。但是對你而言，似乎會感覺比較彆扭。

此外，如果刺激對方的自尊心，會造成二人關係不睦。只要不是一味的黏著他，就能得到踏實的交流。

如果是工作關係者，一旦強烈表現自我主張時，一定會刺激到他的自尊心，而得到不良的結果。若是部屬，雖然不具有融通性，但是卻非常認眞，可以給他明確的目的。若是上司，遵從體制，是屬於官僚型的人。對你可能比較嚴格，但是如果有天堂星，就是具有極佳提拔後進才能的人。

如果是戀人，具有純粹的性格，有潔癖，是值得信賴的人。但是一旦想法和價值觀不同，而你再表現自己的頑固，對方也不可能接受。所以，潤滑劑是理性而又溫柔的對應。

與中心星有「龍高星」者的相合性

雖然不會對他人坦白，可是卻非常在意你，所以會支持你。在看到你有困難時，他伸出援手，非常難能可貴，平常就要重視與他的交往。

如果是工作相關者，由於氣息吻合，是絕妙的搭配組合，而且可以在理想的狀態下，使工作順利的進行。若是部屬，具有多方面敏銳的觀察力，能夠成爲你好的智囊團。若是上司，能夠從他那獨特構思的工作態度中，學到很多。不論是在公、私方面，你都是一個幸福者。如果擁有天將星，堪稱「動亂的英雄」。

如果是戀人，而你是男性，她就好像姐姐或母親一樣，會照顧你。你可以對他表現任性的一面，向她撒嬌。如果妳是女性，他能夠好好的培養妳，坦白是使二人關係圓滿的秘訣。

與中心星有『玉堂星』者的相合性

你不會對他人阿諛奉承，但是卻能輕鬆的找人商量。他能夠幫助你，而且是眞的想成爲你的力量。就算他喜歡講道理，你也能以大而化之的態度包容他，而成爲一生的朋友。

如果是工作關係者，你想做什麼他都會讓你做，二人具有支持的關係。若是部屬，是非常有智慧的人，而且二人的心意互通，能夠成爲你的左右手。若是上司，不論公私都很親切，甚至可以形成家族的交往。他能夠看穿你的能力，培養你豐富的知識。

如果是戀人，則是會爲你犧牲奉獻的人。如果你是男性，她會付出類似母愛的犧牲，可能會對你造成過度保護。然而不論男女都是値得依賴的對象，但是切記不可太任性。

中心星有石門星的你的相合性

與中心星有「貫索星」者的相合性

是比較任性的人，但是卻能和你友善的交往。

容易固執己見，但如果你擁有柔軟的社交性，二人就可以建立好像兄弟一般的親密關係。

如果是工作關係者，是可以二人三腳的朝向目的，並且合力到達目的地的對象。若是部屬，很討厭別人指示他，所以要仔細聆聽他的意見，充分的給與他思考的空間。若是上司，是很喜歡工作的人。可能不具有協調性，但是卻和你心意互通。如果有天貴星，具有提拔後進的能力。

如果是戀人，對方是自立心較強的人，所以絕對不要讓他產生競爭心，要尊重他的藉口。此外，你具有社交性，但是戀人不具有社交性，一定要注意這一點。

與中心星有「石門星」者的相合性

雙方都非常重視與他人的交往，具有這個共通點。因此，不論是一對一或是在團體中，都能夠輕鬆的應付。但是一旦發生互不相讓的事態時，可能會造成難以收拾的局面，所以要以積極的和睦性，巧妙的與對方交往。

如果是工作關係者，可以超越立場，進行廣泛的交往，就好像朋友一樣，相處非常順利。若是部屬，可能不會順從你，但是如果你沒有上下意識，事實上他會成爲你得力的左右手。若是上司，因爲他是不在意上下關係的人，所以你能夠優閒的進行工作。如果擁有天馳星，是能夠發揮堅忍力量的人。

如果是戀人，具有相似者的關係。在好的時候，雙方都很高興，然而一旦想要表現自我時，可能會讓對方討厭，所以「不要忘記初衷」。

與中心星有「鳳閣星」者的相合性

不管任何狀況，都能夠接受，是絕不勉強的人。你的想法、喜好，或是支持，他都能夠完全接受，而且能讓你發揮你的所長……，能建立很好的朋友關係。

如果是工作關係者，並不是勤勞者，但是由於你居於主導的地位，不論是二人一組或是在團體中，都能夠順暢的進行工作。若是部屬，他能和你相處得很好。如果他喜歡現在的工作，那麼，即使放任不管，也能夠持續發展。

否則，最好一起來想想快樂的方法。若是上司，比較大而化之，能夠享受工作，具有大器，能夠接受你。

如果是戀人，而你是男性，則和可愛的對象能夠分享悲喜，可以建立輕鬆的關係。如果妳是女性，他會很想照顧妳，而成爲令周圍人都羨慕的神仙伴侶。

與中心星有「調舒星」者的相合性

屬於纖細、擔心的人，需要依賴你的鼓勵，才能夠擁有朝氣。

個性比較彆扭，也許會讓你覺得很疲累，但是他會對你敞開心扉，而你可以按照自己的步調，毫不勉強的和他交往。

如果是工作關係者，容易摻雜好惡的情感，所以要以溫柔的態度來掌舵。若是部屬，雖然擁有一些好的靈感，但是因爲情緒起伏不定，則一旦受到壓抑時，只會反抗。

如果是上司，雖然同志很多，但是敵人也很多。具有豐富的才能，但是卻很難相處。而你若無其事的體貼，會令他感動不已。

如果是戀人，是很好的組合。對方討厭受到束縛，比較容易情緒化，所以你可能比較勞心勞力。然而，過度犧牲奉獻，可能會造成不良影響，所以只要推測狀況的緩急，就沒什麼問題了。

與中心星有「祿存星」者的相合性

具有旺盛服務精神的溫柔者，和富於社交性的你，是很好的組合。雙方都有溫柔的外表，但是內在卻非常強韌。一旦想要表現自我時，就會產生摩擦，因此要重視親密關係。

如果是工作關係者，他是非常踏實，具有現實思考的人。而你的想法也很容易與他互通，是很好的組合。若是部屬，當你站在對等的立場來討論事情時，他就能配合你的步調，拚命努力工作。若是上司，是經濟觀念發達的人。能夠有效的運用你，也能夠接納你的意見，因此二人的關係不錯。

如果是戀人，他會爲你犧牲奉獻，希望你能愛他。爲了雙方的幸福著想，對於他的親切和努力，適時表達感謝之意則非常重要。一旦習慣之後，而不再表達謝意，對方會認爲你是冷淡的人，那麼，對方就很可憐了。

與中心星有「司祿星」者的相合性

基本上二人的價值觀不同，他是追求樸素穩定型的人，與喜歡華麗的你無法並肩齊步。但是，如果能夠了解這一點，盡量提拔對方，也許能夠成爲異質組合的交友關係。

就工作關係而言，如果想努力配合對方，會造成壓力積存。但如果不是一對一，即加入成爲潤滑油的其他人，就能避免直接的衝突。

若是部屬，是屬於絕對不會逾越範圍的人。就算在內心不高興，還是會勉強遵從。若是上司，他會時時爲你打氣，你的意見他也會接受，但是如果不避免高壓手段，就會產生爭執。

如果是戀人，由你掌握主導權而持續關係。但是對方是纖細的人，可能會不滿足，因此，你一定要了解他的性格。

與中心星有「車騎星」者的相合性

在進行二人三腳時，如果跟不上對方的腳步，就會跌倒，而你們就是處於這種關係。由於想要配合對方的步調，但卻非常的辛苦，因此想要逃走。對方是即使和你發生爭執，也覺得無所謂的人。雖然焦躁，但是沒什麼慾望，只要不侵犯他的領域，能夠發展出很有趣的關係。

如果是工作關係者，轉換立場能夠互補，事實上是非常獨特的組合。若是部屬，不適合坐辦公桌，最好給與目的，讓他盡量去展現行動。他會高高興興的努力，但是你必須覺悟到，可能有時得爲他收拾善後。若是上司，對工作非常熱心，是純粹的人，也就是所謂能幹的人。因此，你可能會處處受到壓抑。

如果是戀人，沒有忍耐心，是動不動就會生氣的正直者。雖然有小摩擦，但是如果你是成熟的大人，就能夠長期持續這種關係。

與中心星有「牽牛星」者的相合性

普通交往沒什麼問題，然而一旦想要深入交往時，可能因齒輪不合，而會發生問題。非常驕傲，但也很認眞，是會令你感到疲累的人。所以，保持距離交往，才能發現他其實是非常認眞、値得信賴的人。

如果是工作關係者，公私分明比較好，主導權可以交給自負心很強的這類人。若是部屬，不具有融通性，但是可以好好的完成工作，要注意他這個優點。若是上司，是重視面子的體制型，欠缺趣味性。所以，一旦你失禮時，他就會討厭你，一定要小心謹愼。

如果是戀人，非常誠實、穩重，但是有時讓人覺得很無聊。交往的範圍感覺很狹隘，所以不要將不滿積存在心中，在平常就要表現出來。

與中心星有「龍高星」者的相合性

個性很強的自由者，對你非常關心，想要建立親密交往關係。你不會奉承這種人，所以對對方的親密如果感到厭煩時，就要淸楚的表達出來。長期交往的秘訣，就是不必考慮太多。

如果是工作關係者，頭腦靈活，想要和你一起順利的工作，因此會得到他的幫助。若是部屬，有很好的領悟力，也會有一些奇特的構思，是非常獨特的人才，會對你竭盡忠誠。若是上司，具有旺盛的改革心，並且擁有豐富的能力。不只是在工作方面，甚至在私人方面都能夠給與你援助和指導。

如果有天堂星，是屬於大器晚成型，將來必有發展。如果是戀人，就好像你的哥哥姐姐一樣照顧你，而你也非常的穩重，二人可以成爲互相依賴的伴侶。

與中心星有「玉堂星」者的相合性

安靜的理論家，與年齡無關，會爲你著想，是在各方面都能掌握主導權的存在者。當遇到困難時，他會伸出援手，盡量支持你。

如果是工作關係者，是學習家，爲頭腦聰明者，甚至會讓你想要三顧茅廬去請他出來與你攜手合作。若是部屬，非常了解上下禮節，非常順從，會努力工作，是你最好的左右手。若是上司，那麼你是很幸運的人。他非常的敏銳溫馴，會不斷的提攜你。如果你任性，他也會給你當頭棒喝。如果有天堂星，他會成爲你「絕佳的支持者」，讓你出人頭地。

如果是戀人，會爲你犧牲奉獻。你不只要將他當成你的戀人，還要將他當成你的最佳了解者，好好的與他交往。

中心星有鳳閣星的你的相合性

與中心星有「貫索星」者的相合性

是獨立心極強、踏實的人，沒有辦法對你放任不管，所以在各方面都會顧慮到你。對於優閒的你而言，他就好像一呼喚就會回應你的救助神，所以你一定要維持與他的交往。

如果是工作關係者，事實上是波長吻合的組合，能夠順暢的進行工作。若是部屬，是靠著自己的力量往上爬的努力家，你可以放心的把工作交給他。若是上司，雖然是屬於獨斷獨行者，但是對你而言，卻是極佳的組合。

把一切都交給他，你只要跟從他就可以了。如果有天馳星，他是能夠在最後關頭發揮威力的人。

如果是戀人，雙方都能夠了解對方的心情，是非常好的伴侶，可以讓你撒嬌。如果你是男性，不要讓她只對你擁有經濟上的依賴心。

與中心星有「石門星」者的相合性

雖然不言不語，但是有時候卻會照顧你的人。

雙方都是非常懂得與他人交往的人，希望能夠擴大交友範圍，因此，二人能夠建立和睦關係。

如果是工作關係者，把你比喻為車子，他就是駕駛，是理想的組合，能夠享受達成目標的駕駛之旅。若是部屬，雖然不能追隨你，但是卻能夠與你保持協調。因為你懂得知人善任，使得在下位的他就好像如魚得水一樣。若是上司，你就好像他的掌中物一樣，他會盡量照顧你，同時讓你發揮優點。

如果是戀人，他會努力照顧你。不僅讓你安心，同時也能夠度過快樂時光，是非常好的伴侶。

與中心星有「鳳閣星」者的相合性

關於遊玩方面，二人是非常好的組合。興趣和感覺相合，而且也是很好的談話對象。

因爲二人非常類似，所以不容易從對方那兒得到刺激，或是學習到許多事物。

如果是工作關係者，是很容易搭配的組合，可以互助合作。若是部屬，是個性開朗的二個人，你可以毫不顧慮的給他指示。但是如果過於強迫他，他就會表現出懦弱的一面。若是上司，在辦公室沒有緊張感，是在一片祥和的氣氛中工作。但是缺點是不具有影響性，所以你必須要主動提出一些創意功夫。

如果是戀人，能夠擁有戀人關係，同時你們也會像朋友一樣。在長期交往當中，和朋友快快樂樂度過的時光比二人獨處的時間還多。

與中心星有「調舒星」者的相合性

他是對於小事也會產生纖細反應的人，而你是悠哉悠哉、大而化之的性格，因此，會覺得很疲累。

不要太在意，以被動的方式與對方交往，才能避免壓力和摩擦。

如果是工作關係者，容易產生不同的見解。對他在意細節的個性，你要以達觀的態度處之，不要被他折騰，要平心靜氣的處理。若是部屬，首先要爲他去除不安材料，你的樂觀態度會解救他。若是上司，具有敏銳的感覺，但是卻太過於緊張。

你一旦觸怒了他，可就糟糕了，所以必須要小心謹慎，以開朗的態度應對較好。

如果是戀人，情緒起伏激盪，很容易吃醋，所以二人交往會產生困難度。你要貫徹「保護者」的任務，秘訣則是盡量接受他。

與中心星有「祿存星」者的相合性

雙方都有體貼之心，是能夠長期互助合作的關係。你所說的話，以及所做的事，會對這個人造成好的影響。因此，你是他的依賴，是他的必須品。

如果是工作關係者，二人的感覺吻合，所以能夠順利發展事物，展現好的成果，是非常好的組合。

若是部屬，你大而化之的態度和毫不吝嗇的支持，會使這個人有充分發展的空間。若是上司，勇猛中帶有溫柔，會活用你的優點。只要你遵從這個人的指示，就能發揮實力。

如果是戀人，心靈繫絆很強，會成爲爽快、開朗的伴侶。你會對他竭盡忠誠，而對方也會因而擁有豐富的情愛。

與中心星有「司祿星」者的相合性

溫厚、不喜歡與人爭執的人。

雖然是保守型，但是對於你的親切和建議卻能乖乖的遵從。是能夠爲你盡心盡力的人。

如果是工作關係者，話不多，但是卻擁有很好的關係，能夠順暢的進行事物。如果某處有天庫星，在金錢方面是比較吝嗇的人，這一點你必須要了解。若是部屬，是屬於小心謹愼的溫馴型，對你的意見會全面聽從。若是上司，是保守型，喜歡安定志向的工作，和你也有圓滿的關係。

如果是戀人，不論是在精神或是物質方面，你都是「給與者」，能夠保持長期、穩定的交往。

與中心星有「車騎星」者的相合性

盡可能希望擁有優閒步調的你，和行動派的他，步調不合。也許對方會焦躁，但是只要憑著你的才幹，保持他是他、我是我的淡然態度，就可以避免衝突。

如果是工作關係者，想法大多沒有辦法相同。但是不要焦躁，要盡量捧對方，就能樹立很好的方針。若是部屬，對方可能太過於勇猛，因此，你要找一個能夠搭配他的伙伴，和他一起工作。若是上司，雖然有威力，但是比較焦躁，任何事情都會很快下結論。對你而言，可以當成是使自己行動迅速的修行。

如果是戀人，彼此互相吸引，但是會有很多摩擦。雙方的性格都不穩重，因此必須藉著體貼抵消缺點。

與中心星有「牽牛星」者的相合性

雖然對方是認眞、踏實的性格，在想法上也會有不同，但是因爲有強烈自制心，所以能夠配合你的步調前進，因此你可以表現出積極、大而化之的態度。不過，你必須要考慮到自己的言行，不要讓對方感覺不滿。

如果是工作關係者，他能夠彌補你的疏忽之處。若是部屬，是責任感很強的人。會仔細訂立計劃，發揮作用，所以你可以把工作交給他，則自己會更輕鬆。若是上司，是能夠充分活用組織力的人。他認爲你的自由是一種不認眞的態度，所以爲避免壓力積存，一定要努力表現，傳達自己的想法。

如果是戀人，對方是比較驕傲的人。爲避免他受傷，不要忘記你的溫柔。如此一來，在不知不覺當中，你的努力就會有收穫。

與中心星有「龍高星」者的相合性

喜歡自由，討厭束縛，是你們的共通點。但是也有完全不同的一面。個性相合，比較輕鬆，但是可能你會配合他的步調前進。你所擁有的「自然體」，是建立良好關係的秘訣。

如果是工作關係者，他擁有你所沒有的觀點，所以要把指導權交給他，並向他學習。若是部屬，是溫馴的人，但在內心裡卻是充滿著浪漫情懷的冒險者，所以要指示他明確的目標。若是上司，富於改革精神。你一旦表現得太優閒時，他可能會給你比較嚴格的課題，讓你去發揮。

如果是戀人，而你是男性，則風波比較多。如果妳是女性，長期的交往會讓妳感到疲累，課題則是要盡量發揮雙方的才幹。

與中心星有「玉堂星」者的相合性

一旦這個人滿口道理時，兩人之間的關係會惡劣，並且產生一種敬而遠之的感覺。不要太在意，只要發揮你溫柔和穩重的魅力，二人就能夠繼續交往下去。

如果是工作關係者，要配合這個人的步調前進。不過，因爲你是屬於被動的自然體，所以能夠順利的與他相處。

若是部屬，感覺派的你和理論派的他，能夠互補。但是如果稍微產生摩擦時，你可能就很難配合。若是上司，爲垂直思考型，具有旺盛的知識慾。因此，理論很多，對你也會形成好的刺激。

如果是戀人，就像親戚一樣，對你非常的親切。有時會讓你感到不自由，並造成壓力，這時就要清楚的表現出來。

中心星有調舒星的你的相合性

與中心星有「貫索星」者的相合性

雖然是頑固的人，但是卻非常關心你，所以能夠成爲奇妙的組合。

雙方都沒有協調性，因此在長期交往當中，可能會產生摩擦。喜歡獨自性的二人，只要不踏入對方的範圍，就能建立良好的關係。

如果是工作關係者，一旦強調自我主張時，可能很難相處，但是卻具有值得依賴的力量。若是部屬，霸氣能夠給你安全感。所以不要囉嗦細節，只要把工作交給他去做，就能產生最佳效果。若是上司，雖然是獨斷獨行者，但是卻會照顧你，所以你可以安心的發揮自己。

如果是戀人，非常的穩重，會爲你著想。當強烈的自我表現和親切一起出現時，就會變成很好的愛。

與中心星有「石門星」者的相合性

對你有好感，非常重視和你的關係。你是好惡強烈、比較纖細的人，但是對於這個人卻不必太過於在意，這樣就能長期保持輕鬆的交往。

雖然是不同型，但是卻是波長吻合的朋友。

如果是工作關係者，可以一對一的進行交往，但是爲了這個人著想，甚至團體工作也無妨。若是部屬，他會成爲你和其他人之間的接著劑，是非常理想的支持者。若是上司，具有廣泛的人際關係以及政治力，能夠看穿你的性格和優點，並讓其發揮出來，而且會不斷的提拔你。

如果是戀人，能夠了解你難以相處的性格，會體貼你。這個人是非常懂得與他人交往的人，所以你也不必勉強自己展現配合的行動。

與中心星有「鳳閣星」者的相合性

纖細的你，會讓人以爲好像沒有感覺，而且很容易焦躁，但事實上內心卻很溫柔。你不拘小節，與他相處可以建立魅力關係。如果是工作關係者，能夠讓你發揮自由性。

若是部屬，你可能會認爲他是一個偷懶者，這時可以對他發牢騷。若是上司，是非常乾脆的人。就像孩子一樣天眞無邪，能夠使你放鬆的工作。而對於你敏銳的感受性，他也有好的評價，你應該學習他自然天性的寬大胸懷。

如果是戀人，你太執著，而對方太不在意，因而產生鴻溝。但是如果把它當成好的影響，就會使得關係圓滿。

與中心星有「調舒星」者的相合性

雙方都具有敏銳的感性，不會讓對方覺得不自由，就好像從對方身上可以看到自己似的。所以，透過長期的交往，能夠成爲重要的朋友。同樣是討厭束縛的個性派同志，相處的秘訣就是不要太過侵犯對方的領域。

如果是工作關係者，不要太情緒化。由於很容易依好惡來判斷事物，所以需要保持客觀。若是部屬，不必多說也可以使雙方的意思溝通。若是上司，對他人的好惡分明。如果他不喜歡你，你就糟糕了。但是如果感覺相合，即使是保持自然體也無妨。

如果是戀人，一旦產生深刻的嫉妒或是獨佔慾時，就讓人覺得很不自由，而無法順利相處下去。所以，要尊重對方的纖細，與他溫柔的相處。

與中心星有「祿存星」者的相合性

非常仔細的你，能夠和這個人輕鬆交往。

對方是踏實的人，會照顧你，而你也會經常找他商量。

如果是工作關係者，可以彌補這個人所忽略的細節，而建立順利的關係。若是部屬，要將他照顧得無微不至，但若照顧過度，可能會遭遇失敗，所以必須要斟酌狀況。

若是上司，他會把你視爲珍寶，把你捧上天。而你能得到好的環境，並且放心的發揮自己的力量和感性。

如果是戀人，雙方都非常溫柔，不過你比較細心、會擔心。雙方都很重視對方，是非常好的關係。

與中心星有「司祿星」者的相合性

不只是表面，連內心都會互相吸引，非常的在意這個人，因而可能會過度出言干涉。如果不是單方面的表現，或者是太囉嗦、太過分，就不會造成摩擦，而能夠建立良好的關係。

如果是工作關係者，能夠欣然接受你的意見，經由互助合作而完成好的成果。若是部屬，你可能會囉嗦細節，造成過於保護的現象，這點你要控制自己。若是上司，他擁有你所欠缺的浪漫。能使你發揮才能，也許要花一段時間，但是由於他踏實、絕對不會脫離既定範疇的個性，所以你應該要配合他的期待而努力。

如果是戀人，非常溫柔，比較愛吃醋。所以，你要盡量做到能讓他安心的行爲。然而束縛太緊時，連你也會感到困擾。

與中心星有「車騎星」者的相合性

在交往上是屬於困難較多的關係。

他很急躁，而你又神經質，如果雙方無法找到妥協的方法，可能會引發事端。

要把它當成是你的修行，欣然接受，並貫徹「忍」字。

如果是工作關係者，二人的組合會釀成悲劇。可是如果有一個緩衝者加入，就會變得比較輕鬆了。若是部屬，他是大而化之、行動派的勞動者。只要你不囉嗦，他就能做得很好。若是上司，是屬於喜歡黑白分明的首領型。

行動迅速，可能會暴發焦躁的情緒，但是不會記恨。在颱風過境之後，你就要賺取時間，如果拜託他，他會很照顧你。

如果是戀人，比較急躁，卻是正直溫柔的人。雙方的爭執較多，但是不要因此而悲觀，也不要在意，要努力發現對方的優點。

與中心星有「牽牛星」者的相合性

如果要順利發展下去，就必須要了解雙方的性格。因爲對方是非常驕傲的人，常因表現愼重的言行，而在不知不覺中傷害你，不過你不要太在意這類的小節。

如果是工作關係者，必須了解立場在何處，要有禮貌，雙方要用心的交往。若是部屬，非常認眞、嚴肅。而感覺派的你，可以當成是打破他舊有型態的刺激劑。若是上司，是具有能量的人。自制心很強，可能和性格化的你不合。但是如果你想要學習組織內的生存方式時，他是很好的典範。

如果是戀人，要充分了解對方是有潔癖、非常驕傲的人，要多注意。如果表現任性的態度，雙方關係會破裂，所以不要忘記初衷。

與中心星有「龍高星」者的相合性

非常討厭命令或束縛，是二人的共通點。性格雖然有差距，但是只要注意不要表現任性的態度，就不會產生什麼大麻煩。

如果能夠以新鮮的心情接受不同的感性，則能從對方那兒得到很多。

如果是工作關係者，大膽的言行可能會震驚眾人，因此，你必須要仔細的多顧慮他一些。若是部屬，把他侷限在某一個範圍內，只會產生反效果。而且一旦發生衝突時，可能後果難以收拾。所以，讓他做他想做的事情（雖然感到很擔心），也是一種方法。若是上司，是理想較高的個性派。要配合他的要求可能會很辛苦，但還是可以試試看。

如果是戀人，由對方掌握主導權。若採用強力束縛，他可能無法長期忍耐你，所以一定要重視雙方的自由，以這樣的方式交往下去。

與中心星有「玉堂星」者的相合性

是水火不容的兩種型態。

屬於感情家、敏感的你，和冷靜理論家的他，沒有辦法吻合。

如果想要勉強發展順利的關係，可能會引起問題。只要在必要時配合，保持淡淡的關係，反而能有更好的發現。

如果是工作關係者，是凹凸互補的搭配組合。若是部屬，不要在意對方凡事喜歡講道理的態度，只要注意他的優點，會對你有幫助。若是上司，是屬於你難以應付、邏輯性的人。要對自己的感情有自信，並接受他的磨練，這樣對雙方都有良好的影響。

如果是戀人，可能成爲像父母一樣，過度保護的照顧你，而且照顧得無微不至。爲避免讓對方覺得他的親切成空，因此有時候你必須要表現出自己的感情。

中心星有祿存星的你的相合性

與中心星有「貫索星」者的相合性

擁有自己想法的人，是無法妥協型。因此，和你意見不同時，可能就很難應付。就算與他發生爭執，你也無法獲勝，所以要學習他那和你不同的個性較好。

如果是工作關係者，是你能夠認同的人。可以給與較大的刺激，否則，最好當一個好聽衆。

若是部屬，是屬於自我心極強的努力型。要經常和他一起吃吃喝喝，並在祥和的氣氛中討論工作，才能奏效。若是上司，必須要全面遵從這個人的步調，就把它當成是一種磨練好了。

如果是戀人，在他表現溫柔時，兩人關係順暢。此外，在他倔強的時候，你也要一笑置之，才能夠避免爭執。

與中心星有「石門星」者的相合性

剛開始時，可能會進展不順利。

他可能會對你的言行產生意外的反應，而令你感到迷惑。但在長久交往當中，由於對雙方的個性非常了解，所以會非常重視對方。

如果是工作關係者，看起來好像很溫和，但其實是絕不妥協的人。只要配合這個人的步調進行，就沒問題了。若是部屬，雖然是個好好先生，可是卻具有堅忍不拔的性格，而且在團體中能夠發揮所長。如果是上司，有原則話和真心話，是屬於外柔內剛型。具有統御力，是個中好手，對你而言，就像是砥石一樣。

如果是戀人，看起來非常速配，但是只是表面服從，內心裡不見得會服從他人。如果你表現霸氣的一面，一定會產生衝突，要了解這一點。即使和對方有了摩擦也不用在意，一定能夠維持良好的關係。

與中心星有「鳳閣星」者的相合性

對方比較大而化之，不過內心卻很纖細，會經常想到你，因此，能夠保持理想的人際關係。

不管在任何時候，都會成爲你的同志。在遇到困難事態時，能夠伸出援手。

如果是工作關係者，能夠讓你放輕鬆工作。雙方都不會勉強對方接受自己的想法，能夠保持順暢的互助合作關係。若是部屬，看似優閒，但是當你想發憤圖強時，他也能夠配合你。若是上司，對你而言，是最好的關係。

因爲他會守護身爲自然體的你，並爲你盡心盡力。

如果是愛人同志，他能夠給與你豐富的愛，是非常棒的人。非常優閒，不會在意細節。當有事發生時，他很值得依賴。

與中心星有「調舒星」者的相合性

非常會照顧人，把你照顧得無微不至。太過於使用纖細的神經，有時候會感到疲累。如果接受他的好意，而且不會讓你有重擔，才能持續長久的交往。

如果是工作關係者，他會盡量的追隨你，會配合你的步調來進行工作。若是部屬，由於太過於仔細，所以比較不大膽，但是可以發揮感覺上的優點。若是上司，會要求細密的工作。如果他經常對你提出忠告，表示他很喜歡你。可是如果你自認為博得了他的好感而向他撒嬌，可能會使二人的關係不睦。所以，不論做什麼，都一定要做得最好。

如果是戀人，是屬於好惡較多、情緒化的人。你一定要對他盡心盡力，即使是面對一些困難，也不要太在意，這樣才能夠維持圓滿的關係。

與中心星有「祿存星」者的相合性

雙方都有想要幫助他人的想法，因此能夠建立和睦的關係。然而，這個時機能夠巧妙的吻合，當然沒問題，但如果有差距，可能會發展為意見的衝突。所以，不要太侵入對方的領域，要重視良好的關係。

如果是工作關係者，想要表現讓對方認同的心情時，可能會相處不睦，不過可以盡量稱讚對方。若是部屬，表現驕傲自大的態度會令他反感，所以一定要用原有的溫柔來栽培他。若是上司，你們之間有很多的共通點，但是卻沒有辦法互補，能夠受影響的方面也比較少。可以藉著具有異質感性的人參加，而完成工作。如果有天將星，則是個性非常溫和的人。

如果是戀人，有時相處得相當好，但有時也會發生小摩擦。如果二人之中有人想要表現出內在倔強的一面，就會出現這種情況，一定要好好商量。

與中心星有「司祿星」者的相合性

基於陰陽的關係，是心意互通、好像兄弟般的關係，不過你比較強勢。就算偶爾發生摩擦，也不會記恨，所以能夠安心，是難能可貴的朋友，一定要好好的和他交往。

如果是工作關係者，是非常在意細節的人，能夠成爲你的好伙伴。若是部屬，由於價值觀相同，容易了解對方，所以能夠以坦誠之心對待對方。若是上司，非常了解你，能夠互相利用，朝向好的方向發展。而對於你的能力和努力，他也會給與好評。

如果是戀人，是能夠製造出開朗、爽朗氣氛的伴侶。但由於你對其他人也很親切，所以可能會使他誤解或是吃醋，要小心避免因此而發生爭執。

與中心星有「車騎星」者的相合性

對待所有人都非常溫柔的你，對這個人會特別盡心盡力。也許你無法應付這種突飛猛進型的人，但是二人的相合性絕對不差，能夠維持長久的交往。

如果是工作關係者，你要全面追隨他，並且負責做最後總結的工作。若是部屬，他會向你撒嬌，但是工作時卻非常努力。也許會有些疏忽，所以你要巧妙的抓緊韁繩。若是上司，會將麻煩的事情交給你，而自己則是會投入工作的現場派。他並非深思熟慮的人，是感情家，所以收拾善後是你的工作。藉著這個人，能夠發揮你的能力和功能。

如果是戀人，你會給與他犧牲奉獻的愛，而且對方也需要你，是能夠維持良好關係的伴侶。

與中心星有「牽牛星」者的相合性

你們是繫絆頗深的關係，在各方面都會互助，而且彼此都認爲對方是必要的存在。

你是屬於犧牲奉獻型，非常親切，但是必須要考慮不要刺激到這個人的驕傲。

如果是工作關係者，是非常著名的搭配組合。非常的活躍，一定要保持這個關係。若是部屬，是能夠幫助你的人物，能夠對於你的期待擁有責任感，並且加以配合。

若是上司，對於你的能力和努力會給與十二萬分的評價，而且會提拔你。如果有天堂星，就是具有栽培後進才能的人。因此，即使他對你很嚴格，你還是要努力。

如果是戀人，會對你竭盡忠誠。對方的自尊心很高，因此，只要你了解這一點，就能夠保持良好的關係。

與中心星有「龍高星」者的相合性

主導權在你，因此是容易交往的人。因爲具有忍耐力，是堅忍的人，所以能夠了解你的個性，並且順從你。也許有時會發生問題，但過一陣子之後，又會接近你，能夠維持良好的關係。

如果是工作關係者，會產生好的構想。藉著雙方的異質能力，而成爲很好的組合。若是部屬，是自由創造力者，一開始就不會太過深入你的領域。若是上司，並不是單純的人，但是很有肚量，是具有力量的人，能夠讓你自由的發揮手腕。

如果是戀人，能夠配合你的步調進展。這個人不會誇張的做自我表現，但是很討厭束縛，所以你應該放長線釣大魚，並使雙方維持良好的關係。

與中心星有「玉堂星」者的相合性

雙方都是有體貼心的人，因此不會產生大問題。以你爲中心，進行輕鬆的交往，但是要注意不要讓你的親切變成了好管閒事，而造成壓力。

如果是工作關係者，是很棒的學習家。可以從這個人身上得到情報和知識，並將之運用在各方面。若是部屬，是上進心很強的人，但也非常了解你的指示和指導。若是上司，很喜歡講道理，是理論家。只要你退一步，抱持著學習的態度，就能夠得到很多東西。

如果是戀人，覺得你就好像是他的親戚一樣，會很照顧你。但是如果你表現出任性或倔強的一面，他就不願意接受，因此，不要忘記表現你的溫柔。

中心星有司祿星的你的相合性

與中心星有「貫索星」者的相合性

不是能夠輕鬆交往的人，但是如果是偶爾才見面的朋友，就沒問題了。如果想要攜手合作，或是二人展開長途旅行，就會發生衝突。但是因爲是有信念的人，所以如果能夠了解他的個性，就會成爲有趣的交往。

如果是工作關係者，雖然是頑固的人，但卻是不喜歡紛爭的人，所以能夠安心的和他共事。若是部屬，不見得會聽從你這個上司的吩咐，是非常倔強、認眞的人。若是上司，是不會放棄自己的步調，而朝著目標踏實前進的人。他是有力量的人，你要看淸他的優點，盡量的學習。

如果是戀人，可以將交往的領導權交給他。如果你深受他的吸引，而且願意順從，會成爲具有刺激的好對象。

與中心星有「石門星」者的相合性

雖然想要保持和睦的關係，但是時常會發生衝突。表面上看似溫柔的人，事實上卻是頑固的人，你也只有好好忍耐。雖然有時甚至想要逃走，但只要以開朗的心對待他，就能夠維持下去。

如果是工作關係者，是個中好手，你很容易配合他的步調行事，但是別忘了要擁有自信。若是部屬，非常的踏實。不必囉嗦細節，將事情交給他去做，他就能做得很好。若是上司，是社交家，具有廣泛的人際關係。對你而言，他是強力的對手，但是你可以改變自己的心態，來向他學習。

如果是戀人，而你太在意小節，可能會使二人關係不好。如果能重視對方的存在，不會黏在一起，就能建立圓滿的關係。

與中心星有「鳳閣星」者的相合性

不只是心意互通，一旦在一起時，就能產生活力。對你而言，和他交往有很多優點。況且這個人能毫不勉強的給你一切，甚至認爲是理所當然的事。

如果是與工作有關的人，你能夠充分吸收這個人的想法、情報、工作態度等等，而共同成長。若是部屬，二人的感覺吻合，他能夠幫助你。若是上司，公私方面都如親子般的關係一樣，是理想的了解者，因此，你一定要重視他。

如果是戀人，他對待你就好像是對待親人一樣，會非常體貼。而你也不要光是享受他的犧牲奉獻，也必須要表現出自己細心的一面，這樣就能成爲圓滿的組合。

與中心星有「調舒星」者的相合性

與你的個性不同，是具有纖細神經的人，然而卻具有相合的關係。非常溫柔，會擔心你，想要對你有所幫助，而你也要以溫柔來回報他。

如果是工作關係者，雙方能夠互補，互助合作，而展現良好的成果。若是部屬，不論男女都非常纖細、有擔心性，所以不能因爲自己的言行舉止而傷害對方，這點一定要留意。若是上司，在組織中是在人際關係上有些困難的感情派。但是，只要你敞開心扉，他就能夠對你傾注才能，所以你一定要重視他。

如果是愛人同志，他會將豐富而強烈的情愛寄託在你身上，可能有點擔心，喜歡吃醋，是個寂寞的人。可能會約束你，但是你要以廣大的愛包容他。

與中心星有「祿存星」者的相合性

二人是能夠長久交往的組合。

即使是每天碰面的關係，還是有很多人沒有辦法成爲輕鬆交往的對象。然而只要你不嘮叨，就能保持圓滿的關係。

如果是工作關係者，因爲他是大而化之的人，所以不會太過於使用神經，而你可以配合他的步調。若是部屬，對事物的想法和感覺都非常吻合，不必多說也能使事物順利的進行。若是上司，非常了解你拿手與不拿手的範圍，會秉持情愛，盡量讓你發揮力量。如果有天南星，雖然說話很毒，卻能夠一針見血。

如果是戀人，基本上關係不錯，雙方都非常溫柔。然而一旦對方有錢，卻是想要用掉的人，所以會讓踏實的你膽顫心驚，不過還算是幸福的伴侶。

與中心星有「司祿星」者的相合性

雙方都非常保守，會採取安全的路線前進。如果利害一致時，就非常好。如果要做朋友，卻會因爲非常類似而缺乏趣味性。可是彼此心意互通，能夠輕鬆的保持交往。

如果是工作關係者，會成爲順利的伙伴，能夠互助合作。若是部屬，很容易了解對方，所以可以給他有幫助的建議。若是上司，是屬於小心謹愼的努力型，所以不容易受到刺激。但相對的，飛躍的機會也就比較少，所以你必須自己表現積極的態度。

如果是戀人，二人都是屬於家庭型，所以能夠建立和睦的關係。但是，一旦長期交往之後，可能會因爲小事而產生摩擦，並養成不拘小節的說話習慣。

與中心星有「車騎星」者的相合性

能夠保持親密的關係。

你是屬於小心謹愼的安定派，而這個人則是屬於大而化之的人，因此雙方能夠互補，一切都有好的發展。

如果是工作關係者，是絕妙的搭配組合。有了你在背後支持，這個人能夠拼命的往前衝，所以是非常快樂的組合。若是部屬，會對能夠彌補他缺點的你表示敬意，是非常活躍的人。若是上司，能夠引出你的特質，是屬於領導型的人。一旦他喜歡你時，就能成爲你的依賴，而產生好的結果。

如果是戀人，具有很好的相合性。如果你是男性，比較在意細節，但是，不要對單純的她太囉嗦。如果妳是女性，妳的溫柔會成爲他的能源，彼此建立良好的關係。

與中心星有「牽牛星」者的相合性

你是想主動與他建立親密關係的人。你可能會主動照顧他，而他也會全面依賴你。不過有一點要特別注意，他是個很驕傲的人。

如果是工作關係者，你的內在會支持他的外在表現，是絕妙的組合。若是部屬，是可以培養的人才。有了你做後盾，他就能很有自信的持續發展。若是上司，能夠巧妙領導你，而你也能夠安心的和他討論公司方面的話題。

如果是戀人，而你是男性，你就會把她當成是妹妹或是女兒似的來疼愛，爲她犧牲奉獻。如果妳是女性，妳會努力照顧他，但絕對不可過度親切，這樣才能成爲圓滿的伴侶。

與中心星有「龍高星」者的相合性

雖然想努力做得很好，但是反而會造成摩擦。

因爲價值觀和個性不同，即使有些衝突，也是理所當然的事。只要別太拘泥，就能形成富於變化的交流。

如果是工作關係者，你是屬於踏實的人，而對方則比較喜歡自由任性的作風，互相磨練會成爲好的組合。若是部屬，可能很難相處，會造成壓抑的情緒。當意見不合時，可能很難互助，所以不要把他侷限在一個範圍內，才是聰明的作法。若是上司，而你想要堅持自我主張，會造成不良影響，應該要學習他獨特的作法。

如果是戀人，當太過於表現你的現實面時，會傷害對方的夢想或浪漫。太在意小節也會使對方對你敬而遠之，所以一定要多加注意。

與中心星有「玉堂星」者的相合性

因爲是穩重的人，所以不會產生什麼問題。然而，你可能在不知不覺中，就給與這個人壓迫感了。

一定要充分掌握對方的想法，才能保持長久的友情。如果是工作關係者，因爲是理論派，所以要聽他的說法，然後再訴說你的意見。

若是部屬，他可能會滔滔不絕的對你講一些大道理，你一定要好好的應對。若是上司，是屬於學究派的人。凡事遵從體制，絕對不會冒險。你可以從他那兒學到很多事情，因此要當一個「好聽衆」。如果有天庫星，他非常有智慧，可是如果沒有確實的證據，他則不願接受。

如果是戀人，不要太過於表現你的現實面，只要乖乖聽他的理論和道理就可以了。

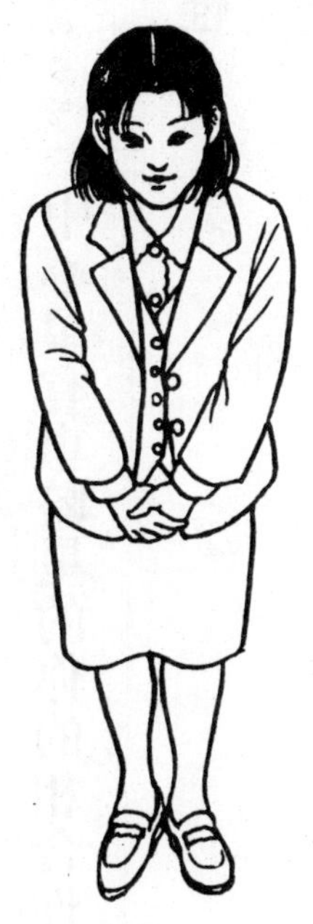

中心星有車騎星的你的相合性

與中心星有「貫索星」者的相合性

他是屬於慢步調的人，而你則是屬於快速急躁的人，因此是很難配合步調的關係。如果雙方各持己見，會形成對立。可是如果你以寬大的胸懷接受對方的步調，則雙方的不同點會成爲魅力，而形成好的一面比較多的交往。

如果是工作關係者，只要你不要表現得太過於黑白分明或是焦躁，也許能夠和睦相處。若是部屬，能夠配合你的步調前進。但是在他還沒有完全同意之前，根本不爲所動，所以你要以優閒的心看待他。若是上司，是屬於堅忍不拔的保守型，你要向他學習你所缺乏的耐力。如果應對進退不好的話，會使關係不睦。

如果是戀人，他會比較頑固，卻是值得依賴的穩重者。尊重他的步調，與他並肩齊步，就能避免衝突。

與中心星有「石門星」者的相合性

看似溫柔，但卻是非常堅強的人。當想法產生差距時，如果你不能壓抑自己的急躁，就會與對方產生摩擦。如果能對對方有進一步的認識，會成爲非常有趣的組合。

如果是工作關係者，你比較強勢。但如果過度，對方會反擊。若是部屬，雖然穩重，但是你卻看不到他的眞心，所以要有配合他呼吸的餘裕。若是上司，是屬於穩重的成熟大人。當你焦躁時，他會認爲你是「單細胞生物」，所以你要小心謹愼，可以將其當成是在團體中學習與他人和睦術的好機會。

如果是戀人，由你掌握主導權。但是，如果太任性，他可能會討厭你。有時可以製造一個讓對方能夠自由說出眞心話的機會，能夠維持長久的關係。

與中心星有「鳳閣星」者的相合性

焦躁的你和優閒的他，是對照的兩個人。不管遇到任何事情，你都比較容易焦躁，所以會發出怨言。但是，如果你能覺得這個人的個性很有趣，反而能夠形成有趣的交往。

如果是工作關係者，由於個性不同，所以你必須處處主動。若是部屬，就算想要發牢騷，然而要知道這只是步調不同而已，所以不要責罵他，反而應該多花點工夫，讓他能夠快樂的工作。若是上司，是具有創意心思的人，能夠引出你的能力。特性為自然體，因此如果你事事急躁，反而會蒙受損失。

如果是戀人，是大而化之的人，但是你可能會容易生氣。如果想要改變對方，會造成兩人的關係不合。

與中心星有「調舒星」者的相合性

雖然型態不同，但是具有情緒起伏激盪的共通點，所以有時關係不睦。對於這個人纖細的神經，率直的你可能會埋怨，所以，如果能夠保持適當距離，就能夠維持輕鬆的交往。

如果是工作關係者，很容易被這個人的步調所折騰，但不要生氣，要掌握他的優點。若是部屬，是事事周到的人，但是缺乏協調性，因此單獨行動才能發揮才能。若是上司，可能會嘮叨細節，讓你覺得很厭煩。但是，卻能因此彌補你不注意的部分，所以不要生氣。

如果是戀人，控制感情成爲雙方的主題。如果隨意發洩情緒，早晚可能會產生激烈的衝突，甚至會分手。所以，你要忍耐，同時重視雙方的愛，才能夠長久交往下去。

與中心星有「祿存星」者的相合性

是非常親切的人，會在各方面支援你。

個性激烈的你，如果願意對這個人撒嬌，就能夠保持輕鬆的交往。而且，愈持久愈能發展良好的關係，所以一定要重視這個關係。

如果是工作關係者，則是最佳的秘書。精明幹練的你，一定能夠得到他的支援。若是部屬，可以隨心所欲的驅使這個人，並給與他好的評價。若是上司，那你眞的是太幸運了。他能夠看出你的能力，並在背後支持你，不斷的提攜你。此外，也是一個好聽衆。

如果是戀人，對你而言，是理想的人。對你像親戚一樣，會對你灌注情愛，希望得到你的認同。所以，你也必須要配合他，才能維持長久的關係。

與中心星有「司祿星」者的相合性

雙方都能夠深刻了解到對方的關係，不需要太在意，也沒什麼問題。交往愈久，愈能發現對方是重要的人。雖然性格和型態不同，但是你的行動力和這個人的踏實卻能夠互補。

如果是工作關係者，會以你爲中心，而且要利用這個人做最後的收尾工作，才可保萬全。若是部屬，是最好的妻子角色。對於有勇無謀、焦躁的你而言，他是你的安全帶。若是上司，會注意到細節，誠心誠意的成爲你的支援，讓你能夠發揮能力。即使脫離了公開的場合，在物質和精神兩方面，也都能夠給你親密的援助。

如果是戀人，是穩重踏實的人，會跟隨好動的你，但是比較愛吃醋，所以要經常和他交談。

與中心星有「車騎星」者的相合性

二人的步調配合具有相合性，都是腳步輕快的人。因此，即使共同行動，也不會造成對方的麻煩，能夠建立快樂的關係。但是，因爲比較急躁，所以容易產生小摩擦，不過事後不會記恨，可以成爲爽快的交往。

如果是工作關係者，是迅速單純的搭配組合。可是雖然心意互通，也要小心不要出錯。若是部屬，不必仔細說明，就可以做得很好，是可以輕鬆應付的對象。但是有時候沒有全部聽完就去做，可能會囫圇吞棗，所以一定要和他人搭配組合，充分的檢查。若是上司，是很喜歡工作的精明幹練者，也可以和他一起打高爾夫或做運動。但是如果齒輪產生摩擦時，可能會造成大衝突。

如果是戀人，就好像是你的親朋好友似的，是非常輕鬆的伴侶。不管到哪兒去，都可以一起出門，有共同的喜好，因此會花費較多的錢。

與中心星有「牽牛星」者的相合性

沒有什麼大問題，是能夠輕鬆交往的關係。這個人能夠了解你焦躁的性格，就好像兄弟一樣，但切記不可傷害這個人的自尊心。

如果是工作關係者，具有共同的價值觀，同時有強烈的責任感，會成爲積極向前的「同志」。若是部屬，因爲他的自尊心很高，所以不要動不動就說教，要全面信賴他，並把事情交給他去做。若是上司，能夠巧妙控制精明幹練的你，也會提拔你，但是不可以忘記「即使是親密的人，也要注重禮儀」。如果有天貴星，是不管到了幾歲，都是心情非常年輕的人。

如果是戀人，是戀人同時也是好朋友。雖然焦躁，但是，要考慮不可以傷害到對方。

與中心星有「龍高星」者的相合性

二個人的性情不同，卻是絕妙的組合，能夠維持長久的交往關係。行動派的你和觀察力敏銳的他，雙方都能夠了解對方的優點，並且自然的相處，同時，他也會盡量的幫助你。

如果是工作關係者，他是非常懂得訂立企劃思考的人，再加上你的實際行動，就能夠產生互相搭配的成果。

若是部屬，能夠幫助你的發展。因爲頭腦聰明，可以成爲有用的左右手。若是上司，你可以從他那兒學習到很多立體的看法。而你也能夠不計較損益得失，與這個人建立共同爲工作而努力的關係。

如果是戀人，是非常好的組合。和這個人在一起，會讓你放鬆，而且在遇到事情的時候，他也會拚命努力配合你。

與中心星有「玉堂星」者的相合性

你的個性焦躁、好惡分明，而這個人卻能夠在背後支持你。二人關係很好，已經超越了朋友的範圍，就好像兄弟姐妹一般，具有強烈的繫絆。

如果是工作關係者，是深思熟慮的人，能夠使你迅速的展現行動，是很好的組合。

若是部屬，能夠順利掌握你的意思，具有深思熟慮的能力。

若是上司，是能夠堅持到最後關頭的理論家，對於你的努力也會給與好評。而且，能夠提拔你，將你的能力活用在現實中。

如果是戀人，雙方互相吸引，能夠長久交往，而他是能夠欣然接受你體貼的穩重者。

中心星有牽牛星的你的相合性

與中心星有「貫索星」者的相合性

如果你不會對他人勉強灌輸自己的意見，或是想要掌握領導權，如此，應該可以與他和睦相處。雖然他有頑固之處，但是只要不混亂自己的步調，就不會有問題了。

如果是工作關係者，不喜歡受到他人的命令或是束縛。只要放低姿態，抱持著隨機應變的態度，就能夠形成異質的良好組合。若是部屬，做事慢步調，所以你可以在旁看他做事的過程，但是不要囉嗦。若是上司，是穩重型，非常倔強，一旦決定的事情，就不願意傾聽他人的意見。此外，他也是屬於保守型，做事獨斷獨行，但是不會直接對你發動攻擊。

如果是戀人，首先必須要尊敬雙方的想法和心情。因為你容易掌握領導權，所以會讓他配合你的步調，但是也要給彼此有心靈上的自由，才能夠順利交往下去。

與中心星有「石門星」者的相合性

如果是輕鬆的朋友關係，當然沒問題，但是假如必須經常碰面，最好遵守「若即若離」的交往方式。

採一對一的深入交往，容易引起摩擦，所以最好保持君子之交淡如水的態度。

如果是工作關係者，表面非常溫柔，但是卻不願意說明眞心，因此很難判斷。若是部屬，看似溫馴，但實際上不會表現自己的意志。若是上司，富於社交性，是充滿能量的人。由於步調比較踏實，所以如果你表現太過於勇猛，可能會令他討厭。對於細節不要囉嗦，要磨練觀察力。

如果是戀人，是由你主導。但是對方非常的倔強，一旦產生摩擦時，就糟糕了，所以有時候必須要踩剎車。

與中心星有「鳳閣星」者的相合性

先前覺得他是大而化之的人，似乎很好相處。但是，因爲你很認眞，自尊心很強，所以不容易與他接獨。

要了解雙方的性格，減少接觸，才不會留下遺憾。

如果是工作關係者，不努力是沒有辦法建立良好關係的，不過卻能成爲好刺激的人。若是部屬，因爲非常的優閒，感覺好像沒有辦法栽培，所以不要抱持太大的期待之心，只要讓他完成自己的工作就可以了。若是上司，要學習他享受工作的態度。他是和認眞的你完全相反的人，因此，要以寬容的心對待他。

如果是戀人，有時比較不拘小節，所以你最好不要太在意。如果感覺他太大而化之，因此討厭他，恐怕兩人之間的關係會出現裂痕。

與中心星有「調舒星」者的相合性

如果只是維持普通的交往，沒有問題，若是經常碰面的人，性格不合的你們，可能很難維持良好的關係。神經敏銳，是感情家，因此對於常識家、踏實的你而言，可能是難以應付的人。所以，交往的秘訣就是必須要了解雙方的性格。

如果是工作關係者，有才能，但是卻很難相處，所以你的工作大多著重在交涉方面。若是部屬，就好像是孤獨的一匹狼，所以要盡量忍耐，並引出他獨特的性質。若是上司，雖然有很多同志，但是也有很多敵人。原本就是反叛的人，所以不算是走著一帆風順的道路，但也有很多值得學習的優點。如果有天貴星，非常的高貴，所以你要重視禮儀。

如果是戀人，可能會因爲一點小事而受傷，會讓你感到非常疲累。他是害怕寂寞的人，而你必須要包容他。

與中心星有「祿存星」者的相合性

他是不論遇到什麼事情，都會對你伸出援手的人，非常溫柔。

但是，「即使關係親密，也必須要遵守禮儀」，所以要好好重視他，把他當成一生的朋友，他一定很喜歡你認眞的人品。

如果是工作關係者，會盡量在後面吹捧你，對你竭盡誠意，而且兩人心意互通。若是部屬，是能夠遵從你的人。藉著他的作用，可以提高別人對你的評價。若是上司，應該對能夠擁有很好的環境而心存感謝。他是很念舊的人，如果你能夠努力工作，他會樂意提拔你，所以你可以敞開心扉和他交往。

如果是戀人，會給與你犧牲奉獻的愛，但絕對不是弱者，二人能夠維持長久的交往。

與中心星有「司祿星」者的相合性

在有事的時候，他會成爲你的解救之神，是值得依賴的人。而你也得到他的信賴，建立親切的關係，所以二人一定要好好的相處。在經濟面不會給你任何的負擔或者是連累。

如果是工作關係者，能夠互助合作，是非常好的搭配組合。若是部屬，是能夠尊敬你的勤勞者。若是上司，是走著踏實的人生，屬於不喜歡冒險，擅長守備的人。此外，不論公私，都能夠幫助你、疼愛你，你能夠得到他極大的恩惠。

如果是戀人，是非常好的一對戀人。雙方的共通項目是踏實，具有家庭的性格。對方不只是愛，連金錢也會愈來愈豐富。

與中心星有「車騎星」者的相合性

凡事不會先思考，而會先展現行動，所以有時會連累你。但是和你有很深的關係，就好像兄弟般的交往，即使分開，也能維持長久的交往。但如果是經常遇到的人，就要配合對方的步調前進。

如果是工作關係者，搭配的兩人能夠好好的發展關係。個性非常爽快，只要你不在意細節，工作熱心，一定能夠展現成果。若是部屬，是一個勤勞者。但是因爲非常焦躁，所以可能還沒有聽完你的話就展現行動。若是上司，具有單純的性格，是慌慌張張的行動派。容易有缺失，但因爲你能夠注意到他的缺失，所以是很好的搭配組合。沒有上下的感覺，能夠好好的交往。

如果是戀人，會讓你感覺有點疲累。你必須要配合對方，但是太過於認眞嚴肅，恐怕會使二人關係不好。

與中心星有「牽牛星」者的相合性

你們的共通點是理解迅速，所以很少做出奇怪的行動。然而，相合性不是不好，但是交往之後卻覺得非常的疲累，所以還是不要太緊密接觸比較好。

如果是工作關係者，都很驕傲，都很在意面子，然而太過於注意可能會使壓力積存。若是部屬，當你表現出上司的態度時，表面上他不會怎麼樣，但是心裡可能會討厭你，所以一定要給與他正面的評價，讓他好好的表現。若是上司，非常認眞，具有完美主義的傾向，所以一定要秉持禮節，踏實的工作。

如果是戀人，雙方都沒有融通性，都很注重潔癖。因此，會有一些衝突，但是可以藉著愛和寬容度過危機。

與中心星有「龍高星」者的相合性

踏實、有自制心的你，如果能夠以包容的態度對待對方，二人就能夠建立非常友善的關係。當交往愈久時，愈能持續圓滿的關係。

如果是工作關係者，由於二人是呼吸、步調都非常吻合的搭配組合，因此會讓周圍的人羨慕。若是部屬，是頭腦聰明的人。得到你的薰陶，就能夠創造實力，飛躍進步。若是上司，具有改革精神，是獨特的逸材。對於你踏實的工作態度，也會給與好評，而且可以使你發展各種的可能性。如果有天庫星，具有旺盛的研究心，相對的也能夠滿足你。

如果是戀人，能夠接受你認眞的愛情。只要你不要太束縛他，或者是表現太過於認眞，就能夠維持長久的交往關係。

與中心星有「玉堂星」者的相合性

非常認眞，在對事物的思考方面，大致上沒有差別的兩個人，不會討厭對方，所以能夠愉快、安心的長期保持親密關係。

具有強烈的向上心，因此，如果在學習時有這樣的同件，就能夠提升成果。

如果是工作關係者，他會側耳傾聽你的意見，一邊思考一邊進行事物，二人會互助合作。若是部屬，是熱心研究的學習家。你一定很喜歡他，願意栽培他。若是上司，他對於你努力工作的能力表現，會給與很好的評價。雖然外表看似冷淡，但是只要接近他，就會發現他是很溫柔的人。

如果是戀人，是毫不勉強、能夠以自然體持續交往的組合。你可能會爲了對方而經常展現行動，二人具有和睦的關係。

中心星有能高星的你的相合性

與中心星有「貫索星」者的相合性

心意互通，能夠順利交往。

雙方具有強烈的個性，但是在異質處反而能互相吸引。然而這個人喜歡按照自己的步調展現行動，所以注意不要太深入對方的範圍。

如果是工作關係者，不願意依賴他人，具有強烈的自我意見，但是會側耳傾聽你的想法。若是部屬，大多是行動不快速的人，但是能夠穩定的成長。若是上司，是屬於頑固型的人。然而，在困難狀況中，會堅忍不拔，是能夠配合你的行動來發展工作的人，也是會對你的能力給與好評的人。

如果是戀人，而妳是女性，則妳就好像母親或姐姐一樣，會爲他犧牲奉獻。如果你是男性，對方可能是女強人，而你會表現順從的一面。

與中心星有「石門星」者的相合性

即使每天碰面，但是仍然能夠建立良好關係。

而且，就算是在好幾年都沒有見面的狀況之下，也會好像昨天曾經見過面一樣，能夠順暢的談話。當他有事拜託你，你會很高興的幫助他。

如果是工作關係者，雖然溫柔，但是絕對不會失去自我，和你心意互通，擁有能夠達成目標的相合性。若是部屬，會全面支持你，而你也會培養他，使他成為你值得驕傲的部屬。若是上司，具有廣泛的人脈，擁有統御力，對你的努力也會充分給與好評。

如果是戀人，你可能會多照顧他，而他也可以藉著從你這兒所吸收到的東西，不斷的成長。能夠建立非常圓滿的關係，但是要注意不可以過度保護。

與中心星有「鳳閣星」者的相合性

如果只是抱持著玩伴的心理，不深交，會是非常有趣的組合。一旦見面機會較多，會形成親密關係，但也可能會產生衝突。尤其對這個人而言，可能會發展為厭煩的關係。

如果是工作關係者，很難並肩齊步，這是因爲價值觀和感覺不同所致。若是部屬，對方非常的優閒。如果你不斷的對他灌輸自己的想法，可能沒有辦法使他的個性萌芽。有時也要多花點時間，聽聽他的意見。若是上司，對你而言，是比較容易控制的人。他比較大而化之，可能覺得你很難處理，一旦意見不同時，會壓抑激烈的衝突。

如果是戀人，雙方會互相吸引。但經過一段時間以後，對方會產生壓迫感，或覺得不自由，所以注意不要勉強或是太任性。

與中心星有「調舒星」者的相合性

如果你是水，那麼對方就是火。如果雙方能夠接受相反的感性，的確是非常有趣的交往。但是一旦意見不同時，可能就會發生「覆水難收」的情況，所以必須要互相了解，不可以太任性。

如果是工作關係者，可以分擔不同的工作。但是，如果有任何一方想要掌握主導權，就會失去平衡。若是部屬，對你而言是容易控制的人。但如果只是拼命的壓迫他，只會招致他的怨恨。若是上司，能夠敏感的了解你的能力，不過可能會因爲水火的激烈衝突，而使他討厭你。

如果是愛人同志，對方是纖細的人，因此不要忘記多顧慮他一點。一旦他討厭你時，恐怕就很難挽回了，所以要重視雙方的自由感覺。

與中心星有「祿存星」者的相合性

是親切的人，會照顧你。但是一旦過度，或是表現太強烈時，反而會讓人有沈重感。如果你能夠巧妙的和他相處，可以從他那兒學到很多東西，而且能夠持續順暢的交往。

如果是工作關係者，對方是倔強的人，但是對於你的優點卻會給與好評。若是部屬，希望你能夠肯定他的努力，所以，一定要一邊稱讚他，一邊驅使他，否則他會以自我爲中心而展現行動。若是上司，具有現實的力量，對於眼前的事物比較擅長，但是缺乏長期的展望。也許很難了解你的構想，但是你卻可以學習他的實務感覺。

如果是戀人，關係也不錯，可是一旦太過於倔強或是任性，可能很難應付，所以要儘早充分溝通。

與中心星有「司祿星」者的相合性

由於價值觀和生活型態完全不同，因此要採取若即若離的態度，才能夠順利相處。即使你覺得自己的想法非常的正確，但如果勉強他接受，可能會遭遇到逆襲。獨特的你和踏實的他，最重要的就是不要侵犯雙方的異質個性。

如果是工作關係者，在細微處能夠給與你力量。當你們一起共事時，要事先分配好工作職務。若是部屬，不要訴說什麼理想或是夢想，要現實、具體的說明，這樣反而有益。若是上司，他無法接受你的奇特構想和大膽意見，唯有藉著平常踏實的努力，才能夠得到高分。

如果是戀人，你的浪漫可能會受到他現實、保守的意見所摧殘。不要因爲不能齊頭並進就放棄，一定要敞開心扉與他交談。

與中心星有「車騎星」者的相合性

雙方都是具有個性的人，但是卻不容易產生摩擦，所以是非常好的組合。

不是黏在一起的交往，但是見面次數增多之後，親密度也會增加，而互相受到對方的吸引。當你遇到困難的時候，他一定會爲你犧牲奉獻，是金蘭之友。

如果是工作關係者，能夠立刻實現你的獨特構想，也會給你好的回饋。若是部屬，可以當成「心腹」，任何艱難的工作都會全力以赴。若是上司，是具有攻擊性以及實行力的上司，你在他的手下工作，就好像如魚得水，能夠發揮能力，是一個幸運者。

如果是愛人同志，而你是男性，則她是能夠單純愛你的爽快者。如果妳是女性，則他是屬於一根腸子通到底的類型，是値得信賴的人，你們之間能夠建立非常好的關係。

與中心星有「牽牛星」者的相合性

是非常認眞、自尊心極高的人，但卻能夠對你敞開胸襟。

深受你獨特以及他所缺乏的才能所吸引，因此會很高興幫助你。雙方抱持著尊敬的念頭，能夠持續親密的交友關係。

如果是工作關係者，不具有融通性。首先，你要側耳傾聽他的述說，相信對雙方而言，都會有很多的好處。若是部屬，不光是在工作上鼓勵他，也要把他當成是你的左右手來依賴他。若是上司，他會努力提拔你，讓你這個討厭束縛的自由人，能夠在體制中生存。

如果是愛人同志，而你是男性，她是具有豐富常識的人，能夠好好的照顧你。如果妳是女性，那麼他非常的認眞，有很強的責任感，是値得依賴的人。雙方能夠形成穩定的交往。

與中心星有「龍高星」者的相合性

二人非常類似，因此能夠輕鬆的交往。但是，同時也可能會一起表現任性的態度，而產生激烈的衝突。原本就是可以維持親密關係的人，一定要重視這個關係。

如果是工作關係者，感覺相吻合，能夠迅速了解對方的想法，事情也能夠順利的進行。若是部屬，可以從對方身上發現和你相同的共通點，較容易照顧，而形成非常好的關係。若是上司，非常堅韌，是頭腦靈活的人。不必仔細說明，他就能表現出只要把事情交給你，就沒問題的態度。不要太在意細節，要盡量提出跨時代的構想。

如果是戀人，大多屬於一見鍾情，短時間互相吸引的關係。因此，要努力的維持這種關係。如果想要細水長流，注意不要任性。

與中心星有「玉堂星」者的相合性

興趣、對象都不同，即使想要共同展現行動，恐怕也無法配合。只要能毫不勉強的交往，就能從對方身上學到自己沒有的優點，而形成難能可貴的關係。

如果是工作關係者，雙方能夠交換一些未知範圍的情報，是非常好的組合。若是部屬，唯有你自由、不喜歡被束縛的想法，才能夠磨練他。若是上司，是屬於學者型、穩重的人，認為你強烈的個性「非常有趣」。如果有天印星，不是非常努力的人，是屬於優閒型。總之，可以大膽的訴說眞心話。

如果是戀人，二人共有的寶物是上進心。只要不失繼續交往的想法，則不只是戀人，甚至可以成為令人滿意的親友，加深喜悅。

中心星有玉堂星的你的相合性

與中心星有「貫索星」者的相合性

能夠形成一團和氣的溫暖交流，愈是長時間的交往，愈覺得好像親戚一樣，甚至想要盡量照顧對方。你會毫不吝嗇、無微不至的照顧他，但對方是獨立心很強的人，所以最好適可而止，這樣才能維持長期快樂的交往。

如果是工作關係者，他會提供你有益的意見，可以期待一起發展工作。若是部屬，是踏實的人，會順從你。儘可能把事情交給他做，讓他去發展。若是上司，則你就好像是犧牲奉獻的妻子似的，他能夠很圓滿的接受你的想法。

如果是戀人，要注意不要愛情過多、過度保護。當你的溫柔和對方的率直合而為一時，就能保持良好的關係。即使是頑固的對象，你也要向他撒撒嬌。

與中心星有「石門星」者的相合性

你是非常需要自然體貼的人，而你對於誠意相通的對象，也能夠展開親密的交往。所以，不論是一對一或是團體的交往，都不會發生任何的問題。

如果是工作關係者，是由你掌握主導權的組合，而他是非常好的協助者。若是部屬，是非常忠實的人。他能夠將從你這兒得到的東西充分吸收，然後持續進步，所以可以安心的把工作交給他。若是上司，非常欣賞你的能力和努力，把你當成自己的智囊團。所以，你不用考慮太多，可以積極的與他溝通。

如果是戀人，是能夠一直保持微笑的良好關係。只要你的親切不會太過分，就能保持良好的平衡。

與中心星有「鳳閣星」者的相合性

對方是喜歡輕鬆過活的樂天派，是吊兒琅璫的人，二人之間的交往以你爲主。但如果你太講究道理，他反而會敬而遠之。

如果是工作的關係者，對事物的看法不同，你一定要了解這一點。不要滿口道理，談話要朝著好的方向發展。若是部屬，看起來好像吊兒琅璫，但卻是在優閒中會不斷學習的人。所以，不要忘記幽默，要好好的與他相處。若是上司，是溫和的人。對你而言，會製造一個可以讓人放鬆的環境，但是不要讓自己成爲評論家。

如果是戀人，對你而言是正確的實行，但就對方而言可能就不是如此。所以，你需要退一步聽聽他人的想法，這才是順利交往的秘訣。

與中心星有「調舒星」者的相合性

在團體中交往非常順暢，但如果以個人的方式進行親密的接觸，也許會對對方造成比較沈重的負擔。這個人是感情家，而你是理性派。因此不要太講道理，只要表現溫柔的一面，就能使對方安心。

如果是工作關係者，以一對一的方式進行工作，可能不會有好的成果。若是部屬，大多是由你拉著他，但由於他不服輸的個性，所以你也必須稱讚他，好好的栽培他。若是上司，是感情比較脆弱的人。所以如果你採取理論武裝，可能會使二人關係不睦，而招致對方的怨恨，因此，必須要溫柔的表達你的意見。

如果是戀人，他是需要你照顧、體貼的纖細者。但是，過猶不及，要重視愛的平衡。

與中心星有「祿存星」者的相合性

只是單純的交往，沒有什麼問題。但想要加深關係，可能會產生沈重感。光是親切沒什麼不好，但如果能夠欣然接受他的性格，也許就能建立快樂的關係。

如果是工作關係者，只要能夠絞盡腦汁接受這個人現實面的表現，也許是很好的組合。

若是部屬，他希望你能夠承認他的價值和存在，一定要了解這一點，並且高明的稱讚他。若是上司，不會排斥你的想法，對你的能力能夠切磋琢磨，所以你要盡量從他那兒學習你所沒有的優點。

如果是戀人，可能會覺得對方處處佔優勢，然而你的溫柔和寬容卻是使二人關係和睦的秘訣。

與中心星有「司祿星」者的相合性

也許話不投機，但是千萬不要想去束縛對方，要秉持君子之交淡如水的態度，淡然處之較好。即使如此，但有時還是會覺得很囉嗦，這時不要忍耐，要將你的想法清楚的表達出來，才能夠保持良好關係。

如果是工作關係者，因爲無法避免衝突，所以即使加快腳步也沒有辦法使得事情順利發展。若是部屬，非常認眞，但是卻沒有辦法逾越自己的範圍，只有在踏實的工作中，才能展現才能。若是上司，會表現出穩重的態度，累積信用和時機。有時也許理論說不通，但是可以把你鍛鍊成實踐家。千萬不要討厭他對你的干涉，要向他學習。

如果是戀人，隨著交往的時間愈長，會發現雙方的興趣不同。一旦干涉時，就會引起麻煩，這時就要靜靜的想起「莫忘初衷」。

與中心星有「車騎星」者的相合性

在遇到困難時，能夠率先向他求助，是值得依賴的關係。他是行動力超群的人，可以單槍匹馬面對挑戰。

如果是工作關係者，是最棒的對象。雖然有點急躁，但卻是心意互通的組合。若是部屬，會成爲你的手腳。若是上司，不適合坐辦公桌，就好像首領般的活動家，非常欣賞你的才能，會成爲你最大的支持者。

如果是戀人，你是男性，她是願意爲你犧牲奉獻的人，你可以盡量向她撒嬌。若是女性，他雖然不會說甜言蜜語，但就好像哥哥一樣，會將你照顧得無微不至。

與中心星有「牽牛星」者的相合性

是價值觀和感覺吻合的對象，只要別太在意對方的驕傲，就能建立誠實的朋友關係。

如果是工作關係者，是不具有融通性的人。所以，雖然你認爲自己的道理非常正確，但有時也必須要踩剎車，才是聰明的做法。

若是部屬，會發揮認眞的一面，彌補你不足的部分。若是上司，不會脫離組織的範圍，是自制心很強的人。具有掌握整體狀況的力量，將你不斷的往上捧，是值得信賴的人，可以把將來交託給他。

如果是戀人，而你是男性，則她是愼重的人，所以會對你表現深切的情愛。如果妳是女性，他認眞的性格會守護妳，而成爲順利發展的伴侶。

與中心星有「龍高星」者的相合性

表面穩重，但是內心激盪，是擁有大世界的自由者。和你可能會建立性格不同的兄弟關係，而且是快樂輕鬆的交往。雙方重視這個緣份，並且互相成長。

如果是工作關係者，能夠順利發展。不過，他的構想非常的大膽、奇特，所以必須考慮是否眞的能夠運用在現實中，而這就是你的課題了。若是部屬，爲多面性的人。要減少限制，表現出接納他意見的態度，就能夠使他發展。若是上司，是很討厭受到體制限制的動亂型。如果固執的要他遵守規則，或是滿口道理，不僅會造成摩擦，也會失去刺激的學習機會。

如果是戀人，你的包容力是雙方關係良好的關鍵。對方是擁有夢想和浪漫的人，最討厭受到束縛，因此要尊重他的自由。

與中心星有「玉堂星」者的相合性

二者具有很好的關係，但是如果其中有一人想要講道理，恐怕另外一個人就會感到非常厭煩。具有向上心，是心意互通的人。但是，不要忘記重視周遭的一切，以及理性的溫柔。

如果是工作的關係者，能夠順利的談話，並由於雙方的努力，而引導出好的結果來。若是部屬，非常懂得判斷。因此，嘮嘮叨叨的說明或說服會造成反效果，要花點工夫避免一成不變。若是上司，雖然心意互通，但由於新鮮度和刺激性比較少，可能會感覺無趣。所以，必須努力積極的吸收他的優點。

如果是戀人，一旦過了熱戀時期，兩人的戀情就會迅速冷卻下來。當考慮和體貼減少時，就是亮起紅燈了，所以要共有能夠互相學習的時間。

（可剪下使用）

的人體星座表

主精		
天沖殺	頭	右肩
左手	中心	右手
左足	腹	右足

年　月　日生

的人體星座表

主精		
天沖殺	頭	右肩
左手	中心	右手
左足	腹	右足

年　月　日生

的人體星座表

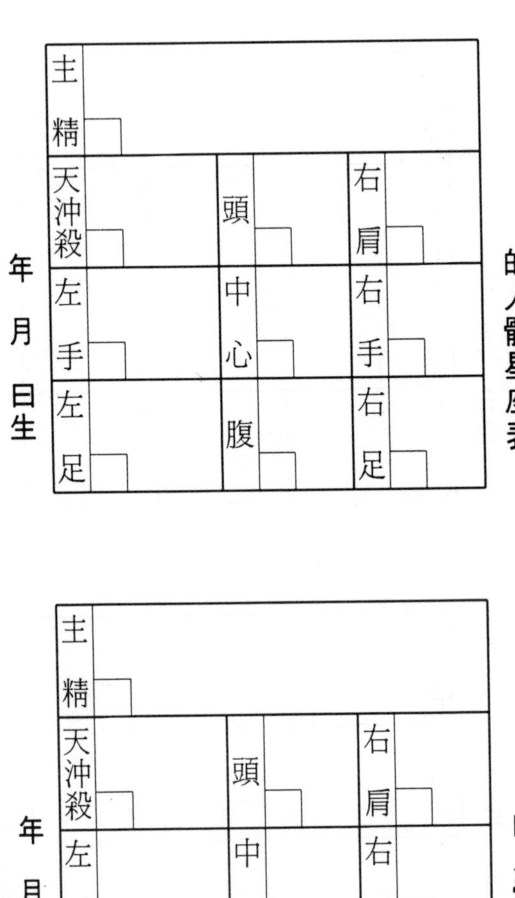

主精		
天沖殺	頭	右肩
左手	中心	右手
左足	腹	右足

年　月　日生

的人體星座表

主精		
天沖殺	頭	右肩
左手	中心	右手
左足	腹	右足

年　月　日生

卷末附錄①

★人體星座表的作法

★〈人體星座表的作法〉——現代鬼谷算命學星座曆的看法——

現代鬼谷算命學是由出生年月日引導出星。爲了使各位容易了解「現代鬼谷算命學星座曆」，因此使用記號（英文字母、數字）表示星，並從出生年月日簡單的算出星來。而曆的時間爲一九二五年一月一日到二〇〇一年十二月三十一日。

以**一九六七年二月十日出生的**A爲例，實際導出星來（請看次頁的圖）。

①利用「現代鬼谷算命學星座曆」找出「出生年」的頁數。翻開一九六七年的頁數。

②找「出生月」二月。發現之後，再看橫排。

③找「出生日」十日。發現之後，看縱行。

④交叉處的那一格，就是A的星。

⑤一格星的看法請參照下圖。

一格份的星的看法

主精		
天沖殺	頭（父母）	右肩（初年期）
左手（配偶）	中心（自己）	右手（兄弟姐妹）
左足（晚年期）	腹（子女）	右足（中年期）

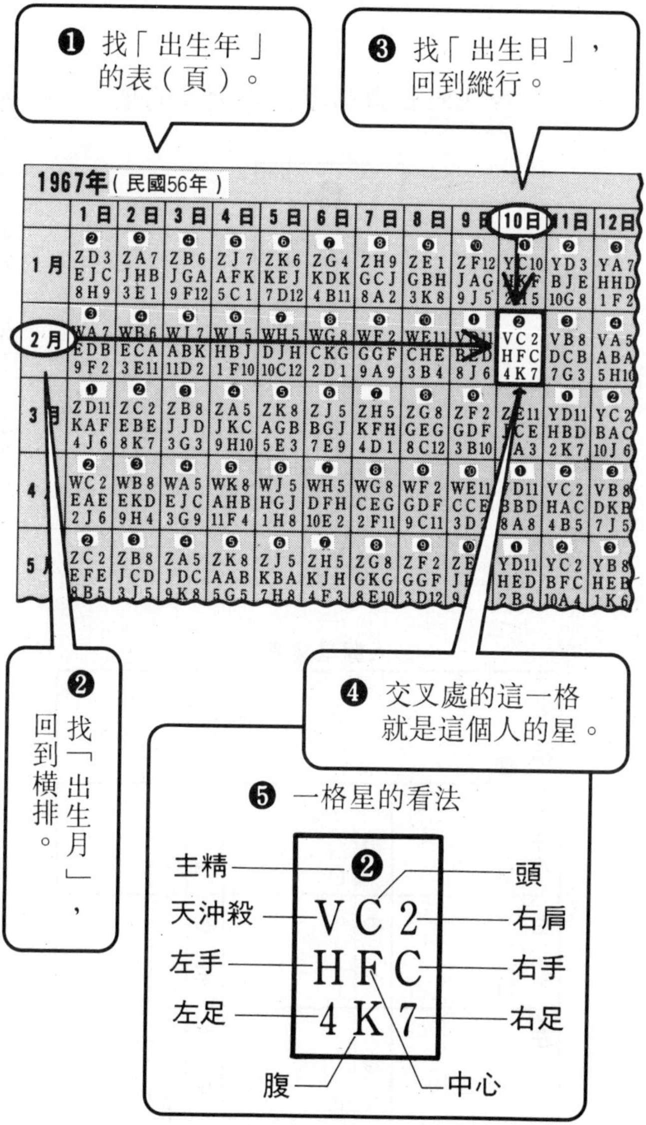

❶ 找「出生年」的表（頁）。
❸ 找「出生日」，回到縱行。
❷ 找「出生月」，回到橫排。
❹ 交叉處的這一格就是這個人的星。
❺ 一格星的看法
主精
天沖殺
左手
左足
腹
頭
右肩
右手
右足
中心
❷
VC2
HFC
4K7

1967年（民國56年）

	1日	2日	3日	4日	5日	6日	7日	8日	9日	10日	11日	12日
1月	❷ ZD3 EJC 8H9	❸ ZA7 JHB 3E1	❹ ZB6 JGA 9F12	❺ ZJ7 AFK 5C1	❻ ZK6 KEJ 7D12	❼ ZG4 KDK 4B11	❽ ZH9 GCJ 8A2	❾ ZE1 GBH 3K8	❿ ZF12 JAG 9J5	❶ YC10 [illegible]	❷ YD3 BJE 10G8	❸ YA7 HHD 1F2
2月	❸ WA7 EDB 9F2	❹ WB6 ECA 3E11	❺ WJ7 ABK 11D2	❻ WJ5 HBJ 1F10	❼ WH5 DJH 10C12	❽ WG8 CKG 2D1	❾ WF2 GGF 9A9	❿ WE11 CHE 3B4	❶ [illegible] 8J6	❷ VC2 HFC 4K7	❸ VB8 DCB 7G3	❹ VA5 ABA 5H10
3月	❶ ZD11 KAF 4J6	❷ ZC2 EBE 8K7	❸ ZB8 JJD 3G3	❹ ZA5 JKC 9H10	❺ ZK8 AGB 5E3	❻ ZJ5 BGJ 7E9	❼ ZH5 KFH 4D1	❽ ZG8 GEG 8C12	❾ ZF2 GDF 3B10	ZE11 [illegible]	❶ YD11 HBD 2K7	❷ YC2 BAC 10J6
4月	❷ WC2 EAE 2J6	❸ WB8 EKD 9H4	❹ WA5 EJC 3G9	❺ WK8 AHB 11F4	❻ WJ5 HGJ 1H8	❼ WH5 DFH 10E2	❽ WG8 CEG 2F11	❾ WF2 GDF 9C11	❿ WE11 CCE [illegible]	❶ [illegible] BBD 8A8	❷ VC2 HAC 4B5	❸ VB8 DKB 7J5
5月	❷ ZC2 EFE 8B5	❸ ZB8 JCD 3J5	❹ ZA5 JDC 9K8	❺ ZK8 AAB 5G5	❻ ZJ5 KBA 7H8	❼ ZH5 KJH 4F3	❽ ZG8 GKG 8E10	❾ ZF2 GGF 3D12	❿ [illegible]	❶ YD11 HED 2B9	❷ YC2 BFC 10A4	❸ YB8 HEB 1K6

⑥由「現代鬼谷算命學星座曆」發現一格的記號，將其抄在附錄的「人體星座表」中。如左記的記號，填在各格左下的框框裡。

A（1967年2月10日生）的例子

「現代鬼谷算命學星座曆」的星

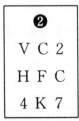

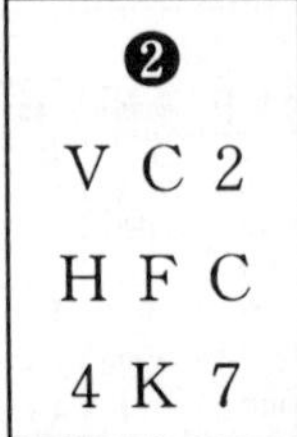

人體星座表

部位	星	部位	星	部位	星
主精	❷				
天沖殺	V	頭	C	右肩	2
左手	H	中心	F	右手	C
左足	4	腹	K	右足	7

⑦填入「人體星座表」中的記號，對照左記中的「星名表」，重新填出名稱來。你的「天沖殺」請看次頁表，這樣就完成了。在「人體星座表」填四人份的星，可以把家人和戀人的部分也填上去使用。

〔星名表〕

主精表

記號	❶	❷	❸	❹	❺	❻	❼	❽	❾	❿
主精	樹	花	陽	燈	山	土	鐵	寶	海	雨

頭、胸腹、左手、右手的星（10大主星表）

記號	A	B	C	D	E	F	G	H	J	K
主星	貫索星	石門星	鳳閣星	調舒星	祿存星	司祿星	車騎星	牽牛星	龍高星	玉堂星

右肩、右足、左足的星（12大從星表）

記號	1	2	3	4	5	6	7	8	9	10	11	12
從星	天報星	天印星	天貴星	天恍星	天南星	天祿星	天將星	天堂星	天胡星	天極星	天庫星	天馳星

A（1967年2月10日生）的例子

主精	花 ❷				
天沖殺	虎、卯 V	頭	鳳閣星 C	右肩	天印星 2
左手	牽牛星 H	中心	司祿星 F	右手	鳳閣星 C
左足	天恍星 4	腹	玉堂星 K	右足	天將星 7

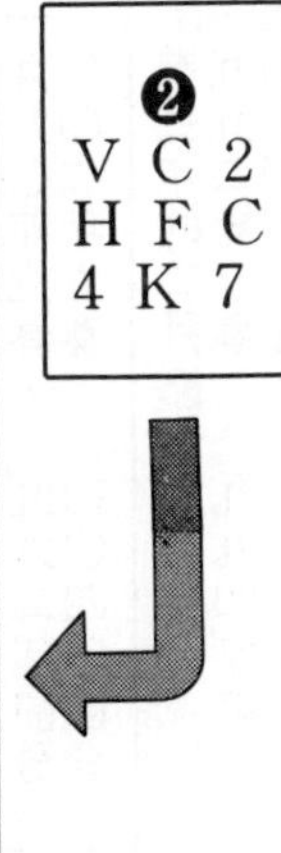

天沖殺的記號與時期

記號	U	V	W	X	Y	Z
天沖殺	子、牛	虎、卯	龍、巳	馬、羊	猴、雞	狗、亥
時期：月的天沖殺	每年十二月七日左右～第二年二月節分	每年二月立春～四月五日左右	每年四月五日左右～六月六日左右	每年六月六日左右～八月八日左右	每年八月八日左右～十月八日左右	每年十月八日左右～十二月七日左右
時期：年的天沖殺	鼠年的二月立春～第三年的二月節分 最近的過去◆一九九六年立春～一九九八年節分 最近的未來◆二〇〇八年立春～二〇一〇年節分	虎年的二月立春～第三年的二月節分 最近的過去◆一九八六年立春～一九八八年節分 最近的未來◆一九九八年立春～二〇〇〇年節分	龍年的二月立春～第三年的二月節分 最近的過去◆一九八八年立春～一九九〇年節分 最近的未來◆二〇〇〇年立春～二〇〇二年節分	馬年的二月立春～第三年的二月節分 最近的過去◆一九九〇年立春～一九九二年節分 最近的未來◆二〇〇二年立春～二〇〇四年節分	猴年的二月立春～第三年的二月節分 最近的過去◆一九九二年立春～一九九四年節分 最近的未來◆二〇〇四年立春～二〇〇六年節分	狗年的二月立春～第三年的二月節分 最近的過去◆一九九四年立春～一九九六年節分 最近的未來◆二〇〇六年立春～二〇〇八年節分

卷末附錄②

★現代鬼谷算命學星座曆

1925年（民國14年）

1925年	1日	2日	3日	4日	5日	6日	7日	8日	9日	10日
1月	❷ XB9 GJJ 12D9	❸ XJ1 CHH 11A1	❹ XK12 HGG 1B12	❺ XG1 FFF 1J1	❻ XH12 AEE 11K12	❼ XE10 JDD 12H11	❽ XF3 ECC 12G2	❾ XC7 DBB 11F8	❿ XD6 HAA 1E5	❶ WA4 FKK 10D5
2月	❸ UJ1 CDH 5B2	❹ UK12 BCG 7A11	❺ UG1 KBF 7K2	❻ UG11 JBE 5B10	❼ UF11 JJD 6J12	❽ UE2 AKC 6K1	❾ UD8 KGB 5G9	❿ UC5 DHA 7H4	❶ ZB5 KEK 4E6	❷ ZA8 JFJ 8F7
3月	❶ XB5 GAF 12E6	❷ XA8 GBE 12F7	❸ XK2 CJD 11C3	❹ XJ11 HKC 1D10	❺ XH2 FGB 1A3	❻ XG11 EGE 11A9	❼ XF11 JFD 12K1	❽ XE2 EEC 12J12	❾ XD8 DDB 11H10	❿ XC5 HCA 1G3
4月	❷ UA8 AAE 6E6	❸ UK2 CKD 5D4	❹ UJ11 BJC 7C9	❺ UH2 KHB 7B4	❻ UG11 JGE 5D8	❼ UF11 JFD 6A2	❽ UE2 AEC 6B11	❾ UD8 KDB 5J11	❿ UC5 DCA 7K2	❶ ZB5 KBK 4G8
5月	❷ XA8 GFE 12H5	❸ XK2 CCD 11E5	❹ XJ11 HDC 1F8	❺ XH2 FAB 1C5	❻ XG11 ABA 11D8	❼ XF11 JJD 12B3	❽ XE2 EKC 12A10	❾ XD8 DGB 11K12	❿ XC5 HHA 1J1	❶ WB5 FEK 10H9
6月	❸ UK2 CAD 5F6	❹ UJ11 BBC 7E7	❺ UH2 KJB 7D6	❻ UG11 AKA 5C7	❼ UF11 AGK 6B3	❽ UE2 AJC 6D9	❾ UD8 KHB 5A1	❿ UC5 DGA 7B12	❶ ZB5 KFK 4J10	❷ ZA8 JEJ 8K3
7月	❸ XK2 CBD 11G7	❹ XJ11 HAC 1H6	❺ XH2 FKB 1E7	❻ XG11 AJA 11F6	❼ XF11 EHK 12C4	❽ XE2 EGJ 12D9	❾ XD8 GFH 11A1	❿ XC5 HEA 1A11	❶ WB5 FDK 10K11	❷ WA8 CCJ 2J2
8月	❹ UJ11 BCC 7G5	❺ UH2 KBB 7F8	❻ UG11 AAA 5E5	❼ UF11 AKK 6D5	❽ UE2 AJJ 6C8	❾ UD8 GHH 5B2	❿ UC5 BGG 7A11	❶ ZB5 KEK 4A12	❷ ZA8 JFJ 8B1	❸ ZK2 CCH 3J9
9月	❺ XH2 FCB 1G9	❻ XG11 ADA 11H4	❼ XF11 EAK 12E6	❽ XE2 EBJ 12F7	❾ XD8 GJH 11C3	❿ XC5 FKG 1D10	❶ WB5 DGF 10A12	❷ WA8 CGJ 2A12	❸ WK2 CFH 9K10	❹ WJ11 EEG 3J3
10月	❺ UH2 KDB 7H10	❻ UG11 ACA 5G3	❼ UF11 ABK 6F7	❽ UE2 AAJ 6E6	❾ UD8 GKH 5D4	❿ UC5 BJG 7C9	❶ ZB5 KHF 4B1	❷ ZA8 EGE 8A12	❸ ZK2 CFH 3A11	❹ ZJ11 JEG 9B2
11月	❻ XG11 ABA 11K2	❼ XF11 EJK 12G8	❽ XE2 EKJ 12H5	❾ XD8 GGH 11E5	❿ XC5 FHG 1F8	❶ WB5 DEF 10C2	❷ WA8 EFE 2D11	❸ WK2 CJH 9B12	❹ WJ11 EKG 3A1	❺ WH2 DGF 11K12
12月	❻ UG11 AFA 5J1	❼ UF11 ACK 6H9	❽ UE2 ADJ 6G4	❾ UD8 GAH 5F6	❿ UC5 BBG 7E7	❶ ZB5 KJF 4D3	❷ ZA8 JJJ 8F9	❸ ZK2 CHH 3C1	❹ ZJ11 JGG 9D12	❺ ZH2 HFF 5A1

1925年	11日	12日	13日	14日	15日	16日	17日	18日	19日	20日
1月	❷ WB9 CJJ 2C8	❸ WJ1 CHH 9B2	❹ WK12 EGG 3A11	❺ WG1 DFF 11K2	❻ WH12 HEE 1J11	❼ WE10 DBD 10H11	❽ WF3 AAC 2G2	❾ WC7 EKB 9F8	❿ WD6 CGA 3E5	❶ VA4 EFK 8D5
2月	❸ ZK2 CCH 3C3	❹ ZJ11 JBG 9D10	❺ ZH2 HJF 5A3	❻ ZG11 DKC 7B10	❼ ZF11 KGB 4J12	❽ ZE2 EHA 8K1	❾ ZD8 AEH 3G9	❿ ZC5 JFG 9H4	❶ YB5 EAF 2E6	❷ YA8 KBE 10F7
3月	❶ WB5 FBK 10F7	❷ WA8 CAJ 2E6	❸ WK2 CKH 9D4	❹ WJ11 EJG 3C9	❺ WH2 DHF 11B4	❻ WG11 HGC 1A9	❼ WF11 DFB 10K1	❽ WE2 AEA 2J12	❾ WD8 EDH 9H10	❿ WC5 CCG 3G3
4月	❷ ZA8 JAJ 8H5	❸ ZK2 CKH 3E5	❹ ZJ11 JJG 9F8	❺ ZH2 HHF 5C5	❻ ZG11 DEC 7D8	❼ ZF11 KDB 4A2	❽ ZE2 ECA 8B11	❾ ZD8 AGH 3J11	❿ ZC5 JHG 9K2	❶ YB5 EEF 2G8
5月	❷ WA8 CFJ 2G4	❸ WK2 CEH 9F6	❹ WJ11 EFG 3E7	❺ WH2 DCF 11D6	❻ WG11 HDE 1C7	❼ WF11 DAB 10B3	❽ WE2 ABA 2A10	❾ WD8 EJK 9K12	❿ WC5 CKG 3J1	❶ VB5 EGF 8H9
6月	❸ ZK2 CDH 3G7	❹ ZJ11 JCG 9H6	❺ ZH2 HBF 5E7	❻ ZG11 DAE 7F6	❼ ZF11 KKD 4C4	❽ ZE2 EJA 8D9	❾ ZD8 AHK 3A1	❿ ZC5 JGJ 9B12	❶ YB5 EFF 2J10	❷ YA8 KEE 10K3
7月	❸ WK2 CBH 9H8	❹ WJ11 EAG 3G5	❺ WH2 DKF 11F8	❻ WG11 HJE 1E5	❼ WF11 DHD 10D5	❽ WE2 CGC 2C8	❾ WD8 EFB 9B2	❿ WC5 CCJ 3A11	❶ VB5 KBH 8K11	❷ VA8 HAG 4J2
8月	❹ ZJ11 JDG 9K4	❺ ZH2 HAF 5G9	❻ ZG11 BBE 7H4	❼ ZF11 KJD 4E6	❽ ZE2 GKC 8F7	❾ ZD8 GGB 3C3	❿ ZC5 JHA 9D10	❶ YB5 DEH 2A12	❷ YA8 BKG 10B1	❸ YK2 HGF 1J9
9月	❺ WH2 DDF 11H10	❻ WG11 HCE 1G3	❼ WF11 DBD 10F7	❽ WE2 CAC 2E6	❾ WD8 GKB 9D4	❿ WC5 CJA 3C9	❶ VB5 BHK 8B1	❷ VA8 HGG 4A12	❸ VK2 DFF 7K10	❹ VJ11 JEE 5J3
10月	❺ ZH2 HDF 5J11	❻ ZG11 BCE 7K2	❼ ZF11 KBD 4G8	❽ ZE2 GAC 8H5	❾ ZD8 GKB 3E5	❿ ZC5 JJA 9F8	❶ YB5 HHK 2C2	❷ YA8 BGJ 10D11	❸ YK2 HBF 1A11	❹ YJ11 EAE 11B2
11月	❻ WG11 HHE 1J1	❼ WF11 DED 10H9	❽ WE2 CFC 2G4	❾ WD8 GCB 9F6	❿ WC5 CDA 3E7	❶ VB5 BAK 8D3	❷ VA8 HBJ 4C10	❸ VK2 DJF 7B12	❹ VJ11 JKE 5A1	❺ VH2 EGD 9K12
12月	❻ ZG11 BEE 7B12	❼ ZF11 KDD 4J10	❽ ZE2 GCC 8K3	❾ ZD8 GBB 3G7	❿ ZC5 JAA 9H6	❶ YB5 HKK 2E4	❷ YA8 BJG 10F9	❸ YK2 HHF 1C1	❹ YJ11 EGE 11D12	❺ YH2 JFB 3A1

1925年	21日	22日	23日	24日	25日	26日	27日	28日	29日	30日	31日
1月	❷ VB9 DEJ 4C8	❸ VJ1 DDH 7B2	❹ VK12 CCG 5A11	❺ VG1 CBF 9K2	❻ VH12 CAE 3J11	❼ VE10 JKD 8H11	❽ VF3 DJC 4G2	❾ VC7 BHB 7F8	❿ VD6 GGA 5E5	❶ UA4 AFK 6D5	❷ UB9 AEJ 6C8
2月	❸ YK2 HJD 1C3	❹ YJ11 CKC 11D10	❺ YH2 GGB 3A3	❻ YG11 GHA 9B10	❼ YF11 JEK 2J12	❽ YE2 HFJ 10K1	❾ YD8 FCH 1G9	❿ YC5 GDG 11H4			
3月	❶ VB5 EBF 8F7	❷ VA8 DAE 4E6	❸ VK2 DKD 7D4	❹ VJ11 CJC 5C9	❺ VH2 CHB 9B4	❻ VG11 CGA 3A9	❼ VF11 JFK 8K1	❽ VE2 DEJ 4J12	❾ VD8 BDH 7H10	❿ VC5 GCG 5G3	❶ UB5 ABF 6F7
4月	❷ YA8 KFE 10H5	❸ YK2 HCD 1E5	❹ YJ11 CDC 11F8	❺ YH2 GAB 3C5	❻ YG11 GBA 9D8	❼ YF11 JJK 2A2	❽ YE2 HKJ 10B11	❾ YD8 FGH 1J11	❿ YC5 GHG 11K2	❶ XB5 GEF 12G8	
5月	❷ VA8 DDE 4G4	❸ VK2 DAD 7F6	❹ VJ11 CBC 5E7	❺ VH2 CJB 9D6	❻ VG11 CKA 3C7	❼ VF11 JGK 8B3	❽ VE2 DHJ 4A10	❾ VD8 BEH 7K12	❿ VC5 GFG 5J1	❶ UB5 ACF 6H9	❷ UA8 ADE 6G4
6月	❸ YK2 HDD 1G7	❹ YJ11 CCC 11H6	❺ YH2 GBB 3E7	❻ YG11 GAA 9F6	❼ YF11 JKK 2C4	❽ YE2 HGJ 10D9	❾ YD8 FFH 1A1	❿ YC5 GEG 11B12	❶ XB5 GDF 12J10	❷ XA8 GCE 12K3	
7月	❸ VK2 DDD 7H8	❹ VJ11 CCC 5G5	❺ VH2 CBB 9F8	❻ VG11 CAA 3E5	❼ VF11 JKK 8D5	❽ VE2 DJJ 4C8	❾ VD8 BHH 7B2	❿ VC5 GGG 5A11	❶ UB5 AFF 6K11	❷ UA8 AEE 6J2	❸ UK2 CDD 5H8
8月	❹ YJ11 CHC 11K4	❺ YH2 JCB 3G9	❻ YG11 GDA 9H4	❼ YF11 JAK 2E6	❽ YE2 HBJ 10F7	❾ YD8 HJH 1C3	❿ YC5 GKG 11D10	❶ XB5 GGF 12A12	❷ XA8 GHE 12B1	❸ XK2 CED 11J9	❹ XJ11 HFC 1K4
9月	❺ VH2 EDB 9H10	❻ VG11 CCA 3G3	❼ VF11 JBK 8F7	❽ VE2 DAJ 4E6	❾ VD8 BKH 7D4	❿ VC5 GJG 5C9	❶ UB5 AHF 6B1	❷ UA8 AGE 6A12	❸ UK2 CFD 5K10	❹ UJ11 BEC 7J3	
10月	❺ YH2 JKD 3J11	❻ YG11 GBA 9K2	❼ YF11 JJK 2G8	❽ YE2 HKJ 10H5	❾ YD8 HGH 1E5	❿ YC5 GHG 11F8	❶ XB5 GEF 12C2	❷ XA8 GFE 12D11	❸ XK2 CCD 11A11	❹ XJ11 HDC 1B2	❺ XH2 FAB 1J11
11月	❻ VG11 CFA 3J1	❼ VF11 JCK 8H9	❽ VE2 DDJ 4G4	❾ VD8 BAH 7F6	❿ VC5 GBG 5E7	❶ UB5 AJF 6D3	❷ UA8 AKE 6C10	❸ UK2 CGD 5B12	❹ UJ11 BHC 7A1	❺ UH2 KEB 7K12	
12月	❻ YG11 GEA 9B12	❼ YF11 JDK 2J10	❽ YE2 HCJ 10K3	❾ YD8 HBH 1G7	❿ YC5 GAG 11H6	❶ XB5 GKF 12E4	❷ XA8 GJE 12F9	❸ XK2 CHD 11C1	❹ XJ11 HGC 1D12	❺ XH2 FFB 1A1	❻ XG11 AEA 11B12

1926年（民國15年）

1926年	1日	2日	3日	4日	5日	6日	7日	8日	9日	10日	11日	12日	13日	14日	15日	16日
1月	❼ XF11 EDK 12J10	❽ XE2 ECJ 12K3	❾ XD8 GBH 11G7	❿ XC5 FAG 1H6	❶ WB5 DKF 10E4	❷ WA8 CJJ 2E8	❸ WK2 CHH 9D2	❹ WJ11 EGG 3C11	❺ WH2 DFF 11B2	❻ WG11 HEE 1A11	❼ WF11 DDD 10K11	❽ WE2 CCC 2J2	❾ WD8 GBB 9H8	❿ WC5 CAA 3G5	❶ VB5 BKK 8F5	❷ VA8 HGG 4E8
2月	❽ UE2 AJJ 6J2	❾ UD8 GHH 5H8	❿ UC5 BGG 7G5	❶ ZC6 KEE 4G6	❷ ZD7 JFF 8H7	❸ ZA3 CCC 3E3	❹ ZB10 JDD 9F10	❺ ZJ3 HAA 5C3	❻ ZK10 BBB 7D10	❼ ZG12 KJJ 4A12	❽ ZH1 GKK 8B1	❾ ZE9 GEE 3J9	❿ ZF4 JFF 9K4	❶ YC6 DCC 2G6	❷ YD7 BDD 10H7	❸ YA3 HAA 1E3
3月	❻ XK10 AHH 11D10	❼ XG12 EEE 12A12	❽ XH1 EFF 12B1	❾ XE9 GCC 11J9	❿ XF4 FDD 1K4	❶ WC6 FBE 10H7	❷ WD7 CAF 2G6	❸ WA3 CKC 9F4	❹ WB10 EJD 3E9	❺ WJ3 DHA 11D4	❻ WK10 HGB 1C9	❼ WG12 DFJ 10B1	❽ WH1 CEK 2A12	❾ WE9 EDE 9K10	❿ WF4 CCF 3J3	❶ VC6 KBC 8H7
4月	❼ UG12 AFE 6B1	❽ UH1 AEF 6A12	❾ UE9 GDC 5K10	❿ UF4 BCD 7J3	❶ ZC6 KBE 4J8	❷ ZD7 JAF 8K5	❸ ZA3 CKC 3G5	❹ ZB10 JJD 9H8	❺ ZJ3 HHA 5E5	❻ ZK10 BGB 7F8	❼ ZG12 KFJ 4C2	❽ ZH1 GEK 8D11	❾ ZE9 GDE 3A11	❿ ZF4 JCF 9B2	❶ YC6 DKC 2J8	❷ YD7 BJD 10K5
5月	❼ XG12 EJE 12C2	❽ XH1 EKF 12D11	❾ XE9 GGC 11A11	❿ XF4 FHD 1B2	❶ WC6 DEA 10J8	❷ WD7 CFF 2J4	❸ WA3 CCC 9H6	❹ WB10 EDD 3G7	❺ WJ3 DAA 11F6	❻ WK10 HBB 1E7	❼ WG12 DJJ 10D3	❽ WH1 CBK 2C10	❾ WE9 GJG 9B12	❿ WF4 CKF 3A1	❶ VC6 BGC 8K9	❷ VD7 HHD 4J4
6月	❽ UH1 AHF 6C10	❾ UE9 GEC 5B12	❿ UF4 BFD 7A1	❶ ZC6 KCA 4K9	❷ ZD7 EDB 8J4	❸ ZA3 CDC 3J7	❹ ZB10 JCD 9K6	❺ ZJ3 HBA 5G7	❻ ZK10 BAB 7H6	❼ ZG12 KKJ 4E4	❽ ZH1 GJK 8F9	❾ ZE9 GHG 3C1	❿ ZF4 JGH 9D12	❶ YC6 HFC 2A10	❷ YD7 BED 10B3	❸ YA3 HDA 1J7
7月	❽ XH1 EGF 12F9	❾ XE9 GFC 11C1	❿ XF4 FED 1D12	❶ WC6 DDA 10A10	❷ WD7 ECB 2B3	❸ WA3 EBJ 9J7	❹ WB10 EAK 3K6	❺ WJ3 DKA 11H8	❻ WK10 HJB 1G5	❼ WG12 DHJ 10F5	❽ WH1 CGK 2E8	❾ WE9 GFG 9D2	❿ WF4 CEH 3C11	❶ VC6 BDE 8B11	❷ VD7 HCF 4A2	❸ VA3 DBA 7K8
8月	❾ UE9 GHC 5D2	❿ UF4 BGD 7C11	❶ ZC6 KFA 4B11	❷ ZD7 EEB 8A2	❸ ZA3 JDJ 3K8	❹ ZB10 JCK 9J5	❺ ZJ3 ABG 5H8	❻ ZK10 BBB 7K4	❼ ZG12 KJJ 4G6	❽ ZH1 GKK 8H7	❾ ZE9 GGG 3E3	❿ ZF4 JHH 9F10	❶ YC6 HEE 2C12	❷ YD7 BFF 10D1	❸ YA3 HCC 1A9	❹ YB10 GDB 11B4
9月	❿ XF4 FKD 1F10	❶ WC6 DGA 10C12	❷ WD7 EHB 2D1	❸ WA3 EEJ 9A9	❹ WB10 EFK 3B4	❺ WJ3 ACG 11J9	❻ WK10 FDH 1K4	❼ WG12 DBJ 10H7	❽ WH1 CAK 2G6	❾ WE9 GKG 9F4	❿ WF4 CJH 3E9	❶ VC6 BHE 8D1	❷ VD7 FGF 4C12	❸ VA3 DFC 7B10	❹ VB10 AED 5A3	❺ VJ3 ADJ 9K10
10月	❿ UF4 BJD 7E9	❶ ZC6 KHA 4D1	❷ ZD7 EGB 8C12	❸ ZA3 JFJ 3B10	❹ ZB10 JEK 9A3	❺ ZJ3 ADG 5K10	❻ ZK10 KCH 7J3	❼ ZG12 HBE 4H7	❽ ZH1 GAK 8K5	❾ ZE9 GKG 3G5	❿ ZF4 JJH 9H8	❶ YC6 HHE 2E2	❷ YD7 BGF 10F11	❸ YA3 HFC 1C11	❹ YB10 GED 11D2	❺ YJ3 ADA 3A11
11月	❶ WC6 DEA 10E2	❷ WD7 EFB 2F11	❸ WA3 ECJ 9C11	❹ WB10 EDK 3D2	❺ WJ3 AAG 11A11	❻ WK10 FBH 1B2	❼ WG12 DJE 10J8	❽ WH1 CFK 2J4	❾ WE9 GCG 9H6	❿ WF4 CDH 3G7	❶ VC6 BAE 8F3	❷ VD7 FBF 4E10	❸ VA3 DJC 7D12	❹ VB10 AKD 5C1	❺ VJ3 AGA 9B12	❻ VK10 CHK 3A1
12月	❶ ZC6 KJA 4F3	❷ ZD7 EKB 8E10	❸ ZA3 JGJ 3D12	❹ ZB10 JHK 9C1	❺ ZJ3 AEG 5B12	❻ ZK10 KFH 7A1	❼ ZG12 HCE 4K9	❽ ZH1 GCK 8B3	❾ ZE9 GBG 3J7	❿ ZF4 JAH 9K6	❶ YC6 HKE 2G4	❷ YD7 BJF 10H9	❸ YA3 HHC 1E1	❹ YB10 GGD 11F12	❺ YJ3 AFA 3C1	❻ YK10 GEK 9D12

1926年	17日	18日	19日	20日	21日	22日	23日	24日	25日	26日	27日	28日	29日	30日	31日
1月	❸ VK2 DFF 7D2	❹ VJ11 JEE 5C11	❺ VH2 EBB 9B2	❻ VG11 CAA 3A11	❼ VF11 JKK 8K11	❽ VE2 DJJ 4J2	❾ VD8 BHH 7H8	❿ VC5 GGG 5G5	❶ UB5 AFF 6F5	❷ UA8 AEE 6E8	❸ UK2 CDD 5D2	❹ UJ11 BCC 7C11	❺ UH2 KBB 7B2	❻ UG11 AAA 5A11	❼ UF11 AKK 6K11
2月	❹ YB10 CBB 11F10	❺ YJ3 JJJ 3C3	❻ YK10 GHH 9D10	❼ YG12 JEE 2A12	❽ YH1 HFF 10B1	❾ YE9 HCC 1J9	❿ YF4 GDD 11K4	❶ XC6 GAA 12G6	❷ XD7 GBB 12H7	❸ XA3 CJJ 11E3	❹ XB10 HKK 1F10	❺ XJ3 FGG 1C3			
3月	❷ VD7 HAD 4G6	❸ VA3 DKA 7F4	❹ VB10 CJB 5E9	❺ VJ3 CHJ 9D4	❻ VK10 CGH 3C9	❼ VG12 JFE 8B1	❽ VH1 DEF 4A12	❾ VE9 BDC 7K10	❿ VF4 GCD 5J3	❶ UC6 ABA 6H7	❷ UD7 AAB 6G6	❸ UA3 CKJ 5F4	❹ UB10 BJK 7E9	❺ UJ3 KHG 7D4	❻ UK10 AGH 5C9
4月	❸ YA3 HHA 1G5	❹ YB10 CDB 11H8	❺ YJ3 JAJ 3E5	❻ YK10 GBH 9F8	❼ YG12 JJE 2C2	❽ YH1 HKF 10D11	❾ YE9 HGC 1A11	❿ YF4 GHD 11B2	❶ XC6 GEA 12J8	❷ XD7 GFB 12K5	❸ XA3 CCJ 11G5	❹ XB10 HDK 1H8	❺ XJ3 FAG 1E5	❻ XK10 ABH 11F8	
5月	❸ VA3 DEA 7H6	❹ VB10 JFB 5G7	❺ VJ3 ECJ 9F6	❻ VK10 CDK 3E7	❼ VG12 JGE 8D3	❽ VH1 DHF 4C10	❾ VE9 BEC 7B12	❿ VF4 GFD 5A1	❶ UC6 ACA 6K9	❷ UD7 ADB 6J4	❸ UA3 CAJ 5H6	❹ UB10 BBK 7G7	❺ UJ3 KJG 7F6	❻ UK10 AKH 5E7	❼ UG12 AGE 6D3
6月	❹ YB10 ECB 11K6	❺ YJ3 JBJ 3G7	❻ YK10 GAK 9H6	❼ YG12 JKG 2E4	❽ YH1 HJF 10F9	❾ YE9 HHC 1C1	❿ YF4 GGD 11D12	❶ XC6 GFA 12A10	❷ XD7 GEB 12B3	❸ XA3 CBJ 11J7	❹ XB10 HAK 1K6	❺ XJ3 FKG 1G7	❻ XK10 AJH 11H6	❼ XG12 EHE 12E4	
7月	❹ VB10 AAB 5J5	❺ VJ3 AHJ 9H8	❻ VK10 CGK 3G5	❼ VG12 HFG 8F5	❽ VH1 DJH 4E8	❾ VE9 BHE 7D2	❿ VF4 GGD 5C11	❶ UC6 AFA 6B11	❷ UD7 AEB 6A2	❸ UA3 CDJ 5K8	❹ UB10 BCK 7J5	❺ UJ3 KBG 7H8	❻ UK10 AAH 5G5	❼ UG12 AKE 6F5	❽ UH1 AJF 6E8
8月	❺ YJ3 JAJ 3J9	❻ YK10 GBK 9K4	❼ YG12 DCG 2G6	❽ YH1 BDH 10H7	❾ YE9 HAE 1E3	❿ YF4 GKF 11F10	❶ XC6 GGA 12C12	❷ XD7 GHB 12D1	❸ XA3 CEJ 11A9	❹ XB10 HFK 1B4	❺ XJ3 FCG 1J9	❻ XK10 ADH 11K4	❼ XG12 EAE 12G6	❽ XH1 EBF 12H7	❾ XE9 GJC 11E3
9月	❻ VK10 CCK 3J3	❼ VG12 HBG 8H7	❽ VH1 FAH 4G6	❾ VE9 BKE 7F4	❿ VF4 GJF 5E9	❶ UC6 CHC 6D1	❷ UD7 AGB 6C12	❸ UA3 CFJ 5B10	❹ UB10 BEK 7A3	❺ UJ3 BDG 7K10	❻ UK10 ACH 5J3	❼ UG12 ABE 6H7	❽ UH1 AAF 6G6	❾ UE9 GKC 5F4	
10月	❻ YK10 GCK 9B2	❼ YG12 FBG 2J8	❽ YH1 BGH 10K5	❾ YE9 HFE 1G5	❿ YF4 CEF 11H8	❶ XC6 JEC 12E2	❷ XD7 GFD 12F11	❸ XA3 CCJ 11C11	❹ XB10 HDK 1D2	❺ XJ3 FAG 1A11	❻ XK10 ABH 11B2	❼ XG12 EJE 12J8	❽ XH1 EKF 12K5	❾ XE9 GGC 11G5	❿ XF4 FHD 1H8
11月	❼ VG12 BEG 8K9	❽ VH1 FFH 4J4	❾ VE9 BCE 7H6	❿ VF4 JDF 5G7	❶ UC6 CJC 6F3	❷ UD7 AKD 6E10	❸ UA3 CGJ 5D12	❹ UB10 BHK 7C1	❺ UJ3 BEG 7B12	❻ UK10 AFH 5A1	❼ UG12 ACE 6K9	❽ UH1 ADF 6J4	❾ UE9 GAC 5H6	❿ UF4 BBD 7G7	
12月	❼ YG12 FDG 2A10	❽ YH1 BCH 10B3	❾ YE9 HBE 1J7	❿ YF4 CAF 11K6	❶ XC6 JKC 12G4	❷ XD7 GJD 12H9	❸ XA3 CHJ 11E1	❹ XB10 HGK 1F12	❺ XJ3 FFG 1C1	❻ XK10 AEH 11D12	❼ XG12 EDE 12A10	❽ XH1 ECF 12B3	❾ XE9 GBC 11J7	❿ XF4 FAD 1K6	❶ WC6 DKA 10G4

1927年(民國16年)

1927年	1日	2日	3日	4日	5日	6日	7日	8日	9日	10日	11日	12日	13日	14日	15日	16日	17日	18日	19日	20日	21日	22日	23日	24日	25日	26日	27日	28日	29日	30日	31日
1月	❷ WD7 EJB 2H9	❸ WA3 EHJ 9E1	❹ WB10 EGK 3F12	❺ WJ3 AFG 11C1	❻ WK10 FEH 1D12	❼ WG12 DDJ 10B11	❽ WH1 CCK 2A2	❾ WE9 GBG 9K8	❿ WF4 CAH 3J5	❶ VC6 BKE 8H5	❷ VD7 FJF 4G8	❸ VA3 DHC 7F2	❹ VB10 AGD 5E11	❺ VJ3 AFJ 9D2	❻ VK10 CEK 3C11	❼ VG12 HBG 8B11	❽ VH1 FAH 4A2	❾ VE9 BKE 7K8	❿ VF4 GGF 5J5	❶ UC6 CFC 6H5	❷ UD7 AEB 6G8	❸ UA3 CDJ 5F2	❹ UB10 BCK 7E11	❺ UJ3 BBG 7D2	❻ UK10 AAH 5C11	❼ UG12 AKE 6B11	❽ UH1 AJF 6A2	❾ UE9 GHC 5K8	❿ UF4 BGD 7J5	❶ ZC6 KFA 4H5	❷ ZD7 EEB 8G8
2月	❸ ZA3 JDJ 3F2	❹ ZB10 JCK 9E11	❺ ZJ3 ABG 5D2	❻ ZK10 KAH 7C11	❼ ZH1 KJF 4C12	❽ ZG12 GKE 8D1	❾ ZF10 GGD 3A9	❿ ZE3 JHC 9B4	❶ YD7 HEB 2J6	❷ YC6 BFA 10K7	❸ YB4 HCK 1G3	❹ YA9 GDJ 11H10	❺ YK4 JJH 3E3	❻ YJ9 GKG 9F10	❼ YH1 DGF 2C12	❽ YG12 BHE 10D1	❾ YF10 HED 1A9	❿ YE3 GFC 11B4	❶ XD7 GCB 12J6	❷ XC6 GBA 12K7	❸ XB4 CJK 11G3	❹ XA9 HKJ 1H10	❺ XK4 FGH 1E3	❻ XJ9 AHG 11F10	❼ XH1 EEF 12C12	❽ XG12 EFE 12D1	❾ XF10 GCD 11A9	❿ XE3 FDC 1B4			
3月	❶ WD7 DAB 10J6	❷ WC6 EBA 2K7	❸ WB4 EJK 9G3	❹ WA9 EKJ 3H10	❺ WK4 AGH 11E3	❻ WJ9 HGG 1E9	❼ WH1 DFF 10D1	❽ WG12 CEE 2C12	❾ WF10 GDD 9B10	❿ WE3 CCC 3A3	❶ VD7 BBB 8K7	❷ VC6 HAA 4J6	❸ VB4 DKK 7H4	❹ VA9 AJJ 5G9	❺ VK4 AHH 9F4	❻ VJ9 CGG 3E9	❼ VH1 HFF 8D1	❽ VG12 FEE 4C12	❾ VF10 BDD 7B10	❿ VE3 GCC 5A3	❶ UD7 ABB 6K7	❷ UC6 AAA 6J6	❸ UB4 CKK 5H4	❹ UA9 BJJ 7G9	❺ UK4 BHH 7F4	❻ UJ9 AGG 5E9	❼ UH1 AFF 6D1	❽ UG12 AEE 6C12	❾ UF10 GDD 5B10	❿ UE3 BCC 7A3	❶ ZD7 KBB 4K7
4月	❷ ZC6 EAA 8J6	❸ ZB4 JKK 3H4	❹ ZA9 JJJ 9G9	❺ ZK4 AHH 5F4	❻ ZJ9 KGG 7E9	❼ ZH1 KFF 4E2	❽ ZG12 GEE 8F11	❾ ZF10 GDD 3C11	❿ ZE3 JCC 9D2	❶ YD7 HBB 2A8	❷ YC6 BAA 10B5	❸ YB4 HKK 1J5	❹ YA9 GJJ 11K8	❺ YK4 JHH 3G5	❻ YJ9 GGG 9H8	❼ YH1 DDF 2E2	❽ YG12 BCE 10F11	❾ YF10 HBD 1C11	❿ YE3 GHC 11D2	❶ XD7 GEB 12A8	❷ XC6 GFA 12B5	❸ XB4 CCK 11J5	❹ XA9 HDJ 1K8	❺ XK4 FAH 1G5	❻ XJ9 ABG 11H8	❼ XH1 EJF 12E2	❽ XG12 EKE 12F11	❾ XF10 GGD 11C11	❿ XE3 FHC 1D2	❶ WD7 DEB 10A8	
5月	❷ WC6 EFA 2B5	❸ WB4 ECK 9J5	❹ WA9 EDJ 3K8	❺ WK4 AAH 11G5	❻ WJ9 FBG 1H8	❼ WH1 DJF 10F3	❽ WG12 CKE 2E10	❾ WF10 GGD 9D12	❿ WE3 CHC 3C1	❶ VD7 BEB 8B9	❷ VC6 FFA 4A4	❸ VB4 DEK 7K6	❹ VA9 AFJ 5J7	❺ VK4 ACH 9H6	❻ VJ9 CDG 3G7	❼ VH1 HAF 8F3	❽ VG12 FBE 4E10	❾ VF10 BJD 7D12	❿ VE3 GKC 5C1	❶ UD7 CGB 6B9	❷ UC6 ADA 6A4	❸ UB4 CAK 5K6	❹ UA9 BBJ 7J7	❺ UK4 BJH 7H6	❻ UJ9 AKG 5G7	❼ UH1 AGF 6F3	❽ UG12 AHE 6E10	❾ UF10 GED 5D12	❿ UE3 BFC 7C1	❶ ZD7 KCB 4B9	❷ ZC6 EDA 8A4
6月	❸ ZB4 JAK 3K6	❹ ZA9 JBJ 9J7	❺ ZK4 AJH 5H6	❻ ZJ9 KKG 7G7	❼ ZH1 HGF 4F3	❽ ZG12 JHE 8E10	❾ ZF10 GHD 3E1	❿ ZE3 JGC 9F12	❶ YD7 HFB 2C10	❷ YC6 BEA 10D3	❸ YB4 HDK 1A7	❹ YA9 GCJ 11B6	❺ YK4 ABH 3J7	❻ YJ9 GAG 9K6	❼ YH1 FKF 2G4	❽ YG12 BJE 10H9	❾ YF10 HHD 1E1	❿ YE3 CGC 11F12	❶ XD7 JFB 12C10	❷ XC6 GEA 12D3	❸ XB4 CDK 11A7	❹ XA9 HCJ 1B6	❺ XK4 FBH 1J7	❻ XJ9 AAG 11K6	❼ XH1 EKF 12G4	❽ XG12 EJE 12H9	❾ XF10 GFD 11E1	❿ XE3 FEC 1F12	❶ WD7 DDB 10C10	❷ WC6 ECA 2D3	
7月	❸ WB4 EBK 9A7	❹ WA9 EAJ 3B6	❺ WK4 AKH 11J7	❻ WJ9 FJG 1K6	❼ WH1 DHF 10G4	❽ WG12 JGE 2H9	❾ WF10 CFD 9E1	❿ WE3 CEC 3E11	❶ VD7 BDB 8D11	❷ VC6 FCA 4C2	❸ VB4 DBK 7B8	❹ VA9 AAJ 5A5	❺ VK4 AKH 9K8	❻ VJ9 CJG 3J5	❼ VH1 BHF 8H5	❽ VG12 FGE 4G8	❾ VF10 BFD 7F2	❿ VE3 JCC 5E11	❶ UD7 CBB 6D11	❷ UC6 AAA 6C2	❸ UB4 CDK 5B8	❹ UA9 FCJ 7A5	❺ UK4 BBH 7K8	❻ UJ9 AAG 5J5	❼ UH1 AKF 6H5	❽ UG12 AJE 6G8	❾ UF10 GHD 5F2	❿ UE3 BGC 7E11	❶ ZD7 KFB 4D11	❷ ZC6 EEA 8C2	❸ ZB4 JDK 3B8
8月	❹ ZA9 JCJ 9A5	❺ ZK4 ABH 5K8	❻ ZJ9 KAG 7J5	❼ ZH1 HKF 4H5	❽ ZG12 JJE 8G8	❾ ZF10 JHD 3F2	❿ ZE3 JGC 9E11	❶ YD7 HEB 2E12	❷ YC6 BFA 10F1	❸ YB4 HCK 1C9	❹ YA9 GDJ 11D4	❺ YK4 AAH 3A9	❻ YJ9 GBG 9B4	❼ YH1 FJF 2J6	❽ YG12 BKE 10K7	❾ YF10 HGD 1G3	❿ YE3 EHC 11H10	❶ XD7 EEB 12E12	❷ XC6 GKA 12F1	❸ XB4 BGK 11C9	❹ XA9 HHJ 1D4	❺ XK4 FCH 1A9	❻ XJ9 ADG 11B4	❼ XH1 EAF 12J6	❽ XG12 EBE 12K7	❾ XF10 GJD 11G3	❿ XE3 FKC 1H10	❶ WD7 DGB 10E12	❷ WC6 EHA 2F1	❸ WB4 EEK 9C9	❹ WA9 EFJ 3D4
9月	❺ WK4 ACH 11A9	❻ WJ9 FDG 1B4	❼ WH1 DAF 10J6	❽ WG12 JBE 2K7	❾ WF10 CJD 9G3	❿ WE3 CKC 3H10	❶ VD7 EGB 8E12	❷ VC6 DHA 4F1	❸ VB4 DFK 7D10	❹ VA9 AEJ 5C3	❺ VK4 ADH 9B10	❻ VJ9 CCG 3A3	❼ VH1 BBF 8K7	❽ VG12 FAE 4J6	❾ VF10 BKD 7H4	❿ VE3 AJC 5G9	❶ UD7 CHB 6F1	❷ UC6 AGA 6E12	❸ UB4 HFK 5D10	❹ UA9 FEJ 7C3	❺ UK4 BDH 7B10	❻ UJ9 ACG 5A3	❼ UH1 ABF 6K7	❽ UG12 AAE 6J6	❾ UF10 GKD 5H4	❿ UE3 BJC 7G9	❶ ZD7 KHB 4F1	❷ ZC6 EGA 8E12	❸ ZB4 JFK 3D10	❹ ZA9 JEJ 9C3	
10月	❺ ZK4 ADH 5B10	❻ ZJ9 KCG 7A3	❼ ZH1 HBF 4K7	❽ ZG12 JAE 8J6	❾ ZF10 JKD 3H4	❿ ZE3 JJC 9G9	❶ YD7 EHB 2F1	❷ YC6 KGA 10E12	❸ YB4 HFK 1E11	❹ YA9 GEJ 11F2	❺ YK4 ADH 3C11	❻ YJ9 GCG 9D2	❼ YH1 FBF 2A8	❽ YG12 KAE 10B5	❾ YF10 HKD 1J5	❿ YE3 EJC 11K8	❶ XD7 EHB 12G2	❷ XC6 GGA 12H11	❸ XB4 BBK 11E11	❹ XA9 KAJ 1F2	❺ XK4 FKH 1C11	❻ XJ9 ABG 11D2	❼ XH1 GJF 12A8	❽ XG12 EKE 12B5	❾ XF10 GGD 11J5	❿ XE3 FHC 1K8	❶ WD7 FEB 10G2	❷ WC6 EFA 2H11	❸ WB4 ECK 9E11	❹ WA9 EDJ 3F2	❺ WK4 AAH 11C11
11月	❻ WJ9 FBG 1D2	❼ WH1 DJF 10A8	❽ WG12 JKE 2B5	❾ WF10 CGD 9J5	❿ WE3 CHC 3K8	❶ VD7 EEB 8G2	❷ VC6 DFA 4H11	❸ VB4 DJK 7F12	❹ VA9 AKJ 5E1	❺ VK4 AGH 9D12	❻ VJ9 CHG 3C1	❼ VH1 BEF 8B9	❽ VG12 FFE 4A4	❾ VF10 BCD 7K6	❿ VE3 ADC 5J7	❶ UD7 CAB 6H3	❷ UC6 ABA 6G10	❸ UB4 HJK 5F12	❹ UA9 FKJ 7E1	❺ UK4 BGH 7D12	❻ UJ9 AFG 5C1	❼ UH1 ACF 6B9	❽ UG12 ADE 6A4	❾ UF10 GAD 5K6	❿ UE3 BBC 7J7	❶ ZD7 KJB 4H3	❷ ZC6 EKA 8G10	❸ ZB4 JGK 3F12	❹ ZA9 JHJ 9E1	❺ ZK4 AEH 5D12	
12月	❻ ZJ9 KFG 7C1	❼ ZH1 HCF 4B9	❽ ZG12 JDE 8A4	❾ ZF10 JAD 3K6	❿ ZE3 JBC 9J7	❶ YD7 EJB 2H3	❷ YC6 KKA 10G10	❸ YB4 HHK 1G1	❹ YA9 GGJ 11H12	❺ YK4 AFH 3E1	❻ YJ9 GEG 9F12	❼ YH1 FDF 2C10	❽ YG12 KCE 10D3	❾ YF10 HBD 1A7	❿ YE3 EAC 11B6	❶ XD7 EKB 12J4	❷ XC6 GJA 12K9	❸ XB4 BHK 11G1	❹ XA9 KGJ 1H12	❺ XK4 FFH 1E1	❻ XJ9 AEG 11F12	❼ XH1 GDF 12C10	❽ XG12 ECE 12D3	❾ XF10 GBD 11A7	❿ XE3 FAC 1B6	❶ WD7 FKB 10J4	❷ WC6 EJA 2K9	❸ WB4 EHK 9G1	❹ WA9 EGJ 3H12	❺ WK4 AFH 11E1	❻ WJ9 FEG 1F12

1928年（民國17年）

1928年

	1日	2日	3日	4日	5日	6日	7日	8日	9日	10日	11日	12日	13日	14日	15日	16日
1月	❼ WH1 DDF 10C10	❽ WG12 JCE 2D3	❾ WF10 CBD 9A7	❿ WE3 CAC 3B6	❶ VD7 EKB 8J4	❷ VC6 FJA 4J8	❸ VB4 DHK 7H2	❹ VA9 AGJ 5G11	❺ VK4 AFH 9F2	❻ VJ9 CEG 3E11	❼ VH1 BDF 8D11	❽ VG12 FCE 4C2	❾ VF10 BBD 7B8	❿ VE3 AAC 5A5	❶ UD7 CKB 6K5	❷ UC6 AGA 6J8
2月	❽ ZG12 JJE 8C2	❾ ZF10 JHD 3B8	❿ ZE3 JGC 9A5	❶ YD7 EFB 2K5	❷ YF5 BFA 10B7	❸ YC5 HCK 1J3	❹ YD8 GDJ 11K10	❺ YA5 AAH 3G3	❻ YB8 GBG 9H10	❼ YJ2 FJF 2E12	❽ YK11 BKE 10F1	❾ YG11 HGD 1C9	❿ YH2 EFC 11D4	❶ XE8 ECB 12A6	❷ XF5 GDJ 12B7	❸ XC5 BAH 11J3
3月	❼ WJ2 DEJ 10E12	❽ WK11 JFK 2F1	❾ WG11 CCG 9C9	❿ WH2 CDH 3D4	❶ VE8 EAE 8A6	❷ VF5 FAA 4A6	❸ VC5 DKK 7K4	❹ VD8 AJJ 5J9	❺ VA5 AHH 9H4	❻ VB8 CGG 3G9	❼ VJ2 BFF 8F1	❽ VK11 FEE 4E12	❾ VG11 BDD 7D10	❿ VH2 ACC 5C3	❶ UE8 CBB 6B7	❷ UF5 AAJ 6A6
4月	❽ ZK11 JEK 8E12	❾ ZG11 JDG 3D10	❿ ZH2 JCH 9C3	❶ YE8 EBE 2B7	❷ YF5 BAA 10D5	❸ YC5 HKK 1A5	❹ YD8 GJJ 11B8	❺ YA5 AHH 3J5	❻ YB8 GGG 9K8	❼ YJ2 FFF 2G2	❽ YK11 BEE 10H11	❾ YG11 HDD 1E11	❿ YH2 ECC 11F2	❶ XE8 EBB 12C8	❷ XF5 GJJ 12D5	❸ XC5 BHH 11A5
5月	❽ WK11 JKK 2H11	❾ WG11 CGG 9E11	❿ WH2 CHH 3F2	❶ VE8 EEE 8C8	❷ VF5 DFF 4D5	❸ VC5 DCK 7B6	❹ VD8 ADJ 5A7	❺ VA5 AAH 9K6	❻ VB8 CBG 3J7	❼ VJ2 BJF 8H3	❽ VK11 FKE 4G10	❾ VG11 BJD 7F12	❿ VH2 AKC 5E1	❶ UE8 CGB 6D9	❷ UF5 AHA 6C4	❸ UC5 HEH 5B6
6月	❾ ZG11 JEG 3F12	❿ ZH2 JFH 9E1	❶ YE8 ECE 2D9	❷ YF5 KDF 10C4	❸ YC5 HAC 1B6	❹ YD8 GCJ 11D6	❺ YA5 ABH 3A7	❻ YB8 GAG 9B6	❼ YJ2 FKF 2J4	❽ YK11 KJE 10K9	❾ YG11 HHD 1G1	❿ YH2 EGC 11H12	❶ XE8 EFB 12E10	❷ XF5 GEA 12F3	❸ XC5 FDK 11C7	❹ XD8 KCG 1D6
7月	❾ WG11 CFG 9G1	❿ WH2 CEH 3H12	❶ VE8 EDE 8E10	❷ VF5 DCF 4F3	❸ VC5 BBC 7C7	❹ VD8 CAD 5D6	❺ VA5 AKH 9B8	❻ VB8 CJG 3A5	❼ VJ2 BHF 8K5	❽ VK11 FGE 4J8	❾ VG11 BFD 7H2	❿ VH2 AEC 5G11	❶ UE8 EDB 6F11	❷ UF5 ACA 6E2	❸ UC5 KBK 5D8	❹ UD8 FAJ 7C5
8月	❿ ZH2 JGH 9G11	❶ YE8 EFE 2F11	❷ YF5 KEF 10E2	❸ YC5 HDC 1D8	❹ YD8 CCD 11C5	❺ YA5 GBA 3B8	❻ YB8 GAB 9A5	❼ YJ2 FJF 2A6	❽ YK11 KKE 10B7	❾ YG11 HGD 1J3	❿ YH2 EHC 11K10	❶ XE8 EEB 12G12	❷ XF5 GFA 12H1	❸ XC5 FCK 11E9	❹ XD8 KDJ 1F4	❺ XA5 FAH 1C9
9月	❶ VE8 EGE 8G12	❷ VF5 DHF 4H1	❸ VC5 BEC 7E9	❹ VD8 CFD 5F4	❺ VA5 CCA 9C9	❻ VB8 CDB 3D4	❼ VJ2 JAJ 8A6	❽ VK11 FAE 4A6	❾ VG11 BKD 7K4	❿ VH2 AJC 5J9	❶ UE8 EHB 6H1	❷ UF5 AGA 6G12	❸ UC5 KFK 5F10	❹ UD8 FEJ 7E3	❺ UA5 BDH 7D10	❻ UB8 JCG 5C3
10月	❶ YE8 EHE 2H1	❷ YF5 KGF 10G12	❸ YC5 HFC 1F10	❹ YD8 CED 11E3	❺ YA5 GDA 3D10	❻ YB8 GCB 9C3	❼ YJ2 JBJ 2B7	❽ YK11 KAE 10D5	❾ YG11 HKD 1A5	❿ YH2 EJC 11B8	❶ XE8 EHB 12J2	❷ XF5 GGA 12K11	❸ XC5 FFK 11G11	❹ XD8 KEJ 1H2	❺ XA5 FDH 1E11	❻ XB8 ECG 11F2
11月	❷ VF5 DFF 4K11	❸ VC5 BCC 7G11	❹ VD8 CDD 5H2	❺ VA5 CAA 9E11	❻ VB8 CBB 8F2	❼ VJ2 JJJ 8C8	❽ VK11 DKK 4D5	❾ VG11 BCD 7B6	❿ VH2 ADC 5A7	❶ UE8 EAB 6K3	❷ UF5 ABA 6J10	❸ UC5 KJK 5H12	❹ UD8 DKJ 7G1	❺ UA5 BGH 7F12	❻ UB8 JHG 5E1	❼ UJ2 JEF 6D9
12月	❷ YF5 KKF 10J10	❸ YC5 HGC 1H12	❹ YD8 CHD 11G1	❺ YA5 GEA 3F12	❻ YB8 GFB 9E1	❼ YJ2 JCJ 2D9	❽ YK11 KCE 10F3	❾ YG11 HBD 1C7	❿ YH2 EAC 11D6	❶ XE8 EKB 12A4	❷ XF5 GJA 12B9	❸ XC5 FHK 11J1	❹ XD8 KGJ 1K12	❺ XA5 FFH 1G1	❻ XB8 EEG 11H12	❼ XJ2 GDF 12E10

	17日	18日	19日	20日	21日	22日	23日	24日	25日	26日	27日	28日	29日	30日	31日
1月	❸ UB4 HFK 5H2	❹ UA9 FEJ 7G11	❺ UK4 BBH 7F2	❻ UJ9 AAG 5E11	❼ UH1 AKF 6D11	❽ UG12 AJE 6C2	❾ UF10 GHD 5B8	❿ UE3 BGC 7A5	❶ ZD7 KFB 4K5	❷ ZC6 EEA 8J8	❸ ZB4 JDK 3H2	❹ ZA9 JCJ 9G11	❺ ZK4 ABH 5F2	❻ ZJ9 KAG 7E11	❼ ZH1 HKF 4D11
2月	❹ XD8 KBG 1K10	❺ XA5 FJA 1G3	❻ XB8 AKB 11H10	❼ XJ2 EEJ 12E12	❽ XK11 EFK 12F1	❾ XG11 GCG 11C9	❿ XH2 FDH 1D4	❶ WE8 FAE 10A6	❷ WF5 EBF 2B7	❸ WC5 EJC 9J3	❹ WD8 EKD 3K10	❺ WA5 AGA 11G3	❻ WB8 FHB 1H10		
3月	❸ UC5 HKH 5K4	❹ UD8 FJG 7J9	❺ UA5 BHA 7H4	❻ UB8 AGB 5G9	❼ UJ2 AFJ 6F1	❽ UK11 AEK 6E12	❾ UG11 GDG 5D10	❿ UH2 BCH 7C3	❶ ZE8 KBE 4B7	❷ ZF5 EAF 8A6	❸ ZC5 JKC 3K4	❹ ZD8 JJD 9J9	❺ ZA5 AHA 5H4	❻ ZB8 KGB 7G9	❼ ZJ2 HFJ 4F1
4月	❹ XD8 KGG 1B8	❺ XA5 FAA 1J5	❻ XB8 ABB 11K8	❼ XJ2 EJJ 12G2	❽ XK11 EKK 12H11	❾ XG11 GGG 11E11	❿ XH2 FHH 1F2	❶ WE8 FEE 10C8	❷ WF5 EFF 2D5	❸ WC5 ECC 9A5	❹ WD8 EDD 3B8	❺ WA5 AAA 11J5	❻ WB8 FBB 1K8	❼ WJ2 DJJ 10G2	
5月	❹ UD8 FFG 7A7	❺ UA5 BCF 7K6	❻ UB8 ADB 5J7	❼ UJ2 AAJ 6H3	❽ UK11 AHK 6G10	❾ UG11 GEG 5F12	❿ UH2 BFH 7E1	❶ ZE8 KCE 4D9	❷ ZF5 EDF 8C4	❸ ZC5 JAC 3B6	❹ ZD8 JBD 9A7	❺ ZA5 AJA 5K6	❻ ZB8 KKB 7J7	❼ ZJ2 HGJ 4H3	❽ ZK11 JHK 8G10
6月	❺ XA5 FBF 1A7	❻ XB8 CAE 11B6	❼ XJ2 GKJ 12J4	❽ XK11 EJK 12K9	❾ XG11 GHG 11G1	❿ XH2 FGH 1H12	❶ WE8 FFE 10E10	❷ WF5 EEF 2F3	❸ WC5 EDC 9C7	❹ WD8 EAD 3D6	❺ WA5 AKA 11A7	❻ WB8 FJB 1B6	❼ WJ2 DHJ 10J4	❽ WK11 JGK 2K9	
7月	❺ UA5 BHF 7B8	❻ UB8 GGE 5A5	❼ UJ2 CFD 6K5	❽ UK11 AJK 6J8	❾ UG11 GHG 5H2	❿ UH2 BGH 7G11	❶ ZE8 KFE 4F11	❷ ZF5 EEF 8E2	❸ ZC5 JDC 3D8	❹ ZD8 JCD 9C5	❺ ZA5 ABA 5B8	❻ ZB8 KAB 7A5	❼ ZJ2 HKJ 4K5	❽ ZK11 JJK 8J8	❾ ZG11 JHG 3H2
8月	❻ XB8 EBG 11D4	❼ XJ2 GJD 12A6	❽ XK11 EDC 12B7	❾ XG11 BAB 11J3	❿ XH2 KBH 1K10	❶ WE8 FGE 10G12	❷ WF5 EHF 2H1	❸ WC5 EEC 9E9	❹ WD8 EFD 3F4	❺ WA5 ACA 11C9	❻ WB8 FDB 1D4	❼ WJ2 DAJ 10A6	❽ WK11 JBK 2B7	❾ WG11 CJG 9J3	❿ WH2 CKH 3K10
9月	❼ UJ2 JBF 6B7	❽ UK11 AAC 6A6	❾ UG11 FKB 5K4	❿ UH2 DJA 7J9	❶ ZE8 KHE 4H1	❷ ZF5 EGF 8G12	❸ ZC5 JFC 3F10	❹ ZD8 JED 9E3	❺ ZA5 ADA 5D10	❻ ZB8 KCB 7C3	❼ ZJ2 KBJ 4B7	❽ ZK11 JAK 8A6	❾ ZG11 JKG 3K4	❿ ZH2 JJH 9J9	
10月	❼ XJ2 GBF 12C8	❽ XK11 EGC 12D5	❾ XG11 BFB 11A5	❿ XH2 KEA 1B8	❶ WE8 FEE 10J2	❷ WF5 EFF 2K11	❸ WC5 ECC 9G11	❹ WD8 EDD 3H2	❺ WA5 AAA 11E11	❻ WB8 FBB 1F2	❼ WJ2 DJJ 10C8	❽ WK11 JKK 2D5	❾ WG11 CGG 9A5	❿ WH2 CHH 3B8	❶ VE8 EEE 8J2
11月	❽ UK11 AFE 6C4	❾ UG11 FCB 5B6	❿ UH2 DDA 7A7	❶ ZE8 KAK 4K3	❷ ZF5 EKF 8J10	❸ ZC5 AGC 3H12	❹ ZD8 JHD 9G1	❺ ZA5 AEA 5F12	❻ ZB8 KFB 7E1	❼ ZJ2 KCJ 4D9	❽ ZK11 JDK 8C4	❾ ZG11 JAG 3B6	❿ ZH2 JBH 9A7	❶ YE8 EJE 2K3	
12月	❽ XK11 ECC 12F3	❾ XG11 BBB 11C7	❿ XH2 KAA 1D6	❶ WE8 FKE 10A4	❷ WF5 EJF 2B9	❸ WC5 EHC 9J1	❹ WD8 EGD 3K12	❺ WA5 AFA 11G1	❻ WB8 FEB 1H12	❼ WJ2 DDJ 10E10	❽ WK11 JCK 2F3	❾ WG11 CBG 9C7	❿ WH2 CAH 3D6	❶ VE8 EKE 8A4	❷ VF5 DJF 4B9

1929年（民國18年）

1929年	1日	2日	3日	4日	5日	6日	7日	8日	9日	10日	11日	12日	13日	14日	15日	16日	17日	18日	19日	20日	21日	22日	23日	24日	25日	26日	27日	28日	29日	30日	31日
1月	❸ VC5 BHC 7J1	❹ VD8 CGD 5K12	❺ VA5 CFA 9G1	❻ VB8 CEB 3H12	❼ VJ2 JDJ 8E10	❽ VK11 FCE 4E2	❾ VG11 BBD 7D8	❿ VH2 AAC 5C5	❶ UE8 EKB 6B5	❷ UF5 AJA 6A8	❸ UC5 KHK 5K2	❹ UD8 FGJ 7J11	❺ UA5 BFH 7H2	❻ UB8 JEG 5G11	❼ UJ2 JDF 6F11	❽ UK11 AAC 6E2	❾ UG11 FKB 5D8	❿ UH2 DJA 7C5	❶ ZE8 KFE 4B5	❷ ZF5 EEF 8A8	❸ ZC5 JDC 3K2	❹ ZD8 JCD 9J11	❺ ZA5 ABA 5H2	❻ ZB8 KAB 7G11	❼ ZJ2 KKJ 4F11	❽ ZK11 JJK 8E2	❾ ZG11 JHG 3D8	❿ ZH2 JGH 9C5	❶ YE8 EFE 2B5	❷ YF5 KEF 10A8	❸ YC5 HDC 1K2
2月	❹ YD8 CCD 11J11	❺ YA5 GBA 3H2	❻ YB8 GAB 9G11	❼ YK3 FJJ 2G12	❽ YJ10 KKK 10H1	❾ YH12 HGG 1E9	❿ YG1 EHH 11F4	❶ XF9 EEE 12C6	❷ XE4 GFF 12D7	❸ XD6 FCE 11A3	❹ XC7 KDF 1B10	❺ XB6 FJC 1J3	❻ XA7 EKD 11K10	❼ XK3 GGA 12G12	❽ XJ10 EHB 12H1	❾ XH12 BEJ 11E9	❿ XG1 KFK 1F4	❶ WF9 FCG 10C6	❷ WE4 EBD 2D7	❸ WD6 EJA 9A3	❹ WC7 EKB 3B10	❺ WB6 AGJ 11J3	❻ WA7 FHK 1K10	❼ WK3 DEG 10G12	❽ WJ10 JFH 2H1	❾ WH12 CCE 9E9	❿ WG1 CDF 3F4	❶ VF9 EAC 8C6			
3月	❷ VE4 DBD 4D7	❸ VD6 BJA 7A3	❹ VC7 CKB 5B10	❺ VB6 CGJ 9J3	❻ VA7 CHK 3K10	❼ VK3 BFJ 8H1	❽ VJ10 FEK 4G12	❾ VH12 BDG 7F10	❿ VG1 ACH 5E3	❶ UF9 EBE 6D7	❷ UE4 AAF 6C6	❸ UD6 KKE 5B4	❹ UC7 FJF 7A9	❺ UB6 BHC 7K4	❻ UA7 JGD 5J9	❼ UK3 JFA 6H1	❽ UJ10 AEB 6G12	❾ UH12 FDJ 5F10	❿ UG1 BCK 7E3	❶ ZF9 KBG 4D7	❷ ZE4 EAD 8C6	❸ ZD6 JKA 3B4	❹ ZC7 JJB 9A9	❺ ZB6 AHJ 5K4	❻ ZA7 KGK 7J9	❼ ZK3 HFG 4H1	❽ ZJ10 JEH 8G12	❾ ZH12 JDE 3F10	❿ ZG1 JCF 9E3	❶ YF9 EBC 2D7	❷ YE4 KAD 10C6
4月	❸ YD6 HKA 1B4	❹ YC7 CJB 11A9	❺ YB6 GHJ 3K4	❻ YA7 GGK 9J9	❼ YK3 FFJ 2J2	❽ YJ10 KEK 10K11	❾ YH12 HDG 1G11	❿ YG1 ECH 11H2	❶ XF9 EBE 12E8	❷ XE4 GAF 12F5	❸ XD6 FKE 11C5	❹ XC7 KJF 1D8	❺ XB6 FHC 1A5	❻ XA7 EGD 11B8	❼ XK3 GDA 12J2	❽ XJ10 ECB 12K11	❾ XH12 BBJ 11G11	❿ XG1 KHK 1H2	❶ WF9 FEG 10E8	❷ WE4 EFD 2F5	❸ WD6 ECA 9C5	❹ WC7 EDB 3D8	❺ WB6 AAJ 11A5	❻ WA7 FBK 1B8	❼ WK3 DJG 10J2	❽ WJ10 JKH 2K11	❾ WH12 CGE 9G11	❿ WG1 CHF 3H2	❶ VF9 EEC 8E8	❷ VE4 DFD 4F5	
5月	❸ VD6 BCA 7C5	❹ VC7 CDB 5D8	❺ VB6 CAJ 9A5	❻ VA7 CBK 3B8	❼ VK3 JJG 8J2	❽ VJ10 FKK 4J10	❾ VH12 BGG 7H12	❿ VG1 AHH 5G1	❶ UF9 EEE 6F9	❷ UE4 AFF 6E4	❸ UD6 KCC 5D6	❹ UC7 FFF 7C7	❺ UB6 BCC 7B6	❻ UA7 JDD 5A7	❼ UK3 JAA 6K3	❽ UJ10 ABB 6J10	❾ UH12 FJJ 5H12	❿ UG1 DKK 7G1	❶ ZF9 KGG 4F9	❷ ZE4 EHH 8E4	❸ ZD6 JAA 3D6	❹ ZC7 JBB 9C7	❺ ZB6 AJJ 5B6	❻ ZA7 KKK 7A7	❼ ZK3 KGG 4K3	❽ ZJ10 JHH 8J10	❾ ZH12 JEE 3H12	❿ ZG1 JFF 9G1	❶ YF9 ECC 2F9	❷ YE4 KDD 10E4	❸ YD6 HAA 1D6
6月	❹ YC7 CBB 11C7	❺ YB6 GJJ 3B6	❻ YA7 GKK 9A7	❼ YK3 JGG 2K3	❽ YJ10 HHH 10J10	❾ YH12 HHG 1J1	❿ YG1 EGH 11K12	❶ XF9 EFE 12G10	❷ XE4 GEF 12H3	❸ XD6 FDC 11E7	❹ XC7 KCD 1F6	❺ XB6 FBC 1C7	❻ XA7 EAD 11D6	❼ XK3 GKA 12A4	❽ XJ10 EJB 12B9	❾ XH12 BHJ 11J1	❿ XG1 KGK 1K12	❶ WF9 FFG 10G10	❷ WE4 EEH 2H3	❸ WD6 EDE 9E7	❹ WC7 ECB 3F6	❺ WB6 ABJ 11C7	❻ WA7 FAK 1D6	❼ WK3 DKG 10A4	❽ WJ10 JJH 2B9	❾ WH12 CFE 9J1	❿ WG1 CEF 3K12	❶ VF9 EDC 8G10	❷ VE4 DCD 4H3	❸ VD6 BBA 7E7	
7月	❹ VC7 CAB 5F6	❺ VB6 CKJ 9C7	❻ VA7 CJK 3D6	❼ VK3 JHG 8A4	❽ VJ10 DGH 4B9	❾ VH12 BFE 7J1	❿ VG1 GEF 5K12	❶ UF9 EDE 6H11	❷ UE4 ACF 6G2	❸ UD6 KBC 5F8	❹ UC7 DAD 7E5	❺ UB6 BKA 7D8	❻ UA7 JJB 5C5	❼ UK3 JHA 6B5	❽ UJ10 AGB 6A8	❾ UH12 KFJ 5K2	❿ UG1 DEK 7J11	❶ ZF9 KBG 4H11	❷ ZE4 GAH 8G2	❸ ZD6 AKE 3F8	❹ ZC7 JCF 9E5	❺ ZB6 ABC 5D8	❻ ZA7 KAK 7C5	❼ ZK3 KKG 4B5	❽ ZJ10 JJH 8A8	❾ ZH12 JHE 3K2	❿ ZG1 JGF 9J11	❶ YF9 EFC 2H11	❷ YE4 KED 10G2	❸ YD6 HDA 1F8	❹ YC7 CCB 11E5
8月	❺ YB6 GBJ 3D8	❻ YA7 GAK 9C5	❼ YK3 JKG 2B5	❽ YJ10 HJH 10A8	❾ YH12 FHE 1K2	❿ YG1 GGF 11J11	❶ XF9 GFC 12H11	❷ XE4 GFF 12K1	❸ XD6 FCC 11G9	❹ XC7 KDD 1H4	❺ XB6 FAA 1E9	❻ XA7 EBB 11F4	❼ XK3 JJJ 12C6	❽ XJ10 EKB 12D7	❾ XH12 DGJ 11A3	❿ XG1 KHK 1B10	❶ WF9 FEG 10J12	❷ WE4 AFH 2K1	❸ WD6 GGE 9G9	❹ WC7 EHF 3H4	❺ WB6 AEC 11E9	❻ WA7 FDD 1F4	❼ WK3 DAG 10C6	❽ WJ10 JBH 2D7	❾ WH12 CJE 9A3	❿ WG1 CKF 3B10	❶ VF9 EGC 8J12	❷ VE4 DHD 4K1	❸ VD6 BEA 7G9	❹ VC7 CFB 5H4	❺ VB6 CCJ 9E9
9月	❻ VA7 CDK 3F4	❼ VK3 JAG 8C6	❽ VJ10 DBH 4D7	❾ VH12 BJE 7A3	❿ VG1 GKF 5B10	❶ UF9 AGC 6J12	❷ UE4 AHD 6K1	❸ UD6 KFC 5H10	❹ UC7 DED 7G3	❺ UB6 BDA 7F10	❻ UA7 JCB 5E3	❼ UK3 JBJ 6D7	❽ UJ10 AAK 6C6	❾ UH12 KKJ 5B4	❿ UG1 DJK 7A9	❶ ZF9 KHG 4K1	❷ ZE4 JGH 8J12	❸ ZD6 AFE 3H10	❹ ZC7 JEF 9G3	❺ ZB6 FDC 5F10	❻ ZA7 DCD 7E3	❼ ZK3 KBA 4D7	❽ ZJ10 JAH 8C6	❾ ZH12 JKE 3B4	❿ ZG1 JJF 9A9	❶ YF9 EHC 2K1	❷ YE4 KGD 10J12	❸ YD6 HFA 1H10	❹ YC7 CEB 11G3	❺ YB6 GDJ 3F10	
10月	❻ YA7 GCK 9E3	❼ YK3 JBG 2D7	❽ YJ10 HAH 10C6	❾ YH12 FKE 1B4	❿ YG1 GJF 11A9	❶ XF9 GHC 12K1	❷ XE4 GGD 12J12	❸ XD6 CFA 11H10	❹ XC7 KED 1K2	❺ XB6 FDA 1G11	❻ XA7 ECB 11H2	❼ XK3 JBJ 12E8	❽ XJ10 EAK 12F5	❾ XH12 DKG 11C5	❿ XG1 KJK 1D8	❶ WF9 FHG 10A2	❷ WE4 CGH 2B11	❸ WD6 CFE 9J11	❹ WC7 EAF 3K2	❺ WB6 KKC 11G11	❻ WA7 HJD 1H2	❼ WK3 DJA 10E8	❽ WJ10 JKB 2F5	❾ WH12 CGE 9C5	❿ WG1 CHF 3D8	❶ VF9 EEC 8A2	❷ VE4 DFD 4B11	❸ VD6 DCA 7J11	❹ VC7 CDB 5K2	❺ VB6 CAJ 9G11	❻ VA7 CBK 3H2
11月	❼ VK3 JJG 8E8	❽ VJ10 DKH 4F5	❾ VH12 BGE 7C5	❿ VG1 GHF 5D8	❶ UF9 AEC 6A2	❷ UE4 AFD 6B11	❸ UD6 CCA 5J11	❹ UC7 DKD 7J1	❺ UB6 BGA 7H12	❻ UA7 JHB 5G1	❼ UK3 JEJ 6F9	❽ UJ10 AFK 6E4	❾ UH12 KCG 5D6	❿ UG1 DDK 7C7	❶ ZF9 KAG 4B3	❷ ZE4 JBH 8A10	❸ ZD6 AJE 3K12	❹ ZC7 JKF 9J1	❺ ZB6 FGC 5H12	❻ ZA7 DHD 7G1	❼ ZK3 KCA 4F9	❽ ZJ10 JDB 8E4	❾ ZH12 JAE 3D6	❿ ZG1 JBF 9C7	❶ YF9 EJC 2B3	❷ YE4 KKD 10A10	❸ YD6 HGA 1K12	❹ YC7 CHB 11J1	❺ YB6 GEJ 3H12	❻ YA7 GFK 9G1	
12月	❼ YK3 JCG 2F9	❽ YJ10 HDH 10E4	❾ YH12 FAE 1D6	❿ YG1 GBF 11C7	❶ XF9 GJC 12B3	❷ XE4 GKD 12A10	❸ XD6 FHC 11A1	❹ XC7 KGD 1B12	❺ XB6 FFA 1J1	❻ XA7 EEB 11K12	❼ XK3 JDJ 12G10	❽ XJ10 ECK 12H3	❾ XH12 DBJ 11E7	❿ XG1 KAK 1F6	❶ WF9 FKG 10C4	❷ WE4 CJH 2D9	❸ WD6 CHE 9A1	❹ WC7 EGF 3B12	❺ WB6 KFC 11J1	❻ WA7 FED 1K12	❼ WK3 DDA 10G10	❽ WJ10 JCH 2H3	❾ WH12 CBE 9E7	❿ WG1 CAF 3F6	❶ VF9 EKC 8C4	❷ VE4 DJD 4D9	❸ VD6 BHA 7A1	❹ VC7 CGB 5B12	❺ VB6 CFJ 9J1	❻ VA7 CEK 3K12	❼ VK3 JDG 8G10

1930年（民國19年）

1930年	1日	2日	3日	4日	5日	6日	7日	8日	9日	10日	11日	12日	13日	14日	15日	16日
1月	❽ VJ10 DCH 4H3	❾ VH12 BBE 7E7	❿ VG1 GAF 5F6	❶ UF9 AKC 6C4	❷ UE4 AJD 6D9	❸ UD6 KHC 5B2	❹ UC7 DGD 7A11	❺ UB6 BFA 7K2	❻ UA7 JEB 5J11	❼ UK3 JDJ 6H11	❽ UJ10 ACK 6G2	❾ UH12 KBJ 5F8	❿ UG1 DAK 7E5	❶ ZF9 KKG 4D5	❷ ZE4 JJH 8C8	❸ ZD6 AFE 3B2
2月	❾ YH12 FHE 1F8	❿ YG1 GGF 11E5	❶ XF9 GFC 12D5	❷ XH3 GFE 12F7	❸ XE7 FCD 11C3	❹ XF6 KDC 1D10	❺ XC7 FAB 1A3	❻ XD6 EBA 11B10	❼ XA4 JJK 12J12	❽ XB9 EKJ 12K1	❾ XJ1 DGH 11G9	❿ XK12 KFG 1H4	❶ WG10 FCF 10E6	❷ WH3 ADE 2F7	❸ WE7 GAD 9C3	❹ WF6 EBC 3D10
3月	❼ VA4 JEH 8J12	❽ VB9 DFG 4K1	❾ VJ1 BCF 7G9	❿ VK12 GDE 5H4	❶ UG10 AAD 6E6	❷ UH3 AAE 6E6	❸ UE7 KKD 5D4	❹ UF6 DJC 7C9	❺ UC7 BHB 7B4	❻ UD6 JGA 5A9	❼ UA4 JFK 6K1	❽ UB9 AEJ 6J12	❾ UJ1 KDH 5H10	❿ UK12 DCG 7G3	❶ ZG10 KBF 4F7	❷ ZH3 GAE 8E6
4月	❽ YB9 HEG 10J12	❾ YJ1 FDF 1H10	❿ YK12 GCE 11G3	❶ XG10 GBD 12F7	❷ XH3 GAE 12H5	❸ XE7 FKD 11E5	❹ XF6 KJC 1F8	❺ XC7 FHB 1C5	❻ XD6 EGA 11D8	❼ XA4 JFK 12A2	❽ XB9 EEJ 12B11	❾ XJ1 DDH 11J11	❿ XK12 KCG 1K2	❶ WG10 FBF 10G8	❷ WH3 AJE 2H5	❸ WE7 GHD 9E5
5月	❽ VB9 DKG 4B11	❾ VJ1 BGF 7J11	❿ VK12 GHE 5K2	❶ UG10 AED 6G8	❷ UH3 AFC 6H5	❸ UE7 KCD 5F6	❹ UF6 DDC 7E7	❺ UC7 BAB 7D6	❻ UD6 JBA 5C7	❼ UA4 JJK 6B3	❽ UB9 AKJ 6A10	❾ UJ1 KJH 5K12	❿ UK12 DKG 7J1	❶ ZG10 KGF 4H9	❷ ZH3 JHE 8G4	❸ ZE7 AED 3F6
6月	❾ YJ1 FEF 1K12	❿ YK12 GFE 11J1	❶ XG10 GCD 12H9	❷ XH3 GDC 12G4	❸ XE7 CAB 11F6	❹ XF6 KCC 1H6	❺ XC7 FBB 1E7	❻ XD6 EAA 11F6	❼ XA4 JKK 12C4	❽ XB9 EJJ 12D9	❾ XJ1 DHH 11A1	❿ XK12 KGG 1B12	❶ WG10 FFF 10J10	❷ WH3 CEE 2K3	❸ WE7 CDD 9G7	❹ WF6 ECC 3H6
7月	❾ VJ1 BFF 7A1	❿ VK12 GEE 5B12	❶ UG10 ADD 6J10	❷ UH3 ACC 6K3	❸ UE7 CBB 5G7	❹ UF6 BAA 7H6	❺ UC7 KKK 7E7	❻ UD6 JJA 5E5	❼ UA4 JHK 6D5	❽ UB9 AGJ 6C8	❾ UJ1 KFH 5B2	❿ UK12 DEG 7A11	❶ ZG10 KDF 4K11	❷ ZH3 JCE 8J2	❸ ZE7 CBD 3H8	❹ ZF6 JAC 9G5
8月	❿ YK12 GGE 11A11	❶ XG10 GFD 12K11	❷ XH3 GEC 12J2	❸ XE7 CDB 11H8	❹ XF6 HCA 1G5	❺ XC7 FBK 1F8	❻ XD6 AAJ 11E5	❼ XA4 JJK 12E6	❽ XB9 EKJ 12F7	❾ XJ1 DGH 11C3	❿ XK12 HHG 1D10	❶ WG10 FEF 10A12	❷ WH3 CFE 2B1	❸ WE7 CCD 9J9	❹ WF6 EDC 3K4	❺ WC7 DAB 11G9
9月	❶ UG10 AGD 6A12	❷ UH3 AHC 6B1	❸ UE7 CEB 5J9	❹ UF6 BFA 7K4	❺ UC7 KCK 7G9	❻ UD6 ADJ 5H4	❼ UA4 AAH 6E6	❽ UB9 AAJ 6E6	❾ UJ1 KKH 5D4	❿ UK12 DJG 7C9	❶ ZG10 KHF 4B1	❷ ZH3 JGE 8A12	❸ ZE7 CFD 3K10	❹ ZF6 JEC 9J3	❺ ZC7 HDB 5H10	❻ ZD6 DCA 7G3
10月	❶ XG10 GHD 12B1	❷ XH3 GGC 12A12	❸ XE7 CFB 11K10	❹ XF6 HEA 1J3	❺ XC7 FDK 1H10	❻ XD6 ACJ 11G3	❼ XA4 EBH 12F7	❽ XB9 EAG 12E6	❾ XJ1 DKH 11E5	❿ XK12 HJG 1F8	❶ WG10 FHF 10C2	❷ WH3 CGE 2D11	❸ WE7 CFD 9A11	❹ WF6 EEC 3B2	❺ WC7 DDB 11J11	❻ WD6 HCA 1K2
11月	❷ UH3 AFC 6D11	❸ UE7 CCB 5A11	❹ UF6 BDA 7B2	❺ UG7 KAK 7J11	❻ UD6 ABJ 5K2	❼ UA4 AJH 6G8	❽ UB9 AKG 6H5	❾ UJ1 KCH 5F6	❿ UK12 DDG 7E7	❶ ZG10 KAF 4D3	❷ ZH3 JBE 8C10	❸ ZE7 CJD 3B12	❹ ZF6 JKC 9A1	❺ ZC7 HGB 5K12	❻ ZD6 DHA 7J1	❼ ZA4 KEK 4H9
12月	❷ XH3 GKC 12C10	❸ XE7 CGB 11B12	❹ XF6 HHA 1A1	❺ XC7 FEK 1K12	❻ XD6 AFJ 11J1	❼ XA4 ECH 12H9	❽ XB9 EDG 12G4	❾ XJ1 DBH 11G7	❿ XK12 HAG 1H6	❶ WG10 FKF 10E4	❷ WH3 CJE 2F9	❸ WE7 CHD 9C1	❹ WF6 EGC 3D12	❺ WC7 DFB 11A1	❻ WD6 HEA 1B12	❼ WA4 DDK 10J10

1930年	17日	18日	19日	20日	21日	22日	23日	24日	25日	26日	27日	28日	29日	30日	31日
1月	❹ ZC7 JEF 9A11	❺ ZB6 FDC 5K2	❻ ZA7 DAD 7J11	❼ ZK3 KKA 4H11	❽ ZJ10 JJH 8G2	❾ ZH12 JHE 3F8	❿ ZG1 JGF 9E5	❶ YF9 EFC 2D5	❷ YE4 KED 10C8	❸ YD6 HDA 1B2	❹ YC7 CCB 11A11	❺ YB6 GBJ 3K2	❻ YA7 GAK 9J11	❼ YK3 JKG 2H11	❽ YJ10 HJH 10G2
2月	❺ WC7 AJB 11A3	❻ WD6 FKA 1B10	❼ WA4 DEK 10J12	❽ WB9 JFJ 2K1	❾ WJ1 CCH 9G9	❿ WK12 CDG 3H4	❶ VG10 EAF 8E6	❷ VH3 DBC 4F7	❸ VE7 BJB 7C3	❹ VF6 CKA 5D10	❺ VC7 CGK 9A3	❻ VD6 CHJ 3B10			
3月	❸ ZE7 AKD 3D4	❹ ZF6 JJC 9C9	❺ ZC7 AHB 5B4	❻ ZD6 DGA 7A9	❼ ZA4 KFK 4K1	❽ ZB9 JEJ 8J12	❾ ZJ1 JDH 3H10	❿ ZK12 JCG 9G3	❶ YG10 EBF 2F7	❷ YH3 KAC 10E6	❸ YE7 HKB 1D4	❹ YF6 CJA 11C9	❺ YC7 GHK 3B4	❻ YD6 GGJ 9A9	❼ YA4 JFH 2K1
4月	❹ WF6 EGC 3F8	❺ WC7 AAB 11C5	❻ WD6 FBA 1D8	❼ WA4 DJK 10A2	❽ WB9 JKJ 2B11	❾ WJ1 CGH 9J11	❿ WK12 CHG 3K2	❶ VG10 EEF 8G8	❷ VH3 DFC 4H5	❸ VE7 BCB 7E5	❹ VF6 CDA 5F8	❺ VC7 CAK 9C5	❻ VD6 CBJ 3D8	❼ VA4 JJH 8A2	
5月	❹ ZF6 JFC 9E7	❺ ZC7 FCB 5D6	❻ ZD6 DDA 7C7	❼ ZA4 KAK 4B3	❽ ZB9 HHJ 8A10	❾ ZJ1 JEH 3K12	❿ ZK12 JFG 9J1	❶ YG10 ECF 2H9	❷ YH3 KDE 10G4	❸ YE7 HAB 1F6	❹ YF6 CBA 11E7	❺ YC7 GJK 3D6	❻ YD6 GKJ 9C7	❼ YA4 JGH 2B3	❽ YB9 HHG 10A10
6月	❺ WC7 KBB 11E7	❻ WD6 HAA 1F6	❼ WA4 DKK 10C4	❽ WB9 JJJ 2D9	❾ WJ1 CHH 9A1	❿ WK12 CGG 3B12	❶ VG10 EFF 8J10	❷ VH3 DEE 4K3	❸ VE7 DDD 7G7	❹ VF6 CAA 5H6	❺ VC7 CKK 9E7	❻ VD6 CJJ 3F6	❼ VA4 JHH 8C4	❽ VB9 DGG 4D9	
7月	❺ ZC7 HKB 5F8	❻ ZD6 DGA 7E5	❼ ZA4 KFK 4D5	❽ ZB9 EEJ 8C8	❾ ZJ1 AHH 3B2	❿ ZK12 JGG 9A11	❶ YG10 EFF 2K11	❷ YH3 KEE 10J2	❸ YE7 HDD 1H8	❹ YF6 CCC 11G5	❺ YC7 GBB 3F8	❻ YD6 GAJ 9E5	❼ YA4 JKH 2D5	❽ YB9 HJG 10C8	❾ YJ1 FHF 1B2
8月	❻ WD6 HBA 1H4	❼ WA4 DJK 10E6	❽ WB9 ADJ 2F7	❾ WJ1 EAH 9C3	❿ WK12 CBG 3D10	❶ VG10 EGF 8A12	❷ VH3 DHE 4B1	❸ VE7 DED 7J9	❹ VF6 CFC 5K4	❺ VC7 CCB 9G9	❻ VD6 CDA 3H4	❼ VA4 JAH 8E6	❽ VB9 DBG 4F7	❾ VJ1 BJF 7C3	❿ VK12 GKE 5D10
9月	❼ ZA4 KBK 4F7	❽ ZB9 EAJ 8E6	❾ ZJ1 AKH 3D4	❿ ZK12 JJG 9C9	❶ YG10 EHF 2B1	❷ YH3 KGE 10A12	❸ YE7 HFD 1K10	❹ YF6 CEC 11J3	❺ YC7 GDB 3H10	❻ YD6 GCA 9G3	❼ YA4 JBK 2F7	❽ YB9 HAG 10E6	❾ YJ1 FKF 1D4	❿ YK12 GJE 11C9	
10月	❼ WA4 DBK 10G8	❽ WB9 CAJ 2H5	❾ WJ1 EFH 9E5	❿ WK12 CEG 3F8	❶ VG10 KDF 8C2	❷ VH3 HFE 4D11	❸ VE7 DCD 7A11	❹ VF6 CDC 5B2	❺ VC7 CAB 9J11	❻ VD6 CBA 3K2	❼ VA4 JJK 8G8	❽ VB9 DKJ 4H5	❾ VJ1 BGF 7E5	❿ VK12 GHE 5F8	❶ UG10 AED 6C2
11月	❽ ZB9 GFJ 8G4	❾ ZJ1 GCH 3F6	❿ ZK12 JDG 9E7	❶ YG10 DAF 2D3	❷ YH3 KKE 10C10	❸ YE7 HGD 1B12	❹ YF6 CHC 11A1	❺ YC7 GEB 3K12	❻ YD6 GFA 9J1	❼ YA4 JCK 2H9	❽ YB9 HDJ 10G4	❾ YJ1 FAF 1F6	❿ YK12 GBE 11E7	❶ XG10 GJD 12D3	
12月	❽ WB9 CCJ 2K3	❾ WJ1 EBH 9G7	❿ WK12 CAG 3H6	❶ VG10 KKF 8E4	❷ VH3 HJE 4F9	❸ VE7 DHD 7C1	❹ VF6 CGC 5D12	❺ VC7 CFB 9A1	❻ VD6 CEA 3B12	❼ VA4 JDK 8J10	❽ VB9 DCJ 4K3	❾ VJ1 BBF 7G7	❿ VK12 GAE 5H6	❶ UG10 AKD 6E4	❷ UH3 AJC 6F9

1931年(民國20年)

1931年	1日	2日	3日	4日	5日	6日	7日	8日	9日	10日	11日	12日	13日	14日	15日	16日
1月	❸ UE7 CHB 5C1	❹ UF6 BGA 7D12	❺ UC7 KFK 7A1	❻ UD6 AEJ 5B12	❼ UA4 ADH 6J10	❽ UB9 ACJ 6J2	❾ UJ1 KBH 5H8	❿ UK12 DAG 7G5	❶ ZG10 KKF 4F5	❷ ZH3 JJE 8E8	❸ ZE7 CHD 3D2	❹ ZF6 JGC 9C11	❺ ZC7 HFB 5B2	❻ ZD6 DEA 7A11	❼ ZA4 KDK 4K11	❽ ZB9 EAJ 8J2
2月	❹ XF6 HCA 1C11	❺ XC7 FBK 1B2	❻ XD6 AAJ 11A11	❼ XA4 EKH 12K11	❽ XA8 EKG 12B1	❾ XK2 DGF 11J9	❿ XJ11 HHE 1K4	❶ WH11 FED 10G6	❷ WG2 CFC 2H7	❸ WF8 CCB 9E3	❹ WE5 EDA 3F10	❺ WD8 DAK 11C3	❻ WC5 HKJ 1D10	❼ WB5 DGH 10A12	❽ WA8 AHE 2B1	❾ WK2 EED 9J9
3月	❷ UG2 ABE 6H7	❸ UF8 CJD 5E3	❹ UE5 BKC 7F10	❺ UD8 KGB 7C3	❻ UC5 AHA 5D10	❼ UB5 JFH 6B1	❽ UA8 AEG 6A12	❾ UK2 KDF 5K10	❿ UJ11 DCE 7J3	❶ ZH11 KBD 4H7	❷ ZG2 JAC 8G6	❸ ZF8 CKB 3F4	❹ ZE5 JJA 9E9	❺ ZD8 HHK 5D4	❻ ZC5 DGJ 7C9	❼ ZB5 KFF 4B1
4月	❸ XF8 CKD 11F4	❹ XE5 HJC 1E9	❺ XD8 FHB 1D4	❻ XC5 AGA 11C9	❼ XB5 EFK 12B1	❽ XA8 EEG 12D11	❾ XK2 DDF 11A11	❿ XJ11 HCE 1B2	❶ WH11 FBD 10J8	❷ WG2 CAC 2K5	❸ WF8 CKB 9G5	❹ WE5 EJA 3H8	❺ WD8 DHK 11E5	❻ WC5 HGJ 1F8	❼ WB5 DFH 10C2	❽ WA8 ACE 2D11
5月	❸ UF8 CCD 5G5	❹ UE5 BDC 7H8	❺ UD8 KAB 7E5	❻ UC5 ABA 5F8	❼ UB5 AJK 6C2	❽ UA8 AKG 6C10	❾ UK2 KGF 5B12	❿ UJ11 DHE 7A1	❶ ZH11 KED 4K9	❷ ZG2 JFC 8J4	❸ ZF8 CCB 3H6	❹ ZE5 JFA 9G7	❺ ZD8 HCK 5F6	❻ ZC5 DDJ 7E7	❼ ZB5 KAH 4D3	❽ ZA8 EBE 8C10
6月	❹ XE5 HBC 1G7	❺ XD8 FJB 1F6	❻ XC5 AKA 11E7	❼ XB5 EGK 12D3	❽ XA8 EHJ 12C10	❾ XK2 GEH 11B12	❿ XJ11 HGE 1D12	❶ WH11 FFD 10A10	❷ WG2 CEC 2B3	❸ WF8 CDB 9J7	❹ WE5 ECA 3K6	❺ WD8 DBK 11G7	❻ WC5 HAJ 1H6	❼ WB5 DKH 10E4	❽ WA8 CJG 2F9	❾ WK2 EHF 9C1
7月	❹ UE5 BAC 7K6	❺ UD8 KKB 7G7	❻ UC5 AJA 5H6	❼ UB5 AHK 6E4	❽ UA8 AGJ 6F9	❾ UK2 GFH 5C1	❿ UJ11 BEG 7D12	❶ ZH11 KDD 4B11	❷ ZG2 JCC 8A2	❸ ZF8 CBB 3K8	❹ ZE5 JAA 9J5	❺ ZD8 HKK 5H8	❻ ZC5 BJJ 7G5	❼ ZB5 KHH 4F5	❽ ZA8 GGG 8E8	❾ ZK2 GFF 3D2
8月	❺ XD8 FBB 1H8	❻ XC5 AAA 11G5	❼ XB5 EKK 12F5	❽ XA8 EJJ 12E8	❾ XK2 GHH 11D2	❿ XJ11 FGG 1C11	❶ WH11 DFF 10B11	❷ WG2 CFC 2D1	❸ WF8 CCB 9A9	❹ WE5 EDA 3B4	❺ WD8 DAK 11J9	❻ WC5 HBJ 1K4	❼ WB5 DJH 10G6	❽ WA8 CKG 2H7	❾ WK2 GGF 9E3	❿ WJ11 CHE 3F10
9月	❻ UC5 ADA 5K4	❼ UB5 AAK 6G6	❽ UA8 ABJ 6H7	❾ UK2 GJH 5E3	❿ UJ11 BKG 7F10	❶ ZH11 KGF 4C12	❷ ZG2 EHE 8D1	❸ ZF8 JED 3A9	❹ ZE5 JEA 9A3	❺ ZD8 HDK 5K10	❻ ZC5 BCJ 7J3	❼ ZB5 KBH 4H7	❽ ZA8 GAG 8G6	❾ ZK2 GKF 3F4	❿ ZJ11 JJE 9E9	❶ YH11 HHD 2D1
10月	❻ XC5 ACA 11J3	❼ XB5 EBK 12H7	❽ XA8 EAJ 12G6	❾ XK2 GKH 11F4	❿ XJ11 FJG 1E9	❶ WH11 DHF 10D1	❷ WG2 EGE 2C12	❸ WF8 EFD 9B10	❹ WE5 EEA 3D2	❺ WD8 DDK 11A11	❻ WC5 HCJ 1B2	❼ WB5 DBH 10J8	❽ WA8 CAG 2K5	❾ WK2 GKF 9G5	❿ WJ11 CJE 3H8	❶ VH11 BHD 8E2
11月	❼ UB5 AJK 6J8	❽ UA8 AKJ 6K5	❾ UK2 GGH 5G5	❿ UJ11 BHG 7H8	❶ ZH11 KEF 4E2	❷ ZG2 EFE 8F11	❸ ZF8 JCD 3C11	❹ ZE5 JKA 9C1	❺ ZD8 HGK 5B12	❻ ZC5 BHJ 7A1	❼ ZB5 KEH 4K9	❽ ZA8 GFG 8J4	❾ ZK2 GCF 3H6	❿ ZJ11 JDE 9G7	❶ YH11 HAD 2F3	❷ YG2 BBC 10E10
12月	❼ XB5 ECK 12K9	❽ XA8 EDJ 12J4	❾ XK2 GAH 11H6	❿ XJ11 FBG 1G7	❶ WH11 DJF 10F3	❷ WG2 EKE 2E10	❸ WF8 EGD 9D12	❹ WE5 EGA 3F12	❺ WD8 DFK 11C1	❻ WC5 HEJ 1D12	❼ WB5 DDH 10A10	❽ WA8 CCG 2B3	❾ WK2 GBF 9J7	❿ WJ11 CAE 3K6	❶ VH11 BKD 8G4	❷ VG2 HJC 4H9

1931年	17日	18日	19日	20日	21日	22日	23日	24日	25日	26日	27日	28日	29日	30日	31日
1月	❾ ZJ1 AKH 3H8	❿ ZK12 JJG 9G5	❶ YG10 EFF 2F5	❷ YH3 KEE 10E8	❸ YE7 HDD 1D2	❹ YF6 CCC 11C11	❺ YC7 GBB 3B2	❻ YD6 GAA 9A11	❼ YA4 JKK 2K11	❽ YB9 HJG 10J2	❾ YJ1 FHF 1H8	❿ YK12 GGE 11G5	❶ XG10 GFD 12F5	❷ XH3 GEC 12E8	❸ XE7 CDB 11D2
2月	❿ WJ11 CFC 3K4	❶ VH11 ECF 8G6	❷ VG2 HDE 4H7	❸ VF8 DJD 7E3	❹ VE5 CKC 5F10	❺ VD8 CGB 9C3	❻ VC5 CHA 3D10	❼ VB5 JEK 8A12	❽ VA8 DFJ 4B1	❾ VK2 BCH 7J9	❿ VJ11 GDG 5K4	❶ UH11 AAF 6G6			
3月	❽ ZA8 EEE 8A12	❾ ZK2 ADD 3K10	❿ ZJ11 JCG 9J3	❶ YH11 EBF 2H7	❷ YG2 KAE 10G6	❸ YF8 HKD 1F4	❹ YE5 CJC 11E9	❺ YD8 GHB 3D4	❻ YC5 GGA 9C9	❼ YB5 JFK 2B1	❽ YA8 HEJ 10A12	❾ YK2 FDH 1K10	❿ YJ11 GCG 11J3	❶ XH11 GBF 12H7	❷ XG2 GAE 12G6
4月	❾ WK2 EBD 9A11	❿ WJ11 CAC 3B2	❶ VH11 EEF 8J8	❷ VG2 HFE 4K5	❸ VF8 DCD 7G5	❹ VE5 CDC 5H8	❺ VD8 CAB 9E5	❻ VC5 CBA 3F8	❼ VB5 JJK 8C2	❽ VA8 DKJ 4D11	❾ VK2 BGH 7A11	❿ VJ11 GHG 5B2	❶ UH11 AEF 6J8	❷ UG2 AFE 6K5	
5月	❾ ZK2 AJD 3B12	❿ ZJ11 JKC 9A1	❶ YH11 EGF 2K9	❷ YG2 KHE 10J4	❸ YF8 HAD 1H6	❹ YE5 CBC 11G7	❺ YD8 GJB 3F6	❻ YC5 GKA 9E7	❼ YB5 JGK 2D3	❽ YA8 HHJ 10C10	❾ YK2 FEH 1B12	❿ YJ11 GFG 11A1	❶ XH11 GCF 12K9	❷ XG2 GDE 12J4	❸ XF8 CAD 11H6
6月	❿ WJ11 CGC 3D12	❶ VH11 KFB 8A10	❷ VG2 HEA 4B3	❸ VF8 DDD 7J7	❹ VE5 CCC 5K6	❺ VD8 CBB 9G7	❻ VC5 CAA 3H6	❼ VB5 JKK 8E4	❽ VA8 DJJ 4F9	❾ VK2 BHH 7C1	❿ VJ11 GEG 5D12	❶ UH11 ADF 6A10	❷ UG2 ACE 6B3	❸ UF8 CBD 5J7	
7月	❿ ZJ11 JEE 9C11	❶ YH11 DBB 2B11	❷ YG2 BAA 10A2	❸ YF8 HKK 1K8	❹ YE5 CCC 11J5	❺ YD8 JBB 3H8	❻ YC5 GAA 9G5	❼ YB5 JKK 2F5	❽ YA8 HJJ 10E8	❾ YK2 HHH 1D2	❿ YJ11 GGG 11C11	❶ XH11 GFF 12B11	❷ XG2 GEE 12A2	❸ XF8 CDD 11K8	❹ XE5 HCC 1J5
8月	❶ VH11 BED 8C12	❷ VG2 HFA 4D1	❸ VF8 DGK 7A9	❹ VE5 JHJ 5B4	❺ VD8 EEB 9J9	❻ VC5 CDA 3K4	❼ VB5 JAK 8G6	❽ VA8 DBJ 4H7	❾ VK2 BJH 7E3	❿ VJ11 GKG 5F10	❶ UH11 AGF 6C12	❷ UG2 AHE 6D1	❸ UF8 CED 5A9	❹ UE5 BFC 7B4	❺ UD8 KCB 7J9
9月	❷ YG2 BGC 10C12	❸ YF8 HFB 1B10	❹ YE5 EEJ 11A3	❺ YD8 JDH 3K10	❻ YC5 GCG 9J3	❼ YB5 JBK 2H7	❽ YA8 BAJ 10G6	❾ YK2 HKH 1F4	❿ YJ11 GJG 11E9	❶ XH11 GHF 12D1	❷ XG2 GGE 12C12	❸ XF8 CFD 11B10	❹ XE5 HEC 1A3	❺ XD8 FDB 1K10	
10月	❷ VG2 HGC 4F11	❸ VF8 DFB 7C11	❹ VE5 JAJ 5D2	❺ VD8 EKH 9A11	❻ VC5 CJG 3B2	❼ VB5 JJK 8J8	❽ VA8 DKJ 4K5	❾ VK2 BGH 7G5	❿ VJ11 GHG 5H8	❶ UH11 AEF 6E2	❷ UG2 AFE 6F11	❸ UF8 CCD 5C11	❹ UE5 BDC 7D2	❺ UD8 KAB 7A11	❻ UC5 ABA 5B2
11月	❸ YF8 HJB 1D12	❹ YE5 EKJ 11C1	❺ YD8 JGH 3B12	❻ YC5 GHG 9A1	❼ YB5 JCK 2K9	❽ YA8 BDJ 10J4	❾ YK2 HAH 1H6	❿ YJ11 GBG 11G7	❶ XH11 GJF 12F3	❷ XG2 GKE 12E10	❸ XF8 CGD 11D12	❹ XE5 HHC 1C1	❺ XD8 FEB 1B12	❻ XC5 AFA 11A1	
12月	❸ VF8 DHB 7E1	❹ VE5 JGJ 5F12	❺ VD8 EFH 9C1	❻ VC5 CEG 3D12	❼ VB5 JDK 8A10	❽ VA8 DCJ 4B3	❾ VK2 BBH 7J7	❿ VJ11 GAG 5K6	❶ UH11 AKF 6G4	❷ UG2 AJE 6H9	❸ UF8 CHD 5E1	❹ UE5 BGC 7F12	❺ UD8 KFB 7C1	❻ UC5 AEA 5D12	❼ UB5 ADK 6A10

1932年（民國21年）

1932年	1日	2日	3日	4日	5日	6日	7日	8日	9日	10日	11日	12日	13日	14日	15日	16日	17日	18日	19日	20日	21日	22日	23日	24日	25日	26日	27日	28日	29日	30日	31日
1月	❽ UA8 ACJ 6B3	❾ UK2 GBH 5J7	❿ UJ11 BAG 7K6	❶ ZH11 KKF 4G4	❷ ZG2 EJE 8H9	❸ ZF8 CHB 3F2	❹ ZE5 JGA 9E11	❺ ZD8 HFK 5D2	❻ ZC5 BEJ 7C11	❼ ZB5 KDH 4B11	❽ ZA8 GCG 8A2	❾ ZK2 GBF 3K8	❿ ZJ11 JAE 9J5	❶ YH11 HKD 2H5	❷ YG2 BJC 10G8	❸ YF8 HFK 1F2	❹ YE5 EEJ 11E11	❺ YD8 JDH 3D2	❻ YC5 GAA 9C11	❼ YB5 JKK 2B11	❽ YA8 HJJ 10A2	❾ YK2 HHH 1K8	❿ YJ11 GGG 11J5	❶ XH11 GFF 12H5	❷ XG2 GEE 12G8	❸ XF8 CDD 11F2	❹ XE5 HCC 1E11	❺ XD8 FBB 1D2	❻ XC5 AAA 11C11	❼ XB5 EKK 12B11	❽ XA8 EJJ 12A2
2月	❾ XK2 GHH 11K8	❿ XJ11 FGG 1J5	❶ WH11 DFF 10H5	❷ WG2 EEE 2G8	❸ WG9 CCC 9G3	❹ WH4 EDD 3H10	❺ WE9 DAA 11E3	❻ WF4 HBB 1F10	❼ WC6 DJJ 10C12	❽ WD7 CKK 2D1	❾ WA3 GGG 9A9	❿ WB10 CHH 3B4	❶ VJ12 BCE 8J6	❷ VK1 HDF 4K7	❸ VG9 DAC 7G3	❹ VH4 JBH 5H10	❺ VE9 EJE 9E3	❻ VF4 CKF 3F10	❼ VC6 JGA 8C12	❽ VD7 DFB 4D1	❾ VA3 BCJ 7A9	❿ VB10 GDK 5B4	❶ UJ12 AAG 6J6	❷ UK1 ABH 6K7	❸ UG9 CJE 5G3	❹ UH4 BKF 7H10	❺ UE9 KGC 7E3	❻ UF4 AHD 5F10	❼ UC6 AEA 6C12		
3月	❽ UD7 AFB 6D1	❾ UA3 GCJ 5A9	❿ UB10 BDK 7B4	❶ ZJ12 KAG 4J6	❷ ZK1 EBH 8K7	❸ ZG9 CKC 3H4	❹ ZH4 JJD 9G9	❺ ZE9 HHA 5F4	❻ ZF4 BGB 7E9	❼ ZC6 KFJ 4D1	❽ ZD7 GEK 8C12	❾ ZA3 GDG 3B10	❿ ZB10 JCH 9A3	❶ YJ12 HBE 2K7	❷ YK1 BAF 10J6	❸ YG9 HKC 1H4	❹ YH4 EJH 11G9	❺ YE9 JHE 3F4	❻ YF4 GGF 9E9	❼ YC6 JFA 2D1	❽ YD7 HEB 10C12	❾ YA3 HDJ 1B10	❿ YB10 GCK 11A3	❶ XJ12 GBG 12K7	❷ XK1 GAH 12J6	❸ XG9 CKE 11H4	❹ XH4 HJF 1G9	❺ XE9 FHC 1F4	❻ XF4 AGD 11E9	❼ XC6 EFA 12D1	❽ XD7 EEB 12C12
4月	❾ XA3 GDJ 11B10	❿ XB10 FCK 1A3	❶ WJ12 DBG 10K7	❷ WK1 EAH 2J6	❸ WG9 CKC 9J5	❹ WH4 EJD 3K8	❺ WE9 DHA 11G5	❻ WF4 HGB 1H8	❼ WC6 DFJ 10E2	❽ WD7 CEK 2F11	❾ WA3 GDG 9C11	❿ WB10 CCH 3D2	❶ VJ12 BBE 8A8	❷ VK1 HAF 4B5	❸ VG9 DHC 7J5	❹ VH4 JGH 5K8	❺ VE9 EFE 9G5	❻ VF4 CBF 3H8	❼ VC6 JJA 8E2	❽ VD7 DKB 4F11	❾ VA3 BGJ 7C11	❿ VB10 GHK 5D2	❶ UJ12 AEG 6A8	❷ UK1 AFH 6B5	❸ UG9 CCE 5J5	❹ UH4 BDF 7K8	❺ UE9 KAC 7G5	❻ UF4 ABD 5H8	❼ UC6 AJA 6E2	❽ UD7 AKB 6F11	
5月	❾ UA3 GGJ 5C11	❿ UB10 BHK 7D2	❶ ZJ12 KEG 4A8	❷ ZK1 EFH 8B5	❸ ZG9 JCE 3J5	❹ ZH4 JDD 9J7	❺ ZE9 HAA 5H6	❻ ZF4 BBB 7G7	❼ ZC6 KJJ 4F3	❽ ZD7 GKK 8E10	❾ ZA3 GGG 3D12	❿ ZB10 JKH 9C1	❶ YJ12 HGE 2B9	❷ YK1 BHF 10A4	❸ YG9 HEC 1K6	❹ YH4 EFD 11J7	❺ YE9 JCE 3H6	❻ YF4 GDF 9G7	❼ YC6 JAC 2F3	❽ YD7 BBB 10E10	❾ YA3 HEJ 1D12	❿ YB10 GFK 11C1	❶ XJ12 GCG 12B9	❷ XK1 GDH 12A4	❸ XG9 CAE 11K6	❹ XH4 HBF 1J7	❺ XE9 FJC 1H6	❻ XF4 AKD 11G7	❼ XC6 EGA 12F3	❽ XD7 EHB 12E10	❾ XA3 GEJ 11D12
6月	❿ XB10 FFK 1C1	❶ WJ12 DCG 10B9	❷ WK1 EDH 2A4	❸ WG9 EAE 9K6	❹ WH4 EBF 3J7	❺ WE9 DBA 11J7	❻ WF4 HAB 1K6	❼ WC6 DKJ 10G4	❽ WD7 CJK 2H9	❾ WA3 GHG 9E1	❿ WB10 CGH 3F12	❶ VJ12 BFE 8C10	❷ VK1 HEF 4D3	❸ VG9 DDC 7A7	❹ VH4 ACD 5B6	❺ VE9 ABA 9J7	❻ VF4 CAF 3K6	❼ VC6 HKC 8G4	❽ VD7 DJD 4H9	❾ VA3 BHJ 7E1	❿ VB10 GGK 5F12	❶ UJ12 AFG 6C10	❷ UK1 AEH 6D3	❸ UG9 CDE 5A7	❹ UH4 BCF 7B6	❺ UE9 KKC 7J7	❻ UF4 AJD 5K6	❼ UC6 AHA 6G4	❽ UD7 AGB 6H9	❾ UA3 GFJ 5E1	
7月	❿ UB10 BEK 7F12	❶ ZJ12 KDG 4C10	❷ ZK1 ECH 8D3	❸ ZG9 JBE 3A7	❹ ZH4 JAF 9B6	❺ ZE9 AKC 5J7	❻ ZF4 BJB 7J5	❼ ZC6 KHJ 4H5	❽ ZD7 GGK 8G8	❾ ZA3 GFG 3F2	❿ ZB10 JEH 9E11	❶ YJ12 HDE 2D11	❷ YK1 BCF 10C2	❸ YG9 HBC 1B8	❹ YH4 GAD 11A5	❺ YE9 JKA 3K8	❻ YF4 GGB 9J5	❼ YC6 DFC 2H5	❽ YD7 BED 10G8	❾ YA3 HHA 1F2	❿ YB10 GGK 11E11	❶ XJ12 GFG 12D11	❷ XK1 GEH 12C2	❸ XG9 CDE 11B8	❹ XH4 HCF 1A5	❺ XE9 FBC 1K8	❻ XF4 AAD 11J5	❼ XC6 EKA 12H5	❽ XD7 EJB 12G8	❾ XA3 GHJ 11F2	❿ XB10 FGK 1E11
8月	❶ WJ12 DFG 10D11	❷ WK1 EEH 2C2	❸ WG9 EDE 9B8	❹ WH4 ECF 3A5	❺ WE9 ABC 11K8	❻ WF4 FAD 1J5	❼ WC6 DKA 10H5	❽ WD7 CKK 2K7	❾ WA3 GGG 9G3	❿ WB10 CHH 3H10	❶ VJ12 BEE 8E12	❷ VK1 FFF 4F1	❸ VG9 DCC 7C9	❹ VH4 ADD 5D4	❺ VE9 AAA 9A9	❻ VF4 CBB 3B4	❼ VC6 BJJ 8J6	❽ VD7 FKK 4K7	❾ VA3 BAA 7G3	❿ VB10 JBB 5H10	❶ UJ12 CJJ 6E12	❷ UK1 AHH 6F1	❸ UG9 CEE 5C9	❹ UH4 BFF 7D4	❺ UE9 BCC 7A9	❻ UF4 ADD 5B4	❼ UC6 AAA 6J6	❽ UD7 ABB 6K7	❾ UA3 GJJ 5G3	❿ UB10 BKK 7H10	❶ ZJ12 KGG 4E12
9月	❷ ZK1 EHH 8F1	❸ ZG9 JEE 3C9	❹ ZH4 JFF 9D4	❺ ZE9 ACC 5A9	❻ ZF4 KDD 7B4	❼ ZC6 HAA 4J6	❽ ZD7 JBB 8K7	❾ ZA3 GKG 3H4	❿ ZB10 JJH 9G9	❶ YJ12 HHE 2F1	❷ YK1 BGF 10E12	❸ YG9 HFC 1D10	❹ YH4 GED 11C3	❺ YE9 ADA 3B10	❻ YF4 GCB 9A3	❼ YC6 FBJ 2K7	❽ YD7 BAK 10J6	❾ YA3 HKG 1H4	❿ YB10 CJB 11G9	❶ XJ12 JHJ 12F1	❷ XK1 GGK 12E12	❸ XG9 CFE 11D10	❹ XH4 HEF 1C3	❺ XE9 FDC 1B10	❻ XF4 ACD 11A3	❼ XC6 EBA 12K7	❽ XD7 EAB 12J6	❾ XA3 GKJ 11H4	❿ XB10 FJK 1G9	❶ WJ12 DHG 10F1	
10月	❷ WK1 EGH 2E12	❸ WG9 EFE 9D10	❹ WH4 EEF 3C3	❺ WE9 ADC 11B10	❻ WF4 FCD 1A3	❼ WC6 DBA 10K7	❽ WD7 JAB 2J6	❾ WA3 GKG 9J5	❿ WB10 CJH 3K8	❶ VJ12 BHE 8G2	❷ VK1 FGF 4H11	❸ VG9 DFC 7E11	❹ VH4 AED 5F2	❺ VE9 ADA 9C11	❻ VF4 CCB 3D2	❼ VC6 BBJ 8A8	❽ VD7 FAK 4B5	❾ VA3 BFG 7J5	❿ VB10 JEB 5K8	❶ UJ12 CDJ 6G2	❷ UK1 AFK 6H11	❸ UG9 CCE 5E11	❹ UH4 BDF 7F2	❺ UE9 BAC 7C11	❻ UF4 ABD 5D2	❼ UC6 AJA 6A8	❽ UD7 AKB 6B5	❾ UA3 GGJ 5J5	❿ UB10 BHK 7K8	❶ ZJ12 KEG 4G2	❷ ZK1 EFH 8H11
11月	❸ ZG9 JCE 3E11	❹ ZH4 JDF 9F2	❺ ZE9 AAC 5C11	❻ ZF4 KBD 7D2	❼ ZC6 HJA 4A8	❽ ZD7 JKB 8B5	❾ ZA3 GCG 3K6	❿ ZB10 JDH 9J7	❶ YJ12 HAE 2H3	❷ YK1 BBF 10G10	❸ YG9 HJC 1F12	❹ YH4 GKD 11E1	❺ YE9 AGA 3D12	❻ YF4 GHB 9C1	❼ YC6 FEJ 2B9	❽ YD7 BFK 10A4	❾ YA3 HCG 1K6	❿ YB10 CDB 11J7	❶ XJ12 JAJ 12H3	❷ XK1 GKK 12G10	❸ XG9 CGE 11F12	❹ XH4 HHF 1E1	❺ XE9 FEC 1D12	❻ XF4 AFD 11C1	❼ XC6 ECA 12B9	❽ XD7 EDB 12A4	❾ XA3 GAJ 11K6	❿ XB10 FBK 1J7	❶ WJ12 DJG 10H3	❷ WK1 EKH 2G10	
12月	❸ WG9 EGE 9F12	❹ WH4 EHF 3E1	❺ WE9 AEC 11D12	❻ WF4 FFD 1C1	❼ WC6 DCA 10B9	❽ WD7 JDB 2A4	❾ WA3 GBG 9A7	❿ WB10 CAH 3B6	❶ VJ12 BKE 8J4	❷ VK1 FJF 4K9	❸ VG9 DHC 7G1	❹ VH4 AGD 5H12	❺ VE9 AFA 9E1	❻ VF4 CEB 3F12	❼ VC6 BDJ 8C10	❽ VD7 FCK 4D3	❾ VA3 BBG 7A7	❿ VB10 JAB 5B6	❶ UJ12 CKJ 6J4	❷ UK1 AJK 6K9	❸ UG9 CHE 5G1	❹ UH4 BGF 7H12	❺ UE9 BFC 7E1	❻ UF4 AED 5F12	❼ UC6 ADA 6C10	❽ UD7 ACB 6D3	❾ UA3 GBJ 5A7	❿ UB10 BAK 7B6	❶ ZJ12 KKG 4J4	❷ ZK1 EJH 8K9	❸ ZG9 JHE 3G1

1933年（民國22年）

1933年	1日	2日	3日	4日	5日	6日	7日	8日	9日	10日	11日	12日	13日	14日	15日	16日
1月	❹ ZH4 JGF 9H12	❺ ZE9 AFC 5E1	❻ ZF4 KED 7F12	❼ ZC6 HDA 4C10	❽ ZD7 JCB 8D3	❾ ZA3 GBG 3B8	❿ ZB10 JAH 9A5	❶ YJ12 HKE 2K5	❷ YK1 BJF 10J8	❸ YG9 HHC 1H2	❹ YH4 GGD 11G11	❺ YE9 AFA 3F2	❻ YF4 GEB 9E11	❼ YC6 FDJ 2D11	❽ YD7 BCK 10C2	❾ YA3 HKG 1B8
2月	❺ WE9 ABC 11F2	❻ WF4 FAD 1E11	❼ WC6 DKA 10D11	❽ WC6 CKA 2F1	❾ WB4 GGK 9C9	❿ WA9 CHJ 3D4	❶ VK1 BEH 8A6	❷ VJ12 FFG 4B7	❸ VH10 DCF 7J3	❹ VG3 ADE 5K10	❺ VF10 AAD 9G3	❻ VE3 CKC 3H10	❼ VD7 BGB 8E12	❽ VC6 FHA 4F1	❾ VB4 BEK 7C9	❿ VA9 JFJ 5D4
3月	❸ ZH10 JJF 3J3	❹ ZG3 JKE 9K10	❺ ZF10 AGD 5G3	❻ ZE3 KHC 7H10	❼ ZD7 HEB 4E12	❽ ZC6 GEA 8E12	❾ ZB4 GDK 3D10	❿ ZA9 JCJ 9C3	❶ YK1 HBH 2B7	❷ YJ12 BAG 10A6	❸ YH10 HKF 1K4	❹ YG3 GJE 11J9	❺ YF10 AHD 3H4	❻ YE3 GGC 9G9	❼ YD7 FFB 2F1	❽ YC6 BEA 10E12
4月	❹ WG3 EJE 3J9	❺ WF10 AHD 11H4	❻ WE3 FGC 1G9	❼ WD7 DFB 10F1	❽ WC6 CEA 2H11	❾ WB4 GDK 9E11	❿ WA9 CCJ 3F2	❶ VK1 BBH 8C8	❷ VJ12 FAG 4D5	❸ VH10 DKF 7A5	❹ VG3 AJE 5B8	❺ VF10 AHD 9J5	❻ VE3 CGC 3K8	❼ VD7 BFB 8G2	❽ VC6 FCA 4H11	❾ VB4 BBK 7E11
5月	❹ ZG3 JDE 9B8	❺ ZF10 AAD 5J5	❻ ZE3 KBC 7K8	❼ ZD7 HJB 4G2	❽ ZC6 JKA 8H11	❾ ZB4 GGK 3F12	❿ ZA9 JHJ 9E1	❶ YK1 HEH 2D9	❷ YJ12 BFG 10C4	❸ YH10 HCF 1B6	❹ YG3 GDE 11A7	❺ YF10 ACD 3K6	❻ YE3 GDC 9J7	❼ YD7 FAB 2H3	❽ YC6 BBA 10G10	❾ YB4 HJK 1F12
6月	❺ WF10 AJD 11K6	❻ WE3 FKC 1J7	❼ WD7 DGB 10H3	❽ WC6 JHA 2G10	❾ WB4 CEK 9F12	❿ WA9 CGJ 3H12	❶ VK1 BFH 8E10	❷ VJ12 FEG 4F3	❸ VH10 DDF 7C7	❹ VG3 ACE 5D6	❺ VF10 ABD 9A7	❻ VE3 CAC 3B6	❼ VD7 BKB 8J4	❽ VC6 FJA 4K9	❾ VB4 BHK 7G1	❿ VA9 JGJ 5H12
7月	❺ ZF10 AKD 5A7	❻ ZE3 KJC 7B6	❼ ZD7 HHB 4J4	❽ ZC6 JGA 8K9	❾ ZB4 JFK 3G1	❿ ZA9 JEJ 9H12	❶ YK1 HDH 2F11	❷ YJ12 BCG 10E2	❸ YH10 HBF 1D8	❹ YG3 GAE 11C5	❺ YF10 AKD 3B8	❻ YE3 GJC 9A5	❼ YD7 FHB 2K5	❽ YC6 BGA 10J8	❾ YB4 HFK 1H2	❿ YA9 EEJ 11G11
8月	❻ WE3 FAC 1A5	❼ WD7 DKB 10K5	❽ WC6 JJA 2J8	❾ WB4 CHK 9H2	❿ WA9 CGJ 3G11	❶ VK1 EFH 8F11	❷ VJ12 DEG 4E2	❸ VH10 DCF 7E9	❹ VG3 ADE 5F4	❺ VF10 AAD 9C9	❻ VE3 CBC 3D4	❼ VD7 BJB 8A6	❽ VC6 FKA 4B7	❾ VB4 BGK 7J3	❿ VA9 AHJ 5K10	❶ UK1 CEH 6G12
9月	❼ ZD7 HAB 4A6	❽ ZC6 JBA 8B7	❾ ZB4 JJK 3J3	❿ ZA9 JKJ 9K10	❶ YK1 EGH 2G12	❷ YJ12 KHG 10H1	❸ YH10 HEF 1E9	❹ YG3 GEE 11E3	❺ YF10 ADD 3D10	❻ YE3 GCC 9C3	❼ YD7 FBB 2B7	❽ YC6 KAA 10A6	❾ YB4 HKK 1K4	❿ YA9 EJJ 11J9	❶ XK1 EHH 12H1	❷ XJ12 GGG 12G12
10月	❼ WD7 DBB 10B7	❽ WC6 JAA 2A6	❾ WB4 CKK 9K4	❿ WA9 CJJ 3J9	❶ VK1 EHH 8H1	❷ VJ12 DGG 4G12	❸ VH10 BFF 7F10	❹ VG3 CEE 5E3	❺ VF10 ADD 9E11	❻ VE3 CCC 3F2	❼ VD7 BBB 8C8	❽ VC6 FAA 4D5	❾ VB4 BKK 7A5	❿ VA9 AJJ 5B8	❶ UK1 EHH 6J2	❷ UJ12 AGG 6K11
11月	❽ ZC6 JKA 8D5	❾ ZB4 JGK 3A5	❿ ZA9 JHJ 9B8	❶ YK1 EEH 2J2	❷ YJ12 KFG 10K11	❸ YH10 HCF 1G11	❹ YG3 CDE 11H2	❺ YF10 AGD 3F12	❻ YE3 GHC 9E1	❼ YD7 FEB 2D9	❽ YC6 KFA 10C4	❾ YB4 HCK 1B6	❿ YA9 EDJ 11A7	❶ XK1 EAH 12K3	❷ XJ12 GBG 12J10	❸ XH10 FJF 11H12
12月	❽ WC6 JDA 2C4	❾ WB4 CAK 9B6	❿ WA9 CBJ 3A7	❶ VK1 EJH 8K3	❷ VJ12 DKG 4J10	❸ VH10 BGF 7H12	❹ VG3 AGE 5K12	❺ VF10 AFD 9G1	❻ VE3 CEC 3H12	❼ VD7 BDB 8E10	❽ VC6 FCA 4F3	❾ VB4 BBK 7C7	❿ VA9 AAJ 5D6	❶ UK1 EKH 6A4	❷ UJ12 AJG 6B9	❸ UH10 KHF 5J1

1933年	17日	18日	19日	20日	21日	22日	23日	24日	25日	26日	27日	28日	29日	30日	31日
1月	❿ YB10 CJB 11A5	❶ XJ12 JHJ 12K5	❷ XK1 GEK 12J8	❸ XG9 CDE 11H2	❹ XH4 HCF 1G11	❺ XE9 FBC 1F2	❻ XF4 AAD 11E11	❼ XC6 EKA 12D11	❽ XD7 EJB 12C2	❾ XA3 GHJ 11B8	❿ XB10 FGK 1A5	❶ WJ12 DFG 10K5	❷ WK1 EEH 2J8	❸ WG9 EDE 9H2	❹ WH4 ECF 3G11
2月	❶ UK1 CCH 6A6	❷ UJ12 ADG 6B7	❸ UH10 CJF 5J3	❹ UG3 BKE 7K10	❺ UF10 BGD 7G3	❻ UE3 AHC 5H10	❼ UD7 AEB 6E12	❽ UC6 AFA 6F1	❾ UB4 GCK 5C9	❿ UA9 BDJ 7D4	❶ ZK1 KAH 4A6	❷ ZJ12 EBG 8B7			
3月	❾ YB4 HDK 1D10	❿ YA9 CCJ 11C3	❶ XK1 JBH 12B7	❷ XJ12 GAG 12A6	❸ XH10 CKF 11K4	❹ XG3 HJE 1J9	❺ XF10 FHD 1H4	❻ XE3 AGC 11G9	❼ XD7 EFB 12F1	❽ XC6 EEA 12E12	❾ XB4 GDK 11D10	❿ XA9 FCJ 1C3	❶ WK1 DBH 10B7	❷ WJ12 EAG 2A6	❸ WH10 EKF 9K4
4月	❿ VA9 JAJ 5F2	❶ UK1 CEH 6C8	❷ UJ12 AFG 6D5	❸ UH10 CCF 5A5	❹ UG3 BDE 7B8	❺ UF10 BAD 7J5	❻ UE3 ABC 5K8	❼ UD7 AJB 6G2	❽ UC6 AKA 6H11	❾ UB4 GGK 5E11	❿ UA9 BHJ 7F2	❶ ZK1 KEH 4C8	❷ ZJ12 EFG 8D5	❸ ZH10 JCF 3A5	
5月	❿ YA9 CKJ 11E1	❶ XK1 JGH 12D9	❷ XJ12 GHG 12C4	❸ XH10 CEF 11B6	❹ XG3 HBE 1A7	❺ XF10 FJD 1K6	❻ XE3 AKC 11J7	❼ XD7 EGB 12H3	❽ XC6 EHA 12G10	❾ XB4 GEK 11F12	❿ XA9 FFJ 1E1	❶ WK1 DCH 10D9	❷ WJ12 EDG 2C4	❸ WH10 EAF 9B6	❹ WG3 EBE 3A7
6月	❶ UK1 CFH 6E10	❷ UJ12 AEG 6F3	❸ UH10 CDF 5C7	❹ UG3 FCE 7D6	❺ UF10 BBD 7A7	❻ UE3 AAC 5B6	❼ UD7 AKB 6J4	❽ UC6 AJA 6K9	❾ UB4 GHK 5G1	❿ UA9 BEJ 7H12	❶ ZK1 KDH 4E10	❷ ZJ12 ECG 8F3	❸ ZH10 JBF 3C7	❹ ZG3 JAE 9D6	
7月	❶ XK1 EBH 12F11	❷ XJ12 GAG 12E2	❸ XH10 BKF 11D8	❹ XG3 HCE 1C5	❺ XF10 FBD 1B8	❻ XE3 AAC 11A5	❼ XD7 EKB 12K5	❽ XC6 EJA 12J8	❾ XB4 GHK 11H2	❿ XA9 FGJ 1G11	❶ WK1 DFH 10F11	❷ WJ12 EEG 2E2	❸ WH10 EDF 9D8	❹ WG3 ECE 3C5	❺ WF10 ABD 11B8
8月	❷ UJ12 AFG 6H1	❸ UH10 HCF 5E9	❹ UG3 FHE 7F4	❺ UF10 BED 7C9	❻ UE3 AFC 5D4	❼ UD7 AAB 6A6	❽ UC6 ABA 6B7	❾ UB4 GJK 5J3	❿ UA9 BKJ 7K10	❶ ZK1 KGH 4G12	❷ ZJ12 EHG 8H1	❸ ZH10 JEF 3E9	❹ ZG3 JFE 9F4	❺ ZF10 ACD 5C9	❻ ZE3 KDC 7D4
9月	❸ XH10 FFF 11F10	❹ XG3 KEE 1E3	❺ XF10 FDD 1D10	❻ XE3 CCC 11C3	❼ XD7 GBB 12B7	❽ XC6 EAA 12A6	❾ XB4 GKK 11K4	❿ XA9 FJJ 1J9	❶ WK1 FHH 10H1	❷ WJ12 EGG 2G12	❸ WH10 EFF 9F10	❹ WG3 EEE 3E3	❺ WF10 ADD 11D10	❻ WE3 FCC 1C3	
10月	❸ UH10 KFF 5G11	❹ UG3 FEE 7H2	❺ UF10 BKD 7E11	❻ UE3 GJC 5F2	❼ UD7 CHB 6C8	❽ UC6 AKA 6D5	❾ UB4 GGK 5A5	❿ UA9 BHJ 7B8	❶ ZK1 KEH 4J2	❷ ZJ12 EFG 8K11	❸ ZH10 JCF 3G11	❹ ZG3 JDE 9H2	❺ ZF10 AAD 5E11	❻ ZE3 KBC 7F2	❼ ZD7 HJB 4C8
11月	❹ XG3 KKE 1G1	❺ XF10 FGD 1F12	❻ XE3 CHC 11E1	❼ XD7 GEB 12D9	❽ XC6 EDA 12C4	❾ XB4 GAK 11B6	❿ XA9 FBJ 1A7	❶ WK1 FJH 10K3	❷ WJ12 EKG 2J10	❸ WH10 EGF 9H12	❹ WG3 EHE 3G1	❺ WF10 AED 11F12	❻ WE3 FFC 1E1	❼ WD7 DCB 10D9	
12月	❹ UG3 FGE 7K12	❺ UF10 BFD 7G1	❻ UE3 GEC 5H12	❼ UD7 CDB 6E10	❽ UC6 ACA 6F3	❾ UB4 GBK 5C7	❿ UA9 BAJ 7D6	❶ ZK1 KKH 4A4	❷ ZJ12 EJG 8B9	❸ ZH10 JHF 3J1	❹ ZG3 JGE 9K12	❺ ZF10 AFD 5G1	❻ ZE3 KEC 7H12	❼ ZD7 HDB 4E10	❽ ZC6 JCA 8F3

1934年（民國23年）

1934年	1日	2日	3日	4日	5日	6日	7日	8日	9日	10日	11日	12日	13日	14日	15日	16日
1月	❾ ZB4 JBK 3C7	❿ ZA9 JAJ 9D6	❶ YK1 EKH 2A4	❷ YJ12 KJG 10B9	❸ YH10 HHF 1J1	❹ YG3 GGE 11J11	❺ YF10 AFD 3H2	❻ YE3 GEC 9G11	❼ YD7 FDB 2F11	❽ YC6 KCA 10E2	❾ YB4 HBK 1D8	❿ YA9 EAJ 11C5	❶ XK1 EKH 12B5	❷ XJ12 GJG 12A8	❸ XH10 FHF 11K2	❹ XG3 KEE 1J11
2月	❿ WA9 CGJ 3C5	❶ VK1 EFH 8B5	❷ VJ12 DEG 4A8	❸ VJ11 DCF 7A3	❹ VK2 ADE 5B10	❺ VG11 AAD 9J3	❻ VH2 CBC 3K10	❼ VE8 BJB 8G12	❽ VF5 FKA 4H1	❾ VC5 BGK 7E9	❿ VD8 AHJ 5F4	❶ UA2 CCH 6C6	❷ UB11 ADG 6D7	❸ UJ11 HAB 5A3	❹ UK2 FBA 7B10	❺ UG11 BJK 7J3
3月	❽ ZF5 JFK 8H1	❾ ZC5 JCG 3E9	❿ ZD8 JDH 9F4	❶ YA2 EAE 2C6	❷ YB11 KBF 10D7	❸ YJ11 HKF 1B4	❹ YK2 GJE 11A9	❺ YG11 AHD 3K4	❻ YH2 GGC 9J9	❼ YE8 FFB 2H1	❽ YF5 KEA 10G12	❾ YC5 HDK 1F10	❿ YD8 ECJ 11E3	❶ XA2 EBH 12D7	❷ XB11 GAG 12C6	❸ XJ11 BKB 11B4
4月	❾ WC5 CDG 9F10	❿ WD8 CCH 3E3	❶ VA2 EBE 8D7	❷ VB11 DAF 4C6	❸ VJ11 DKF 7C5	❹ VK2 AJE 5D8	❺ VG11 AHD 9A5	❻ VH2 CGC 3B8	❼ VE8 BFB 8J2	❽ VF5 FEA 4K11	❾ VC5 BDK 7G11	❿ VD8 ACJ 5H2	❶ UA2 CBH 6E8	❷ UB11 AAG 6F5	❸ UJ11 HHB 5C5	❹ UK2 FGA 7D8
5月	❾ ZC5 JGG 3G11	❿ ZD8 JHH 9H2	❶ YA2 EEE 2E8	❷ YB11 KFF 10F5	❸ YJ11 HCC 1C5	❹ YK2 GDE 11C7	❺ YG11 AAD 3B6	❻ YH2 GBC 9A7	❼ YE8 FJB 2K3	❽ YF5 KKA 10J10	❾ YC5 HGK 1H12	❿ YD8 EKJ 11G1	❶ XA2 EGH 12F9	❷ XB11 GHG 12E4	❸ XJ11 FEF 11D6	❹ XK2 KFA 1C7
6月	❿ WD8 CFH 3G1	❶ VA2 ECE 8F9	❷ VB11 DDF 4E4	❸ VJ11 BAC 7D6	❹ VK2 CBD 5C7	❺ VG11 ABD 9C7	❻ VH2 CAC 3D6	❼ VE8 BKB 8A4	❽ VF5 FJA 4B9	❾ VC5 BHK 7J1	❿ VD8 AGJ 5K12	❶ UA2 EFH 6G10	❷ UB11 AEG 6H3	❸ UJ11 KDF 5E7	❹ UK2 FCE 7F6	❺ UG11 BBK 7C7
7月	❿ ZD8 JEH 9K12	❶ YA2 EDE 2G10	❷ YB11 KCF 10H3	❸ YJ11 HBC 1E7	❹ YK2 CAD 11F6	❺ YG11 GKA 3C7	❻ YH2 GJB 9D6	❼ YE8 FHB 2B5	❽ YF5 KGA 10A8	❾ YC5 HFK 1K2	❿ YD8 EEJ 11J11	❶ XA2 EDH 12H11	❷ XB11 GCG 12G2	❸ XJ11 FBF 11F8	❹ XK2 KAE 1E5	❺ XG11 FKD 1D8
8月	❶ VA2 EFE 8H11	❷ VB11 DEF 4G2	❸ VJ11 BDC 7F8	❹ VK2 CCD 5E5	❺ VG11 CBA 9D8	❻ VH2 CAB 3C5	❼ VE8 JKJ 8B5	❽ VF5 FKA 4D7	❾ VC5 BGK 7A3	❿ VD8 AHJ 5B10	❶ UA2 EEH 6J12	❷ UB11 AFG 6K1	❸ UJ11 KCF 5G9	❹ UK2 FDE 7H4	❺ UG11 BAD 7E9	❻ UH2 JBC 5F4
9月	❷ YB11 KHF 10K1	❸ YJ11 HEC 1G9	❹ YK2 CFD 11H4	❺ YG11 GCA 3E9	❻ YH2 GDB 9F4	❼ YE8 JAJ 2C6	❽ YF5 HBK 10D7	❾ YC5 HKK 1B4	❿ YD8 EJJ 11A9	❶ XA2 EHH 12K1	❷ XB11 GGG 12J12	❸ XJ11 FFF 11H10	❹ XK2 KEE 1G3	❺ XG11 FDD 1F10	❻ XH2 ECC 11E3	❼ XE8 GBB 12D7
10月	❷ VB11 DGF 4J12	❸ VJ11 BFC 7H10	❹ VK2 CED 5G3	❺ VG11 CDA 9F10	❻ VH2 CCB 3E3	❼ VE8 JBJ 8D7	❽ VF5 DAK 4C6	❾ VC5 BKG 7B4	❿ VD8 AJJ 5D8	❶ UA2 EHH 6A2	❷ UB11 AGG 6B11	❸ UJ11 KFF 5J11	❹ UK2 DEE 7K2	❺ UG11 BDD 7G11	❻ UH2 JCC 5H2	❼ UE8 JBB 6E8
11月	❸ YJ11 HCC 1J11	❹ YK2 CDD 11K2	❺ YG11 GAA 3G11	❻ YH2 GBB 9H2	❼ YE8 JJJ 2E8	❽ YF5 HKK 10F5	❾ YC5 FGG 1C5	❿ YD8 EDJ 11C7	❶ XA2 EAH 12B3	❷ XB11 GBG 12A10	❸ XJ11 FJF 11K12	❹ XK2 KKE 1J1	❺ XG11 FGD 1H12	❻ XH2 EHC 11G1	❼ XE8 JEB 12F9	❽ XF5 EFA 12E4
12月	❸ VJ11 BGC 7K12	❹ VK2 CHD 5J1	❺ VG11 CEA 9H12	❻ VH2 CFB 3G1	❼ VE8 JCJ 8F9	❽ VF5 DDK 4E4	❾ VC5 BAG 7D6	❿ VD8 AAJ 5F6	❶ UA2 EKH 6C4	❷ UB11 AJG 6D9	❸ UJ11 KHF 5A1	❹ UK2 DGE 7B12	❺ UG11 BFD 7J1	❻ UH2 JEC 5K12	❼ UE8 JDB 6G10	❽ UF5 ACA 6H3

1934年	17日	18日	19日	20日	21日	22日	23日	24日	25日	26日	27日	28日	29日	30日	31日
1月	❺ XF10 FDD 1H2	❻ XE3 CCC 11G11	❼ XD7 GKB 12F11	❽ XC6 EJA 12E2	❾ XB4 GHK 11D8	❿ XA9 FGJ 1C5	❶ WK1 FFH 10B5	❷ WJ12 EEG 2A8	❸ WH10 EDF 9K2	❹ WG3 ECE 3J11	❺ WF10 ABD 11H2	❻ WE3 FAC 1G11	❼ WD7 DKB 10F11	❽ WC6 JJA 2E2	❾ WB4 CHK 9D8
2月	❻ UH2 AKB 5K10	❼ UE8 AGJ 6G12	❽ UF5 AFK 6H1	❾ UC5 GCG 5E9	❿ UD8 BDH 7F4	❶ ZA2 KAE 4C6	❷ ZB11 EBF 8D7	❸ ZJ11 JJC 3A3	❹ ZK2 JKD 9B10	❺ ZG11 AGA 5J3	❻ ZH2 KHB 7K10	❼ ZE8 HEJ 4G12			
3月	❹ XK2 KJA 1A9	❺ XG11 FHK 1K4	❻ XH2 AGB 11J9	❼ XE8 GFJ 12H1	❽ XF5 EEK 12G12	❾ XC5 GDG 11F10	❿ XD8 FCH 1E3	❶ WA2 FBE 10D7	❷ WB11 EAF 2C6	❸ WJ11 EKC 9B4	❹ WK2 EJD 3A9	❺ WG11 AHA 11K4	❻ WH2 FGB 1J9	❼ WE8 DFJ 10H1	❽ WF5 JEK 2G12
4月	❺ UG11 BFK 7A5	❻ UH2 ABB 5B8	❼ UE8 AJJ 6J2	❽ UF5 AKK 6K11	❾ UC5 GGG 5G11	❿ UD8 BHH 7H2	❶ ZA2 KEE 4E8	❷ ZB11 EFF 8F5	❸ ZJ11 JCC 3C5	❹ ZK2 JDD 9D8	❺ ZG11 AAA 5A5	❻ ZH2 KBB 7B8	❼ ZE8 HJJ 4J2	❽ ZF5 JKK 8K11	
5月	❺ XG11 FCK 1B6	❻ XH2 CDJ 11A7	❼ XE8 GAJ 12K3	❽ XF5 EBK 12J10	❾ XC5 GEG 11H12	❿ XD8 FFH 1G1	❶ WA2 FCE 10F9	❷ WB11 EDF 2E4	❸ WJ11 EAC 9D6	❹ WK2 EBD 3C7	❺ WG11 AJA 11B6	❻ WH2 FKB 1A7	❼ WE8 DGJ 10K3	❽ WF5 JHK 2J10	❾ WC5 CEG 9H12
6月	❻ UH2 GAJ 5D6	❼ UE8 CKH 6A4	❽ UF5 AJK 6B9	❾ UC5 GHG 5J1	❿ UD8 BGH 7K12	❶ ZA2 KFE 4G10	❷ ZB11 EEF 8H3	❸ ZJ11 JDC 3E7	❹ ZK2 JCD 9F6	❺ ZG11 AKA 5C7	❻ ZH2 KJB 7D6	❼ ZE8 HHJ 4A4	❽ ZF5 JGK 8B9	❾ ZC5 JFG 3J1	
7月	❻ XH2 EJC 11C5	❼ XE8 GFH 12B5	❽ XF5 EEG 12A8	❾ XC5 BDF 11K2	❿ XD8 KGH 1J11	❶ WA2 FFE 10H11	❷ WB11 EEF 2G2	❸ WJ11 EDC 9F8	❹ WK2 ECD 3E5	❺ WG11 ABA 11D8	❻ WH2 FAB 1C5	❼ WE8 DKJ 10B5	❽ WF5 JJK 2A8	❾ WC5 CHG 9K2	❿ WD8 CGH 3J11
8月	❼ UE8 JJB 6C6	❽ UF5 AKG 6D7	❾ UC5 FAF 5A3	❿ UD8 DBE 7B10	❶ ZA2 KJE 4J12	❷ ZB11 EHF 8K1	❸ ZJ11 JEC 3G9	❹ ZK2 JFD 9H4	❺ ZG11 ACA 5E9	❻ ZH2 KDB 7F4	❼ ZE8 KAJ 4C6	❽ ZF5 JBK 8D7	❾ ZC5 JJG 3A3	❿ ZD8 JKH 9B10	❶ YA2 EGE 2J12
9月	❽ XF5 EAA 12C6	❾ XC5 BKF 11B4	❿ XD8 KJE 1A9	❶ WA2 FHD 10K1	❷ WB11 EGF 2J12	❸ WJ11 EFC 9H10	❹ WK2 EED 3G3	❺ WG11 ADA 11F10	❻ WH2 FCB 1E3	❼ WE8 DBJ 10D7	❽ WF5 JAK 2C6	❾ WC5 CKG 9B4	❿ WD8 CJH 3A9	❶ VA2 EHE 8K1	
10月	❽ UF5 AAA 6F5	❾ UC5 KKK 5C5	❿ UD8 DEE 7D8	❶ ZA2 KDD 4A2	❷ ZB11 GCC 8B11	❸ ZJ11 ACC 3J11	❹ ZK2 JDD 9K2	❺ ZG11 AAA 5G11	❻ ZH2 KBB 7H2	❼ ZE8 KJJ 4E8	❽ ZF5 JKK 8F5	❾ ZC5 JGG 3C5	❿ ZD8 JHH 9D8	❶ YA2 EEE 2A2	❷ YB11 KFF 10B11
11月	❾ XC5 DCK 11D6	❿ XD8 KDE 1C7	❶ WA2 FAD 10B3	❷ WB11 ABC 2A10	❸ WJ11 GGC 9K12	❹ WK2 EHD 3J1	❺ WG11 AEA 11H12	❻ WH2 FFB 1G1	❼ WE8 DCJ 10F9	❽ WF5 JDK 2E4	❾ WC5 CAG 9D6	❿ WD8 CBH 3C7	❶ VA2 EJE 8B3	❷ VB11 DKF 4A10	
12月	❾ UC5 KBK 5E7	❿ UD8 DAE 7F6	❶ ZA2 KKD 4C4	❷ ZB11 GJC 8D9	❸ ZJ11 AHC 3A1	❹ ZK2 JGD 9B12	❺ ZG11 AFA 5J1	❻ ZH2 KEB 7K12	❼ ZE8 KDJ 4G10	❽ ZF5 JCK 8H3	❾ ZC5 JBG 3E7	❿ ZD8 JAH 9F6	❶ YA2 EKE 2C4	❷ YB11 KJF 10D9	❸ YJ11 HHC 1A1

1935年(民國24年)

月	1日	2日	3日	4日	5日	6日	7日	8日	9日	10日	11日	12日	13日	14日	15日	16日	17日	18日	19日	20日	21日	22日	23日	24日	25日	26日	27日	28日	29日	30日	31日
1月	❹ YK2 CGD 11B12	❺ YG11 GFA 3J1	❻ YH2 GEB 9K12	❼ YE8 JDJ 2G10	❽ YF5 HCK 10H3	❾ YC5 HBK 1F8	❿ YD8 EAJ 11E5	❶ XA2 EKH 12D5	❷ XB11 GJG 12C8	❸ XJ11 FHF 11B2	❹ XK2 KGE 1A11	❺ XG11 FFD 1K2	❻ XH2 EEC 11J11	❼ XE8 GDB 12H11	❽ XF5 ECA 12G2	❾ XC5 BKF 11F8	❿ XD8 KJE 1E5	❶ WA2 FHD 10D5	❷ WB11 EEF 2C8	❸ WJ11 EDC 9B2	❹ WK2 ECD 3A11	❺ WG11 ABA 11K2	❻ WH2 FAB 1J11	❼ WE8 DKJ 10H11	❽ WF5 JJK 2G2	❾ WC5 CHG 9F8	❿ WD8 CGH 3E5	❶ VA2 EFE 8D5	❷ VB11 DEF 4C8	❸ VJ11 BDC 7B2	❹ VK2 CCD 5A11
2月	❺ VG11 CBA 9K2	❻ VH2 CAB 3J11	❼ VE8 JKJ 8H11	❽ VF5 DJK 4G2	❾ VD6 BGC 7G9	❿ VC7 AHD 5H4	❶ UB3 EEA 6E6	❷ UA10 AFB 6F7	❸ UK12 KCJ 5C3	❹ UJ1 DDK 7D10	❺ UH12 BAG 7A3	❻ UG1 JBH 5B10	❼ UF9 JGE 6J12	❽ UE4 AHF 6K1	❾ UD6 FEC 5G9	❿ UC7 DFD 7H4	❶ ZB3 KCA 4E6	❷ ZA10 EDK 8F7	❸ ZK12 AAG 3C3	❹ ZJ1 JKH 9D10	❺ ZH12 AGE 5A3	❻ ZG1 KHF 7B10	❼ ZF9 KEC 4J12	❽ ZE4 JFD 8K1	❾ ZD6 JCA 3G9	❿ ZC7 JDB 9H4	❶ YB3 EAJ 2E6	❷ YA10 KBK 10F7			
3月	❸ YK12 HJG 1C3	❹ YJ1 CKH 11D10	❺ YH12 GGE 3A3	❻ YG1 GHF 9B10	❼ YF9 JEC 2J12	❽ YE4 KEF 10J12	❾ YD6 HDC 1H10	❿ YC7 ECD 11G3	❶ XB3 EBA 12F7	❷ XA10 GAB 12E6	❸ XK12 FKJ 11D4	❹ XJ1 KJK 1C9	❺ XH12 FHG 1B4	❻ XG1 EGH 11A9	❼ XF9 GFE 12K1	❽ XE4 EEF 12J12	❾ XD6 BDC 11H10	❿ XC7 KCD 1G3	❶ WB3 FBJ 10F7	❷ WA10 EAK 2E6	❸ WK12 EKG 9D4	❹ WJ1 EJH 3C9	❺ WH12 AHE 11B4	❻ WG1 FGF 1A9	❼ WF9 DFC 10K1	❽ WE4 JED 2J12	❾ WD6 CDA 9H10	❿ WC7 CCB 3G3	❶ VB3 EBJ 8F7	❷ VA10 DAK 4E6	❸ VK12 BKG 7D4
4月	❹ VJ1 CJH 5C9	❺ VH12 CHE 9B4	❻ VG1 CGF 3A9	❼ VF9 JFC 8K1	❽ VE4 DED 4J12	❾ VD6 BDC 7J11	❿ VC7 ACD 5K2	❶ UB3 EBA 6G8	❷ UA10 AAB 6H5	❸ UK12 KKJ 5E5	❹ UJ1 DJK 7F8	❺ UH12 BHG 7C5	❻ UG1 JGH 5D8	❼ UF9 JFE 6A2	❽ UE4 AEF 6B11	❾ UD6 FBC 5J11	❿ UC7 DAD 7K2	❶ ZB3 KKA 4G8	❷ ZA10 EFK 8H5	❸ ZK12 ACG 3E5	❹ ZJ1 JDH 9F8	❺ ZH12 AAE 5C5	❻ ZG1 KBF 7D8	❼ ZF9 KJC 4A2	❽ ZE4 JKD 8B11	❾ ZD6 JGA 3J11	❿ ZC7 JHB 9K2	❶ YB3 EEJ 2G8	❷ YA10 KFK 10H5	❸ YK12 HCG 1E5	
5月	❹ YJ1 CDH 11F8	❺ YH12 GAE 3C5	❻ YG1 GBF 9D8	❼ YF9 JJC 2A2	❽ YE4 HKD 10B11	❾ YD6 HGC 1K12	❿ YC7 EHD 11J1	❶ XB3 EEA 12H9	❷ XA10 GFB 12G4	❸ XK12 FCJ 11F6	❹ XJ1 KDK 1E7	❺ XH12 FCG 1D6	❻ XG1 EDH 11C7	❼ XF9 GAE 12B3	❽ XE4 EBF 12A10	❾ XD6 BJC 11K12	❿ XC7 KKD 1J1	❶ WB3 FGA 10H9	❷ WA10 EHK 2G4	❸ WK12 EEG 9F6	❹ WJ1 EBH 3E7	❺ WH12 AJE 11D6	❻ WG1 FKF 1C7	❼ WF9 DGC 10B3	❽ WE4 JHD 2A10	❾ WD6 CEA 9K12	❿ WC7 CFB 3J1	❶ VB3 ECJ 8H9	❷ VA10 DDK 4G4	❸ VK12 BAG 7F6	❹ VJ1 CBH 5E7
6月	❺ VH12 CJE 9D6	❻ VG1 CKF 3C7	❼ VF9 JGC 8B3	❽ VE4 DHD 4A10	❾ VD6 BEA 7K12	❿ VC7 GFB 5J1	❶ UB3 EFA 6J10	❷ UA10 AEB 6K3	❸ UK12 KDJ 5G7	❹ UJ1 DCK 7H6	❺ UH12 BBG 7E7	❻ UG1 JAH 5F6	❼ UF9 JKE 6C4	❽ UE4 AJF 6D9	❾ UD6 KHC 5A1	❿ UC7 DGD 7B12	❶ ZB3 KFA 4J10	❷ ZA10 GEB 8K3	❸ ZK12 ADJ 3G7	❹ ZJ1 JCH 9H6	❺ ZH12 ABE 5E7	❻ ZG1 KAF 7F6	❼ ZF9 KKC 4C4	❽ ZE4 JJD 8D9	❾ ZD6 JHA 3A1	❿ ZC7 JGB 9B12	❶ YB3 EDJ 2J10	❷ YA10 KCK 10K3	❸ YK12 HBG 1G7	❹ YJ1 CAH 11H6	
7月	❺ YH12 GKE 3E7	❻ YG1 GJF 9F6	❼ YF9 JHC 2C4	❽ YE4 HGD 10D9	❾ YD6 FFA 1A1	❿ YC7 GEB 11B12	❶ XB3 GDJ 12J10	❷ XA10 GCB 12J2	❸ XK12 FBJ 11H8	❹ XJ1 KAK 1G5	❺ XH12 FKG 1F8	❻ XG1 EJH 11E5	❼ XF9 JHE 12D5	❽ XE4 EGF 12C8	❾ XD6 DFC 11B2	❿ XC7 KED 1A11	❶ WB3 FDA 10K11	❷ WA10 AAB 2J2	❸ WK12 GKJ 9H8	❹ WJ1 EJK 3G5	❺ WH12 ABE 11F8	❻ WG1 FAF 1E5	❼ WF9 DKC 10D5	❽ WE4 JJD 2C8	❾ WD6 CHA 9B2	❿ WC7 CGB 3A11	❶ VB3 EFJ 8K11	❷ VA10 DEK 4J2	❸ VK12 BDG 7H8	❹ VJ1 CCH 5G5	❺ VH12 CBE 9F8
8月	❻ VG1 CAF 3E5	❼ VF9 JKC 8D5	❽ VE4 DJD 4C8	❾ VD6 BHA 7B2	❿ VC7 GGB 5A11	❶ UB3 AFJ 6K11	❷ UA10 AEK 6J2	❸ UK12 KCJ 5J9	❹ UJ1 DDK 7K4	❺ UH12 BAG 7G9	❻ UG1 JBH 5H4	❼ UF9 JJE 6E6	❽ UE4 AKF 6F7	❾ UD6 KGC 5C3	❿ UC7 DHD 7D10	❶ ZB3 KEA 4A12	❷ ZA10 JFB 8B1	❸ ZK12 ACJ 3J9	❹ ZJ1 JHK 9K4	❺ ZH12 FEG 5G9	❻ ZG1 DFF 7H4	❼ ZF9 KAC 4E6	❽ ZE4 JBD 8F7	❾ ZD6 JJA 3C3	❿ ZC7 JKB 9D10	❶ YB3 EGJ 2A12	❷ YA10 KHK 10B1	❸ YK12 HEG 1J9	❹ YJ1 CFH 11K4	❺ YH12 GCE 3G9	❻ YG1 GDF 9H4
9月	❼ YF9 JAC 2E6	❽ YE4 HBD 10F7	❾ YD6 FJA 1C3	❿ YC7 GKB 11D10	❶ XB3 GGJ 12A12	❷ XA10 GHK 12B1	❸ XK12 CEG 11J9	❹ XJ1 KEK 1J3	❺ XH12 FDG 1H10	❻ XG1 ECH 11G3	❼ XF9 JBE 12F7	❽ XE4 EAF 12E6	❾ XD6 DKC 11D4	❿ XC7 KJD 1C9	❶ WB3 FHA 10B1	❷ WA10 CGB 2A12	❸ WK12 CFJ 9K10	❹ WJ1 EEK 3J3	❺ WH12 KDG 11H10	❻ WG1 HCH 1G3	❼ WF9 DBC 10F7	❽ WE4 JAD 2E6	❾ WD6 CKA 9D4	❿ WC7 CJB 3C9	❶ VB3 EHJ 8B1	❷ VA10 DGK 4A12	❸ VK12 DFG 7K10	❹ VJ1 CEH 5J3	❺ VH12 CDE 9H10	❻ VG1 CCF 3G3	
10月	❼ VF9 JBC 8F7	❽ VE4 DAD 4E6	❾ VD6 BKA 7D4	❿ VC7 GJB 5C9	❶ UB3 AHJ 6B1	❷ UA10 AGK 6A12	❸ UK12 CFG 5K10	❹ UJ1 BEH 7J3	❺ UH12 BDG 7J11	❻ UG1 JCH 5K2	❼ UF9 JBE 6G8	❽ UE4 AAF 6H5	❾ UD6 KKC 5E5	❿ UC7 DJD 7F8	❶ ZB3 KHA 4C2	❷ ZA10 JGB 8D11	❸ ZK12 AFJ 3A11	❹ ZJ1 JEK 9B2	❺ ZH12 FKG 5J11	❻ ZG1 DJH 7K2	❼ ZF9 KHE 4G8	❽ ZE4 JKD 8H5	❾ ZD6 JGA 3E5	❿ ZC7 JHB 9F8	❶ YB3 EEJ 2C2	❷ YA10 KFK 10D11	❸ YK12 HCG 1A11	❹ YJ1 CDH 11B2	❺ YH12 GAE 3J11	❻ YG1 GBF 9K2	❼ YF9 JJC 2G8
11月	❽ YE4 HKD 10H5	❾ YD6 FGA 1E5	❿ YC7 GHB 11F8	❶ XB3 GEJ 12C2	❷ XA10 GFK 12D11	❸ XK12 CCG 11A11	❹ XJ1 HDH 1B2	❺ XH12 FGG 1K12	❻ XG1 EHH 11J1	❼ XF9 JEE 12H9	❽ XE4 EFF 12G4	❾ XD6 DCC 11F6	❿ XC7 HDD 1E7	❶ WB3 FAA 10D3	❷ WA10 CBB 2C10	❸ WK12 CJJ 9B12	❹ WJ1 EKK 3A1	❺ WH12 KGG 11K12	❻ WG1 HHH 1J1	❼ WF9 DEE 10H9	❽ WE4 JDD 2G4	❾ WD6 EAA 9F6	❿ WC7 CBB 3E7	❶ VB3 EJJ 8D3	❷ VA10 DKK 4C10	❸ VK12 DGG 7B12	❹ VJ1 CHH 5A1	❺ VH12 CEE 9K12	❻ VG1 CFF 3J1	❼ VF9 JCC 8H9	
12月	❽ VE4 DDD 4G4	❾ VD6 BAA 7F6	❿ VC7 GBB 5E7	❶ UB3 AJJ 6D3	❷ UA10 AKK 6C10	❸ UK12 CGG 5B12	❹ UJ1 BHH 7A1	❺ UH12 BFG 7A1	❻ UG1 JEH 5B12	❼ UF9 JDE 6J10	❽ UE4 ACF 6K3	❾ UD6 KBC 5G7	❿ UC7 DAD 7H6	❶ ZB3 KKA 4E4	❷ ZA10 JJB 8F9	❸ ZK12 AHJ 3C1	❹ ZJ1 JGK 9D12	❺ ZH12 FFG 5A1	❻ ZG1 DEH 7B12	❼ ZF9 KDE 4J10	❽ ZE4 JCD 8K3	❾ ZD6 JBA 3G7	❿ ZC7 JAB 9H6	❶ YB3 EKJ 2E4	❷ YA10 KJK 10F9	❸ YK12 HHG 1C1	❹ YJ1 CGH 11D12	❺ YH12 GFE 3A1	❻ YG1 GEF 9B12	❼ YF9 JDC 2J10	❽ YE4 HCD 10K3

1936年（民國25年）

1936年	1日	2日	3日	4日	5日	6日	7日	8日	9日	10日	11日	12日	13日	14日	15日	16日
1月	❾ YD6 FBA 1G7	❿ YC7 GAB 11H6	❶ XB3 GKJ 12E4	❷ XA10 GJK 12F9	❸ XK12 CHG 11C1	❹ XJ1 KGK 1C11	❺ XH12 FFG 1B2	❻ XG1 EEH 11A11	❼ XF9 JDE 12K11	❽ XE4 ECF 12J2	❾ XD6 DBC 11H8	❿ XC7 KAD 1G5	❶ WB3 FKA 10F5	❷ WA10 CJB 2E8	❸ WK12 CHJ 9D2	❹ WJ1 EEK 3C11
2月	❿ VC7 GGB 5G5	❶ UB3 AFJ 6F5	❷ UA10 AEK 6E8	❸ UK12 CDG 5D2	❹ UB12 DDG 7F10	❺ UJ1 BAF 7C3	❻ UK12 JBE 5D10	❼ UG10 JJD 6A12	❽ UH3 AKC 6B1	❾ UE7 KGB 5J9	❿ UF6 DHA 7K4	❶ ZC4 KEK 4G6	❷ ZD9 JDJ 8H7	❸ ZA1 AAH 3E3	❹ ZB12 JBG 9F10	❺ ZJ1 FJF 5C3
3月	❾ YE7 FCB 1J9	❿ YF6 GDA 11K4	❶ XC4 GAK 12G6	❷ XD9 GBJ 12H7	❸ XA1 CJH 11E3	❹ XB12 KJG 1E9	❺ XJ1 FHF 1D4	❻ XK12 EGE 11C9	❼ XG10 JFD 12B1	❽ XH3 EEC 12A12	❾ XE7 DDB 11K10	❿ XF6 KCA 1J3	❶ WC4 FBK 10H7	❷ WD9 CAJ 2G6	❸ WA1 CKH 9F4	❹ WB12 EJG 3E9
4月	❿ VF6 GCA 5J3	❶ UC4 ABK 6H7	❷ UD9 AAJ 6G6	❸ UA1 CKH 5F4	❹ UB12 DJG 7H8	❺ UJ1 BHF 7E5	❻ UK12 JGE 5F8	❼ UG10 JFD 6C2	❽ UH3 AEC 6D11	❾ UE7 KDB 5A11	❿ UF6 DCA 7B2	❶ ZC4 KBK 4J8	❷ ZD9 JAJ 8K5	❸ ZA1 AKH 3G5	❹ ZB12 JGG 9H8	❺ ZJ1 FFF 5E5
5月	❿ YF6 GHA 11B2	❶ XC4 GEK 12J8	❷ XD9 GFJ 12K5	❸ XA1 CCH 11G5	❹ XB12 HDG 1H8	❺ XJ1 FAF 1F6	❻ XK12 EBE 11E7	❼ XG10 JJD 12D3	❽ XH3 EKC 12C10	❾ XE7 DGB 11B12	❿ XF6 HHA 1A1	❶ WC4 FGK 10K9	❷ WD9 CHJ 2J4	❸ WA1 CEH 9H6	❹ WB12 EFG 3G7	❺ WJ1 KCF 11F6
6月	❶ UC4 ACK 6K9	❷ UD9 ADJ 6J4	❸ UA1 CAH 5H6	❹ UB12 BBG 7G7	❺ UJ1 KJF 7F6	❻ UK12 JAE 5H6	❼ UG10 JKD 6E4	❽ UH3 AJC 6F9	❾ UE7 KHB 5C1	❿ UF6 DGA 7D12	❶ ZC4 KFK 4A10	❷ ZD9 JEJ 8B3	❸ ZA1 CDH 3J7	❹ ZB12 JCG 9K6	❺ ZJ1 HBF 5G7	❻ ZK12 DAE 7H6
7月	❶ XC4 GDK 12A10	❷ XD9 GCJ 12B3	❸ XA1 CBH 11J7	❹ XB12 HAG 1K6	❺ XJ1 FKF 1G7	❻ XK12 AJE 11H6	❼ XG10 JHD 12F5	❽ XH3 EGC 12E8	❾ XE7 DFB 11D2	❿ XF6 HEA 1C11	❶ WC4 FDK 10B11	❷ WD9 CCJ 2A2	❸ WA1 CBH 9K8	❹ WB12 EAG 3J5	❺ WJ1 DKF 11H8	❻ WK12 HJE 1G5
8月	❷ UD9 AEJ 6A2	❸ UA1 CDH 5K8	❹ UB12 BCG 7J5	❺ UJ1 KBF 7H8	❻ UK12 AAE 5G5	❼ UG10 AKD 6F5	❽ UH3 AJC 6E8	❾ UE7 KGB 5E3	❿ UF6 DHA 7F10	❶ ZC4 KEK 4C12	❷ ZD9 JFJ 8D1	❸ ZA1 CCH 3A9	❹ ZB12 JDG 9B4	❺ ZJ1 HAF 5J9	❻ ZK12 DBE 7K4	❼ ZG10 KJD 4G6
9月	❸ XA1 CEH 11A9	❹ XB12 HFG 1B4	❺ XJ1 FCF 1J9	❻ XK12 ADE 11K4	❼ XG10 EAD 12G6	❽ XH3 EBC 12H7	❾ XE7 GJB 11E3	❿ XF6 HJA 1E9	❶ WC4 FHK 10D1	❷ WD9 CGJ 2C12	❸ WA1 CFH 9B10	❹ WB12 EEG 3A3	❺ WJ1 DDF 11K10	❻ WK12 HCE 1J3	❼ WG10 DBD 10H7	❽ WH3 CAC 2G6
10月	❸ UA1 CFH 5B10	❹ UB12 BEG 7A3	❺ UJ1 KDF 7K10	❻ UK12 ACE 5J3	❼ UG10 ABD 6H7	❽ UH3 AAC 6G6	❾ UE7 GKB 5F4	❿ UF6 DJA 7H8	❶ ZC4 KHK 4E2	❷ ZD9 JGJ 8F11	❸ ZA1 CFH 3C11	❹ ZB12 JEG 9D2	❺ ZJ1 HDF 5A11	❻ ZK12 DCE 7B2	❼ ZG10 KBD 4J8	❽ ZH3 GAC 8K5
11月	❹ XB12 HDG 1D2	❺ XJ1 FAF 1A11	❻ XK12 ABE 11B2	❼ XG10 EJD 12J8	❽ XH3 EKC 12K5	❾ XE7 GGB 11G5	❿ XF6 HDA 1G7	❶ WC4 FAK 10F3	❷ WD9 CBJ 2E10	❸ WA1 CJH 9D12	❹ WB12 EKG 3C1	❺ WJ1 DGF 11B12	❻ WK12 HHE 1A1	❼ WG10 DED 10K9	❽ WH3 CFC 2J4	❾ WE7 ECB 9H6
12月	❹ UB12 BHG 7C1	❺ UJ1 KEF 7B12	❻ UK12 AFE 5A1	❼ UG10 ACD 6K9	❽ UH3 ADC 6J4	❾ UE7 GAB 5H6	❿ UF6 DAA 7K6	❶ ZC4 KKK 4G4	❷ ZD9 JJJ 8H9	❸ ZA1 CHH 3E1	❹ ZB12 JGG 9F12	❺ ZJ1 HFF 5C1	❻ ZK12 DEE 7D12	❼ ZG10 KDD 4A10	❽ ZH3 GCC 8B3	❾ ZE7 GBB 3J7

1936年	17日	18日	19日	20日	21日	22日	23日	24日	25日	26日	27日	28日	29日	30日	31日
1月	❺ WH12 KDG 11B2	❻ WG1 HCH 1A11	❼ WF9 DKC 10K11	❽ WE4 JJD 2J2	❾ WD6 CHA 9H8	❿ WC7 CGB 3G5	❶ VB3 EFJ 8F5	❷ VA10 DEK 4E8	❸ VK12 DDG 7D2	❹ VJ1 CCH 5C11	❺ VH12 CBE 9B2	❻ VG1 CAF 3A11	❼ VF9 JKC 8K11	❽ VE4 DJD 4J2	❾ VD6 BHA 7H8
2月	❻ ZK12 DKE 7D10	❼ ZG10 KGD 4A12	❽ ZH3 JHC 8B1	❾ ZE7 JCB 3J9	❿ ZF6 JDA 9K4	❶ YC4 EAK 2G6	❷ YD9 KBJ 10H7	❸ YA1 HJH 1E3	❹ YB12 CKG 11F10	❺ YJ1 GGF 3C3	❻ YK12 GHE 9D10	❼ YG10 JED 2A12	❽ YH3 HFC 10B1		
3月	❺ WJ1 KHF 11D4	❻ WK12 HGE 1C9	❼ WG10 DFD 10B1	❽ WH3 JEC 2A12	❾ WE7 CDB 9K10	❿ WF6 CCA 3J3	❶ VC4 EBK 8H7	❷ VD9 DAJ 4G6	❸ VA1 DKH 7F4	❹ VB12 CJG 5E9	❺ VJ1 CHF 9D4	❻ VK12 CGE 3C9	❼ VG10 JFD 8B1	❽ VH3 DEC 4A12	❾ VE7 BDB 7K10
4月	❻ ZK12 DEE 7F8	❼ ZG10 KJD 4C2	❽ ZH3 JKC 8D11	❾ ZE7 JGB 3A11	❿ ZF6 JHA 9B2	❶ YC4 EEK 2J8	❷ YD9 KFJ 10K5	❸ YA1 HCH 1G5	❹ YB12 CDG 11H8	❺ YJ1 GAF 3E5	❻ YK12 GBE 9F8	❼ YG10 JJD 2C2	❽ YH3 HKC 10D11	❾ YE7 FGB 1A11	
5月	❻ WK12 HDE 1E7	❼ WG10 DAD 10D3	❽ WH3 JBC 2C10	❾ WE7 EJB 9B12	❿ WF6 CFA 3A1	❶ VC4 ECK 8K9	❷ VD9 DDJ 4J4	❸ VA1 DAH 7H6	❹ VB12 CBG 5G7	❺ VJ1 CJF 9F6	❻ VK12 CKE 3E7	❼ VG10 JGD 8D3	❽ VH3 DHC 4C10	❾ VE7 BEB 7B12	❿ VF6 GFA 5A1
6月	❼ ZG10 KKD 4E4	❽ ZH3 EJC 8F9	❾ ZE7 AHB 3C1	❿ ZF6 JGA 9D12	❶ YC4 EFK 2A10	❷ YD9 KEJ 10B3	❸ YA1 HDH 1J7	❹ YB12 CCG 11K6	❺ YJ1 GBF 3G7	❻ YK12 GJE 9H6	❼ YG10 JHD 2E4	❽ YH3 HGC 10F9	❾ YE7 FFB 1C1	❿ YF6 GEA 11D12	
7月	❼ WG10 DFD 10F5	❽ WH3 AEC 2E8	❾ WE7 EDB 9D2	❿ WF6 CGA 3C11	❶ VC4 EFK 8B11	❷ VD9 DEJ 4A2	❸ VA1 DDH 7K8	❹ VB12 CCG 5J5	❺ VJ1 CBF 9H8	❻ VK12 CAE 3G5	❼ VG10 JKD 8F5	❽ VH3 DJC 4E8	❾ VE7 BHB 7D2	❿ VF6 GGA 5C11	❶ UC4 AFK 6B11
8月	❽ ZH3 GKC 8H7	❾ ZE7 GGB 3E3	❿ ZF6 JBA 9F10	❶ YC4 DJK 2C12	❷ YD9 KKJ 10D1	❸ YA1 HEH 1A9	❹ YB12 CFG 11B4	❺ YJ1 GCF 3J9	❻ YK12 GDE 9K4	❼ YG10 JAD 2G6	❽ YH3 HBC 10H7	❾ YE7 FJB 1E3	❿ YF6 GKA 11F10	❶ XC4 GGK 12C12	❷ XD9 GHJ 12D1
9月	❾ WE7 EKB 9F4	❿ WF6 CJA 3E9	❶ VC4 KHK 8D1	❷ VD9 HGJ 4C12	❸ VA1 DFH 7B10	❹ VB12 CEG 5A3	❺ VJ1 CDF 9K10	❻ VK12 CCE 3J3	❼ VG10 JBD 8H7	❽ VH3 DAC 4G6	❾ VE7 BKB 7F4	❿ VF6 GJA 5E9	❶ UC4 AHK 6D1	❷ UD9 AGJ 6C12	
10月	❾ ZE7 GKB 3G5	❿ ZF6 JEA 9H8	❶ YC4 DDK 2E2	❷ YD9 BCJ 10F11	❸ YA1 HCH 1C11	❹ YB12 CDG 11D2	❺ YJ1 GAF 3A11	❻ YK12 GBE 9B2	❼ YG10 JJD 2J8	❽ YH3 HKC 10K5	❾ YE7 HGB 1G5	❿ YF6 GHA 11H8	❶ XC4 GEK 12E2	❷ XD9 GFJ 12F11	❸ XA1 CCH 11C11
11月	❿ WF6 CDA 3G7	❶ VC4 KAK 8F3	❷ VD9 HBJ 4E10	❸ VA1 DGH 7D12	❹ VB12 CHG 5C1	❺ VJ1 CEF 9B12	❻ VK12 CFE 3A1	❼ VG10 JCD 8K9	❽ VH3 DDC 4J4	❾ VE7 BAB 7H6	❿ VF6 GBA 5G7	❶ UC4 AJK 6F3	❷ UD9 AKJ 6E10	❸ UA1 CGH 5D12	
12月	❿ ZF6 JAA 9K6	❶ YC4 DKK 2G4	❷ YD9 BJJ 10H9	❸ YA1 HHH 1E1	❹ YB12 CGG 11F12	❺ YJ1 GFF 3C1	❻ YK12 GEE 9D12	❼ YG10 JDD 2A10	❽ YH3 HCC 10B3	❾ YE7 HBB 1J7	❿ YF6 GAA 11K6	❶ XC4 GKK 12G4	❷ XD9 GJJ 12H9	❸ XA1 CHH 11E1	❹ XB12 HGG 1F12

1937年	1日	2日	3日	4日	5日	6日	7日	8日	9日	10日	11日	12日	13日	14日	15日	16日
1月	❺ XJ1 FFF 1C1	❻ XK12 AEE 11D12	❼ XG10 EDD 12A10	❽ XH3 ECC 12B3	❾ XE7 GBB 11J7	❿ XF6 HAA 1J5	❶ WC4 FKK 10H5	❷ WD9 CJJ 2G8	❸ WA1 CHH 9F2	❹ WB12 EGG 3E11	❺ WJ1 DFF 11D2	❻ WK12 HEE 1C11	❼ WG10 DDD 10B11	❽ WH3 CCC 2A2	❾ WE7 EBB 9K8	❿ WF6 CJA 3J5
2月	❻ UK12 AAE 5C11	❼ UG10 AKD 6B11	❽ UH3 AJC 6A2	❾ UF8 KGB 5A9	❿ UE5 DHA 7B4	❶ ZD5 KEK 4J6	❷ ZC8 JFJ 8K7	❸ ZB2 CCH 3G3	❹ ZA11 JDG 9H10	❺ ZK2 HAF 5E3	❻ ZJ11 DBE 7F10	❼ ZH11 KGD 4C12	❽ ZG2 GHC 8D1	❾ ZF8 GEK 3A9	❿ ZE5 JFJ 9B4	❶ YD5 DCH 2J6
3月	❹ XA11 HKC 1H10	❺ XK2 FGB 1E3	❻ XJ11 AHA 11F10	❼ XH11 EEK 12C12	❽ XG2 EFJ 12D1	❾ XF8 DDB 11B10	❿ XE5 HCA 1A3	❶ WD5 FBK 10K7	❷ WC8 CAJ 2J6	❸ WB2 CKH 9H4	❹ WA11 EJG 3G9	❺ WK2 DHF 11F4	❻ WJ11 HGE 1E9	❼ WH11 DFD 10D1	❽ WG2 CEC 2C12	❾ WF8 EDK 9B10
4月	❺ UK2 KHB 7F4	❻ UJ11 AGA 5E9	❼ UH11 AFK 6D1	❽ UG2 AEJ 6C12	❾ UF8 KDB 5C11	❿ UE5 DCA 7D2	❶ ZD5 KBK 4A8	❷ ZC8 JAJ 8B5	❸ ZB2 CKH 3J5	❹ ZA11 JJG 9K8	❺ ZK2 HHF 5G5	❻ ZJ11 DGE 7H8	❼ ZH11 KFD 4E2	❽ ZG2 GEC 8F11	❾ ZF8 GBK 3C11	❿ ZE5 JAJ 9D2
5月	❺ XK2 FAB 1G5	❻ XJ11 ABA 11H8	❼ XH11 EJK 12E2	❽ XG2 EKJ 12F11	❾ XF8 GGH 11C11	❿ XE5 HHA 1C1	❶ WD5 FEK 10B9	❷ WC8 CFJ 2A4	❸ WB2 CCH 9K6	❹ WA11 EDG 3J7	❺ WK2 DAF 11H6	❻ WJ11 HDE 1G7	❼ WH11 DAD 10F3	❽ WG2 CBC 2E10	❾ WF8 EJB 9D12	❿ WE5 CKJ 3C1
6月	❻ UJ11 AKA 5G7	❼ UH11 AGK 6F3	❽ UG2 AHJ 6E10	❾ UF8 GEH 5D12	❿ UE5 BFG 7C1	❶ ZD5 KFK 4C10	❷ ZC8 JEJ 8D3	❸ ZB2 CDH 3A7	❹ ZA11 JCG 9B6	❺ ZK2 HBF 5J7	❻ ZJ11 BAE 7K6	❼ ZH11 KKD 4G4	❽ ZG2 GJC 8H9	❾ ZF8 GHB 3E1	❿ ZE5 JGA 9F12	❶ YD5 DFH 2C10
7月	❻ XJ11 AJA 11K6	❼ XH11 EHK 12G4	❽ XG2 EGJ 12H9	❾ XF8 GFH 11E1	❿ XE5 FEG 1F12	❶ WD5 DDF 10C10	❷ WC8 CCJ 2C2	❸ WB2 CBH 9B8	❹ WA11 EAG 3A5	❺ WK2 DKF 11K8	❻ WJ11 HJE 1J5	❼ WH11 DHD 10H5	❽ WG2 CGC 2G8	❾ WF8 GFB 9F2	❿ WE5 CEA 3E11	❶ VD5 BDK 8D11
8月	❼ UH11 AKK 6H5	❽ UG2 AJJ 6G8	❾ UF8 GHH 5F2	❿ UE5 BGG 7E11	❶ ZD5 KFF 4D11	❷ ZC8 EEE 8C2	❸ ZB2 JDD 3B8	❹ ZA11 JDG 9D4	❺ ZK2 HAF 5A9	❻ ZJ11 BBE 7B4	❼ ZH11 KJD 4J6	❽ ZG2 GKC 8K7	❾ ZF8 GGB 3G3	❿ ZE5 JHA 9H10	❶ YD5 HEK 2E12	❷ YC8 BFJ 10F1
9月	❽ XG2 EBJ 12K7	❾ XF8 GJH 11G3	❿ XE5 FKG 1H10	❶ WD5 DGF 10E12	❷ WC8 EHE 2F1	❸ WB2 EED 9C9	❹ WA11 EFC 3D4	❺ WK2 DDF 11B10	❻ WJ11 HCE 1A3	❼ WH11 DBD 10K7	❽ WG2 CAC 2J6	❾ WF8 GKB 9H4	❿ WE5 CJA 3G9	❶ VD5 BHK 8F1	❷ VC8 HGJ 4E12	❸ VB2 DFH 7D10
10月	❽ UG2 AAJ 6J6	❾ UF8 GKH 5H4	❿ UE5 BJG 7G9	❶ ZD5 KHF 4F1	❷ ZC8 EGE 8E12	❸ ZB2 JFD 3D10	❹ ZA11 JEC 9C3	❺ ZK2 ADB 5B10	❻ ZJ11 BCE 7D2	❼ ZH11 KBD 4A8	❽ ZG2 GAC 8B5	❾ ZF8 GKB 3J5	❿ ZE5 JJA 9K8	❶ YD5 HHK 2G2	❷ YC8 BGJ 10H11	❸ YB2 HFH 1E11
11月	❾ XF8 GGH 11J5	❿ XE5 FHG 1K8	❶ WD5 DEF 10G2	❷ WC8 EFE 2H11	❸ WB2 ECD 9E11	❹ WA11 EDC 3F2	❺ WK2 AAB 11C11	❻ WJ11 HHE 1C1	❼ WH11 DED 10B9	❽ WG2 CFC 2A4	❾ WF8 GCB 9K6	❿ WE5 CDA 3J7	❶ VD5 BAK 8H3	❷ VC8 HBJ 4G10	❸ VB2 DJH 7F12	❹ VA11 AKG 5E1
12月	❾ UF8 GAH 5K6	❿ UE5 BBG 7J7	❶ ZD5 KJF 4H3	❷ ZC8 EKE 8G10	❸ ZB2 JGD 3F12	❹ ZA11 JHC 9E1	❺ ZK2 HFF 5E1	❻ ZJ11 BEE 7F12	❼ ZH11 KDD 4C10	❽ ZG2 GCC 8D3	❾ ZF8 GBB 3A7	❿ ZE5 JAA 9B6	❶ YD5 HKK 2J4	❷ YC8 BJJ 10K9	❸ YB2 HHH 1G1	❹ YA11 GGG 11H12

1937年	17日	18日	19日	20日	21日	22日	23日	24日	25日	26日	27日	28日	29日	30日	31日
1月	❶ VC4 KHK 8H5	❷ VD9 HGJ 4G8	❸ VA1 DDH 7F2	❹ VB12 CCG 5E11	❺ VJ1 CBF 9D2	❻ VK12 CAE 3C11	❼ VG10 JKD 8B11	❽ VH3 DJC 4A2	❾ VE7 BHB 7K8	❿ VF6 GGA 5J5	❶ UC4 AFK 6H5	❷ UD9 AEJ 6G8	❸ UA1 CDH 5F2	❹ UB12 BCG 7E11	❺ UJ1 KBF 7D2
2月	❷ YC8 KDE 10K7	❸ YB2 HAD 1G3	❹ YA11 CKC 11H10	❺ YK2 GGB 3E3	❻ YJ11 GHA 9F10	❼ YH11 JEK 2C12	❽ YG2 HFJ 10D1	❾ YF8 FCH 1A9	❿ YE5 GDG 11B4	❶ XD5 GAF 12J6	❷ XC8 GBE 12K7	❸ XB2 CJD 11G3			
3月	❿ WE5 CCJ 3A3	❶ VD5 KBH 8K7	❷ VC8 HAE 4J6	❸ VB2 DKD 7H4	❹ VA11 CJC 5G9	❺ VK2 CHB 9F4	❻ VJ11 CGA 3E9	❼ VH11 JFK 8D1	❽ VG2 DEJ 4C12	❾ VF8 BDH 7B10	❿ VE5 GCG 5A3	❶ UD5 ABF 6K7	❷ UC8 AAE 6J6	❸ UB2 CKD 5H4	❹ UA11 BJC 7G9
4月	❶ YD5 DKH 2A8	❷ YC8 KFE 10B5	❸ YB2 HCD 1J5	❹ YA11 CDC 11K8	❺ YK2 GAB 3G5	❻ YJ11 GBA 9H8	❼ YH11 JJK 2E2	❽ YG2 HKJ 10F11	❾ YF8 FGH 1C11	❿ YE5 GHG 11D2	❶ XD5 GEF 12A8	❷ XC8 GFE 12B5	❸ XB2 CCD 11J5	❹ XA11 HDC 1K8	
5月	❶ VD5 KGH 8B9	❷ VC8 HHG 4A4	❸ VB2 DED 7K6	❹ VA11 CFC 5J7	❺ VK2 CJB 9H6	❻ VJ11 CKA 3G7	❼ VH11 JGK 8F3	❽ VG2 DHJ 4E10	❾ VF8 BEH 7D12	❿ VE5 GFG 5C1	❶ UD5 ACF 6B9	❷ UC8 ADE 6A4	❸ UB2 CAD 5K6	❹ UA11 BBC 7J7	❺ UK2 KJB 7H6
6月	❷ YC8 BEG 10D3	❸ YB2 HDF 1A7	❹ YA11 CCC 11B6	❺ YK2 JBB 3J7	❻ YJ11 GAA 9K6	❼ YH11 JKK 2G4	❽ YG2 HJJ 10H9	❾ YF8 HHH 1E1	❿ YE5 GGG 11F12	❶ XD5 GDF 12C10	❷ XC8 GCE 12D3	❸ XB2 CBD 11A7	❹ XA11 HAC 1B6	❺ XK2 FKB 1J7	
7月	❷ VC8 HAG 4C2	❸ VB2 DKF 7B8	❹ VA11 JJE 5A5	❺ VK2 EBB 9K8	❻ VJ11 CAA 3J5	❼ VH11 JKK 8H5	❽ VG2 DJJ 4G8	❾ VF8 BHH 7F2	❿ VE5 GGG 5E11	❶ UD5 AFF 6D11	❷ UC8 AEE 6C2	❸ UB2 CDD 5B8	❹ UA11 BCC 7A5	❺ UK2 KBB 7K8	❻ UJ11 AAA 5J5
8月	❸ YB2 HCH 1C9	❹ YA11 EDE 11D4	❺ YK2 JED 3A9	❻ YJ11 GFC 9B4	❼ YH11 JCK 2J6	❽ YG2 BBJ 10K7	❾ YF8 HJH 1G3	❿ YE5 GKG 11H10	❶ XD5 GGF 12E12	❷ XC8 GHE 12F1	❸ XB2 CED 11C9	❹ XA11 HFC 1D4	❺ XK2 FCB 1A9	❻ XJ11 ADA 11B4	❼ XH11 EAK 12J6
9月	❹ VA11 AEG 5C3	❺ VK2 ADD 9B10	❻ VJ11 CCC 3A3	❼ VH11 HBB 8K7	❽ VG2 DAJ 4J6	❾ VF8 BKH 7H4	❿ VE5 GJG 5G9	❶ UD5 AHF 6F1	❷ UC8 AGE 6E12	❸ UB2 CFD 5D10	❹ UA11 BEC 7C3	❺ UK2 KDB 7B10	❻ UJ11 ACA 5A3	❼ UH11 ABK 6K7	
10月	❹ YA11 GEG 11F2	❺ YK2 JDF 3C11	❻ YJ11 GJC 9D2	❼ YH11 DHB 2A8	❽ YG2 BGA 10B5	❾ YF8 HGH 1J5	❿ YE5 GHG 11K8	❶ XD5 GEF 12G2	❷ XC8 GFE 12H11	❸ XB2 CCD 11E11	❹ XA11 HDC 1F2	❺ XK2 FAB 1C11	❻ XJ11 ABA 11D2	❼ XH11 EJK 12A8	❽ XG2 EKJ 12B5
11月	❺ VK2 AGF 9D12	❻ VJ11 CHC 3C1	❼ VH11 HEB 8B9	❽ VG2 FFA 4A4	❾ VF8 BAH 7K6	❿ VE5 GBG 5J7	❶ UD5 AJF 6H3	❷ UC8 AKE 6G10	❸ UB2 CGD 5F12	❹ UA11 BHC 7E1	❺ UK2 BEB 7D12	❻ UJ11 AFA 5C1	❼ UH11 ACK 6B9	❽ UG2 ADJ 6A4	
12月	❺ YK2 JFD 3E1	❻ YJ11 GEC 9F12	❼ YH11 DDB 2C10	❽ YG2 BCJ 10D3	❾ YF8 HBH 1A7	❿ YE5 GAG 11B6	❶ XD5 GKF 12J4	❷ XC8 GJE 12K9	❸ XB2 CHD 11G1	❹ XA11 HGC 1H12	❺ XK2 FFB 1E1	❻ XJ11 AEA 11F12	❼ XH11 EDK 12C10	❽ XG2 ECJ 12D3	❾ XF8 GBH 11A7

1938年（民國27年）

1938年	1日	2日	3日	4日	5日	6日	7日	8日	9日	10日
1月	❿ XE5 FAG 1B6	❶ WD5 DKF 10J4	❷ WC8 EJE 2K9	❸ WB2 EHD 9G1	❹ WA11 EGC 3H12	❺ WK2 DFF 11F2	❻ WJ11 HEE 1E11	❼ WH11 DDD 10D11	❽ WG2 CCC 2C2	❾ WF8 GBB 9B8
2月	❶ ZD5 KFF 4K5	❷ ZC8 EEE 8J8	❸ ZB2 JDD 3H2	❹ ZD10 JDD 9K10	❺ ZA3 HAA 5G3	❻ ZB10 BBB 7H10	❼ ZJ12 KJJ 4E12	❽ ZK1 GKK 8F1	❾ ZG9 GGG 3C9	❿ ZH4 JHH 9D4
3月	❾ XG9 GCC 11C9	❿ XH4 FDD 1D4	❶ WE6 DAA 10A6	❷ WF7 EBB 2B7	❸ WC3 EJJ 9J3	❹ WD10 EJD 3J9	❺ WA3 DHA 11H4	❻ WB10 HGB 1G9	❼ WJ12 DFJ 10F1	❽ WK1 CEK 2E12
4月	❿ UH4 BCD 7C3	❶ ZE6 KBA 4B7	❷ ZF7 EAB 8A6	❸ ZC3 JKJ 3K4	❹ ZD10 JJD 9B8	❺ ZA3 HHA 5J5	❻ ZB10 BGB 7K8	❼ ZJ12 KFJ 4G2	❽ ZK1 GEK 8H11	❾ ZG9 GDG 3E11
5月	❿ XH4 FHD 1F2	❶ WE6 DEA 10C8	❷ WF7 EFB 2D5	❸ WC3 ECJ 9A5	❹ WD10 EDK 3B8	❺ WA3 DAA 11K6	❻ WB10 HBB 1J7	❼ WJ12 DJJ 10H3	❽ WK1 CKK 2G10	❾ WG9 GGG 9F12
6月	❶ ZE6 KCA 4D9	❷ ZF7 EDB 8C4	❸ ZC3 JAJ 3B6	❹ ZD10 JBK 9A7	❺ ZA3 AJG 5K6	❻ ZB10 BAB 7B6	❼ ZJ12 KKJ 4J4	❽ ZK1 GJK 8K9	❾ ZG9 GHG 3G1	❿ ZH4 JGH 9H12
7月	❶ WE6 DDA 10E10	❷ WF7 ECB 2F3	❸ WC3 EBJ 9C7	❹ WD10 EAK 3D6	❺ WA3 AKG 11A7	❻ WB10 FJH 1B6	❼ WJ12 DHE 10J4	❽ WK1 CGK 2J8	❾ WG9 GFG 9H2	❿ WH4 CEH 3G11
8月	❷ ZF7 EEB 8E2	❸ ZC3 JDJ 3D8	❹ ZD10 JCK 9C5	❺ ZA3 ABG 5B8	❻ ZB10 KAH 7A5	❼ ZJ12 HKE 4K5	❽ ZK1 JJF 8J8	❾ ZG9 GGG 3J3	❿ ZH4 JHH 9K10	❶ YE6 HEE 2G12
9月	❸ WC3 EEJ 9E9	❹ WD10 EFK 3F4	❺ WA3 ACG 11C9	❻ WB10 FDH 1D4	❼ WJ12 DAE 10A6	❽ WK1 JBF 2B7	❾ WG9 CJC 9J3	❿ WH4 CJH 3J9	❶ VE6 BHE 8H1	❷ VF7 FGF 4G12
10月	❸ ZC3 JFJ 3F10	❹ ZD10 JEK 9E3	❺ ZA3 ADG 5D10	❻ ZB10 KCH 7C3	❼ ZJ12 HBE 4B7	❽ ZK1 JAF 8A6	❾ ZG9 JKC 3K4	❿ ZH4 JJD 9J9	❶ YE6 HHE 2J2	❷ YF7 BGF 10K11
11月	❹ WD10 EDK 3H2	❺ WA3 AAG 11E11	❻ WB10 FBH 1F2	❼ WJ12 DJE 10C8	❽ WK1 JKF 2D5	❾ WG9 CGC 9A5	❿ WH4 CHD 3B8	❶ VE6 BAE 8K3	❷ VF7 FBF 4J10	❸ VC3 DJC 7H12
12月	❹ ZD10 JHK 9G1	❺ ZA3 AEG 5F12	❻ ZB10 KFH 7E1	❼ ZJ12 HCE 4D9	❽ ZK1 JDF 8C4	❾ ZG9 JAC 3B6	❿ ZH4 JBD 9A7	❶ YE6 HKE 2A4	❷ YF7 BJF 10B9	❸ YC3 HHC 1J1

1938年	11日	12日	13日	14日	15日	16日	17日	18日	19日	20日
1月	❿ WE5 CAA 3A5	❶ VD5 BKK 8K5	❷ VC8 HJJ 4J8	❸ VB2 DHH 7H2	❹ VA11 AGG 5G11	❺ VK2 ADD 9F2	❻ VJ11 CCC 3E11	❼ VH11 HBB 8D11	❽ VG2 DJJ 4C2	❾ VF8 BHH 7B8
2月	❶ YE6 HEE 2A6	❷ YF7 BDD 10B7	❸ YC3 HAA 1J3	❹ YD10 EBB 11K10	❺ YA3 JJJ 3G3	❻ YB10 GKK 9H10	❼ YJ12 JGG 2E12	❽ YK1 BHH 10F1	❾ YG9 HCC 1C9	❿ YH4 GDD 11D4
3月	❾ WG9 GDG 9D10	❿ WH4 CCH 3C3	❶ VE6 BBE 8B7	❷ VF7 HAD 4A6	❸ VC3 DKA 7K4	❹ VD10 JJB 5J9	❺ VA3 EHJ 9H4	❻ VB10 CGK 3G9	❼ VJ12 JFG 8F1	❽ VK1 DEH 4E12
4月	❿ ZH4 JCH 9F2	❶ YE6 HBE 2C8	❷ YF7 BAD 10D5	❸ YC3 HKA 1A5	❹ YD10 EGB 11B8	❺ YA3 JFJ 3J5	❻ YB10 GEK 9K8	❼ YJ12 JJG 2G2	❽ YK1 BKH 10H11	❾ YG9 HGC 1E11
5月	❿ WH4 CHH 3E1	❶ VE6 BGE 8D9	❷ VF7 HHF 4C4	❸ VC3 DEA 7B6	❹ VD10 AFB 5A7	❺ VA3 ACJ 9K6	❻ VB10 CDK 3J7	❼ VJ12 HAG 8H3	❽ VK1 DBH 4G10	❾ VG9 BJE 7F12
6月	❶ YE6 HFE 2E10	❷ YF7 BEF 10F3	❸ YC3 HDC 1C7	❹ YD10 GCB 11D6	❺ YA3 JBJ 3A7	❻ YB10 GAK 9B6	❼ YJ12 DKG 2J4	❽ YK1 BJH 10K9	❾ YG9 HHE 1G1	❿ YH4 GGF 11H12
7月	❶ VE6 BDE 8F11	❷ VF7 FCF 4E2	❸ VC3 DBC 7D8	❹ VD10 AAD 5C5	❺ VA3 AKA 9B8	❻ VB10 CJK 3A5	❼ VJ12 BHG 8K5	❽ VK1 FEH 4J8	❾ VG9 BDE 7H2	❿ VH4 JCF 5G11
8月	❷ YF7 BFF 10H1	❸ YC3 HCC 1E9	❹ YD10 GDD 11F4	❺ YA3 AAA 3C9	❻ YB10 GBB 9D4	❼ YJ12 FJG 2A6	❽ YK1 BKH 10B7	❾ YG9 HGE 1J3	❿ YH4 CBF 11K10	❶ XE6 JJC 12G12
9月	❸ VC3 DFC 7F10	❹ VD10 AED 5E3	❺ VA3 ADA 9D10	❻ VB10 CCB 3C3	❼ VJ12 BBJ 8B7	❽ VK1 FAH 4A6	❾ VG9 BKE 7K4	❿ VH4 JJF 5J9	❶ UE6 CHC 6H1	❷ UF7 AGD 6G12
10月	❸ YC3 HFC 1G11	❹ YD10 GED 11H2	❺ YA3 ADA 3E11	❻ YB10 GCB 9F2	❼ YJ12 FBJ 2C8	❽ YK1 BAK 10D5	❾ YG9 HKE 1A5	❿ YH4 EJF 11B8	❶ XE6 EDC 12J2	❷ XF7 GCD 12K11
11月	❹ VD10 AKD 5G1	❺ VA3 AGA 9F12	❻ VB10 CHB 3E1	❼ VJ12 BEJ 8D9	❽ VK1 FFK 4C4	❾ VG9 BCE 7B6	❿ VH4 ADF 5A7	❶ UE6 CAC 6K3	❷ UF7 ABD 6J10	❸ UC3 HJA 5H12
12月	❹ YD10 GGD 11K12	❺ YA3 AFA 3G1	❻ YB10 GEB 9H12	❼ YJ12 FDJ 2E10	❽ YK1 BCK 10F3	❾ YG9 HBE 1C7	❿ YH4 EAF 11D6	❶ XE6 EKC 12A4	❷ XF7 GJD 12B9	❸ XC3 BHA 11J1

1938年	21日	22日	23日	24日	25日	26日	27日	28日	29日	30日	31日
1月	❿ VE5 GGG 5A5	❶ UD5 AFF 6K5	❷ UC8 AEE 6J8	❸ UB2 CDD 5H2	❹ UA11 BCC 7G11	❺ UK2 KBB 7F2	❻ UJ11 AAA 5E11	❼ UH11 AKK 6D11	❽ UG2 AJJ 6C2	❾ UF8 GHH 5B8	❿ UE5 BGG 7A5
2月	❶ XE6 GAA 12A6	❷ XF7 GBB 12B7	❸ XC3 CJJ 11J3	❹ XD10 HKK 1K10	❺ XA3 FGG 1G3	❻ XB10 AHH 11H10	❼ XJ12 EEE 12E12	❽ XK1 EFF 12F1			
3月	❾ VG9 BDC 7D10	❿ VH4 GCD 5C3	❶ UE6 ABA 6B7	❷ UF7 AAB 6A6	❸ UC3 CKJ 5K4	❹ UD10 BJK 7J9	❺ UA3 KHG 7H4	❻ UB10 AGH 5G9	❼ UJ12 AFE 6F1	❽ UK1 AEF 6E12	❾ UG9 GDC 5D10
4月	❿ YH4 GHD 11F2	❶ XE6 GEA 12C8	❷ XF7 GFB 12D5	❸ XC3 CCJ 11A5	❹ XL10 HDK 1B3	❺ XA3 FAG 1J5	❻ XB10 ABH 11K8	❼ XJ12 EJE 12G2	❽ XK1 EKF 12H11	❾ XG9 GGC 11E11	
5月	❿ VH4 GFD 5E1	❶ UE6 ACA 6D9	❷ UF7 ADB 6C4	❸ UC3 CAJ 5B6	❹ UD10 BBK 7A7	❺ UA3 KJG 7K6	❻ UB10 AKH 5J7	❼ UJ12 AGE 6H3	❽ UK1 AHF 6G10	❾ UG9 GEC 5F12	❿ UH4 BFD 7E1
6月	❶ XE6 GFA 12E10	❷ XF7 GEB 12F3	❸ XC3 CDJ 11C7	❹ XD10 HCK 1D6	❺ XA3 FBG 1A7	❻ XB10 AJH 11B6	❼ XJ12 EHE 12J4	❽ XK1 EGF 12K9	❾ XG9 GFC 11G1	❿ XH4 FED 1H12	
7月	❶ UE6 CFC 6F11	❷ UF7 AED 6E2	❸ UC3 CDJ 5D8	❹ UD10 BCK 7C5	❺ UA3 BBG 7B8	❻ UB10 AAH 5A5	❼ UJ12 AKE 6K5	❽ UK1 AJF 6J8	❾ UG9 GHC 5H2	❿ UH4 BGD 7G11	❶ ZE6 KFA 4F11
8月	❷ XF7 GKD 12H1	❸ XC3 CEA 11E9	❹ XD10 HFK 1F4	❺ XA3 FCG 1C9	❻ XB10 ADH 11D4	❼ XJ12 EAE 12A6	❽ XK1 EBF 12B7	❾ XG9 GJC 11J3	❿ XH4 FKD 1K10	❶ WE6 DGA 10G12	❷ WF7 EHB 2H1
9月	❸ UC3 CFA 5F10	❹ UD10 FEB 7E3	❺ UA3 BDG 7D10	❻ UB10 ACH 5C3	❼ UJ12 ABE 6B7	❽ UK1 AAF 6A6	❾ UG9 GKC 5K4	❿ UH4 BJD 7J9	❶ ZE6 KHA 4H1	❷ ZF7 EGB 8G12	
10月	❸ XC3 BBA 11G11	❹ XD10 HDB 1H2	❺ XA3 FAJ 1E11	❻ XB10 ABH 11F2	❼ XJ12 EJE 12C8	❽ XK1 EKF 12D5	❾ XG9 GGC 11A5	❿ XH4 FHD 1B8	❶ WE6 DEA 10J2	❷ WF7 EFB 2K11	❸ WC3 ECJ 9G11
11月	❹ UD10 FHB 7G1	❺ UA3 BEJ 7F12	❻ UB10 AFH 5E1	❼ UJ12 ACE 6D9	❽ UK1 ADF 6C4	❾ UG9 GAC 5B6	❿ UH4 BBD 7A7	❶ ZE6 KJA 4K3	❷ ZF7 EKB 8J10	❸ ZC3 JGJ 3H12	
12月	❹ XD10 HGB 1K12	❺ XA3 FFJ 1G1	❻ XB10 AEH 11H12	❼ XJ12 EDE 12E10	❽ XK1 ECF 12F3	❾ XG9 GBC 11C7	❿ XH4 FAD 1D6	❶ WE6 DKA 10A4	❷ WF7 EJB 2B9	❸ WC3 EHJ 9J1	❹ WD10 EGK 3K12

1939年（民國28年）

1939年

	1日	2日	3日	4日	5日	6日	7日	8日	9日	10日	11日	12日	13日	14日	15日	16日
1月	❺ WA3 AFG 11G1	❻ WB10 FEH 1H12	❼ WJ12 DDE 10E10	❽ WK1 JCF 2F3	❾ WG9 CBC 9C7	❿ WH4 CAH 3C5	❶ VE6 BKE 8B5	❷ VF7 FJF 4A8	❸ VC3 DHC 7K2	❹ VD10 AGD 5J11	❺ VA3 AFA 9H2	❻ VB10 CEB 3G11	❼ VJ12 BDJ 8F11	❽ VK1 FCH 4E2	❾ VG9 BBE 7D8	❿ VH4 JJF 5C5
2月	❻ ZB10 KAH 7G11	❼ ZJ12 HKE 4F11	❽ ZK1 JJF 8E2	❾ ZG9 JHC 3D8	❿ ZG3 JHC 9F4	❶ YF7 HEB 2C6	❷ YE6 BFA 10D7	❸ YD4 HCK 1A3	❹ YC9 GDJ 11B10	❺ YB4 AAH 3J3	❻ YA9 GBG 9K10	❼ YK1 FJF 2G12	❽ YJ12 BHE 10H1	❾ YH10 HED 1E9	❿ YG3 CFC 11F4	❶ XF7 JCB 12C6
3月	❹ WC9 EKJ 3B10	❺ WB4 AGH 11J3	❻ WA9 FHG 1K10	❼ WK1 DEF 10G12	❽ WJ12 JFE 2H1	❾ WH10 GDD 9F10	❿ WG3 CCC 3E3	❶ VF7 BBB 8D7	❷ VE6 FAA 4C6	❸ VD4 DKK 7B4	❹ VC9 AJJ 5A9	❺ VB4 AHH 9K4	❻ VA9 CGG 3J9	❼ VK1 BFF 8H1	❽ VJ12 FEE 4G12	❾ VH10 BDD 7F10
4月	❺ ZB4 AHH 5K4	❻ ZA9 KGG 7J9	❼ ZK1 HFF 4H1	❽ ZJ12 JEE 8G12	❾ ZH10 JDD 3F10	❿ ZG3 JCC 9H2	❶ YF7 HBB 2E8	❷ YE6 BAA 10F5	❸ YD4 HKK 1C5	❹ YC9 GJJ 11D8	❺ YB4 AHH 3A5	❻ YA9 GGG 9B8	❼ YK1 FFF 2J2	❽ YJ12 BEE 10K11	❾ YH10 HDD 1G11	❿ YG3 CAC 11H2
5月	❺ WB4 AAH 11A5	❻ WA9 FBG 1B8	❼ WK1 DJF 10J2	❽ WJ12 JKE 2K11	❾ WH10 CGD 9G11	❿ WG3 CHC 3G1	❶ VF7 BEB 8F9	❷ VE6 FFA 4E4	❸ VD4 DCK 7D6	❹ VC9 ADJ 5C7	❺ VB4 AAH 9B6	❻ VA9 CDG 3A7	❼ VK1 BAF 8K3	❽ VJ12 FBE 4J10	❾ VH10 BJD 7H12	❿ VG3 JKC 5G1
6月	❻ ZA9 KKG 7A7	❼ ZK1 HGF 4K3	❽ ZJ12 JHE 8J10	❾ ZH10 JED 3H12	❿ ZG3 JFC 9G1	❶ YF7 HFB 2G10	❷ YE6 BEA 10H3	❸ YD4 HDK 1E7	❹ YC9 GCJ 11F6	❺ YB4 ABH 3C7	❻ YA9 GAG 9D6	❼ YK1 FKF 2A4	❽ YJ12 BJE 10B9	❾ YH10 HHD 1J1	❿ YG3 EGC 11K12	❶ XF7 EFB 12G10
7月	❻ WA9 FJG 1D6	❼ WK1 DHF 10A4	❽ WJ12 JGE 2B9	❾ WH10 CFD 9J1	❿ WG3 CEC 3K12	❶ VF7 EDB 8G10	❷ VE6 DCA 4H3	❸ VD4 DBK 7F8	❹ VC9 AAJ 5E5	❺ VB4 AKH 9D8	❻ VA9 CJG 3C5	❼ VK1 BHF 8B5	❽ VJ12 FGE 4A8	❾ VH10 BFD 7K2	❿ VG3 AEC 5J11	❶ UF7 CDB 6H11
8月	❼ ZK1 HKF 4B5	❽ ZJ12 JJE 8A8	❾ ZH10 JHD 3K2	❿ ZG3 JGC 9J11	❶ YF7 EFB 2H11	❷ YE6 KEA 10G2	❸ YD4 HDK 1F8	❹ YC9 GDJ 11H4	❺ YB4 AAH 3E9	❻ YA9 GBG 9F4	❼ YK1 FJF 2C6	❽ YJ12 KKE 10D7	❾ YH10 HGD 1A3	❿ YG3 EHC 11B10	❶ XF7 EEB 12J12	❷ XE6 GFA 12K1
9月	❽ WJ12 JBE 2D7	❾ WH10 CJD 9A3	❿ WG3 CKC 3B10	❶ VF7 EGB 8J12	❷ VE6 DHA 4K1	❸ VD4 BEK 7G9	❹ VC9 CFJ 5H4	❺ VB4 ADH 9F10	❻ VA9 CCG 3E3	❼ VK1 BBF 8D7	❽ VJ12 FAE 4C6	❾ VH10 BKD 7B4	❿ VG3 AJC 5A9	❶ UF7 EHB 6K1	❷ UE6 AGA 6J12	❸ UD4 KFK 5H10
10月	❽ ZJ12 JAE 8C6	❾ ZH10 JKD 3B4	❿ ZG3 JJC 9A9	❶ YF7 EHB 2K1	❷ YE6 KGA 10J12	❸ YD4 HFK 1H10	❹ YC9 CEJ 11G3	❺ YB4 GDH 3F10	❻ YA9 GCG 9H2	❼ YK1 FBF 2E8	❽ YJ12 KAE 10F5	❾ YH10 HKD 1C5	❿ YG3 EJC 11D8	❶ XF7 EHB 12A2	❷ XE6 GGA 12B11	❸ XD4 FFK 11J11
11月	❾ WH10 CGD 9C5	❿ WG3 CHC 3D8	❶ VF7 EEB 8A2	❷ VE6 DFA 4B11	❸ VD4 BCK 7J11	❹ VC9 CDJ 5K2	❺ VB4 CAH 9G11	❻ VA9 CHG 3G1	❼ VK1 BEF 8F9	❽ VJ12 FFE 4E4	❾ VH10 BCD 7D6	❿ VG3 ADC 5C7	❶ UF7 EAB 6B3	❷ UE6 ABA 6A10	❸ UD4 KJK 5K12	❹ UC9 FKJ 7J1
12月	❾ ZH10 JAD 3D6	❿ ZG3 JBC 9C7	❶ YF7 EJB 2B3	❷ YE6 KKA 10A10	❸ YD4 HGK 1K12	❹ YC9 CHJ 11J1	❺ YB4 GEH 3H12	❻ YA9 GEG 9K12	❼ YK1 FDF 2G10	❽ YJ12 KCE 10H3	❾ YH10 HBD 1E7	❿ YG3 EAC 11F6	❶ XF7 EKB 12C4	❷ XE6 GJA 12D9	❸ XD4 FHK 11A1	❹ XC9 KGJ 1B12

	17日	18日	19日	20日	21日	22日	23日	24日	25日	26日	27日	28日	29日	30日	31日
1月	❶ UE6 CHC 6B5	❷ UF7 AGD 6A8	❸ UC3 CDA 5K2	❹ UD10 FCB 7J11	❺ UA3 BBG 7H2	❻ UB10 AAH 5G11	❼ UJ12 AKE 6F11	❽ UK1 AJF 6E2	❾ UG9 GHC 5D8	❿ UH4 BGD 7C5	❶ ZE6 KFA 4B5	❷ ZF7 EEB 8A8	❸ ZC3 JDJ 3K2	❹ ZD10 JCK 9J11	❺ ZA3 ABG 5H2
2月	❷ XE6 GDA 12D7	❸ XD4 CAK 11A3	❹ XC9 HBJ 1B10	❺ XB4 FGH 1J3	❻ XA9 AHG 11K10	❼ XK1 EEF 12G12	❽ XJ12 EFE 12H1	❾ XH10 GCD 11E9	❿ XG3 FDC 1F4	❶ WF7 DAB 10C6	❷ WE6 EBA 2D7	❸ WD4 EJK 9A3			
3月	❿ VG3 JCC 5E3	❶ UF7 CBB 6D7	❷ UE6 AAA 6C6	❸ UD4 CKK 5B4	❹ UC9 BJJ 7A9	❺ UB4 BHH 7K4	❻ UA9 AGG 5J9	❼ UK1 AFF 6H1	❽ UJ12 AEE 6G12	❾ UH10 GDD 5F10	❿ UG3 BCC 7E3	❶ ZF7 KBB 4D7	❷ ZE6 EAA 8C6	❸ ZD4 JKK 3B4	❹ ZC9 JJJ 9A9
4月	❶ XF7 JKB 12E8	❷ XE6 GJA 12F5	❸ XD4 CCK 11C5	❹ XC9 HDJ 1D8	❺ XB4 FAH 1A5	❻ XA9 ABG 11B8	❼ XK1 EJF 12J2	❽ XJ12 EKE 12K11	❾ XH10 GGD 11G11	❿ XG3 FHC 1H2	❶ WF7 DEB 10E8	❷ WE6 EFA 2F5	❸ WD4 ECK 9C5	❹ WC9 EDJ 3D8	
5月	❶ UF7 CGB 6F9	❷ UE6 AHA 6E4	❸ UD4 CEK 5D6	❹ UC9 FFJ 7C7	❺ UB4 BJH 7B6	❻ UA9 AKG 5A7	❼ UK1 AGF 6K3	❽ UJ12 AHE 6J10	❾ UH10 GED 5H12	❿ UG3 BFC 7G1	❶ ZF7 KCB 4F9	❷ ZE6 EDA 8E4	❸ ZD4 JAK 3D6	❹ ZC9 JBJ 9C7	❺ ZB4 AJH 5B6
6月	❷ XE6 GEA 12H3	❸ XD4 BDK 11E7	❹ XC9 HCJ 1F6	❺ XB4 FBH 1C7	❻ XA9 AAG 11D6	❼ XK1 EKF 12A4	❽ XJ12 EJE 12B9	❾ XH10 GHD 11J1	❿ XG3 FGC 1K12	❶ WF7 DDB 10G10	❷ WE6 ECA 2H3	❸ WD4 EBK 9E7	❹ WC9 EAJ 3F6	❺ WB4 AKH 11C7	
7月	❷ UE6 ACA 6G2	❸ UD4 HKK 5F8	❹ UC9 FJJ 7E5	❺ UB4 BHH 7D8	❻ UA9 AAG 5C5	❼ UK1 AKF 6B5	❽ UJ12 AJE 6A8	❾ UH10 GHD 5K2	❿ UG3 BGC 7J11	❶ ZF7 KFB 4H11	❷ ZE6 EEA 8G2	❸ ZD4 JDK 3F8	❹ ZC9 JCJ 9E5	❺ ZB4 ABH 5D8	❻ ZA9 KAG 7C5
8月	❸ XD4 FCK 11G9	❹ XC9 KDJ 1H4	❺ XB4 FEH 1E9	❻ XA9 CFG 11F4	❼ XK1 GCF 12C6	❽ XJ12 EBE 12D7	❾ XH10 GJD 11A3	❿ XG3 FKC 1B10	❶ WF7 FGB 10J12	❷ WE6 EHA 2K1	❸ WD4 EEK 9G9	❹ WC9 EFJ 3H4	❺ WB4 ACH 11E9	❻ WA9 FDG 1F4	❼ WK1 DAF 10C6
9月	❹ UC9 FEJ 7G3	❺ UB4 BDH 7F10	❻ UA9 GCG 5E3	❼ UK1 CBF 6D7	❽ UJ12 AAE 6C6	❾ UH10 GKD 5B4	❿ UG3 BJC 7A9	❶ ZF7 KHB 4K1	❷ ZE6 EGA 8J12	❸ ZD4 JFK 3H10	❹ ZC9 JEJ 9G3	❺ ZB4 ADH 5F10	❻ ZA9 KCG 7E3	❼ ZK1 HBF 4D7	
10月	❹ XC9 KEJ 1K2	❺ XB4 FDH 1G11	❻ XA9 CJG 11H2	❼ XK1 GHF 12E8	❽ XJ12 EGE 12F5	❾ XH10 GGD 11C5	❿ XG3 KHC 1D8	❶ WF7 FEB 10A2	❷ WE6 EFA 2B11	❸ WD4 ECK 9J11	❹ WC9 EDJ 3K2	❺ WB4 AAH 11G11	❻ WA9 FBG 1H2	❼ WK1 DJF 10E8	❽ WJ12 JKE 2F5
11月	❺ UB4 BGH 7H12	❻ UA9 GHG 5G1	❼ UK1 CEF 6F9	❽ UJ12 AFE 6E4	❾ UH10 GAD 5D6	❿ UG3 BBC 7C7	❶ ZF7 KJB 4B3	❷ ZE6 EKA 8A10	❸ ZD4 JGK 3K12	❹ ZC9 JHJ 9J1	❺ ZB4 AEH 5H12	❻ ZA9 KFG 7G1	❼ ZK1 HCF 4F9	❽ ZJ12 JDE 8E4	
12月	❺ XB4 FFH 1J1	❻ XA9 CEG 11K12	❼ XK1 GDF 12G10	❽ XJ12 ECE 12H3	❾ XH10 GBD 11E7	❿ XG3 KAC 1F6	❶ WF7 FKB 10C4	❷ WE6 EJA 2D9	❸ WD4 EHK 9A1	❹ WC9 EGJ 3B12	❺ WB4 AFH 11J1	❻ WA9 FEG 1K12	❼ WK1 DDF 10G10	❽ WJ12 JCE 2H3	❾ WH10 CBD 9E7

1940年（民國29年）

1940年	1日	2日	3日	4日	5日	6日	7日	8日	9日	10日	11日	12日	13日	14日	15日	16日
1月	❿ WG3 CAC 3F6	❶ VF7 EKB 8C4	❷ VE6 DJA 4D9	❸ VD4 BHK 7A1	❹ VC9 CGJ 5B12	❺ VB4 AFH 9K2	❻ VA9 CEG 3J11	❼ VK1 BDF 8H11	❽ VJ12 FCE 4G2	❾ VH10 BBD 7F8	❿ VG3 AAC 5E5	❶ UF7 EKB 6D5	❷ UE6 AJA 6C8	❸ UD4 KHK 5B2	❹ UC9 FGJ 7A11	❺ UB4 BDH 7K2
2月	❶ YF7 EFB 2D5	❷ YE6 KEA 10C8	❸ YD4 HDK 1B2	❹ YC9 CCJ 11A11	❺ YC5 AAH 3A3	❻ YD8 GBG 9B10	❼ YA2 FJF 2J12	❽ YB11 KKE 10K1	❾ YJ11 HGD 1G9	❿ YK2 EHC 11H4	❶ XG8 EEB 12E6	❷ XH5 GFA 12F7	❸ XE5 FAK 11C3	❹ XF8 KBJ 1D10	❺ XC5 FJF 1A3	❻ XD8 CKE 11B10
3月	❿ WK2 CDH 3H4	❶ VG8 EAE 8E6	❷ VH5 DBF 4F7	❸ VE5 BJC 7C3	❹ VF8 CKD 5D10	❺ VC5 AHH 9B4	❻ VD8 CGG 3A9	❼ VA2 BFF 8K1	❽ VB11 FEE 4J12	❾ VJ11 BDD 7H10	❿ VK2 ACC 5G3	❶ UG8 EBB 6F7	❷ UH5 AAA 6E6	❸ UE5 KKK 5D4	❹ UF8 FJJ 7C9	❺ UC5 BHF 7B4
4月	❶ YG8 EBE 2F7	❷ YH5 KAF 10E6	❸ YE5 HKC 1D4	❹ YF8 CJD 11C9	❺ YC5 AHH 3C5	❻ YD8 GGG 9D8	❼ YA2 FFF 2A2	❽ YB11 KEE 10B11	❾ YJ11 HDD 1J11	❿ YK2 ECC 11K2	❶ XG8 EBB 12G8	❷ XH5 GAA 12H5	❸ XE5 FKK 11E5	❹ XF8 KJJ 1F8	❺ XC5 FFF 1C5	❻ XD8 CEE 11D8
5月	❶ VG8 EEE 8G8	❷ VH5 DFF 4H5	❸ VE5 BCC 7E5	❹ VF8 CDD 5F8	❺ VC5 CAA 9C5	❻ VD8 CBG 3C7	❼ VA2 BJF 8B3	❽ VB11 FKE 4A10	❾ VJ11 BGD 7K12	❿ VK2 AHC 5J1	❶ UG8 EEB 6H9	❷ UH5 AHA 6G4	❸ UE5 KEK 5F6	❹ UF8 FFJ 7E7	❺ UC5 BCH 7D6	❻ UD8 GDE 5C7
6月	❷ YH5 KDF 10G4	❸ YE5 HAC 1F6	❹ YF8 CBD 11E7	❺ YC5 GJA 3D6	❻ YD8 GKB 9C7	❼ YA2 FKF 2C4	❽ YB11 KJE 10D9	❾ YJ11 HHD 1A1	❿ YK2 EGC 11B12	❶ XG8 EFB 12J10	❷ XH5 GEA 12K3	❸ XE5 FDK 11G7	❹ XF8 KCJ 1H6	❺ XC5 FBH 1E7	❻ XD8 EAG 11F6	❼ XA2 GKD 12C4
7月	❷ VH5 DCF 4K3	❸ VE5 BBC 7G7	❹ VF8 CAD 5H6	❺ VC5 CKA 9E7	❻ VD8 CJB 3F6	❼ VA2 JHJ 8C4	❽ VB11 FGE 4C8	❾ VJ11 BFD 7B2	❿ VK2 AEC 5A11	❶ UG8 EDB 6K11	❷ UH5 ACA 6J2	❸ UE5 KBK 5H8	❹ UF8 FAJ 7G5	❺ UC5 BKH 7F8	❻ UD8 JJG 5E5	❼ UA2 JHF 6D5
8月	❸ YE5 HDC 1H8	❹ YF8 CCD 11G5	❺ YC5 GBA 3F8	❻ YD8 GAB 9E5	❼ YA2 JKJ 2D5	❽ YB11 HJK 10C8	❾ YJ11 FHG 1B2	❿ YK2 EHC 11D10	❶ XG8 EEB 12A12	❷ XH5 GFA 12B1	❸ XE5 FCK 11J9	❹ XF8 KDJ 1K4	❺ XC5 FAH 1G9	❻ XD8 EBG 11H4	❼ XA2 JJF 12E6	❽ XB11 EKE 12F7
9月	❹ VF8 CFD 5K4	❺ VC5 CCA 9G9	❻ VD8 CDB 3H4	❼ VA2 JAJ 8E6	❽ VB11 DBK 4F7	❾ VJ11 BJG 7C3	❿ VK2 GKH 5D10	❶ UG8 EHB 6B1	❷ UH5 AGA 6A12	❸ UE5 KFK 5K10	❹ UF8 DEJ 7J3	❺ UC5 BDH 7H10	❻ UD8 JCG 5G3	❼ UA2 JBF 6F7	❽ UB11 AAE 6E6	❾ UJ11 KKD 5D4
10月	❹ YF8 CED 11J3	❺ YC5 GDA 3H10	❻ YD8 GCB 9G3	❼ YA2 JBJ 2F7	❽ YB11 HAK 10E6	❾ YJ11 FKG 1D4	❿ YK2 GJH 11C9	❶ XG8 EHB 12C2	❷ XH5 GGA 12D11	❸ XE5 FFK 11A11	❹ XF8 KEJ 1B2	❺ XC5 FDH 1J11	❻ XD8 ECG 11K2	❼ XA2 JBF 12G8	❽ XB11 EAE 12H5	❾ XJ11 DKD 11E5
11月	❺ VC5 CAA 9J11	❻ VD8 CBB 3K2	❼ VA2 JJJ 8G8	❽ VB11 DKK 4H5	❾ VJ11 BGG 7E5	❿ VK2 GHH 5F8	❶ UG8 EAB 6D3	❷ UH5 ABA 6C10	❸ UE5 KJK 5B12	❹ UF8 DKJ 7A1	❺ UC5 BGH 7K12	❻ UD8 JHG 5J1	❼ UA2 JEF 6H9	❽ UB11 AFE 6G4	❾ UJ11 KCD 5F6	❿ UK2 DDC 7E7
12月	❺ YC5 GEA 3K12	❻ YD8 GFB 9J1	❼ YA2 JCJ 2H9	❽ YB11 HDK 10G4	❾ YJ11 FAG 1F6	❿ YK2 GBH 11E7	❶ XG8 EKB 12E4	❷ XH5 GJA 12F9	❸ XE5 FHK 11C1	❹ XF8 KGJ 1D12	❺ XC5 FFH 1A1	❻ XD8 EEG 11B12	❼ XA2 JDF 12J10	❽ XB11 ECE 12K3	❾ XJ11 DBD 11G7	❿ XK2 KAC 1H6

1940年	17日	18日	19日	20日	21日	22日	23日	24日	25日	26日	27日	28日	29日	30日	31日
1月	❻ UA9 GCG 5J11	❼ UK1 CBF 6H11	❽ UJ12 AJE 6G2	❾ UH10 GHD 5F8	❿ UG3 BGC 7E5	❶ ZF7 KFB 4D5	❷ ZE6 EEA 8C8	❸ ZD4 JDK 3B2	❹ ZC9 JCJ 9A11	❺ ZB4 ABH 5K2	❻ ZA9 KAG 7J11	❼ ZK1 HKF 4H11	❽ ZJ12 JJE 8G2	❾ ZH10 JHD 3F8	❿ ZG3 JGC 9E5
2月	❼ XA2 GGD 12J12	❽ XB11 EHK 12K1	❾ XJ11 GEG 11G9	❿ XK2 FDH 1H4	❶ WG8 FAE 10E6	❷ WH5 EBF 2F7	❸ WE5 EJC 9C3	❹ WF8 EKD 3D10	❺ WC5 AGA 11A3	❻ WD8 FHB 1B10	❼ WA2 DEJ 10J12	❽ WB11 JFK 2K1	❾ WJ11 CCG 9G9		
3月	❻ UD8 GGE 5A9	❼ UA2 CFD 6K1	❽ UB11 AEK 6J12	❾ UJ11 GDG 5H10	❿ UK2 BCH 7G3	❶ ZG8 KBE 4F7	❷ ZH5 EAF 8E6	❸ ZE5 JKC 3D4	❹ ZF8 JJD 9C9	❺ ZC5 AHA 5B4	❻ ZD8 KGB 7A9	❼ ZA2 HFJ 4K1	❽ ZB11 JEK 8J12	❾ ZJ11 JDG 3H10	❿ ZK2 JCH 9G3
4月	❼ XA2 GDD 12A2	❽ XB11 EKK 12B11	❾ XJ11 GGG 11J11	❿ XK2 FHH 1K2	❶ WG8 FEE 10G8	❷ WH5 EFF 2H5	❸ WE5 ECC 9E5	❹ WF8 EDD 3F8	❺ WC5 AAA 11C5	❻ WD8 FBB 1D8	❼ WA2 DJJ 10A2	❽ WB11 JKK 2B11	❾ WJ11 CGG 9J11	❿ WK2 CHH 3K2	
5月	❼ UA2 CAD 6B3	❽ UB11 ABC 6A10	❾ UJ11 GJG 5K12	❿ UK2 BKH 7J1	❶ ZG8 KCE 4H9	❷ ZH5 EDF 8G4	❸ ZE5 JAC 3F6	❹ ZF8 JBD 9E7	❺ ZC5 AJA 5D6	❻ ZD8 KKB 7C7	❼ ZA2 HGJ 4B3	❽ ZB11 JHK 8A10	❾ ZJ11 JEG 3K12	❿ ZK2 JFH 9J1	❶ YG8 ECE 2H9
6月	❽ XB11 EJC 12D9	❾ XJ11 BHB 11A1	❿ XK2 KGH 1B12	❶ WG8 FFE 10J10	❷ WH5 EEF 2K3	❸ WE5 EDC 9G7	❹ WF8 ECD 3H6	❺ WC5 ABA 11E7	❻ WD8 FAB 1F6	❼ WA2 DHJ 10C4	❽ WB11 JGK 2D9	❾ WJ11 CFG 9A1	❿ WK2 CEH 3B12	❶ VG8 EDE 8J10	
7月	❽ UB11 AEC 6C8	❾ UJ11 FDB 5B2	❿ UK2 DCA 7A11	❶ ZG8 KFE 4K11	❷ ZH5 EEF 8J2	❸ ZE5 JDC 3H8	❹ ZF8 JCD 9G5	❺ ZC5 ABA 5F8	❻ ZD8 KAB 7E5	❼ ZA2 KKJ 4D5	❽ ZB11 JJK 8C8	❾ ZJ11 JHG 3B2	❿ ZK2 JGH 9A11	❶ YG8 EFE 2K11	❷ YH5 KEF 10J2
8月	❾ XJ11 DGD 11C3	❿ XK2 KHA 1D10	❶ WG8 FJK 10A12	❷ WH5 AKJ 2B1	❸ WE5 GGC 9J9	❹ WF8 EFD 3K4	❺ WC5 ACA 11G9	❻ WD8 FDB 1H4	❼ WA2 DAJ 10E6	❽ WB11 JBK 2F7	❾ WJ11 CJG 9C3	❿ WK2 CKH 3D10	❶ VG8 EGE 8A12	❷ VH5 DHF 4B1	❸ VE5 BEC 7J9
9月	❿ UK2 DJC 7C9	❶ ZG8 KHK 4B1	❷ ZH5 GGJ 8A12	❸ ZE5 AFH 3K10	❹ ZF8 JED 9J3	❺ ZC5 ADA 5H10	❻ ZD8 KCB 7G3	❼ ZA2 KBJ 4F7	❽ ZB11 JAK 8E6	❾ ZJ11 JKG 3D4	❿ ZK2 JJH 9C9	❶ YG8 EHE 2B1	❷ YH5 KGF 10A12	❸ YE5 HFC 1K10	
10月	❿ XK2 KJC 1F8	❶ WG8 FDK 10C2	❷ WH5 ACJ 2D11	❸ WE5 GBH 9A11	❹ WF8 EDD 3B2	❺ WC5 AAA 11J11	❻ WD8 FBB 1K2	❼ WA2 DJJ 10G8	❽ WB11 JKK 2H5	❾ WJ11 CGG 9E5	❿ WK2 CHH 3F8	❶ VG8 EEE 8C2	❷ VH5 DFF 4D11	❸ VE5 BCC 7A11	❹ VF8 CDD 5B2
11月	❶ ZG8 KAK 4D3	❷ ZH5 GBJ 8C10	❸ ZE5 AJH 3B12	❹ ZF8 JHD 9A1	❺ ZC5 AEA 5K12	❻ ZD8 KFB 7J1	❼ ZA2 KCJ 4H9	❽ ZB11 JDK 8G4	❾ ZJ11 JAG 3F6	❿ ZK2 JBH 9E7	❶ YG8 EJE 2D3	❷ YH5 KKF 10C10	❸ YE5 HGC 1B12	❹ YF8 CHD 11A1	
12月	❶ WG8 FKK 10E4	❷ WH5 AJJ 2F9	❸ WE5 GHH 9C1	❹ WF8 EGD 3D12	❺ WC5 AFA 11A1	❻ WD8 FEB 1B12	❼ WA2 DDJ 10J10	❽ WB11 JCK 2K3	❾ WJ11 CBG 9G7	❿ WK2 CAH 3H6	❶ VG8 EKE 8E4	❷ VH5 DJF 4F9	❸ VE5 BHC 7C1	❹ VF8 CGD 5D12	❺ VC5 CFA 9A1

1941年（民國30年）

1941年	1日	2日	3日	4日	5日	6日	7日	8日	9日	10日	11日	12日	13日	14日	15日	16日
1月	❻ VD8 CEB 3B12	❼ VA2 JDJ 8J10	❽ VB11 DCK 4K3	❾ VJ11 BBG 7G7	❿ VK2 GAH 5H6	❶ UG8 EKB 6F5	❷ UH5 AJA 6E8	❸ UE5 KHK 5D2	❹ UF8 DGJ 7C11	❺ UC5 BFH 7B2	❻ UD8 JEG 5A11	❼ UA2 JDF 6K11	❽ UB11 ACE 6J2	❾ UJ11 KBD 5H8	❿ UK2 DAC 7G5	❶ ZG8 KHK 4F5
2月	❼ YA2 JKJ 2K11	❽ YB11 HJK 10J2	❾ YJ11 FHG 1H8	❿ YJ1 EHH 11K4	❶ XH9 EEE 12G6	❷ XG4 GFF 12H7	❸ XF6 FCC 11E3	❹ XE7 KDD 1F10	❺ XD6 FAA 1C3	❻ XC7 EBD 11D10	❼ XB3 JJA 12A12	❽ XA10 EHB 12B1	❾ XK12 DEJ 11J9	❿ XJ1 KFK 1K4	❶ WH9 FCG 10G6	❷ WG4 ADH 2H7
3月	❺ VD6 CGJ 9C3	❻ VC7 CHK 3D10	❼ VB3 JEG 8A12	❽ VA10 DFH 4B1	❾ VK12 BCE 7J9	❿ VJ1 ACH 5J3	❶ UH9 EBE 6H7	❷ UG4 AAF 6G6	❸ UF6 KKC 5F4	❹ UE7 DJD 7E9	❺ UD6 BHA 7D4	❻ UC7 JGD 5C9	❼ UB3 JFA 6B1	❽ UA10 AEB 6A12	❾ UK12 KDJ 5K10	❿ UJ1 DCK 7J3
4月	❻ YC7 GGK 9C9	❼ YB3 JFG 2B1	❽ YA10 HEH 10A12	❾ YK12 FDE 1K10	❿ YJ1 ECH 11B2	❶ XH9 EBE 12J8	❷ XG4 GAF 12K5	❸ XF6 FKC 11G5	❹ XE7 KJD 1H8	❺ XD6 FHA 1E5	❻ XC7 EGD 11F8	❼ XB3 JFA 12C2	❽ XA10 EEB 12D11	❾ XK12 DDJ 11A11	❿ XJ1 KAK 1B2	❶ WH9 FKG 10J8
5月	❻ VC7 CBK 3F8	❼ VB3 JJG 8C2	❽ VA10 DKH 4D11	❾ VK12 BGE 7A11	❿ VJ1 GHF 5B2	❶ UH9 EEE 6K9	❷ UG4 AFF 6J4	❸ UF6 KCC 5H6	❹ UE7 DDD 7G7	❺ UD6 BAA 7F6	❻ UC7 JBB 5E7	❼ UB3 JAA 6D3	❽ UA10 ABB 6C10	❾ UK12 KJJ 5B12	❿ UJ1 DKK 7A1	❶ ZH9 KGG 4K9
6月	❼ YB3 JGG 2D3	❽ YA10 HHH 10C10	❾ YK12 FEE 1B12	❿ YJ1 GFF 11A1	❶ XH9 GCC 12K9	❷ XG4 GEF 12B3	❸ XF6 FDC 11J7	❹ XE7 KCD 1K6	❺ XD6 FBA 1G7	❻ XC7 EAB 11H6	❼ XB3 JKJ 12E4	❽ XA10 EJB 12F9	❾ XK12 DHJ 11C1	❿ XJ1 KGK 1D12	❶ WH9 FFG 10A10	❷ WG4 AEH 2B3
7月	❼ VB3 JHG 8E4	❽ VA10 DGH 4F9	❾ VK12 BFE 7C1	❿ VJ1 GEF 5D12	❶ UH9 ADC 6A10	❷ UG4 ACD 6B3	❸ UF6 KBC 5K8	❹ UE7 DAD 7J5	❺ UD6 BKA 7H8	❻ UC7 JJB 5G5	❼ UB3 JHJ 6F5	❽ UA10 AGK 6E8	❾ UK12 KFJ 5D2	❿ UJ1 DEK 7C11	❶ ZH9 KDG 4B11	❷ ZG4 JCH 8A2
8月	❽ YA10 HJH 10E8	❾ YK12 FHE 1D2	❿ YJ1 GGF 11C11	❶ XH9 GFC 12B11	❷ XG4 GED 12A2	❸ XF6 CDA 11K8	❹ XE7 HCB 1J5	❺ XD6 FAA 1J9	❻ XC7 EBB 11K4	❼ XB3 JJJ 12G6	❽ XA10 EKK 12H7	❾ XK12 DGG 11E3	❿ XJ1 HHH 1F10	❶ WH9 FEG 10C12	❷ WG4 CFH 2D1	❸ WF6 CCE 9A9
9月	❾ VK12 BJE 7E3	❿ VJ1 GKF 5F10	❶ UH9 AGC 6C12	❷ UG4 AHD 6D1	❸ UF6 CEA 5A9	❹ UE7 BFB 7B4	❺ UD6 KCJ 7J9	❻ UC7 JCB 5J3	❼ UB3 JBJ 6H7	❽ UA10 AAK 6G6	❾ UK12 KKG 5F4	❿ UJ1 DJH 7E9	❶ ZH9 KHE 4D1	❷ ZG4 JGH 8C12	❸ ZF6 CFE 3B10	❹ ZE7 JEF 9A3
10月	❾ YK12 FKE 1F4	❿ YJ1 GJF 11E9	❶ XH9 GHC 12D1	❷ XG4 GGD 12C12	❸ XF6 CFA 11B10	❹ XE7 HEB 1A3	❺ XD6 FDJ 1K10	❻ XC7 ACK 11J3	❼ XB3 JBJ 12J8	❽ XA10 EAK 12K5	❾ XK12 DKG 11G5	❿ XJ1 HJH 1H8	❶ WH9 FHE 10E2	❷ WG4 CGF 2F11	❸ WF6 CFE 9C11	❹ WE7 EEF 3D2
11月	❿ VJi GHF 5H8	❶ UH9 AEC 6E2	❷ UG4 AFD 6F11	❸ UF6 CCA 5C11	❹ UE7 BDB 7D2	❺ UD6 KAJ 7A11	❻ UC7 ABK 5B2	❼ UB3 JEJ 6K9	❽ UA10 AFK 6J4	❾ UK12 KCG 5H6	❿ UJ1 DDH 7G7	❶ ZH9 KAE 4F3	❷ ZG4 JBF 8E10	❸ ZF6 CJE 3D12	❹ ZE7 JKF 9C1	❺ ZD6 HGC 5B12
12月	❿ YJ1 GBF 11G7	❶ XH9 GJC 12F3	❷ XG4 GKD 12E10	❸ XF6 CGA 11D12	❹ XE7 HHB 1C1	❺ XD6 FEJ 1B12	❻ XC7 EEB 11D12	❼ XB3 JDJ 12A10	❽ XA10 ECK 12B3	❾ XK12 DBG 11J7	❿ XJ1 HAH 1K6	❶ WH9 FKE 10G4	❷ WG4 CJH 2H9	❸ WF6 CHE 9E1	❹ WE7 EGF 3F12	❺ WD6 DFC 11C1

1941年	17日	18日	19日	20日	21日	22日	23日	24日	25日	26日	27日	28日	29日	30日	31日
1月	❷ ZH5 GGJ 8E8	❸ ZE5 AFH 3D2	❹ ZF8 JCD 9C11	❺ ZC5 ABA 5B2	❻ ZD8 KAB 7A11	❼ ZA2 KKJ 4K11	❽ ZB11 JJK 8J2	❾ ZJ11 JHG 3H8	❿ ZK2 JGH 9G5	❶ YG8 EFE 2F5	❷ YH5 KEF 10E8	❸ YE5 HDC 1D2	❹ YF8 CCD 11C11	❺ YC5 GBA 3B2	❻ YD8 GAB 9A11
2月	❸ WF6 GAE 9E3	❹ WE7 EBF 3F10	❺ WD6 AGJ 11C3	❻ WC7 FHK 1D10	❼ WB3 DEG 10A12	❽ WA10 JFH 2B1	❾ WK12 CCE 9J9	❿ WJ1 CDF 3K4	❶ VH9 EAC 8G6	❷ VG4 DBD 4H7	❸ VF6 BJA 7E3	❹ VE7 CKB 5F10			
3月	❶ ZH9 KBG 4H7	❷ ZG4 GAH 8G6	❸ ZF6 AKE 3F4	❹ ZE7 JJF 9E9	❺ ZD6 AHJ 5D4	❻ ZC7 KGK 7C9	❼ ZB3 KFG 4B1	❽ ZA10 JEH 8A12	❾ ZK12 JDE 3K10	❿ ZJ1 JCF 9J3	❶ YH9 EBC 2H7	❷ YG4 KAD 10G6	❸ YF6 HKA 1F4	❹ YE7 CJB 11E9	❺ YD6 GHJ 3D4
4月	❷ WG4 AJH 2K5	❸ WF6 GCE 9G5	❹ WE7 EDF 3H8	❺ WD6 AAJ 11E5	❻ WC7 FBK 1F8	❼ WB3 DJG 10C2	❽ WA10 JKH 2D11	❾ WK12 CGE 9A11	❿ WJ1 CHF 3B2	❶ VH9 EEC 8J8	❷ VG4 DFD 4K5	❸ VF6 BCA 7G5	❹ VE7 CDB 5H8	❺ VD6 CAJ 9E5	
5月	❷ ZG4 GHH 8J4	❸ ZF6 AEE 3H6	❹ ZE7 JFF 9G7	❺ ZD6 ACC 5F6	❻ ZC7 KKK 7E7	❼ ZB3 KGG 4D3	❽ ZA10 JHH 8C10	❾ ZK12 JEE 3B12	❿ ZJ1 JFF 9A1	❶ YH9 ECC 2K9	❷ YG4 KDD 10J4	❸ YF6 HAA 1H6	❹ YE7 CBB 11G7	❺ YD6 GJJ 3F6	❻ YC7 GKK 9E7
6月	❸ WF6 GDE 9J7	❹ WE7 ECF 3K6	❺ WD6 ABC 11G7	❻ WC7 FAD 1H6	❼ WB3 DKG 10E4	❽ WA10 JJH 2F9	❾ WK12 CHE 9C1	❿ WJ1 CGF 3D12	❶ VH9 EFC 8A10	❷ VG4 DCD 4B3	❸ VF6 BBA 7J7	❹ VE7 CAB 5K6	❺ VD6 CKJ 9G7	❻ VC7 CJK 3H6	
7月	❸ ZF6 AKE 3K8	❹ ZE7 JJF 9J5	❺ ZD6 FHC 5H8	❻ ZC7 DAD 7G5	❼ ZB3 KKA 4F5	❽ ZA10 JJH 8E8	❾ ZK12 JHE 3D2	❿ ZJ1 JGF 9C11	❶ YH9 EFC 2B11	❷ YG4 KED 10A2	❸ YF6 HDA 1K8	❹ YE7 CCB 11J5	❺ YD6 GBJ 3H8	❻ YC7 GAK 9G5	❼ YB3 JKG 2F5
8月	❹ WE7 EDF 3B4	❺ WD6 KAC 11J9	❻ WC7 HFD 1K4	❼ WB3 DCA 10G6	❽ WA10 JDB 2H7	❾ WK12 EJJ 9E3	❿ WJ1 CKF 3F10	❶ VH9 EGC 8C12	❷ VG4 DHD 4D1	❸ VF6 DEA 7A9	❹ VE7 CFB 5B4	❺ VD6 CCJ 9J9	❻ VC7 CDK 3K4	❼ VB3 JAG 8G6	❽ VA10 DBH 4H7
9月	❺ ZD6 HDC 5K10	❻ ZC7 DCD 7J3	❼ ZB3 KBA 4H7	❽ ZA10 EAB 8G6	❾ ZK12 AKJ 3F4	❿ ZJ1 JJK 9E9	❶ YH9 EHC 2D1	❷ YG4 KGD 10C12	❸ YF6 HFA 1B10	❹ YE7 CEB 11A3	❺ YD6 GDJ 3K10	❻ YC7 GCK 9J3	❼ YB3 JBG 2H7	❽ YA10 HAH 10G6	
10月	❺ WD6 DDC 11A11	❻ WC7 HCD 1B2	❼ WB3 DHA 10J8	❽ WA10 AGB 2K5	❾ WK12 EFJ 9G5	❿ WJ1 CHK 3H8	❶ VH9 EEG 8E2	❷ VG4 DFD 4F11	❸ VF6 DCA 7C11	❹ VE7 CDB 5D2	❺ VD6 CAJ 9A11	❻ VC7 CBK 3B2	❼ VB3 JJG 8J8	❽ VA10 DKH 4K5	❾ VK12 BGE 7G5
11月	❻ ZC7 DHD 7A1	❼ ZB3 KEA 4K9	❽ ZA10 EFB 8J4	❾ ZK12 ACJ 3H6	❿ ZJ1 JBK 9G7	❶ YH9 EJG 2F3	❷ YG4 KKD 10E10	❸ YF6 HGA 1D12	❹ YE7 CHB 11C1	❺ YD6 GEJ 3B12	❻ YC7 GFK 9A1	❼ YB3 JCG 2K9	❽ YA10 HDH 10J4	❾ YK12 FAE 1H6	
12月	❻ WC7 HED 1D12	❼ WB3 DDA 10A10	❽ WA10 ACB 2B3	❾ WK12 EBJ 9J7	❿ WJ1 CAK 3K6	❶ VH9 EKC 8G4	❷ VG4 DJD 4H9	❸ VF6 DHA 7E1	❹ VE7 CGB 5F12	❺ VD6 CFJ 9C1	❻ VC7 CEK 3D12	❼ VB3 JDG 8A10	❽ VA10 DCH 4B3	❾ VK12 BBE 7J7	❿ VJ1 GAF 5K6

1942年（民國31年）

1942年	1日	2日	3日	4日	5日	6日	7日	8日	9日	10日	11日	12日	13日	14日	15日	16日
1月	❶ UH9 AKC 6G4	❷ UG4 AJD 6H9	❸ UF6 CHA 5E1	❹ UE7 BCB 7E12	❺ UD6 KFJ 7C1	❻ UC7 JEB 5C11	❼ UB3 JDJ 6B11	❽ UA10 ACK 6A2	❾ UK12 KBG 5K8	❿ UJ1 DAH 7J5	❶ ZH9 KKE 4H5	❷ ZG4 JJH 8G8	❸ ZF6 CHE 3F2	❹ ZE7 JGF 9E11	❺ ZD6 HFC 5D2	❻ ZC7 DCD 7C11
2月	❷ XG4 GED 12G8	❸ XF6 CDA 11F2	❹ XE7 HCB 1E11	[illegible] XE7 F[illegible]B 1E3	❻ XF6 EBA 11F10	❼ XC4 JJK 12C12	❽ XD9 EKJ 12D1	❾ XA1 DGH 11A9	❿ XB12 HHG 1B4	❶ WJ10 FEF 10J6	❷ WK3 CFE 2K7	❸ WG7 CAD 9G3	❹ WH6 EBC 3H10	❺ WE7 KJB 11E3	❻ WF6 HKA 1F10	❼ WC4 DGK 10C12
3月	❿ VB12 GDE 5B4	❶ UJ10 AAD 6J6	❷ UK3 ABC 6K7	❸ U[illegible]7 C[illegible]B 5[illegible]3	❹ UH6 BKA 7H10	❺ UE7 BHB 7F4	❻ UF6 JGA 5E9	❼ UC4 JFK 6D1	❽ UD9 AEJ 6C12	❾ UA1 KDH 5B10	❿ UB12 DCG 7A3	❶ ZJ10 KBF 4K7	❷ ZK3 JAE 8J6	❸ ZG7 AKD 3H4	❹ ZH6 JJC 9G9	❺ ZE7 FHB 5F4
4月	❶ XJ10 GBD 12K7	❷ XK3 GAC 12J6	❸ XG7 CKB 11H4	❹ XH6 HJA 1G9	❺ XE7 FHB 1G5	❻ XF6 EGA 11H8	❼ XC4 JFK 12E2	❽ XD9 EEJ 12F11	❾ XA1 DDH 11C11	❿ XB12 HCG 1D2	❶ WJ10 FBF 10A8	❷ WK3 CAE 2B5	❸ WG7 CKD 9J5	❹ WH6 EJC 3K8	❺ WE7 KFB 11G5	❻ WF6 HEA 1H8
5月	❶ UJ10 AED 6A8	❷ UK3 AFC 6B5	❸ UG7 CCB 5J5	❹ UH6 EDA [illegible]K8	❺ UE7 KAK 7G5	❻ UF6 JBA 5G7	❼ UC4 JJK 6F3	❽ UD9 AKJ 6E10	❾ UA1 KGH 5D12	❿ UB12 DHG 7C1	❶ ZJ10 KEF 4B9	❷ ZK3 JHE 8A4	❸ ZG7 CED 3K6	❹ ZH6 JFC 9J7	❺ ZE7 HCB 5H6	❻ ZF6 DDA 7G7
6月	❷ XK3 GDC 12A4	❸ XG7 CAB 11K6	❹ XH6 HBA 1J7	❺ [illegible]E7 [illegible]JK [illegible]H6	❻ XF6 AKJ 11G7	❼ XC4 JKK 12G4	❽ XD9 EJJ 12H9	❾ XA1 DHH 11E1	❿ XB12 HGG 1F12	❶ WJ10 FFF 10C10	❷ WK3 CEE 2D3	❸ WG7 CDD 9A7	❹ WH6 ECC 3B6	❺ WE7 DBB 11J7	❻ WF6 HAA 1K6	❼ WC4 DKK 10G4
7月	❷ UK3 ACC 6D3	❸ UG7 CBB 5A7	❹ UH6 BAA 7B6	❺ [illegible]E7 [illegible]KK 7J7	❻ UF6 AJJ 5K6	❼ UC4 AHH 6G4	❽ UD9 AGG 6H9	❾ UA1 KFH 5F2	❿ UB12 DEG 7E11	❶ ZJ10 KDF 4D11	❷ ZK3 JCE 8C2	❸ ZG7 CBD 3B8	❹ ZH6 JAC 9A5	❺ ZE7 HKB 5K8	❻ ZF6 DJA 7J5	❼ ZC4 KHK 4H5
8月	❸ XG7 CDB 11B8	❹ XH6 HCA 1A5	❺ XE7 FBK 1K8	❻ XF6 AAJ 11J5	❼ XC4 EKH 12H5	❽ XD9 EJG 12G8	❾ XA1 GHF 11F2	❿ XB12 HHG 1H10	❶ WJ10 FEF 10E12	❷ WK3 CFE 2F1	❸ WG7 CCD 9C9	❹ WH6 EDC 3D4	❺ WE7 DAB 11A9	❻ WF6 HBA 1B4	❼ WC4 DJK 10J6	❽ WD9 CKJ 2K7
9月	❹ UH6 BFA 7D4	❺ UE7 KCK 7A9	❻ UF6 ADJ 5B4	❼ UC4 AAH 6J6	❽ UD9 ABG 6K7	❾ UA1 GJF 5G3	❿ UB12 BKE 7H10	❶ ZJ10 KHF 4F1	❷ ZK3 JGE 8E12	❸ ZG7 CFD 3D10	❹ ZH6 JEC 9C3	❺ ZE7 HDB 5B10	❻ ZF6 BCA 7A3	❼ ZC4 KBK 4K7	❽ ZD9 GAJ 8J6	❾ ZA1 GKH 3H4
10月	❹ XH6 HEA 1C3	❺ XE7 FDK 1B10	❻ XF6 ACJ 11A[illegible]	❼ XC4 EBH 12K7	❽ XD9 EAG 12J6	❾ XA1 GKF 11H4	❿ XB12 FJE 1G9	❶ WJ10 DHD 10F1	❷ WK3 CGE 2H11	❸ WG7 CFD 9E11	❹ WH6 EEC 3F2	❺ WE7 DDB 11C11	❻ WF6 HCA 1D2	❼ WC4 DBK 10A8	❽ WD9 CAJ 2B5	❾ WA1 GKH 9J5
11月	❺ UE7 KAK 7C11	❻ UF6 ABJ 5D2	❼ UC[illegible] AJE 6A[illegible]	❽ UD9 AKG 6B5	❾ UA1 GGF 5J5	❿ UB12 BHE 7K8	❶ ZJ10 KED 4G2	❷ ZK3 JBE 8G10	❸ ZG7 CJD 3F12	❹ ZH6 JKC 9E1	❺ ZE7 HGB 5D12	❻ ZF6 BHA 7C1	❼ ZC4 KEK 4B9	❽ ZD9 GFJ 8A4	❾ ZA1 GCH 3K6	❿ ZB12 JDG 9J7
12月	❺ XE7 FEK 1D12	❻ XF6 AFJ 11C1	❼ XC[illegible] EC[illegible] 12B[illegible]	❽ XD9 EDG 12A4	❾ XA1 GAF 11K6	❿ XB12 FBE 1J7	❶ WJ10 DJD 10H3	❷ WK3 CJE 2K9	❸ WG7 CHD 9G1	❹ WH6 EGC 3H12	❺ WE7 DFB 11E1	❻ WF6 HEA 1F12	❼ WC4 DDK 10C10	❽ WD9 CCJ 2D3	❾ WA1 GBH 9A7	❿ WB12 CAG 3B6

1942年	17日	18日	19日	20日	21日	22日	23日	24日	25日	26日	27日	28日	29日	30日	31日
1月	❼ ZB3 KBA 4B11	❽ ZA10 EAB 8A2	❾ ZK12 AHJ 3K8	❿ ZJ1 JGK 9J5	❶ YH9 EFC 2H5	❷ YG4 KED 10G8	❸ YF6 HDA 1F2	❹ YE7 CCB 11E11	❺ YD6 GBJ 3D2	❻ YC7 GAK 9C11	❼ YB3 JKG 2B11	❽ YA10 HJH 10A2	❾ YK12 FHE 1K8	❿ YJ1 GGF 11J5	❶ XH9 GFC 12H5
2月	❽ WD9 JHJ 2D1	❾ WA1 EEH 9A9	❿ WB12 CDG 3B4	❶ VJ10 EAF 8J6	❷ VK3 DBE 4K7	❸ VG7 DJD 7G3	❹ VH6 CKC 5H10	❺ VE7 CGK 9E3	❻ VF6 CHJ 3F10	❼ VC4 JEH 8C12	❽ VD9 DFG 4D1	❾ VA1 BCF 7A9			
3月	❻ ZF6 DGA 7E9	❼ ZC4 KFK 4D1	❽ ZD9 JEJ 8C12	❾ ZA1 JDH 3B10	❿ ZB12 JCG 9A3	❶ YJ10 EBF 2K7	❷ YK3 KAE 10J6	❸ YG7 HKD 1H4	❹ YH6 CJC 11G9	❺ YE7 GHK 3F4	❻ YF6 GGJ 9E9	❼ YC4 JFH 2D1	❽ YD9 HEG 10C12	❾ YA1 FDF 1B10	❿ YB12 GCE 11A3
4月	❼ WC4 DDK 10E2	❽ WD9 JKJ 2F11	❾ WA1 EGH 9C11	❿ WB12 CHG 3D2	❶ VJ10 EEF 8A8	❷ VK3 DFE 4B5	❸ VG7 DCD 7J5	❹ VH6 CDC 5K8	❺ VE7 CAK 9G5	❻ VF6 CBJ 3H8	❼ VC4 JJH 8E2	❽ VD9 DKG 4F11	❾ VA1 BGF 7C11	❿ VB12 GHE 5D2	
5月	❼ ZC4 KAK 4F3	❽ ZD9 EBJ 8E10	❾ ZA1 AJH 3D12	❿ ZB12 JKG 9C1	❶ YJ10 ECF 2B9	❷ YK3 KDE 10A4	❸ YG7 HAD 1K6	❹ YH6 CBC 11J7	❺ YE7 GJB 3H6	❻ YF6 GKJ 9G7	❼ YC4 JGH 2F3	❽ YD9 HHG 10E10	❾ YA1 FEF 1D12	❿ YB12 GFE 11C1	❶ XJ10 GCD 12B9
6月	❽ WD9 AJJ 2H9	❾ WA1 EHH 9E1	❿ WB12 CGG 3F12	❶ VJ10 EFF 8C10	❷ VK3 DEE 4D3	❸ VG7 DDD 7A7	❹ VH6 CCC 5B6	❺ VE7 CBB 9J7	❻ VF6 CAA 3K6	❼ VC4 JHH 8G4	❽ VD9 DGG 4H9	❾ VA1 BFF 7E1	❿ VB12 GEE 5F12	❶ UJ10 ADD 6C10	
7月	❽ ZD9 GGJ 8G8	❾ ZA1 GDH 3F2	❿ ZB12 JCG 9E11	❶ YJ10 DBF 2D11	❷ YK3 KEE 10C2	❸ YG7 HDD 1B8	❹ YH6 CCC 11A5	❺ YE7 GBB 3K8	❻ YF6 GAA 9J5	❼ YC4 JKK 2H5	❽ YD9 HJJ 10G8	❾ YA1 FHF 1F2	❿ YB12 GGE 11E11	❶ XJ10 GFD 12D11	❷ XK3 GEC 12C2
8月	❾ WA1 EGH 9G3	❿ WB12 CHG 3H10	❶ VJ10 KJF 8E12	❷ VK3 HKE 4F1	❸ VG7 DGD 7C9	❹ VH6 CFC 5D4	❺ VE7 CCB 9A9	❻ VF6 CDA 3B4	❼ VC4 JAK 8J6	❽ VD9 DBJ 4K7	❾ VA1 BJH 7G3	❿ VB12 GKE 5H10	❶ UJ10 AGD 6E12	❷ UK3 AHC 6F1	❸ UG7 CEB 5C9
9月	❿ ZB12 JJG 9G9	❶ YJ10 DHF 2F1	❷ YK3 BGE 10E12	❸ YG7 HFD 1D10	❹ YH6 CEC 11C3	❺ YE7 JDB 3B10	❻ YF6 GCA 9A3	❼ YC4 JBK 2K7	❽ YD9 HAJ 10J6	❾ YA1 HKH 1H4	❿ YB12 GJG 11G9	❶ XJ10 GHD 12F1	❷ XK3 GGC 12E12	❸ XG7 CFB 11D10	
10月	❿ WB12 CJG 3K8	❶ VJ10 BHF 8G2	❷ VK3 HCE 4H11	❸ VG7 DBD 7E11	❹ VH6 JAC 5F2	❺ VE7 EAB 9C11	❻ VF6 CBA 3D2	❼ VC4 JJK 8A8	❽ VD9 DKJ 4B5	❾ VA1 BGH 7J5	❿ VB12 GHG 5K8	❶ UJ10 AEF 6G2	❷ UK3 AFC 6H11	❸ UG7 CCB 5E11	❹ UH6 BDA 7F2
11月	❶ YJ10 HAF 2H3	❷ YK3 BBE 10G10	❸ YG7 HJD 1F12	❹ YH6 EKC 11E1	❺ YE7 JEB 3D12	❻ YF6 GFA 9C1	❼ YC4 JCK 2B9	❽ YD9 HDJ 10A4	❾ YA1 HAH 1K6	❿ YB12 GBG 11J7	❶ XJ10 GJF 12H3	❷ XK3 GKC 12G10	❸ XG7 CGB 11F12	❹ XH6 HHA 1E1	
12月	❶ VJ10 BKF 8J4	❷ VK3 HJE 4K9	❸ VG7 DHD 7G1	❹ VH6 JGC 5H12	❺ VE7 EFB 9E1	❻ VF6 CEA 3F12	❼ VC4 JDK 8C10	❽ VD9 DCJ 4D3	❾ VA1 BBH 7A7	❿ VB12 GAG 5B6	❶ UJ10 AKF 6J4	❷ UK3 AJC 6K9	❸ UG7 CHB 5G1	❹ UH6 BGA 7H12	❺ UE7 KFK 7E1

1943年(民國32年)

1943年	1日	2日	3日	4日	5日	6日	7日	8日
1月	❻ UF6 AEJ 5F12	❼ UC4 ADH 6C10	❽ UD9 ACG 6D3	❾ UA1 GBF 5A7	❿ UB12 BAE 7B6	❶ ZJ10 KKF 4K5	❷ ZK3 JJE 8J8	❸ ZG7 CHD 3H2
2月	❼ XC4 EKH 12D11	❽ XD9 EJG 12C2	❾ XA1 GHF 11B8	❿ XB12 FGE 1A5	❶ WK11 FED 10A6	❷ WJ2 CFC 2B7	❸ WH8 CCB 9J3	❹ WG5 EDA 3K10
3月	❺ UF8 KGB 7G3	❻ UE5 AHA 5H10	❼ UD5 AEK 6E12	❽ UC8 AFJ 6F1	❾ UB2 GCH 5C9	❿ UA11 DCE 7C3	❶ ZK11 KBD 4B7	❷ ZJ2 JAC 8A6
4月	❻ XE5 AGA 11G9	❼ XD5 EFK 12F1	❽ XC8 EEJ 12E12	❾ XB2 GDH 11D10	❿ XA11 FCG 1C3	❶ WK11 FBD 10C8	❷ WJ2 CAC 2D5	❸ WH8 CKB 9A5
5月	❻ UE5 ABA 5K8	❼ UD5 AJK 6G2	❽ UC8 AKJ 6H11	❾ UB2 GGH 5E11	❿ UA11 BHG 7F2	❶ ZK11 KED 4D9	❷ ZJ2 JFC 8C4	❸ ZH8 CCB 3B6
6月	❼ XD5 EGK 12H3	❽ XC8 EHJ 12G10	❾ XB2 GEH 11F12	❿ XA11 FFG 1E1	❶ WK11 DCF 10D9	❷ WJ2 CEC 2F3	❸ WH8 CDB 9C7	❹ WG5 ECA 3D6
7月	❼ UD5 AHK 6J4	❽ UC8 AGJ 6K9	❾ UB2 GFH 5G1	❿ UA11 BEG 7H12	❶ ZK11 KDF 4E10	❷ ZJ2 ECE 8F3	❸ ZH8 JBD 3C7	❹ ZG5 JAA 9C5
8月	❽ XC8 EJJ 12J8	❾ XB2 GHH 11H2	❿ XA11 FGG 1G11	❶ WK11 DFF 10F11	❷ WJ2 EEE 2E2	❸ WH8 EDD 9D8	❹ WG5 ECC 3C5	❺ WF8 DAK 11C9
9月	❾ UB2 GJH 5J3	❿ UA11 BKG 7K10	❶ ZK11 KGF 4G12	❷ ZJ2 EHE 8H1	❸ ZH8 JED 3E9	❹ ZG5 JFC 9F4	❺ ZF8 ACB 5C9	❻ ZE5 BCJ 7C3
10月	❾ XB2 GKH 11K4	❿ XA11 FJG 1J9	❶ WK11 DHF 10H1	❷ WJ2 EGE 2G12	❸ WH8 EFD 9F10	❹ WG5 EEC 3E3	❺ WF8 ADB 11D10	❻ WE5 FCA 1C3
11月	❿ UA11 BHG 7B8	❶ ZK11 KEF 4J2	❷ ZJ2 EFE 8K11	❸ ZH8 JCD 3G11	❹ ZG5 JDC 9H2	❺ ZF8 AAB 5E11	❻ ZE5 KBA 7F2	❼ ZD5 KEH 4D9
12月	❿ XA11 FBG 1A7	❶ WK11 DJF 10K3	❷ WJ2 EKE 2J10	❸ WH8 EGD 9H12	❹ WG5 EHC 3G1	❺ WF8 AEB 11F12	❻ WE5 FFA 1E1	❼ WD5 DDH 10E10

1943年	9日	10日	11日	12日	13日	14日	15日	16日
1月	❹ ZH6 JGC 9G11	❺ ZE7 HFB 5F2	❻ ZF6 BEA 7E11	❼ ZC4 KDK 4D11	❽ ZD9 GCJ 8C2	❾ ZA1 GBH 3B8	❿ ZB12 JAG 9A5	❶ YJ10 DHF 2K5
2月	❺ WF8 DAK 11G3	❻ WE5 HBJ 1H10	❼ WD5 DJH 10E12	❽ WC8 CKG 2F1	❾ WB2 EEF 9C9	❿ WA11 CFE 3D4	❶ VK11 KCB 8A6	❷ VJ2 HDA 4B7
3月	❸ ZH8 CKB 3K4	❹ ZG5 JJA 9J9	❺ ZF8 HHK 5H4	❻ ZE5 DGJ 7G9	❼ ZD5 KFH 4F1	❽ ZC8 GEG 8E12	❾ ZB2 GDF 3D10	❿ ZA11 JCC 9C3
4月	❹ WG5 EJA 3B8	❺ WF8 DHK 11J5	❻ WE5 HGJ 1K8	❼ WD5 DFH 10G2	❽ WC8 CEG 2H11	❾ WB2 EDF 9E11	❿ WA11 CCE 3F2	❶ VK11 KKB 8C8
5月	❹ ZG5 JDA 9A7	❺ ZF8 HAK 5K6	❻ ZE5 BBJ 7J7	❼ ZD5 KAH 4H3	❽ ZC8 GBG 8G10	❾ ZB2 GJF 3F12	❿ ZA11 JKE 9E1	❶ YK11 DGB 2D9
6月	❺ WF8 DBK 11A7	❻ WE5 HAJ 1B6	❼ WD5 DKH 10J4	❽ WC8 CJG 2K9	❾ WB2 GHF 9G1	❿ WA11 CGE 3H12	❶ VK11 BFD 8E10	❷ VJ2 HEA 4F3
7月	❺ ZF8 HKK 5B8	❻ ZE5 BJJ 7A5	❼ ZD5 KHH 4K5	❽ ZC8 GGG 8J8	❾ ZB2 GFF 3H2	❿ ZA11 JEE 9G11	❶ YK11 HDD 2F11	❷ YJ2 BCC 10E2
8月	❻ WE5 HBJ 1D4	❼ WD5 DJH 10A6	❽ WC8 CKG 2B7	❾ WB2 GGF 9J3	❿ WA11 CHE 3K10	❶ VK11 BED 8G12	❷ VJ2 HFC 4H1	❸ VH8 DCB 7E9
9月	❼ ZD5 KBH 4B7	❽ ZC8 GAG 8A6	❾ ZB2 GKF 3K4	❿ ZA11 JJE 9J9	❶ YK11 HHD 2H1	❷ YJ2 BGC 10G12	❸ YH8 HFB 1F10	❹ YG5 GEA 11E3
10月	❼ WD5 DBH 10C8	❽ WC8 CAG 2D5	❾ WB2 GKF 9A5	❿ WA11 CJE 3B8	❶ VK11 BHD 8J2	❷ VJ2 FGC 4K11	❸ VH8 DFB 7G11	❹ VG5 AEA 5H2
11月	❽ ZC8 GFG 8C4	❾ ZB2 GCF 3B6	❿ ZA11 JDE 9A7	❶ YK11 HAD 2K3	❷ YJ2 BBC 10J10	❸ YH8 HJB 1H12	❹ YG5 GKA 11G1	❺ YF8 JGK 3F12
12月	❽ WC8 CCG 2F3	❾ WB2 GBF 9C7	❿ WA11 CAE 3D6	❶ VK11 BKD 8A4	❷ VJ2 FJC 4B9	❸ VH8 DHB 7J1	❹ VG5 AGA 5K12	❺ VF8 AFK 9G1

1943年	17日	18日	19日	20日	21日	22日	23日	24日
1月	❷ YK3 BGE 10J8	❸ YG7 HFD 1H2	❹ YH6 CCC 11G11	❺ YE7 JBB 3F2	❻ YF6 GAA 9E11	❼ YC4 JKK 2D11	❽ YD9 HJJ 10C2	❾ YA1 HHH 1B8
2月	❸ VH8 DAK 7J3	❹ VG5 CBC 5K10	❺ VF8 CJB 9G3	❻ VE5 CHA 3H10	❼ VD5 JEK 8E12	❽ VC8 DFJ 4F1	❾ VB2 BCH 7C9	❿ VA11 GDG 5D4
3月	❶ YK11 DBB 2B7	❷ YJ2 BAA 10A6	❸ YH8 HKD 1K4	❹ YG5 CJC 11J9	❺ YF8 GHB 3H4	❻ YE5 GGA 9G9	❼ YD5 JFK 2F1	❽ YC8 HEJ 10E12
4月	❷ VJ2 HJA 4D5	❸ VH8 DHK 7A5	❹ VG5 CDC 5B8	❺ VF8 CAB 9J5	❻ VE5 CBA 3K8	❼ VD5 JJK 8G2	❽ VC8 DKJ 4H11	❾ VB2 BGH 7E11
5月	❷ YJ2 BHA 10C4	❸ YH8 HEK 1B6	❹ YG5 CFC 11A7	❺ YF8 JCB 3K6	❻ YE5 GKA 9J7	❼ YD5 JGK 2H3	❽ YC8 HHJ 10G10	❾ YB2 HEH 1F12
6月	❸ VH8 DDK 7C7	❹ VG5 JCJ 5D6	❺ VF8 EBB 9A7	❻ VE5 CAA 3B6	❼ VD5 JKK 8J4	❽ VC8 DJJ 4K9	❾ VB2 BHH 7G1	❿ VA11 GGG 5H12
7月	❸ YH8 HBB 1D8	❹ YG5 EJJ 11C5	❺ YF8 JHH 3B8	❻ YE5 GGG 9A5	❼ YD5 JKK 2K5	❽ YC8 BJJ 10J8	❾ YB2 HHH 1H2	❿ YA11 GGG 11G11
8月	❹ VG5 ADA 5F4	❺ VF8 AAH 9C9	❻ VE5 CFG 3D4	❼ VD5 HCF 8A6	❽ VC8 DDJ 4B7	❾ VB2 BJH 7J3	❿ VA11 GKG 5K10	❶ UK11 AGF 6G12
9月	❺ YF8 JDK 3D10	❻ YE5 GCG 9C3	❼ YD5 DBF 2B7	❽ YC8 BAE 10A6	❾ YB2 HKH 1K4	❿ YA11 GJG 11J9	❶ XK11 GHF 12H1	❷ XJ2 GGE 12G12
10月	❺ VF8 ADK 9E11	❻ VE5 CCJ 3F2	❼ VD5 HHF 8C8	❽ VC8 FGE 4D5	❾ VB2 BFD 7A5	❿ VA11 GHG 5B8	❶ UK11 CEF 6J2	❷ UJ2 AFE 6K11
11月	❻ YE5 GHJ 9E1	❼ YD5 DEF 2D9	❽ YC8 BFE 10C4	❾ YB2 HCD 1B6	❿ YA11 GBG 11A7	❶ XK11 GJF 12K3	❷ XJ2 GKE 12J10	❸ XH8 CGD 11H12
12月	❻ VE5 CEJ 3H12	❼ VD5 HDF 8E10	❽ VC8 FCE 4F3	❾ VB2 BBD 7C7	❿ VA11 GAG 5D6	❶ UK11 CKF 6A4	❷ UJ2 AJE 6B9	❸ UH8 CHD 5J1

1943年	25日	26日	27日	28日	29日	30日	31日
1月	❿ YB12 GGG 11A5	❶ XJ10 GFD 12K5	❷ XK3 GEC 12J8	❸ XG7 CDB 11H2	❹ XH6 HCA 1G11	❺ XE7 FBK 1F2	❻ XF6 AAJ 11E11
2月	❶ UK11 AAF 6A6	❷ UJ2 ABE 6B7	❸ UH8 CJD 5J3	❹ UG5 BKC 7K10			
3月	❾ YB2 HDH 1D10	❿ YA11 GCG 11C3	❶ XK11 GBF 12B7	❷ XJ2 GAE 12A6	❸ XH8 CKD 11K4	❹ XG5 HJC 1J9	❺ XF8 FHB 1H4
4月	❿ VA11 GHG 5F2	❶ UK11 AEF 6C8	❷ UJ2 AFE 6D5	❸ UH8 CCD 5A5	❹ UG5 BDC 7B8	❺ UF8 KAB 7J5	
5月	❿ YA11 GFG 11E1	❶ XK11 GCF 12D9	❷ XJ2 GDE 12C4	❸ XH8 CAD 11B6	❹ XG5 HBC 1A7	❺ XF8 FJB 1K6	❻ XE5 AKA 11J7
6月	❶ UK11 AFF 6E10	❷ UJ2 ACE 6F3	❸ UH8 CBD 5C7	❹ UG5 BAC 7D6	❺ UF8 KKB 7A7	❻ UE5 AJA 5B6	
7月	❶ XK11 GFF 12F11	❷ XJ2 GEE 12E2	❸ XH8 CDD 11D8	❹ XG5 HCC 1C5	❺ XF8 FBB 1B8	❻ XE5 AAA 11A5	❼ XD5 EKK 12K5
8月	❷ UJ2 AHE 6H1	❸ UH8 CED 5E9	❹ UG5 BFC 7F4	❺ UF8 KCB 7C9	❻ UE5 ADA 5D4	❼ UD5 AAK 6A6	❽ UC8 ABJ 6B7
9月	❸ XH8 CFD 11F10	❹ XG5 HEC 1E3	❺ XF8 FDB 1D10	❻ XE5 ACA 11C3	❼ XD5 EBK 12B7	❽ XC8 EAJ 12A6	
10月	❸ UH8 CCD 5G11	❹ UG5 BDC 7H2	❺ UF8 BAB 7E11	❻ UE5 ABA 5F2	❼ UD5 AJK 6C8	❽ UC8 AKJ 6D5	❾ UB2 GGH 5A5
11月	❹ XG5 HHC 1G1	❺ XF8 FEB 1F12	❻ XE5 AFA 11E1	❼ XD5 ECK 12D9	❽ XC8 EDJ 12C4	❾ XB2 GAH 1136	
12月	❹ UG5 BGC 7K12	❺ UF8 BFB 7G1	❻ UE5 AEA 5H12	❼ UD5 ADK 6E10	❽ UC8 ACJ 6F3	❾ UB2 GBH 5C7	❿ UA11 BAG 7D6

1944年（民國33年）

1944年	1日	2日	3日	4日	5日	6日	7日	8日	9日	10日	11日	12日	13日	14日	15日	16日	17日	18日	19日	20日	21日	22日	23日	24日	25日	26日	27日	28日	29日	30日	31日
1月	❶ ZK11 KKF 4A4	❷ ZJ2 EJE 8B9	❸ ZH8 JHD 3J1	❹ ZG5 JGC 9K12	❺ ZF8 AFB 5G1	❻ ZE5 BEJ 7G11	❼ ZD5 KDH 4F11	❽ ZC8 GCG 8E2	❾ ZB2 GBF 3D8	❿ ZA11 JAE 9C5	❶ YK11 HKD 2B5	❷ YJ2 BJC 10A8	❸ YH8 HHB 1K2	❹ YG5 GGA 11J11	❺ YF8 JFK 3H2	❻ YE5 GCG 9G11	❼ YD5 DBF 2F11	❽ YC8 BAE 10E2	❾ YB2 HHH 1D8	❿ YA11 GGG 11C5	❶ XK11 GFF 12B5	❷ XJ2 GEE 12A8	❸ XH8 CDD 11K2	❹ XG5 HCC 1J11	❺ XF8 FBB 1H2	❻ XE5 AAA 11G11	❼ XD5 EKK 12F11	❽ XC8 EJJ 12E2	❾ XB2 GHH 11D8	❿ XA11 FGG 1C5	❶ WK11 DFF 10B5
2月	❷ WJ2 EEE 2A8	❸ WH8 EDD 9K2	❹ WG5 ECC 3J11	❺ WF8 ABB 11H2	❻ WH4 HBB 1K10	❼ WE6 DJJ 10G12	❽ WF7 CKK 2H1	❾ WC3 GGG 9E9	❿ WD10 CHH 3F4	❶ VA12 BEE 8C6	❷ VB1 HFF 4D7	❸ VJ9 DCC 7A3	❹ VK4 ABD 5B10	❺ VG9 AJA 9J3	❻ VH4 CKB 3K10	❼ VE6 HGC 8G12	❽ VF7 FHD 4H1	❾ VC3 BEA 7E9	❿ VD10 GFK 5F4	❶ UA12 AAG 6C6	❷ UB1 ABH 6D7	❸ UJ9 CJE 5A3	❹ UK4 BKF 7B10	❺ UG9 BGC 7J3	❻ UH4 AHD 5K10	❼ UE6 AEA 6G12	❽ UF7 AFB 6H1	❾ UC3 GCJ 5E9	❿ UD10 BDK 7F4		
3月	❶ ZA12 KAG 4C6	❷ ZB1 EBH 8D7	❸ ZJ9 JJE 3A3	❹ ZK4 JKF 9B10	❺ ZG9 AGC 5J3	❻ ZH4 BGB 7J9	❼ ZE6 KFJ 4H1	❽ ZF7 GEK 8G12	❾ ZC3 GDG 3F10	❿ ZD10 JCH 9E3	❶ YA12 HBE 2D7	❷ YB1 BAF 10C6	❸ YJ9 HKC 1B4	❹ YK4 GJD 11A9	❺ YG9 JHA 3K4	❻ YH4 GGB 9J9	❼ YE6 DFC 2H1	❽ YF7 BED 10G12	❾ YC3 HDA 1F10	❿ YD10 GCK 11E3	❶ XA12 GBG 12D7	❷ XB1 GAH 12C6	❸ XJ9 CKE 11B4	❹ XK4 HJF 1A9	❺ XG9 FHC 1K4	❻ XH4 AGD 11J9	❼ XE6 EFA 12H1	❽ XF7 EEB 12G12	❾ XC3 GDJ 11F10	❿ XD10 FCK 1E3	❶ WA12 DBG 10D7
4月	❷ WB1 EAH 2C6	❸ WJ9 EKE 9B4	❹ WK4 EJF 3A9	❺ WG9 AHC 11K4	❻ WH4 HGB 1B8	❼ WE6 DFJ 10J2	❽ WF7 CEK 2K11	❾ WC3 GDG 9G11	❿ WD10 CCH 3H2	❶ VA12 BBE 8E8	❷ VB1 HAF 4F5	❸ VJ9 DKC 7C5	❹ VK4 AJD 5D8	❺ VG9 AHA 9A5	❻ VH4 CEB 3B8	❼ VE6 HDC 8J2	❽ VF7 FCD 4K11	❾ VC3 BGA 7G11	❿ VD10 GHK 5H2	❶ UA12 AEG 6E8	❷ UB1 AFH 6F5	❸ UJ9 CCE 5C5	❹ UK4 BDF 7D8	❺ UG9 BAC 7A5	❻ UH4 ABD 5B8	❼ UE6 AJA 6J2	❽ UF7 AKB 6K11	❾ UC3 GGJ 5G11	❿ UD10 BHK 7H2	❶ ZA12 KEG 4E8	
5月	❷ ZB1 EFH 8F5	❸ ZJ9 JCE 3C5	❹ ZK4 JDF 9D8	❺ ZG9 AAC 5A5	❻ ZH4 KBD 7B8	❼ ZE6 KJJ 4K3	❽ ZF7 GKK 8J10	❾ ZC3 GGG 3H12	❿ ZD10 JHH 9G1	❶ YA12 HEE 2F9	❷ YB1 BFF 10E4	❸ YJ9 HEC 1D6	❹ YK4 GFD 11C7	❺ YG9 JCA 3B6	❻ YH4 GDB 9A7	❼ YE6 DAJ 2K3	❽ YF7 BBD 10J10	❾ YC3 HJA 1H12	❿ YD10 GKB 11G1	❶ XA12 GGG 12F9	❷ XB1 GDH 12E4	❸ XJ9 CAE 11D6	❹ XK4 HBF 1C7	❺ XG9 FJC 1B6	❻ XH4 AKD 11A7	❼ XE6 EGA 12K3	❽ XF7 EHB 12J10	❾ XC3 GEJ 11H12	❿ XD10 FFK 1G1	❶ WA12 DCG 10F9	❷ WB1 EDH 2E4
6月	❸ WJ9 EAE 9D6	❹ WK4 EBF 3C7	❺ WG9 AJC 11B6	❻ WH4 FKD 1A7	❼ WE6 DGA 10K3	❽ WF7 CJK 2B9	❾ WC3 GHG 9J1	❿ WD10 CGH 3K12	❶ VA12 BFE 8G10	❷ VB1 FEF 4H3	❸ VJ9 DDC 7E7	❹ VK4 ACD 5F6	❺ VG9 ABA 9C7	❻ VH4 CAB 3D6	❼ VE6 BKJ 8A4	❽ VF7 FJK 4B9	❾ VC3 BHA 7J1	❿ VD10 JGB 5K12	❶ UA12 CFJ 6G10	❷ UB1 AEH 6H3	❸ UJ9 CDE 5E7	❹ UK4 BCF 7F6	❺ UG9 BBC 7C7	❻ UH4 AAD 5D6	❼ UE6 AKA 6A4	❽ UF7 AGB 6B9	❾ UC3 GFJ 5J1	❿ UD10 BEK 7K12	❶ ZA12 KDG 4G10	❷ ZB1 ECH 8H3	
7月	❸ ZJ9 JBE 3E7	❹ ZK4 JAF 9F6	❺ ZG9 AKC 5C7	❻ ZH4 KJD 7D6	❼ ZE6 HHA 4A4	❽ ZF7 JGB 8B9	❾ ZC3 GFG 3K2	❿ ZD10 JEH 9J11	❶ YA12 HDE 2H11	❷ YB1 BCF 10G2	❸ YJ9 HBC 1F8	❹ YK4 GAD 11E5	❺ YG9 AKA 3D8	❻ YH4 GJB 9C5	❼ YE6 FHJ 2B5	❽ YF7 BGK 10A8	❾ YC3 HDG 1K2	❿ YD10 CCB 11J11	❶ XA12 JBJ 12H11	❷ XB1 GEK 12G2	❸ XJ9 CDE 11F8	❹ XK4 HCF 1E5	❺ XG9 FBC 1D8	❻ XH4 AAD 11C5	❼ XE6 EKA 12B5	❽ XF7 EJB 12A8	❾ XC3 GHJ 11K2	❿ XD10 FGK 1J11	❶ WA12 DFG 10H11	❷ WB1 EEH 2G2	❸ WJ9 EDE 9F8
8月	❹ WK4 ECF 3E5	❺ WG9 ABC 11D8	❻ WH4 FAD 1C5	❼ WE6 DKA 10B5	❽ WF7 JJB 2A8	❾ WC3 CHJ 9K2	❿ WD10 CGK 3J11	❶ VA12 BEE 8J12	❷ VB1 FFF 4K1	❸ VJ9 DCC 7G9	❹ VK4 ADD 5H4	❺ VG9 AAA 9E9	❻ VH4 CBB 3F4	❼ VE6 BJJ 8C6	❽ VF7 FKK 4D7	❾ VC3 BGG 7A3	❿ VD10 AHH 5B10	❶ UA12 CEE 6J12	❷ UB1 AKK 6K1	❸ UJ9 HGG 5G9	❹ UK4 FHH 7H4	❺ UG9 BCC 7E9	❻ UH4 ADD 5F4	❼ UE6 AAA 6C6	❽ UF7 ABB 6D7	❾ UC3 GJJ 5A3	❿ UD10 BKK 7B10	❶ ZA12 KGG 4J12	❷ ZB1 EHH 8K1	❸ ZJ9 JEE 3G9	❹ ZK4 JFF 9H4
9月	❺ ZG9 ACC 5E9	❻ ZH4 KDD 7F4	❼ ZE6 HAA 4C6	❽ ZF7 JBB 8D7	❾ ZC3 JJJ 3A3	❿ ZD10 JKK 9B10	❶ YA12 EGG 2J12	❷ YB1 BGF 10J12	❸ YJ9 HFC 1H10	❹ YK4 GED 11G3	❺ YG9 ADA 3F10	❻ YH4 GCB 9E3	❼ YE6 FBJ 2D7	❽ YF7 BAK 10C6	❾ YC3 HKG 1B4	❿ YD10 EJH 11A9	❶ XA12 EHE 12K1	❷ XB1 GGF 12J12	❸ XJ9 BFG 11H10	❹ XK4 KEH 1G3	❺ XG9 FDE 1F10	❻ XH4 ACD 11E3	❼ XE6 EBA 12D7	❽ XF7 EAB 12C6	❾ XC3 GKJ 11B4	❿ XD10 FJK 1A9	❶ WA12 FHG 10K1	❷ WB1 EGH 2J12	❸ WJ9 EFE 9H10	❹ WK4 EEF 3G3	
10月	❺ WG9 ADC 11F10	❻ WH4 FCD 1E3	❼ WE6 DBA 10D7	❽ WF7 JAB 2C6	❾ WC3 CKJ 9B4	❿ WD10 CJK 3A9	❶ VA12 EHG 8K1	❷ VB1 FGF 4B11	❸ VJ9 DFC 7J11	❹ VK4 AED 5K2	❺ VG9 ADA 9G11	❻ VH4 CCB 3H2	❼ VE6 BBJ 8E8	❽ VF7 FAK 4F5	❾ VC3 BKG 7C5	❿ VD10 AJH 5D8	❶ UA12 CHE 6A2	❷ UB1 ACF 6B11	❸ UJ9 HBG 5J11	❹ UK4 FAH 7K2	❺ UG9 BAE 7G11	❻ UH4 ABD 5H2	❼ UE6 AJA 6E8	❽ UF7 AKB 6F5	❾ UC3 GGJ 5C5	❿ UD10 BHK 7D8	❶ ZA12 KEG 4A2	❷ ZB1 EFH 8B11	❸ ZJ9 JCE 3J11	❹ ZK4 JDF 9K2	❺ ZG9 AAC 5G11
11月	❻ ZH4 KBD 7H2	❼ ZE6 HJA 4E8	❽ ZF7 JKB 8F5	❾ ZC3 JGJ 3C5	❿ ZD10 JHK 9D8	❶ YA12 EEG 2A2	❷ YB1 BBF 10A10	❸ YJ9 HJC 1K12	❹ YK4 GKD 11J1	❺ YG9 AGA 3H12	❻ YH4 GHB 9G1	❼ YE6 FEJ 2F9	❽ YF7 BFK 10E4	❾ YC3 HCG 1D6	❿ YD10 EDH 11C7	❶ XA12 EAE 12B3	❷ XB1 GBF 12A10	❸ XJ9 BJG 11K12	❹ XK4 KKH 1J1	❺ XG9 FEE 1H12	❻ XH4 AFD 11G1	❼ XE6 ECA 12F9	❽ XF7 EDB 12E4	❾ XC3 GAJ 11D6	❿ XD10 FBK 1C7	❶ WA12 FJG 10B3	❷ WB1 EKH 2A10	❸ WJ9 EGE 9K12	❹ WK4 EHF 3J1	❺ WG9 AEC 11H12	
12月	❻ WH4 FFD 1G1	❼ WE6 DCA 10F9	❽ WF7 JDB 2E4	❾ WC3 CAJ 9D6	❿ WD10 CBK 3C7	❶ VA12 EJG 8B3	❷ VB1 FJF 4D9	❸ VJ9 DHC 7A1	❹ VK4 AGD 5B12	❺ VG9 AFA 9J1	❻ VH4 CEB 3K12	❼ VE6 BDJ 8G10	❽ VF7 FCK 4H3	❾ VC3 BBG 7E7	❿ VD10 AAH 5F6	❶ UA12 CKE 6C4	❷ UB1 AJF 6D9	❸ UJ9 HHG 5A1	❹ UK4 FGH 7B12	❺ UG9 BFE 7J1	❻ UH4 AED 5K12	❼ UE6 ADA 6G10	❽ UF7 ACB 6H3	❾ UC3 GBJ 5E7	❿ UD10 BAK 7F6	❶ ZA12 KKG 4C4	❷ ZB1 EJH 8D9	❸ ZJ9 JHE 3A1	❹ ZK4 JGF 9B12	❺ ZG9 AFC 5J1	❻ ZH4 KED 7K12

1945年

	1日	2日	3日	4日	5日	6日	7日	8日	9日	10日	11日	12日	13日	14日	15日	16日
1月	❼ ZE6 HDA 4G10	❽ ZF7 JCB 8H3	❾ ZC3 JBJ 3E7	❿ ZD10 JAK 9F6	❶ YA12 EKG 2C4	❷ YB1 BJF 10C8	❸ YJ9 HHC 1B2	❹ YK4 GGD 11A11	❺ YG9 AFA 3K2	❻ YH4 GEB 9J11	❼ YE6 FDJ 2H11	❽ YF7 BCK 10G2	❾ YC3 HBG 1F8	❿ YD10 EAH 11E5	❶ XA12 EKE 12D5	❷ XB1 GGF 12C8
2月	❽ WF7 JJB 2G2	❾ WC3 CHJ 9F8	❿ WD10 CGK 3E5	❶ VB1 BEH 8E6	❷ VA12 FFG 4F7	❸ VK10 DCF 7C3	❹ VJ3 ADE 5D10	❺ VH10 AAD 9A3	❻ VG3 CBC 3B10	❼ VF7 BJB 8J12	❽ VE6 FKA 4K1	❾ VD4 BEK 7G9	❿ VC9 AFJ 5H4	❶ UB1 CCH 6E6	❷ UA12 ADG 6F7	❸ UK10 HAF 5C3
3月	❻ ZG3 KHC 7B10	❼ ZF7 HEB 4J12	❽ ZE6 JFA 8K1	❾ ZD4 JCK 3G9	❿ ZC9 JDJ 9H4	❶ YB1 HBH 2F7	❷ YA12 BAG 10E6	❸ YK10 HKF 1D4	❹ YJ3 GJE 11C9	❺ YH10 AHD 3B4	❻ YG3 GGC 9A9	❼ YF7 FFB 2K1	❽ YE6 BEA 10J12	❾ YD4 HDK 1H10	❿ YC9 ECJ 11G3	❶ XB1 EBH 12F7
4月	❼ WF7 DFB 10K1	❽ WE6 JEA 2J12	❾ WD4 CDK 9H10	❿ WC9 CCJ 3G3	❶ VB1 BBH 8G8	❷ VA12 FAG 4H5	❸ VK10 DKF 7E5	❹ VJ3 AJE 5F8	❺ VH10 AHD 9C5	❻ VG3 CGC 3D8	❼ VF7 BFB 8A2	❽ VE6 FEA 4B11	❾ VD4 BDK 7J11	❿ VC9 ACJ 5K2	❶ UB1 CKH 6G8	❷ UA12 AJG 6H5
5月	❼ ZF7 HJB 4A2	❽ ZE6 JKA 8B11	❾ ZD4 JGK 3J11	❿ ZC9 JHJ 9K2	❶ YB1 EEH 2G8	❷ YA12 BFG 10G4	❸ YK10 HCF 1F6	❹ YJ3 GDE 11E7	❺ YH10 AAD 3D6	❻ YG3 GBC 9C7	❼ YF7 FJB 2B3	❽ YE6 BBA 10A10	❾ YD4 HJK 1K12	❿ YC9 EKJ 11J1	❶ XB1 EGH 12H9	❷ XA12 GHG 12G4
6月	❽ WE6 JHA 2A10	❾ WD4 CEK 9K12	❿ WC9 CFJ 3J1	❶ VB1 ECH 8H9	❷ VA12 DDG 4G4	❸ VK10 DDF 7G7	❹ VJ3 ACE 5H6	❺ VH10 ABD 9E7	❻ VG3 CAC 3F6	❼ VF7 BKB 8C4	❽ VE6 FJA 4D9	❾ VD4 BHK 7A1	❿ VC9 AGJ 5B12	❶ UB1 CFH 6J10	❷ UA12 AEG 6K3	❸ UK10 HDF 5G7
7月	❽ ZE6 JGA 8D9	❾ ZD4 JFK 3A1	❿ ZC9 JEJ 9B12	❶ YB1 EDH 2J10	❷ YA12 KCG 10K3	❸ YK10 HBF 1G7	❹ YJ3 GAE 11G5	❺ YH10 AKD 3F8	❻ YG3 GJC 9E5	❼ YF7 FHB 2D5	❽ YE6 KGA 10C8	❾ YD4 HFK 1B2	❿ YC9 EEJ 11A11	❶ XB1 EDH 12K11	❷ XA12 GCG 12J2	❸ XK10 FBF 11H8
8月	❾ WD4 CHK 9B2	❿ WC9 CGJ 3A11	❶ VB1 EFH 8K11	❷ VA12 DEG 4J2	❸ VK10 BDF 7H8	❹ VJ3 CCE 5G5	❺ VH10 CBD 9F8	❻ VG3 CBC 3H4	❼ VF7 BJB 8E6	❽ VE6 FKA 4F7	❾ VD4 BGK 7C3	❿ VC9 AHJ 5D10	❶ UB1 EEH 6A12	❷ UA12 AFG 6B1	❸ UK10 KCF 5J9	❹ UJ3 FDE 7K4
9月	❿ ZC9 JKJ 9D10	❶ YB1 EGH 2A12	❷ YA12 KHG 10B1	❸ YK10 HEF 1J9	❹ YJ3 CFE 11K4	❺ YH10 GCD 3G9	❻ YG3 GDC 9H4	❼ YF7 FBB 2F7	❽ YE6 KAA 10E6	❾ YD4 HKK 1D4	❿ YC9 EJJ 11C9	❶ XB1 EHH 12B1	❷ XA12 GGG 12A12	❸ XK10 FFF 11K10	❹ XJ3 KEE 1J3	❺ XH10 FDD 1H10
10月	❿ WC9 CJJ 3C9	❶ VB1 EHH 8B1	❷ VA12 DGG 4A12	❸ VK10 BFF 7K10	❹ VJ3 CEE 5J3	❺ VH10 CDD 9H10	❻ VG3 CCC 3G3	❼ VF7 JBB 8F7	❽ VE6 FAA 4H5	❾ VD4 BKK 7E5	❿ VC9 AJJ 5F8	❶ UB1 EHH 6C2	❷ UA12 AGG 6D11	❸ UK10 KFF 5A11	❹ UJ3 FEE 7B2	❺ UH10 BDD 7J11
11月	❶ YB1 EEH 2C2	❷ YA12 KFG 10D11	❸ YK10 HCF 1A11	❹ YJ3 CDE 11B2	❺ YH10 GAD 3J11	❻ YG3 GBC 9K2	❼ YF7 JJB 2G8	❽ YE6 KFA 10G4	❾ YD4 HCK 1F6	❿ YC9 EDJ 11E7	❶ XB1 EAH 12D3	❷ XA12 GBG 12C10	❸ XK10 FJF 11B12	❹ XJ3 KKE 1A1	❺ XH10 FGD 1K12	❻ XG3 EHC 11J1
12月	❶ VB1 EJH 8D3	❷ VA12 DKG 4C10	❸ VK10 BGF 7B12	❹ VJ3 CHE 5A1	❺ VH10 CED 9K12	❻ VG3 CFC 3J1	❼ VF7 BDB 8J10	❽ VE6 FCA 4K3	❾ VD4 BBK 7G7	❿ VC9 AAJ 5H6	❶ UB1 EKH 6E4	❷ UA12 AJG 6F9	❸ UK10 KHF 5C1	❹ UJ3 FGE 7D12	❺ UH10 BFD 7A1	❻ UG3 JEC 5B12

	17日	18日	19日	20日	21日	22日	23日	24日	25日	26日	27日	28日	29日	30日	31日
1月	❸ XJ9 BFG 11B2	❹ XK4 KEH 1A11	❺ XG9 FBE 1K2	❻ XH4 AAD 11J11	❼ XE6 EKA 12H11	❽ XF7 EJB 12G2	❾ XC3 GHJ 11F8	❿ XD10 FGK 1E5	❶ WA12 FFG 10D5	❷ WB1 EEH 2C8	❸ WJ9 EDE 9B2	❹ WK4 ECF 3A11	❺ WG9 ABC 11K2	❻ WH4 FAD 1J11	❼ WE6 DKA 10H11
2月	❹ UJ3 FBE 7D10	❺ UH10 BJD 7A3	❻ UG3 AHC 5B10	❼ UF7 AEB 6J12	❽ UE6 AFA 6K1	❾ UD4 GCK 5G9	❿ UC9 BDJ 7H4	❶ ZB1 KAH 4E6	❷ ZA12 EBG 8F7	❸ ZK10 JJF 3C3	❹ ZJ3 JKE 9D10	❺ ZH10 AGD 5A3			
3月	❷ XA12 GAG 12E6	❸ XK10 BKF 11D4	❹ XJ3 HJE 1C9	❺ XH10 FHD 1B4	❻ XG3 AGC 11A9	❼ XF7 EFB 12K1	❽ XE6 EEA 12J12	❾ XD4 GDK 11H10	❿ XC9 FCJ 1G3	❶ WB1 DBH 10F7	❷ WA12 EAG 2E6	❸ WK10 EKF 9D4	❹ WJ3 EJE 3C9	❺ WH10 AHD 11B4	❻ WG3 FGC 1A9
4月	❸ UK10 HHF 5E5	❹ UJ3 FDE 7F8	❺ UH10 BAD 7C5	❻ UG3 ABC 5D8	❼ UF7 AJB 6A2	❽ UE6 AKA 6B11	❾ UD4 GGK 5J11	❿ UC9 BHJ 7K2	❶ ZB1 KEH 4G8	❷ ZA12 EFG 8H5	❸ ZK10 JCF 3E5	❹ ZJ3 JDE 9F8	❺ ZH10 AAD 5C5	❻ ZG3 KBC 7D8	
5月	❸ XK10 BEF 11F6	❹ XJ3 KFE 1E7	❺ XH10 FCD 1D6	❻ XG3 ADC 11C7	❼ XF7 EGB 12B3	❽ XE6 EHA 12A10	❾ XD4 GEK 11K12	❿ XC9 FFJ 1J1	❶ WB1 FCH 10H9	❷ WA12 EDG 2G4	❸ WK10 EAF 9F6	❹ WJ3 EBE 3E7	❺ WH10 AJD 11D6	❻ WG3 FKC 1C7	❼ WF7 DGB 10B3
6月	❹ UJ3 FCE 7H6	❺ UH10 BBD 7E7	❻ UG3 AAC 5F6	❼ UF7 AKB 6C4	❽ UE6 AJA 6D9	❾ UD4 GHK 5A1	❿ UC9 BGJ 7B12	❶ ZB1 KFH 4J10	❷ ZA12 EEG 8K3	❸ ZK10 JBF 3G7	❹ ZJ3 JAE 9H6	❺ ZH10 AKD 5E7	❻ ZG3 KJC 7F6	❼ ZF7 HHB 4C4	
7月	❹ XJ3 KJE 1G5	❺ XH10 FHD 1F8	❻ XG3 CGC 11E5	❼ XF7 GKB 12D5	❽ XE6 EJA 12C8	❾ XD4 GHK 11B2	❿ XC9 FGJ 1A11	❶ WB1 FFH 10K11	❷ WA12 EEG 2J2	❸ WK10 EDF 9H8	❹ WJ3 ECE 3G5	❺ WH10 ABD 11F8	❻ WG3 FAC 1E5	❼ WF7 DKB 10D5	❽ WE6 JJA 2C8
8月	❺ UH10 BAD 7G9	❻ UG3 GBC 5H4	❼ UF7 CCB 6E6	❽ UE6 ADA 6F7	❾ UD4 GAK 5C3	❿ UC9 BKJ 7D10	❶ ZB1 KGH 4A12	❷ ZA12 EHG 8B1	❸ ZK10 JEF 3J9	❹ ZJ3 JFE 9K4	❺ ZH10 ACD 5G9	❻ ZG3 KDC 7H4	❼ ZF7 HAB 4E6	❽ ZE6 JBA 8F7	❾ ZD4 JJK 3C3
9月	❻ XG3 ECC 11G3	❼ XF7 GBB 12F7	❽ XE6 EAA 12E6	❾ XD4 BKK 11D4	❿ XC9 KJJ 1C9	❶ WB1 FHH 10B1	❷ WA12 EGG 2A12	❸ WK10 EFF 9K10	❹ WJ3 EEE 3J3	❺ WH10 ADD 11H10	❻ WG3 FCC 1G3	❼ WF7 DBB 10F7	❽ WE6 JAA 2E6	❾ WD4 CKK 9D4	
10月	❻ UG3 JCC 5K2	❼ UF7 JBB 6G8	❽ UE6 AGA 6H5	❾ UD4 FFK 5E5	❿ UC9 DEJ 7F8	❶ ZB1 KEH 4C2	❷ ZA12 EFG 8D11	❸ ZK10 JCF 3A11	❹ ZJ3 JDE 9B2	❺ ZH10 AAD 5J11	❻ ZG3 KBC 7K2	❼ ZF7 KJB 4G8	❽ ZE6 JKA 8H5	❾ ZD4 JGK 3E5	❿ ZC9 JHJ 9F8
11月	❼ XF7 GEB 12H9	❽ XE6 EFA 12G4	❾ XD4 BCK 11F6	❿ XC9 KDJ 1E7	❶ WB1 FJH 10D3	❷ WA12 EKG 2C10	❸ WK10 EGF 9B12	❹ WJ3 EHE 3A1	❺ WH10 AED 11K12	❻ WG3 FFC 1J1	❼ WF7 DCB 10H9	❽ WE6 JDA 2G4	❾ WD4 CAK 9F6	❿ WC9 CBJ 3E7	
12月	❼ UF7 JDB 6J10	❽ UE6 ACA 6K3	❾ UD4 FBK 5G7	❿ UC9 BAJ 7H6	❶ ZB1 KKH 4E4	❷ ZA12 EJG 8F9	❸ ZK10 JHF 3C1	❹ ZJ3 JGE 9D12	❺ ZH10 AFD 5A1	❻ ZG3 KEC 7B12	❼ ZF7 HDB 4J10	❽ ZE6 JCA 8K3	❾ ZD4 JBK 3G7	❿ ZC9 JAJ 9H6	❶ YB1 EKH 2E4

1946年（民國35年）

1946年	1日	2日	3日	4日	5日	6日	7日	8日	9日	10日	11日	12日	13日	14日	15日	16日
1月	❷ YA12 KJG 10F9	❸ YK10 HHF 1C1	❹ YJ3 CGE 11D12	❺ YH10 GFD 3A1	❻ YG3 GEC 9B12	❼ YF7 FDB 2K11	❽ YE6 KCA 10J2	❾ YD4 HBK 1H8	❿ YC9 EAJ 11G5	❶ XB1 EKH 12F5	❷ XA12 GJG 12E8	❸ XK10 FHF 11D2	❹ XJ3 KGE 1C11	❺ XH10 FFD 1B2	❻ XG3 EEC 11A11	❼ XF7 GBB 12K11
2月	❸ VK10 BDF 7D2	❹ VJ3 CCE 5C11	❺ VH10 CBD 9B2	❻ VK2 CBC 3D10	❼ VG8 BJB 8A12	❽ VH5 FKA 4B1	❾ VE5 BGK 7J9	❿ VF8 AHJ 5K4	❶ UC2 EEH 6G6	❷ UD11 AFG 6H7	❸ UA11 KCF 5E3	❹ UB2 FBE 7F10	❺ UJ11 BJD 7C3	❻ UK2 GKJ 5D10	❼ UG8 CGH 6A12	❽ UH5 AHG 6B1
3月	❶ YC2 EAE 2G6	❷ YD11 KBF 10H7	❸ YA11 HJC 1E3	❹ YB2 CKD 11F10	❺ YJ11 GGA 3C3	❻ YK2 GGC 9C9	❼ YG8 FFB 2B1	❽ YH5 KEA 10A12	❾ YE5 HDK 1K10	❿ YF8 ECJ 11J3	❶ XC2 EBH 12H7	❷ XD11 GAG 12G6	❸ XA11 FKF 11F4	❹ XB2 KJE 1E9	❺ XJ11 FHD 1D4	❻ XK2 CGJ 11C9
4月	❷ VD11 DAF 4G6	❸ VA11 BKC 7F4	❹ VB2 CJD 5E9	❺ VJ11 CHA 9D4	❻ VK2 CGC 3F8	❼ VG8 BFB 8C2	❽ VH5 FEA 4D11	❾ VE5 BDK 7A11	❿ VF8 ACJ 5B2	❶ UC2 EBH 6J8	❷ UD11 AAG 6K5	❸ UA11 KKF 5G5	❹ UB2 FJE 7H8	❺ UJ11 BHD 7E5	❻ UK2 GEJ 5F8	❼ UG8 CDH 6C2
5月	❷ YD11 KFF 10K5	❸ YA11 HCC 1G5	❹ YB2 CDD 11H8	❺ YJ11 GAA 3E5	❻ YK2 GBB 9F8	❼ YG8 FJB 2D3	❽ YH5 KKA 10C10	❾ YE5 HGK 1B12	❿ YF8 EHJ 11A1	❶ XC2 EEH 12K9	❷ XD11 GFG 12J4	❸ XA11 FEF 11H6	❹ XB2 KFE 1G7	❺ XJ11 FCD 1F6	❻ XK2 EDC 11E7	❼ XG8 GAH 12D3
6月	❸ VA11 BAC 7H6	❹ VB2 CBD 5G7	❺ VJ11 CJA 9F6	❻ VK2 CKB 3E7	❼ VG8 JGJ 8D3	❽ VH5 FJA 4F9	❾ VE5 BHK 7C1	❿ VF8 AGJ 5D12	❶ UC2 EFH 6A10	❷ UD11 AEG 6B3	❸ UA11 KDF 5J7	❹ UB2 FCE 7K6	❺ UJ11 BBD 7G7	❻ UK2 JAC 5H6	❼ UG8 JKB 6E4	❽ UH5 AJG 6F9
7月	❸ YA11 HBC 1J7	❹ YB2 CAD 11K6	❺ YJ11 GKA 3G7	❻ YK2 GJB 9H6	❼ YG8 JHJ 2E4	❽ YH5 HGK 10F9	❾ YE5 FFG 1C1	❿ YF8 EEJ 11C11	❶ XC2 EDH 12B11	❷ XD11 GCG 12A2	❸ XA11 FBF 11K8	❹ XB2 KAE 1J5	❺ XJ11 FKD 1H8	❻ XK2 EJC 11G5	❼ XG8 JHB 12F5	❽ XH5 EGA 12E8
8月	❹ VB2 CCD 5J5	❺ VJ11 CBA 9H8	❻ VK2 CAB 3G5	❼ VG8 JKJ 8F5	❽ VH5 DJK 4E8	❾ VE5 BHG 7D2	❿ VF8 GGH 5C11	❶ UC2 EEH 6C12	❷ UD11 AFG 6D1	❸ UA11 KCF 5A9	❹ UB2 DDE 7B4	❺ UJ11 BAD 7J9	❻ UK2 JBC 5K4	❼ UG8 JJB 6G6	❽ UH5 AKA 6H7	❾ UE5 KGK 5E3
9月	❺ YJ11 GCA 3J9	❻ YK2 GDB 9K4	❼ YG8 JAJ 2G6	❽ YH5 HBK 10H7	❾ YE5 FJG 1E3	❿ YF8 GKH 11F10	❶ XC2 GGE 12C12	❷ XD11 GGG 12C12	❸ XA11 FFF 11B10	❹ XB2 KEE 1A3	❺ XJ11 FDD 1K10	❻ XK2 ECC 11J3	❼ XG8 JBB 12H7	❽ XH5 EAA 12G6	❾ XE5 DKK 11F4	❿ XF8 KJJ 1E9
10月	❺ VJ11 CDA 9K10	❻ VK2 CCB 3J3	❼ VG8 JBJ 8H7	❽ VH5 DAK 4G6	❾ VE5 BKG 7F4	❿ VF8 GJH 5E9	❶ UC2 AHE 6D1	❷ UD11 AGF 6C12	❸ UA11 KFF 5C11	❹ UB2 DEE 7D2	❺ UJ11 BDD 7A11	❻ UK2 JCC 5B2	❼ UG8 JBB 6J8	❽ UH5 AAA 6K5	❾ UE5 KKK 5G5	❿ UF8 DJJ 7H8
11月	❻ YK2 GBB 9B2	❼ YG8 JJJ 2J8	❽ YH5 HKK 10K5	❾ YE5 FGG 1G5	❿ YF8 GHH 11H8	❶ XC2 GEE 12E2	❷ XD11 GFF 12F11	❸ XA11 FJF 11D12	❹ XB2 KKE 1C1	❺ XJ11 FGD 1B12	❻ XK2 EHC 11A1	❼ XG8 JEB 12K9	❽ XH5 EFA 12J4	❾ XE5 DCK 11H6	❿ XF8 KDJ 1G7	❶ WC2 FAH 10F3
12月	❻ VK2 CFB 3A1	❼ VG8 JCJ 8K9	❽ VH5 DDK 4J4	❾ VE5 BAG 7H6	❿ VF8 GBH 5G7	❶ UC2 AJE 6F3	❷ UD11 AKF 6E10	❸ UA11 KHF 5E1	❹ UB2 DGE 7F12	❺ UJ11 BFD 7C1	❻ UK2 JEC 5D12	❼ UG8 JDB 6A10	❽ UH5 ACA 6B3	❾ UE5 KBK 5J7	❿ UF8 DAJ 7K6	❶ ZC2 KKH 4G4

1946年	17日	18日	19日	20日	21日	22日	23日	24日	25日	26日	27日	28日	29日	30日	31日
1月	❽ XE6 EAA 12J2	❾ XD4 BKK 11H8	❿ XC9 KGJ 1G5	❶ WB1 FFH 10F5	❷ WA12 EEG 2E8	❸ WK10 EDF 9D2	❹ WJ3 ECE 3C11	❺ WH10 ABD 11B2	❻ WG3 FAC 1A11	❼ WF7 DKB 10K11	❽ WE6 JJA 2J2	❾ WD4 CHK 9H8	❿ WC9 CGJ 3G5	❶ VB1 EFH 8F5	❷ VA12 DEG 4E8
2月	❾ UE5 GEG 5J9	❿ UF8 BFH 7K4	❶ ZC2 KAE 4G6	❷ ZD11 EBF 8H7	❸ ZA11 JJC 3E3	❹ ZB2 JKD 9F10	❺ ZJ11 AGA 5C3	❻ ZK2 KHB 7D10	❼ ZG8 HEJ 4A12	❽ ZH5 JFK 8B1	❾ ZE5 JCG 3J9	❿ ZF8 JDH 9K4			
3月	❼ XG8 GFH 12B1	❽ XH5 EEG 12A12	❾ XE5 GDG 11K10	❿ XF8 KCH 1J3	❶ WC2 FBE 10H7	❷ WD11 EAF 2G6	❸ WA11 EKC 9F4	❹ WB2 EJD 3E9	❺ WJ11 AHA 11D4	❻ WK2 FGB 1C9	❼ WG8 DFJ 10B1	❽ WH5 JEK 2A12	❾ WE5 CDG 9K10	❿ WF8 CCH 3J3	❶ VC2 EBE 8H7
4月	❽ UH5 ACG 6D11	❾ UE5 GGG 5A11	❿ UF8 BHH 7B2	❶ ZC2 KEE 4J8	❷ ZD11 EFF 8K5	❸ ZA11 JCC 3G5	❹ ZB2 JDD 9H8	❺ ZJ11 AAA 5E5	❻ ZK2 KBB 7F8	❼ ZG8 HJJ 4C2	❽ ZH5 JKK 8D11	❾ ZE5 JGG 3A11	❿ ZF8 JHH 9B2	❶ YC2 EEE 2J8	
5月	❽ XH5 EBG 12C10	❾ XE5 BJF 11B12	❿ XF8 KKH 1A1	❶ WC2 FGE 10K9	❷ WD11 EDF 2J4	❸ WA11 EAC 9H6	❹ WB2 EBD 3G7	❺ WJ11 AJA 11F6	❻ WK2 FKB 1E7	❼ WG8 DGJ 10D3	❽ WH5 JHK 2C10	❾ WE5 CEG 9B12	❿ WF8 CFH 3A1	❶ VC2 ECE 8K9	❷ VD11 DDF 4J4
6月	❾ UE5 FHF 5C1	❿ UF8 DGE 7D12	❶ ZC2 KFE 4A10	❷ ZD11 EEF 8B3	❸ ZA11 JDC 3J7	❹ ZB2 JCD 9K6	❺ ZJ11 ABA 5G7	❻ ZK2 KAB 7H6	❼ ZG8 KKJ 4E4	❽ ZH5 JGK 8F9	❾ ZE5 JFG 3C1	❿ ZF8 JEH 9D12	❶ YC2 EDE 2A10	❷ YD11 KCF 10B3	
7月	❾ XE5 DFK 11D2	❿ XF8 KCE 1C11	❶ WC2 FBD 10B11	❷ WD11 AAC 2A2	❸ WA11 GDC 9K8	❹ WB2 ECD 3J5	❺ WJ11 ABA 11H8	❻ WK2 FAB 1G5	❼ WG8 DKJ 10F5	❽ WH5 JJK 2E8	❾ WE5 CHG 9D2	❿ WF8 CGH 3C11	❶ VC2 EFE 8B11	❷ VD11 DEF 4A2	❸ VA11 BDC 7K8
8月	❿ UF8 DHJ 7F10	❶ ZC2 KED 4C12	❷ ZD11 GKC 8D1	❸ ZA11 AGB 3A9	❹ ZB2 JHD 9B4	❺ ZJ11 ACA 5J9	❻ ZK2 KDB 7K4	❼ ZG8 KAJ 4G6	❽ ZH5 JBK 8H7	❾ ZE5 JJG 3E3	❿ ZF8 JKH 9F10	❶ YC2 EGE 2C12	❷ YD11 KHF 10D1	❸ YA11 HEC 1A9	❹ YB2 CFD 11B4
9月	❶ WC2 FHH 10D1	❷ WD11 AGC 2C12	❸ WA11 GFB 9B10	❹ WB2 EEA 3A3	❺ WJ11 ADA 11K10	❻ WK2 FCB 1J3	❼ WG8 DBJ 10H7	❽ WH5 JAK 2G6	❾ WE5 CKG 9F4	❿ WF8 CJH 3E9	❶ VC2 EHE 8D1	❷ VD11 DGF 4C12	❸ VA11 BFC 7B10	❹ VB2 CED 5A3	
10月	❶ ZC2 KHH 4E2	❷ ZD11 JGG 8F11	❸ ZA11 ABB 3C11	❹ ZB2 JAA 9D2	❺ ZJ11 FKK 5A11	❻ ZK2 DBB 7B2	❼ ZG8 KJJ 4J8	❽ ZH5 JKK 8K5	❾ ZE5 JGG 3G5	❿ ZF8 JHH 9H8	❶ YC2 EEE 2E2	❷ YD11 KFF 10F11	❸ YA11 HCC 1C11	❹ YB2 CDD 11D2	❺ YJ11 GAA 3A11
11月	❷ WD11 CBG 2E10	❸ WA11 CJB 9D12	❹ WB2 EKA 3C1	❺ WJ11 KGK 11B12	❻ WK2 FFB 1A1	❼ WG8 DCJ 10K9	❽ WH5 JDK 2J4	❾ WE5 CAG 9H6	❿ WF8 CBH 3G7	❶ VC2 EJE 8F3	❷ VD11 DKF 4E10	❸ VA11 BGC 7D12	❹ VB2 CHD 5C1	❺ VJ11 CEA 9B12	
12月	❷ ZD11 JJG 8H9	❸ ZA11 AHB 3E1	❹ ZB2 JGA 9F12	❺ ZJ11 FFK 5C1	❻ ZK2 DEB 7D12	❼ ZG8 KDJ 4A10	❽ ZH5 JCK 8B3	❾ ZE5 JBG 3J7	❿ ZF8 JAH 9K6	❶ YC2 EKE 2G4	❷ YD11 KJF 10H9	❸ YA11 HHC 1E1	❹ YB2 CGD 11F12	❺ YJ11 GFA 3C1	❻ YK2 GEB 9D12

1947年（民國36年）

1947年	1日	2日	3日	4日	5日	6日	7日	8日	9日	10日	11日	12日	13日	14日	15日	16日
1月	❼ YG8 JDJ 2A10	❽ YH5 HCK 10B3	❾ YE5 FBG 1J7	❿ YF8 GAH 11K6	❶ XC2 GKE 12G4	❷ XD11 GJG 12G8	❸ XA11 FHF 11F2	❹ XB2 KGE 1E11	❺ XJ11 FFD 1D2	❻ XK2 EEC 11C11	❼ XG8 JDB 12B11	❽ XH5 ECA 12A2	❾ XE5 DBK 11K8	❿ XF8 KAJ 1J5	❶ WC2 FKH 10H5	❷ WD11 AGC 2G8
2月	❽ VH5 DJK 4A2	❾ VE5 BHG 7K8	❿ VF8 GGH 5J5	❶ UC2 AFE 6H5	❷ UC10 AFB 6K7	❸ UB12 KCJ 5G3	❹ UA1 DDK 7H10	❺ UK12 BAG 7E3	❻ UJ1 JBH 5F10	❼ UH9 JJE 6C12	❽ UG4 AKF 6D1	❾ UF6 KGC 5A9	❿ UE7 DFD 7B4	❶ ZD3 KCA 4J6	❷ ZC10 GDB 8K7	❸ ZB12 AAJ 3G3
3月	❻ YJ1 GHF 9F10	❼ YH9 JEC 2C12	❽ YG4 HFD 10D1	❾ YF6 FCA 1A9	❿ YE7 GDB 11B4	❶ XD3 EBA 12K7	❷ XC10 GAB 12J6	❸ XB12 FKJ 11H4	❹ XA1 KJK 1G9	❺ XK12 FHG 1F4	❻ XJ1 EGH 11E9	❼ XH9 JFE 12D1	❽ XG4 EEF 12C12	❾ XF6 DDC 11B10	❿ XE7 KCD 1A3	❶ WD3 FBA 10K7
4月	❼ VH9 JFC 8D1	❽ VG4 DED 4C12	❾ VF6 BDA 7B10	❿ VE7 GCB 5A3	❶ UD3 ABJ 6K7	❷ UC10 AAB 6B5	❸ UB12 KKJ 5J5	❹ UA1 DJK 7K8	❺ UK12 BHG 7G5	❻ UJ1 JGH 5H8	❼ UH9 JFE 6E2	❽ UG4 AEF 6F11	❾ UF6 KDC 5C11	❿ UE7 DCD 7D2	❶ ZD3 KBA 4A8	❷ ZC10 GJB 8B5
5月	❼ YH9 JJC 2E2	❽ YG4 HKD 10F11	❾ YF6 FGA 1C11	❿ YE7 GHB 11D2	❶ XD3 GEJ 12A8	❷ XC10 GFB 12A4	❸ XB12 FCJ 11K6	❹ XA1 KDK 1J7	❺ XK12 FAG 1H6	❻ XJ1 EBH 11G7	❼ XH9 JJE 12F3	❽ XG4 EBF 12E10	❾ XF6 DJC 11D12	❿ XE7 KKD 1C1	❶ WD3 FGA 10B9	❷ WC10 AHB 2A4
6月	❽ VG4 DHD 4E10	❾ VF6 BEA 7D12	❿ VE7 GFB 5C1	❶ UD3 ACJ 6B9	❷ UC10 ADK 6A4	❸ UB12 KDJ 5A7	❹ UA1 DCK 7B6	❺ UK12 BBG 7J7	❻ UJ1 JAH 5K6	❼ UH9 JKE 6G4	❽ UG4 AJF 6H9	❾ UF6 KHC 5E1	❿ UE7 DGD 7F12	❶ ZD3 KFA 4C10	❷ ZC10 JEB 8D3	❸ ZB12 ADJ 3A7
7月	❽ YG4 HGD 10H9	❾ YF6 FFA 1E1	❿ YE7 GEB 11F12	❶ XD3 GDJ 12C10	❷ XC10 GCK 12D3	❸ XB12 CBG 11A7	❹ XA1 HAH 1B6	❺ XK12 FKG 1K8	❻ XJ1 EJH 11J5	❼ XH9 JHE 12H5	❽ XG4 EGF 12G8	❾ XF6 DFC 11F2	❿ XE7 HED 1E11	❶ WD3 FDA 10D11	❷ WC10 CCB 2C2	❸ WB12 CBJ 9B8
8月	❾ VF6 BHA 7F2	❿ VE7 GGB 5E11	❶ UD3 AFJ 6D11	❷ UC10 AEK 6C2	❸ UB12 CDG 5B8	❹ UA1 BCH 7A5	❺ UK12 KBE 7K8	❻ UJ1 JBH 5B4	❼ UH9 JJE 6J6	❽ UG4 AKF 6K7	❾ UF6 KGC 5G3	❿ UE7 DHD 7H10	❶ ZD3 KEA 4E12	❷ ZC10 JFB 8F1	❸ ZB12 CCJ 3C9	❹ ZA1 JDK 9D4
9月	❿ YE7 GKB 11H10	❶ XD3 GGJ 12E12	❷ XC10 GHK 12F1	❸ XB12 CEG 11C9	❹ XA1 HFH 1D4	❺ XK12 FCE 1A9	❻ XJ1 ADF 11B4	❼ XH9 JBE 12K7	❽ XG4 EAF 12J6	❾ XF6 DKC 11H4	❿ XE7 HJD 1G9	❶ WD3 FHA 10F1	❷ WC10 CGB 2E12	❸ WB12 CFJ 9D10	❹ WA1 EEK 3C3	❺ WK12 DDG 11B10
10月	❿ VE7 GJB 5G9	❶ UD3 AHJ 6F1	❷ UC10 AGK 6E12	❸ UB12 CFG 5D10	❹ UA1 BEH 7C3	❺ UK12 KDE 7B10	❻ UJ1 ACF 5A3	❼ UH9 ABC 6K7	❽ UG4 AAF 6B5	❾ UF6 KKC 5J5	❿ UE7 DJD 7K8	❶ ZD3 KHA 4G2	❷ ZC10 JGB 8H11	❸ ZB12 CFJ 3E11	❹ ZA1 JEK 9F2	❺ ZK12 HDG 5C11
11月	❶ XD3 GEJ 12G2	❷ XC10 GFK 12H11	❸ XB12 CCG 11E11	❹ XA1 HDH 1F2	❺ XK12 FAE 1C11	❻ XJ1 ABF 11D2	❼ XH9 EJC 12A8	❽ XG4 EFF 12A4	❾ XF6 DCC 11K6	❿ XE7 HDD 1J7	❶ WD3 FAA 10H3	❷ WC10 CBB 2G10	❸ WB12 CJJ 9F12	❹ WA1 EKK 3E1	❺ WK12 DGG 11D12	❻ WJ1 HHH 1C1
12月	❶ UD3 AJJ 6H3	❷ UC10 AKK 6G10	❸ UB12 CGG 5F12	❹ UA1 BHH 7E1	❺ UK12 KEE 7D12	❻ UJ1 AFF 5C1	❼ UH9 ACC 6B9	❽ UG4 ACF 6D3	❾ UF6 KBC 5A7	❿ UE7 DAD 7B6	❶ ZD3 KKA 4J4	❷ ZC10 JJB 8K9	❸ ZB12 CHJ 3G1	❹ ZA1 JGK 9H12	❺ ZK12 HFG 5E1	❻ ZJ1 DEH 7F12

1947年	17日	18日	19日	20日	21日	22日	23日	24日	25日	26日	27日	28日	29日	30日	31日
1月	❸ WA11 GFB 9F2	❹ WB2 EEA 3E11	❺ WJ11 ABA 11D2	❻ WK2 FAB 1C11	❼ WG8 DKJ 10B11	❽ WH5 JJK 2A2	❾ WE5 CHG 9K8	❿ WF8 CGH 3J5	❶ VC2 EFE 8H5	❷ VD11 DEF 4G8	❸ VA11 BDC 7F2	❹ VB2 CCD 5E11	❺ VJ11 CBA 9D2	❻ VK2 CAB 3C11	❼ VG8 JKJ 8B11
2月	❹ ZA1 JBK 9H10	❺ ZK12 AJE 5E3	❻ ZJ1 DKF 7F10	❼ ZH9 KEC 4C12	❽ ZG4 JFD 8D1	❾ ZF6 JCA 3A9	❿ ZE7 JDB 9B4	❶ YD3 EAJ 2J6	❷ YC10 KBK 10K7	❸ YB12 HJG 1G3	❹ YA1 CKH 11H10	❺ YK12 GGE 3E3			
3月	❷ WC10 AAB 2J6	❸ WB12 GKJ 9H4	❹ WA1 EJH 3G9	❺ WK12 AHE 11F4	❻ WJ1 FGF 1E9	❼ WH9 DFC 10D1	❽ WG4 JED 2C12	❾ WF6 CDA 9B10	❿ WE7 CCB 3A3	❶ VD3 EBJ 8K7	❷ VC10 DAK 4J6	❸ VB12 BKG 7H4	❹ VA1 CJH 5G9	❺ VK12 CHE 9F4	❻ VJ1 CGF 3E9
4月	❸ ZB12 AHJ 3J5	❹ ZA1 JGK 9K8	❺ ZK12 AAE 5G5	❻ ZJ1 DBF 7H8	❼ ZH9 KJC 4E2	❽ ZG4 JKD 8F11	❾ ZF6 JGA 3C11	❿ ZE7 JHB 9D2	❶ YD3 EEJ 2A8	❷ YC10 KFK 10B5	❸ YB12 HCG 1J5	❹ YA1 CDH 11K8	❺ YK12 GAE 3G5	❻ YJ1 GBF 9H8	
5月	❸ WB12 GEJ 9K6	❹ WA1 EFK 3J7	❺ WK12 ACE 11H6	❻ WJ1 FDF 1G7	❼ WH9 DGC 10F3	❽ WG4 JHD 2E10	❾ WF6 CEA 9D12	❿ WE7 CFB 3C1	❶ VD3 ECJ 8B9	❷ VC10 DDK 4A4	❸ VB12 BAG 7K6	❹ VA1 CBH 5J7	❺ VK12 CJE 9H6	❻ VJ1 CKF 3G7	❼ VH9 JGC 8F3
6月	❹ ZA1 JCK 9B6	❺ ZK12 FBG 5J7	❻ ZJ1 DAF 7K6	❼ ZH9 KKC 4G4	❽ ZG4 JJD 8H9	❾ ZF6 JHA 3E1	❿ ZE7 JGB 9F12	❶ YD3 EFJ 2C10	❷ YC10 KEK 10D3	❸ YB12 HBG 1A7	❹ YA1 CAH 11B6	❺ YK12 GKE 3J7	❻ YJ1 GJF 9K6	❼ YH9 JHC 2G4	
7月	❹ WA1 EAK 3A5	❺ WK12 KHG 11K8	❻ WJ1 HGH 1J5	❼ WH9 DFE 10H5	❽ WG4 JJD 2G8	❾ WF6 EHA 9F2	❿ WE7 CGB 3E11	❶ VD3 EFJ 8D11	❷ VC10 DEK 4C2	❸ VB12 DDG 7B8	❹ VA1 CCH 5A5	❺ VK12 CBE 9K8	❻ VJ1 CAF 3J5	❼ VH9 JKC 8H5	❽ VG4 DJD 4G8
8月	❺ ZK12 HAG 5A9	❻ ZJ1 DBH 7B4	❼ ZH9 KCE 4J6	❽ ZG4 EDF 8K7	❾ ZF6 AAA 3G3	❿ ZE7 JKB 9H10	❶ YD3 EGJ 2E12	❷ YC10 KHK 10F1	❸ YB12 HEG 1C9	❹ YA1 CFH 11D4	❺ YK12 GCE 3A9	❻ YJ1 GDF 9B4	❼ YH9 JAC 2J6	❽ YG4 HBD 10K7	❾ YF6 FJA 1G3
9月	❻ WJ1 HCH 1A3	❼ WH9 DBE 10K7	❽ WG4 AAF 2J6	❾ WF6 EKC 9H4	❿ WE7 CJB 3G9	❶ VD3 EHJ 8F1	❷ VC10 DGK 4E12	❸ VB12 DFG 7D10	❹ VA1 CEH 5C3	❺ VK12 CDE 9B10	❻ VJ1 CCF 3A3	❼ VH9 JBC 8K7	❽ VG4 DAD 4J6	❾ VF6 BKA 7H4	
10月	❻ ZJ1 DCH 7D2	❼ ZH9 KBE 4A8	❽ ZG4 EGF 8B5	❾ ZF6 AFC 3J5	❿ ZE7 JED 9K8	❶ YD3 EEJ 2G2	❷ YC10 KFK 10H11	❸ YB12 HCG 1E11	❹ YA1 CDH 11F2	❺ YK12 GAE 3C11	❻ YJ1 GBF 9D2	❼ YH9 JJC 2A8	❽ YG4 HKD 10B5	❾ YF6 FGA 1J5	❿ YE7 GHB 11K8
11月	❼ WH9 DEE 10B9	❽ WG4 AFF 2A4	❾ WF6 ECC 9K6	❿ WE7 CDD 3J7	❶ VD3 EJJ 8H3	❷ VC10 HKK 4G10	❸ VB12 DGG 7F12	❹ VA1 CHH 5E1	❺ VK12 CEE 9D12	❻ VJ1 CFF 3C1	❼ VH9 JCC 8B9	❽ VG4 DDD 4A4	❾ VF6 BAA 7K6	❿ VE7 GBB 5J7	
12月	❼ ZH9 KDE 4C10	❽ ZG4 ECF 8D3	❾ ZF6 ABC 3A7	❿ ZE7 JAD 9B6	❶ YD3 EKJ 2J4	❷ YC10 KJK 10K9	❸ YB12 HHG 1G1	❹ YA1 CGH 11H12	❺ YK12 GFE 3E1	❻ YJ1 GEF 9F12	❼ YH9 JDC 2C10	❽ YG4 HCD 10D3	❾ YF6 FBA 1A7	❿ YE7 GAB 11B6	❶ XD3 GKJ 12J4

1948年（民國37年）

1948年	1日	2日	3日	4日	5日	6日	7日	8日	9日	10日	11日	12日	13日	14日	15日	16日	17日	18日	19日	20日	21日	22日	23日	24日	25日	26日	27日	28日	29日	30日	31日
1月	❷ XC10 GJK 12K9	❸ XB12 CHG 11G1	❹ XA1 HGH 1H12	❺ XK12 FFE 1E1	❻ XJ1 AEF 11F12	❼ XH9 JDE 12D11	❽ XG4 ECF 12C2	❾ XF6 DBC 11B8	❿ XE7 HAD 1A5	❶ WD3 FKA 10K5	❷ WC10 CJB 2J8	❸ WB12 CHJ 9H2	❹ WA1 EGK 3G11	❺ WK12 DFG 11F2	❻ WJ1 HEH 1E11	❼ WH9 DBE 10D11	❽ WG4 AAF 2C2	❾ WF6 EKC 9B8	❿ WE7 CGB 3A5	❶ VD3 EFJ 8K5	❷ VC10 DEK 4J8	❸ VB12 DDG 7H2	❹ VA1 CCH 5G11	❺ VK12 CBE 9F2	❻ VJ1 CAF 3E11	❼ VH9 JKC 8D11	❽ VG4 DJD 4C2	❾ VF6 BHA 7B8	❿ VE7 GGB 5A5	❶ UD3 AFJ 6K5	❷ UC10 AEK 6J8
2月	❸ UB12 CDG 5H2	❹ UA1 BCH 7G11	❺ UK12 KBE 7F2	❻ UJ1 AAF 5E11	❼ UJ10 JJD 6E12	❽ UK3 AKC 6F1	❾ UG7 KGB 5C9	❿ UH6 DHA 7D4	❶ ZE4 KEK 4A6	❷ ZF9 JFJ 8B7	❸ ZC1 CCH 3J3	❹ ZD12 JDG 9K10	❺ ZA1 HJF 5G3	❻ ZB12 DKE 7H10	❼ ZJ10 KGD 4E12	❽ ZK3 EHC 8F1	❾ ZG7 AEB 3C9	❿ ZH6 JFA 9D4	❶ YE4 ECK 2A6	❷ YF9 KBJ 10B7	❸ YC1 HJH 1J3	❹ YD12 CKG 11K10	❺ YA1 GGF 3G3	❻ YB12 GHE 9H10	❼ YJ10 JED 2E12	❽ YK3 HFC 10F1	❾ YG7 FCB 1C9	❿ YH6 GDA 11D4	❶ XE4 GAK 12A6		
3月	❷ XF9 GBJ 12B7	❸ XC1 CJH 11J3	❹ XD12 HKG 1K10	❺ XA1 FGF 1G3	❻ XB12 AHE 11H10	❼ XJ10 JFD 12F1	❽ XK3 EEC 12E12	❾ XG7 DDB 11D10	❿ XH6 KCA 1C3	❶ WE4 FBK 10B7	❷ WF9 CAJ 2A6	❸ WC1 CKH 9K4	❹ WD12 EJG 3J9	❺ WA1 DHF 11H4	❻ WB12 HGE 1G9	❼ WJ10 DFD 10F1	❽ WK3 AEC 2E12	❾ WG7 EDB 9D10	❿ WH6 CCA 3C3	❶ VE4 EBK 8B7	❷ VF9 DAJ 4A6	❸ VC1 DKH 7K4	❹ VD12 CJG 5J9	❺ VA1 CHF 9H4	❻ VB12 CGE 3G9	❼ VJ10 JFD 8F1	❽ VK3 DEC 4E12	❾ VG7 BDB 7D10	❿ VH6 GCA 5C3	❶ UE4 ABK 6B7	❷ UF9 AAJ 6A6
4月	❸ UC1 CKH 5K4	❹ UD12 BJG 7J9	❺ UA1 KHF 7H4	❻ UB12 AGE 5G9	❼ UJ10 JFD 6G2	❽ UK3 AEC 6H11	❾ UG7 KDB 5E11	❿ UH6 DCA 7F2	❶ ZE4 KBK 4C8	❷ ZF9 JAJ 8D5	❸ ZC1 CKH 3A5	❹ ZD12 JJG 9B8	❺ ZA1 HHF 5J5	❻ ZB12 DGE 7K8	❼ ZJ10 KDD 4G2	❽ ZK3 ECC 8H11	❾ ZG7 ABB 3E11	❿ ZH6 JHA 9F2	❶ YE4 EEK 2C8	❷ YF9 KFJ 10D5	❸ YC1 HCH 1A5	❹ YD12 CDG 11B8	❺ YA1 GAF 3J5	❻ YB12 GBE 9K8	❼ YJ10 JJD 2G2	❽ YK3 HKC 10H11	❾ YG7 FGB 1E11	❿ YH6 GHA 11F2	❶ XE4 GEK 12C8	❷ XF9 GFJ 12D5	
5月	❸ XC1 CCH 11A5	❹ XD12 HDG 1B8	❺ XA1 FAF 1J5	❻ XB12 ABE 11K8	❼ XJ10 JJD 12H3	❽ XK3 EKC 12G10	❾ XG7 DGB 11F12	❿ XH6 HHA 1E1	❶ WE4 FEK 10D9	❷ WF9 CFJ 2C4	❸ WC1 CEH 9B6	❹ WD12 EFG 3A7	❺ WA1 DCF 11K6	❻ WB12 HDE 1J7	❼ WJ10 DAD 10H3	❽ WK3 ABC 2G10	❾ WG7 EJB 9F12	❿ WH6 CKA 3E1	❶ VE4 EGK 8D9	❷ VF9 DDJ 4C4	❸ VC1 DAH 7B6	❹ VD12 CBG 5A7	❺ VA1 CJF 9K6	❻ VB12 CKE 3J7	❼ VJ10 JGD 8H3	❽ VK3 DHC 4G10	❾ VG7 BEB 7F12	❿ VH6 GFA 5E1	❶ UE4 ACK 6D9	❷ UF9 ADJ 6C4	❸ UC1 CAH 5B6
6月	❹ UD12 BBG 7A7	❺ UA1 KJF 7K6	❻ UB12 AKE 5J7	❼ UJ10 AGD 6H3	❽ UK3 AHC 6G10	❾ UG7 KHB 5G1	❿ UH6 DGA 7H12	❶ ZE4 KFK 4E10	❷ ZF9 JEJ 8F3	❸ ZC1 CDH 3C7	❹ ZD12 JCG 9D6	❺ ZA1 HBF 5A7	❻ ZB12 DAE 7B6	❼ ZJ10 KKD 4J4	❽ ZK3 GJC 8K9	❾ ZG7 GHB 3G1	❿ ZH6 JGA 9H12	❶ YE4 DFK 2E10	❷ YF9 KEJ 10F3	❸ YC1 HDH 1C7	❹ YD12 CCG 11D6	❺ YA1 GBF 3A7	❻ YB12 GAE 9B6	❼ YJ10 JKD 2J4	❽ YK3 HJC 10K9	❾ YG7 FFB 1G1	❿ YH6 GEA 11H12	❶ XE4 GDK 12E10	❷ XF9 GCJ 12F3	❸ XC1 CBH 11C7	
7月	❹ XD12 HAG 1D6	❺ XA1 FKF 1A7	❻ XB12 AJE 11B6	❼ XJ10 EHD 12J4	❽ XK3 EGC 12K9	❾ XG7 GFB 11G1	❿ XH6 HEA 1G11	❶ WE4 FDK 10F11	❷ WF9 CCJ 2E2	❸ WC1 CBH 9D8	❹ WD12 EAG 3C5	❺ WA1 DKF 11B8	❻ WB12 HJE 1A5	❼ WJ10 DHD 10K5	❽ WK3 CGC 2J8	❾ WG7 EFB 9H2	❿ WH6 CCA 3G11	❶ VE4 KBK 8F11	❷ VF9 HAJ 4E2	❸ VC1 DDH 7D8	❹ VD12 CCG 5C5	❺ VA1 CBF 9B8	❻ VB12 CAE 3A5	❼ VJ10 JKD 8K5	❽ VK3 DJC 4J8	❾ VG7 BHB 7H2	❿ VH6 GGA 5G11	❶ UE4 AFK 6F11	❷ UF9 AEJ 6E2	❸ UC1 CDH 5D8	❹ UD12 BCG 7C5
8月	❺ UA1 KBF 7B8	❻ UB12 AAE 5A5	❼ UJ10 AKD 6K5	❽ UK3 AJC 6J8	❾ UG7 GHB 5H2	❿ UH6 BGA 7G11	❶ ZE4 KFK 4F11	❷ ZF9 JFJ 8H1	❸ ZC1 CCH 3E9	❹ ZD12 JDG 9F4	❺ ZA1 HAF 5C9	❻ ZB12 BBE 7D4	❼ ZJ10 KJD 4A6	❽ ZK3 GKC 8B7	❾ ZG7 GGB 3J3	❿ ZH6 JHA 9K10	❶ YE4 HEK 2G12	❷ YF9 BFJ 10H1	❸ YC1 HGH 1E9	❹ YD12 EHG 11F4	❺ YA1 JEF 3C9	❻ YB12 GDE 9D4	❼ YJ10 JAD 2A6	❽ YK3 HBC 10B7	❾ YG7 HJB 1J3	❿ YH6 GKA 11K10	❶ XE4 GGK 12G12	❷ XF9 GHJ 12H1	❸ XC1 CEH 11E9	❹ XD12 HFG 1F4	❺ XA1 FCF 1C9
9月	❻ XB12 ADE 11D4	❼ XJ10 EAD 12A6	❽ XK3 EBC 12B7	❾ XG7 GJB 11J3	❿ XH6 FKA 1K10	❶ WE4 DGK 10G12	❷ WF9 EHJ 2H1	❸ WC1 CFH 9F10	❹ WD12 EEG 3E3	❺ WA1 DDF 11D10	❻ WB12 HCE 1C3	❼ WJ10 DBD 10B7	❽ WK3 CAC 2A6	❾ WG7 GKB 9K4	❿ WH6 CJA 3J9	❶ VE4 BHK 8H1	❷ VF9 HGJ 4G12	❸ VC1 DFH 7F10	❹ VD12 JEG 5E3	❺ VA1 EDF 9D10	❻ VB12 CCE 3C3	❼ VJ10 JBD 8B7	❽ VK3 DAC 4A6	❾ VG7 BKB 7K4	❿ VH6 GJA 5J9	❶ UE4 AHK 6H1	❷ UF9 AGJ 6G12	❸ UC1 CFH 5F10	❹ UD12 BEG 7E3	❺ UA1 KDF 7D10	
10月	❻ UB12 ACE 5C3	❼ UJ10 ABD 6B7	❽ UK3 AAC 6A6	❾ UG7 GKB 5K4	❿ UH6 BJA 7J9	❶ ZE4 KHK 4H1	❷ ZF9 EGJ 8G12	❸ ZC1 CFH 3G11	❹ ZD12 JEG 9H2	❺ ZA1 HDF 5E11	❻ ZB12 BCE 7F2	❼ ZJ10 KBD 4C8	❽ ZK3 GAC 8D5	❾ ZG7 GKB 3A5	❿ ZH6 JJA 9B8	❶ YE4 HHK 2J2	❷ YF9 BGJ 10K11	❸ YC1 HBH 1G11	❹ YD12 EAG 11H2	❺ YA1 JKF 3E11	❻ YB12 GBE 9F2	❼ YJ10 JJD 2C8	❽ YK3 HKC 10D5	❾ YG7 HGB 1A5	❿ YH6 GHA 11B8	❶ XE4 GEK 12J2	❷ XF9 GFJ 12K11	❸ XC1 CCH 11G11	❹ XD12 HDG 1H2	❺ XA1 FAF 1E11	❻ XB12 ABE 11F2
11月	❼ XJ10 EJD 12C8	❽ XK3 EKC 12D5	❾ XG7 GGB 11A5	❿ XH6 FHA 1B8	❶ WE4 DEK 10J2	❷ WF9 EFJ 2K11	❸ WC1 CJH 9H12	❹ WD12 EKG 3G1	❺ WA1 DGF 11F12	❻ WB12 HHE 1E1	❼ WJ10 DED 10D9	❽ WK3 CFC 2C4	❾ WG7 GCB 9B6	❿ WH6 CDA 3A7	❶ VE4 BAK 8K3	❷ VF9 HBJ 4J10	❸ VC1 DJH 7H12	❹ VD12 JKG 5G1	❺ VA1 EGF 9F12	❻ VB12 CFE 3E1	❼ VJ10 JCD 8D9	❽ VK3 DDC 4C4	❾ VG7 BAB 7B6	❿ VH6 GBA 5A7	❶ UE4 AJK 6K3	❷ UF9 AKJ 6J10	❸ UC1 CGH 5H12	❹ UD12 BHG 7G1	❺ UA1 KEF 7F12	❻ UB12 AFE 5E1	
12月	❼ UJ10 ACD 6D9	❽ UK3 ADC 6C4	❾ UG7 GAB 5B6	❿ UH6 BBA 7A7	❶ ZE4 KJK 4K3	❷ ZF9 EKJ 8J10	❸ ZC1 CHH 3J1	❹ ZD12 JGG 9K12	❺ ZA1 HFF 5G1	❻ ZB12 BEE 7H12	❼ ZJ10 KDD 4E10	❽ ZK3 GCC 8F3	❾ ZG7 GBB 3C7	❿ ZH6 JAA 9D6	❶ YE4 HKK 2A4	❷ YF9 BJJ 10B9	❸ YC1 HHH 1J1	❹ YD12 EGG 11K12	❺ YA1 JFF 3G1	❻ YB12 GEE 9H12	❼ YJ10 JDD 2E10	❽ YK3 HCC 10F3	❾ YG7 HBB 1C7	❿ YH6 GAA 11D6	❶ XE4 GKK 12A4	❷ XF9 GJJ 12B9	❸ XC1 CHH 11J1	❹ XD12 HGG 1K12	❺ XA1 FFF 1G1	❻ XB12 AEE 11H12	❼ XJ10 EDD 12E10

1949年(民國38年)

1949年	1日	2日	3日	4日	5日	6日	7日	8日	9日	10日	11日	12日	13日	14日	15日	16日
1月	❽ XK3 ECC 12F3	❾ XG7 GBB 11C7	❿ XH6 FAA 1D6	❶ WE4 DKK 10A4	❷ WF9 EJJ 2B9	❸ WC1 CHH 9K2	❹ WD12 EGG 3J11	❺ WA1 DFF 11H2	❻ WB12 HEE 1G11	❼ WJ10 DDD 10F11	❽ WK3 CCC 2E2	❾ WG7 GBB 9D8	❿ WH6 CAA 3C5	❶ VE4 BKK 8B5	❷ VF9 HJJ 4A8	❸ VC1 DFH 7K2
2月	❾ UG7 GHB 5D8	❿ UH6 BGA 7C5	❶ ZE4 KFK 4B5	❷ ZE8 JFJ 8D7	❸ ZD2 CCH 3A3	❹ ZC11 JDG 9B10	❺ ZB2 HAF 5J3	❻ ZA11 BBE 7K10	❼ ZK11 KJD 4G12	❽ ZJ2 GKC 8H1	❾ ZH8 GGB 3E9	❿ ZG5 JFA 9F4	❶ YF5 HCK 2C6	❷ YE8 BDG 10D7	❸ YD2 HAF 1A3	❹ YC11 EBE 11B10
3月	❼ XK11 EEK 12G12	❽ XJ2 EFJ 12H1	❾ XH8 GCH 11E9	❿ XG5 FDG 1F4	❶ WF5 DAF 10C6	❷ WE8 CAJ 2C6	❸ WD2 CKH 9B4	❹ WC11 EJG 3A9	❺ WB2 DHF 11K4	❻ WA11 HGE 1J9	❼ WK11 DFD 10H1	❽ WJ2 CEC 2G12	❾ WH8 GDB 9F10	❿ WG5 CCA 3E3	❶ VF5 BBK 8D7	❷ VE8 HAG 4C6
4月	❽ UJ2 AEJ 6G12	❾ UH8 GDH 5F10	❿ UG5 BCG 7E3	❶ ZF5 KBF 4D7	❷ ZE8 JAJ 8F5	❸ ZD2 CKH 3C5	❹ ZC11 JJG 9D8	❺ ZB2 HHF 5A5	❻ ZA11 BGE 7B8	❼ ZK11 KFD 4J2	❽ ZJ2 GEC 8K11	❾ ZH8 GDB 3G11	❿ ZG5 JCA 9H2	❶ YF5 HBK 2E8	❷ YE8 BJG 10F5	❸ YD2 HHF 1C5
5月	❽ XJ2 EKJ 12K11	❾ XH8 GGH 11G11	❿ XG5 FHG 1H2	❶ WF5 DEF 10E8	❷ WE8 EFE 2F5	❸ WD2 CCH 9D6	❹ WC11 EDG 3C7	❺ WB2 DAF 11B6	❻ WA11 HBE 1A7	❼ WK11 DJD 10K3	❽ WJ2 CKC 2J10	❾ WH8 GJB 9H12	❿ WG5 CKA 3G1	❶ VF5 BGK 8F9	❷ VE8 HHJ 4E4	❸ VD2 DEF 7D6
6月	❾ UH8 GEH 5H12	❿ UG5 BFG 7G1	❶ ZF5 KCF 4F9	❷ ZE8 EDE 8E4	❸ ZD2 JAD 3D6	❹ ZC11 JCG 9F6	❺ ZB2 HBF 5C7	❻ ZA11 BAE 7D6	❼ ZK11 KKD 4A4	❽ ZJ2 GJC 8B9	❾ ZH8 GHB 3J1	❿ ZG5 JGA 9K12	❶ YF5 HFK 2G10	❷ YE8 BEJ 10H3	❸ YD2 HDH 1E7	❹ YC11 ECE 11F6
7月	❾ XH8 GFH 11J1	❿ XG5 FEG 1K12	❶ WF5 DDF 10G10	❷ WE8 ECE 2H3	❸ WD2 EBD 9E7	❹ WC11 EAC 3F6	❺ WB2 DKF 11D8	❻ WA11 HJE 1C5	❼ WK11 DHD 10B5	❽ WJ2 CGC 2A8	❾ WH8 GFB 9K2	❿ WG5 CEA 3J11	❶ VF5 BDK 8H11	❷ VE8 HCJ 4G2	❸ VD2 DBH 7F8	❹ VC11 AAG 5E5
8月	❿ UG5 BGG 7J11	❶ ZF5 KFF 4H11	❷ ZE8 EEE 8G2	❸ ZD2 JDD 3F8	❹ ZC11 JCC 9E5	❺ ZB2 ABB 5D8	❻ ZA11 KAA 7C5	❼ ZK11 KJD 4C6	❽ ZJ2 GKC 8D7	❾ ZH8 GGB 3A3	❿ ZG5 JHA 9B10	❶ YF5 HEK 2J12	❷ YE8 BFJ 10K1	❸ YD2 HCH 1G9	❹ YC11 GDG 11H4	❺ YB2 JAF 3E9
9月	❶ WF5 DGF 10J12	❷ WE8 EHE 2K1	❸ WD2 EED 9G9	❹ WC11 EFC 3H4	❺ WB2 ACB 11E9	❻ WA11 FDA 1F4	❼ WK11 DAK 10C6	❽ WJ2 CAC 2C6	❾ WH8 GKB 9B4	❿ WG5 CJA 3A9	❶ VF5 BHK 8K1	❷ VE8 FGJ 4J12	❸ VD2 DFH 7H10	❹ VC11 AEG 5G3	❺ VB2 ADF 9F10	❻ VA11 CCE 3E3
10月	❶ ZF5 KHF 4K1	❷ ZE8 EGE 8J12	❸ ZD2 JFD 3H10	❹ ZC11 JEC 9G3	❺ ZB2 ADB 5F10	❻ ZA11 KCA 7E3	❼ ZK11 HBK 4D7	❽ ZJ2 JAJ 8C6	❾ ZH8 GKB 3C5	❿ ZG5 JJA 9D8	❶ YF5 HHK 2A2	❷ YE8 BGJ 10B11	❸ YD2 HFH 1J11	❹ YC11 GEG 11K2	❺ YB2 ADF 3G11	❻ YA11 GCE 9H2
11月	❷ WE8 EFE 2B11	❸ WD2 ECD 9J11	❹ WC11 EDC 3K2	❺ WB2 AAB 11G11	❻ WA11 FBA 1H2	❼ WK11 DJK 10E8	❽ WJ2 JKJ 2F5	❾ WH8 GCB 9D6	❿ WG5 CDA 3C7	❶ VF5 BAK 8B3	❷ VE8 FBJ 4A10	❸ VD2 DJH 7K12	❹ VC11 AKG 5J1	❺ VB2 AGF 9H12	❻ VA11 CHE 3G1	❼ VK11 BED 8F9
12月	❷ ZE8 EKE 8A10	❸ ZD2 JGD 3K12	❹ ZC11 JHC 9J1	❺ ZB2 AEB 5H12	❻ ZA11 KFA 7G1	❼ ZK11 HCK 4F9	❽ ZJ2 GCC 8H3	❾ ZH8 GBB 3E7	❿ ZG5 JAA 9F6	❶ YF5 HKK 2C4	❷ YE8 BJJ 10D9	❸ YD2 HHH 1A1	❹ YC11 GGG 11B12	❺ YB2 AFF 3J1	❻ YA11 GEE 9K12	❼ YK11 FDD 2G10

1949年	17日	18日	19日	20日	21日	22日	23日	24日	25日	26日	27日	28日	29日	30日	31日
1月	❹ VD12 JEG 5J11	❺ VA1 EDF 9H2	❻ VB12 CAE 3G11	❼ VJ10 JKD 8F11	❽ VK3 DJC 4E2	❾ VG7 BHB 7D8	❿ VH6 GGA 5C5	❶ UE4 AFK 6B5	❷ UF9 AEJ 6A8	❸ UC1 CDH 5K2	❹ UD12 BCG 7J11	❺ UA1 KBF 7H2	❻ UB12 AAE 5G11	❼ UJ10 AKD 6F11	❽ UK3 AJC 6E2
2月	❺ YB2 JJB 3J3	❻ YA11 GKA 9K10	❼ YK11 JEK 2G12	❽ YJ2 HFJ 10H1	❾ YH8 HCH 1E9	❿ YG5 GDG 11F4	❶ XF5 GAF 12C6	❷ XE8 GBE 12D7	❸ XD2 CJD 11A3	❹ XC11 HKC 1B10	❺ XB2 FGB 1J3	❻ XA11 AHA 11K10			
3月	❸ VD2 DKF 7B4	❹ VC11 JJE 5A9	❺ VB2 EHB 9K4	❻ VA11 CGA 3J9	❼ VK11 JFK 8H1	❽ VJ2 DEJ 4G12	❾ VH8 BDH 7F10	❿ VG5 GCG 5E3	❶ UF5 ABF 6D7	❷ UE8 AAE 6C6	❸ UD2 CKD 5B4	❹ UC11 BJC 7A9	❺ UB2 KHB 7K4	❻ UA11 AGA 5J9	❼ UK11 AFK 6H1
4月	❹ YC11 EGE 11D8	❺ YB2 JAB 3A5	❻ YA11 GBA 9B8	❼ YK11 JJK 2J2	❽ YJ2 HKJ 10K11	❾ YH8 HGH 1G11	❿ YG5 GHG 11H2	❶ XF5 GEF 12E8	❷ XE8 GFE 12F5	❸ XD2 CCD 11C5	❹ XC11 HDC 1D8	❺ XB2 FAB 1A5	❻ XA11 ABA 11B8	❼ XK11 EJK 12J2	
5月	❹ VC11 JFE 5C7	❺ VB2 ECD 9B6	❻ VA11 CDA 3A7	❼ VK11 JAK 8K3	❽ VJ2 DHJ 4J10	❾ VH8 BEH 7H12	❿ VG5 GFG 5G1	❶ UF5 ACF 6F9	❷ UE8 ADE 6E4	❸ UD2 CAD 5D6	❹ UC11 BBC 7C7	❺ UB2 KJB 7B6	❻ UA11 AKA 5A7	❼ UK11 AGK 6K3	❽ UJ2 AHJ 6J10
6月	❺ YB2 JBD 3C7	❻ YA11 GAC 9D6	❼ YK11 JKK 2A4	❽ YJ2 BJJ 10B9	❾ YH8 HHH 1J1	❿ YG5 GGG 11K12	❶ XF5 GFF 12G10	❷ XE8 GEE 12H3	❸ XD2 CDD 11E7	❹ XC11 HAC 1F6	❺ XB2 FKB 1C7	❻ XA11 AJA 11D6	❼ XK11 EHK 12A4	❽ XJ2 EGJ 12B9	
7月	❺ VB2 AHD 9D8	❻ VA11 CGC 3C5	❼ VK11 HFB 8B5	❽ VJ2 DJJ 4A8	❾ VH8 BHH 7K2	❿ VG5 GGG 5J11	❶ UF5 AFF 6H11	❷ UE8 AEE 6G2	❸ UD2 CDD 5F8	❹ UC11 BCC 7E5	❺ UB2 KBB 7D8	❻ UA11 AAA 5C5	❼ UK11 AKK 6B5	❽ UJ2 AJJ 6A8	❾ UH8 GHH 5K2
8月	❻ YA11 GBE 9F4	❼ YK11 DJB 2C6	❽ YJ2 BDA 10D7	❾ YH8 HAK 1A3	❿ YG5 GBG 11B10	❶ XF5 GGF 12J12	❷ XE8 GHE 12K1	❸ XD2 CED 11G9	❹ XC11 HFC 1H4	❺ XB2 FCB 1E9	❻ XA11 ADA 11F4	❼ XK11 EAK 12C6	❽ XJ2 EBJ 12D7	❾ XH8 GJH 11A3	❿ XG5 FKG 1B10
9月	❼ VK11 BBD 8D7	❽ VJ2 FAA 4C6	❾ VH8 BKK 7B4	❿ VG5 JJJ 5A9	❶ UF5 CHF 6K1	❷ UE8 AGE 6J12	❸ UD2 CFD 5H10	❹ UC11 BEC 7G3	❺ UB2 BDB 7F10	❻ UA11 ACA 5E3	❼ UK11 ABK 6D7	❽ UJ2 AAJ 6C6	❾ UH8 GKH 5B4	❿ UG5 BJG 7A9	
10月	❼ YK11 FBD 2E8	❽ YJ2 BAC 10F5	❾ YH8 HFK 1C5	❿ YG5 CEJ 11D8	❶ XF5 JDH 12A2	❷ XE8 GFE 12B11	❸ XD2 CCD 11J11	❹ XC11 HDC 1K2	❺ XB2 FAB 1G11	❻ XA11 ABA 11H2	❼ XK11 EJK 12E8	❽ XJ2 EKJ 12F5	❾ XH8 GGH 11C5	❿ XG5 FHG 1D8	❶ WF5 DEF 10A2
11月	❽ VJ2 FFC 4E4	❾ VH8 BCK 7D6	❿ VG5 JDJ 5C7	❶ UF5 CAH 6B3	❷ UE8 AKE 6A10	❸ UD2 CGD 5K12	❹ UC11 BHC 7J1	❺ UB2 BEB 7H12	❻ UA11 AFA 5G1	❼ UK11 ACK 6F9	❽ UJ2 ADJ 6E4	❾ UH8 GAH 5D6	❿ UG5 BBG 7C7	❶ ZF5 KJF 4B3	
12月	❽ YJ2 BCA 10H3	❾ YH8 HBK 1E7	❿ YG5 CAJ 11F6	❶ XF5 JKF 12C4	❷ XE8 GJE 12D9	❸ XD2 CHD 11A1	❹ XC11 HGC 1B12	❺ XB2 FFB 1J1	❻ XA11 AEA 11K12	❼ XK11 EDK 12G10	❽ XJ2 ECJ 12H3	❾ XH8 GBH 11E7	❿ XG5 FAG 1F6	❶ WF5 DKF 10C4	❷ WE8 EJE 2D9

1950年（民國39年）

1950年	1日	2日	3日	4日	5日	6日	7日	8日	9日	10日	11日	12日	13日	14日	15日	16日	17日	18日	19日	20日	21日	22日	23日	24日	25日	26日	27日	28日	29日	30日	31日
1月	❸ WD2 EHD 9A1	❹ WC11 EGC 3B12	❺ WB2 AFB 11J1	❻ WA11 FEA 1K12	❼ WK11 DDK 10G10	❽ WJ2 CCC 2G2	❾ WH8 GBB 9F8	❿ WG5 CAA 3E5	❶ VF5 BKK 8D5	❷ VE8 FJJ 4C8	❸ VD2 DHH 7B2	❹ VC11 AGG 5A11	❺ VB2 AFF 9K2	❻ VA11 CEE 3J11	❼ VK11 BDD 8H11	❽ VJ2 FAA 4G2	❾ VH8 BKK 7F8	❿ VG5 JJJ 5E5	❶ UF5 CFF 6D5	❷ UE8 AEE 6C8	❸ UD2 CDD 5B2	❹ UC11 BCC 7A11	❺ UB2 BBB 7K2	❻ UA11 AAA 5J11	❼ UK11 AKK 6H11	❽ UJ2 AJJ 6G2	❾ UH8 GHH 5F8	❿ UG5 BGG 7E5	❶ ZF5 KFF 4D5	❷ ZE8 EEE 8C8	❸ ZD2 JDD 3B2
2月	❹ ZC11 JCC 9A11	❺ ZB2 ABB 5K2	❻ ZA11 KAA 7J11	❼ ZA12 KJJ 4J12	❽ ZB1 GKK 8K1	❾ ZJ9 GGG 3G9	❿ ZK4 JHH 9H4	❶ YG6 HEE 2E6	❷ YH7 BFF 10F7	❸ YE3 HCC 1C3	❹ YF10 GDD 11D10	❺ YC3 JJJ 3A3	❻ YD10 GKK 9B10	❼ YA12 DGG 2J12	❽ YB1 BHH 10K1	❾ YJ9 HEE 1G9	❿ YK4 GFF 11H4	❶ XG6 GCC 12E6	❷ XH7 GBB 12F7	❸ XE3 CJJ 11C3	❹ XF10 HKK 1D10	❺ XC3 FGG 1A3	❻ XD10 AHH 11B10	❼ XA12 EEE 12J12	❽ XB1 EFF 12K1	❾ XJ9 GCC 11G9	❿ XK4 FDD 1H4	❶ WG6 DAA 10E6			
3月	❷ WH7 EBB 2F7	❸ WE3 EJJ 9C3	❹ WF10 EKK 3D10	❺ WC3 AGG 11A3	❻ WD10 FHH 1B10	❼ WA12 DFJ 10K1	❽ WB1 CEK 2J12	❾ WJ9 GDG 9H10	❿ WK4 CCH 3G3	❶ VG6 BBE 8F7	❷ VH7 FAF 4E6	❸ VE3 DKC 7D4	❹ VF10 AJD 5C9	❺ VC3 AHJ 9B4	❻ VD10 CGK 3A9	❼ VA12 HFG 8K1	❽ VB1 FEH 4J12	❾ VJ9 BDE 7H10	❿ VK4 GCF 5G3	❶ UG6 CBC 6F7	❷ UH7 AAB 6E6	❸ UE3 CKJ 5D4	❹ UF10 BJK 7C9	❺ UC3 BHG 7B4	❻ UD10 AGH 5A9	❼ UA12 AFE 6K1	❽ UB1 AEF 6J12	❾ UJ9 GDC 5H10	❿ UK4 BCD 7G3	❶ ZG6 KBA 4F7	❷ ZH7 EAB 8E6
4月	❸ ZE3 JKJ 3D4	❹ ZF10 JJK 9C9	❺ ZC3 AHG 5B4	❻ ZD10 KGH 7A9	❼ ZA12 KFJ 4A2	❽ ZB1 GEK 8B11	❾ ZJ9 GDG 3J11	❿ ZK4 JCH 9K2	❶ YG6 HBE 2G8	❷ YH7 BAF 10H5	❸ YE3 HKC 1E5	❹ YF10 GJD 11F8	❺ YC3 JHJ 3C5	❻ YD10 GGK 9D8	❼ YA12 DDG 2A2	❽ YB1 BCH 10B11	❾ YJ9 HBE 1J11	❿ YK4 GHF 11K2	❶ XG6 GEC 12G8	❷ XH7 GFB 12H5	❸ XE3 CCJ 11E5	❹ XF10 HDK 1F8	❺ XC3 FAG 1C5	❻ XD10 ABH 11D8	❼ XA12 EJE 12A2	❽ XB1 EKF 12B11	❾ XJ9 GGC 11J11	❿ XK4 FHD 1K2	❶ WG6 DEA 10G8	❷ WH7 EFB 2H5	
5月	❸ WE3 ECJ 9E5	❹ WF10 EDK 3F8	❺ WC3 AAG 11C5	❻ WD10 FBH 1D8	❼ WA12 DJE 10A2	❽ WB1 CKK 2A10	❾ WJ9 GGG 9K12	❿ WK4 CHH 3J1	❶ VG6 BEE 8H9	❷ VH7 FFF 4G4	❸ VE3 DCC 7F6	❹ VF10 AFD 5E7	❺ VC3 ACA 9D6	❻ VD10 CDK 3C7	❼ VA12 BAG 8B3	❽ VB1 FBH 4A10	❾ VJ9 BJE 7K12	❿ VK4 JKF 5J1	❶ UG6 CGC 6H9	❷ UH7 AHD 6G4	❸ UE3 CAJ 5F6	❹ UF10 BBK 7E7	❺ UC3 BJG 7D6	❻ UD10 AKH 5C7	❼ UA12 AGE 6B3	❽ UB1 AHF 6A10	❾ UJ9 GEC 5K12	❿ UK4 BFD 7J1	❶ ZG6 KCA 4H9	❷ ZH7 EDB 8G4	❸ ZE3 JAJ 3F6
6月	❹ ZF10 JBK 9E7	❺ ZC3 AJG 5D6	❻ ZD10 KKH 7C7	❼ ZA12 HGE 4B3	❽ ZB1 JHF 8A10	❾ ZJ9 GHG 3A1	❿ ZK4 JGH 9B12	❶ YG6 HFE 2J10	❷ YH7 BEF 10K3	❸ YE3 HDC 1G7	❹ YF10 GCD 11H6	❺ YC3 ABA 3E7	❻ YD10 GAB 9F6	❼ YA12 FKG 2C4	❽ YB1 BJH 10D9	❾ YJ9 HHE 1A1	❿ YK4 CGF 11B12	❶ XG6 JFC 12J10	❷ XH7 GED 12K3	❸ XE3 CDA 11G7	❹ XF10 HCK 1H6	❺ XC3 FBG 1E7	❻ XD10 AAH 11F6	❼ XA12 EKE 12C4	❽ XB1 EJF 12D9	❾ XJ9 GFC 11A1	❿ XK4 FED 1B12	❶ WG6 DDA 10J10	❷ WH7 ECB 2K3	❸ WE3 EBJ 9G7	
7月	❹ WF10 EAK 3H6	❺ WC3 AKG 11E7	❻ WD10 FJH 1F6	❼ WA12 DHE 10C4	❽ WB1 JGF 2D9	❾ WJ9 CFC 9A1	❿ WK4 CED 3B12	❶ VG6 BDE 8K11	❷ VH7 FCF 4J2	❸ VE3 DBC 7H8	❹ VF10 AAD 5G5	❺ VC3 AKA 9F8	❻ VD10 CJB 3E5	❼ VA12 BHJ 8D5	❽ VB1 FGK 4C8	❾ VJ9 BFE 7B2	❿ VK4 AEF 5A11	❶ UG6 CBC 6K11	❷ UH7 AAD 6J2	❸ UE3 HKA 5H8	❹ UF10 FCB 7G5	❺ UC3 BBJ 7F8	❻ UD10 AAH 5E5	❼ UA12 AKE 6D5	❽ UB1 AJF 6C8	❾ UJ9 GHC 5B2	❿ UK4 BGD 7A11	❶ ZG6 KFA 4K11	❷ ZH7 EEB 8J2	❸ ZE3 JDJ 3H8	❹ ZF10 JCK 9G5
8月	❺ ZC3 ABG 5F8	❻ ZD10 KAH 7E5	❼ ZA12 HKE 4D5	❽ ZB1 JJF 8C8	❾ ZJ9 JHC 3B2	❿ ZK4 JGD 9A11	❶ YG6 EFA 2K11	❷ YH7 BFF 10B1	❸ YE3 HCC 1J9	❹ YF10 GDD 11K4	❺ YC3 AAA 3G9	❻ YD10 GBB 9H4	❼ YA12 FJJ 2E6	❽ YB1 BKK 10F7	❾ YJ9 HGG 1C3	❿ YK4 EHF 11D10	❶ XG6 EEC 12A12	❷ XH7 GFD 12B1	❸ XE3 BGA 11J9	❹ XF10 KHB 1K4	❺ XC3 FEJ 1G9	❻ XD10 ADK 11H4	❼ XA12 EAE 12E6	❽ XB1 EBF 12F7	❾ XJ9 GJC 11C3	❿ XK4 FKD 1D10	❶ WG6 FGA 10A12	❷ WH7 EHB 2B1	❸ WE3 EEJ 9J9	❹ WF10 EFK 3K4	❺ WC3 ACG 11G9
9月	❻ WD10 FDH 1H4	❼ WA12 DAE 10E6	❽ WB1 JBF 2F7	❾ WJ9 CJC 9C3	❿ WK4 CKD 3D10	❶ VG6 EGA 8A12	❷ VH7 DHB 4B1	❸ VE3 DFC 7K10	❹ VF10 AED 5J3	❺ VC3 ADA 9H10	❻ VD10 CCB 3G3	❼ VA12 BBJ 8F7	❽ VB1 FAK 4E6	❾ VJ9 BKG 7D4	❿ VK4 AJH 5C9	❶ UG6 CHC 6B1	❷ UH7 AGD 6A12	❸ UE3 HFA 5K10	❹ UF10 FEB 7J3	❺ UC3 BDJ 7H10	❻ UD10 ACK 5G3	❼ UA12 ABG 6F7	❽ UB1 AAF 6E6	❾ UJ9 GKC 5D4	❿ UK4 BJD 7C9	❶ ZG6 KHA 4B1	❷ ZH7 EGB 8A12	❸ ZE3 JFJ 3K10	❹ ZF10 JEK 9J3	❺ ZC3 ADG 5H10	
10月	❻ ZD10 KCH 7G3	❼ ZA12 HBE 4F7	❽ ZB1 JAF 8E6	❾ ZJ9 JKC 3D4	❿ ZK4 JJD 9C9	❶ YG6 EHA 2B1	❷ YH7 KGB 10A12	❸ YE3 HFJ 1K10	❹ YF10 GED 11B2	❺ YC3 ADA 3J11	❻ YD10 GCB 9K2	❼ YA12 FBJ 2G8	❽ YB1 KAK 10H5	❾ YJ9 HKG 1E5	❿ YK4 EJH 11F8	❶ XG6 EHE 12C2	❷ XH7 GGD 12D11	❸ XE3 FFA 11A11	❹ XF10 KAB 1B2	❺ XC3 FKJ 1J11	❻ XD10 CJK 11K2	❼ XA12 GJG 12G8	❽ XB1 EKH 12H5	❾ XJ9 GGC 11E5	❿ XK4 FHD 1F8	❶ WG6 FEA 10C2	❷ WH7 EFB 2D11	❸ WE3 ECJ 9A11	❹ WF10 EDK 3B2	❺ WC3 AAG 11J11	❻ WD10 FBH 1K2
11月	❼ WA12 DJE 10G8	❽ WB1 JKF 2H5	❾ WJ9 CGC 9E5	❿ WK4 CHD 3F8	❶ VG6 EEA 8C2	❷ VH7 DFB 4D11	❸ VE3 BCJ 7A11	❹ VF10 AKD 5A1	❺ VC3 AGA 9K12	❻ VD10 CHB 3J1	❼ VA12 BEJ 8H9	❽ VB1 FFK 4G4	❾ VJ9 BCG 7F6	❿ VK4 ADH 5E7	❶ UG6 EAE 6D3	❷ UH7 ABD 6C10	❸ UE3 KJA 5B12	❹ UF10 FKB 7A1	❺ UC3 BGJ 7K12	❻ UD10 GHK 5J1	❼ UA12 CCG 6H9	❽ UB1 ADH 6G4	❾ UJ9 GAC 5F6	❿ UK4 BBD 7E7	❶ ZG6 KJA 4D3	❷ ZH7 EKB 8C10	❸ ZE3 JGJ 3B12	❹ ZF10 JHK 9A1	❺ ZC3 AEG 5K12	❻ ZD10 KFH 7J1	
12月	❼ ZA12 HCE 4H9	❽ ZB1 JDF 8G4	❾ ZJ9 JAC 3F6	❿ ZK4 JBD 9E7	❶ YG6 EJA 2D3	❷ YH7 KKB 10C10	❸ YE3 HGJ 1B12	❹ YF10 GGD 11D12	❺ YC3 AFA 3A1	❻ YD10 GEB 9B12	❼ YA12 FDJ 2J10	❽ YB1 KCK 10K3	❾ YJ9 HBG 1G7	❿ YK4 EAH 11H6	❶ XG6 EKE 12E4	❷ XH7 GJD 12F9	❸ XE3 FHA 11C1	❹ XF10 KGB 1D12	❺ XC3 FFJ 1A1	❻ XD10 CEK 11B12	❼ XA12 GDG 12J10	❽ XB1 ECH 12K3	❾ XJ9 GBC 11G7	❿ XK4 FAD 1H6	❶ WG6 FKA 10E4	❷ WH7 EJB 2F9	❸ WE3 EHJ 9C1	❹ WF10 EGK 3D12	❺ WC3 AFG 11A1	❻ WD10 FEH 1B12	❼ WA12 DDE 10J10

1951年（民國40年）

1951年	1日	2日	3日	4日	5日	6日	7日	8日	9日	10日	11日	12日	13日	14日	15日	16日
1月	❽ WB1 JCF 2K3	❾ WJ9 CBC 9G7	❿ WK4 CAD 3H6	❶ VG6 EKA 8E4	❷ VH7 DJB 4F9	❸ VE3 DHC 7D2	❹ VF10 AGD 5C11	❺ VC3 AFA 9B2	❻ VD10 CEB 3A11	❼ VA12 BDJ 8K11	❽ VB1 FCK 4J2	❾ VJ9 BBG 7H8	❿ VK4 AAH 5G5	❶ UG6 CKC 6F5	❷ UH7 AJD 6E8	❸ UE3 HFA 5D2
2月	❾ ZJ9 JHC 3H8	❿ ZK4 JGD 9G5	❶ YG6 EFA 2F5	❷ YH7 KEB 10E8	❸ YF4 HCK 1E3	❹ YE9 GDJ 11F10	❺ YD4 AAH 3C3	❻ YC9 GBG 9D10	❼ YB1 FJF 2A12	❽ YA12 KKE 10B1	❾ YK10 HGD 1J9	❿ YJ3 EHC 11K4	❶ XH7 ECB 12G6	❷ XG6 GDA 12H7	❸ XF4 BAK 11E3	❹ XE9 KBJ 1F10
3月	❼ WB1 DEF 10A12	❽ WA12 JFE 2B1	❾ WK10 CCD 9J9	❿ WJ3 CDC 3K4	❶ VH7 EAB 8G6	❷ VG6 FAA 4G6	❸ VF4 DKK 7F4	❹ VE9 AJJ 5E9	❺ VD4 AHH 9D4	❻ VC9 CGG 3C9	❼ VB1 BFF 8B1	❽ VA12 FEE 4A12	❾ VK10 BDD 7K10	❿ VJ3 ACC 5J3	❶ UH7 CBB 6H7	❷ UG6 AAA 6G6
4月	❽ ZA12 JEE 8A12	❾ ZK10 JDD 3K10	❿ ZJ3 JCC 9J3	❶ YH7 EBB 2H7	❷ YG6 BAA 10K5	❸ YF4 HKK 1G5	❹ YE9 GJJ 11H8	❺ YD4 AHH 3E5	❻ YC9 GGG 9F8	❼ YB1 FFF 2C2	❽ YA12 BEE 10D11	❾ YK10 HDD 1A11	❿ YJ3 ECC 11B2	❶ XH7 EBB 12J8	❷ XG6 GJA 12K5	❸ XF4 BHK 11G5
5月	❽ WA12 JKE 2D11	❾ WK10 CGD 9A11	❿ WJ3 CHC 3B2	❶ VH7 EEB 8J8	❷ VG6 DFA 4K5	❸ VF4 DCK 7H6	❹ VE9 ADJ 5G7	❺ VD4 AAH 9F6	❻ VC9 CBG 3E7	❼ VB1 BJF 8D3	❽ VA12 FKE 4C10	❾ VK10 BJD 7B12	❿ VJ3 AKC 5A1	❶ UH7 CGB 6K9	❷ UG6 AHA 6J4	❸ UF4 HEK 5H6
6月	❾ ZK10 JED 3B12	❿ ZJ3 JFC 9A1	❶ YH7 ECB 2K9	❷ YG6 KDA 10J4	❸ YF4 HAK 1H6	❹ YE9 GCJ 11K6	❺ YD4 ABH 3G7	❻ YC9 GAG 9H6	❼ YB1 FKF 2E4	❽ YA12 KJE 10F9	❾ YK10 HHD 1C1	❿ YJ3 EGC 11D12	❶ XH7 EFB 12A10	❷ XG6 GEA 12B3	❸ XF4 FDK 11J7	❹ XE9 KCJ 1K6
7月	❾ WK10 CFD 9C1	❿ WJ3 CEC 3D12	❶ VH7 EDB 8A10	❷ VG6 DCA 4B3	❸ VF4 BBK 7J7	❹ VE9 CAJ 5K6	❺ VD4 CKH 9G7	❻ VC9 CJG 3G5	❼ VB1 BHF 8F5	❽ VA12 FGE 4E8	❾ VK10 BFD 7D2	❿ VJ3 AEC 5C11	❶ UH7 EDB 6B11	❷ UG6 ACA 6A2	❸ UF4 KBK 5K8	❹ UE9 FAJ 7J5
8月	❿ ZJ3 JGC 9C11	❶ YH7 EFB 2B11	❷ YG6 KEA 10A2	❸ YF4 HDK 1K8	❹ YE9 CCJ 11J5	❺ YD4 GBH 3H8	❻ YC9 GAG 9G5	❼ YB1 FJF 2G6	❽ YA12 KKE 10H7	❾ YK10 HGD 1E3	❿ YJ3 EHC 11F10	❶ XH7 EEB 12C12	❷ XG6 GFA 12D1	❸ XF4 FCK 11A9	❹ XE9 KDJ 1B4	❺ XD4 FAH 1J9
9月	❶ VH7 EGB 8C12	❷ VG6 DHA 4D1	❸ VF4 BEK 7A9	❹ VE9 CFJ 5B4	❺ VD4 CCH 9J9	❻ VC9 CDG 3K4	❼ VB1 JAF 8G6	❽ VA12 FAE 4G6	❾ VK10 BKD 7F4	❿ VJ3 AJC 5E9	❶ UH7 EHB 6D1	❷ UG6 AGA 6C12	❸ UF4 KFK 5B10	❹ UE9 FEJ 7A3	❺ UD4 BDH 7K10	❻ UC9 JCG 5J3
10月	❶ YH7 EHB 2D1	❷ YG6 KGA 10C12	❸ YF4 HFK 1B10	❹ YE9 CEJ 11A3	❺ YD4 GDH 3K10	❻ YC9 GCG 9J3	❼ YB1 JBF 2H7	❽ YA12 HAE 10G6	❾ YK10 HKD 1G5	❿ YJ3 EJC 11H8	❶ XH7 EHB 12E2	❷ XG6 GGA 12F11	❸ XF4 FFK 11C11	❹ XE9 KEJ 1D2	❺ XD4 FDH 1A11	❻ XC9 ECG 11B2
11月	❷ VG6 DFA 4F11	❸ VF4 BCK 7C11	❹ VE9 CDJ 5D2	❺ VD4 CAH 9A11	❻ VC9 CBG 3B2	❼ VB1 JJF 8J8	❽ VA12 DKE 4K5	❾ VK10 BCD 7H6	❿ VJ3 ADC 5G7	❶ UH7 EAB 6F3	❷ UG6 ABA 6E10	❸ UF4 KJK 5D12	❹ UE9 DKJ 7C1	❺ UD4 BGH 7B12	❻ UC9 JHG 5A1	❼ UB1 JEF 6K9
12月	❷ YG6 KKA 10E10	❸ YF4 HGK 1D12	❹ YE9 CHJ 11C1	❺ YD4 GEH 3B12	❻ YC9 GFG 9A1	❼ YB1 JCF 2K9	❽ YA12 HDE 10J4	❾ YK10 HBD 1J7	❿ YJ3 EAC 11K6	❶ XH7 EKB 12G4	❷ XG6 GJA 12H9	❸ XF4 FHK 11E1	❹ XE9 KGJ 1F12	❺ XD4 FFH 1C1	❻ XC9 EEG 11D12	❼ XB1 GDF 12A10

1951年	17日	18日	19日	20日	21日	22日	23日	24日	25日	26日	27日	28日	29日	30日	31日
1月	❹ UF10 FEB 7C11	❺ UC3 BDJ 7B2	❻ UD10 AAK 5A11	❼ UA12 AKG 6K11	❽ UB1 AJF 6J2	❾ UJ9 GHC 5H8	❿ UK4 BGD 7G5	❶ ZG6 KFA 4F5	❷ ZH7 EEB 8E8	❸ ZE3 JDJ 3D2	❹ ZF10 JCK 9C11	❺ ZC3 ABG 5B2	❻ ZD10 KAH 7A11	❼ ZA12 HKE 4K11	❽ ZB1 JJF 8J2
2月	❺ XD4 FJH 1C3	❻ XC9 AKG 11D10	❼ XB1 GGF 12A12	❽ XA12 EFE 12B1	❾ XK10 GCD 11J9	❿ XJ3 FDC 1K4	❶ WH7 FAB 10G6	❷ WG6 EBA 2H7	❸ WF4 EJK 9E3	❹ WE9 EKJ 3F10	❺ WD4 AGH 11C3	❻ WC9 FHG 1D10			
3月	❸ UF4 HKK 5F4	❹ UE9 FJJ 7E9	❺ UD4 BHH 7D4	❻ UC9 AGG 5C9	❼ UB1 AFF 6B1	❽ UA12 AEE 6A12	❾ UK10 GDD 5K10	❿ UJ3 BCC 7J3	❶ ZH7 KBB 4H7	❷ ZG6 EAA 8G6	❸ ZF4 JKK 3F4	❹ ZE9 JJJ 9E9	❺ ZD4 AHH 5D4	❻ ZC9 KGG 7C9	❼ ZB1 HFF 4B1
4月	❹ XE9 KGJ 1H8	❺ XD4 FAH 1E5	❻ XC9 ABG 11F8	❼ XB1 EJF 12C2	❽ XA12 EKE 12D11	❾ XK10 GGD 11A11	❿ XJ3 FHC 1B2	❶ WH7 FEB 10J8	❷ WG6 EFA 2K5	❸ WF4 ECK 9G5	❹ WE9 EDJ 3H8	❺ WD4 AAH 11E5	❻ WC9 FBG 1F8	❼ WB1 DJF 10C2	
5月	❹ UE9 FFJ 7G7	❺ UD4 BCH 7F6	❻ UC9 ADG 5E7	❼ UB1 AAF 6D3	❽ UA12 AHE 6C10	❾ UK10 GED 5B12	❿ UJ3 BFC 7A1	❶ ZH7 KCB 4K9	❷ ZG6 EDA 8J4	❸ ZF4 JAK 3H6	❹ ZE9 JBJ 9G7	❺ ZD4 AJH 5F6	❻ ZC9 KKG 7E7	❼ ZB1 HGF 4D3	❽ ZA12 JHE 8C10
6月	❺ XD4 FBH 1G7	❻ XC9 CAG 11H6	❼ XB1 GKF 12E4	❽ XA12 EJE 12F9	❾ XK10 GHD 11C1	❿ XJ3 FGC 1D12	❶ WH7 FFB 10A10	❷ WG6 EEA 2B3	❸ WF4 EDK 9J7	❹ WE9 EAJ 3K6	❺ WD4 AKH 11G7	❻ WC9 FJG 1H6	❼ WB1 DHF 10E4	❽ WA12 JGE 2F9	
7月	❺ UD4 BKH 7H8	❻ UC9 GGG 5G5	❼ UB1 CFF 6F5	❽ UA12 AEE 6E8	❾ UK10 GHD 5D2	❿ UJ3 BGC 7C11	❶ ZH7 KFB 4B11	❷ ZG6 EEA 8A2	❸ ZF4 JDK 3K8	❹ ZE9 JCJ 9J5	❺ ZD4 ABH 5H8	❻ ZC9 KAG 7G5	❼ ZB1 HKF 4F5	❽ ZA12 JJE 8E8	❾ ZK10 JHD 3D2
8月	❻ XC9 EBG 11K4	❼ XB1 GJF 12G6	❽ XA12 EDE 12H7	❾ XK10 BAD 11E3	❿ XJ3 KBC 1F10	❶ WH7 FGB 10C12	❷ WG6 EHA 2D1	❸ WF4 EEK 9A9	❹ WE9 EFJ 3B4	❺ WD4 ACH 11J9	❻ WC9 FDG 1K4	❼ WB1 DAF 10G6	❽ WA12 JBE 2H7	❾ WK10 CJD 9E3	❿ WJ3 CKC 3F10
9月	❼ UB1 JBF 6H7	❽ UA12 AAE 6G6	❾ UK10 FKD 5F4	❿ UJ3 DJC 7E9	❶ ZH7 KHB 4D1	❷ ZG6 EGA 8C12	❸ ZF4 JFK 3B10	❹ ZE9 JEJ 9A3	❺ ZD4 ADH 5K10	❻ ZC9 KCG 7J3	❼ ZB1 KBF 4H7	❽ ZA12 JAE 8G6	❾ ZK10 JKD 3F4	❿ ZJ3 JJC 9E9	
10月	❼ XB1 GBF 12J8	❽ XA12 EAE 12K5	❾ XK10 BFD 11G5	❿ XJ3 KEC 1H8	❶ WH7 FDB 10E2	❷ WG6 EFA 2F11	❸ WF4 ECK 9C11	❹ WE9 EDJ 3D2	❺ WD4 AAH 11A11	❻ WC9 FBG 1B2	❼ WB1 DJF 10J8	❽ WA12 JKE 2K5	❾ WK10 CGD 9G5	❿ WJ3 CHC 3H8	❶ VH7 EEB 8E2
11月	❽ UA12 AFE 6J4	❾ UK10 FCD 5H6	❿ UJ3 DDC 7G7	❶ ZH7 KAB 4F3	❷ ZG6 EKA 8E10	❸ ZF4 AGK 3D12	❹ ZE9 JHJ 9C1	❺ ZD4 AEH 5B12	❻ ZC9 KFG 7A1	❼ ZB1 KCF 4K9	❽ ZA12 JDE 8J4	❾ ZK10 JAD 3H6	❿ ZJ3 JBC 9G7	❶ YH7 EJB 2F3	
12月	❽ XA12 ECE 12B3	❾ XK10 BBD 11J7	❿ XJ3 KAC 1K6	❶ WH7 FKB 10G4	❷ WG6 EJA 2H9	❸ WF4 EHK 9E1	❹ WE9 EGJ 3F12	❺ WD4 AFH 11C1	❻ WC9 FEG 1D12	❼ WB1 DDF 10A10	❽ WA12 JCE 2B3	❾ WK10 CBD 9J7	❿ WJ3 CAC 3K6	❶ VH7 EKB 8G4	❷ VG6 DJA 4H9

1952年（民國41年）

1952年	1日	2日	3日	4日	5日	6日	7日	8日	9日	10日	11日	12日	13日	14日	15日	16日
1月	❸ VF4 BHK 7E1	❹ VE9 CGJ 5F12	❺ VD4 CFH 9C1	❻ VC9 CEG 3D12	❼ VB1 JDF 8A10	❽ VA12 FCE 4A2	❾ VK10 BBD 7K8	❿ VJ3 AAC 5J5	❶ UH7 EKB 6H5	❷ UG6 AJA 6G8	❸ UF4 KHK 5F2	❹ UE9 FGJ 7E11	❺ UD4 BFH 7D2	❻ UC9 JEG 5C11	❼ UB1 JDF 6B11	❽ UA12 AAE 6A2
2月	❹ YE9 CCJ 11E11	❺ YD4 GBH 3D2	❻ YC9 GAG 9C11	❼ YB1 JKF 2B11	❽ YD11 KKE 10D1	❾ YA11 HGD 1A9	❿ YB2 EHC 11B4	❶ XJ8 EEB 12J6	❷ XK5 GFA 12K7	❸ XG5 FCK 11G3	❹ XH8 KDJ 1H10	❺ XE5 FAH 1E3	❻ XF8 EKG 11F10	❼ XC2 GGF 12C12	❽ XD11 EHC 12D1	❾ XA11 BEB 11A9
3月	❸ VG5 BJC 7G3	❹ VH8 CKD 5H10	❺ VE5 CGA 9E3	❻ VF8 CHB 3F10	❼ VC2 JEJ 8C12	❽ VD11 FEE 4C12	❾ VA11 BDD 7B10	❿ VB2 ACC 5A3	❶ UJ8 EBB 6K7	❷ UK5 AAA 6J6	❸ UG5 KKK 5H4	❹ UH8 FJJ 7G9	❺ UE5 BHH 7F4	❻ UF8 JGG 5E9	❼ UC2 JFF 6D1	❽ UD11 AEC 6C12
4月	❹ YH8 CJD 11G9	❺ YE5 GHA 3F4	❻ YF8 GGB 9E9	❼ YC2 JFJ 2D1	❽ YD11 KEE 10F11	❾ YA11 HDD 1C11	❿ YB2 ECC 11D2	❶ XJ8 EBB 12A8	❷ XK5 GAA 12B5	❸ XG5 FKK 11J5	❹ XH8 KJJ 1K8	❺ XE5 FHH 1G5	❻ XF8 EGG 11H8	❼ XC2 GFF 12E2	❽ XD11 ECC 12F11	❾ XA11 BBB 11C11
5月	❹ VH8 CDD 5K8	❺ VE5 CAA 9G5	❻ VF8 CBB 3H8	❼ VC2 JJJ 8E2	❽ VD11 FKE 4E10	❾ VA11 BGD 7D12	❿ VB2 AHC 5C1	❶ UJ8 EEB 6B9	❷ UK5 AFA 6A4	❸ UG5 KCK 5K6	❹ UH8 FFJ 7J7	❺ UE5 BCH 7H6	❻ UF8 JDG 5G7	❼ UC2 JAF 6F3	❽ UD11 ABC 6E10	❾ UA11 FJB 5D12
6月	❺ YE5 GJA 3H6	❻ YF8 GKB 9G7	❼ YC2 JGJ 2F3	❽ YD11 HHK 10E10	❾ YA11 FEG 1D12	❿ YB2 EGC 11F12	❶ XJ8 EFB 12C10	❷ XK5 GEA 12D3	❸ XG5 FDK 11A7	❹ XH8 KCJ 1B6	❺ XE5 FBH 1J7	❻ XF8 EAG 11K6	❼ XC2 JKF 12G4	❽ XD11 EJE 12H9	❾ XA11 DHD 11E1	❿ XB2 KGA 1F12
7月	❺ VE5 CKA 9J7	❻ VF8 CJB 3K6	❼ VC2 JHJ 8G4	❽ VD11 DGK 4H9	❾ VA11 BFG 7E1	❿ VB2 GEH 5F12	❶ UJ8 EDB 6D11	❷ UK5 ACA 6C2	❸ UG5 KBK 5B8	❹ UH8 DAJ 7A5	❺ UE5 BKH 7K8	❻ UF8 JJG 5J5	❼ UC2 JHF 6H5	❽ UD11 AGE 6G8	❾ UA11 KFD 5F2	❿ UB2 DEC 7E11
8月	❻ YF8 GAB 9J5	❼ YC2 JKJ 2H5	❽ YD11 HJK 10G8	❾ YA11 FHG 1F2	❿ YB2 GGH 11E11	❶ XJ8 GFE 12D11	❷ XK5 GFA 12F1	❸ XG5 FCK 11C9	❹ XH8 KDJ 1D4	❺ XE5 FAH 1A9	❻ XF8 EBG 11B4	❼ XC2 JJF 12J6	❽ XD11 EKE 12K7	❾ XA11 DGD 11G3	❿ XB2 KHC 1H10	❶ WJ8 FEB 10E12
9月	❼ VC2 JAJ 8J6	❽ VD11 DBK 4K7	❾ VA11 BJG 7G3	❿ VB2 GKH 5H10	❶ UJ8 AGE 6E12	❷ UK5 AHF 6F1	❸ UG5 CEC 5C9	❹ UH8 DEJ 7C3	❺ UE5 BDH 7B10	❻ UF8 JCG 5A3	❼ UC2 JBF 6K7	❽ UD11 AAE 6J6	❾ UA11 KKD 5H4	❿ UB2 DJC 7G9	❶ ZJ8 KHB 4F1	❷ ZK5 JGA 8E12
10月	❼ YC2 JBJ 2K7	❽ YD11 HAK 10J6	❾ YA11 FKG 1H4	❿ YB2 GJH 11G9	❶ XJ8 GHE 12F1	❷ XK5 GGF 12E12	❸ XG5 CFC 11D10	❹ XH8 KEJ 1F2	❺ XE5 FDH 1C11	❻ XF8 ECG 11D2	❼ XC2 JBF 12A8	❽ XD11 EAE 12B5	❾ XA11 DKD 11J5	❿ XB2 KJC 1K8	❶ WJ8 FHB 10G2	❷ WK5 CGA 2H11
11月	❽ VD11 DKK 4B5	❾ VA11 BGG 7J5	❿ VB2 GHH 5K8	❶ UJ8 AEE 6G2	❷ UK5 AFF 6H11	❸ UG5 CCC 5E11	❹ UH8 DKJ 7E1	❺ UE5 BGH 7D12	❻ UF8 JHG 5C1	❼ UC2 JEF 6B9	❽ UD11 AFE 6A4	❾ UA11 KCD 5K6	❿ UB2 DDC 7J7	❶ ZJ8 KAB 4H3	❷ ZK5 JBA 8G10	❸ ZG5 AJK 3F12
12月	❽ YD11 HDK 10A4	❾ YA11 FAG 1K6	❿ YB2 GBH 11J7	❶ XJ8 GJE 12H3	❷ XK5 GKF 12G10	❸ XG5 CGC 11F12	❹ XH8 KGJ 1H12	❺ XE5 FFH 1E1	❻ XF8 EEG 11F12	❼ XC2 JDF 12C10	❽ XD11 ECE 12D3	❾ XA11 DBD 11A7	❿ XB2 KAC 1B6	❶ WJ8 FKB 10J4	❷ WK5 CJA 2K9	❸ WG5 CHK 9G1

1952年	17日	18日	19日	20日	21日	22日	23日	24日	25日	26日	27日	28日	29日	30日	31日
1月	❾ UK10 FKD 5K8	❿ UJ3 DJC 7J5	❶ ZH7 KFB 4H5	❷ ZG6 EEA 8G8	❸ ZF4 JDK 3F2	❹ ZE9 JCJ 9E11	❺ ZD4 ABH 5D2	❻ ZC9 KAG 7C11	❼ ZB1 KKF 4B11	❽ ZA12 JJE 8A2	❾ ZK10 JHD 3K8	❿ ZJ3 JGC 9J5	❶ YH7 EFB 2H5	❷ YG6 KEA 10G8	❸ YF4 HDK 1F2
2月	❿ XB2 KFA 1B4	❶ WJ8 FCE 10J6	❷ WK5 EDF 2K7	❸ WG5 EJC 9G3	❹ WH8 EKD 3H10	❺ WE5 AGA 11E3	❻ WF8 FHB 1F10	❼ WC2 DEJ 10C12	❽ WD11 JFK 2D1	❾ WA11 CCG 9A9	❿ WB2 CDH 3B4	❶ VJ8 EAE 8J6	❷ VK5 DBF 4K7		
3月	❾ UA11 FDB 5B10	❿ UB2 DCA 7A3	❶ ZJ8 KBE 4K7	❷ ZK5 EAF 8J6	❸ ZG5 JKC 3H4	❹ ZH8 JJD 9G9	❺ ZE5 AHA 5F4	❻ ZF8 KGB 7E9	❼ ZC2 KFJ 4D1	❽ ZD11 JEK 8C12	❾ ZA11 JDG 3B10	❿ ZB2 JCH 9A3	❶ YJ8 EBE 2K7	❷ YK5 KAF 10J6	❸ YG5 HKC 1H4
4月	❿ XB2 KAA 1D2	❶ WJ8 FEE 10A8	❷ WK5 EFF 2B5	❸ WG5 ECC 9J5	❹ WH8 EDD 3K8	❺ WE5 AAA 11G5	❻ WF8 FBB 1H8	❼ WC2 DJJ 10E2	❽ WD11 JKK 2F11	❾ WA11 CGG 9C11	❿ WB2 CHH 3D2	❶ VJ8 EEE 8A8	❷ VK5 DFF 4B5	❸ VG5 BCC 7J5	
5月	❿ UB2 DKA 7C1	❶ ZJ8 KGE 4B9	❷ ZK5 EHF 8A4	❸ ZG5 JAC 3K6	❹ ZH8 JBD 9J7	❺ ZE5 AJA 5H6	❻ ZF8 KKB 7G7	❼ ZC2 KGJ 4F3	❽ ZD11 JHK 8E10	❾ ZA11 JEG 3D12	❿ ZB2 JFH 9C1	❶ YJ8 ECE 2B9	❷ YK5 KDF 10A4	❸ YG5 HAC 1K6	❹ YH8 CBD 11J7
6月	❶ WJ8 FFK 10C10	❷ WK5 AEJ 2D3	❸ WG5 GDC 9A7	❹ WH8 ECD 3B6	❺ WE5 ABA 11J7	❻ WF8 FAB 1K6	❼ WC2 DKJ 10G4	❽ WD11 JJK 2H9	❾ WA11 CHG 9E1	❿ WB2 CEH 3F12	❶ VJ8 EDE 8C10	❷ VK5 DCF 4D3	❸ VG5 BBC 7A7	❹ VH8 CAD 5B6	
7月	❶ ZJ8 KBK 4D11	❷ ZK5 GAJ 8C2	❸ ZG5 AKH 3B8	❹ ZH8 JCD 9A5	❺ ZE5 ABA 5K8	❻ ZF8 KAB 7J5	❼ ZC2 KKJ 4H5	❽ ZD11 JJK 8G8	❾ ZA11 JHG 3F2	❿ ZB2 JGH 9E11	❶ YJ8 EFE 2D11	❷ YK5 KEF 10C2	❸ YG5 HDC 1B8	❹ YH8 CCD 11A5	❺ YE5 GBA 3K8
8月	❷ WK5 AFJ 2F1	❸ WG5 GGH 9C9	❹ WH8 EHG 3D4	❺ WE5 AEA 11A9	❻ WF8 FDB 1B4	❼ WC2 DAJ 10J6	❽ WD11 JBK 2K7	❾ WA11 CJG 9G3	❿ WB2 CKH 3H10	❶ VJ8 EGE 8E12	❷ VK5 DHF 4F1	❸ VG5 BEC 7C9	❹ VH8 CFD 5D4	❺ VE5 CCA 9A9	❻ VF8 CDB 3B4
9月	❸ ZG5 AFK 3D10	❹ ZH8 JEG 9C3	❺ ZE5 FDF 5B10	❻ ZF8 DCE 7A3	❼ ZC2 KBJ 4K7	❽ ZD11 JAK 8J6	❾ ZA11 JKG 3H4	❿ ZB2 JJH 9G9	❶ YJ8 EHE 2F1	❷ YK5 KGF 10E12	❸ YG5 HFC 1D10	❹ YH8 CED 11C3	❺ YE5 GDA 3B10	❻ YF8 GCB 9A3	
10月	❸ WG5 CFK 9E11	❹ WH8 EAG 3F2	❺ WE5 KKF 11C11	❻ WF8 HJE 1D2	❼ WC2 DJJ 10A8	❽ WD11 JKK 2B5	❾ WA11 CGG 9J5	❿ WB2 CHH 3K8	❶ VJ8 EEE 8G2	❷ VK5 DFF 4H11	❸ VG5 DCC 7E11	❹ VH8 CDD 5F2	❺ VE5 CAA 9C11	❻ VF8 CBB 3D2	❼ VC2 JJJ 8A8
11月	❹ ZH8 JKG 9E1	❺ ZE5 FGF 5D12	❻ ZF8 DHE 7C1	❼ ZC2 KCJ 4B9	❽ ZD11 JDK 8A4	❾ ZA11 JAG 3K6	❿ ZB2 JBH 9J7	❶ YJ8 EJE 2H3	❷ YK5 KKF 10G10	❸ YG5 HGC 1F12	❹ YH8 CHD 11E1	❺ YE5 GEA 3D12	❻ YF8 GFB 9C1	❼ YC2 JCJ 2B9	
12月	❹ WH8 EGG 3H12	❺ WE5 KFF 11E1	❻ WF8 HEE 1F12	❼ WC2 DDJ 10C10	❽ WD11 JCK 2D3	❾ WA11 CBG 9A7	❿ WB2 CAH 3B6	❶ VJ8 EKE 8J4	❷ VK5 DJF 4K9	❸ VG5 DHC 7G1	❹ VH8 CGD 5H12	❺ VE5 CFA 9E1	❻ VF8 CEB 3F12	❼ VC2 JDJ 8C10	❽ VD11 DCK 4D3

1953年

	1日	2日	3日	4日	5日	6日	7日	8日	9日	10日	11日	12日	13日	14日	15日	16日
1月	❾ VA11 BBG 7A7	❿ VB2 GAH 5B6	❶ UJ8 AKE 6J4	❷ UK5 AJF 6K9	❸ UG5 CHC 5G1	❹ UH8 DGJ 7G11	❺ UE5 BFH 7F2	❻ UF8 JEG 5E11	❼ UC2 JDF 6D11	❽ UD11 ACE 6C2	❾ UA11 KBD 5B8	❿ UB2 DAC 7A5	❶ ZJ8 KKB 4K5	❷ ZK5 JJA 8J8	❸ ZG5 AHK 3H2	❹ ZH8 JEG 9G11
2月	❿ YB2 GGH 11A5	❶ XJ8 GFE 12K5	❷ XK5 GEF 12J8	❸ XH6 FCC 11J3	❹ XG7 KDD 1K10	❺ XF6 FAA 1G3	❻ XE7 EBB 11H10	❼ XD3 JJJ 12E12	❽ XC10 EKK 12F1	❾ XB12 DGJ 11C9	❿ XA1 KHK 1D4	❶ WK9 FCG 10A6	❷ WJ4 CDH 2B7	❸ WH6 CAE 9J3	❹ WG7 EBF 3K10	❺ WF6 KJC 11G3
3月	❽ VC10 DFH 4F1	❾ VB12 BCE 7C9	❿ VA1 GDF 5D4	❶ UK9 AAC 6A6	❷ UJ4 ABD 6B7	❸ UH6 KKC 5K4	❹ UG7 DJD 7J9	❺ UF6 BHA 7H4	❻ UE7 JGB 5G9	❼ UD3 JFJ 6F1	❽ UC10 AEK 6E12	❾ UB12 KDJ 5D10	❿ UA1 DCK 7C3	❶ ZK9 KBG 4B7	❷ ZJ4 JAH 8A6	❸ ZH6 AKE 3K4
4月	❾ YB12 FDE 1D10	❿ YA1 GCF 11C3	❶ XK9 GBC 12B7	❷ XJ4 GAD 12A6	❸ XH6 FKC 11A5	❹ XG7 KJD 1B8	❺ XF6 FHA 1J5	❻ XE7 EGB 11K8	❼ XD3 JFJ 12G2	❽ XC10 EEK 12H11	❾ XB12 DDJ 11E11	❿ XA1 KCK 1F2	❶ WK9 FBG 10C8	❷ WJ4 CAH 2D5	❸ WH6 CHE 9A5	❹ WG7 EGF 3B8
5月	❾ VB12 BGE 7E11	❿ VA1 GHF 5F2	❶ UK9 AEC 6C8	❷ UJ4 AFD 6D5	❸ UH6 CCA 5A5	❹ UG7 DDD 7A7	❺ UF6 BAA 7K6	❻ UE7 JBB 5J7	❼ UD3 JJJ 6H3	❽ UC10 AKK 6G10	❾ UB12 KGG 5F12	❿ UA1 DKK 7E1	❶ ZK9 KGG 4D9	❷ ZJ4 JHH 8C4	❸ ZH6 AEE 3B6	❹ ZG7 JFF 9A7
6月	❿ YA1 GFF 11E1	❶ XK9 GCC 12D9	❷ XJ4 GDD 12C4	❸ XH6 CAA 11B6	❹ XG7 HBB 1A7	❺ XF6 FBA 1A7	❻ XE7 EAB 11B6	❼ XD3 JKJ 12J4	❽ XC10 EJK 12K9	❾ XB12 DHG 11G1	❿ XA1 HGH 1H12	❶ WK9 FFG 10E10	❷ WJ4 CEH 2F3	❸ WH6 CDE 9C7	❹ WG7 ECF 3D6	❺ WF6 KBC 11A7
7月	❿ VA1 GEF 5H12	❶ UK9 ADC 6E10	❷ UJ4 ACD 6F3	❸ UH6 CBA 5C7	❹ UG7 BAB 7D6	❺ UF6 KKJ 7A7	❻ UE7 JJB 5A5	❼ UD3 JHJ 6K5	❽ UC10 AGK 6J8	❾ UB12 KFG 5H2	❿ UA1 DEH 7G11	❶ ZK9 KDE 4F11	❷ ZJ4 JCH 8E2	❸ ZH6 CBE 3D8	❹ ZG7 JAF 9C5	❺ ZF6 HKC 5B8
8月	❶ XK9 GFC 12F11	❷ XJ4 GED 12E2	❸ XH6 CDA 11D8	❹ XG7 HCB 1C5	❺ XF6 FBJ 1B8	❻ XE7 AAK 11A5	❼ XD3 EKG 12K5	❽ XC10 EKK 12B7	❾ XB12 DGG 11J3	❿ XA1 HHH 1K10	❶ WK9 FEE 10G12	❷ WJ4 CFF 2H1	❸ WH6 CCC 9E9	❹ WG7 EDF 3F4	❺ WF6 DAC 11C9	❻ WE7 HBD 1D4
9月	❷ UJ4 AHD 6H1	❸ UH6 CEA 5E9	❹ UG7 BFB 7F4	❺ UF6 KCJ 7C9	❻ UE7 ADK 5D4	❼ UD3 AAG 6A6	❽ UC10 ABH 6B7	❾ UB12 KKG 5K4	❿ UA1 DJH 7J9	❶ ZK9 KHE 4H1	❷ ZJ4 JGF 8G12	❸ ZH6 CFC 3F10	❹ ZG7 JED 9E3	❺ ZF6 HDC 5D10	❻ ZE7 DCD 7C3	❼ ZD3 KBA 4B7
10月	❷ XJ4 GGD 12G12	❸ XH6 CFA 11F10	❹ XG7 HEB 1E3	❺ XF6 FDJ 1D10	❻ XE7 ACK 11C3	❼ XD3 EBG 12B7	❽ XC10 EAH 12A6	❾ XB12 DKG 11A5	❿ XA1 HJH 1B8	❶ WK9 FHE 10J2	❷ WJ4 CGF 2K11	❸ WH6 CFC 9G11	❹ WG7 EED 3H2	❺ WF6 DDC 11E11	❻ WE7 HCD 1F2	❼ WD3 DBA 10C8
11月	❸ UH6 CCA 5G11	❹ UG7 BDB 7H2	❺ UF6 KAJ 7E11	❻ UE7 ABK 5F2	❼ UD3 AJG 6C8	❽ UC10 AKH 6D5	❾ UB12 GGE 5A5	❿ UA1 DDH 7A7	❶ ZK9 KAE 4K3	❷ ZJ4 JBF 8J10	❸ ZH6 CJC 3H12	❹ ZG7 JKD 9G1	❺ ZF6 HGA 5F12	❻ ZE7 DHD 7E1	❼ ZD3 KEA 4D9	❽ ZC10 GFB 8C4
12月	❸ XH6 CGA 11H12	❹ XG7 HHB 1G1	❺ XF6 FEJ 1F12	❻ XE7 AFK 11E1	❼ XD3 ECG 12D9	❽ XC10 EDH 12C4	❾ XB12 DBG 11C7	❿ XA1 HAH 1D6	❶ WK9 FKE 10A4	❷ WJ4 CJF 2B9	❸ WH6 CHC 9J1	❹ WG7 EGD 3K12	❺ WF6 DFC 11G1	❻ WE7 HED 1H12	❼ WD3 DDA 10E10	❽ WC10 CCB 2F3

	17日	18日	19日	20日	21日	22日	23日	24日	25日	26日	27日	28日	29日	30日	31日
1月	❺ ZE5 FDF 5F2	❻ ZF8 DCE 7E11	❼ ZC2 KKJ 4D11	❽ ZD11 JJK 8C2	❾ ZA11 JHG 3B8	❿ ZB2 JGH 9A5	❶ YJ8 EFE 2K5	❷ YK5 KEF 10J8	❸ YG5 HDC 1H2	❹ YH8 CCD 11G11	❺ YE5 GBA 3F2	❻ YF8 GAB 9E11	❼ YC2 JKJ 2D11	❽ YD11 HJK 10C2	❾ YA11 FHG 1B8
2月	❻ WE7 FKD 1H10	❼ WD3 DGA 10E12	❽ WC10 JFH 2F1	❾ WB12 CCE 9C9	❿ WA1 CDF 3D4	❶ VK9 EAC 8A6	❷ VJ4 DBD 4B7	❸ VH6 BJA 7J3	❹ VG7 CKB 5K10	❺ VF6 CGJ 9G3	❻ VE7 CHK 3H10	❼ VD3 JEG 8E12			
3月	❹ ZG7 JJF 9J9	❺ ZF6 FHC 5H4	❻ ZE7 DGD 7G9	❼ ZD3 KFA 4F1	❽ ZC10 JEH 8E12	❾ ZB12 JDE 3D10	❿ ZA1 JCF 9C3	❶ YK9 EBC 2B7	❷ YJ4 KAD 10A6	❸ YH6 HKA 1K4	❹ YG7 CJB 11J9	❺ YF6 GHJ 3H4	❻ YE7 GGK 9G9	❼ YD3 JFG 2F1	❽ YC10 HEH 10E12
4月	❺ WF6 KFC 11J5	❻ WE7 FBD 1K8	❼ WD3 DJA 10G2	❽ WC10 JKH 2H11	❾ WB12 CGE 9E11	❿ WA1 CHF 3F2	❶ VK9 EEC 8C8	❷ VJ4 DFD 4D5	❸ VH6 BCA 7A5	❹ VG7 CDB 5B8	❺ VF6 CAJ 9J5	❻ VE7 CBK 3K8	❼ VD3 JJG 8G2	❽ VC10 DKH 4H11	
5月	❺ ZF6 FCC 5K6	❻ ZE7 DDD 7J7	❼ ZD3 KAA 4H3	❽ ZC10 JBB 8G10	❾ ZB12 JEE 3F12	❿ ZA1 JFF 9E1	❶ YK9 ECC 2D9	❷ YJ4 KDD 10C4	❸ YH6 HAA 1B6	❹ YG7 CBB 11A7	❺ YF6 GJJ 3K6	❻ YE7 GKK 9J7	❼ YD3 JGG 2H3	❽ YC10 HHH 10G10	❾ YB12 FEE 1F12
6月	❻ WE7 HAD 1B6	❼ WD3 DKA 10J4	❽ WC10 JJB 2K9	❾ WB12 EHJ 9G1	❿ WA1 CGF 3H12	❶ VK9 EFC 8E10	❷ VJ4 DED 4F3	❸ VH6 DDA 7C7	❹ VG7 CCB 5D6	❺ VF6 CKJ 9A7	❻ VE7 CJK 3B6	❼ VD3 JHG 8J4	❽ VC10 DGH 4K9	❾ VB12 BFE 7G1	
7月	❻ ZE7 DGD 7A5	❼ ZD3 KFA 4K5	❽ ZC10 EEB 8J8	❾ ZB12 AHJ 3H2	❿ ZA1 JGK 9G11	❶ YK9 EFC 2F11	❷ YJ4 KED 10E2	❸ YH6 HDA 1D8	❹ YG7 CCB 11C5	❺ YF6 GBJ 3B8	❻ YE7 GAK 9A5	❼ YD3 JKG 2K5	❽ YC10 HJH 10J8	❾ YB12 FHE 1H2	❿ YA1 GGF 11G11
8月	❼ WD3 DJA 10A6	❽ WC10 AKB 2B7	❾ WB12 EAJ 9J3	❿ WA1 CBK 3K10	❶ VK9 EJG 8G12	❷ VJ4 HHH 4H1	❸ VH6 DEA 7E9	❹ VG7 CFB 5F4	❺ VF6 CCJ 9C9	❻ VE7 CDK 3D4	❼ VD3 JAG 8A6	❽ VC10 DBH 4B7	❾ VB12 BJE 7J3	❿ VA1 GKF 5K10	❶ UK9 AGC 6G12
9月	❽ ZC10 GAB 8A6	❾ ZB12 GKJ 3K4	❿ ZA1 JJK 9J9	❶ YK9 DHG 2H1	❷ YJ4 KGH 10G12	❸ YH6 HFE 1F10	❹ YG7 CEB 11E3	❺ YF6 GDJ 3D10	❻ YE7 GCK 9C3	❼ YD3 JBG 2B7	❽ YC10 HAH 10A6	❾ YB12 FKE 1K4	❿ YA1 GJF 11J9	❶ XK9 GHC 12H1	
10月	❽ WC10 CAB 2D5	❾ WB12 EFJ 9A5	❿ WA1 CEK 3B8	❶ VK9 KDG 8J2	❷ VJ4 HFH 4K11	❸ VH6 DCE 7G11	❹ VG7 CDB 5H2	❺ VF6 CAJ 9E11	❻ VE7 CBK 3F2	❼ VD3 JJG 8C8	❽ VC10 DKH 4D5	❾ VB12 BGE 7A5	❿ VA1 GHF 5B8	❶ UK9 AEC 6J2	❷ UJ4 AFD 6K11
11月	❾ ZB12 GCJ 3B6	❿ ZA1 JDK 9A7	❶ YK9 DAG 2K3	❷ YJ4 BBH 10J10	❸ YH6 HGE 1H12	❹ YG7 CHF 11G1	❺ YF6 GEJ 3F12	❻ YE7 GFK 9E1	❼ YD3 JCG 2D9	❽ YC10 HDH 10C4	❾ YB12 HAE 1B6	❿ YA1 GBF 11A7	❶ XK9 GJC 12K3	❷ XJ4 GKD 12J10	
12月	❾ WB12 EBJ 9C7	❿ WA1 CAK 3D6	❶ VK9 KKG 8A4	❷ VJ4 HJH 4B9	❸ VH6 DHE 7J1	❹ VG7 CGB 5K12	❺ VF6 CFJ 9G1	❻ VE7 CEK 3H12	❼ VD3 JDG 8E10	❽ VC10 DCH 4F3	❾ VB12 BBE 7C7	❿ VA1 GAF 5D6	❶ UK9 AKC 6A4	❷ UJ4 AJD 6B9	❸ UH6 CHA 5J1

1954年（民國43年）

1954年	1日	2日	3日	4日	5日	6日	7日	8日	9日	10日	11日	12日	13日	14日	15日	16日
1月	❹ UG7 BGB 7K12	❺ UF6 KFJ 7G1	❻ UE7 AEK 5H12	❼ UD3 ADG 6E10	❽ UC10 ACH 6F3	❾ UB12 KBG 5D8	❿ UA1 DAH 7C5	❶ ZK9 KKE 4B5	❷ ZJ4 JJF 8A8	❸ ZH6 CHC 3K2	❹ ZG7 JGD 9J11	❺ ZF6 HFC 5H2	❻ ZE7 DED 7G11	❼ ZD3 KDA 4F11	❽ ZC10 GCB 8E2	❾ ZB12 GKJ 3D8
2月	❺ XF6 FBJ 1H2	❻ XE7 AAK 11G11	❼ XD3 EKG 12F11	❽ XF9 EKJ 12H1	❾ XC1 DGH 11E9	❿ XD12 HHG 1F4	❶ WA10 FEF 10C6	❷ WB3 CFE 2D7	❸ WJ7 CCD 9A3	❹ WK6 EDC 3B10	❺ WG7 DAB 11J3	❻ WH6 HKA 1K10	❼ WE4 DGK 10G12	❽ WF9 AHJ 2H1	❾ WC1 EEH 9E9	❿ WD12 CFG 3F4
3月	❸ UJ7 CJB 5A3	❹ UK6 BKA 7B10	❺ UG7 KGK 7J3	❻ UH6 AHJ 5K10	❼ UE4 AEH 6G12	❽ UF9 AEJ 6G12	❾ UC1 KDH 5F10	❿ UD12 DCG 7E3	❶ ZA10 KBF 4D7	❷ ZB3 JAE 8C6	❸ ZJ7 CKD 3B4	❹ ZK6 JJC 9A9	❺ ZG7 HHB 5K4	❻ ZH6 DGA 7J9	❼ ZE4 KFK 4H1	❽ ZF9 EEJ 8G12
4月	❹ XK6 HJA 1A9	❺ XG7 FHK 1K4	❻ XH6 AGJ 11J9	❼ XE4 EFH 12H1	❽ XF9 EEJ 12K11	❾ XC1 DDH 11G11	❿ XD12 HCG 1H2	❶ WA10 FBF 10E8	❷ WB3 CAE 2F5	❸ WJ7 CKD 9C5	❹ WK6 EJC 3D8	❺ WG7 DHB 11A5	❻ WH6 HGA 1B8	❼ WE4 DFK 10J2	❽ WF9 ACJ 2K11	❾ WC1 EBH 9G11
5月	❹ UK6 BDA 7D8	❺ UG7 KAK 7A5	❻ UH6 ABJ 5B8	❼ UE4 AJH 6J2	❽ UF9 AKG 6K11	❾ UC1 KGH 5H12	❿ UD12 DHG 7G1	❶ ZA10 KEF 4F9	❷ ZB3 JFE 8E4	❸ ZJ7 CCD 3D6	❹ ZK6 JDC 9C7	❺ ZG7 HCB 5B6	❻ ZH6 DDA 7A7	❼ ZE4 KAK 4K3	❽ ZF9 GBJ 8J10	❾ ZC1 GJH 3H12
6月	❺ XG7 FJK 1B6	❻ XH6 AKJ 11A7	❼ XE4 EGH 12K3	❽ XF9 EHG 12J10	❾ XC1 GEF 11H12	❿ XD12 HGG 1K12	❶ WA10 FFF 10G10	❷ WB3 CEE 2H3	❸ WJ7 CDD 9E7	❹ WK6 ECC 3F6	❺ WG7 DBB 11C7	❻ WH6 HAA 1D6	❼ WE4 DKK 10A4	❽ WF9 CJJ 2B9	❾ WC1 EHH 9J1	❿ WD12 CGG 3K12
7月	❺ UG7 KKK 7C7	❻ UH6 AJJ 5D6	❼ UE4 AHH 6A4	❽ UF9 AGG 6B9	❾ UC1 GFF 5J1	❿ UD12 BEE 7K12	❶ ZA10 KDD 4G10	❷ ZB3 JCE 8G2	❸ ZJ7 CBD 3F8	❹ ZK6 JAC 9E5	❺ ZG7 HKB 5D8	❻ ZH6 BJA 7C5	❼ ZE4 KHK 4B5	❽ ZF9 GGJ 8A8	❾ ZC1 GFH 3K2	❿ ZD12 JEG 9J11
8月	❻ XH6 AAJ 11C5	❼ XE4 EKH 12B5	❽ XF9 EJG 12A8	❾ XC1 GHF 11K2	❿ XD12 FGE 1J11	❶ WA10 DFD 10H11	❷ WB3 EEC 2G2	❸ WJ7 CCD 9G9	❹ WK6 EDC 3H4	❺ WG7 DAB 11E9	❻ WH6 HBA 1F4	❼ WE4 DJK 10C6	❽ WF9 CKJ 2D7	❾ WC1 GGH 9A3	❿ WD12 CHG 3B10	❶ VA10 BEF 8J12
9月	❼ UE4 AAH 6C6	❽ UF9 ABG 6D7	❾ UC1 GJF 5A3	❿ UD12 BKE 7B10	❶ ZA10 KGD 4J12	❷ ZB3 EHC 8K1	❸ ZJ7 JEB 3G9	❹ ZK6 JEC 9G3	❺ ZG7 HDB 5F10	❻ ZH6 BCA 7E3	❼ ZE4 KBK 4D7	❽ ZF9 GAJ 8C6	❾ ZC1 GKH 3B4	❿ ZD12 JJG 9A9	❶ YA10 HHF 2K1	❷ YB3 BGE 10J12
10月	❼ XE4 EBH 12D7	❽ XF9 EAG 12C6	❾ XC1 GKF 11B4	❿ XD12 FJE 1A9	❶ WA10 DHD 10K1	❷ WB3 EGC 2J12	❸ WJ7 EFB 9H10	❹ WK6 EEA 3G3	❺ WG7 DDB 11G11	❻ WH6 HCA 1H2	❼ WE4 DBK 10E8	❽ WF9 CAJ 2F5	❾ WC1 GKH 9C5	❿ WD12 CJG 3D8	❶ VA10 BHF 8A2	❷ VB3 HGE 4B11
11月	❽ UF9 AKG 6F5	❾ UC1 GGF 5C5	❿ UD12 BHE 7D8	❶ ZA10 KED 4A2	❷ ZB3 EFC 8B11	❸ ZJ7 JCB 3J11	❹ ZK6 JDA 9K2	❺ ZG7 HGB 5H12	❻ ZH6 BHA 7G1	❼ ZE4 KEK 4F9	❽ ZF9 GFJ 8E4	❾ ZC1 GCH 3D6	❿ ZD12 JDG 9C7	❶ YA10 HAF 2B3	❷ YB3 BBE 10A10	❸ YJ7 HJD 1K12
12月	❽ XF9 EDG 12E4	❾ XC1 GAF 11D6	❿ XD12 FBE 1C7	❶ WA10 DJD 10B3	❷ WB3 EKC 2A10	❸ WJ7 EGB 9K12	❹ WK6 EHA 3J1	❺ WG7 DFB 11J1	❻ WH6 HEA 1K12	❼ WE4 DDK 10G10	❽ WF9 CCJ 2H3	❾ WC1 GBH 9E7	❿ WD12 CAG 3F6	❶ VA10 BKF 8C4	❷ VB3 HJE 4D9	❸ VJ7 DHD 7A1

1954年	17日	18日	19日	20日	21日	22日	23日	24日	25日	26日	27日	28日	29日	30日	31日
1月	❿ ZA1 JJK 9C5	❶ YK9 DHG 2B5	❷ YJ4 KEH 10A8	❸ YH6 HDE 1K2	❹ YG7 CCB 11J11	❺ YF6 GBJ 3H2	❻ YE7 GAK 9G11	❼ YD3 JKG 2F11	❽ YC10 HJH 10E2	❾ YB12 FHE 1D8	❿ YA1 GGF 11C5	❶ XK9 GFC 12B5	❷ XJ4 GED 12A8	❸ XH6 CDA 11K2	❹ XG7 HCB 1J11
2月	❶ VA10 ECF 8C6	❷ VB3 HDE 4D7	❸ VJ7 DJD 7A3	❹ VK6 CKC 5B10	❺ VG7 CGB 9J3	❻ VH6 CHA 3K10	❼ VE4 JEK 8G12	❽ VF9 DFG 4H1	❾ VC1 BCF 7E9	❿ VD12 GDE 5F4	❶ UA10 AAD 6C6	❷ UB3 ABC 6D7			
3月	❾ ZC1 ADH 3F10	❿ ZD12 JCG 9E3	❶ YA10 EBF 2D7	❷ YB3 KAE 10C6	❸ YJ7 HKD 1B4	❹ YK6 CJC 11A9	❺ YG7 GHB 3K4	❻ YH6 GGA 9J9	❼ YE4 JFK 2H1	❽ YF9 HEG 10G12	❾ YC1 FDF 1F10	❿ YD12 GCE 11E3	❶ XA10 GBD 12D7	❷ XB3 GAC 12C6	❸ XJ7 CKB 11B4
4月	❿ WD12 CAG 3H2	❶ VA10 EEF 8E8	❷ VB3 HFE 4F5	❸ VJ7 DCD 7C5	❹ VK6 CDC 5D8	❺ VG7 CAB 9A5	❻ VH6 CBA 3B8	❼ VE4 JJK 8J2	❽ VF9 DKG 4K11	❾ VC1 BGF 7G11	❿ VD12 GHE 5H2	❶ UA10 AED 6E8	❷ UB3 AFC 6F5	❸ UJ7 CCB 5C5	
5月	❿ ZD12 JKG 9G1	❶ YA10 DGF 2F9	❷ YB3 KHE 10E4	❸ YJ7 HED 1D6	❹ YK6 CBC 11C7	❺ YG7 GJB 3B6	❻ YH6 GKA 9A7	❼ YE4 JGK 2K3	❽ YF9 HHJ 10J10	❾ YC1 FEF 1H12	❿ YD12 GFE 11G1	❶ XA10 GCD 12F9	❷ XB3 GDC 12E4	❸ XJ7 CAB 11D6	❹ XK6 HBA 1C7
6月	❶ VA10 KFF 8G10	❷ VB3 HEE 4H3	❸ VJ7 DDD 7E7	❹ VK6 CCC 5F6	❺ VG7 CBB 9C7	❻ VH6 CAA 3D6	❼ VE4 JKK 8A4	❽ VF9 DJJ 4B9	❾ VC1 BHH 7J1	❿ VD12 GEE 5K12	❶ UA10 ADD 6G10	❷ UB3 ACC 6H3	❸ UJ7 CBB 5E7	❹ UK6 BAA 7F6	
7月	❶ YA10 HDF 2H11	❷ YB3 BAE 10G2	❸ YJ7 HKD 1F8	❹ YK6 EJC 11E5	❺ YG7 JBB 3D8	❻ YH6 GAA 9C5	❼ YE4 JKK 2B5	❽ YF9 HJJ 10A8	❾ YC1 HHH 1K2	❿ YD12 GGG 11J11	❶ XA10 GFF 12H11	❷ XB3 GEC 12G2	❸ XJ7 CDB 11F8	❹ XK6 HCA 1E5	❺ XG7 FBK 1D8
8月	❷ VB3 HFE 4K1	❸ VJ7 DCD 7G9	❹ VK6 JHC 5H4	❺ VG7 EEB 9E9	❻ VH6 CFA 3F4	❼ VE4 JAK 8C6	❽ VF9 DBJ 4D7	❾ VC1 BJH 7A3	❿ VD12 GKG 5B10	❶ UA10 AGF 6J12	❷ UB3 AHE 6K1	❸ UJ7 CEB 5G9	❹ UK6 BFA 7H4	❺ UG7 KCK 7E9	❻ UH6 ADJ 5F4
9月	❸ YJ7 HFD 1H10	❹ YK6 EEC 11G3	❺ YG7 JDB 3F10	❻ YH6 GCA 9E3	❼ YE4 JBK 2D7	❽ YF9 BAJ 10C6	❾ YC1 HKH 1B4	❿ YD12 GJG 11A9	❶ XA10 GHF 12K1	❷ XB3 GGE 12J12	❸ XJ7 CFD 11H10	❹ XK6 HEA 1G3	❺ XG7 FDK 1F10	❻ XH6 ACJ 11E3	
10月	❸ VJ7 DFD 7J11	❹ VK6 AEC 5K2	❺ VG7 AKB 9G11	❻ VH6 CJA 3H2	❼ VE4 HHK 8E8	❽ VF9 DKJ 4F5	❾ VC1 BGH 7C5	❿ VD12 GHG 5D8	❶ UA10 AEF 6A2	❷ UB3 AFE 6B11	❸ UJ7 CCD 5J11	❹ UK6 BDC 7K2	❺ UG7 KAK 7G11	❻ UH6 ABJ 5H2	❼ UE4 AJH 6E8
11月	❹ YK6 GKC 11J1	❺ YG7 JGB 3H12	❻ YH6 GHA 9G1	❼ YE4 DEK 2F9	❽ YF9 BDJ 10E4	❾ YC1 HAH 1D6	❿ YD12 GBG 11C7	❶ XA10 GJF 12B3	❷ XB3 GKE 12A10	❸ XJ7 CGD 11K12	❹ XK6 HHC 1J1	❺ XG7 FEK 1H12	❻ XH6 AFJ 11G1	❼ XE4 ECH 12F9	
12月	❹ VK6 AGC 5B12	❺ VG7 AFB 9J1	❻ VH6 CEA 3K12	❼ VE4 HDK 8G10	❽ VF9 DCJ 4H3	❾ VC1 BBH 7E7	❿ VD12 GAG 5F6	❶ UA10 AKF 6C4	❷ UB3 AJE 6D9	❸ UJ7 CHD 5A1	❹ UK6 BGC 7B12	❺ UG7 KFK 7J1	❻ UH6 AEJ 5K12	❼ UE4 ADH 6G10	❽ UF9 ACG 6H3

1955年（民國44年）

1955年	1日	2日	3日	4日	5日	6日	7日	8日	9日	10日	11日	12日	13日	14日	15日	16日
1月	❾ UC1 GBF 5E7	❿ UD12 BAE 7F6	❶ ZA10 KKD 4C4	❷ ZB3 EJC 8D9	❸ ZJ7 JHB 3A1	❹ ZK6 JGC 9A11	❺ ZG7 HFB 5K2	❻ ZH6 BEA 7J11	❼ ZE4 KDK 4H11	❽ ZF9 GCJ 8G2	❾ ZC1 GBH 3F8	❿ ZD12 JAG 9E5	❶ YA10 HKF 2D5	❷ YB3 BJE 10C8	❸ YJ7 HHD 1B2	❹ YK6 EEC 11A11
2月	❿ XD12 FGE 1E5	❶ WA10 DFD 10D5	❷ WB3 EEC 2C8	❸ WK8 CCB 9C3	❹ WJ5 EDA 3D10	❺ WH8 DAK 11A3	❻ WG5 HBJ 1B10	❼ WF5 DJH 10J12	❽ WE8 CKG 2K1	❾ WD2 GGF 9G9	❿ WC11 CHE 3H4	❶ VB11 BCD 8E6	❷ VA2 HDC 4F7	❸ VK8 DAK 7C3	❹ VJ5 JBJ 5D10	❺ VH8 EJH 9A3
3月	❽ UE8 AFJ 6K1	❾ UD2 GCH 5G9	❿ UC11 BDG 7H4	❶ ZB11 KAF 4E6	❷ ZA2 EBE 8F7	❸ ZK8 CKB 3D4	❹ ZJ5 JJA 9C9	❺ ZH8 HHK 5B4	❻ ZG5 BGJ 7A9	❼ ZF5 KFH 4K1	❽ ZE8 GEG 8J12	❾ ZD2 GDF 3H10	❿ ZC11 JCE 9G3	❶ YB11 HBD 2F7	❷ YA2 BAC 10E6	❸ YK8 HKK 1D4
4月	❾ XD2 GDH 11H10	❿ XC11 FCG 1G3	❶ WB11 DBF 10F7	❷ WA2 EAE 2E6	❸ WK8 CKB 9E5	❹ WJ5 EJA 3F8	❺ WH8 DHK 11C5	❻ WG5 HGJ 1D8	❼ WF5 DFH 10A2	❽ WE8 CEG 2B11	❾ WD2 GDF 9J11	❿ WC11 CCE 3K2	❶ VB11 BBD 8G8	❷ VA2 HAC 4H5	❸ VK8 DHK 7E5	❹ VJ5 JGJ 5F8
5月	❾ UD2 GGH 5J11	❿ UC11 BHG 7K2	❶ ZB11 KEF 4G8	❷ ZA2 EFE 8H5	❸ ZK8 JCD 3E5	❹ ZJ5 JDA 9E7	❺ ZH8 HAK 5D6	❻ ZG5 BBJ 7C7	❼ ZF5 KJH 4B3	❽ ZE8 GKG 8A10	❾ ZD2 GGF 3K12	❿ ZC11 JKE 9J1	❶ YB11 HGD 2H9	❷ YA2 BHC 10G4	❸ YK8 HEB 1F6	❹ YJ5 EFJ 11E7
6月	❿ XC11 FFG 1J1	❶ WB11 DCF 10H9	❷ WA2 EDE 2G4	❸ WK8 EAD 9F6	❹ WJ5 EBC 3E7	❺ WH8 DBK 11E7	❻ WG5 HAJ 1F6	❼ WF5 DKH 10C4	❽ WE8 CJG 2D9	❾ WD2 GHF 9A1	❿ WC11 CGE 3B12	❶ VB11 BFD 8J10	❷ VA2 HEC 4K3	❸ VK8 DDB 7G7	❹ VJ5 ACA 5H6	❺ VH8 ABH 9E7
7月	❿ UC11 BEG 7B12	❶ ZB11 KDF 4J10	❷ ZA2 ECE 8K3	❸ ZK8 JBD 3G7	❹ ZJ5 JAC 9H6	❺ ZH8 AKB 5E7	❻ ZG5 KJA 7F6	❼ ZF5 KHH 4D5	❽ ZE8 GGG 8C8	❾ ZD2 GFF 3B2	❿ ZC11 JEE 9A11	❶ YB11 HDD 2K11	❷ YA2 BCC 10J2	❸ YK8 HBB 1H8	❹ YJ5 GAA 11G5	❺ YH8 JKK 3F8
8月	❶ WB11 DFF 10K11	❷ WA2 EEE 2J2	❸ WK8 EDD 9H8	❹ WJ5 ECC 3G5	❺ WH8 ABB 11F8	❻ WG5 FAA 1E5	❼ WF5 DKK 10D5	❽ WE8 CKG 2F7	❾ WD2 GGF 9C3	❿ WC11 CHE 3D10	❶ VB11 BED 8A12	❷ VA2 FFC 4B1	❸ VK8 DCB 7J9	❹ VJ5 ADA 5K4	❺ VH8 AAK 9G9	❻ VG5 CBJ 3H4
9月	❷ ZA2 EHE 8B1	❸ ZK8 JED 3J9	❹ ZJ5 JFC 9K4	❺ ZH8 ACB 5G9	❻ ZG5 KDA 7H4	❼ ZF5 HAK 4E6	❽ ZE8 JBJ 8F7	❾ ZD2 GKF 3D4	❿ ZC11 JJE 9C9	❶ YB11 HHD 2B1	❷ YA2 BGC 10A12	❸ YK8 HFB 1K10	❹ YJ5 GEA 11J3	❺ YH8 ADK 3H10	❻ YG5 GCJ 9G3	❼ YF5 FBH 2F7
10月	❷ WA2 EGE 2A12	❸ WK8 EFD 9K10	❹ WJ5 EEC 3J3	❺ WH8 ADB 11H10	❻ WG5 FCA 1G3	❼ WF5 DBK 10F7	❽ WE8 JAJ 2E6	❾ WD2 CKH 9D4	❿ WC11 CJE 3F8	❶ VB11 BHD 8C2	❷ VA2 FGC 4D11	❸ VK8 DFB 7A11	❹ VJ5 AEA 5B2	❺ VH8 ADK 9J11	❻ VG5 CCJ 3K2	❼ VF5 BBH 8G8
11月	❸ ZK8 JCD 3A11	❹ ZJ5 JDC 9B2	❺ ZH8 AAB 5J11	❻ ZG5 KBA 7K2	❼ ZF5 HJK 4G8	❽ ZE8 JKJ 8H5	❾ ZD2 JGH 3E5	❿ ZC11 JDE 9E7	❶ YB11 HAD 2D3	❷ YA2 BBC 10C10	❸ YK8 HJB 1B12	❹ YJ5 GKA 11A1	❺ YH8 AGK 3K12	❻ YG5 GHJ 9J1	❼ YF5 FEH 2H9	❽ YE8 BFG 10G4
12月	❸ WK8 EGD 9B12	❹ WJ5 EHC 3A1	❺ WH8 AEB 11K12	❻ WG5 FFA 1J1	❼ WF5 DCK 10H9	❽ WE8 JDJ 2G4	❾ WD2 CAH 9F6	❿ WC11 CAE 3H6	❶ VB11 BKD 8E4	❷ VA2 FJC 4F9	❸ VK8 DHB 7C1	❹ VJ5 AGA 5D12	❺ VH8 AFK 9A1	❻ VG5 CEJ 3B12	❼ VF5 BDH 8J10	❽ VE8 FCG 4K3

1955年	17日	18日	19日	20日	21日	22日	23日	24日	25日	26日	27日	28日	29日	30日	31日
1月	❺ YG7 JDB 3K2	❻ YH6 GCA 9J11	❼ YE4 JKK 2H11	❽ YF9 BJJ 10G2	❾ YC1 HHH 1F8	❿ YD12 GGG 11E5	❶ XA10 GFF 12D5	❷ XB3 GEE 12C8	❸ XJ7 CDD 11B2	❹ XK6 HCA 1A11	❺ XG7 FBK 1K2	❻ XH6 AAJ 11J11	❼ XE4 EKH 12H11	❽ XF9 EJG 12G2	❾ XC1 GHF 11F8
2月	❻ VG5 CKA 3B10	❼ VF5 JGK 8J12	❽ VE8 DFJ 4K1	❾ VD2 BCH 7G9	❿ VC11 GDG 5H4	❶ UB11 AAF 6E6	❷ UA2 ABE 6F7	❸ UK8 CJD 5C3	❹ UJ5 BKC 7D10	❺ UH8 KGB 7A3	❻ UG5 AHA 5B10	❼ UF5 AEK 6J12			
3月	❹ YJ5 EJJ 11C9	❺ YH8 JHH 3B4	❻ YG5 GGA 9A9	❼ YF5 JFK 2K1	❽ YE8 HEJ 10J12	❾ YD2 HDH 1H10	❿ YC11 GCG 11G3	❶ XB11 GBF 12F7	❷ XA2 GAE 12E6	❸ XK8 CKD 11D4	❹ XJ5 HJC 1C9	❺ XH8 FHB 1B4	❻ XG5 AGA 11A9	❼ XF5 EFK 12K1	❽ XE8 EEJ 12J12
4月	❺ VH8 EFH 9C5	❻ VG5 CBA 3D8	❼ VF5 JJK 8A2	❽ VE8 DKJ 4B11	❾ VD2 BGH 7J11	❿ VC11 GHG 5K2	❶ UB11 AEF 6G8	❷ UA2 AFE 6H5	❸ UK8 CCD 5E5	❹ UJ5 BDC 7F8	❺ UH8 KAB 7C5	❻ UG5 ABA 5D8	❼ UF5 AJK 6A2	❽ UE8 AKJ 6B11	
5月	❺ YH8 JCH 3D6	❻ YG5 GDG 9C7	❼ YF5 JAK 2B3	❽ YE8 BBJ 10A10	❾ YD2 HEH 1K12	❿ YC11 GFG 11J1	❶ XB11 GCF 12H9	❷ XA2 GDE 12G4	❸ XK8 CAD 11F6	❹ XJ5 HBC 1E7	❺ XH8 FJB 1D6	❻ XG5 AKA 11C7	❼ XF5 EGK 12B3	❽ XE8 EHJ 12A10	❾ XD2 GEH 11K12
6月	❻ VG5 CAG 3F6	❼ VF5 HKF 8C4	❽ VE8 DJJ 4D9	❾ VD2 BHH 7A1	❿ VC11 GGG 5B12	❶ UB11 AFF 6J10	❷ UA2 AEE 6K3	❸ UK8 CDD 5G7	❹ UJ5 BCC 7H6	❺ UH8 KKB 7E7	❻ UG5 AJA 5F6	❼ UF5 AHK 6C4	❽ UE8 AGJ 6D9	❾ UD2 GFH 5A1	
7月	❻ YG5 GJJ 9E5	❼ YF5 DFF 2D5	❽ YE8 BEE 10C8	❾ YD2 HDD 1B2	❿ YC11 GGG 11A11	❶ XB11 GFF 12K11	❷ XA2 GEE 12J2	❸ XK8 CDD 11H8	❹ XJ5 HCC 1G5	❺ XH8 FBB 1F8	❻ XG5 AAA 11E5	❼ XF5 EKK 12D5	❽ XE8 EJJ 12C8	❾ XD2 GHH 11B2	❿ XC11 FGG 1A11
8月	❼ VF5 BJH 8E6	❽ VE8 FKE 4F7	❾ VD2 BAD 7C3	❿ VC11 JBC 5D10	❶ UB11 CJF 6A12	❷ UA2 AHE 6B1	❸ UK8 CED 5J9	❹ UJ5 BFC 7K4	❺ UH8 BCB 7G9	❻ UG5 ADA 5H4	❼ UF5 AAK 6E6	❽ UE8 ABJ 6F7	❾ UD2 GJH 5C3	❿ UC11 BKG 7D10	❶ ZB11 KGF 4A12
9月	❽ YE8 BAG 10E6	❾ YD2 HKD 1D4	❿ YC11 CJC 11C9	❶ XB11 JHB 12B1	❷ XA2 GGE 12A12	❸ XK8 CFD 11K10	❹ XJ5 HEC 1J3	❺ XH8 FDB 1H10	❻ XG5 ACA 11G3	❼ XF5 EBK 12F7	❽ XE8 EAJ 12E6	❾ XD2 GKH 11D4	❿ XC11 FJG 1C9	❶ WB11 DHF 10B1	
10月	❽ VE8 FAG 4H5	❾ VD2 BKF 7E5	❿ VC11 JEC 5F8	❶ UB11 CDB 6C2	❷ UA2 ACA 6D11	❸ UK8 CCD 5A11	❹ UJ5 FDC 7B2	❺ UH8 BAB 7J11	❻ UG5 ABA 5K2	❼ UF5 AJK 6G8	❽ UE8 AKJ 6H5	❾ UD2 GGH 5E5	❿ UC11 BHG 7F8	❶ ZB11 KEF 4C2	❷ ZA2 EFE 8D11
11月	❾ YD2 HCF 1F6	❿ YC11 CDC 11E7	❶ XB11 JAB 12D3	❷ XA2 GBA 12C10	❸ XK8 CGD 11B12	❹ XJ5 HHC 1A1	❺ XH8 FEB 1K12	❻ XG5 AFA 11J1	❼ XF5 ECK 12H9	❽ XE8 EDJ 12G4	❾ XD2 GAH 11F6	❿ XC11 FBG 1E7	❶ WB11 DJF 10D3	❷ WA2 EKE 2C10	
12月	❾ VD2 BBF 7G7	❿ VC11 JAC 5H6	❶ UB11 CKB 6E4	❷ UA2 AJA 6F9	❸ UK8 CHD 5C1	❹ UJ5 FGC 7D12	❺ UH8 BFB 7A1	❻ UG5 AEA 5B12	❼ UF5 ADK 6J10	❽ UE8 ACJ 6K3	❾ UD2 GBH 5G7	❿ UC11 BAG 7H6	❶ ZB11 KKF 4E4	❷ ZA2 EJE 8F9	❸ ZK8 JHD 3C1

1956年（民國45年）

1956年	1日	2日	3日	4日	5日	6日	7日	8日	9日	10日	11日	12日	13日	14日	15日	16日
1月	❹ ZJ5 JGC 9D12	❺ ZH8 AFB 5A1	❻ ZG5 KEA 7B12	❼ ZF5 HDK 4J10	❽ ZE8 JCJ 8K3	❾ ZD2 GBF 3H8	❿ ZC11 JAE 9G5	❶ YB11 HKD 2F5	❷ YA2 BJC 10E8	❸ YK8 HHB 1D2	❹ YJ5 GGA 11C11	❺ YH8 AFK 3B2	❻ YG5 GEJ 9A11	❼ YF5 FDH 2K11	❽ YE8 BCG 10J2	❾ YD2 HKD 1H8
2月	❺ WH8 ABB 11B2	❻ WG5 FAA 1A11	❼ WF5 DKK 10K11	❽ WE8 JJJ 2J2	❾ WE3 GGG 9J9	❿ WF10 CHH 3K4	❶ VC12 BEE 8G6	❷ VD1 FFF 4H7	❸ VA9 DCC 7E3	❹ VB4 ADD 5F10	❺ VJ9 AAA 9C3	❻ VK4 CBB 3D10	❼ VG6 BGJ 8A12	❽ VH7 FHK 4B1	❾ VE3 BEG 7J9	❿ VF10 JFB 5K4
3月	❹ ZB4 JKF 9F10	❺ ZJ9 AGC 5C3	❻ ZK4 KHD 7D10	❼ ZG6 HEA 4A12	❽ ZH7 GEK 8A12	❾ ZE3 GDG 3K10	❿ ZF10 JCH 9J3	❶ YC12 HBE 2H7	❷ YD1 BAF 10G6	❸ YA9 HKC 1F4	❹ YB4 GJD 11E9	❺ YJ9 AHA 3D4	❻ YK4 GGB 9C9	❼ YG6 FFJ 2B1	❽ YH7 BEK 10A12	❾ YE3 HDA 1K10
4月	❺ WJ9 AHC 11D4	❻ WK4 FGD 1C9	❼ WG6 DFA 10B1	❽ WH7 JEB 2A12	❾ WE3 GDG 9A11	❿ WF10 CCH 3B2	❶ VC12 BBE 8J8	❷ VD1 FAF 4K5	❸ VA9 DKC 7G5	❹ VB4 AJD 5H8	❺ VJ9 AHA 9E5	❻ VK4 CGB 3F8	❼ VG6 BFJ 8C2	❽ VH7 FEK 4D11	❾ VE3 BBG 7A11	❿ VF10 JAB 5B2
5月	❺ ZJ9 AAC 5E5	❻ ZK4 KBD 7F8	❼ ZG6 HJA 4C2	❽ ZH7 JKB 8D11	❾ ZE3 GGG 3B12	❿ ZF10 JHH 9A1	❶ YC12 HEE 2K9	❷ YD1 BFF 10J4	❸ YA9 HCC 1H6	❹ YB4 GDD 11G7	❺ YJ9 ACA 3F6	❻ YK4 GDB 9E7	❼ YG6 FAJ 2D3	❽ YH7 BBK 10C10	❾ YE3 HJG 1B12	❿ YF10 CKB 11A1
6月	❻ WK4 FKD 1E7	❼ WG6 DGA 10D3	❽ WH7 JHB 2C10	❾ WE3 CEJ 9B12	❿ WF10 CFK 3A1	❶ VC12 BFE 8A10	❷ VD1 FEF 4B3	❸ VA9 DDC 7J7	❹ VB4 ACD 5K6	❺ VJ9 ABA 9G7	❻ VK4 CAB 3H6	❼ VG6 BKJ 8E4	❽ VH7 FJK 4F9	❾ VE3 BHG 7C1	❿ VF10 AGH 5D12	❶ UC12 CFE 6A10
7月	❻ ZK4 KJD 7H6	❼ ZG6 HHA 4E4	❽ ZH7 JGB 8F9	❾ ZE3 JFJ 3C1	❿ ZF10 JEK 9D12	❶ YC12 EDG 2A10	❷ YD1 BCF 10A2	❸ YA9 HBC 1K8	❹ YB4 GAD 11J5	❺ YJ9 AKA 3H8	❻ YK4 GJB 9G5	❼ YG6 FHJ 2F5	❽ YH7 BGK 10E8	❾ YE3 HFG 1D2	❿ YF10 EEH 11C11	❶ XC12 EDE 12B11
8月	❼ WG6 DKA 10F5	❽ WH7 JJB 2E8	❾ WE3 CHJ 9D2	❿ WF10 CGK 3C11	❶ VC12 EFG 8B11	❷ VD1 DEH 4A2	❸ VA9 DCC 7A9	❹ VB4 ADD 5B4	❺ VJ9 AAA 9J9	❻ VK4 CBB 3K4	❼ VG6 BJJ 8G6	❽ VH7 FKK 4H7	❾ VE3 BGG 7E3	❿ VF10 AHH 5F10	❶ UC12 CEE 6C12	❷ UD1 AFF 6D1
9月	❽ ZH7 JBB 8H7	❾ ZE3 JJJ 3E3	❿ ZF10 JKK 9F10	❶ YC12 EGG 2C12	❷ YD1 KHH 10D1	❸ YA9 HEE 1A9	❹ YB4 CFF 11B4	❺ YJ9 ADA 3K10	❻ YK4 GCB 9J3	❼ YG6 FBJ 2H7	❽ YH7 KAK 10G6	❾ YE3 HKG 1F4	❿ YF10 EJH 11E9	❶ XC12 EHE 12D1	❷ XD1 GGF 12C12	❸ XA9 FFC 11B10
10月	❽ WH7 JAB 2G6	❾ WE3 CKJ 9F4	❿ WF10 CJK 3E9	❶ VC12 EHG 8D1	❷ VD1 DGH 4C12	❸ VA9 BFE 7B10	❹ VB4 CEF 5A3	❺ VJ9 ADA 9A11	❻ VK4 CCB 3B2	❼ VG6 BBJ 8J8	❽ VH7 FAK 4K5	❾ VE3 BKG 7G5	❿ VF10 AJH 5H8	❶ UC12 EHE 6E2	❷ UD1 AGF 6F11	❸ UA9 KFC 5C11
11月	❾ ZE3 JGJ 3G5	❿ ZF10 JHK 9H8	❶ YC12 EEG 2E2	❷ YD1 KFH 10F11	❸ YA9 HCE 1C11	❹ YB4 CDF 11D2	❺ YJ9 AGA 3B12	❻ YK4 GHB 9A1	❼ YG6 FEJ 2K9	❽ YH7 KFK 10J4	❾ YE3 HCG 1H6	❿ YF10 EDH 11G7	❶ XC12 EAE 12F3	❷ XD1 GBF 12E10	❸ XA9 FJC 11D12	❹ XB4 KKD 1C1
12月	❾ WE3 CAJ 9H6	❿ WF10 CBK 3G7	❶ VC12 EJG 8F3	❷ VD1 DKH 4E10	❸ VA9 BGE 7D12	❹ VB4 CHF 5C1	❺ VJ9 AFA 9C1	❻ VK4 CEB 3D12	❼ VG6 BDJ 8A10	❽ VH7 FCK 4B3	❾ VE3 BBG 7J7	❿ VF10 AAH 5K6	❶ UC12 EKE 6G4	❷ UD1 AJF 6H9	❸ UA9 KHC 5E1	❹ UB4 FGD 7F12

1956年	17日	18日	19日	20日	21日	22日	23日	24日	25日	26日	27日	28日	29日	30日	31日
1月	❿ YC11 CJC 11G5	❶ XB11 JHB 12F5	❷ XA2 GEE 12E8	❸ XK8 CDD 11D2	❹ XJ5 HCC 1C11	❺ XH8 FBB 1B2	❻ XG5 AAA 11A11	❼ XF5 EKK 12K11	❽ XE8 EJJ 12J2	❾ XD2 GHH 11H8	❿ XC11 FGG 1G5	❶ WB11 DFF 10F5	❷ WA2 EEE 2E8	❸ WK8 EDD 9D2	❹ WJ5 ECC 3C11
2月	❶ UC12 CCJ 6G6	❷ UD1 ADK 6H7	❸ UA9 CAE 5E3	❹ UB4 BKF 7F10	❺ UJ9 BGC 7C3	❻ UK4 AHD 5D10	❼ UG6 AEA 6A12	❽ UH7 AFB 6B1	❾ UE3 GCJ 5J9	❿ UF10 BDK 7K4	❶ ZC12 KAG 4G6	❷ ZD1 EBH 8H7	❸ ZA9 JJE 3E3		
3月	❿ YF10 CCB 11J3	❶ XC12 JBJ 12H7	❷ XD1 GAH 12G6	❸ XA9 CKE 11F4	❹ XB4 HJF 1E9	❺ XJ9 FHC 1D4	❻ XK4 AGD 11C9	❼ XG6 EFA 12B1	❽ XH7 EEB 12A12	❾ XE3 GDJ 11K10	❿ XF10 FCK 1J3	❶ WC12 DBG 10H7	❷ WD1 EAH 2G6	❸ WA9 EKE 9F4	❹ WB4 EJF 3E9
4月	❶ UC12 CKJ 6J8	❷ UD1 AFK 6K5	❸ UA9 CCE 5G5	❹ UB4 BDF 7H8	❺ UJ9 BAC 7E5	❻ UK4 ABD 5F8	❼ UG6 AJA 6C2	❽ UH7 AKB 6D11	❾ UE3 GGJ 5A11	❿ UF10 BHK 7B2	❶ ZC12 KEG 4J8	❷ ZD1 EFH 8K5	❸ ZA9 JCE 3G5	❹ ZB4 JDF 9H8	
5月	❶ XC12 JGJ 12K9	❷ XD1 GHK 12J4	❸ XA9 CEE 11H6	❹ XB4 HBF 1G7	❺ XJ9 FJC 1F6	❻ XK4 AKD 11E7	❼ XG6 EGA 12D3	❽ XH7 EHB 12C10	❾ XE3 GEJ 11B12	❿ XF10 FFK 1A1	❶ WC12 DCG 10K9	❷ WD1 EDH 2J4	❸ WA9 EAE 9H6	❹ WB4 EBF 3G7	❺ WJ9 AJC 11F6
6月	❷ UD1 AEK 6B3	❸ UA9 HDG 5J7	❹ UB4 FCH 7K6	❺ UJ9 BBC 7G7	❻ UK4 AAD 5H6	❼ UG6 AKA 6E4	❽ UH7 AJB 6F9	❾ UE3 GHJ 5C1	❿ UF10 BGK 7D12	❶ ZC12 KDG 4A10	❷ ZD1 ECH 8B3	❸ ZA9 JBE 3J7	❹ ZB4 JAF 9K6	❺ ZJ9 AKC 5G7	
7月	❷ XD1 GAF 12A2	❸ XA9 BKG 11K8	❹ XB4 KJH 1J5	❺ XJ9 FBE 1H8	❻ XK4 AAD 11G5	❼ XG6 EKA 12F5	❽ XH7 EJB 12E8	❾ XE3 GHJ 11D2	❿ XF10 FGK 1C11	❶ WC12 FFG 10B11	❷ WD1 EEH 2A2	❸ WA9 EDE 9K8	❹ WB4 ECF 3J5	❺ WJ9 ABC 11H8	❻ WK4 FAD 1G5
8月	❸ UA9 HCC 5A9	❹ UB4 FHH 7B4	❺ UJ9 BEE 7J9	❻ UK4 AFF 5K4	❼ UG6 AAA 6G6	❽ UH7 ABB 6H7	❾ UE3 GJJ 5E3	❿ UF10 BKK 7F10	❶ ZC12 KGG 4C12	❷ ZD1 EHH 8D1	❸ ZA9 JEE 3A9	❹ ZB4 JFF 9B4	❺ ZJ9 ACC 5J9	❻ ZK4 KDD 7K4	❼ ZG6 HAA 4G6
9月	❹ XB4 KED 1A3	❺ XJ9 FDA 1K10	❻ XK4 CCF 11J3	❼ XG6 GBC 12H7	❽ XH7 EAD 12G6	❾ XE3 GKJ 11F4	❿ XF10 FJK 1E9	❶ WC12 FHG 10D1	❷ WD1 EGH 2C12	❸ WA9 EFE 9B10	❹ WB4 EEF 3A3	❺ WJ9 ADC 11K10	❻ WK4 FCD 1J3	❼ WG6 DBA 10H7	
10月	❹ UB4 FED 7D2	❺ UJ9 BKA 7A11	❻ UK4 GJF 5B2	❼ UG6 CHC 6J8	❽ UH7 AKD 6K5	❾ UE3 GGJ 5G5	❿ UF10 BHK 7H8	❶ ZC12 KEG 4E2	❷ ZD1 EFH 8F11	❸ ZA9 JCE 3C11	❹ ZB4 JDF 9D2	❺ ZJ9 AAC 5A11	❻ ZK4 KBD 7B2	❼ ZG6 HJA 4J8	❽ ZH7 JKB 8K5
11月	❺ XJ9 FGA 1B12	❻ XK4 CHF 11A1	❼ XG6 GEC 12K9	❽ XH7 EDD 12J4	❾ XE3 GAJ 11H6	❿ XF10 FBK 1G7	❶ WC12 FJG 10F3	❷ WD1 EKH 2E10	❸ WA9 EGE 9D12	❹ WB4 EHF 3C1	❺ WJ9 AEC 11B12	❻ WK4 FFD 1A1	❼ WG6 DCA 10K9	❽ WH7 JDB 2J4	
12月	❺ UJ9 BFA 7C1	❻ UK4 GEF 5D12	❼ UG6 CDC 6A10	❽ UH7 ACD 6B3	❾ UE3 GBJ 5J7	❿ UF10 BAK 7K6	❶ ZC12 KKG 4G4	❷ ZD1 EJH 8H9	❸ ZA9 JHE 3E1	❹ ZB4 JGF 9F12	❺ ZJ9 AFC 5C1	❻ ZK4 KED 7D12	❼ ZG6 HDA 4A10	❽ ZH7 JCB 8B3	❾ ZE3 JBJ 3J7

1957年（民國46年）

1957年	1日	2日	3日	4日	5日	6日	7日	8日	9日	10日	11日	12日	13日	14日	15日	16日	17日	18日	19日	20日	21日	22日	23日	24日	25日	26日	27日	28日	29日	30日	31日
1月	❿ ZF10 JAK 9K6	❶ YC12 EKG 2G4	❷ YD1 KJH 10H9	❸ YA9 HHE 1E1	❹ YB4 GGD 11E11	❺ YJ9 AFA 3D2	❻ YK4 GEB 9C11	❼ YG6 FDJ 2B11	❽ YH7 KCK 10A2	❾ YE3 HBG 1K8	❿ YF10 EAH 11J5	❶ XC12 EKE 12H5	❷ XD1 GJF 12G8	❸ XA9 FHC 11F2	❹ XB4 KED 1E11	❺ XJ9 FDE 1D2	❻ XK4 CCF 11C11	❼ XG6 GKC 12B11	❽ XH7 EJB 12A2	❾ XE3 GHJ 11K8	❿ XF10 FGK 1J5	❶ WC12 FFG 10H5	❷ WD1 EEH 2G8	❸ WA9 EDE 9F2	❹ WB4 ECF 3E11	❺ WJ9 ABC 11D2	❻ WK4 FAD 1C11	❼ WG6 DKA 10B11	❽ WH7 JJB 2A2	❾ WE3 CHJ 9K8	❿ WF10 CGK 3J5
2月	❶ VC12 EFG 8H5	❷ VD1 DEH 4G8	❸ VA9 BDE 7F2	❹ VA3 ADE 5H10	❺ VK10 AAD 9E3	❻ VJ3 CBC 3F10	❼ VH7 BJB 8C12	❽ VG6 FKA 4D1	❾ VF4 BGK 7A9	❿ VE9 AHJ 5B4	❶ UD1 EEH 6J6	❷ UC12 ADG 6K7	❸ UB10 KAF 5G3	❹ UA3 FBE 7H10	❺ UK10 BJD 7E3	❻ UJ3 GKC 5F10	❼ UH7 CGB 6C12	❽ UG6 AHA 6D1	❾ UF4 GCK 5A9	❿ UE9 BDJ 7B4	❶ ZD1 KAH 4J6	❷ ZC12 EBG 8K7	❸ ZB10 JJF 3G3	❹ ZA3 JKE 9H10	❺ ZK10 AGD 5E3	❻ ZJ3 KHC 7F10	❼ ZH7 HEB 4C12	❽ ZG6 JFA 8D1			
3月	❾ ZF4 JCK 3A9	❿ ZE9 JDJ 9B4	❶ YD1 EAH 2J6	❷ YC12 KBG 10K7	❸ YB10 HJF 1G3	❹ YA3 GJE 11G9	❺ YK10 AHD 3F4	❻ YJ3 GGC 9E9	❼ YH7 FFB 2D1	❽ YG6 KEA 10C12	❾ YF4 HDK 1B10	❿ YE9 ECJ 11A3	❶ XD1 EBH 12K7	❷ XC12 GAG 12J6	❸ XB10 FKF 11H4	❹ XA3 KJE 1G9	❺ XK10 FHD 1F4	❻ XJ3 CGC 11E9	❼ XH7 GFB 12D1	❽ XG6 EEA 12C12	❾ XF4 GDK 11B10	❿ XE9 FCJ 1A3	❶ WD1 FBH 10K7	❷ WC12 EAG 2J6	❸ WB10 EKF 9H4	❹ WA3 EJE 3G9	❺ WK10 AHD 11F4	❻ WJ3 FGC 1E9	❼ WH7 DFB 10D1	❽ WG6 JEA 2C12	❾ WF4 CDK 9B10
4月	❿ WE9 CCJ 3A3	❶ VD1 EBH 8K7	❷ VC12 DAG 4J6	❸ VB10 BKF 7H4	❹ VA3 AJE 5K8	❺ VK10 AHD 9G5	❻ VJ3 CGC 3H8	❼ VH7 BFB 8E2	❽ VG6 FEA 4F11	❾ VF4 BDK 7C11	❿ VE9 ACJ 5D2	❶ UD1 EBH 6A8	❷ UC12 AAG 6B5	❸ UB10 KKF 5J5	❹ UA3 FGE 7K8	❺ UK10 BFD 7G5	❻ UJ3 GEC 5H8	❼ UH7 CJB 6E2	❽ UG6 AKA 6F11	❾ UF4 GGK 5C11	❿ UE9 BHJ 7D2	❶ ZD1 KEH 4A8	❷ ZC12 EFG 8B5	❸ ZB10 JCF 3J5	❹ ZA3 JDE 9K8	❺ ZK10 AAD 5G5	❻ ZJ3 KBC 7H8	❼ ZH7 HJB 4E2	❽ ZG6 JKA 8F11	❾ ZF4 JGK 3C11	
5月	❿ ZE9 JHJ 9D2	❶ YD1 EEH 2A8	❷ YC12 KFG 10B5	❸ YB10 HCF 1J5	❹ YA3 CDE 11K8	❺ YK10 AAD 3H6	❻ YJ3 GBC 9G7	❼ YH7 FJB 2F3	❽ YG6 KKA 10E10	❾ YF4 HGK 1D12	❿ YE9 EHJ 11C1	❶ XD1 EGH 12B9	❷ XC12 GHG 12A4	❸ XB10 FEF 11K6	❹ XA3 KFE 1J7	❺ XK10 FCD 1H6	❻ XJ3 CDC 11G7	❼ XH7 GAB 12F3	❽ XG6 EBA 12E10	❾ XF4 GJK 11D12	❿ XE9 FFJ 1C1	❶ WD1 FCH 10B9	❷ WC12 EDG 2A4	❸ WB10 EAF 9K6	❹ WA3 EBE 3J7	❺ WK10 AJD 11H6	❻ WJ3 FKC 1G7	❼ WH7 DGB 10F3	❽ WG6 JHA 2E10	❾ WF4 CEK 9D12	❿ WE9 CFJ 3C1
6月	❶ VD1 ECH 8B9	❷ VC12 DDG 4A4	❸ VB10 BAF 7K6	❹ VA3 CBE 5J7	❺ VK10 CJD 9H6	❻ VJ3 CAC 3K6	❼ VH7 BKB 8G4	❽ VG6 FJA 4H9	❾ VF4 BHK 7E1	❿ VE9 AGJ 5F12	❶ UD1 EFH 6C10	❷ UC12 AEG 6D3	❸ UB10 KDF 5A7	❹ UA3 FCE 7B6	❺ UK10 BBD 7J7	❻ UJ3 GAC 5K6	❼ UH7 CKB 6G4	❽ UG6 AJA 6H9	❾ UF4 GHK 5E1	❿ UE9 BGJ 7F12	❶ ZD1 KFH 4C10	❷ ZC12 EEG 8D3	❸ ZB10 JDF 3A7	❹ ZA3 JCE 9B6	❺ ZK10 ABD 5J7	❻ ZJ3 KJC 7K6	❼ ZH7 HHB 4G4	❽ ZG6 JGA 8H9	❾ ZF4 JFK 3E1	❿ ZE9 JEJ 9F12	
7月	❶ YD1 EDH 2C10	❷ YC12 KCG 10D3	❸ YB10 HBF 1A7	❹ YA3 CAE 11B6	❺ YK10 GKD 3J7	❻ YJ3 GJC 9K6	❼ YH7 FHB 2H5	❽ YG6 KGA 10G8	❾ YF4 HFK 1F2	❿ YE9 EEJ 11E11	❶ XD1 EDH 12D11	❷ XC12 GCG 12C2	❸ XB10 FBF 11B8	❹ XA3 KAE 1A5	❺ XK10 FKD 1K8	❻ XJ3 EJC 11J5	❼ XH7 GFB 12H5	❽ XG6 EEA 12G8	❾ XF4 BDK 11F2	❿ XE9 KGJ 1E11	❶ WD1 FFH 10D11	❷ WC12 EEG 2C2	❸ WB10 EDF 9B8	❹ WA3 ECE 3A5	❺ WK10 ABD 11K8	❻ WJ3 FAC 1J5	❼ WH7 DKB 10H5	❽ WG6 JJA 2G8	❾ WF4 CHK 9F2	❿ WE9 CGJ 3E11	❶ VD1 EFH 8D11
8月	❷ VC12 DEG 4C2	❸ VB10 BDF 7B8	❹ VA3 CCE 5A5	❺ VK10 CBD 9K8	❻ VJ3 CAC 3J5	❼ VH7 JKB 8H5	❽ VG6 DJA 4G8	❾ VF4 BGK 7G3	❿ VE9 AHJ 5H10	❶ UD1 EEH 6E12	❷ UC12 AFG 6F1	❸ UB10 KCF 5C9	❹ UA3 DDE 7D4	❺ UK10 BAD 7A9	❻ UJ3 JBC 5B4	❼ UH7 JJB 6J6	❽ UG6 AKA 6K7	❾ UF4 FGK 5G3	❿ UE9 DBJ 7H10	❶ ZD1 KJH 4E12	❷ ZC12 EKG 8F1	❸ ZB10 AEF 3C9	❹ ZA3 JFE 9D4	❺ ZK10 ACD 5A9	❻ ZJ3 KDC 7B4	❼ ZH7 KAB 4J6	❽ ZG6 JBA 8K7	❾ ZF4 JJK 3G3	❿ ZE9 JKJ 9H10	❶ YD1 EGH 2E12	❷ YC12 KHG 10F1
9月	❸ YB10 HEF 1C9	❹ YA3 CFE 11D4	❺ YK10 GCD 3A9	❻ YJ3 GDC 9B4	❼ YH7 JAB 2J6	❽ YG6 HBA 10K7	❾ YF4 FJK 1G3	❿ YE9 EJJ 11G9	❶ XD1 EHH 12F1	❷ XC12 GGG 12E12	❸ XB10 FFF 11D10	❹ XA3 KEE 1C3	❺ XK10 FDD 1B10	❻ XJ3 ECC 11A3	❼ XH7 JBB 12K7	❽ XG6 EAA 12J6	❾ XF4 DKK 11H4	❿ XE9 KJJ 1G9	❶ WD1 FHH 10F1	❷ WC12 AGG 2E12	❸ WB10 GFF 9D10	❹ WA3 EEE 3C3	❺ WK10 ADD 11B10	❻ WJ3 FCC 1A3	❼ WH7 DBB 10K7	❽ WG6 JAA 2J6	❾ WF4 CKK 9H4	❿ WE9 CJJ 3G9	❶ VD1 EHH 8F1	❷ VC12 DGG 4E12	
10月	❸ VB10 BFF 7D10	❹ VA3 CEE 5C3	❺ VK10 CDD 9B10	❻ VJ3 CCC 3A3	❼ VH7 JBB 8K7	❽ VG6 DAA 4J6	❾ VF4 BKK 7H4	❿ VE9 AJJ 5K8	❶ UD1 EHH 6G2	❷ UC12 AGG 6H11	❸ UB10 KFF 5E11	❹ UA3 DEE 7F2	❺ UK10 BDD 7C11	❻ UJ3 JCC 5D2	❼ UH7 JBB 6A8	❽ UG6 AAA 6B5	❾ UF4 KKK 5J5	❿ UE9 DEJ 7K8	❶ ZD1 KDH 4G2	❷ ZC12 GCG 8H11	❸ ZB10 ACF 3E11	❹ ZA3 JDE 9F2	❺ ZK10 AAD 5C11	❻ ZJ3 KBC 7D2	❼ ZH7 KJB 4A8	❽ ZG6 JKA 8B5	❾ ZF4 JGK 3J5	❿ ZE9 JHJ 9K8	❶ YD1 EEH 2G2	❷ YC12 KFG 10H11	❸ YB10 HCF 1E11
11月	❹ YA3 CDE 11F2	❺ YK10 GAD 3C11	❻ YJ3 GBC 9D2	❼ YH7 JJB 2A8	❽ YG6 HKA 10B5	❾ YF4 FGK 1J5	❿ YE9 GHJ 11K8	❶ XD1 EAH 12H3	❷ XC12 GBG 12G10	❸ XB10 FJF 11F12	❹ XA3 KKE 1E1	❺ XK10 FGD 1D12	❻ XJ3 EHC 11C1	❼ XH7 JEB 12B9	❽ XG6 EFA 12A4	❾ XF4 DCK 11K6	❿ XE9 KDJ 1J7	❶ WD1 FAH 10H3	❷ WC12 ABG 2G10	❸ WB10 GJF 9F12	❹ WA3 EHE 3E1	❺ WK10 AED 11D12	❻ WJ3 FFC 1C1	❼ WH7 DCB 10B9	❽ WG6 JDA 2A4	❾ WF4 CAK 9K6	❿ WE9 CBJ 3J7	❶ VD1 EJH 8H3	❷ VC12 DKG 4G10	❸ VB10 BGF 7F12	
12月	❹ VA3 CHE 5E1	❺ VK10 CED 9D12	❻ VJ3 CFC 3C1	❼ VH7 JCB 8B9	❽ VG6 DDA 4A4	❾ VF4 BAK 7K6	❿ VE9 AAJ 5B6	❶ UD1 EKH 6J4	❷ UC12 AJG 6K9	❸ UB10 KHF 5G1	❹ UA3 DGE 7H12	❺ UK10 BFD 7E1	❻ UJ3 JEC 5F12	❼ UH7 JDB 6C10	❽ UG6 ACA 6D3	❾ UF4 KBK 5A7	❿ UE9 DAJ 7B6	❶ ZD1 KKH 4J4	❷ ZC12 GJG 8K9	❸ ZB10 AHF 3G1	❹ ZA3 JGE 9H12	❺ ZK10 AFD 5E1	❻ ZJ3 KEC 7F12	❼ ZH7 KDB 4C10	❽ ZG6 JCA 8D3	❾ ZF4 JBK 3A7	❿ ZE9 JAJ 9B6	❶ YD1 EKH 2J4	❷ YC12 KJG 10K9	❸ YB10 HHF 1G1	❹ YA3 CGE 11H12

1958年（民國47年）

1958年	1日	2日	3日	4日	5日	6日	7日	8日	9日	10日	11日	12日	13日	14日	15日	16日
1月	❺ YK10 GFD 3E1	❻ YJ3 GEC 9F12	❼ YH7 JDB 2C10	❽ YG6 HCA 10D3	❾ YF4 FBK 1A7	❿ YE9 EAJ 11A5	❶ XD1 EKH 12K5	❷ XC12 GJG 12J8	❸ XB10 FHF 11H2	❹ XA3 KGE 1G11	❺ XK10 FFD 1F2	❻ XJ3 EEC 11E11	❼ XH7 JDB 12D11	❽ XG6 ECA 12C2	❾ XF4 DBK 11B8	❿ XE9 KJJ 1A5
2月	❻ VJ3 CAC 3E11	❼ VH7 JKB 8D11	❽ VG6 DJA 4C2	❾ VG5 BGK 7C9	❿ VH8 AHJ 5D4	❶ UE2 EEH 6A6	❷ UF11 AFG 6B7	❸ UC11 KCF 5J3	❹ UD2 DDE 7K10	❺ UA11 BAD 7G3	❻ UB2 JBC 5H10	❼ UJ8 JGB 6E12	❽ UK5 AHA 6F1	❾ UG5 FEF 5C9	❿ UH8 DFE 7D4	❶ ZE2 KCD 4A6
3月	❹ YD2 CKD 11K10	❺ YA11 GGA 3G3	❻ YB2 GHB 9H10	❼ YJ8 JEJ 2E12	❽ YK5 HFK 10F1	❾ YG5 HDK 1D10	❿ YH8 ECJ 11C3	❶ XE2 EBH 12B7	❷ XF11 GAG 12A6	❸ XC11 FKF 11K4	❹ XD2 KJE 1J9	❺ XA11 FHD 1H4	❻ XB2 EGC 11G9	❼ XJ8 GFB 12F1	❽ XK5 EEA 12E12	❾ XG5 BDF 11D10
4月	❺ VA11 CHA 9H4	❻ VB2 CGB 3G9	❼ VJ8 JFJ 8F1	❽ VK5 DEK 4E12	❾ VG5 BDK 7E11	❿ VH8 ACJ 5F2	❶ UE2 EBH 6C8	❷ UF11 AAG 6D5	❸ UC11 KKF 5A5	❹ UD2 DJE 7B8	❺ UA11 BHD 7J5	❻ UB2 JGC 5K8	❼ UJ8 JFB 6G2	❽ UK5 AEA 6H11	❾ UG5 FBF 5E11	❿ UH8 DAE 7F2
5月	❺ YA11 GAA 3J5	❻ YB2 GBB 9K8	❼ YJ8 JJJ 2G2	❽ YK5 HKK 10H11	❾ YG5 FGG 1E11	❿ YH8 EHJ 11E1	❶ XE2 EEH 12D9	❷ XF11 GFG 12C4	❸ XC11 FCF 11B6	❹ XD2 KDE 1A7	❺ XA11 FAD 1K6	❻ XB2 EDC 11J7	❼ XJ8 JAB 12H3	❽ XK5 EBA 12G10	❾ XG5 DJK 11F12	❿ XH8 KKE 1E1
6月	❻ VB2 CKB 3J7	❼ VJ8 JGJ 8H3	❽ VK5 DHK 4G10	❾ VG5 BEG 7F12	❿ VH8 GFH 5E1	❶ UE2 EFH 6E10	❷ UF11 AEG 6F3	❸ UC11 KDF 5C7	❹ UD2 DCE 7D6	❺ UA11 BBD 7A7	❻ UB2 JAC 5B6	❼ UJ8 JKB 6J4	❽ UK5 AJA 6K9	❾ UG5 KHK 5G1	❿ UH8 DGJ 7H12	❶ ZE2 KFD 4E10
7月	❻ YB2 GJB 9B6	❼ YJ8 JHJ 2J4	❽ YK5 HGK 10K9	❾ YG5 FFG 1G1	❿ YH8 GEH 11H12	❶ XE2 GDE 12E10	❷ XF11 GCF 12F3	❸ XC11 FBF 11D8	❹ XD2 KAE 1C5	❺ XA11 FKD 1B8	❻ XB2 EJC 11A5	❼ XJ8 JHB 12K5	❽ XK5 EGA 12J8	❾ XG5 DFK 11H2	❿ XH8 KEJ 1G11	❶ WE2 FDH 10F11
8月	❼ VJ8 JKJ 8K5	❽ VK5 DJK 4J8	❾ VG5 BHG 7H2	❿ VH8 GGH 5G11	❶ UE2 AFE 6F11	❷ UF11 AEF 6E2	❸ UC11 CDC 5D8	❹ UD2 DDE 7F4	❺ UA11 BAD 7C9	❻ UB2 JBC 5D4	❼ UJ8 JJB 6A6	❽ UK5 AKA 6B7	❾ UG5 KGK 5J3	❿ UH8 DHJ 7K10	❶ ZE2 KEH 4G12	❷ ZF11 JFG 8H1
9月	❽ YK5 HBK 10B7	❾ YG5 FJG 1J3	❿ YH8 GKH 11K10	❶ XE2 GGE 12G12	❷ XF11 GHF 12H1	❸ XC11 CEC 11E9	❹ XD2 HFD 1F4	❺ XA11 FDD 1D10	❻ XB2 ECC 11C3	❼ XJ8 JBB 12B7	❽ XK5 EAA 12A6	❾ XG5 DKK 11K4	❿ XH8 HJJ 1J9	❶ WE2 FHH 10H1	❷ WF11 CGG 2G12	❸ WC11 CFF 9F10
10月	❽ VK5 DAK 4A6	❾ VG5 BKG 7K4	❿ VH8 GJH 5J9	❶ UE2 AHE 6H1	❷ UF11 AGF 6G12	❸ UC11 CFC 5F10	❹ UD2 BED 7E3	❺ UA11 KDA 7D10	❻ UB2 JCC 5F2	❼ UJ8 JBB 6C8	❽ UK5 AAA 6D5	❾ UG5 KKK 5A5	❿ UH8 DJJ 7B8	❶ ZE2 KHH 4J2	❷ ZF11 JGG 8K11	❸ ZC11 CFF 3G11
11月	❾ YG5 FGG 1A5	❿ YH8 GHH 11B8	❶ XE2 GEE 12J2	❷ XF11 GFF 12K11	❸ XC11 CCC 11G11	❹ XD2 HDD 1H2	❺ XA11 FAA 1E11	❻ XB2 EHC 11E1	❼ XJ8 JEB 12D9	❽ XK5 EFA 12C4	❾ XG5 DCK 11B6	❿ XH8 HDJ 1A7	❶ WE2 FAH 10K3	❷ WF11 CBG 2J10	❸ WC11 CJF 9H12	❹ WD2 EKE 3G1
12月	❾ VG5 BAG 7B6	❿ VH8 GBH 5A7	❶ UE2 AJE 6K3	❷ UF11 AKF 6J10	❸ UC11 CGC 5H12	❹ UD2 BHD 7G1	❺ UA11 BFD 7G1	❻ UB2 JEC 5H12	❼ UJ8 JDB 6E10	❽ UK5 ACA 6F3	❾ UG5 KBK 5C7	❿ UH8 DAJ 7D6	❶ ZE2 KKH 4A4	❷ ZF11 JJG 8B9	❸ ZC11 AHF 3J1	❹ ZD2 JGE 9K12

1958年	17日	18日	19日	20日	21日	22日	23日	24日	25日	26日	27日	28日	29日	30日	31日
1月	❶ WD1 FHH 10K5	❷ WC12 AGG 2J8	❸ WB10 GDF 9H2	❹ WA3 ECE 3G11	❺ WK10 ABD 11F2	❻ WJ3 FAC 1E11	❼ WH7 DKB 10D11	❽ WG6 JJA 2C2	❾ WF4 CHK 9B8	❿ WE9 CGJ 3A5	❶ VD1 EFH 8K5	❷ VC12 DEG 4J8	❸ VB10 BDF 7H2	❹ VA3 CCE 5G11	❺ VK10 CBD 9F2
2月	❷ ZF11 EDF 8B7	❸ ZC11 AAC 3J3	❹ ZD2 JKD 9K10	❺ ZA11 AGA 5G3	❻ ZB2 KHB 7H10	❼ ZJ8 KEJ 4E12	❽ ZK5 JFK 8F1	❾ ZG5 JCG 3C9	❿ ZH8 JDH 9D4	❶ YE2 EAE 2A6	❷ YF11 KBF 10B7	❸ YC11 HJC 1J3			
3月	❿ XH8 KCE 1C3	❶ WE2 FBD 10B7	❷ WF11 EAF 2A6	❸ WC11 EKC 9K4	❹ WD2 EJD 3J9	❺ WA11 AHA 11H4	❻ WB2 FGB 1G9	❼ WJ8 DFJ 10F1	❽ WK5 JEK 2E12	❾ WG5 CDG 9D10	❿ WH8 CCH 3C3	❶ VE2 EBE 8B7	❷ VF11 DAF 4A6	❸ VC11 BKC 7K4	❹ VD2 CJD 5J9
4月	❶ ZE2 KKD 4C8	❷ ZF11 EFF 8D5	❸ ZC11 ACC 3A5	❹ ZD2 JDD 9B8	❺ ZA11 AAA 5J5	❻ ZB2 KBB 7K8	❼ ZJ8 KJJ 4G2	❽ ZK5 JKK 8H11	❾ ZG5 JGG 3E11	❿ ZH8 JHH 9F2	❶ YE2 EEE 2C8	❷ YF11 KFF 10D5	❸ YC11 HCC 1A5	❹ YD2 CDD 11B8	
5月	❶ WE2 FGD 10D9	❷ WF11 AHC 2C4	❸ WC11 GEC 9B6	❹ WD2 EFD 3A7	❺ WA11 AJA 11K6	❻ WB2 FKB 1J7	❼ WJ8 DGJ 10H3	❽ WK5 JHK 2G10	❾ WG5 CEG 9F12	❿ WH8 CFH 3E1	❶ VE2 ECE 8D9	❷ VF11 DDF 4C4	❸ VC11 BAC 7B6	❹ VD2 CBD 5A7	❺ VA11 CJA 9K6
6月	❷ ZF11 GEC 8F3	❸ ZC11 ADB 3C7	❹ ZD2 JCD 9D6	❺ ZA11 ABA 5A7	❻ ZB2 KAB 7B6	❼ ZJ8 KKJ 4J4	❽ ZK5 JJK 8K9	❾ ZG5 JHG 3G1	❿ ZH8 JGH 9H12	❶ YE2 EDE 2E10	❷ YF11 KCF 10F3	❸ YC11 HBC 1C7	❹ YD2 CAD 11D6	❺ YA11 GKA 3A7	
7月	❷ WF11 CCG 2E2	❸ WC11 CKB 9D8	❹ WD2 EJA 3C5	❺ WA11 KHK 11B8	❻ WB2 FAB 1A5	❼ WJ8 DKJ 10K5	❽ WK5 JJK 2J8	❾ WG5 CHG 9H2	❿ WH8 CGH 3G11	❶ VE2 EFE 8F11	❷ VF11 DEF 4E2	❸ VC11 BDC 7D8	❹ VD2 CCD 5C5	❺ VA11 CBA 9B8	❻ VB2 CAB 3A5
8月	❸ ZC11 ACF 3E9	❹ ZD2 JDA 9F4	❺ ZA11 FEK 5C9	❻ ZB2 DFJ 7D4	❼ ZJ8 KCJ 4A6	❽ ZK5 JBK 8B7	❾ ZG5 JJG 3J3	❿ ZH8 JKH 9K10	❶ YE2 EGE 2G12	❷ YF11 KHF 10H1	❸ YC11 HEC 1E9	❹ YD2 CFD 11F4	❺ YA11 GCA 3C9	❻ YB2 GDB 9D4	❼ YJ8 JAJ 2A6
9月	❹ WD2 EEE 3E3	❺ WA11 KDK 11D10	❻ WB2 HCJ 1C3	❼ WJ8 DBH 10B7	❽ WK5 JAK 2A6	❾ WG5 EKG 9K4	❿ WH8 CJH 3J9	❶ VE2 EHE 8H1	❷ VF11 DGF 4G12	❸ VC11 DFC 7F10	❹ VD2 CED 5E3	❺ VA11 CDA 9D10	❻ VB2 CCB 3C3	❼ VJ8 JBJ 8B7	
10月	❹ ZD2 JEE 9H2	❺ ZA11 HDD 5E11	❻ ZB2 DJJ 7F2	❼ ZJ8 KHH 4C8	❽ ZK5 EGG 8D5	❾ ZG5 AGG 3A5	❿ ZH8 JHH 9B8	❶ YE2 EEE 2J2	❷ YF11 KFF 10K11	❸ YC11 HCC 1G11	❹ YD2 CDD 11H2	❺ YA11 GAA 3E11	❻ YB2 GBB 9F2	❼ YJ8 JJJ 2C8	❽ YK5 HKK 10D5
11月	❺ WA11 DGD 11F12	❻ WB2 HHJ 1E1	❼ WJ8 DEH 10D9	❽ WK5 AFG 2C4	❾ WG5 EAG 9B6	❿ WH8 CBH 3A7	❶ VE2 EJE 8K3	❷ VF11 DKF 4J10	❸ VC11 DGC 7H12	❹ VD2 CHD 5G1	❺ VA11 CEA 9F12	❻ VB2 CFB 3E1	❼ VJ8 JCJ 8D9	❽ VK5 DDK 4C4	
12月	❺ ZA11 FFK 5G1	❻ ZB2 DEJ 7H12	❼ ZJ8 KDH 4E10	❽ ZK5 JCK 8F3	❾ ZG5 JBG 3C7	❿ ZH8 JAH 9D6	❶ YE2 EKE 2A4	❷ YF11 KJF 10B9	❸ YC11 HHC 1J1	❹ YD2 CGD 11K12	❺ YA11 GFA 3G1	❻ YB2 GEB 9H12	❼ YJ8 JDJ 2E10	❽ YK5 HCK 10F3	❾ YG5 FBG 1C7

1959年（民國48年）

1959年	1日	2日	3日	4日	5日	6日	7日	8日	9日	10日	11日	12日	13日	14日	15日	16日
1月	❿ YH8 GAH 11D6	❶ XE2 GKE 12A4	❷ XF11 GJF 12B9	❸ XC11 CHC 11J1	❹ XD2 HGD 1K12	❺ XA11 FFD 1H2	❻ XB2 EEC 11G11	❼ XJ8 JDB 12F11	❽ XK5 ECA 12E2	❾ XG5 DBK 11D8	❿ XH8 HAJ 1C5	❶ WE2 FKH 10B5	❷ WF11 CJG 2A8	❸ WC11 CHF 9K2	❹ WD2 EGE 3J11	❺ WA11 KDK 11H2
2月	❶ UE2 AFE 6B5	❷ UF11 AEF 6A8	❸ UC11 CDC 5K2	❹ UC1 DDK 7B10	❺ UB12 BAG 7J3	❻ UA1 JBH 5K10	❼ UK9 JJE 6G12	❽ UJ4 AKF 6H1	❾ UH6 KGC 5E9	❿ UG7 DHD 7F4	❶ ZF3 KEA 4C6	❷ ZE10 JDB 8D7	❸ ZD12 AAJ 3A3	❹ ZC1 JBK 9B10	❺ ZB12 FJG 5J3	❻ ZA1 DKH 7K10
3月	❾ YH6 FCA 1E9	❿ YG7 GDB 11F4	❶ XF3 GAJ 12C6	❷ XE10 GBK 12D7	❸ XD12 CJG 11A3	❹ XC1 KJK 1A9	❺ XB12 FHG 1K4	❻ XA1 EGH 11J9	❼ XK9 JFE 12H1	❽ XJ4 EEF 12G12	❾ XH6 DDC 11F10	❿ XG7 KCD 1E3	❶ WF3 FBA 10D7	❷ WE10 CAB 2C6	❸ WD12 CKJ 9B4	❹ WC1 EJK 3A9
4月	❿ VG7 GCB 5E3	❶ UF3 ABJ 6D7	❷ UE10 AAK 6C6	❸ UD12 CKG 5B4	❹ UC1 DJK 7D8	❺ UB12 BHG 7A5	❻ UA1 JGH 5B8	❼ UK9 JFE 6J2	❽ UJ4 AEF 6K11	❾ UH6 KDC 5G11	❿ UG7 DCD 7H2	❶ ZF3 KBA 4E8	❷ ZE10 JAB 8F5	❸ ZD12 AKJ 3C5	❹ ZC1 JGK 9D8	❺ ZB12 FFG 5A5
5月	❿ YG7 GHB 11H2	❶ XF3 GEJ 12E8	❷ XE10 GFK 12F5	❸ XD12 CCG 11C5	❹ XC1 HDH 1D8	❺ XB12 FAG 1B6	❻ XA1 EBH 11A7	❼ XK9 JJE 12K3	❽ XJ4 EKF 12J10	❾ XH6 DGC 11H12	❿ XG7 HHD 1G1	❶ WF3 FGA 10F9	❷ WE10 CHB 2E4	❸ WD12 CEJ 9D6	❹ WC1 EFK 3C7	❺ WB12 KCG 11B6
6月	❶ UF3 ACJ 6F9	❷ UE10 ADK 6E4	❸ UD12 CAG 5D6	❹ UC1 BBH 7C7	❺ UB12 KJE 7B6	❻ UA1 JAH 5D6	❼ UK9 JKE 6A4	❽ UJ4 AJF 6B9	❾ UH6 KHC 5J1	❿ UG7 DGD 7K12	❶ ZF3 KFA 4G10	❷ ZE10 JEB 8H3	❸ ZD12 CDJ 3E7	❹ ZC1 JCK 9F6	❺ ZB12 HBG 5C7	❻ ZA1 DAH 7D6
7月	❶ XF3 GDJ 12G10	❷ XE10 GCK 12H3	❸ XD12 CBG 11E7	❹ XC1 HAH 1F6	❺ XB12 FKE 1C7	❻ XA1 AJF 11D6	❼ XK9 EHC 12A4	❽ XJ4 EGF 12A8	❾ XH6 DFC 11K2	❿ XG7 HED 1J11	❶ WF3 FDA 10H11	❷ WE10 CCB 2G2	❸ WD12 CBJ 9F8	❹ WC1 EAK 3E5	❺ WB12 DKG 11D8	❻ WA1 HJH 1C5
8月	❷ UE10 AEK 6G2	❸ UD12 CDG 5F8	❹ UC1 BCH 7E5	❺ UB12 KBE 7D8	❻ UA1 AAF 5C5	❼ UK9 AKC 6B5	❽ UJ4 AJD 6A8	❾ UH6 KGC 5A3	❿ UG7 DHD 7B10	❶ ZF3 KEA 4J12	❷ ZE10 JFB 8K1	❸ ZD12 CCJ 3G9	❹ ZC1 JDK 9H4	❺ ZB12 HAG 5E9	❻ ZA1 DBH 7F4	❼ ZK9 KJE 4C6
9月	❸ XD12 CEG 11G9	❹ XC1 HFH 1H4	❺ XB12 FCE 1E9	❻ XA1 ADF 11F4	❼ XK9 EAC 12C6	❽ XJ4 EBD 12D7	❾ XH6 GJA 11A3	❿ XG7 HJD 1A9	❶ WF3 FHA 10K1	❷ WE10 CGB 2J12	❸ WD12 CFJ 9H10	❹ WC1 EEK 3G3	❺ WB12 DDG 11F10	❻ WA1 HCH 1E3	❼ WK9 DBE 10D7	❽ WJ4 CAF 2C6
10月	❸ UD12 CFG 5H10	❹ UC1 BEH 7G3	❺ UB12 KDE 7F10	❻ UA1 ACF 5E3	❼ UK9 ABC 6D7	❽ UJ4 AAD 6C6	❾ UH6 GKA 5B4	❿ UG7 BJB 7A9	❶ ZF3 KHA 4A2	❷ ZE10 JGB 8B11	❸ ZD12 CFJ 3J11	❹ ZC1 JEK 9K2	❺ ZB12 HDG 5G11	❻ ZA1 BCH 7H2	❼ ZK9 KBE 4E8	❽ ZJ4 GAF 8F5
11月	❹ XC1 HDH 1K2	❺ XB12 FAE 1G11	❻ XA1 ABF 11H2	❼ XK9 EJC 12E8	❽ XJ4 EKD 12F5	❾ XH6 GGA 11C5	❿ XG7 FHB 1D8	❶ WF3 FAA 10B3	❷ WE10 CBB 2A10	❸ WD12 CJJ 9K12	❹ WC1 EKK 3J1	❺ WB12 DGG 11H12	❻ WA1 HHH 1G1	❼ WK9 DEE 10F9	❽ WJ4 CFF 2E4	❾ WH6 ECC 9D6
12月	❹ UC1 BHH 7J1	❺ UB12 KEE 7H12	❻ UA1 AFF 5G1	❼ UK9 ACC 6F9	❽ UJ4 ADD 6E4	❾ UH6 GAA 5D6	❿ UG7 BBB 7C7	❶ ZF3 KKA 4C4	❷ ZE10 JJB 8D9	❸ ZD12 CHJ 3A1	❹ ZC1 JGK 9B12	❺ ZB12 HFG 5J1	❻ ZA1 BEH 7K12	❼ ZK9 KDE 4G10	❽ ZJ4 GCF 8H3	❾ ZH6 GBC 3E7

1959年	17日	18日	19日	20日	21日	22日	23日	24日	25日	26日	27日	28日	29日	30日	31日
1月	❻ WB2 HCJ 1G11	❼ WJ8 DBH 10F11	❽ WK5 JJK 2E2	❾ WG5 EHG 9D8	❿ WH8 CGH 3C5	❶ VE2 EFE 8B5	❷ VF11 DEF 4A8	❸ VC11 DDC 7K2	❹ VD2 CCD 5J11	❺ VA11 CBA 9H2	❻ VB2 CAB 3G11	❼ VJ8 JKJ 8F11	❽ VK5 DJK 4E2	❾ VG5 BHG 7D8	❿ VH8 GGH 5C5
2月	❼ ZK9 KGC 4G12	❽ ZJ4 JHD 8H1	❾ ZH6 JCA 3E9	❿ ZG7 JDB 9F4	❶ YF3 EAJ 2C6	❷ YE10 KBK 10D7	❸ YD12 HJG 1A3	❹ YC1 CKH 11B10	❺ YB12 GGE 3J3	❻ YA1 GHF 9K10	❼ YK9 JEC 2G12	❽ YJ4 HFD 10H1			
3月	❺ WB12 KHG 11K4	❻ WA1 HGH 1J9	❼ WK9 DFC 10H1	❽ WJ4 JED 2G12	❾ WH6 CDA 9F10	❿ WG7 CCB 3E3	❶ VF3 EBJ 8D7	❷ VE10 DAK 4C6	❸ VD12 DKG 7B4	❹ VC1 CJH 5A9	❺ VB12 CHE 9K4	❻ VA1 CGF 3J9	❼ VK9 JFC 8H1	❽ VJ4 DED 4G12	❾ VH6 BDA 7F10
4月	❻ ZA1 DEH 7B8	❼ ZK9 KJC 4J2	❽ ZJ4 JKD 8K11	❾ ZH6 JGA 3G11	❿ ZG7 JHB 9H2	❶ YF3 EEJ 2E8	❷ YE10 KFK 10F5	❸ YD12 HCG 1C5	❹ YC1 CDH 11D8	❺ YB12 GAE 3A5	❻ YA1 GBF 9B8	❼ YK9 JJC 2J2	❽ YJ4 HKD 10K11	❾ YH6 FGA 1G11	
5月	❻ WA1 HDH 1A7	❼ WK9 DAE 10K3	❽ WJ4 JBD 2J10	❾ WH6 EJA 9H12	❿ WG7 CFB 3G1	❶ VF3 ECJ 8F9	❷ VE10 DDK 4E4	❸ VD12 DAG 7D6	❹ VC1 CBH 5C7	❺ VB12 CJE 9B6	❻ VA1 CKF 3A7	❼ VK9 JGC 8K3	❽ VJ4 DHD 4J10	❾ VH6 BEA 7H12	❿ VG7 GFB 5G1
6月	❼ ZK9 KKE 4A4	❽ ZJ4 EJF 8B9	❾ ZH6 AHA 3J1	❿ ZG7 JGB 9K12	❶ YF3 EFJ 2G10	❷ YE10 KEK 10H3	❸ YD12 HDG 1E7	❹ YC1 CCH 11F6	❺ YB12 GBE 3C7	❻ YA1 GJF 9D6	❼ YK9 JHC 2A4	❽ YJ4 HGD 10B9	❾ YH6 FFA 1J1	❿ YG7 GEB 11K12	
7月	❼ WK9 DHE 10B5	❽ WJ4 AEF 2A8	❾ WH6 EDC 9K2	❿ WG7 CCD 3J11	❶ VF3 EFJ 8H11	❷ VE10 HEK 4G2	❸ VD12 DDG 7F8	❹ VC1 CCH 5E5	❺ VB12 CBE 9D8	❻ VA1 CAF 3C5	❼ VK9 JKC 8B5	❽ VJ4 DJD 4A8	❾ VH6 BHA 7K2	❿ VG7 GGB 5J11	❶ UF3 AFJ 6H11
8月	❽ ZJ4 GKF 8D7	❾ ZH6 GGC 3A3	❿ ZG7 JBD 9B10	❶ YF3 DJA 2J12	❷ YE10 KKK 10K1	❸ YD12 HEG 1G9	❹ YC1 CFH 11H4	❺ YB12 GCE 3E9	❻ YA1 GDF 9F4	❼ YK9 JAC 2C6	❽ YJ4 HBD 10D7	❾ YH6 FJA 1A3	❿ YG7 GKB 11B10	❶ XF3 GGJ 12J12	❷ XE10 GHK 12K1
9月	❾ WH6 EKC 9B4	❿ WG7 CJD 3A9	❶ VF3 KHA 8K1	❷ VE10 HGB 4J12	❸ VD12 DFG 7H10	❹ VC1 CEH 5G3	❺ VB12 CDE 9F10	❻ VA1 CCF 3E3	❼ VK9 JBC 8D7	❽ VJ4 DAD 4C6	❾ VH6 BKA 7B4	❿ VG7 GJB 5A9	❶ UF3 AHJ 6K1	❷ UE10 AGK 6J12	
10月	❾ ZH6 GKC 3C5	❿ ZG7 JJD 9D8	❶ YF3 DDA 2A2	❷ YE10 BCB 10B11	❸ YD12 HBJ 1J11	❹ YC1 CDH 11K2	❺ YB12 JAE 3G11	❻ YA1 GBF 9H2	❼ YK9 JJC 2E8	❽ YJ4 HKD 10F5	❾ YH6 HGA 1C5	❿ YG7 GHB 11D8	❶ XF3 GEJ 12A2	❷ XE10 GFK 12B11	❸ XD12 CCG 11J11
11月	❿ WG7 CDD 3C7	❶ VF3 KAA 8B3	❷ VE10 HBB 4A10	❸ VD12 DJJ 7K12	❹ VC1 CHH 5J1	❺ VB12 CEE 9H12	❻ VA1 CFF 3G1	❼ VK9 JCC 8F9	❽ VJ4 DDD 4E4	❾ VH6 BAA 7D6	❿ VG7 GBB 5C7	❶ UF3 AJJ 6B3	❷ UE10 AKK 6A10	❸ UD12 CGG 5K12	
12月	❿ ZG7 JAD 9F6	❶ YF3 DKA 2C4	❷ YE10 BJB 10D9	❸ YD12 HHJ 1A1	❹ YC1 CGH 11B12	❺ YB12 JFE 3J1	❻ YA1 GEF 9K12	❼ YK9 JDC 2G10	❽ YJ4 HCD 10H3	❾ YH6 HBA 1E7	❿ YG7 GAB 11F6	❶ XF3 GKJ 12C4	❷ XE10 GJK 12D9	❸ XD12 CHG 11A1	❹ XC1 HGH 1B12

1960年（民國49年）

1960年	1日	2日	3日	4日	5日	6日	7日	8日	9日	10日	11日	12日	13日	14日	15日	16日
1月	❺ XB12 FFE 1J1	❻ XA1 AEF 11K12	❼ XK9 EDC 12G10	❽ XJ4 ECD 12H3	❾ XH6 GBA 11E7	❿ XG7 HAD 1E5	❶ WF3 FKA 10D5	❷ WE10 CJB 2C8	❸ WD12 CHJ 9B2	❹ WC1 EGK 3A11	❺ WB12 DFG 11K2	❻ WA1 HEH 1J11	❼ WK9 DDE 10H11	❽ WJ4 CCF 2G2	❾ WH6 EBC 9F8	❿ WG7 CJD 3E5
2月	❻ UA1 AAF 5J11	❼ UK9 AKC 6H11	❽ UJ4 AJD 6G2	❾ UH6 GHA 5F8	❿ UK6 DHA 7H4	❶ ZG4 KEK 4E6	❷ ZH9 JFJ 8F7	❸ ZE1 CCH 3C3	❹ ZF12 JDG 9D10	❺ ZC1 HAF 5A3	❻ ZD12 DBE 7B10	❼ ZA10 KJD 4J12	❽ ZB3 GHC 8K1	❾ ZJ7 GEB 3G9	❿ ZK6 JFA 9H4	❶ YG4 DCK 2E6
3月	❺ XC1 FGF 1A3	❻ XD12 AHE 11B10	❼ XA10 EED 12J12	❽ XB3 EFC 12K1	❾ XJ7 DDB 11H10	❿ XK6 HCA 1G3	❶ WG4 FBK 10F7	❷ WH9 CAJ 2E6	❸ WE1 CKH 9D4	❹ WF12 EJG 3C9	❺ WC1 DHF 11B4	❻ WD12 HGE 1A9	❼ WA10 DFD 10K1	❽ WB3 CEC 2J12	❾ WJ7 EDB 9H10	❿ WK6 CCA 3G3
4月	❻ UD12 AGE 5A9	❼ UA10 AFD 6K1	❽ UB3 AEC 6J12	❾ UJ7 GDB 5H10	❿ UK6 DCA 7K2	❶ ZG4 KBK 4G8	❷ ZH9 JAJ 8H5	❸ ZE1 CKH 3E5	❹ ZF12 JJG 9F8	❺ ZC1 HHF 5C5	❻ ZD12 DGE 7D8	❼ ZA10 KFD 4A2	❽ ZB3 GEC 8B11	❾ ZJ7 GDB 3J11	❿ ZK6 JAA 9K2	❶ YG4 DKK 2G8
5月	❻ XD12 ABE 11D8	❼ XA10 EJD 12A2	❽ XB3 EKC 12B11	❾ XJ7 GGB 11J11	❿ XK6 HHA 1J1	❶ WG4 FEK 10H9	❷ WH9 CFJ 2G4	❸ WE1 CCH 9F6	❹ WF12 EDG 3E7	❺ WC1 DAF 11D6	❻ WD12 HDE 1C7	❼ WA10 DAD 10B3	❽ WB3 CBC 2A10	❾ WJ7 EJB 9K12	❿ WK6 CKA 3J1	❶ VG4 KGK 8H9
6月	❼ UA10 AGD 6B3	❽ UB3 AHC 6A10	❾ UJ7 GEB 5K12	❿ UK6 BFA 7J1	❶ ZG4 KCK 4H9	❷ ZH9 JEJ 8K3	❸ ZE1 CDH 3G7	❹ ZF12 JCG 9H6	❺ ZC1 HBF 5E7	❻ ZD12 BAE 7F6	❼ ZA10 KKD 4C4	❽ ZB3 GJC 8D9	❾ ZJ7 GHB 3A1	❿ ZK6 JGA 9B12	❶ YG4 HFK 2J10	❷ YH9 BEJ 10K3
7月	❼ XA10 EHD 12C4	❽ XB3 EGC 12D9	❾ XJ7 GFB 11A1	❿ XK6 FEA 1B12	❶ WG4 DDK 10J10	❷ WH9 ECJ 2K3	❸ WE1 CBH 9H8	❹ WF12 EAG 3G5	❺ WC1 DKF 11F8	❻ WD12 HJE 1E5	❼ WA10 DHD 10D5	❽ WB3 CGC 2C8	❾ WJ7 GFB 9B2	❿ WK6 CEA 3A11	❶ VG4 BDK 8K11	❷ VH9 HCJ 4J2
8月	❽ UB3 AJC 6C8	❾ UJ7 GHB 5B2	❿ UK6 BGA 7A11	❶ ZG4 KFK 4K11	❷ ZH9 EEJ 8J2	❸ ZE1 JDH 3H8	❹ ZF12 JDG 9K4	❺ ZC1 HAF 5G9	❻ ZD12 BBE 7H4	❼ ZA10 KJD 4E6	❽ ZB3 GKC 8F7	❾ ZJ7 GGB 3C3	❿ ZK6 JHA 9D10	❶ YG4 HEK 2A12	❷ YH9 BFJ 10B1	❸ YE1 HCH 1J9
9月	❾ XJ7 GJB 11C3	❿ XK6 FKA 1D10	❶ WG4 DGK 10A12	❷ WH9 EHJ 2B1	❸ WE1 EEH 9J9	❹ WF12 EFG 3K4	❺ WC1 ACF 11G9	❻ WD12 HCE 1G3	❼ WA10 DBD 10F7	❽ WB3 CAC 2E6	❾ WJ7 GKB 9D4	❿ WK6 CJA 3C9	❶ VG4 BHK 8B1	❷ VH9 HGJ 4A12	❸ VE1 DFH 7K10	❹ VF12 AEG 5J3
10月	❾ UJ7 GKB 5D4	❿ UK6 BJA 7C9	❶ ZG4 KHK 4B1	❷ ZH9 EGJ 8A12	❸ ZE1 JFH 3K10	❹ ZF12 JEG 9J3	❺ ZC1 ADF 5H10	❻ ZD12 BCE 7K2	❼ ZA10 KBD 4G8	❽ ZB3 GAC 8H5	❾ ZJ7 GKB 3E5	❿ ZK6 JJA 9F8	❶ YG4 HHK 2C2	❷ YH9 BGJ 10D11	❸ YE1 HFH 1A11	❹ YF12 GEG 11B2
11月	❿ XK6 FHA 1F8	❶ WG4 DEK 10C2	❷ WH9 EFJ 2D11	❸ WE1 ECH 9A11	❹ WF12 EDG 3B2	❺ WC1 AAF 11J11	❻ WD12 HHE 1J1	❼ WA10 DED 10H9	❽ WB3 CFC 2G4	❾ WJ7 GCB 9F6	❿ WK6 CDA 3E7	❶ VG4 BAK 8D3	❷ VH9 HBJ 4C10	❸ VE1 DJH 7B12	❹ VF12 AKG 5A1	❺ VC1 AGF 9K12
12月	❿ UK6 BBA 7E7	❶ ZG4 KJK 4D3	❷ ZH9 EKJ 8C10	❸ ZE1 JGH 3B12	❹ ZF12 JHG 9A1	❺ ZC1 AEF 5K12	❻ ZD12 BEE 7B12	❼ ZA10 KDD 4J10	❽ ZB3 GCC 8K3	❾ ZJ7 GBB 3G7	❿ ZK6 JAA 9H6	❶ YG4 HKK 2E4	❷ YH9 BJJ 10F9	❸ YE1 HHH 1C1	❹ YF12 GGG 11D12	❺ YC1 JFF 3A1

1960年	17日	18日	19日	20日	21日	22日	23日	24日	25日	26日	27日	28日	29日	30日	31日
1月	❶ VF3 KHA 8D5	❷ VE10 HGB 4C8	❸ VD12 DDG 7B2	❹ VC1 CCH 5A11	❺ VB12 CBE 9K2	❻ VA1 CAF 3J11	❼ VK9 JKC 8H11	❽ VJ4 DJD 4G2	❾ VH6 BHA 7F8	❿ VG7 GGB 5E5	❶ UF3 AFJ 6D5	❷ UE10 AEK 6C8	❸ UD12 CDG 5B2	❹ UC1 BCH 7A11	❺ UB12 KBE 7K2
2月	❷ YH9 BDJ 10F7	❸ YE1 HAH 1C3	❹ YF12 CBG 11D10	❺ YC1 GGF 3A3	❻ YD12 GHE 9B10	❼ YA10 JED 2J12	❽ YB3 HFC 10K1	❾ YJ7 HCB 1G9	❿ YK6 GDA 11H4	❶ XG4 GAK 12E6	❷ XH9 GBJ 12F7	❸ XE1 CJH 11C3	❹ XF12 HKG 1D10		
3月	❶ VG4 KBK 8F7	❷ VH9 HAJ 4E6	❸ VE1 DKH 7D4	❹ VF12 CJG 5C9	❺ VC1 CHF 9B4	❻ VD12 CGE 3A9	❼ VA10 JFD 8K1	❽ VB3 DEC 4J12	❾ VJ7 BDB 7H10	❿ VK6 GCA 5G3	❶ UG4 ABK 6F7	❷ UH9 AAJ 6E6	❸ UE1 CKH 5D4	❹ UF12 BJG 7C9	❺ UC1 KHF 7B4
4月	❷ YH9 BJJ 10H5	❸ YE1 HCH 1E5	❹ YF12 CDG 11F8	❺ YC1 GAF 3C5	❻ YD12 GBE 9D8	❼ YA10 JJD 2A2	❽ YB3 HKC 10B11	❾ YJ7 HGB 1J11	❿ YK6 GHA 11K2	❶ XG4 GEK 12G8	❷ XH9 GFJ 12H5	❸ XE1 CCH 11E5	❹ XF12 HDG 1F8	❺ XC1 FAF 1C5	
5月	❷ VH9 HHJ 4G4	❸ VE1 DEH 7F6	❹ VF12 CFG 5E7	❺ VC1 CJF 9D6	❻ VD12 CKE 3C7	❼ VA10 JGD 8B3	❽ VB3 DHC 4A10	❾ VJ7 BEB 7K12	❿ VK6 GFA 5J1	❶ UG4 ACK 6H9	❷ UH9 ADJ 6G4	❸ UE1 CAH 5F6	❹ UF12 BBG 7E7	❺ UC1 KJF 7D6	❻ UD12 AKE 5C7
6月	❸ YE1 HDH 1G7	❹ YF12 ECG 11H6	❺ YC1 JBF 3E7	❻ YD12 GAE 9F6	❼ YA10 JKD 2C4	❽ YB3 HJC 10D9	❾ YJ7 HHB 1A1	❿ YK6 GGA 11B12	❶ XG4 GFK 12J10	❷ XH9 GCJ 12K3	❸ XE1 CBH 11G7	❹ XF12 HAG 1H6	❺ XC1 FKF 1E7	❻ XD12 AJE 11F6	
7月	❸ VE1 DKH 7H8	❹ VF12 JJG 5G5	❺ VC1 EHF 9F8	❻ VD12 CAE 3E5	❼ VA10 JKD 8D5	❽ VB3 DJC 4C8	❾ VJ7 BHB 7B2	❿ VK6 GGA 5A11	❶ UG4 AFK 6K11	❷ UH9 AEJ 6J2	❸ UE1 CDH 5H8	❹ UF12 BCG 7G5	❺ UC1 KBF 7F8	❻ UD12 AAE 5E5	❼ UA10 AKD 6D5
8月	❹ YF12 EDG 11K4	❺ YC1 JEF 3G9	❻ YD12 GFE 9H4	❼ YA10 JCD 2E6	❽ YB3 BBC 10F7	❾ YJ7 HJB 1C3	❿ YK6 GKA 11D10	❶ XG4 GGK 12A12	❷ XH9 GHJ 12B1	❸ XE1 CEH 11J9	❹ XF12 HFG 1K4	❺ XC1 FCF 1G9	❻ XD12 ADE 11H4	❼ XA10 EAD 12E6	❽ XB3 EBC 12F7
9月	❺ VC1 ADF 9H10	❻ VD12 CCE 3G3	❼ VA10 HBD 8F7	❽ VB3 FAC 4E6	❾ VJ7 BKB 7D4	❿ VK6 GJA 5C9	❶ UG4 AHK 6B1	❷ UH9 AGJ 6A12	❸ UE1 CFH 5K10	❹ UF12 BEG 7J3	❺ UC1 BDF 7H10	❻ UD12 ACE 5G3	❼ UA10 ABD 6F7	❽ UB3 AAC 6E6	
10月	❺ YC1 JDF 3J11	❻ YD12 GJE 9K2	❼ YA10 DHD 2G8	❽ YB3 BGC 10H5	❾ YJ7 HGB 1E5	❿ YK6 GHA 11F8	❶ XG4 GEK 12C2	❷ XH9 GFJ 12D11	❸ XE1 CCH 11A11	❹ XF12 HDG 1B2	❺ XC1 FAF 1J11	❻ XD12 ABE 11K2	❼ XA10 EJD 12G8	❽ XB3 EKC 12H5	❾ XJ7 GGB 11E5
11月	❻ VD12 CHE 3J1	❼ VA10 HED 8H9	❽ VB3 FFC 4G4	❾ VJ7 BAB 7F6	❿ VK6 GBA 5E7	❶ UG4 AJK 6D3	❷ UH9 AKJ 6C10	❸ UE1 CGH 5B12	❹ UF12 BHG 7A1	❺ UC1 BEF 7K12	❻ UD12 AFE 5J1	❼ UA10 ACD 6H9	❽ UB3 ADC 6G4	❾ UJ7 GAB 5F6	
12月	❻ YD12 GEE 9B12	❼ YA10 DDD 2J10	❽ YB3 BCC 10K3	❾ YJ7 HBB 1G7	❿ YK6 GAA 11H6	❶ XG4 GKK 12E4	❷ XH9 GJJ 12F9	❸ XE1 CHH 11C1	❹ XF12 HGG 1D12	❺ XC1 FFF 1A1	❻ XD12 AEE 11B12	❼ XA10 EDD 12J10	❽ XB3 ECC 12K3	❾ XJ7 GBB 11G7	❿ XK6 FAA 1H6

1961年	1日	2日	3日	4日	5日	6日	7日	8日	9日	10日	11日	12日	13日	14日	15日	16日	17日	18日	19日	20日	21日	22日	23日	24日	25日	26日	27日	28日	29日	30日	31日
1月	❶ WG4 DKK 10E4	❷ WH9 EJJ 2F9	❸ WE1 EHH 9C1	❹ WF12 EGG 3D12	❺ WC1 DFF 11B2	❻ WD12 HEE 1A11	❼ WA10 DDD 10K11	❽ WB3 CCC 2J2	❾ WJ7 GBB 9H8	❿ WK6 CAA 3G5	❶ VG4 BKK 8F5	❷ VH9 HJJ 4E8	❸ VE1 DHH 7D2	❹ VF12 AGG 5C11	❺ VC1 ADF 9B2	❻ VD12 CCE 3A11	❼ VA10 HBD 8K11	❽ VB3 DJC 4J2	❾ VJ7 BHB 7H8	❿ VK6 GGA 5G5	❶ UG4 AFK 6F5	❷ UH9 AEJ 6E8	❸ UE1 CDH 5D2	❹ UF12 BCG 7C11	❺ UC1 KBF 7B2	❻ UD12 AAE 5A11	❼ UA10 AKD 6K11	❽ UB3 AJC 6J2	❾ UJ7 GHB 5H8	❿ UK6 BGA 7G5	❶ ZG4 KFK 4F5
2月	❷ ZH9 EEJ 8E8	❸ ZE1 JDH 3D2	❹ ZF12 JCG 9C11	❺ ZD2 HAF 5C3	❻ ZC11 BBE 7D10	❼ ZB11 KJD 4A12	❽ ZA2 GKC 8B1	❾ ZK8 GGB 3J9	❿ ZJ5 JHA 9K4	❶ YH5 HEK 2G6	❷ YG8 BFJ 10H7	❸ YF2 HAH 1E3	❹ YE11 GBG 11F10	❺ YD2 JJD 3C3	❻ YC11 GKC 9D10	❼ YB11 DGB 2A12	❽ YA2 BHJ 10B1	❾ YK8 HEH 1J9	❿ YJ5 GDG 11K4	❶ XH5 GAF 12G6	❷ XG8 GBE 12H7	❸ XF2 CJD 11E3	❹ XE11 HKC 1F10	❺ XD2 FGB 1C3	❻ XC11 AHA 11D10	❼ XB11 EEK 12A12	❽ XA2 EFJ 12B1	❾ XK8 GCH 11J9			
3月	❿ XJ5 FDG 1K4	❶ WH5 DAF 10G6	❷ WG8 EBE 2H7	❸ WF2 EJD 9E3	❹ WE11 EKC 3F10	❺ WD2 DHF 11D4	❻ WC11 HGE 1C9	❼ WB11 DFD 10B1	❽ WA2 CEC 2A12	❾ WK8 GDB 9K10	❿ WJ5 CCA 3J3	❶ VH5 BBK 8H7	❷ VG8 HAJ 4G6	❸ VF2 DKH 7F4	❹ VE11 AJG 5E9	❺ VD2 AHD 9D4	❻ VC11 CGC 3C9	❼ VB11 HFB 8B1	❽ VA2 DEJ 4A12	❾ VK8 BDH 7K10	❿ VJ5 GCG 5J3	❶ UH5 ABF 6H7	❷ UG8 AAE 6G6	❸ UF2 CKD 5F4	❹ UE11 BJC 7E9	❺ UD2 KHB 7D4	❻ UC11 AGA 5C9	❼ UB11 AFK 6B1	❽ UA2 AEJ 6A12	❾ UK8 GDH 5K10	❿ UJ5 BCG 7J3
4月	❶ ZH5 KBF 4H7	❷ ZG8 EAE 8G6	❸ ZF2 JKD 3F4	❹ ZE11 JJC 9E9	❺ ZD2 HHF 5E5	❻ ZC11 BGE 7F8	❼ ZB11 KFD 4C2	❽ ZA2 GEC 8D11	❾ ZK8 GDB 3A11	❿ ZJ5 JCA 9B2	❶ YH5 HBK 2J8	❷ YG8 BAJ 10K5	❸ YF2 HKH 1G5	❹ YE11 GJG 11H8	❺ YD2 JFD 3E5	❻ YC11 GEC 9F8	❼ YB11 DDB 2C2	❽ YA2 BKJ 10D11	❾ YK8 HGH 1A11	❿ YJ5 GHG 11B2	❶ XH5 GEF 12J8	❷ XG8 GFE 12K5	❸ XF2 CCD 11G5	❹ XE11 HDC 1H8	❺ XD2 FAB 1E5	❻ XC11 ABA 11F8	❼ XB11 EJK 12C2	❽ XA2 EKJ 12D11	❾ XK8 GGH 11A11	❿ XJ5 FHG 1B2	
5月	❶ WH5 DEF 10J8	❷ WG8 EFE 2K5	❸ WF2 ECD 9G5	❹ WE11 EDC 3H8	❺ WD2 AAB 11E5	❻ WC11 HBE 1E7	❼ WB11 DJD 10D3	❽ WA2 CKC 2C10	❾ WK8 GGB 9B12	❿ WJ5 CHA 3A1	❶ VH5 BEK 8K9	❷ VG8 HHJ 4J4	❸ VF2 DEH 7H6	❹ VE11 AFG 5G7	❺ VD2 ACF 9F6	❻ VC11 CDC 3E7	❼ VB11 HAB 8D3	❽ VA2 FBA 4C10	❾ VK8 BJH 7B12	❿ VJ5 GKG 5A1	❶ UH5 ACF 6K9	❷ UG8 ADE 6J4	❸ UF2 CAD 5H6	❹ UE11 BBC 7G7	❺ UD2 BJB 7F6	❻ UC11 AKA 5E7	❼ UB11 AGK 6D3	❽ UA2 AHJ 6C10	❾ UK8 GEH 5B12	❿ UJ5 BFG 7A1	❶ ZH5 KCF 4K9
6月	❷ ZG8 EDE 8J4	❸ ZF2 JAD 3H6	❹ ZE11 JBC 9G7	❺ ZD2 AJB 5F6	❻ ZC11 KKA 7E7	❼ ZB11 KKD 4E4	❽ ZA2 GJC 8F9	❾ ZK8 GHB 3C1	❿ ZJ5 JGA 9D12	❶ YH5 HFK 2A10	❷ YG8 BEJ 10B3	❸ YF2 HDH 1J7	❹ YE11 GCG 11K6	❺ YD2 JBF 3G7	❻ YC11 GAE 9H6	❼ YB11 DKB 2E4	❽ YA2 BJA 10F9	❾ YK8 HHK 1C1	❿ YJ5 GGG 11D12	❶ XH5 GFF 12A10	❷ XG8 GEE 12B3	❸ XF2 CDD 11J7	❹ XE11 HCC 1K6	❺ XD2 FBB 1G7	❻ XC11 AAA 11H6	❼ XB11 EHK 12E4	❽ XA2 EGJ 12F9	❾ XK8 GFH 11C1	❿ XJ5 FEG 1D12	❶ WH5 DDF 10A10	
7月	❷ WG8 ECE 2B3	❸ WF2 EBD 9J7	❹ WE11 EAC 3K6	❺ WD2 AKB 11G7	❻ WC11 FJA 1H6	❼ WB11 DHK 10E4	❽ WA2 CGC 2E8	❾ WK8 GFB 9D2	❿ WJ5 CEA 3C11	❶ VH5 BDK 8B11	❷ VG8 FCJ 4A2	❸ VF2 DBH 7K8	❹ VE11 AAG 5J5	❺ VD2 AKF 9H8	❻ VC11 CJE 3G5	❼ VB11 BHD 8F5	❽ VA2 FEA 4E8	❾ VK8 BDK 7D2	❿ VJ5 JCJ 5C11	❶ UH5 CFF 6B11	❷ UG8 AEE 6A2	❸ UF2 CDD 5K8	❹ UE11 BCC 7J5	❺ UD2 BBB 7H8	❻ UC11 AAA 5G5	❼ UB11 AKK 6F5	❽ UA2 AJJ 6E8	❾ UK8 GHH 5D2	❿ UJ5 BGG 7C11	❶ ZH5 KFF 4B11	❷ ZG8 EEE 8A2
8月	❸ ZF2 JDD 3K8	❹ ZE11 JCC 9J5	❺ ZD2 ABB 5H8	❻ ZC11 KAA 7G5	❼ ZB11 HKK 4F5	❽ ZA2 JJJ 8E8	❾ ZK8 JHH 3D2	❿ ZJ5 JHA 9F10	❶ YH5 HEK 2C12	❷ YG8 BFJ 10D1	❸ YF2 HCH 1A9	❹ YE11 GDG 11B4	❺ YD2 AAF 3J9	❻ YC11 GBE 9K4	❼ YB11 FJD 2G6	❽ YA2 BKC 10H7	❾ YK8 HGB 1E3	❿ YJ5 CHJ 11F10	❶ XH5 JJH 12C12	❷ XG8 GKG 12D1	❸ XF2 CGD 11A9	❹ XE11 HFC 1B4	❺ XD2 FCB 1J9	❻ XC11 ADA 11K4	❼ XB11 EAK 12G6	❽ XA2 EBJ 12H7	❾ XK8 GJH 11E3	❿ XJ5 FKG 1F10	❶ WH5 DGF 10C12	❷ WG8 EHE 2D1	❸ WF2 EED 9A9
9月	❹ WE11 EFC 3B4	❺ WD2 ACB 11J9	❻ WC11 FDA 1K4	❼ WB11 DAK 10G6	❽ WA2 JBJ 2H7	❾ WK8 CJH 9E3	❿ WJ5 CKG 3F10	❶ VH5 BHK 8D1	❷ VG8 FGJ 4C12	❸ VF2 DFH 7B10	❹ VE11 AEG 5A3	❺ VD2 ADF 9K10	❻ VC11 CCE 3J3	❼ VB11 BBD 8H7	❽ VA2 FAC 4G6	❾ VK8 BKB 7F4	❿ VJ5 AJA 5E9	❶ UH5 CHH 6D1	❷ UG8 AGG 6C12	❸ UF2 HFF 5B10	❹ UE11 FEC 7A3	❺ UD2 BDB 7K10	❻ UC11 ACA 5J3	❼ UB11 ABK 6H7	❽ UA2 AAJ 6G6	❾ UK8 GKH 5F4	❿ UJ5 BJG 7E9	❶ ZH5 KHF 4D1	❷ ZG8 EGE 8C12	❸ ZF2 JFD 3B10	
10月	❹ ZE11 JEC 9A3	❺ ZD2 ADB 5K10	❻ ZC11 KCA 7J3	❼ ZB11 HBK 4H7	❽ ZA2 JAJ 8G6	❾ ZK8 JKH 3F4	❿ ZJ5 JJG 9E9	❶ YH5 HHK 2E2	❷ YG8 BGJ 10F11	❸ YF2 HFH 1C11	❹ YE11 GEG 11D2	❺ YD2 ADF 3A11	❻ YC11 GCE 9B2	❼ YB11 FBD 2J8	❽ YA2 BAC 10K5	❾ YK8 HKB 1G5	❿ YJ5 EJA 11H8	❶ XH5 EDH 12E2	❷ XG8 GCG 12F11	❸ XF2 BBF 11C11	❹ XE11 HDC 1D2	❺ XD2 FAB 1A11	❻ XC11 ABA 11B2	❼ XB11 EJK 12J8	❽ XA2 EKJ 12K5	❾ XK8 GGH 11G5	❿ XJ5 FHG 1H8	❶ WH5 DEF 10E2	❷ WG8 EFE 2F11	❸ WF2 ECD 9C11	❹ WE11 EDC 3D2
11月	❺ WD2 AAB 11A11	❻ WC11 FBA 1B2	❼ WB11 DJK 10J8	❽ WA2 JKJ 2K5	❾ WK8 CGH 9G5	❿ WJ5 CHG 3H8	❶ VH5 EEF 8E2	❷ VG8 FBJ 4E10	❸ VF2 DJH 7D12	❹ VE11 AKG 5C1	❺ VD2 AGF 9B12	❻ VC11 CHE 3A1	❼ VB11 BED 8K9	❽ VA2 FFC 4J4	❾ VK8 BCB 7H6	❿ VJ5 ADA 5G7	❶ UH5 CAK 6F3	❷ UG8 ABG 6E10	❸ UF2 HJF 5D12	❹ UE11 FKE 7C1	❺ UD2 BEB 7B12	❻ UC11 AFA 5A1	❼ UB11 ACK 6K9	❽ UA2 ADJ 6J4	❾ UK8 GAH 5H6	❿ UJ5 BBG 7G7	❶ ZH5 KJF 4F3	❷ ZG8 EKE 8E10	❸ ZF2 JGD 3D12	❹ ZE11 JHC 9C1	
12月	❺ ZD2 AEB 5B12	❻ ZC11 KFA 7A1	❼ ZB11 HCK 4K9	❽ ZA2 JDJ 8J4	❾ ZK8 JAH 3H6	❿ ZJ5 JBG 9G7	❶ YH5 HKK 2G4	❷ YG8 BJJ 10H9	❸ YF2 HHH 1E1	❹ YE11 GGG 11F12	❺ YD2 AFF 3C1	❻ YC11 GEE 9D12	❼ YB11 FDD 2A10	❽ YA2 BCC 10B3	❾ YK8 HBB 1J7	❿ YJ5 EAA 11K6	❶ XH5 EKH 12G4	❷ XG8 GJG 12H9	❸ XF2 BHF 11E1	❹ XE11 HGC 1F12	❺ XD2 FFB 1C1	❻ XC11 AEA 11D12	❼ XB11 EDK 12A10	❽ XA2 ECJ 12B3	❾ XK8 GBH 11J7	❿ XJ5 FAG 1K6	❶ WH5 DKF 10G4	❷ WG8 EJE 2H9	❸ WF2 EHD 9E1	❹ WE11 EGC 3F12	❺ WD2 AFB 11C1

1962年（民國51年）

1962年	1日	2日	3日	4日	5日	6日	7日	8日	9日	10日	11日	12日	13日	14日	15日	16日
1月	❻ WC11 FEA 1D12	❼ WB11 DDK 10A10	❽ WA2 JCJ 2B3	❾ WK8 CBH 9J7	❿ WJ5 CAG 3K6	❶ VH5 BKK 8H5	❷ VG8 FJJ 4G8	❸ VF2 DHH 7F2	❹ VE11 AGG 5E11	❺ VD2 AFF 9D2	❻ VC11 CEE 3C11	❼ VB11 BDD 8B11	❽ VA2 FCC 4A2	❾ VK8 BBB 7K8	❿ VJ5 AAA 5J5	❶ UH5 CHH 6H5
2月	❼ ZB11 HKK 4B11	❽ ZA2 JJJ 8A2	❾ ZK8 JHH 3K8	❿ ZB4 JHH 9B4	❶ YJ6 HEE 2J6	❷ YK7 BFF 10K7	❸ YG3 HCC 1G3	❹ YH10 GDD 11H10	❺ YE3 AAA 3E3	❻ YF10 GBB 9F10	❼ YC12 FJJ 2C12	❽ YD1 BHH 10D1	❾ YA9 HEE 1A9	❿ YB4 CFF 11B4	❶ XJ6 JCC 12J6	❷ XK7 GDD 12K7
3月	❺ WE3 AGG 11E3	❻ WF10 FHH 1F10	❼ WC12 DEE 10C12	❽ WD1 JFF 2D1	❾ WA9 CCC 9A9	❿ WB4 CCH 3A3	❶ VJ6 BBE 8K7	❷ VK7 FAF 4J6	❸ VG3 DKC 7H4	❹ VH10 AJD 5G9	❺ VE3 AHA 9F4	❻ VF10 CGB 3E9	❼ VC12 BFJ 8D1	❽ VD1 FEH 4C12	❾ VA9 BDE 7B10	❿ VB4 JCF 5A3
4月	❻ ZF10 KGH 7E9	❼ ZC12 HFE 4D1	❽ ZD1 JEF 8C12	❾ ZA9 JDC 3B10	❿ ZB4 JCH 9D2	❶ YJ6 HBE 2A8	❷ YK7 BAF 10B5	❸ YG3 HKC 1J5	❹ YH10 GJD 11K8	❺ YE3 AHA 3G5	❻ YF10 GGB 9H8	❼ YC12 FFJ 2E2	❽ YD1 BEH 10F11	❾ YA9 HDE 1C11	❿ YB4 CAF 11D2	❶ XJ6 JKC 12A8
5月	❻ WF10 FBH 1H8	❼ WC12 DJE 10E2	❽ WD1 JKF 2F11	❾ WA9 CGC 9C11	❿ WB4 CHD 3D2	❶ VJ6 BEE 8B9	❷ VK7 FFF 4A4	❸ VG3 DCC 7K6	❹ VH10 ADD 5J7	❺ VE3 AAA 9H6	❻ VF10 CBB 3G7	❼ VC12 BAJ 8F3	❽ VD1 FBK 4E10	❾ VA9 BJE 7D12	❿ VB4 AKF 5C1	❶ UJ6 CGC 6B9
6月	❼ ZC12 HGE 4F3	❽ ZD1 JHF 8E10	❾ ZA9 JEC 3D12	❿ ZB4 JFD 9C1	❶ YJ6 ECA 2B9	❷ YK7 BEF 10D3	❸ YG3 HDC 1A7	❹ YH10 GCD 11B6	❺ YE3 ABA 3J7	❻ YF10 GAB 9K6	❼ YC12 FKJ 2G4	❽ YD1 BJK 10H9	❾ YA9 HHG 1E1	❿ YB4 EGF 11F12	❶ XJ6 EFC 12C10	❷ XK7 GED 12D3
7月	❼ WC12 DHE 10G4	❽ WD1 JGF 2H9	❾ WA9 CFC 9E1	❿ WB4 CED 3F12	❶ VJ6 EDA 8C10	❷ VK7 DCB 4D3	❸ VG3 DBC 7B8	❹ VH10 AAD 5A5	❺ VE3 AKA 9K8	❻ VF10 CJB 3J5	❼ VC12 BHJ 8H5	❽ VD1 FGK 4G8	❾ VA9 BFG 7F2	❿ VB4 AEH 5E11	❶ UJ6 CDC 6D11	❷ UK7 ACD 6C2
8月	❽ ZD1 JJF 8G8	❾ ZA9 JHC 3F2	❿ ZB4 JGD 9E11	❶ YJ6 EFA 2D11	❷ YK7 KEB 10C2	❸ YG3 HDJ 1B8	❹ YH10 CCK 11A5	❺ YE3 AAA 3A9	❻ YF10 GBB 9B4	❼ YC12 FJJ 2J6	❽ YD1 KKK 10K7	❾ YA9 HGG 1G3	❿ YB4 EHH 11H10	❶ XJ6 EEE 12E12	❷ XK7 GFF 12F1	❸ XG3 FCA 11C9
9月	❾ WA9 CJC 9G3	❿ WB4 CKD 3H10	❶ VJ6 EGA 8E12	❷ VK7 DHB 4F1	❸ VG3 BEJ 7C9	❹ VH10 CFK 5D4	❺ VE3 CCG 9A9	❻ VF10 CCB 3A3	❼ VC12 BBJ 8K7	❽ VD1 FAK 4J6	❾ VA9 BKG 7H4	❿ VB4 AJH 5G9	❶ UJ6 EHE 6F1	❷ UK7 AGF 6E12	❸ UG3 KFC 5D10	❹ UH10 FEB 7C3
10月	❾ ZA9 JKC 3H4	❿ ZB4 JJD 9G9	❶ YJ6 EHA 2F1	❷ YK7 KGB 10E12	❸ YG3 HFJ 1D10	❹ YH10 CEK 11C3	❺ YE3 GDG 3B10	❻ YF10 GCH 9A3	❼ YC12 FBJ 2A8	❽ YD1 KAK 10B5	❾ YA9 HKG 1J5	❿ YB4 EJH 11K8	❶ XJ6 EHE 12G2	❷ XK7 GGF 12H11	❸ XG3 FFC 11E11	❹ XH10 KED 1F2
11月	❿ WB4 CHD 3K8	❶ VJ6 EEA 8G2	❷ VK7 DFB 4H11	❸ VG3 BCJ 7E11	❹ VH10 CDK 5F2	❺ VE3 CAG 9C11	❻ VF10 CBH 3D2	❼ VC12 BEJ 8B9	❽ VD1 FFK 4A4	❾ VA9 BCG 7K6	❿ VB4 ADH 5J7	❶ UJ6 EAE 6H3	❷ UK7 ABF 6G10	❸ UG3 KJC 5F12	❹ UH10 FKD 7E1	❺ UE3 BGJ 7D12
12月	❿ ZB4 JBD 9J7	❶ YJ6 EJA 2H3	❷ YK7 KKB 10G10	❸ YG3 HGJ 1F12	❹ YH10 CHK 11E1	❺ YE3 GEG 3D12	❻ YF10 GEB 9F12	❼ YC12 FDJ 2C10	❽ YD1 KCK 10D3	❾ YA9 HBG 1A7	❿ YB4 EAH 11B6	❶ XJ6 EKE 12J4	❷ XK7 GJF 12K9	❸ XG3 FHC 11G1	❹ XH10 KGB 1H12	❺ XE3 FFJ 1E1

1962年	17日	18日	19日	20日	21日	22日	23日	24日	25日	26日	27日	28日	29日	30日	31日
1月	❷ UG8 AGG 6G8	❸ UF2 HFF 5F2	❹ UE11 FCC 7E11	❺ UD2 BBB 7D2	❻ UC11 AAA 5C11	❼ UB11 AKK 6B11	❽ UA2 AJJ 6A2	❾ UK8 GHH 5K8	❿ UJ5 BGG 7J5	❶ ZH5 KFF 4H5	❷ ZG8 EEE 8G8	❸ ZF2 JDD 3F2	❹ ZE11 JCC 9E11	❺ ZD2 ABB 5D2	❻ ZC11 KAA 7C11
2月	❸ XG3 CAA 11G3	❹ XH10 HBB 1H10	❺ XE3 FGG 1E3	❻ XF10 AHH 11F10	❼ XC12 EEE 12C12	❽ XD1 EFF 12D1	❾ XA9 GCC 11A9	❿ XB4 FDD 1B4	❶ WJ6 DAA 10J6	❷ WK7 EBB 2K7	❸ WG3 EJJ 9G3	❹ WH10 EKK 3H10			
3月	❶ UJ6 CBC 6K7	❷ UK7 AAD 6J6	❸ UG3 CKA 5H4	❹ UH10 FJB 7G9	❺ UE3 BHG 7F4	❻ UF10 AGH 5E9	❼ UC12 AFE 6D1	❽ UD1 AEF 6C12	❾ UA9 GDC 5B10	❿ UB4 BCD 7A3	❶ ZJ6 KBA 4K7	❷ ZK7 EAB 8J6	❸ ZG3 JKJ 3H4	❹ ZH10 JJK 9G9	❺ ZE3 AHG 5F4
4月	❷ XK7 GJD 12B5	❸ XG3 CCA 11J5	❹ XH10 HDB 1K8	❺ XE3 FAG 1G5	❻ XF10 ABH 11H8	❼ XC12 EJE 12E2	❽ XD1 EKF 12F11	❾ XA9 GGC 11C11	❿ XB4 FHD 1D2	❶ WJ6 DEA 10A8	❷ WK7 EFB 2B5	❸ WG3 ECJ 9J5	❹ WH10 EDK 3K8	❺ WE3 AAG 11G5	
5月	❷ UK7 AHD 6A4	❸ UG3 HEA 5K6	❹ UH10 FFB 7J7	❺ UE3 BCJ 7H6	❻ UF10 AKH 5G7	❼ UC12 AGE 6F3	❽ UD1 AHF 6E10	❾ UA9 GEC 5D12	❿ UB4 BFD 7C1	❶ ZJ6 KCA 4B9	❷ ZK7 EDB 8A4	❸ ZG3 JAJ 3K6	❹ ZH10 JBK 9J7	❺ ZE3 AJG 5H6	❻ ZF10 KKH 7G7
6月	❸ XG3 BDA 11A7	❹ XH10 KCB 1B6	❺ XE3 FBJ 1J7	❻ XF10 AAK 11K6	❼ XC12 EKE 12G4	❽ XD1 EJF 12H9	❾ XA9 GHC 11E1	❿ XB4 FGD 1F12	❶ WJ6 FFA 10C10	❷ WK7 ECB 2D3	❸ WG3 EBJ 9A7	❹ WH10 EAK 3B6	❺ WE3 AKG 11J7	❻ WF10 FJH 1K6	
7月	❸ UG3 HKA 5B8	❹ UH10 FJB 7A5	❺ UE3 BHJ 7K8	❻ UF10 AAK 5J5	❼ UC12 AKG 6H5	❽ UD1 AJF 6G8	❾ UA9 GHC 5F2	❿ UB4 BGD 7E11	❶ ZJ6 KFA 4D11	❷ ZK7 EEB 8C2	❸ ZG3 JDJ 3B8	❹ ZH10 JCK 9A5	❺ ZE3 ABG 5K8	❻ ZF10 KAH 7J5	❼ ZC12 HKE 4H5
8月	❹ XH10 KDB 1D4	❺ XE3 FAJ 1A9	❻ XF10 CFK 11B4	❼ XC12 GCG 12J6	❽ XD1 EDH 12K7	❾ XA9 GJE 11G3	❿ XB4 FKD 1H10	❶ WJ6 FGA 10E12	❷ WK7 EHB 2F1	❸ WG3 EEJ 9C9	❹ WH10 EFK 3D4	❺ WE3 ACG 11A9	❻ WF10 FDH 1B4	❼ WC12 DAE 10J6	❽ WD1 JBF 2K7
9月	❺ UE3 BDJ 7B10	❻ UF10 GCK 5A3	❼ UC12 CBG 6K7	❽ UD1 AAH 6J6	❾ UA9 GKE 5H4	❿ UB4 BJF 7G9	❶ ZJ6 KHA 4F1	❷ ZK7 EGB 8E12	❸ ZG3 JFJ 3D10	❹ ZH10 JEK 9C3	❺ ZE3 ADG 5B10	❻ ZF10 KCH 7A3	❼ ZC12 HBE 4K7	❽ ZD1 JAF 8J6	
10月	❺ XE3 FDJ 1C11	❻ XF10 ECK 11D2	❼ XC12 GHG 12A8	❽ XD1 EGH 12B5	❾ XA9 BFE 11J5	❿ XB4 KHF 1K8	❶ WJ6 FEC 10G2	❷ WK7 EFB 2H11	❸ WG3 ECJ 9E11	❹ WH10 EDK 3F2	❺ WE3 AAG 11C11	❻ WF10 FBH 1D2	❼ WC12 DJE 10A8	❽ WD1 JKF 2B5	❾ WA9 CGC 9J5
11月	❻ UF10 JHK 5C1	❼ UC12 JEG 6B9	❽ UD1 AFH 6A4	❾ UA9 FCE 5K6	❿ UB4 BBF 7J7	❶ ZJ6 KJC 4H3	❷ ZK7 EKB 8G10	❸ ZG3 JGJ 3F12	❹ ZH10 JHK 9E1	❺ ZE3 AEG 5D12	❻ ZF10 KFH 7C1	❼ ZC12 HCE 4B9	❽ ZD1 JDF 8A4	❾ ZA9 JAC 3K6	
12月	❻ XF10 CEK 11F12	❼ XC12 GDG 12C10	❽ XD1 ECH 12D3	❾ XA9 GBE 11A7	❿ XB4 KAF 1B6	❶ WJ6 FKA 10J4	❷ WK7 EJB 2K9	❸ WG3 EHJ 9G1	❹ WH10 EGK 3H12	❺ WE3 AFG 11E1	❻ WF10 FEH 1F12	❼ WC12 DDE 10C10	❽ WD1 JCF 2D3	❾ WA9 CBC 9A7	❿ WB4 CAD 3B6

1963年（民國52年）

1963年	1日	2日	3日	4日	5日	6日	7日	8日	9日	10日	11日	12日	13日	14日	15日	16日
1月	❶ VJ6 EKA 8J4	❷ VK7 DJB 4K9	❸ VG3 BHJ 7G1	❹ VH10 CGK 5H12	❺ VE3 CFG 9E1	❻ VF10 CEB 3E11	❼ VC12 BDJ 8D11	❽ VD1 FCK 4C2	❾ VA9 BBG 7B8	❿ VB4 AAH 5A5	❶ UJ6 EKE 6K5	❷ UK7 AJF 6J8	❸ UG3 KHC 5H2	❹ UH10 FGB 7G11	❺ UE3 BFJ 7F2	❻ UF10 GCK 5E11
2月	❷ YK7 KEB 10J8	❸ YG3 HDJ 1H2	❹ YH10 CCK 11G11	❺ YF4 AAH 3G3	❻ YE9 GBG 9H10	❼ YD1 FJF 2E12	❽ YC12 KKE 10F1	❾ YB10 HGD 1C9	❿ YA3 EHC 11D4	❶ XK7 EEB 12A6	❷ XJ6 GFA 12B7	❸ XH4 FAK 11J3	❹ XG9 KBJ 1K10	❺ XF4 FJH 1G3	❻ XE9 CKG 11H10	❼ XD1 GGF 12E12
3月	❿ WA3 CDC 3D4	❶ VK7 EAB 8A6	❷ VJ6 DBA 4B7	❸ VH4 BJK 7J3	❹ VG9 CKJ 5K10	❺ VF4 AHH 9H4	❻ VE9 CGG 3G9	❼ VD1 BFF 8F1	❽ VC12 FEE 4E12	❾ VB10 BDD 7D10	❿ VA3 ACC 5C3	❶ UK7 EBB 6B7	❷ UJ6 AAA 6A6	❸ UH4 KKK 5K4	❹ UG9 FJJ 7J9	❺ UF4 BHH 7H4
4月	❶ YK7 EBB 2B7	❷ YJ6 KAA 10A6	❸ YH4 HKK 1K4	❹ YG9 CJJ 11J9	❺ YF4 AHH 3J5	❻ YE9 GGG 9K8	❼ YD1 FFF 2G2	❽ YC12 KEE 10H11	❾ YB10 HDD 1E11	❿ YA3 ECC 11F2	❶ XK7 EBB 12C8	❷ XJ6 GAA 12D5	❸ XH4 FKK 11A5	❹ XG9 KJJ 1B8	❺ XF4 FFH 1J5	❻ XE9 CEG 11K8
5月	❶ VK7 EEB 8C8	❷ VJ6 DFA 4D5	❸ VH4 BCK 7A5	❹ VG9 CDJ 5B8	❺ VF4 CAH 9J5	❻ VE9 CBG 3J7	❼ VD1 BJF 8H3	❽ VC12 FKE 4G10	❾ VB10 BGD 7F12	❿ VA3 AHC 5E1	❶ UK7 EEB 6D9	❷ UJ6 AHA 6C4	❸ UH4 KEK 5B6	❹ UG9 FFJ 7A7	❺ UF4 BCH 7K6	❻ UE9 GDG 5J7
6月	❷ YJ6 KDA 10C4	❸ YH4 HAK 1B6	❹ YG9 CBJ 11A7	❺ YF4 GJH 3K6	❻ YE9 GKG 9J7	❼ YD1 FKF 2J4	❽ YC12 KJE 10K9	❾ YB10 HHD 1G1	❿ YA3 EGC 11H12	❶ XK7 EFB 12E10	❷ XJ6 GEA 12F3	❸ XH4 FDK 11C7	❹ XG9 KCJ 1D6	❺ XF4 FBH 1A7	❻ XE9 EAG 11B6	❼ XD1 GKF 12J4
7月	❷ VJ6 DCA 4F3	❸ VH4 BBK 7C7	❹ VG9 CAJ 5D6	❺ VF4 CKH 9A7	❻ VE9 CJG 3B6	❼ VD1 JHF 8J4	❽ VC12 DGE 4K9	❾ VB10 BFD 7H2	❿ VA3 AEC 5G11	❶ UK7 EDB 6F11	❷ UJ6 ACA 6E2	❸ UH4 KBK 5D8	❹ UG9 DAJ 7C5	❺ UF4 BKH 7B8	❻ UE9 JJG 5A5	❼ UD1 JHF 6K5
8月	❸ YH4 HDK 1D8	❹ YG9 CCJ 11C5	❺ YF4 GBH 3B8	❻ YE9 GAG 9A5	❼ YD1 JKF 2K5	❽ YC12 HJE 10J8	❾ YB10 FHD 1H2	❿ YA3 EHC 11K10	❶ XK7 EEB 12G12	❷ XJ6 GFA 12H1	❸ XH4 FCK 11E9	❹ XG9 KDJ 1F4	❺ XF4 FAH 1C9	❻ XE9 EBG 11D4	❼ XD1 JJF 12A6	❽ XC12 EKE 12B7
9月	❹ VG9 CFJ 5F4	❺ VF4 CCH 9C9	❻ VE9 CDG 3D4	❼ VD1 JAF 8A6	❽ VC12 DBE 4B7	❾ VB10 BJD 7J3	❿ VA3 GKC 5K10	❶ UK7 EHB 6H1	❷ UJ6 AGA 6G12	❸ UH4 KFK 5F10	❹ UG9 DEJ 7E3	❺ UF4 BDH 7D10	❻ UE9 JCG 5C3	❼ UD1 JBF 6B7	❽ UC12 AAE 6A6	❾ UB10 KKD 5K4
10月	❹ YG9 CEJ 11E3	❺ YF4 GDH 3D10	❻ YE9 GCG 9C3	❼ YD1 JBF 2B7	❽ YC12 HAE 10A6	❾ YB10 FKD 1K4	❿ YA3 GJC 11J9	❶ XK7 GHB 12H1	❷ XJ6 GGA 12K11	❸ XH4 FFK 11G11	❹ XG9 KEJ 1H2	❺ XF4 FDH 1E11	❻ XE9 ECG 11F2	❼ XD1 JBF 12C8	❽ XC12 EAE 12D5	❾ XB10 DKD 11A5
11月	❺ VF4 CAH 9E11	❻ VE9 CBG 3F2	❼ VD1 JJF 8C8	❽ VC12 DKE 4D5	❾ VB10 BGD 7A5	❿ VA3 GHC 5B8	❶ UK7 AEB 6J2	❷ UJ6 ABA 6J10	❸ UH4 KJK 5H12	❹ UG9 DKJ 7G1	❺ UF4 BGH 7F12	❻ UE9 JHG 5E1	❼ UD1 JEF 6D9	❽ UC12 AFE 6C4	❾ UB10 KCD 5B6	❿ UA3 DDC 7A7
12月	❺ YF4 GEH 3F12	❻ YE9 GFG 9E1	❼ YD1 JCF 2D9	❽ YC12 HDE 10C4	❾ YB10 FAD 1B6	❿ YA3 GBC 11A7	❶ XK7 GJB 12K3	❷ XJ6 GJA 12B9	❸ XH4 FHK 11J1	❹ XG9 KGJ 1K12	❺ XF4 FFH 1G1	❻ XE9 EEG 11H12	❼ XD1 JDF 12E10	❽ XC12 ECE 12F3	❾ XB10 DBD 11C7	❿ XA3 KAC 1D6

1963年	17日	18日	19日	20日	21日	22日	23日	24日	25日	26日	27日	28日	29日	30日	31日
1月	❼ UC12 CBG 6D11	❽ UD1 AAH 6C2	❾ UA9 GHE 5B8	❿ UB4 BGF 7A5	❶ ZJ6 KFA 4K5	❷ ZK7 EEB 8J8	❸ ZG3 JDJ 3H2	❹ ZH10 JCK 9G11	❺ ZE3 ABG 5F2	❻ ZF10 KAH 7E11	❼ ZC12 HKE 4D11	❽ ZD1 JJF 8C2	❾ ZA9 JHC 3B8	❿ ZB4 JGD 9A5	❶ YJ6 EFA 2K5
2月	❽ XC12 EHE 12F1	❾ XB10 GED 11C9	❿ XA3 FDC 1D4	❶ WK7 FAB 10A6	❷ WJ6 EBA 2B7	❸ WH4 EJK 9J3	❹ WG9 EKJ 3K10	❺ WF4 AGH 11G3	❻ WE9 FHG 1H10	❼ WD1 DEF 10E12	❽ WC12 JFE 2F1	❾ WB10 CCD 9C9			
3月	❻ UE9 GGG 5G9	❼ UD1 CFF 6F1	❽ UC12 AEE 6E12	❾ UB10 GDD 5D10	❿ UA3 BCC 7C3	❶ ZK7 KBB 4B7	❷ ZJ6 EAA 8A6	❸ ZH4 JKK 3K4	❹ ZG9 JJJ 9J9	❺ ZF4 AHH 5H4	❻ ZE9 KGG 7G9	❼ ZD1 HFF 4F1	❽ ZC12 JEE 8E12	❾ ZB10 JDD 3D10	❿ ZA3 JCC 9C3
4月	❼ XD1 GDF 12G2	❽ XC12 EKE 12H11	❾ XB10 GGD 11E11	❿ XA3 FHC 1F2	❶ WK7 FEB 10C8	❷ WJ6 EFA 2D5	❸ WH4 ECK 9A5	❹ WG9 EDJ 3B8	❺ WF4 AAH 11J5	❻ WE9 FBG 1K8	❼ WD1 DJF 10G2	❽ WC12 JKE 2H11	❾ WB10 CGD 9E11	❿ WA3 CHC 3F2	
5月	❼ UD1 CAF 6H3	❽ UC12 ABE 6G10	❾ UB10 GJD 5F12	❿ UA3 BKC 7E1	❶ ZK7 KCB 4D9	❷ ZJ6 EDA 8C4	❸ ZH4 JAK 3B6	❹ ZG9 JBJ 9A7	❺ ZF4 AJH 5K6	❻ ZE9 KKG 7J7	❼ ZD1 HGF 4H3	❽ ZC12 JHE 8G10	❾ ZB10 JED 3F12	❿ ZA3 JFC 9E1	❶ YK7 ECB 2D9
6月	❽ XC12 EJE 12K9	❾ XB10 BHD 11G1	❿ XA3 KGC 1H12	❶ WK7 FFB 10E10	❷ WJ6 EEA 2F3	❸ WH4 EDK 9C7	❹ WG9 ECJ 3D6	❺ WF4 ABH 11A7	❻ WE9 FAG 1B6	❼ WD1 DHF 10J4	❽ WC12 JGE 2K9	❾ WB10 CFD 9G1	❿ WA3 CEC 3H12	❶ VK7 EDB 8E10	
7月	❽ UC12 AGE 6J8	❾ UB10 FDD 5H2	❿ UA3 DCC 7G11	❶ ZK7 KBB 4F11	❷ ZJ6 EEA 8E2	❸ ZH4 ADK 3D8	❹ ZG9 JCJ 9C5	❺ ZF4 ABH 5B8	❻ ZE9 KAG 7A5	❼ ZD1 KKF 4K5	❽ ZC12 JJE 8J8	❾ ZB10 JHD 3H2	❿ ZA3 JGC 9G11	❶ YK7 EFB 2F11	❷ YJ6 KEA 10E2
8月	❾ XB10 DGD 11J3	❿ XA3 KHC 1K10	❶ WK7 FJB 10G12	❷ WJ6 AKA 2H1	❸ WH4 GGK 9E9	❹ WG9 EFJ 3F4	❺ WF4 ACH 11C9	❻ WE9 FDG 1D4	❼ WD1 DAF 10A6	❽ WC12 JBE 2B7	❾ WB10 CJD 9J3	❿ WA3 CKC 3K10	❶ VK7 EGB 8G12	❷ VJ6 DHA 4H1	❸ VH4 BEK 7E9
9月	❿ UA3 DJC 7J9	❶ ZK7 KHB 4H1	❷ ZJ6 GGA 8G12	❸ ZH4 AFK 3F10	❹ ZG9 JEJ 9E3	❺ ZF4 ADH 5D10	❻ ZE9 KCG 7C3	❼ ZD1 KBF 4B7	❽ ZC12 JAE 8A6	❾ ZB10 JKD 3K4	❿ ZA3 JJC 9J9	❶ YK7 EHB 2H1	❷ YJ6 KGA 10G12	❸ YH4 HFK 1F10	
10月	❿ XA3 KJC 1B8	❶ WK7 FHB 10J2	❷ WJ6 ACA 2K11	❸ WH4 GBK 9G11	❹ WG9 EAJ 3H2	❺ WF4 AAH 11E11	❻ WE9 FBG 1F2	❼ WD1 DJF 10C8	❽ WC12 JKE 2D5	❾ WB10 CGD 9A5	❿ WA3 CHC 3B8	❶ VK7 EEB 8J2	❷ VJ6 DFA 4K11	❸ VH4 BCK 7G11	❹ VG9 CDJ 5H2
11月	❶ ZK7 KAB 4K3	❷ ZJ6 GBA 8J10	❸ ZH4 AJK 3H12	❹ ZG9 JKJ 9G1	❺ ZF4 AEH 5F12	❻ ZE9 DFG 7E1	❼ ZD1 KCF 4D9	❽ ZC12 JDE 8C4	❾ ZB10 JAD 3B6	❿ ZA3 JBC 9A7	❶ YK7 EJB 2K3	❷ YJ6 KKA 10J10	❸ YH4 HGK 1H12	❹ YG9 CHJ 11G1	
12月	❶ WK7 FKB 10A4	❷ WJ6 AJA 2B9	❸ WH4 GHK 9J1	❹ WG9 EGJ 3K12	❺ WF4 AFH 11G1	❻ WE9 FEG 1H12	❼ WD1 DDF 10E10	❽ WC12 JCE 2F3	❾ WB10 CBD 9C7	❿ WA3 CAC 3D6	❶ VK7 EKB 8A4	❷ VJ6 DJA 4B9	❸ VH4 BHK 7J1	❹ VG9 CGJ 5K12	❺ VF4 CFH 9G1

1964年（民國53年）

1964年	1日	2日	3日	4日	5日	6日	7日	8日	9日	10日	11日	12日	13日	14日	15日	16日	17日	18日	19日	20日	21日	22日	23日	24日	25日	26日	27日	28日	29日	30日	31日
1月	❻ VE9 CEG 3H12	❼ VD1 JDF 8E10	❽ VC12 DCE 4F3	❾ VB10 BBD 7C7	❿ VA3 GAC 5D6	❶ UK7 EKB 6B5	❷ UJ6 AJA 6A8	❸ UH4 KHK 5K2	❹ UG9 DGJ 7J11	❺ UF4 BFH 7H2	❻ UE9 JEG 5G11	❼ UD1 JDF 6F11	❽ UC12 ACE 6E2	❾ UB10 KBD 5D8	❿ UA3 DAC 7C5	❶ ZK7 KHB 4B5	❷ ZJ6 GGA 8A8	❸ ZH4 AFK 3K2	❹ ZG9 JCJ 9J11	❺ ZF4 ABH 5H2	❻ ZE9 KAG 7G11	❼ ZD1 KKF 4F11	❽ ZC12 JJE 8E2	❾ ZB10 JHD 3D8	❿ ZA3 JGC 9C5	❶ YK7 EFB 2B5	❷ YJ6 KEA 10A8	❸ YH4 HDK 1K2	❹ YG9 CCJ 11J11	❺ YF4 GBH 3H2	❻ YE9 GAG 9G11
2月	❼ YD1 JKF 2F11	❽ YC12 HJE 10E2	❾ YB10 FHD 1D8	❿ YA3 GGC 11C5	❶ XA8 EEB 12C6	❷ XB5 GFA 12D7	❸ XJ5 FCK 11A3	❹ XK8 KDJ 1B10	❺ XG5 FAH 1J3	❻ XH8 EBG 11K10	❼ XE2 JJF 12G12	❽ XF11 EKE 12H1	❾ XC11 DED 11E9	❿ XD2 KFC 1F4	❶ WA8 FCK 10C6	❷ WB5 ADJ 2D7	❸ WJ5 GAH 9A3	❹ WK8 EBD 3B10	❺ WG5 AJA 11J3	❻ WH8 FHB 1K10	❼ WE2 DEJ 10G12	❽ WF11 JFK 2H1	❾ WC11 CCG 9E9	❿ WD2 CDH 3F4	❶ VA8 EAE 8C6	❷ VB5 DBF 4D7	❸ VJ5 BJC 7A3	❹ VK8 CKD 5B10	❺ VG5 CGA 9J3		
3月	❻ VH8 CHB 3K10	❼ VE2 JEJ 8G12	❽ VF11 DFK 4H1	❾ VC11 BCG 7E9	❿ VD2 ACC 5E3	❶ UA8 EBB 6D7	❷ UB5 AAA 6C6	❸ UJ5 KKK 5B4	❹ UK8 DJJ 7A9	❺ UG5 BHH 7K4	❻ UH8 JGG 5J9	❼ UE2 JFF 6H1	❽ UF11 AEE 6G12	❾ UC11 KDD 5F10	❿ UD2 DCA 7E3	❶ ZA8 KBK 4D7	❷ ZB5 GAJ 8C6	❸ ZJ5 AKC 3B4	❹ ZK8 JJD 9A9	❺ ZG5 AHA 5K4	❻ ZH8 KGB 7J9	❼ ZE2 KFJ 4H1	❽ ZF11 JEK 8G12	❾ ZC11 JDG 3F10	❿ ZD2 JCH 9E3	❶ YA8 EBE 2D7	❷ YB5 KAF 10C6	❸ YJ5 HKC 1B4	❹ YK8 CJD 11A9	❺ YG5 GHA 3K4	❻ YH8 GGB 9J9
4月	❼ YE2 JFJ 2H1	❽ YF11 HEK 10G12	❾ YC11 FDG 1F10	❿ YD2 GCH 11E3	❶ XA8 EBB 12E8	❷ XB5 GAA 12F5	❸ XJ5 FKK 11C5	❹ XK8 KJJ 1D8	❺ XG5 FHH 1A5	❻ XH8 EGG 11B8	❼ XE2 JFF 12J2	❽ XF11 EEE 12K11	❾ XC11 DDD 11G11	❿ XD2 KCC 1H2	❶ WA8 FKK 10E8	❷ WB5 AJJ 2F5	❸ WJ5 GHH 9C5	❹ WK8 EDD 3D8	❺ WG5 AAA 11A5	❻ WH8 FBB 1B8	❼ WE2 DJJ 10J2	❽ WF11 JKK 2K11	❾ WC11 CGG 9G11	❿ WD2 CHH 3H2	❶ VA8 EEE 8E8	❷ VB5 DFF 4F5	❸ VJ5 BCC 7C5	❹ VK8 CDD 5D8	❺ VG5 CAA 9A5	❻ VH8 CBB 3B8	
5月	❼ VE2 JJJ 8J2	❽ VF11 DKK 4K11	❾ VC11 BGG 7G11	❿ VD2 GHH 5H2	❶ UA8 EEB 6F9	❷ UB5 AFA 6E4	❸ UJ5 KCK 5D6	❹ UK8 DDJ 7C7	❺ UG5 BAH 7B6	❻ UH8 JBG 5A7	❼ UE2 JAF 6K3	❽ UF11 ABE 6J10	❾ UC11 KJD 5H12	❿ UD2 DKC 7G1	❶ ZA8 KGK 4F9	❷ ZB5 GHJ 8E4	❸ ZJ5 AEH 3D6	❹ ZK8 JFD 9C7	❺ ZG5 ACA 5B6	❻ ZH8 KKB 7A7	❼ ZE2 KGJ 4K3	❽ ZF11 JHK 8J10	❾ ZC11 JEG 3H12	❿ ZD2 JFH 9G1	❶ YA8 ECE 2F9	❷ YB5 KDF 10E4	❸ YJ5 HAC 1D6	❹ YK8 CBD 11C7	❺ YG5 GJA 3B6	❻ YH8 GKB 9A7	❼ YE2 JGJ 2K3
6月	❽ YF11 HHK 10J10	❾ YC11 FEG 1H12	❿ YD2 GFH 11G1	❶ XA8 GCE 12F9	❷ XB5 GDF 12E4	❸ XJ5 FDK 11E7	❹ XK8 KCJ 1F6	❺ XG5 FBH 1C7	❻ XH8 EAG 11D6	❼ XE2 JKF 12A4	❽ XF11 EJE 12B9	❾ XC11 DHD 11J1	❿ XD2 KGC 1K12	❶ WA8 FFB 10G10	❷ WB5 CEA 2H3	❸ WJ5 CDH 9E7	❹ WK8 ECG 3F6	❺ WG5 KBF 11C7	❻ WH8 FAB 1D6	❼ WE2 DKJ 10A4	❽ WF11 JJK 2B9	❾ WC11 CHG 9J1	❿ WD2 CGH 3K12	❶ VA8 EFE 8G10	❷ VB5 DEF 4H3	❸ VJ5 BBC 7E7	❹ VK8 CAD 5F6	❺ VG5 CKA 9C7	❻ VH8 CJB 3D6	❼ VE2 JHJ 8A4	
7月	❽ VF11 DGK 4B9	❾ VC11 BFG 7J1	❿ VD2 GEH 5K12	❶ UA8 ADE 6G10	❷ UB5 ACF 6H3	❸ UJ5 CBC 5E7	❹ UK8 DAJ 7E5	❺ UG5 BKH 7D8	❻ UH8 JJG 5C5	❼ UE2 JHF 6B5	❽ UF11 AGE 6A8	❾ UC11 KFD 5K2	❿ UD2 DEC 7J11	❶ ZA8 KDB 4H11	❷ ZB5 JCA 8G2	❸ ZJ5 ABK 3F8	❹ ZK8 JJG 9E5	❺ ZG5 FHF 5D8	❻ ZH8 DGE 7C5	❼ ZE2 KKJ 4B5	❽ ZF11 JJK 8A8	❾ ZC11 JHG 3K2	❿ ZD2 JGH 9J11	❶ YA8 EFE 2H11	❷ YB5 KEF 10G2	❸ YJ5 HDC 1F8	❹ YK8 CCD 11E5	❺ YG5 GBA 3D8	❻ YH8 GAB 9C5	❼ YE2 JKJ 2B5	❽ YF11 HJK 10A8
8月	❾ YC11 FHG 1K2	❿ YD2 GGH 11J11	❶ XA8 GFE 12H11	❷ XB5 GEF 12G2	❸ XJ5 CDC 11F8	❹ XK8 HCD 1E5	❺ XG5 FAH 1E9	❻ XH8 EBG 11F4	❼ XE2 JJF 12C6	❽ XF11 EKE 12D7	❾ XC11 DGD 11A3	❿ XD2 HHC 1B10	❶ WA8 FEB 10J12	❷ WB5 CFA 2K1	❸ WJ5 CCK 9G9	❹ WK8 EDJ 3H4	❺ WG5 KAF 11E9	❻ WH8 HFE 1F4	❼ WE2 DCD 10C6	❽ WF11 JDK 2D7	❾ WC11 EJG 9A3	❿ WD2 CKH 3B10	❶ VA8 EGE 8J12	❷ VB5 DHF 4K1	❸ VJ5 DEC 7G9	❹ VK8 CFD 5H4	❺ VG5 CCA 9E9	❻ VH8 CDB 3F4	❼ VE2 JAJ 8C6	❽ VF11 DBK 4D7	❾ VC11 BJG 7A3
9月	❿ VD2 GKH 5B10	❶ UA8 AGE 6J12	❷ UB5 AHF 6K1	❸ UJ5 CEC 5G9	❹ UK8 BFD 7H4	❺ UG5 KCA 7E9	❻ UH8 JCG 5E3	❼ UE2 JBF 6D7	❽ UF11 AAE 6C6	❾ UC11 KKD 5B4	❿ UD2 DJC 7A9	❶ ZA8 KHB 4K1	❷ ZB5 JGA 8J12	❸ ZJ5 CFK 3H10	❹ ZK8 JEJ 9G3	❺ ZG5 HDH 5F10	❻ ZH8 DCE 7E3	❼ ZE2 KBD 4D7	❽ ZF11 EAC 8C6	❾ ZC11 AKG 3B4	❿ ZD2 JJH 9A9	❶ YA8 EHE 2K1	❷ YB5 KGF 10J12	❸ YJ5 HFC 1H10	❹ YK8 CED 11G3	❺ YG5 GDA 3F10	❻ YH8 GCB 9E3	❼ YE2 JBJ 2D7	❽ YF11 HAK 10C6	❾ YC11 FKG 1B4	
10月	❿ YD2 GJH 11A9	❶ XA8 GHE 12K1	❷ XB5 GGF 12J12	❸ XJ5 CFC 11H10	❹ XK8 HED 1G3	❺ XG5 FDA 1F10	❻ XH8 ACB 11E3	❼ XE2 JBF 12E8	❽ XF11 EAE 12F5	❾ XC11 DKD 11C5	❿ XD2 HJC 1D8	❶ WA8 FHB 10A2	❷ WB5 CGA 2B11	❸ WJ5 CFK 9J11	❹ WK8 EEJ 3K2	❺ WG5 DDH 11G11	❻ WH8 HCG 1H2	❼ WE2 DHD 10E8	❽ WF11 AGC 2F5	❾ WC11 EFB 9C5	❿ WD2 CHH 3D8	❶ VA8 EEE 8A2	❷ VB5 DFF 4B11	❸ VJ5 DCC 7J11	❹ VK8 CDD 5K2	❺ VG5 CAA 9G11	❻ VH8 CBB 3H2	❼ VE2 JJJ 8E8	❽ VF11 DKK 4F5	❾ VC11 BGG 7C5	❿ VD2 GHH 5D8
11月	❶ UA8 AEE 6A2	❷ UB5 AFF 6B11	❸ UJ5 CCC 5J11	❹ UK8 BDD 7K2	❺ UG5 KAA 7G11	❻ UH8 ABB 5H2	❼ UE2 JEF 6F9	❽ UF11 AFE 6E4	❾ UC11 KCD 5D6	❿ UD2 DDC 7C7	❶ ZA8 KAB 4B3	❷ ZB5 JBA 8A10	❸ ZJ5 CJK 3K12	❹ ZK8 JKJ 9J1	❺ ZG5 HGH 5H12	❻ ZH8 DHG 7G1	❼ ZE2 KED 4F9	❽ ZF11 EFC 8E4	❾ ZC11 ACB 3D6	❿ ZD2 JBH 9C7	❶ YA8 EJE 2B3	❷ YB5 KKF 10A10	❸ YJ5 HGC 1K12	❹ YK8 CHD 11J1	❺ YG5 GEA 3H12	❻ YH8 GFB 9G1	❼ YE2 JCJ 2F9	❽ YF11 HDK 10E4	❾ YC11 FAG 1D6	❿ YD2 GBH 11C7	
12月	❶ XA8 GJE 12B3	❷ XB5 GKF 12A10	❸ XJ5 CGC 11K12	❹ XK8 HHD 1J1	❺ XG5 FEA 1H12	❻ XH8 AFB 11G1	❼ XE2 JDF 12G10	❽ XF11 ECE 12H3	❾ XC11 DBD 11E7	❿ XD2 HAC 1F6	❶ WA8 FKB 10C4	❷ WB5 CJA 2D9	❸ WJ5 CHK 9A1	❹ WK8 EGJ 3B12	❺ WG5 DFH 11J1	❻ WH8 HEG 1K12	❼ WE2 DDD 10G10	❽ WF11 ACC 2H3	❾ WC11 EBB 9E7	❿ WD2 CAH 3F6	❶ VA8 EKE 8C4	❷ VB5 DJF 4D9	❸ VJ5 DHC 7A1	❹ VK8 CGD 5B12	❺ VG5 CFA 9J1	❻ VH8 CEB 3K12	❼ VE2 JDJ 8G10	❽ VF11 DCK 4H3	❾ VC11 BBG 7E7	❿ VD2 GAH 5F6	❶ UA8 AKE 6C4

1965年(民國54年)

1965年	1日	2日	3日	4日	5日	6日	7日	8日	9日	10日
1月	❷ UB5 AJF 6D9	❸ UJ5 CHC 5A1	❹ UK8 BGD 7B12	❺ UG5 KFA 7J1	❻ UH8 JEG 5J11	❼ UE2 JDF 6H11	❽ UF11 ACE 6G2	❾ UC11 KBD 5F8	❿ UD2 DAC 7E5	❶ ZA8 KKB 4D5
2月	❸ XJ5 CDC 11B2	❹ XK8 HCD 1A11	❺ XG5 FBA 1K2	❻ XG7 EBB 11B10	❼ XF3 JJJ 12J12	❽ XE10 EKK 12K1	❾ XD12 DGG 11G9	❿ XC1 HHH 1H4	❶ WB9 FEE 10E6	❷ WA4 CFH 2F7
3月	❶ UB9 AAC 6E6	❷ UA4 ABD 6F7	❸ UK6 CJA 5C3	❹ UJ7 BKB 7D10	❺ UH6 KGJ 7A3	❻ UG7 JGB 5A9	❼ UF3 JFJ 6K1	❽ UE10 AEK 6J12	❾ UD12 KDG 5H10	❿ UC1 DCH 7G3
4月	❷ XA4 GAD 12E6	❸ XK6 CKA 11D4	❹ XJ7 HJB 1C9	❺ XH6 FHJ 1B4	❻ XG7 EGB 11D8	❼ XF3 JFJ 12A2	❽ XE10 EEK 12B11	❾ XD12 DDG 11J11	❿ XC1 HCH 1K2	❶ WB9 FBE 10G8
5月	❷ UA4 AFD 6H5	❸ UK6 CCA 5E5	❹ UJ7 BDB 7F8	❺ UH6 KAJ 7C5	❻ UG7 ABK 5D8	❼ UF3 JJJ 6B3	❽ UE10 AKK 6A10	❾ UD12 KGG 5K12	❿ UC1 DHH 7J1	❶ ZB9 KEE 4H9
6月	❸ XK6 CAA 11F6	❹ XJ7 HBB 1E7	❺ XH6 FJJ 1D6	❻ XG7 AKK 11C7	❼ XF3 EGG 12B3	❽ XE10 EJK 12D9	❾ XD12 DHG 11A1	❿ XC1 HGH 1B12	❶ WB9 FFE 10J10	❷ WA4 CEF 2K3
7月	❸ UK6 CBA 5G7	❹ UJ7 BAB 7H6	❺ UH6 KKJ 7E7	❻ UG7 AJK 5F6	❼ UF3 AHG 6C4	❽ UE10 AGH 6D9	❾ UD12 KFG 5B2	❿ UC1 DEH 7A11	❶ ZB9 KDE 4K11	❷ ZA4 JCF 8J2
8月	❹ XJ7 HCB 1G5	❺ XH6 FBJ 1F8	❻ XG7 AAK 11E5	❼ XF3 EKG 12D5	❽ XE10 EJH 12C8	❾ XD12 GHE 11B2	❿ XC1 FGF 1A11	❶ WB9 FEE 10A12	❷ WA4 CFF 2B1	❸ WK6 CCC 9J9
9月	❺ UH6 KCJ 7G9	❻ UG7 ADK 5H4	❼ UF3 AAG 6E6	❽ UE10 ABH 6F7	❾ UD12 GJE 5C3	❿ UC1 BKF 7D10	❶ ZB9 KGC 4A12	❷ ZA4 JGF 8A12	❸ ZK6 CFC 3K10	❹ ZJ7 JED 9J3
10月	❺ XH6 FDJ 1H10	❻ XG7 ACK 11G3	❼ XF3 EBG 12F7	❽ XE10 EAH 12E6	❾ XD12 GKE 11D4	❿ XC1 FJF 1C9	❶ WB9 DHC 10B1	❷ WA4 CGF 2D11	❸ WK6 CFC 9A11	❹ WJ7 EED 3B2
11月	❻ UG7 ABK 5K2	❼ UF3 AJG 6G8	❽ UE10 AKH 6H5	❾ UD12 GGE 5E5	❿ UC1 BHF 7F8	❶ ZB9 KEC 4C2	❷ ZA4 EFD 8D11	❸ ZK6 CJC 3B12	❹ ZJ7 JKD 9A1	❺ ZH6 HGA 5K12
12月	❻ XG7 AFK 11J1	❼ XF3 ECG 12H9	❽ XE10 EDH 12G4	❾ XD12 GAE 11F6	❿ XC1 FBF 1E7	❶ WB9 DJC 10D3	❷ WA4 CJF 2F9	❸ WK6 CHC 9C1	❹ WJ7 EGD 3D12	❺ WH6 DFA 11A1

1965年	11日	12日	13日	14日	15日	16日	17日	18日	19日	20日
1月	❷ ZB5 JJA 8C8	❸ ZJ5 CHK 3B2	❹ ZK8 JGJ 9A11	❺ ZG5 HFH 5K2	❻ ZH8 DCE 7J11	❼ ZE2 KBD 4H11	❽ ZF11 EAC 8G2	❾ ZC11 AHG 3F8	❿ ZD2 JGH 9E5	❶ YA8 EFE 2D5
2月	❸ WK6 CCE 9C3	❹ WJ7 EBF 3D10	❺ WH6 DJC 11A3	❻ WG7 HKD 1B10	❼ WF3 DGA 10J12	❽ WE10 AHB 2K1	❾ WD12 EEJ 9G9	❿ WC1 CFK 3H4	❶ VB9 EAC 8E6	❷ VA4 DBD 4F7
3月	❶ ZB9 KBE 4F7	❷ ZA4 JAH 8E6	❸ ZK6 CKE 3D4	❹ ZJ7 JJF 9C9	❺ ZH6 HHC 5B4	❻ ZG7 DGD 7A9	❼ ZF3 KFA 4K1	❽ ZE10 EEB 8J12	❾ ZD12 ADJ 3H10	❿ ZC1 JCK 9G3
4月	❷ WA4 CAH 2H5	❸ WK6 CKE 9E5	❹ WJ7 EJF 3F8	❺ WH6 DHC 11C5	❻ WG7 HED 1D8	❼ WF3 DDA 10A2	❽ WE10 ACB 2B11	❾ WD12 EGJ 9J11	❿ WC1 CHK 3K2	❶ VB9 EEC 8G8
5月	❷ ZA4 JFF 8G4	❸ ZK6 CEE 3F6	❹ ZJ7 JFF 9E7	❺ ZH6 HCC 5D6	❻ ZG7 DDD 7C7	❼ ZF3 KAA 4B3	❽ ZE10 EBB 8A10	❾ ZD12 AJJ 3K12	❿ ZC1 JKK 9J1	❶ YB9 EGG 2H9
6月	❸ WK6 CDC 9G7	❹ WJ7 ECF 3H6	❺ WH6 DBC 11E7	❻ WG7 HAD 1F6	❼ WF3 DKA 10C4	❽ WE10 AJB 2D9	❾ WD12 EHJ 9A1	❿ WC1 CGK 3B12	❶ VB9 EFG 8J10	❷ VA4 HEH 4K3
7月	❸ ZK6 CBC 3H8	❹ ZJ7 JAD 9G5	❺ ZH6 HKC 5F8	❻ ZG7 DJD 7E5	❼ ZF3 KHA 4D5	❽ ZE10 GGB 8C8	❾ ZD12 GDJ 3B2	❿ ZC1 JCK 9A11	❶ YB9 DBG 2K11	❷ YA4 KEH 10J2
8月	❹ WJ7 EDD 3K4	❺ WH6 DAA 11G9	❻ WG7 HBB 1H4	❼ WF3 DJA 10E6	❽ WE10 CKB 2F7	❾ WD12 EGJ 9C3	❿ WC1 CHK 3D10	❶ VB9 KEG 8A12	❷ VA4 HKH 4B1	❸ VK6 DGE 7J9
9月	❺ ZH6 HDA 5H10	❻ ZG7 BCB 7G3	❼ ZF3 KBJ 4F7	❽ ZE10 GAB 8E6	❾ ZD12 GKJ 3D4	❿ ZC1 JJK 9C9	❶ YB9 HHG 2B1	❷ YA4 BGH 10A12	❸ YK6 HFE 1K10	❹ YJ7 EEF 11J3
10月	❺ WH6 DDA 11J11	❻ WG7 HCB 1K2	❼ WF3 DBJ 10G8	❽ WE10 CAB 2H5	❾ WD12 GKJ 9E5	❿ WC1 CJK 3F8	❶ VB9 BHG 8C2	❷ VA4 HCH 4D11	❸ VK6 DBE 7A11	❹ VJ7 JAF 5B2
11月	❻ ZG7 BHB 7J1	❼ ZF3 KEJ 4H9	❽ ZE10 GFK 8G4	❾ ZD12 GCJ 3F6	❿ ZC1 JDK 9E7	❶ YB9 HAG 2D3	❷ YA4 BBH 10C10	❸ YK6 HJE 1B12	❹ YJ7 EKF 11A1	❺ YH6 JGC 3K12
12月	❻ WG7 HEB 1B12	❼ WF3 DDJ 10J10	❽ WE10 CCB 2K3	❾ WD12 GBJ 9G7	❿ WC1 CAK 3H6	❶ VB9 BKG 8E4	❷ VA4 HJH 4F9	❸ VK6 DHE 7C1	❹ VJ7 JGF 5D12	❺ VH6 EFC 9A1

1965年	21日	22日	23日	24日	25日	26日	27日	28日	29日	30日	31日
1月	❷ YB5 KEF 10C8	❸ YJ5 HDC 1B2	❹ YK8 CCD 11A11	❺ YG5 GBA 3K2	❻ YH8 GAB 9J11	❼ YE2 JKJ 2H11	❽ YF11 HJK 10G2	❾ YC11 FHG 1F8	❿ YD2 GGH 11E5	❶ XA8 GFE 12D5	❷ XB5 GEF 12C8
2月	❸ VK6 DJA 7C3	❹ VJ7 CKB 5D10	❺ VH6 CGJ 9A3	❻ VG7 CHK 3B10	❼ VF3 JEG 8J12	❽ VE10 DFH 4K1	❾ VD12 BCE 7G9	❿ VC1 GDF 5H4			
3月	❶ YB9 EBC 2F7	❷ YA4 KAD 10E6	❸ YK6 HKA 1D4	❹ YJ7 CJB 11C9	❺ YH6 GHJ 3B4	❻ YG7 GGK 9A9	❼ YF3 JFG 2K1	❽ YE10 HEH 10J12	❾ YD12 FDE 1H10	❿ YC1 GCF 11G3	❶ XB9 GBC 12F7
4月	❷ VA4 DFD 4H5	❸ VK6 DCA 7E5	❹ VJ7 CDB 5F8	❺ VH6 CAJ 9C5	❻ VG7 CBK 3D8	❼ VF3 JJG 8A2	❽ VE10 DKH 4B11	❾ VD12 BGE 7J11	❿ VC1 GHF 5K2	❶ UB9 AEC 6G8	
5月	❷ YA4 KDD 10G4	❸ YK6 HAA 1F6	❹ YJ7 CBB 11E7	❺ YH6 GJJ 3D6	❻ YG7 GKK 9C7	❼ YF3 JGG 2B3	❽ YE10 HHH 10A10	❾ YD12 FEE 1K12	❿ YC1 GFF 11J1	❶ XB9 GCC 12H9	❷ XA4 GDD 12G4
6月	❸ VK6 DDA 7G7	❹ VJ7 CCB 5H6	❺ VH6 CBJ 9E7	❻ VG7 CAK 3F6	❼ VF3 JKG 8C4	❽ VE10 DGH 4D9	❾ VD12 BFE 7A1	❿ VC1 GEF 5B12	❶ UB9 ADC 6J10	❷ UA4 ACD 6K3	
7月	❸ YK6 HDE 1H8	❹ YJ7 CCB 11G5	❺ YH6 GBJ 3F8	❻ YG7 GAK 9E5	❼ YF3 JKG 2D5	❽ YE10 HJH 10C8	❾ YD12 FHE 1B2	❿ YC1 GGF 11A11	❶ XB9 GFC 12K11	❷ XA4 GED 12J2	❸ XK6 CDA 11H8
8月	❹ VJ7 CHF 5K4	❺ VH6 CCC 9G9	❻ VG7 CDK 3H4	❼ VF3 JAG 8E6	❽ VE10 DBH 4F7	❾ VD12 BJE 7C3	❿ VC1 GKF 5D10	❶ UB9 AGC 6A12	❷ UA4 AHD 6B1	❸ UK6 CEA 5J9	❹ UJ7 BFB 7K4
9月	❺ YH6 JDC 3H10	❻ YG7 GCD 9G3	❼ YF3 JBG 2F7	❽ YE10 HAH 10E6	❾ YD12 HKE 1D4	❿ YC1 GJF 11C9	❶ XB9 GHC 12B1	❷ XA4 GGD 12A12	❸ XK6 CFA 11K10	❹ XJ7 HEB 1J3	
10月	❺ VH6 EAC 9J11	❻ VG7 CBD 3K2	❼ VF3 JJG 8G8	❽ VE10 DKH 4H5	❾ VD12 BGE 7E5	❿ VC1 GHF 5F8	❶ UB9 AEC 6C2	❷ UA4 AFD 6D11	❸ UK6 CCA 5A11	❹ UJ7 BDB 7B2	❺ UH6 KAJ 7J11
11月	❻ YG7 GFD 9J1	❼ YF3 JCA 2H9	❽ YE10 HDH 10G4	❾ YD12 HAE 1F6	❿ YC1 GBF 11E7	❶ XB9 GJC 12D3	❷ XA4 GKD 12C10	❸ XK6 CGA 11B12	❹ XJ7 HHB 1A1	❺ XH6 FEJ 1K12	
12月	❻ VG7 CED 3B12	❼ VF3 JDG 8J10	❽ VE10 DCH 4K3	❾ VD12 BBE 7G7	❿ VC1 GAF 5H6	❶ UB9 AKC 6E4	❷ UA4 AJD 6F9	❸ UK6 CHA 5C1	❹ UJ7 BGB 7D12	❺ UH6 KFJ 7A1	❻ UG7 AEK 5B12

1966年（民國55年）

1966年	1日	2日	3日	4日	5日	6日	7日	8日	9日	10日	11日	12日	13日	14日	15日	16日	17日	18日	19日	20日	21日	22日	23日	24日	25日	26日	27日	28日	29日	30日	31日
1月	❼ UF3 ADG 6J10	❽ UE10 ACH 6K3	❾ UD12 GBE 5G7	❿ UC1 BAF 7H6	❶ ZB9 KKC 4E4	❷ ZA4 JJF 8E8	❸ ZK6 CHC 3D2	❹ ZJ7 JGD 9C11	❺ ZH6 HFA 5B2	❻ ZG7 BEB 7A11	❼ ZF3 KDJ 4K11	❽ ZE10 GCB 8J2	❾ ZD12 GBJ 3H8	❿ ZC1 JAK 9G5	❶ YB9 HKG 2F5	❷ YA4 BGH 10E8	❸ YK6 HFE 1D2	❹ YJ7 EEF 11C11	❺ YH6 JBC 3B2	❻ YG7 GAD 9A11	❼ YF3 JKG 2K11	❽ YE10 HJH 10J2	❾ YD12 HHE 1H8	❿ YC1 GGF 11G5	❶ XB9 GFC 12F5	❷ XA4 GED 12E8	❸ XK6 CDA 11D2	❹ XJ7 HCB 1C11	❺ XH6 FBJ 1B2	❻ XG7 AAK 11A11	❼ XF3 EKG 12K11
2月	❽ XE10 EJH 12J2	❾ XD12 GHE 11H8	❿ XC1 FGF 1G5	❶ WC10 FEF 10G6	❷ WD3 CFE 2H7	❸ WA7 CCD 9E3	❹ WB6 EDC 3F10	❺ WJ7 DAB 11C3	❻ WK6 HBA 1D10	❼ WG4 DJK 10A12	❽ WH9 CKJ 2B1	❾ WE1 EEH 9J9	❿ WF12 CFG 3K4	❶ VC10 KCF 8G6	❷ VD3 HDE 4H7	❸ VA7 DAD 7E3	❹ VB6 CBC 5F10	❺ VJ7 CJB 9C3	❻ VK6 CHA 3D10	❼ VG4 JEK 8A12	❽ VH9 DFJ 4B1	❾ VE1 BCH 7J9	❿ VF12 GDG 5K4	❶ UC10 AAD 6G6	❷ UD3 ABC 6H7	❸ UA7 CJB 5E3	❹ UB6 BKA 7F10	❺ UJ7 KGK 7C3			
3月	❻ UK6 AHJ 5D10	❼ UG4 AEH 6A12	❽ UH9 AFG 6B1	❾ UE1 GCF 5J9	❿ UF12 BDE 7K4	❶ ZC10 KBF 4H7	❷ ZD3 JAE 8G6	❸ ZA7 CKD 3F4	❹ ZB6 JJC 9E9	❺ ZJ7 HHB 5D4	❻ ZK6 BGA 7C9	❼ ZG4 KFK 4B1	❽ ZH9 GEJ 8A12	❾ ZE1 GDH 3K10	❿ ZF12 JCG 9J3	❶ YC10 DBF 2H7	❷ YD3 BAE 10G6	❸ YA7 HKD 1F4	❹ YB6 CJC 11E9	❺ YJ7 JHB 3D4	❻ YK6 GGA 9C9	❼ YG4 JFK 2B1	❽ YH9 HEJ 10A12	❾ YE1 HDH 1K10	❿ YF12 GCG 11J3	❶ XC10 GBD 12H7	❷ XD3 GAC 12G6	❸ XA7 CKB 11F4	❹ XB6 HJA 1E9	❺ XJ7 FHK 1D4	❻ XK6 AGJ 11C9
4月	❼ XG4 EFH 12B1	❽ XH9 EEG 12A12	❾ XE1 GDF 11K10	❿ XF12 FCE 1J3	❶ WC10 FBF 10J8	❷ WD3 CAE 2K5	❸ WA7 CKD 9G5	❹ WB6 EJC 3H8	❺ WJ7 DHB 11E5	❻ WK6 HGA 1F8	❼ WG4 DFK 10C2	❽ WH9 CEJ 2D11	❾ WE1 EDH 9A11	❿ WF12 CCG 3B2	❶ VC10 KKF 8J8	❷ VD3 HJE 4K5	❸ VA7 DHD 7G5	❹ VB6 CDC 5H8	❺ VJ7 CAB 9E5	❻ VK6 CBA 3F8	❼ VG4 JJK 8C2	❽ VH9 DKJ 4D11	❾ VE1 BGH 7A11	❿ VF12 GHG 5B2	❶ UC10 AED 6J8	❷ UD3 AFC 6K5	❸ UA7 CCB 5G5	❹ UB6 BDA 7H8	❺ UJ7 KAK 7E5	❻ UK6 ABJ 5F8	
5月	❼ UG4 AJH 6C2	❽ UH9 AKG 6D11	❾ UE1 GGF 5A11	❿ UF12 BHE 7B2	❶ ZC10 KED 4J8	❷ ZD3 JFE 8J4	❸ ZA7 CCD 3H6	❹ ZB6 JDC 9G7	❺ ZJ7 HAB 5F6	❻ ZK6 BBA 7E7	❼ ZG4 KJK 4D3	❽ ZH9 GBJ 8C10	❾ ZE1 GJH 3B12	❿ ZF12 JKG 9A1	❶ YC10 HGF 2K9	❷ YD3 BHE 10J4	❸ YA7 HED 1H6	❹ YB6 EFC 11G7	❺ YJ7 JCB 3F6	❻ YK6 GDA 9E7	❼ YG4 JGK 2D3	❽ YH9 HHJ 10C10	❾ YE1 HEH 1B12	❿ YF12 GFG 11A1	❶ XC10 GCF 12K9	❷ XD3 GDC 12J4	❸ XA7 CAB 11H6	❹ XB6 HBA 1G7	❺ XJ7 FJK 1F6	❻ XK6 AKJ 11E7	❼ XG4 EGH 12D3
6月	❽ XH9 EHG 12C10	❾ XE1 GEF 11B12	❿ XF12 FFE 1A1	❶ WC10 DCD 10K9	❷ WD3 EDC 2J4	❸ WA7 CDD 9J7	❹ WB6 ECC 3K6	❺ WJ7 DBB 11G7	❻ WK6 HAA 1H6	❼ WG4 DKK 10E4	❽ WH9 CJJ 2F9	❾ WE1 GHH 9C1	❿ WF12 CGG 3D12	❶ VC10 BFF 8A10	❷ VD3 HEE 4B3	❸ VA7 DDD 7J7	❹ VB6 JCC 5K6	❺ VJ7 EBB 9G7	❻ VK6 CAA 3H6	❼ VG4 JKK 8E4	❽ VH9 DJJ 4F9	❾ VE1 BHH 7C1	❿ VF12 GGG 5D12	❶ UC10 AFF 6A10	❷ UD3 AEE 6B3	❸ UA7 CBB 5J7	❹ UB6 BAA 7K6	❺ UJ7 KKK 7G7	❻ UK6 AJJ 5H6	❼ UG4 AHH 6E4	
7月	❽ UH9 AGG 6F9	❾ UE1 GFF 5C1	❿ UF12 BEE 7D12	❶ ZC10 KDD 4A10	❷ ZD3 ECC 8B3	❸ ZA7 JBB 3J7	❹ ZB6 JAC 9J5	❺ ZJ7 HKB 5H8	❻ ZK6 BJA 7G5	❼ ZG4 KHK 4F5	❽ ZH9 GGJ 8E8	❾ ZE1 GFH 3D2	❿ ZF12 JEG 9C11	❶ YC10 HDF 2B11	❷ YD3 BCE 10A2	❸ YA7 HBD 1K8	❹ YB6 EJC 11J5	❺ YJ7 JHB 3H8	❻ YK6 GGA 9G5	❼ YG4 JKK 2F5	❽ YH9 BJJ 10E8	❾ YE1 HHH 1D2	❿ YF12 GGG 11C11	❶ XC10 GFF 12B11	❷ XD3 GEE 12A2	❸ XA7 CDD 11K8	❹ XB6 HCA 1J5	❺ XJ7 FBK 1H8	❻ XK6 AAJ 11G5	❼ XG4 EKH 12F5	❽ XH9 EJG 12E8
8月	❾ XE1 GHF 11D2	❿ XF12 FGE 1C11	❶ WC10 DFD 10B11	❷ WD3 EEC 2A2	❸ WA7 EDB 9K8	❹ WB6 ECA 3J5	❺ WJ7 ABK 11H8	❻ WK6 HBA 1K4	❼ WG4 DJK 10G6	❽ WH9 CKJ 2H7	❾ WE1 GGH 9E3	❿ WF12 CHG 3F10	❶ VC10 BEF 8C12	❷ VD3 HFE 4D1	❸ VA7 DCD 7A9	❹ VB6 ADC 5B4	❺ VJ7 AAB 9J9	❻ VK6 CBA 3K4	❼ VG4 HCK 8G6	❽ VH9 FDJ 4H7	❾ VE1 BAH 7E3	❿ VF12 GKG 5F10	❶ UC10 AGF 6C12	❷ UD3 AHE 6D1	❸ UA7 CED 5A9	❹ UB6 BFC 7B4	❺ UJ7 BCB 7J9	❻ UK6 ADJ 5K4	❼ UG4 AAH 6G6	❽ UH9 ABG 6H7	❾ UE1 GJF 5E3
9月	❿ UF12 BKE 7F10	❶ ZC10 KGD 4C12	❷ ZD3 EHC 8D1	❸ ZA7 JEB 3A9	❹ ZB6 JFA 9B4	❺ ZJ7 ACK 5J9	❻ ZK6 KDJ 7K4	❼ ZG4 KBK 4H7	❽ ZH9 GAJ 8G6	❾ ZE1 GKH 3F4	❿ ZF12 JJG 9E9	❶ YC10 HHF 2D1	❷ YD3 BGE 10C12	❸ YA7 HFD 1B10	❹ YB6 GEC 11A3	❺ YJ7 JDB 3K10	❻ YK6 GCA 9J3	❼ YG4 DBK 2H7	❽ YH9 BAJ 10G6	❾ YE1 HKH 1F4	❿ YF12 GJG 11E9	❶ XC10 GHF 12D1	❷ XD3 GGE 12C12	❸ XA7 CFD 11B10	❹ XB6 HEC 1A3	❺ XJ7 FDB 1K10	❻ XK6 ACA 11J3	❼ XG4 EBH 12H7	❽ XH9 EAG 12G6	❾ XE1 GKF 11F4	
10月	❿ XF12 FJE 1E9	❶ WC10 DHD 10D1	❷ WD3 EGC 2C12	❸ WA7 EFB 9B10	❹ WB6 EEA 3A3	❺ WJ7 ADK 11K10	❻ WK6 FCJ 1J3	❼ WG4 DBH 10H7	❽ WH9 CAJ 2K5	❾ WE1 GKH 9G5	❿ WF12 CJG 3H8	❶ VC10 BHF 8E2	❷ VD3 FGE 4F11	❸ VA7 DFD 7C11	❹ VB6 AEC 5D2	❺ VJ7 ADB 9A11	❻ VK6 CCA 3B2	❼ VG4 BBK 8J8	❽ VH9 FGJ 4K5	❾ VE1 BFH 7G5	❿ VF12 JEG 5H8	❶ UC10 CEF 6E2	❷ UD3 AFE 6F11	❸ UA7 CCD 5C11	❹ UB6 BDC 7D2	❺ UJ7 BAB 7A11	❻ UK6 ABA 5B2	❼ UG4 AJK 6J8	❽ UH9 AKG 6K5	❾ UE1 GGF 5G5	❿ UF12 BHE 7H8
11月	❶ ZC10 KED 4E2	❷ ZD3 EFC 8F11	❸ ZA7 JCB 3C11	❹ ZB6 JDA 9D2	❺ ZJ7 AAK 5A11	❻ ZK6 KBJ 7B2	❼ ZG4 HJH 4J8	❽ ZH9 GFJ 8J4	❾ ZE1 GCH 3H6	❿ ZF12 JDG 9G7	❶ YC10 HAF 2F3	❷ YD3 BBE 10E10	❸ YA7 HJD 1D12	❹ YB6 GKC 11C1	❺ YJ7 AGB 3B12	❻ YK6 GHA 9A1	❼ YG4 FEK 2K9	❽ YH9 BFJ 10J4	❾ YE1 HCH 1H6	❿ YF12 CDG 11G7	❶ XC10 JJF 12F3	❷ XD3 GKE 12E10	❸ XA7 CGD 11D12	❹ XB6 HHC 1C1	❺ XJ7 FEB 1B12	❻ XK6 AFA 11A1	❼ XG4 ECK 12K9	❽ XH9 EDG 12J4	❾ XE1 GAF 11H6	❿ XF12 FBE 1G7	
12月	❶ WC10 DJD 10F3	❷ WD3 EKC 2E10	❸ WA7 EGB 9D12	❹ WB6 EHA 3C1	❺ WJ7 AEK 11B12	❻ WK6 FFJ 1A1	❼ WG4 DDK 10A10	❽ WH9 CCJ 2B3	❾ WE1 GBH 9J7	❿ WF12 CAG 3K6	❶ VC10 BKF 8G4	❷ VD3 FJE 4H9	❸ VA7 DHD 7E1	❹ VB6 AGC 5F12	❺ VJ7 AFB 9C1	❻ VK6 CEA 3D12	❼ VG4 HDK 8A10	❽ VH9 FCJ 4B3	❾ VE1 BBH 7J7	❿ VF12 GAG 5K6	❶ UC10 CKF 6G4	❷ UD3 AJE 6H9	❸ UA7 CHD 5E1	❹ UB6 BGC 7F12	❺ UJ7 BFB 7C1	❻ UK6 AEA 5D12	❼ UG4 ADH 6A10	❽ UH9 ACG 6B3	❾ UE1 GBF 5J7	❿ UF12 BAE 7K6	❶ ZC10 KKD 4G4

1967年	1日	2日	3日	4日	5日	6日	7日	8日	9日	10日	11日	12日	13日	14日	15日	16日
1月	❷ ZD3 EJC 8H9	❸ ZA7 JHB 3E1	❹ ZB6 JGA 9F12	❺ ZJ7 AFK 5C1	❻ ZK6 KEJ 7D12	❼ ZG4 KDK 4B11	❽ ZH9 GCJ 8A2	❾ ZE1 GBH 3K8	❿ ZF12 JAG 9J5	❶ YC10 HKF 2H5	❷ YD3 BJE 10G8	❸ YA7 HHD 1F2	❹ YB6 GGC 11E11	❺ YJ7 JFB 3D2	❻ YK6 GEA 9C11	❼ YG4 DBK 2B11
2月	❸ WA7 EDB 9F2	❹ WB6 ECA 3E11	❺ WJ7 ABK 11D2	❻ WJ5 HBJ 1F10	❼ WH5 DJH 10C12	❽ WG8 CKG 2D1	❾ WF2 GGF 9A9	❿ WE11 CHE 3B4	❶ VD11 BED 8J6	❷ VC2 HFC 4K7	❸ VB8 DCB 7G3	❹ VA5 ABA 5H10	❺ VK8 AJK 9E3	❻ VJ5 CKG 3F10	❼ VH5 HGF 8C12	❽ VG8 FHE 4D1
3月	❶ ZD11 KAF 4J6	❷ ZC2 EBE 8K7	❸ ZB8 JJD 3G3	❹ ZA5 JKC 9H10	❺ ZK8 AGB 5E3	❻ ZJ5 BGJ 7E9	❼ ZH5 KFH 4D1	❽ ZG8 GEG 8C12	❾ ZF2 GDF 3B10	❿ ZE11 JCE 9A3	❶ YD11 HBD 2K7	❷ YC2 BAC 10J6	❸ YB8 HKB 1H4	❹ YA5 GJA 11G9	❺ YK8 JHK 3F4	❻ YJ5 GGG 9E9
4月	❷ WC2 EAE 2J6	❸ WB8 EKD 9H4	❹ WA5 EJC 3G9	❺ WK8 AHB 11F4	❻ WJ5 HGJ 1H8	❼ WH5 DFH 10E2	❽ WG8 CEG 2F11	❾ WF2 GDF 9C11	❿ WE11 CCE 3D2	❶ VD11 BBD 8A8	❷ VC2 HAC 4B5	❸ VB8 DKB 7J5	❹ VA5 AJA 5K8	❺ VK8 AHK 9G5	❻ VJ5 CEG 3H8	❼ VH5 HDF 8E2
5月	❷ ZC2 EFE 8B5	❸ ZB8 JCD 3J5	❹ ZA5 JDC 9K8	❺ ZK8 AAB 5G5	❻ ZJ5 KBA 7H8	❼ ZH5 KJH 4F3	❽ ZG8 GKG 8E10	❾ ZF2 GGF 3D12	❿ ZE11 JHE 9C1	❶ YD11 HED 2B9	❷ YC2 BFC 10A4	❸ YB8 HEB 1K6	❹ YA5 GFA 11J7	❺ YK8 JCK 3H6	❻ YJ5 GDJ 9G7	❼ YH5 DAF 2F3
6月	❸ WB8 EAD 9K6	❹ WA5 EBC 3J7	❺ WK8 AJB 11H6	❻ WJ5 FKA 1G7	❼ WH5 DGK 10F3	❽ WG8 CJG 2H9	❾ WF2 GHF 9E1	❿ WE11 CGE 3F12	❶ VD11 BFD 8C10	❷ VC2 FEC 4D3	❸ VB8 DDB 7A7	❹ VA5 ACA 5B6	❺ VK8 ABK 9J7	❻ VJ5 CAJ 3K6	❼ VH5 BKH 8G4	❽ VG8 FJE 4H9
7月	❸ ZB8 JBD 3A7	❹ ZA5 JAC 9B6	❺ ZK8 AKB 5J7	❻ ZJ5 KJA 7K6	❼ ZH5 HHK 4G4	❽ ZG8 JGJ 8H9	❾ ZF2 JFH 3E1	❿ ZE11 JEE 9E11	❶ YD11 HDD 2D11	❷ YC2 BCC 10C2	❸ YB8 HBB 1B8	❹ YA5 GAA 11A5	❺ YK8 AKK 3K8	❻ YJ5 GJJ 9J5	❼ YH5 FHH 2H5	❽ YG8 BGG 10G8
8月	❹ WA5 ECC 3A5	❺ WK8 ABB 11K8	❻ WJ5 FAA 1J5	❼ WH5 DKK 10H5	❽ WG8 JJJ 2G8	❾ WF2 CHH 9F2	❿ WE11 CGG 3E11	❶ VD11 BED 8E12	❷ VC2 FFC 4F1	❸ VB8 DCB 7C9	❹ VA5 ADA 5D4	❺ VK8 AAK 9A9	❻ VJ5 CBJ 3B4	❼ VH5 BJH 8J6	❽ VG8 FKG 4K7	❾ VF2 BGF 7G3
9月	❺ ZK8 ACB 5A9	❻ ZJ5 KDA 7B4	❼ ZH5 HAK 4J6	❽ ZG8 JBJ 8K7	❾ ZF2 JJH 3G3	❿ ZE11 JKG 9H10	❶ YD11 EGF 2E12	❷ YC2 BGC 10E12	❸ YB8 HFB 1D10	❹ YA5 GEA 11C3	❺ YK8 ADK 3B10	❻ YJ5 GCJ 9A3	❼ YH5 FBH 2K7	❽ YG8 BAG 10J6	❾ YF2 HKF 1H4	❿ YE11 EJE 11G9
10月	❺ WK8 ADB 11B10	❻ WJ5 FCA 1A3	❼ WH5 DBK 10K7	❽ WG8 JAJ 2J6	❾ WF2 CKH 9H4	❿ WE11 CJG 3G9	❶ VD11 EHF 8F1	❷ VC2 DGE 4E12	❸ VB8 DFB 7E11	❹ VA5 AEA 5F2	❺ VK8 ADK 9C11	❻ VJ5 CCJ 3D2	❼ VH5 BBH 8A8	❽ VG8 FAG 4B5	❾ VF2 BKF 7J5	❿ VE11 AJE 5K8
11月	❻ ZJ5 KBA 7D2	❼ ZH5 HJK 4A8	❽ ZG8 JKJ 8B5	❾ ZF2 JGH 3J5	❿ ZE11 JHG 9K8	❶ YD11 EEF 2G2	❷ YC2 KFE 10H11	❸ YB8 HJB 1F12	❹ YA5 GKA 11E1	❺ YK8 AGK 3D12	❻ YJ5 GHJ 9C1	❼ YH5 FEH 2B9	❽ YG8 KFG 10A4	❾ YF2 HCF 1K6	❿ YE11 EDE 11J7	❶ XD11 EAD 12H3
12月	❻ WJ5 FFA 1C1	❼ WH5 DCK 10B9	❽ WG8 JDJ 2A4	❾ WF2 CAH 9K6	❿ WE11 CBG 3J7	❶ VD11 EJF 8H3	❷ VC2 DKE 4G10	❸ VB8 DHB 7G1	❹ VA5 AGA 5H12	❺ VK8 AFK 9E1	❻ VJ5 CEJ 3F12	❼ VH5 BDH 8C10	❽ VG8 FCG 4D3	❾ VF2 BBF 7A7	❿ VE11 AAE 5B6	❶ UD11 CKD 6J4

1967年	17日	18日	19日	20日	21日	22日	23日	24日	25日	26日	27日	28日	29日	30日	31日
1月	❽ YH9 BAJ 10A2	❾ YE1 HKH 1K8	❿ YF12 GGG 11J5	❶ XC10 GFF 12H5	❷ XD3 GEE 12G8	❸ XA7 CDD 11F2	❹ XB6 HCC 1E11	❺ XJ7 FBB 1D2	❻ XK6 AAA 11C11	❼ XG4 EKH 12B11	❽ XH9 EJG 12A2	❾ XE1 GHF 11K8	❿ XF12 FGE 1J5	❶ WC10 DFD 10H5	❷ WD3 EEC 2G8
2月	❾ VF2 BEH 7A9	❿ VE11 GFG 5B4	❶ UD11 AAF 6J6	❷ UC2 ABE 6K7	❸ UB8 CJD 5G3	❹ UA5 BKC 7H10	❺ UK8 BGB 7E3	❻ UJ5 AHA 5F10	❼ UH5 AEK 6C12	❽ UG8 AFJ 6D1	❾ UF2 GCH 5A9	❿ UE11 BDG 7B4			
3月	❼ YH5 DFF 2D1	❽ YG8 BEE 10C12	❾ YF2 HDH 1B10	❿ YE11 GCG 11A3	❶ XD11 GBF 12K7	❷ XC2 GAE 12J6	❸ XB8 CKD 11H4	❹ XA5 HJC 1G9	❺ XK8 FHB 1F4	❻ XJ5 AGA 11E9	❼ XH5 EFK 12D1	❽ XG8 EEJ 12C12	❾ XF2 GDH 11B10	❿ XE11 FCG 1A3	❶ WD11 DBF 10K7
4月	❽ VG8 FCE 4F11	❾ VF2 BGH 7C11	❿ VE11 GHG 5D2	❶ UD11 AEF 6A8	❷ UC2 AFE 6B5	❸ UB8 CCD 5J5	❹ UA5 BDC 7K8	❺ UK8 BAB 7G5	❻ UJ5 ABA 5H8	❼ UH5 AJK 6E2	❽ UG8 AKJ 6F11	❾ UF2 GGH 5C11	❿ UE11 BHG 7D2	❶ ZD11 KEF 4A8	
5月	❽ YG8 BBE 10E10	❾ YF2 HJD 1D12	❿ YE11 GKG 11C1	❶ XD11 GGF 12B9	❷ XC2 GDE 12A4	❸ XB8 CAD 11K6	❹ XA5 HBC 1J7	❺ XK8 FJB 1H6	❻ XJ5 AKA 11G7	❼ XH5 EGK 12F3	❽ XG8 EHJ 12E10	❾ XF2 GEH 11D12	❿ XE11 FFG 1C1	❶ WD11 DCF 10B9	❷ WC2 EDE 2A4
6月	❾ VF2 BHD 7E1	❿ VE11 JGC 5F12	❶ UD11 CFF 6C10	❷ UC2 AEE 6D3	❸ UB8 CDD 5A7	❹ UA5 BCC 7B6	❺ UK8 BBB 7J7	❻ UJ5 AAA 5K6	❼ UH5 AKK 6G4	❽ UG8 AGJ 6H9	❾ UF2 GFH 5E1	❿ UE11 BEG 7F12	❶ ZD11 KDF 4C10	❷ ZC2 ECE 8D3	
7月	❾ YF2 HFF 1F2	❿ YE11 CCC 11E11	❶ XD11 JBB 12D11	❷ XC2 GAA 12C2	❸ XB8 CDD 11B8	❹ XA5 HCC 1A5	❺ XK8 FBB 1K8	❻ XJ5 AAA 11J5	❼ XH5 EKK 12H5	❽ XG8 EJJ 12G8	❾ XF2 GHH 11F2	❿ XE11 FGG 1E11	❶ WD11 DFF 10D11	❷ WC2 EEE 2C2	❸ WB8 EDD 9B8
8月	❿ VE11 AHE 5H10	❶ UD11 CEB 6E12	❷ UC2 AKA 6F1	❸ UB8 HGK 5C9	❹ UA5 FHC 7D4	❺ UK8 BCB 7A9	❻ UJ5 ADA 5B4	❼ UH5 AAK 6J6	❽ UG8 ABJ 6K7	❾ UF2 GJH 5G3	❿ UE11 BKG 7H10	❶ ZD11 KGF 4E12	❷ ZC2 EHE 8F1	❸ ZB8 JED 3C9	❹ ZA5 JFC 9D4
9月	❶ XD11 EHD 12F1	❷ XC2 GGA 12E12	❸ XB8 BFK 11D10	❹ XA5 KEJ 1C3	❺ XK8 FDB 1B10	❻ XJ5 ACA 11A3	❼ XH5 EBK 12K7	❽ XG8 EAJ 12J6	❾ XF2 GKH 11H4	❿ XE11 FJG 1G9	❶ WD11 FHF 10F1	❷ WC2 EGE 2E12	❸ WB8 EFD 9D10	❹ WA5 EEC 3C3	
10月	❶ UD11 CHD 6G2	❷ UC2 AGC 6H11	❸ UB8 HBK 5E11	❹ UA5 FAJ 7F2	❺ UK8 BKH 7C11	❻ UJ5 ABA 5D2	❼ UH5 AJK 6A8	❽ UG8 AKJ 6B5	❾ UF2 GGH 5J5	❿ UE11 BHG 7K8	❶ ZD11 KEF 4G2	❷ ZC2 EFE 8H11	❸ ZB8 JCD 3E11	❹ ZA5 JDC 9F2	❺ ZK8 AAB 5C11
11月	❷ XC2 GBC 12G10	❸ XB8 BJK 11F12	❹ XA5 KKJ 1E1	❺ XK8 FGH 1D12	❻ XJ5 AFA 11C1	❼ XH5 GCK 12B9	❽ XG8 EDJ 12A4	❾ XF2 GAH 11K6	❿ XE11 FBG 1J7	❶ WD11 FJF 10H3	❷ WC2 EKE 2G10	❸ WB8 EGD 9F12	❹ WA5 EHC 3E1	❺ WK8 AEB 11D12	
12月	❷ UC2 AJC 6K9	❸ UB8 HHK 5G1	❹ UA5 FGJ 7H12	❺ UK8 BFH 7E1	❻ UJ5 AEA 5F12	❼ UH5 ADK 6C10	❽ UG8 ACJ 6D3	❾ UF2 GBH 5A7	❿ UE11 BAG 7B6	❶ ZD11 KKF 4J4	❷ ZC2 EJE 8K9	❸ ZB8 JHD 3G1	❹ ZA5 JGC 9H12	❺ ZK8 AFB 5E1	❻ ZJ5 KEA 7F12

1968年（民國57年）

1968年	1日	2日	3日	4日	5日	6日	7日	8日	9日	10日	11日	12日	13日	14日	15日	16日
1月	❼ ZH5 HDK 4C10	❽ ZG8 JCJ 8D3	❾ ZF2 JBH 3A7	❿ ZE11 JAG 9B6	❶ YD11 EKF 2J4	❷ YC2 BJC 10J8	❸ YB8 HHB 1H2	❹ YA5 GGA 11G11	❺ YK8 AFK 3F2	❻ YJ5 GEJ 9E11	❼ YH5 FDH 2D11	❽ YG8 BCG 10C2	❾ YF2 HBF 1B8	❿ YE11 EAE 11A5	❶ XD11 EKD 12K5	❷ XC2 GGA 12J8
2月	❽ WG8 JJJ 2C2	❾ WF2 CHH 9B8	❿ WE11 CGG 3A5	❶ VD11 EFF 8K5	❷ VF1 FFF 4B7	❸ VC9 DCC 7J3	❹ VD4 ADD 5K10	❺ VA9 AAA 9G3	❻ VB4 CBB 3H10	❼ VJ6 BJJ 8E12	❽ VK7 FKK 4F1	❾ VG3 BGG 7C9	❿ VH10 AFH 5D4	❶ UE12 CCE 6A6	❷ UF1 ADF 6B7	❸ UC9 HAG 5J3
3月	❼ ZJ6 HEA 4E12	❽ ZK7 JFB 8F1	❾ ZG3 JCJ 3C9	❿ ZH10 JDK 9D4	❶ YE12 HBE 2B7	❷ YF1 BAF 10A6	❸ YC9 HKC 1K4	❹ YD4 GJD 11J9	❺ YA9 AHA 3H4	❻ YB4 GGB 9G9	❼ YJ6 FFJ 2F1	❽ YK7 BEK 10E12	❾ YG3 HDG 1D10	❿ YH10 ECH 11C3	❶ XE12 EBE 12B7	❷ XF1 GAK 12A6
4月	❽ WK7 JEB 2E12	❾ WG3 CDJ 9D10	❿ WH10 CCK 3C3	❶ VE12 EBG 8B7	❷ VF1 FAF 4D5	❸ VC9 DKC 7A5	❹ VD4 AJD 5B8	❺ VA9 AHA 9J5	❻ VB4 CGB 3K8	❼ VJ6 BFJ 8G2	❽ VK7 FEK 4H11	❾ VG3 BDG 7E11	❿ VH10 ACH 5F2	❶ UE12 CBE 6C8	❷ UF1 AJF 6D5	❸ UC9 HHG 5A5
5月	❽ ZK7 JKB 8H11	❾ ZG3 JGJ 3E11	❿ ZH10 JHK 9F2	❶ YE12 EEG 2C8	❷ YF1 BFF 10C4	❸ YC9 HCC 1B6	❹ YD4 GDD 11A7	❺ YA9 AAA 3K6	❻ YB4 GBB 9J7	❼ YJ6 FJJ 2H3	❽ YK7 BBK 10G10	❾ YG3 HJG 1F12	❿ YH10 EKH 11E1	❶ XE12 EGE 12D9	❷ XF1 GHF 12C4	❸ XC9 BEG 11B6
6月	❾ WG3 CEJ 9F12	❿ WH10 CFK 3E1	❶ VE12 ECG 8D9	❷ VF1 DDH 4C4	❸ VC9 BAE 7B6	❹ VD4 ACD 5D6	❺ VA9 ABA 9A7	❻ VB4 CAB 3B6	❼ VJ6 BKJ 8J4	❽ VK7 FJK 4K9	❾ VG3 BHG 7G1	❿ VH10 AGH 5H12	❶ UE12 EFE 6E10	❷ UF1 AEF 6F3	❸ UC9 KDC 5C7	❹ UD4 FCD 7D6
7月	❾ ZG3 JFJ 3G1	❿ ZH10 JEK 9H12	❶ YE12 EDG 2E10	❷ YF1 KCH 10F3	❸ YC9 HBE 1C7	❹ YD4 CAF 11D6	❺ YA9 AKA 3B8	❻ YB4 GJB 9A5	❼ YJ6 FHJ 2K5	❽ YK7 KGK 10J8	❾ YG3 HFG 1H2	❿ YH10 EEH 11G11	❶ XE12 EDE 12F11	❷ XF1 GCF 12E2	❸ XC9 FBC 11D8	❹ XD4 KAD 1C5
8月	❿ WH10 CGK 3G11	❶ VE12 EFG 8F11	❷ VF1 DEH 4E2	❸ VC9 BDE 7D8	❹ VD4 CCF 5C5	❺ VA9 CBC 9B8	❻ VB4 CBB 3D4	❼ VJ6 BJJ 8A6	❽ VK7 FKK 4B7	❾ VG3 BGG 7J3	❿ VH10 AHH 5K10	❶ UE12 EEE 6G12	❷ UF1 AFF 6H1	❸ UC9 KCC 5E9	❹ UD4 FDD 7F4	❺ UA9 BAA 7C9
9月	❶ YE12 EGG 2G12	❷ YF1 KHH 10H1	❸ YC9 HEE 1E9	❹ YD4 CFF 11F4	❺ YA9 GCC 3C9	❻ YB4 GDD 9D4	❼ YJ6 FBJ 2B7	❽ YK7 KAK 10A6	❾ YG3 HKG 1K4	❿ YH10 EJH 11J9	❶ XE12 EHE 12H1	❷ XF1 GGF 12G12	❸ XC9 FFC 11F10	❹ XD4 KED 1E3	❺ XA9 FDA 1D10	❻ XB4 ECB 11C3
10月	❶ VE12 EHG 8H1	❷ VF1 DGH 4G12	❸ VC9 BFE 7F10	❹ VD4 CEF 5E3	❺ VA9 CDC 9D10	❻ VB4 CCD 3C3	❼ VJ6 JBA 8B7	❽ VK7 FAK 4D5	❾ VG3 BKG 7A5	❿ VH10 AJH 5B8	❶ UE12 EHE 6J2	❷ UF1 AGF 6K11	❸ UC9 KFC 5G11	❹ UD4 FED 7H2	❺ UA9 BDA 7E11	❻ UB4 JCB 5F2
11月	❷ YF1 KFH 10K11	❸ YC9 HCE 1G11	❹ YD4 CDF 11H2	❺ YA9 GAC 3E11	❻ YB4 GBD 9F2	❼ YJ6 JJA 2C8	❽ YK7 KFK 10C4	❾ YG3 HCG 1B6	❿ YH10 EDH 11A7	❶ XE12 EAE 12K3	❷ XF1 GBF 12J10	❸ XC9 FJC 11H12	❹ XD4 KKD 1G1	❺ XA9 FGA 1F12	❻ XB4 EHB 11E1	❼ XJ6 GEJ 12D9
12月	❷ VF1 DKH 4J10	❸ VC9 BGE 7H12	❹ VD4 CHF 5G1	❺ VA9 CEC 9F12	❻ VB4 CFD 3E1	❼ VJ6 JCA 8D9	❽ VK7 FCK 4F3	❾ VG3 BBG 7C7	❿ VH10 AAH 5D6	❶ UE12 EKE 6A4	❷ UF1 AJF 6B9	❸ UC9 KHC 5J1	❹ UD4 FGD 7K12	❺ UA9 BFA 7G1	❻ UB4 JEB 5H12	❼ UJ6 JDJ 6E10

1968年	17日	18日	19日	20日	21日	22日	23日	24日	25日	26日	27日	28日	29日	30日	31日
1月	❸ XB8 BFK 11H2	❹ XA5 KEJ 1G11	❺ XK8 FBB 1F2	❻ XJ5 AAA 11E11	❼ XH5 EKK 12D11	❽ XG8 EJJ 12C2	❾ XF2 GHH 11B8	❿ XE11 FGG 1A5	❶ WD11 FFF 10K5	❷ WC2 EEE 2J8	❸ WB8 EDD 9H2	❹ WA5 ECC 3G11	❺ WK8 ABB 11F2	❻ WJ5 FAA 1E11	❼ WH5 DKK 10D11
2月	❹ UD4 FBH 7K10	❺ UA9 BJE 7G3	❻ UB4 AKD 5H10	❼ UJ6 AEA 6E12	❽ UK7 AFB 6F1	❾ UG3 GCJ 5C9	❿ UH10 BDK 7D4	❶ ZE12 KAG 4A6	❷ ZF1 EBH 8B7	❸ ZC9 JJE 3J3	❹ ZD4 JKF 9K10	❺ ZA9 AGC 5G3	❻ ZB4 KHD 7H10		
3月	❸ XC9 BKG 11K4	❹ XD4 HJH 1J9	❺ XA9 FHC 1H4	❻ XB4 AGD 11G9	❼ XJ6 EFA 12F1	❽ XK7 EEB 12E12	❾ XG3 GDJ 11D10	❿ XH10 FCK 1C3	❶ WE12 DBG 10B7	❷ WF1 EAH 2A6	❸ WC9 EKE 9K4	❹ WD4 EJF 3J9	❺ WA9 AHC 11H4	❻ WB4 FGD 1G9	❼ WJ6 DFA 10F1
4月	❹ UD4 FGH 7B8	❺ UA9 BAE 7J5	❻ UB4 ABD 5K8	❼ UJ6 AJA 6G2	❽ UK7 AKB 6H11	❾ UG3 GGJ 5E11	❿ UH10 BHK 7F2	❶ ZE12 KEG 4C8	❷ ZF1 EFH 8D5	❸ ZC9 JCE 3A5	❹ ZD4 JDF 9B8	❺ ZA9 AAC 5J5	❻ ZB4 KBD 7K8	❼ ZJ6 HJA 4G2	
5月	❹ XD4 KFH 1A7	❺ XA9 FCE 1K6	❻ XB4 ADD 11J7	❼ XJ6 EGA 12H3	❽ XK7 EHB 12G10	❾ XG3 GEJ 11F12	❿ XH10 FFK 1E1	❶ WE12 FCG 10D9	❷ WF1 EDH 2C4	❸ WC9 EAE 9B6	❹ WD4 EBF 3A7	❺ WA9 AJC 11K6	❻ WB4 FKD 1J7	❼ WJ6 DGA 10H3	❽ WK7 JHB 2G10
6月	❺ UA9 BBE 7A7	❻ UB4 GAF 5B6	❼ UJ6 CKC 6J4	❽ UK7 AJB 6K9	❾ UG3 GHJ 5G1	❿ UH10 BGK 7H12	❶ ZE12 KFG 4E10	❷ ZF1 EEH 8F3	❸ ZC9 JDE 3C7	❹ ZD4 JAF 9D6	❺ ZA9 AKC 5A7	❻ ZB4 KJD 7B6	❼ ZJ6 HHA 4J4	❽ ZK7 JGB 8K9	
7月	❺ XA9 FHA 1B8	❻ XB4 CGF 11A5	❼ XJ6 GFC 12K5	❽ XK7 EJD 12J8	❾ XG3 GHJ 11H2	❿ XH10 FGK 1G11	❶ WE12 FFG 10F11	❷ WF1 EEH 2E2	❸ WC9 EDE 9D8	❹ WD4 ECF 3C5	❺ WA9 ABC 11B8	❻ WB4 FAD 1A5	❼ WJ6 DKA 10K5	❽ WK7 JJB 2J8	❾ WG3 CHJ 9H2
8月	❻ UB4 GBB 5D4	❼ UJ6 CCC 6A6	❽ UK7 ADD 6B7	❾ UG3 GAA 5J3	❿ UH10 BKK 7K10	❶ ZE12 KGG 4G12	❷ ZF1 EHH 8H1	❸ ZC9 JEE 3E9	❹ ZD4 JFF 9F4	❺ ZA9 ACC 5C9	❻ ZB4 KDD 7D4	❼ ZJ6 HAA 4A6	❽ ZK7 JBB 8B7	❾ ZG3 JJJ 3J3	❿ ZH10 JKK 9K10
9月	❼ XJ6 GBJ 12B7	❽ XK7 EAD 12A6	❾ XG3 BKA 11K4	❿ XH10 KJB 1J9	❶ WE12 FHG 10H1	❷ WF1 EGH 2G12	❸ WC9 EFE 9F10	❹ WD4 EEF 3E3	❺ WA9 ADC 11D10	❻ WB4 FCD 1C3	❼ WJ6 DBA 10B7	❽ WK7 JAB 2A6	❾ WG3 CKJ 9K4	❿ WH10 CJK 3J9	
10月	❼ UJ6 JBJ 6C8	❽ UK7 AGK 6D5	❾ UG3 FFA 5A5	❿ UH10 DEB 7B8	❶ ZE12 KEJ 4J2	❷ ZF1 EFH 8K11	❸ ZC9 JCE 3G11	❹ ZD4 JDF 9H2	❺ ZA9 AAC 5E11	❻ ZB4 KBD 7F2	❼ ZJ6 KJA 4C8	❽ ZK7 JKB 8D5	❾ ZG3 JGJ 3A5	❿ ZH10 JHK 9B8	❶ YE12 EEG 2J2
11月	❽ XK7 EFK 12C4	❾ XG3 BCA 11B6	❿ XH10 KDB 1A7	❶ WE12 FJJ 10K3	❷ WF1 EKH 2J10	❸ WC9 EGE 9H12	❹ WD4 EHF 3G1	❺ WA9 AEC 11F12	❻ WB4 FFD 1E1	❼ WJ6 DCA 10D9	❽ WK7 JDB 2C4	❾ WG3 CAJ 9B6	❿ WH10 CBK 3A7	❶ VE12 EJG 8K3	
12月	❽ UK7 ACK 6F3	❾ UG3 FBA 5C7	❿ UH10 DAB 7D6	❶ ZE12 KKJ 4A4	❷ ZF1 EJH 8B9	❸ ZC9 JHE 3J1	❹ ZD4 JGF 9K12	❺ ZA9 AFC 5G1	❻ ZB4 KED 7H12	❼ ZJ6 KDA 4E10	❽ ZK7 JCB 8F3	❾ ZG3 JBJ 3C7	❿ ZH10 JAK 9D6	❶ YE12 EKG 2A4	❷ YF1 KJH 10B9

1969年(民國58年)

1969年	1日	2日	3日	4日	5日	6日	7日	8日	9日	10日	11日	12日	13日	14日	15日	16日
1月	❸ YC9 HHE 1J1	❹ YD4 CGF 11K12	❺ YA9 GFC 3G1	❻ YB4 GED 9H12	❼ YJ6 FDJ 2F11	❽ YK7 KCK 10E2	❾ YG3 HBG 1D8	❿ YH10 EAH 11C5	❶ XE12 EKE 12B5	❷ XF1 GJF 12A8	❸ XC9 FHC 11K2	❹ XD4 KGD 1J11	❺ XA9 FFA 1H2	❻ XB4 EEB 11G11	❼ XJ6 GBJ 12F11	❽ XK7 EAD 12E2
2月	❹ VD4 CCF 5J11	❺ VA9 CBC 9H2	❻ VB4 CAD 3G11	❼ VK7 BJB 8G12	❽ VJ6 FKA 4H1	❾ VH4 BGK 7E9	❿ VG9 AHJ 5F4	❶ UF1 EEH 6C6	❷ UE12 AFG 6D7	❸ UD10 KCF 5A3	❹ UC3 FDE 7B10	❺ UB10 BJD 7J3	❻ UA3 JKC 5K10	❼ UK7 JGB 6G12	❽ UJ6 AHA 6H1	❾ UH4 FEK 5E9
3月	❷ YE12 KBG 10D7	❸ YD10 HJF 1A3	❹ YC3 CKE 11B10	❺ YB10 GGD 3J3	❻ YA3 GHC 9K10	❼ YK7 FFB 2H1	❽ YJ6 KEA 10G12	❾ YH4 HDK 1F10	❿ YG9 ECJ 11E3	❶ XF1 EBH 12D7	❷ XE12 GAG 12C6	❸ XD10 FKF 11B4	❹ XC3 KJE 1A9	❺ XB10 FHD 1K4	❻ XA3 EGC 11J9	❼ XK7 GFB 12H1
4月	❸ VD10 BKF 7B4	❹ VC3 CJE 5A9	❺ VB10 CHD 9K4	❻ VA3 CGC 3J9	❼ VK7 BFB 8J2	❽ VJ6 FEA 4K11	❾ VH4 BDK 7G11	❿ VG9 ACJ 5H2	❶ UF1 EBH 6E8	❷ UE12 AAG 6F5	❸ UD10 KKF 5C5	❹ UC3 FJE 7D8	❺ UB10 BHD 7A5	❻ UA3 JGC 5B8	❼ UK7 JDB 6J2	❽ UJ6 ACA 6K11
5月	❸ YD10 HCF 1C5	❹ YC3 CDE 11D8	❺ YB10 GAD 3A5	❻ YA3 GBC 9B8	❼ YK7 JJB 2J2	❽ YJ6 KKA 10J10	❾ YH4 HGK 1H12	❿ YG9 EHJ 11G1	❶ XF1 EEH 12F9	❷ XE12 GFG 12E4	❸ XD10 FCF 11D6	❹ XC3 KFE 1C7	❺ XB10 FCD 1B6	❻ XA3 EDC 11A7	❼ XK7 GAB 12K3	❽ XJ6 EBA 12J10
6月	❹ VC3 CBE 5C7	❺ VB10 CJD 9B6	❻ VA3 CKC 3A7	❼ VK7 JGB 8K3	❽ VJ6 DHA 4J10	❾ VH4 BHK 7J1	❿ VG9 AGJ 5K12	❶ UF1 EFH 6G10	❷ UE12 AEG 6H3	❸ UD10 KDF 5E7	❹ UC3 DCE 7F6	❺ UB10 BBD 7C7	❻ UA3 JAC 5D6	❼ UK7 JKB 6A4	❽ UJ6 AJA 6B9	❾ UH4 FHK 5J1
7月	❹ YC3 CAE 11F6	❺ YB10 GKD 3C7	❻ YA3 GJC 9D6	❼ YK7 JHB 2A4	❽ YJ6 HGA 10B9	❾ YH4 FFK 1J1	❿ YG9 EEJ 11J11	❶ XF1 EDH 12H11	❷ XE12 GCG 12G2	❸ XD10 FBF 11F8	❹ XC3 KAE 1E5	❺ XB10 FKD 1D8	❻ XA3 EJC 11C5	❼ XK7 JHB 12B5	❽ XJ6 EGA 12A8	❾ XH4 DFK 11K2
8月	❺ VB10 CBD 9D8	❻ VA3 CAC 3C5	❼ VK7 JKB 8B5	❽ VJ6 DJA 4A8	❾ VH4 BHK 7K2	❿ VG9 GGJ 5J11	❶ UF1 AFH 6H11	❷ UE12 AFG 6K1	❸ UD10 KCF 5G9	❹ UC3 DDE 7H4	❺ UB10 BAD 7E9	❻ UA3 JBC 5F4	❼ UK7 JJB 6C6	❽ UJ6 AKA 6D7	❾ UH4 KGK 5A3	❿ UG9 DHJ 7B10
9月	❻ YA3 GDC 9F4	❼ YK7 JAB 2C6	❽ YJ6 HBA 10D7	❾ YH4 FJK 1A3	❿ YG9 GKJ 11B10	❶ XF1 GGH 12J12	❷ XE12 GHG 12K1	❸ XD10 FFF 11H10	❹ XC3 KEE 1G3	❺ XB10 FDD 1F10	❻ XA3 ECC 11E3	❼ XK7 JBB 12D7	❽ XJ6 EAA 12C6	❾ XH4 DKK 11B4	❿ XG9 KJJ 1A9	❶ WF1 FHH 10K1
10月	❻ VA3 CCC 3E3	❼ VK7 JBB 8D7	❽ VJ6 DAA 4C6	❾ VH4 BKK 7B4	❿ VG9 GJJ 5A9	❶ UF1 AHH 6K1	❷ UE12 AGG 6J12	❸ UD10 KFF 5J11	❹ UC3 DEE 7K2	❺ UB10 BDD 7G11	❻ UA3 JCC 5H2	❼ UK7 JBB 6E8	❽ UJ6 AAA 6F5	❾ UH4 KKK 5C5	❿ UG9 DJJ 7D8	❶ ZF1 KHH 4A2
11月	❼ YK7 JJB 2E8	❽ YJ6 HKA 10F5	❾ YH4 FGK 1C5	❿ YG9 GHJ 11D8	❶ XF1 GEH 12A2	❷ XE12 GFG 12B11	❸ XD10 FJF 11K12	❹ XC3 KKE 1J1	❺ XB10 FGD 1H12	❻ XA3 EHC 11G1	❼ XK7 JEB 12F9	❽ XJ6 EFA 12E4	❾ XH4 DCK 11D6	❿ XG9 KDJ 1C7	❶ WF1 FAH 10B3	❷ WE12 CBG 2A10
12月	❼ VK7 JCB 8F9	❽ VJ6 DDA 4E4	❾ VH4 BAK 7D6	❿ VG9 GBJ 5C7	❶ UF1 AJH 6B3	❷ UE12 AKG 6A10	❸ UD10 KHF 5A1	❹ UC3 DGE 7B12	❺ UB10 BFD 7J1	❻ UA3 JEC 5K12	❼ UK7 JDB 6G10	❽ UJ6 ACA 6H3	❾ UH4 KBK 5E7	❿ UG9 DAJ 7F6	❶ ZF1 KKH 4C4	❷ ZE12 JJG 8D9

1969年	17日	18日	19日	20日	21日	22日	23日	24日	25日	26日	27日	28日	29日	30日	31日
1月	❾ XG3 BKA 11D8	❿ XH10 KGB 1C5	❶. WE12 FFG 10B5	❷ WF1 EEH 2A8	❸ WC9 EDE 9K2	❹ WD4 ECF 3J11	❺ WA9 ABC 11H2	❻ WB4 FAD 1G11	❼ WJ6 DKA 10F11	❽ WK7 JJB 2E2	❾ WG3 CHJ 9D8	❿ WH10 CGK 3C5	❶ VE12 EFG 8B5	❷ VF1 DEH 4A8	❸ VC9 BDE 7K2
2月	❿ UG9 BFJ 7F4	❶ ZF1 KCH 4C6	❷ ZE12 EBG 8D7	❸ ZD10 JJF 3A3	❹ ZC3 JKE 9B10	❺ ZB10 AGD 5J3	❻ ZA3 KHC 7K10	❼ ZK7 HEB 4G12	❽ ZJ6 JFA 8H1	❾ ZH4 JCK 3E9	❿ ZG9 JDJ 9F4	❶ YF1 EAH 2C6			
3月	❽ XJ6 EEA 12G12	❾ XH4 BDK 11F10	❿ XG9 KCJ 1E3	❶ WF1 FBH 10D7	❷ WE12 EAG 2C6	❸ WD10 EKF 9B4	❹ WC3 EJE 3A9	❺ WB10 AHD 11K4	❻ WA3 FGC 1J9	❼ WK7 DFB 10H1	❽ WJ6 JEA 2G12	❾ WH4 CDK 9F10	❿ WG9 CCJ 3E3	❶ VF1 EBH 8D7	❷ VE12 DAG 4C6
4月	❾ UH4 FBK 5G11	❿ UG9 BHJ 7H2	❶ ZF1 KEH 4E8	❷ ZE12 EFG 8F5	❸ ZD10 JCF 3C5	❹ ZC3 JDE 9D8	❺ ZB10 AAD 5A5	❻ ZA3 KBC 7B8	❼ ZK7 HJB 4J2	❽ ZJ6 JKA 8K11	❾ ZH4 JGK 3G11	❿ ZG9 JHJ 9H2	❶ YF1 EEH 2E8	❷ YE12 KFG 10F5	
5月	❾ XH4 BJK 11H12	❿ XG9 KKJ 1G1	❶ WF1 FGH 10F9	❷ WE12 EHG 2E4	❸ WD10 EAF 9D6	❹ WC3 EBE 3C7	❺ WB10 AJD 11B6	❻ WA3 FKC 1A7	❼ WK7 DGB 10K3	❽ WJ6 JHA 2J10	❾ WH4 CEK 9H12	❿ WG9 CFJ 3G1	❶ VF1 ECH 8F9	❷ VE12 DDG 4E4	❸ VD10 BAF 7D6
6月	❿ UG9 DGJ 7K12	❶ ZF1 KFH 4G10	❷ ZE12 EEG 8H3	❸ ZD10 ADF 3E7	❹ ZC3 JCE 9F6	❺ ZB10 ABD 5C7	❻ ZA3 KAC 7D6	❼ ZK7 KKB 4A4	❽ ZJ6 JJA 8B9	❾ ZH4 JFK 3J1	❿ ZG9 JEJ 9K12	❶ YF1 EDH 2G10	❷ YE12 KCG 10H3	❸ YD10 HBF 1E7	
7月	❿ XG9 KCJ 1J11	❶ WF1 FBH 10H11	❷ WE12 AAG 2G2	❸ WD10 GDF 9F8	❹ WC3 ECE 3E5	❺ WB10 ABD 11D8	❻ WA3 FAC 1C5	❼ WK7 DKB 10B5	❽ WJ6 JJA 2A8	❾ WH4 CHK 9K2	❿ WG9 CGJ 3J11	❶ VF1 EFH 8H11	❷ VE12 DEG 4G2	❸ VD10 BDF 7F8	❹ VC3 CCE 5E5
8月	❶ ZF1 KEH 4J12	❷ ZE12 GFG 8K1	❸ ZD10 AGF 3G9	❹ ZC3 JHE 9H4	❺ ZB10 AED 5E9	❻ ZA3 DDC 7F4	❼ ZK7 KAB 4C6	❽ ZJ6 JBA 8D7	❾ ZH4 JJK 3A3	❿ ZG9 JKJ 9B10	❶ YF1 EGH 2J12	❷ YE12 KHG 10K1	❸ YD10 HEF 1G9	❹ YC3 CFE 11H4	❺ YB10 GCD 3E9
9月	❷ WE12 CGG 2J12	❸ WD10 CFF 9H10	❹ WC3 EEE 3G3	❺ WB10 KDD 11F10	❻ WA3 FCC 1E3	❼ WK7 DBB 10D7	❽ WJ6 JAA 2C6	❾ WH4 CKK 9B4	❿ WG9 CJJ 3A9	❶ VF1 EHH 8K1	❷ VE12 DGG 4J12	❸ VD10 BFF 7H10	❹ VC3 CEE 5G3	❺ VB10 CDD 9F10	
10月	❷ ZE12 JGG 8B11	❸ ZD10 ABF 3J11	❹ ZC3 JAE 9K2	❺ ZB10 FKD 5G11	❻ ZA3 DBC 7H2	❼ ZK7 KJB 4E8	❽ ZJ6 JKA 8F5	❾ ZH4 JGK 3C5	❿ ZG9 JHJ 9D8	❶ YF1 EEH 2A2	❷ YE12 KFG 10B11	❸ YD10 HCF 1J11	❹ YC3 CDE 11K2	❺ YB10 GAD 3G11	❻ YA3 GBC 9H2
11月	❸ WD10 CJF 9K12	❹ WC3 EKE 3J1	❺ WB10 KGD 11H12	❻ WA3 FFC 1G1	❼ WK7 DCB 10F9	❽ WJ6 JDA 2E4	❾ WH4 CAK 9D6	❿ WG9 CBJ 3C7	❶ VF1 EJH 8B3	❷ VE12 DKG 4A10	❸ VD10 BGF 7K12	❹ VC3 CHE 5J1	❺ VB10 CED 9H12	❻ VA3 CFC 3G1	
12月	❸ ZD10 AHF 3A1	❹ ZC3 JGE 9B12	❺ ZB10 FFD 5J1	❻ ZA3 DEC 7K12	❼ ZK7 KDB 4G10	❽ ZJ6 JCA 8H3	❾ ZH4 JBK 3E7	❿ ZG9 JAJ 9F6	❶ YF1 EKH 2C4	❷ YE12 KJG 10D9	❸ YD10 HHF 1A1	❹ YC3 CGE 11B12	❺ YB10 GFD 3J1	❻ YA3 GEC 9K12	❼ YK7 JDB 2G10

1970年(民國59年)

1970年	1日	2日	3日	4日	5日	6日	7日	8日	9日	10日	11日	12日	13日	14日	15日	16日
1月	❽ YJ6 HCA 10H3	❾ YH4 FBK 1E7	❿ YG9 GAJ 11F6	❶ XF1 GKH 12C4	❷ XE12 GJG 12D9	❸ XD10 FHF 11B2	❹ XC3 KGE 1A11	❺ XB10 FFD 1K2	❻ XA3 EEC 11J11	❼ XK7 JDB 12H11	❽ XJ6 ECA 12G2	❾ XH4 DBK 11F8	❿ XG9 KAJ 1E5	❶ WF1 FKH 10D5	❷ WE12 CJG 2C8	❸ WD10 CFF 9B2
2月	❾ VH4 BHK 7F8	❿ VG9 GGJ 5E5	❶ UF1 AFH 6D5	❷ UH11 AFG 6F7	❸ UE11 KCF 5C3	❹ UF2 DDE 7D10	❺ UC11 BAD 7A3	❻ UD2 JBC 5B10	❼ UA8 JJB 6J12	❽ UB5 AKA 6K1	❾ UJ5 KGK 5G9	❿ UK8 DFJ 7H4	❶ ZG2 KCH 4E6	❷ ZH11 GDC 8F7	❸ ZE11 AAB 3C3	❹ ZF2 JBA 9D10
3月	❼ YA8 JEJ 2J12	❽ YB5 HFK 10K1	❾ YJ5 FCG 1G9	❿ YK8 GDH 11H4	❶ XG2 GAE 12E6	❷ XH11 GAG 12E6	❸ XE11 FKF 11D4	❹ XF2 KJE 1C9	❺ XC11 FHD 1B4	❻ XD2 EGC 11A9	❼ XA8 JFB 12K1	❽ XB5 EEA 12J12	❾ XJ5 DDK 11H10	❿ XK8 KCJ 1G3	❶ WG2 FBH 10F7	❷ WH11 AAC 2E6
4月	❽ VB5 DEK 4J12	❾ VJ5 BDG 7H10	❿ VK8 GCH 5G3	❶ UG2 ABE 6F7	❷ UH11 AAG 6H5	❸ UE11 KKF 5E5	❹ UF2 DJE 7F8	❺ UC11 BHD 7C5	❻ UD2 JGC 5D8	❼ UA8 JFB 6A2	❽ UB5 AEA 6B11	❾ UJ5 KDK 5J11	❿ UK8 DCJ 7K2	❶ ZG2 KBH 4G8	❷ ZH11 GJC 8H5	❸ ZE11 AHB 3E5
5月	❽ YB5 HKK 10B11	❾ YJ5 FGG 1J11	❿ YK8 GHH 11K2	❶ XG2 GEE 12G8	❷ XH11 GFF 12H5	❸ XE11 FCF 11F6	❹ XF2 KDE 1E7	❺ XC11 FAD 1D6	❻ XD2 EBC 11C7	❼ XA8 JJB 12B3	❽ XB5 EKA 12A10	❾ XJ5 DJK 11K12	❿ XK8 KKJ 1J1	❶ WG2 FGH 10H9	❷ WH11 CHG 2G4	❸ WE11 CEB 9F6
6月	❾ VJ5 BEG 7K12	❿ VK8 GFH 5J1	❶ UG2 ACE 6H9	❷ UH11 ADF 6G4	❸ UE11 CAC 5F6	❹ UF2 DCE 7H6	❺ UC11 BBD 7E7	❻ UD2 JAC 5F6	❼ UA8 JKB 6C4	❽ UB5 AJA 6D9	❾ UJ5 KHK 5A1	❿ UK8 DGJ 7B12	❶ ZG2 KFH 4J10	❷ ZH11 JEG 8K3	❸ ZE11 ADF 3G7	❹ ZF2 JCA 9H6
7月	❾ YJ5 FFG 1A1	❿ YK8 GEH 11B12	❶ XG2 GDE 12J10	❷ XH11 GCF 12K3	❸ XE11 CBC 11G7	❹ XF2 HAD 1H6	❺ XC11 FKD 1F8	❻ XD2 EJC 11E5	❼ XA8 JHB 12D5	❽ XB5 EGA 12C8	❾ XJ5 DFK 11B2	❿ XK8 HEJ 1A11	❶ WG2 FDH 10K11	❷ WH11 CCG 2J2	❸ WE11 CBF 9H8	❹ WF2 EAE 3G5
8月	❿ VK8 GGH 5A11	❶ UG2 AFE 6K11	❷ UH11 AEF 6J2	❸ UE11 CDC 5H8	❹ UF2 BCD 7G5	❺ UC11 KBA 7F8	❻ UD2 AAB 5E5	❼ UA8 JJB 6E6	❽ UB5 AKA 6F7	❾ UJ5 KGK 5C3	❿ UK8 DHJ 7D10	❶ ZG2 KEH 4A12	❷ ZH11 JFG 8B1	❸ ZE11 CCF 3J9	❹ ZF2 JDE 9K4	❺ ZC11 HAD 5G9
9月	❶ XG2 GGE 12A12	❷ XH11 GHF 12B1	❸ XE11 CEC 11J9	❹ XF2 HFD 1K4	❺ XC11 FCA 1G9	❻ XD2 ADB 11H4	❼ XA8 EAJ 12E6	❽ XB5 EAA 12E6	❾ XJ5 DKK 11D4	❿ XK8 HJJ 1C9	❶ WG2 FHH 10B1	❷ WH11 CGG 2A12	❸ WE11 CFF 9K10	❹ WF2 EEE 3J3	❺ WC11 DDD 11H10	❻ WD2 HCC 1G3
10月	❶ UG2 AHE 6B1	❷ UH11 AGF 6A12	❸ UE11 CFC 5K10	❹ UF2 BED 7J3	❺ UC11 KDA 7H10	❻ UD2 ACB 5G3	❼ UA8 ABJ 6F7	❽ UB5 AAK 6E6	❾ UJ5 KKK 5E5	❿ UK8 DJJ 7F8	❶ ZG2 KHH 4C2	❷ ZH11 JGG 8D11	❸ ZE11 CFF 3A11	❹ ZF2 JEE 9B2	❺ ZC11 HDD 5J11	❻ ZD2 DCC 7K2
11月	❷ XH11 GFF 12D11	❸ XE11 CCC 11A11	❹ XF2 HDD 1B2	❺ XC11 FAA 1J11	❻ XD2 ABB 11K2	❼ XA8 EJJ 12G8	❽ XB5 EKK 12H5	❾ XJ5 DCK 11F6	❿ XK8 HDJ 1E7	❶ WG2 FAH 10D3	❷ WH11 CBG 2C10	❸ WE11 CJF 9B12	❹ WF2 EKE 3A1	❺ WC11 DGD 11K12	❻ WD2 HHC 1J1	❼ WA8 DEB 10H9
12月	❷ UH11 AKF 6C10	❸ UE11 CGC 5B12	❹ UF2 BHD 7A1	❺ UC11 KEA 7K12	❻ UD2 AFB 5J1	❼ UA8 ACJ 6H9	❽ UB5 ACA 6K3	❾ UJ5 KBK 5G7	❿ UK8 DAJ 7H6	❶ ZG2 KKH 4E4	❷ ZH11 JJG 8F9	❸ ZE11 CHF 3C1	❹ ZF2 JGE 9D12	❺ ZC11 HFD 5A1	❻ ZD2 DEC 7B12	❼ ZA8 KDB 4J10

1970年	17日	18日	19日	20日	21日	22日	23日	24日	25日	26日	27日	28日	29日	30日	31日
1月	❹ WC3 EEE 3A11	❺ WB10 KDD 11K2	❻ WA3 FAC 1J11	❼ WK7 DKB 10H11	❽ WJ6 JJA 2G2	❾ WH4 CHK 9F8	❿ WG9 CGJ 3E5	❶ VF1 EFH 8D5	❷ VE12 DEG 4C8	❸ VD10 BDF 7B2	❹ VC3 CCE 5A11	❺ VB10 CBD 9K2	❻ VA3 CAC 3J11	❼ VK7 JKB 8H11	❽ VJ6 DJA 4G2
2月	❺ ZC11 AJA 5A3	❻ ZD2 DKB 7B10	❼ ZA8 KEJ 4J12	❽ ZB5 JFK 8K1	❾ ZJ5 JCG 3G9	❿ ZK8 JDH 9H4	❶ YG2 EAE 2E6	❷ YH11 KBF 10F7	❸ YE11 HJC 1C3	❹ YF2 CKD 11D10	❺ YC11 GGA 3A3	❻ YD2 GHB 9B10			
3月	❸ WE11 GKB 9D4	❹ WF2 EJA 3C9	❺ WC11 AHA 11B4	❻ WD2 FGB 1A9	❼ WA8 DFJ 10K1	❽ WB5 JEK 2J12	❾ WJ5 CDG 9H10	❿ WK8 CCH 3G3	❶ VG2 EBE 8F7	❷ VH11 DAF 4E6	❸ VE11 BKC 7D4	❹ VF2 CJD 5C9	❺ VC11 CHA 9B4	❻ VD2 CGB 3A9	❼ VA8 JFJ 8K1
4月	❹ ZF2 JGA 9F8	❺ ZC11 AAA 5C5	❻ ZD2 DBB 7D8	❼ ZA8 KJJ 4A2	❽ ZB5 JKK 8B11	❾ ZJ5 JGG 3J11	❿ ZK8 JHH 9K2	❶ YG2 EEE 2G8	❷ YH11 KFF 10H5	❸ YE11 HCC 1E5	❹ YF2 CDD 11F8	❺ YC11 GAA 3C5	❻ YD2 GBB 9D8	❼ YA8 JJJ 2A2	
5月	❹ WF2 EFA 3E7	❺ WC11 KCK 11D6	❻ WD2 FDB 1C7	❼ WA8 DAJ 10B3	❽ WB5 JHK 2A10	❾ WJ5 CEG 9K12	❿ WK8 CFH 3J1	❶ VG2 ECE 8H9	❷ VH11 DDF 4G4	❸ VE11 BAC 7F6	❹ VF2 CBD 5E7	❺ VC11 CJA 9D6	❻ VD2 CKB 3C7	❼ VA8 JGJ 8B3	❽ VB5 DHK 4A10
6月	❺ ZC11 FBK 5E7	❻ ZD2 DAJ 7F6	❼ ZA8 KKJ 4C4	❽ ZB5 JJK 8D9	❾ ZJ5 JHG 3A1	❿ ZK8 JGH 9B12	❶ YG2 EFE 2J10	❷ YH11 KEF 10K3	❸ YE11 HDC 1G7	❹ YF2 CAD 11H6	❺ YC11 GKA 3E7	❻ YD2 GJB 9F6	❼ YA8 JHJ 2C4	❽ YB5 HGK 10D9	
7月	❺ WC11 KHK 11F8	❻ WD2 HGJ 1E5	❼ WA8 DFH 10D5	❽ WB5 JJK 2C8	❾ WJ5 EHG 9B2	❿ WK8 CGH 3A11	❶ VG2 EFE 8K11	❷ VH11 DEF 4J2	❸ VE11 DDC 7H8	❹ VF2 CCD 5G5	❺ VC11 CBA 9F8	❻ VD2 CAB 3E5	❼ VA8 JKJ 8D5	❽ VB5 DJK 4C8	❾ VJ5 BHG 7B2
8月	❻ ZD2 DBC 7H4	❼ ZA8 KJH 4E6	❽ ZB5 EDG 8F7	❾ ZJ5 AAF 3C3	❿ ZK8 JBH 9D10	❶ YG2 EGE 2A12	❷ YH11 KHF 10B1	❸ YE11 HEC 1J9	❹ YF2 CFD 11K4	❺ YC11 GCA 3G9	❻ YD2 GDB 9H4	❼ YA8 JAJ 2E6	❽ YB5 HBK 10F7	❾ YJ5 FJG 1C3	❿ YK8 GKH 11D10
9月	❼ WA8 DBB 10F7	❽ WB5 AAG 2E6	❾ WJ5 EKF 9D4	❿ WK8 CJE 3C9	❶ VG2 EHE 8B1	❷ VH11 HGF 4A12	❸ VE11 DFC 7K10	❹ VF2 CED 5J3	❺ VC11 CDA 9H10	❻ VD2 CCB 3G3	❼ VA8 JBJ 8F7	❽ VB5 DAK 4E6	❾ VJ5 BKG 7D4	❿ VK8 GJH 5C9	
10月	❼ ZA8 KBB 4G8	❽ ZB5 GAA 8H5	❾ ZJ5 GFF 3E5	❿ ZK8 JEE 9F8	❶ YG2 DDD 2C2	❷ YH11 KFF 10D11	❸ YE11 HCC 1A11	❹ YF2 CDD 11B2	❺ YC11 GAA 3J11	❻ YD2 GBB 9K2	❼ YA8 JJJ 2G8	❽ YB5 HKK 10H5	❾ YJ5 FGG 1E5	❿ YK8 GHH 11F8	❶ XG2 GEE 12C2
11月	❽ WB5 CFA 2G4	❾ WJ5 ECF 9F6	❿ WK8 CDE 3E7	❶ VG2 KAD 8D3	❷ VH11 HKF 4C10	❸ VE11 DGC 7B12	❹ VF2 CHD 5A1	❺ VC11 CEA 9K12	❻ VD2 CFB 3J1	❼ VA8 JCJ 8H9	❽ VB5 DDK 4G4	❾ VJ5 BAG 7F6	❿ VK8 GBH 5E7	❶ UG2 AJE 6D3	
12月	❽ ZB5 ECG 8K3	❾ ZJ5 ABF 3G7	❿ ZK8 JAE 9H6	❶ YG2 EKE 2E4	❷ YH11 KJF 10F9	❸ YE11 HHC 1C1	❹ YF2 CGD 11D12	❺ YC11 GFA 3A1	❻ YD2 GEB 9B12	❼ YA8 JDJ 2J10	❽ YB5 HCK 10K3	❾ YJ5 FBG 1G7	❿ YK8 GAH 11H6	❶ XG2 GKE 12E4	❷ XH11 GJF 12F9

1971年(民國60年)

1971年	1日	2日	3日	4日	5日	6日	7日	8日	9日	10日	11日	12日	13日	14日	15日	16日	17日	18日	19日	20日	21日	22日	23日	24日	25日	26日	27日	28日	29日	30日	31日
1月	❸ XE11 CHC 11C1	❹ XF2 HGD 1D12	❺ XC11 FFA 1A1	❻ XD2 AEB 11B12	❼ XA8 EDJ 12J10	❽ XB5 ECA 12J2	❾ XJ5 DBK 11H8	❿ XK8 HAJ 1G5	❶ WG2 FKH 10F5	❷ WH11 CJG 2E8	❸ WE11 CHF 9D2	❹ WF2 EGE 3C11	❺ WC11 DFD 11B2	❻ WD2 HEC 1A11	❼ WA8 DDB 10K11	❽ WB5 AAG 2J2	❾ WJ5 EKF 9H8	❿ WK8 CJE 3G5	❶ VG2 EFE 8F5	❷ VH11 HEF 4E8	❸ VE11 DDC 7D2	❹ VF2 CCD 5C11	❺ VC11 CBA 9B2	❻ VD2 CAB 3A11	❼ VA8 JKJ 8K11	❽ VB5 DJK 4J2	❾ VJ5 BHG 7H8	❿ VK8 GGH 5G5	❶ UG2 AFE 6F5	❷ UH11 AEF 6E8	❸ UE11 CDC 5D2
2月	❹ UF2 BCD 7C11	❺ UC11 KBA 7B2	❻ UD2 AAB 5A11	❼ UB9 JJE 6A12	❽ UA4 AKF 6B1	❾ UK6 KGC 5J9	❿ UJ7 DHD 7K4	❶ ZH3 KEA 4G6	❷ ZG10 JFB 8H7	❸ ZF12 CCJ 3E3	❹ ZE1 JDK 9F10	❺ ZD12 HJG 5C3	❻ ZC1 DKH 7D10	❼ ZB9 KGE 4A12	❽ ZA4 EHF 8B1	❾ ZK6 AEC 3J9	❿ ZJ7 JFB 9K4	❶ YH3 ECJ 2G6	❷ YG10 KBK 10H7	❸ YF12 HJG 1E3	❹ YE1 CKH 11F10	❺ YD12 GGE 3C3	❻ YC1 GHF 9D10	❼ YB9 JEC 2A12	❽ YA4 HFD 10B1	❾ YK6 FCA 1J9	❿ YJ7 GDB 11K4	❶ XH3 GAJ 12G6			
3月	❷ XG10 GBK 12H7	❸ XF12 CJG 11E3	❹ XE1 HKH 1F10	❺ XD12 FGE 1C3	❻ XC1 AHF 11D10	❼ XB9 JFE 12B1	❽ XA4 EEF 12A12	❾ XK6 DDC 11K10	❿ XJ7 HCD 1J3	❶ WH3 FBA 10H7	❷ WG10 CAB 2G6	❸ WF12 CKJ 9F4	❹ WE1 EJK 3E9	❺ WD12 DHG 11D4	❻ WC1 HGH 1C9	❼ WB9 DFE 10B1	❽ WA4 AEF 2A12	❾ WK6 EDC 9K10	❿ WJ7 CCB 3J3	❶ VH3 EBJ 8H7	❷ VG10 DAK 4G6	❸ VF12 DKG 7F4	❹ VE1 CJH 5E9	❺ VD12 CHE 9D4	❻ VC1 CGF 3C9	❼ VB9 JFC 8B1	❽ VA4 DED 4A12	❾ VK6 BDA 7K10	❿ VJ7 GCB 5J3	❶ UH3 ABJ 6H7	❷ UG10 AAK 6G6
4月	❸ UF12 CKG 5F4	❹ UE1 BJH 7E9	❺ UD12 KHE 7D4	❻ UC1 AGF 5C9	❼ UB9 JFE 6C2	❽ UA4 AEF 6D11	❾ UK6 KDC 5A11	❿ UJ7 DCD 7B2	❶ ZH3 KBA 4J8	❷ ZG10 JAB 8K5	❸ ZF12 CKJ 3G5	❹ ZE1 JJK 9H8	❺ ZD12 HHG 5E5	❻ ZC1 DGH 7F8	❼ ZB9 KDE 4C2	❽ ZA4 ECF 8D11	❾ ZK6 ABC 3A11	❿ ZJ7 JHB 9B2	❶ YH3 EEJ 2J8	❷ YG10 KFK 10K5	❸ YF12 HCG 1G5	❹ YE1 CDH 11H8	❺ YD12 GAE 3E5	❻ YC1 GBF 9F8	❼ YB9 JJC 2C2	❽ YA4 HKD 10D11	❾ YK6 FGA 1A11	❿ YJ7 GHB 11B2	❶ XH3 GEJ 12J8	❷ XG10 GFK 12K5	
5月	❸ XF12 CCG 11G5	❹ XE1 HDH 1H8	❺ XD12 FAE 1E5	❻ XC1 ABF 11F8	❼ XB9 EJC 12C2	❽ XA4 EKF 12C10	❾ XK6 DGC 11B12	❿ XJ7 HHD 1A1	❶ WH3 FEA 10K9	❷ WG10 CFB 2J4	❸ WF12 CCJ 9H6	❹ WE1 EFK 3G7	❺ WD12 DCG 11F6	❻ WC1 HDH 1E7	❼ WB9 DAE 10D3	❽ WA4 ABF 2C10	❾ WK6 EJC 9B12	❿ WJ7 CKD 3A1	❶ VH3 EGJ 8K9	❷ VG10 HHK 4J4	❸ VF12 DAG 7H6	❹ VE1 CBH 5G7	❺ VD12 CJE 9F6	❻ VC1 CKF 3E7	❼ VB9 JGC 8D3	❽ VA4 DHD 4C10	❾ VK6 BEA 7B12	❿ VJ7 GFB 5A1	❶ UH3 ACJ 6K9	❷ UG10 ADK 6J4	❸ UF12 CAG 5H6
6月	❹ UE1 BBH 7G7	❺ UD12 KJE 7F6	❻ UC1 AKF 5E7	❼ UB9 AGC 6D3	❽ UA4 AHD 6C10	❾ UK6 KHC 5C1	❿ UJ7 DGD 7D12	❶ ZH3 KFA 4A10	❷ ZG10 JEB 8B3	❸ ZF12 CDJ 3J7	❹ ZE1 JCK 9K6	❺ ZD12 HBG 5G7	❻ ZC1 DAH 7H6	❼ ZB9 KKE 4E4	❽ ZA4 GJF 8F9	❾ ZK6 GHC 3C1	❿ ZJ7 JGD 9D12	❶ YH3 DFA 2A10	❷ YG10 KEK 10B3	❸ YF12 HDG 1J7	❹ YE1 CCH 11K6	❺ YD12 GBE 3G7	❻ YC1 GAF 9H6	❼ YB9 JKC 2E4	❽ YA4 HJD 10F9	❾ YK6 FFA 1C1	❿ YJ7 GEB 11D12	❶ XH3 GDJ 12A10	❷ XG10 GCK 12B3	❸ XF12 CBG 11J7	
7月	❹ XE1 HAH 1K6	❺ XD12 FKE 1G7	❻ XC1 AJF 11H6	❼ XB9 EHC 12E4	❽ XA4 EGD 12F9	❾ XK6 GFA 11C1	❿ XJ7 FEB 1D12	❶ WH3 FDA 10B11	❷ WG10 CCB 2A2	❸ WF12 CBJ 9K8	❹ WE1 EAK 3J5	❺ WD12 DKG 11H8	❻ WC1 HJH 1G5	❼ WB9 DHE 10F5	❽ WA4 CGF 2E8	❾ WK6 EFC 9D2	❿ WJ7 CED 3C11	❶ VH3 KBA 8B11	❷ VG10 HAB 4A2	❸ VF12 DKJ 7K8	❹ VE1 CCH 5J5	❺ VD12 CBE 9H8	❻ VC1 CAF 3G5	❼ VB9 JKC 8F5	❽ VA4 DJD 4E8	❾ VK6 BHA 7D2	❿ VJ7 GGB 5C11	❶ UH3 AFJ 6B11	❷ UG10 AEK 6A2	❸ UF12 CDG 5K8	❹ UE1 BCH 7J5
8月	❺ UD12 KBE 7H8	❻ UC1 AAF 5G5	❼ UB9 AKC 6F5	❽ UA4 AJD 6E8	❾ UK6 GHA 5D2	❿ UJ7 BGB 7C11	❶ ZH3 KFJ 4B11	❷ ZG10 JFB 8D1	❸ ZF12 CCJ 3A9	❹ ZE1 JDK 9B4	❺ ZD12 HAG 5J9	❻ ZC1 BBH 7K4	❼ ZB9 KJE 4G6	❽ ZA4 GKF 8H7	❾ ZK6 GGC 3E3	❿ ZJ7 JHD 9F10	❶ YH3 HEA 2C12	❷ YG10 BFB 10D1	❸ YF12 HGJ 1A9	❹ YE1 EHK 11B4	❺ YD12 JEE 3J9	❻ YC1 GDF 9K4	❼ YB9 JAC 2G6	❽ YA4 HBD 10H7	❾ YK6 HJA 1E3	❿ YJ7 GKB 11F10	❶ XH3 GGJ 12C12	❷ XG10 GHK 12D1	❸ XF12 CEG 11A9	❹ XE1 HFH 1B4	❺ XD12 FCE 1J9
9月	❻ XC1 ADF 11K4	❼ XB9 EAC 12G6	❽ XA4 EBD 12H7	❾ XK6 GJA 11E3	❿ XJ7 FKB 1F10	❶ WH3 DGJ 10C12	❷ WG10 EHK 2D1	❸ WF12 CFJ 9B10	❹ WE1 EEK 3A3	❺ WD12 DDG 11K10	❻ WC1 HCH 1J3	❼ WB9 DBE 10H7	❽ WA4 CAF 2G6	❾ WK6 GKC 9F4	❿ WJ7 CJD 3E9	❶ VH3 BHA 8D1	❷ VG10 HGB 4C12	❸ VF12 DFJ 7B10	❹ VE1 JEK 5A3	❺ VD12 EDG 9K10	❻ VC1 CCF 3J3	❼ VB9 JBC 8H7	❽ VA4 DAD 4G6	❾ VK6 BKA 7F4	❿ VJ7 GJB 5E9	❶ UH3 AHJ 6D1	❷ UG10 AGK 6C12	❸ UF12 CFG 5B10	❹ UE1 BEH 7A3	❺ UD12 KDE 7K10	
10月	❻ UC1 ACF 5J3	❼ UB9 ABC 6H7	❽ UA4 AAD 6G6	❾ UK6 GKA 5F4	❿ UJ7 BJB 7E9	❶ ZH3 KHJ 4D1	❷ ZG10 EGK 8C12	❸ ZF12 JFG 3B10	❹ ZE1 JEK 9D2	❺ ZD12 HDG 5A11	❻ ZC1 BCH 7B2	❼ ZB9 KBE 4J8	❽ ZA4 GAF 8K5	❾ ZK6 GKC 3G5	❿ ZJ7 JJD 9H8	❶ YH3 HHA 2E2	❷ YG10 BGB 10F11	❸ YF12 HFJ 1C11	❹ YE1 EAK 11D2	❺ YD12 JKG 3A11	❻ YC1 GJH 9B2	❼ YB9 JJC 2J8	❽ YA4 BKD 10K5	❾ YK6 HGA 1G5	❿ YJ7 GHB 11H8	❶ XH3 GEJ 12E2	❷ XG10 GFK 12F11	❸ XF12 CCG 11C11	❹ XE1 HDH 1D2	❺ XD12 FAE 1A11	❻ XC1 ABF 11B2
11月	❼ XB9 EJC 12J8	❽ XA4 EKD 12K5	❾ XK6 GGA 11G5	❿ XJ7 FHB 1H8	❶ WH3 DEJ 10E2	❷ WG10 EFK 2F11	❸ WF12 ECG 9C11	❹ WE1 EKK 3C1	❺ WD12 DGG 11B12	❻ WC1 HHH 1A1	❼ WB9 DEE 10K9	❽ WA4 CFF 2J4	❾ WK6 GCC 9H6	❿ WJ7 CDD 3G7	❶ VH3 BAA 8F3	❷ VG10 HBB 4E10	❸ VF12 DJJ 7D12	❹ VE1 JKK 5C1	❺ VD12 EGG 9B12	❻ VC1 CHH 3A1	❼ VB9 JCC 8K9	❽ VA4 DDD 4J4	❾ VK6 BAA 7H6	❿ VJ7 GBB 5G7	❶ UH3 AJJ 6F3	❷ UG10 AKK 6E10	❸ UF12 CGG 5D12	❹ UE1 BHH 7C1	❺ UD12 KEE 7B12	❻ UC1 AFF 5A1	
12月	❼ UB9 ACC 6K9	❽ UA4 ADD 6J4	❾ UK6 GAA 5H6	❿ UJ7 BBB 7G7	❶ ZH3 KJJ 4F3	❷ ZG10 EKK 8E10	❸ ZF12 JGG 3D12	❹ ZE1 JGK 9F12	❺ ZD12 HFG 5C1	❻ ZC1 BEH 7D12	❼ ZB9 KDE 4A10	❽ ZA4 GCF 8B3	❾ ZK6 GBC 3J7	❿ ZJ7 JAD 9K6	❶ YH3 HKA 2G4	❷ YG10 BJB 10H9	❸ YF12 HHJ 1E1	❹ YE1 EGK 11F12	❺ YD12 JFG 3C1	❻ YC1 GEH 9D12	❼ YB9 JDC 2A10	❽ YA4 BCD 10B3	❾ YK6 HBA 1J7	❿ YJ7 GAB 11K6	❶ XH3 GKJ 12G4	❷ XG10 GJK 12H9	❸ XF12 CHG 11E1	❹ XE1 HGH 1F12	❺ XD12 FFE 1C1	❻ XC1 AEF 11D12	❼ XB9 EDC 12A10

1972年（民國61年）

1972年	1日	2日	3日	4日	5日	6日	7日	8日	9日	10日	11日	12日	13日	14日	15日	16日	17日	18日	19日	20日	21日	22日	23日	24日	25日	26日	27日	28日	29日	30日	31日
1月	❽ XA4 ECD 12B3	❾ XK6 GBA 11J7	❿ XJ7 FAB 1K6	❶ WH3 DKJ 10G4	❷ WG10 EJK 2H9	❸ WF12 CHJ 9F2	❹ WE1 EGK 3E11	❺ WD12 DFG 11D2	❻ WC1 HEH 1C11	❼ WB9 DDE 10B11	❽ WA4 CCF 2A2	❾ WK6 GBC 9K8	❿ WJ7 CAD 3J5	❶ VH3 BKA 8H5	❷ VG10 HJB 4G8	❸ VF12 DFJ 7F2	❹ VE1 JEK 5E11	❺ VD12 EDG 9D2	❻ VC1 CAF 3C11	❼ VB9 JKC 8B11	❽ VA4 DJD 4A2	❾ VK6 BHA 7K8	❿ VJ7 GGB 5J5	❶ UH3 AFJ 6H5	❷ UG10 AEK 6G8	❸ UF12 CDG 5F2	❹ UE1 BCH 7E11	❺ UD12 KBE 7D2	❻ UC1 AAF 5C11	❼ UB9 AKC 6B11	❽ UA4 AJD 6A2
2月	❾ UK6 GHA 5K8	❿ UJ7 BGB 7J5	❶ ZH3 KFJ 4H5	❷ ZG10 EEK 8G8	❸ ZG1 CCH 3G3	❹ ZH12 JDG 9H10	❺ ZE1 HAF 5E3	❻ ZF12 BBE 7F10	❼ ZC10 KJD 4C12	❽ ZD3 GKC 8D1	❾ ZA7 GGB 3A9	❿ ZB6 JHA 9B4	❶ YJ4 HCK 2J6	❷ YK9 BDJ 10K7	❸ YG1 HAH 1G3	❹ YH12 EBG 11H10	❺ YE1 JJF 3E3	❻ YF12 GKE 9F10	❼ YC10 JGD 2C12	❽ YD3 HFC 10D1	❾ YA7 HCB 1A9	❿ YB6 GDA 11B4	❶ XJ4 GAK 12J6	❷ XK9 GBJ 12K7	❸ XG1 CJH 11G3	❹ XH12 HKG 1H10	❺ XE1 FGF 1E3	❻ XF12 AHE 11F10	❼ XC10 EED 12C12		
3月	❽ XD3 EFC 12D1	❾ XA7 GCB 11A9	❿ XB6 FDA 1B4	❶ WJ4 DAK 10J6	❷ WK9 CAJ 2J6	❸ WG1 CKH 9H4	❹ WH12 EJG 3G9	❺ WE1 DHF 11F4	❻ WF12 HGE 1E9	❼ WC10 DFD 10D1	❽ WD3 CEC 2C12	❾ WA7 GDB 9B10	❿ WB6 CCA 3A3	❶ VJ4 BBK 8K7	❷ VK9 HAJ 4J6	❸ VG1 DKH 7H4	❹ VH12 JJG 5G9	❺ VE1 EHF 9F4	❻ VF12 CGE 3E9	❼ VC10 JFD 8D1	❽ VD3 DEC 4C12	❾ VA7 BDB 7B10	❿ VB6 GCA 5A3	❶ UJ4 ABK 6K7	❷ UK9 AAJ 6J6	❸ UG1 CKH 5H4	❹ UH12 BJG 7G9	❺ UE1 KHF 7F4	❻ UF12 AGE 5E9	❼ UC10 AFD 6D1	❽ UD3 AEC 6C12
4月	❾ UA7 GDB 5B10	❿ UB6 BCA 7A3	❶ ZJ4 KBK 4K7	❷ ZK9 EAJ 8J6	❸ ZG1 CKH 3J5	❹ ZH12 JJG 9K8	❺ ZE1 HHF 5G5	❻ ZF12 BGE 7H8	❼ ZC10 KFD 4E2	❽ ZD3 GEC 8F11	❾ ZA7 GDB 3C11	❿ ZB6 JCA 9D2	❶ YJ4 HBK 2A8	❷ YK9 BAJ 10B5	❸ YG1 HHH 1J5	❹ YH12 EGG 11K8	❺ YE1 JFF 3G5	❻ YF12 GBE 9H8	❼ YC10 JJD 2E2	❽ YD3 HKC 10F11	❾ YA7 HGB 1C11	❿ YB6 GHA 11D2	❶ XJ4 GEK 12A8	❷ XK9 GFJ 12B5	❸ XG1 CCH 11J5	❹ XH12 HDG 1K8	❺ XE1 FAF 1G5	❻ XF12 ABE 11H8	❼ XC10 EJD 12E2	❽ XD3 EKC 12F11	
5月	❾ XA7 GGB 11C11	❿ XB6 FHA 1D2	❶ WJ4 DEK 10A8	❷ WK9 EFJ 2B5	❸ WG1 CCH 9K6	❹ WH12 EDG 3J7	❺ WE1 DAF 11H6	❻ WF12 HBE 1G7	❼ WC10 DJD 10F3	❽ WD3 CKC 2E10	❾ WA7 GJB 9D12	❿ WB6 CKA 3C1	❶ VJ4 BGK 8B9	❷ VK9 HHJ 4A4	❸ VG1 DEH 7K6	❹ VH12 JFG 5J7	❺ VE1 ECF 9H6	❻ VF12 CDE 3G7	❼ VC10 JAD 8F3	❽ VD3 DHC 4E10	❾ VA7 BEB 7D12	❿ VB6 GFA 5C1	❶ UJ4 ACK 6B9	❷ UK9 ADJ 6A4	❸ UG1 CAH 5K6	❹ UH12 BBG 7J7	❺ UE1 KJF 7H6	❻ UF12 AKE 5G7	❼ UC10 AGD 6F3	❽ UD3 AHC 6E10	❾ UA7 GEB 5D12
6月	❿ UB6 BFA 7C1	❶ ZJ4 KCK 4B9	❷ ZK9 EDJ 8A4	❸ ZG1 JAH 3K6	❹ ZH12 JCG 9B6	❺ ZE1 HBF 5J7	❻ ZF12 BAE 7K6	❼ ZC10 KKD 4G4	❽ ZD3 GJC 8H9	❾ ZA7 GHB 3E1	❿ ZB6 JGA 9F12	❶ YJ4 HFK 2C10	❷ YK9 BEJ 10D3	❸ YG1 HDH 1A7	❹ YH12 ECG 11B6	❺ YE1 JBF 3J7	❻ YF12 GAE 9K6	❼ YC10 JKD 2G4	❽ YD3 BJC 10H9	❾ YA7 HHB 1E1	❿ YB6 GGA 11F12	❶ XJ4 GFK 12C10	❷ XK9 GEJ 12D3	❸ XG1 CDH 11A7	❹ XH12 HAG 1B6	❺ XE1 FKF 1J7	❻ XF12 AJE 11K6	❼ XC10 EHD 12G4	❽ XD3 EGC 12H9	❾ XA7 GFB 11E1	
7月	❿ XB6 FEA 1F12	❶ WJ4 DDK 10C10	❷ WK9 ECJ 2D3	❸ WG1 EBH 9A7	❹ WH12 EAG 3B6	❺ WE1 AKF 11J7	❻ WF12 HJE 1J5	❼ WC10 DHD 10H5	❽ WD3 CGC 2G8	❾ WA7 GFB 9F2	❿ WB6 CEA 3E11	❶ VJ4 BDK 8D11	❷ VK9 HCJ 4C2	❸ VG1 DBH 7B8	❹ VH12 AAG 5A5	❺ VE1 AKF 9K8	❻ VF12 CGE 3J5	❼ VC10 HFD 8H5	❽ VD3 FEC 4G8	❾ VA7 BHB 7F2	❿ VB6 GGA 5E11	❶ UJ4 AFK 6D11	❷ UK9 AEJ 6C2	❸ UG1 CDH 5B8	❹ UH12 BCG 7A5	❺ UE1 BBF 7K8	❻ UF12 AAE 5J5	❼ UC10 AKD 6H5	❽ UD3 AJC 6G8	❾ UA7 GHB 5F2	❿ UB6 BGA 7E11
8月	❶ ZJ4 KFK 4D11	❷ ZK9 EEJ 8C2	❸ ZG1 JDH 3B8	❹ ZH12 JCG 9A5	❺ ZE1 ABF 5K8	❻ ZF12 KAE 7J5	❼ ZC10 KJD 4J6	❽ ZD3 GKC 8K7	❾ ZA7 GGB 3G3	❿ ZB6 JHA 9H10	❶ YJ4 HEK 2E12	❷ YK9 BFJ 10F1	❸ YG1 HCH 1C9	❹ YH12 GDG 11D4	❺ YE1 JAF 3A9	❻ YF12 GBE 9B4	❼ YC10 DJD 2J6	❽ YD3 BDC 10K7	❾ YA7 HAB 1G3	❿ YB6 GBA 11H10	❶ XJ4 GGK 12E12	❷ XK9 GHJ 12F1	❸ XG1 CEH 11C9	❹ XH12 HFG 1D4	❺ XE1 FCF 1A9	❻ XF12 ADE 11B4	❼ XC10 EAD 12J6	❽ XD3 EBC 12K7	❾ XA7 GJB 11G3	❿ XB6 FKA 1H10	❶ WJ4 DGK 10E12
9月	❷ WK9 EHJ 2F1	❸ WG1 EEH 9C9	❹ WH12 EFG 3D4	❺ WE1 ACF 11A9	❻ WF12 FDE 1B4	❼ WC10 DAD 10J6	❽ WD3 CAC 2J6	❾ WA7 GKB 9H4	❿ WB6 CJA 3G9	❶ VJ4 BHK 8F1	❷ VK9 FGJ 4E12	❸ VG1 DFH 7D10	❹ VH12 AEG 5C3	❺ VE1 ADF 9B10	❻ VF12 CCE 3A3	❼ VC10 BBD 8K7	❽ VD3 FAC 4J6	❾ VA7 BKB 7H4	❿ VB6 JJA 5G9	❶ UJ4 CHK 6F1	❷ UK9 AGJ 6E12	❸ UG1 CFH 5D10	❹ UH12 BEG 7C3	❺ UE1 BDF 7B10	❻ UF12 ACE 5A3	❼ UC10 ABD 6K7	❽ UD3 AAC 6J6	❾ UA7 GKB 5H4	❿ UB6 BJA 7G9	❶ ZJ4 KHK 4F1	
10月	❷ ZK9 EGJ 8E12	❸ ZG1 JFH 3D10	❹ ZH12 JEG 9C3	❺ ZE1 ADF 5B10	❻ ZF12 KCE 7A3	❼ ZC10 HBD 4K7	❽ ZD3 JAC 8J6	❾ ZA7 GKB 3J5	❿ ZB6 JJA 9K8	❶ YJ4 HHK 2G2	❷ YK9 BGJ 10H11	❸ YG1 HFH 1E11	❹ YH12 GEG 11F2	❺ YE1 ADF 3C11	❻ YF12 GCE 9D2	❼ YC10 FBD 2A8	❽ YD3 BAC 10B5	❾ YA7 HFB 1J5	❿ YB6 CEA 11K8	❶ XJ4 JDK 12G2	❷ XK9 GFJ 12H11	❸ XG1 CCH 11E11	❹ XH12 HDG 1F2	❺ XE1 FAF 1C11	❻ XF12 ABE 11D2	❼ XC10 EJD 12A8	❽ XD3 EKC 12B5	❾ XA7 GGB 11J5	❿ XB6 FHA 1K8	❶ WJ4 DEK 10G2	❷ WK9 EFJ 2H11
11月	❸ WG1 ECH 9E11	❹ WH12 EDG 3F2	❺ WE1 AAF 11C11	❻ WF12 FBE 1D2	❼ WC10 DJD 10A8	❽ WD3 JKC 2B5	❾ WA7 GCB 9K6	❿ WB6 CDA 3J7	❶ VJ4 BAK 8H3	❷ VK9 FBJ 4G10	❸ VG1 DJH 7F12	❹ VH12 AKG 5E1	❺ VE1 AGF 9D12	❻ VF12 CHE 3C1	❼ VC10 BED 8B9	❽ VD3 FFC 4A4	❾ VA7 BCB 7K6	❿ VB6 JDA 5J7	❶ UJ4 CAK 6H3	❷ UK9 AKJ 6G10	❸ UG1 CGH 5F12	❹ UH12 BHG 7E1	❺ UE1 BEF 7D12	❻ UF12 AFE 5C1	❼ UC10 ACD 6B9	❽ UD3 ADC 6A4	❾ UA7 GAB 5K6	❿ UB6 BBA 7J7	❶ ZJ4 KJK 4H3	❷ ZK9 EKJ 8G10	
12月	❸ ZG1 JGH 3F12	❹ ZH12 JHG 9E1	❺ ZE1 AEF 5D12	❻ ZF12 KFE 7C1	❼ ZC10 HCD 4B9	❽ ZD3 JDC 8A4	❾ ZA7 GBB 3A7	❿ ZB6 JAA 9B6	❶ YJ4 HKK 2J4	❷ YK9 BJJ 10K9	❸ YG1 HHH 1G1	❹ YH12 GGG 11H12	❺ YE1 AFF 3E1	❻ YF12 GEE 9F12	❼ YC10 FDD 2C10	❽ YD3 BCC 10D3	❾ YA7 HBB 1A7	❿ YB6 CAA 11B6	❶ XJ4 JKK 12J4	❷ XK9 GJJ 12K9	❸ XG1 CHH 11G1	❹ XH12 HGG 1H12	❺ XE1 FFF 1E1	❻ XF12 AEE 11F12	❼ XC10 EDD 12C10	❽ XD3 ECC 12D3	❾ XA7 GBB 11A7	❿ XB6 FAA 1B6	❶ WJ4 DKK 10J4	❷ WK9 EJJ 2K9	❸ WG1 EHH 9G1

1973年	1日	2日	3日	4日	5日	6日	7日	8日	9日	10日	11日	12日	13日	14日	15日	16日	17日	18日	19日	20日	21日	22日	23日	24日	25日	26日	27日	28日	29日	30日	31日
1月	❹ WH12 EGG 3H12	❺ WE1 AFF 11E1	❻ WF12 FEE 1F12	❼ WC10 DDD 10C10	❽ WD3 CCC 2C2	❾ WA7 GBB 9B8	❿ WB6 CAA 3A5	❶ VJ4 BKK 8K5	❷ VK9 FJJ 4J8	❸ VG1 DHH 7H2	❹ VH12 AGG 5G11	❺ VE1 AFF 9F2	❻ VF12 CEE 3E11	❼ VC10 BDD 8D11	❽ VD3 FAC 4C2	❾ VA7 BKB 7B8	❿ VB6 JJA 5A5	❶ UJ4 CFK 6K5	❷ UK9 AEJ 6J8	❸ UG1 CDH 5H2	❹ UH12 BCG 7G11	❺ UE1 BBF 7F2	❻ UF12 AAE 5E11	❼ UC10 AKD 6D11	❽ UD3 AJC 6C2	❾ UA7 GHB 5B8	❿ UB6 BGA 7A5	❶ ZJ4 KFK 4K5	❷ ZK9 EEJ 8J8	❸ ZG1 JDH 3H2	❹ ZH12 JCG 9G11
2月	❺ ZE1 ABF 5F2	❻ ZF12 KAE 7E11	❼ ZC10 HKD 4D11	❽ ZC2 GKC 8F1	❾ ZB8 GGB 3C9	❿ ZA5 JHA 9D4	❶ YK5 HEK 2A6	❷ YJ8 BFJ 10B7	❸ YH2 HCH 1J3	❹ YG11 GDG 11K10	❺ YF2 AAF 3G3	❻ YE11 GKE 9H10	❼ YD11 FGD 2E12	❽ YC2 BHA 10F1	❾ YB8 HEK 1C9	❿ YA5 CFJ 11D4	❶ XK5 JCF 12A6	❷ XJ8 GDE 12B7	❸ XH2 CJD 11J3	❹ XG11 HKC 1K10	❺ XF2 FGB 1G3	❻ XE11 AHA 11H10	❼ XD11 EEK 12E12	❽ XC2 EFJ 12F1	❾ XB8 GCH 11C9	❿ XA5 FDG 1D4	❶ WK5 DAF 10A6	❷ WJ8 EBE 2B7			
3月	❸ WH2 EJD 9J3	❹ WG11 EKC 3K10	❺ WF2 AGB 11G3	❻ WE11 FHA 1H10	❼ WD11 DEK 10E12	❽ WC2 CEC 2E12	❾ WB8 GDB 9D10	❿ WA5 CCA 3C3	❶ VK5 BBK 8B7	❷ VJ8 FAJ 4A6	❸ VH2 DKH 7K4	❹ VG11 AJG 5J9	❺ VF2 AHF 9H4	❻ VE11 CGE 3G9	❼ VD11 BFD 8F1	❽ VC2 FEA 4E12	❾ VB8 BDK 7D10	❿ VA5 JCJ 5C3	❶ UK5 CBF 6B7	❷ UJ8 AAE 6A6	❸ UH2 CKD 5K4	❹ UG11 BJC 7J9	❺ UF2 BHB 7H4	❻ UE11 AGA 5G9	❼ UD11 AFK 6F1	❽ UC2 AEJ 6E12	❾ UB8 GDH 5D10	❿ UA5 BCG 7C3	❶ ZK5 KBF 4B7	❷ ZJ8 EAE 8A6	❸ ZH2 JKD 3K4
4月	❹ ZG11 JJC 9J9	❺ ZF2 AHB 5H4	❻ ZE11 KGA 7G9	❼ ZD11 HFK 4F1	❽ ZC2 GEC 8H11	❾ ZB8 GDB 3E11	❿ ZA5 JCA 9F2	❶ YK5 HBK 2C8	❷ YJ8 BAJ 10D5	❸ YH2 HKH 1A5	❹ YG11 GJG 11B8	❺ YF2 AHF 3J5	❻ YE11 GGE 9K8	❼ YD11 FFD 2G2	❽ YC2 BCA 10H11	❾ YB8 HBK 1E11	❿ YA5 CAJ 11F2	❶ XK5 JEF 12C8	❷ XJ8 GFE 12D5	❸ XH2 CCD 11A5	❹ XG11 HDC 1B8	❺ XF2 FAB 1J5	❻ XE11 ABA 11K8	❼ XD11 EJK 12G2	❽ XC2 EKJ 12H11	❾ XB8 GGH 11E11	❿ XA5 FHG 1F2	❶ WK5 DEF 10C8	❷ WJ8 EFE 2D5	❸ WH2 ECD 9A5	
5月	❹ WG11 EDC 3B8	❺ WF2 AAB 11J5	❻ WE11 FBA 1K8	❼ WD11 DJK 10G2	❽ WC2 JKJ 2H11	❾ WB8 GGB 9F12	❿ WA5 CHA 3E1	❶ VK5 BEK 8D9	❷ VJ8 FFJ 4C4	❸ VH2 DCH 7B6	❹ VG11 ADG 5A7	❺ VF2 ACF 9K6	❻ VE11 CDE 3J7	❼ VD11 BAD 8H3	❽ VC2 FBC 4G10	❾ VB8 BJK 7F12	❿ VA5 JKJ 5E1	❶ UK5 CGH 6D9	❷ UJ8 AHE 6C4	❸ UH2 CED 5B6	❹ UG11 BBC 7A7	❺ UF2 BJB 7K6	❻ UE11 AKA 5J7	❼ UD11 AGK 6H3	❽ UC2 AHJ 6G10	❾ UB8 GEH 5F12	❿ UA5 BFG 7E1	❶ ZK5 KCF 4D9	❷ ZJ8 EDE 8C4	❸ ZH2 JAD 3B6	❹ ZG11 JBC 9A7
6月	❺ ZF2 AJB 5K6	❻ ZE11 KKA 7J7	❼ ZD11 HGK 4H3	❽ ZC2 HHJ 8G10	❾ ZB8 JEH 3F12	❿ ZA5 JGA 9H12	❶ YK5 HFK 2E10	❷ YJ8 BEJ 10F3	❸ YH2 HDH 1C7	❹ YG11 GCG 11D6	❺ YF2 ABF 3A7	❻ YE11 GAE 9B6	❼ YD11 FKD 2J4	❽ YC2 BJC 10K9	❾ YB8 HHB 1G1	❿ YA5 CGJ 11H12	❶ XK5 JFH 12E10	❷ XJ8 GEG 12F3	❸ XH2 CDD 11C7	❹ XG11 HCC 1D6	❺ XF2 FBB 1A7	❻ XE11 AAA 11B6	❼ XD11 EKK 12J4	❽ XC2 EJJ 12K9	❾ XB8 GHH 11G1	❿ XA5 FEG 1H12	❶ WK5 DDF 10E10	❷ WJ8 ECE 2F3	❸ WH2 EBD 9C7	❹ WG11 EAC 3D6	
7月	❺ WF2 AKB 11A7	❻ WE11 FJA 1B6	❼ WD11 DHK 10J4	❽ WC2 JGJ 2K9	❾ WB8 CFH 9G1	❿ WA5 CEG 3H12	❶ VK5 BDK 8F11	❷ VJ8 FCJ 4E2	❸ VH2 DBH 7D8	❹ VG11 AAG 5C5	❺ VF2 AKF 9B8	❻ VE11 CJE 3A5	❼ VD11 BHD 8K5	❽ VC2 FGC 4J8	❾ VB8 BFB 7H2	❿ VA5 AEA 5G11	❶ UK5 CBH 6F11	❷ UJ8 AAG 6E2	❸ UH2 HKF 5D8	❹ UG11 FCC 7C5	❺ UF2 BBB 7B8	❻ UE11 AAA 5A5	❼ UD11 AKK 6K5	❽ UC2 AJJ 6J8	❾ UB8 GHH 5H2	❿ UA5 BGG 7G11	❶ ZK5 KFF 4F11	❷ ZJ8 EEE 8E2	❸ ZH2 JDD 3D8	❹ ZG11 JCC 9C5	❺ ZF2 ABB 5B8
8月	❻ ZE11 KAA 7A5	❼ ZD11 HKK 4K5	❽ ZC2 JJJ 8J8	❾ ZB8 JHH 3H2	❿ ZA5 JGG 9G11	❶ YK5 EFF 2F11	❷ YJ8 KEE 10E2	❸ YH2 HCH 1E9	❹ YG11 GDG 11F4	❺ YF2 AAF 3C9	❻ YE11 GBE 9D4	❼ YD11 FJD 2A6	❽ YC2 KKC 10B7	❾ YB8 HGB 1J3	❿ YA5 EHA 11K10	❶ XK5 EEK 12G12	❷ XJ8 GFJ 12H1	❸ XH2 BCF 11E9	❹ XG11 KHE 1F4	❺ XF2 FED 1C9	❻ XE11 AFA 11D4	❼ XD11 GAK 12A6	❽ XC2 EBJ 12B7	❾ XB8 GJH 11J3	❿ XA5 FKG 1K10	❶ WK5 FGF 10G12	❷ WJ8 EHE 2H1	❸ WH2 EED 9E9	❹ WG11 EFC 3F4	❺ WF2 ACB 11C9	❻ WE11 FDA 1D4
9月	❼ WD11 DAK 10A6	❽ WC2 JBJ 2B7	❾ WB8 CJH 9J3	❿ WA5 CKG 3K10	❶ VK5 EGF 8G12	❷ VJ8 DHE 4H1	❸ VH2 BED 7E9	❹ VG11 AEG 5E3	❺ VF2 ADF 9D10	❻ VE11 CCE 3C3	❼ VD11 BBD 8B7	❽ VC2 FAC 4A6	❾ VB8 BKB 7K4	❿ VA5 AJA 5J9	❶ UK5 EHK 6H1	❷ UJ8 AGJ 6G12	❸ UH2 KFH 5F10	❹ UG11 FEE 7E3	❺ UF2 BDD 7D10	❻ UE11 GCC 5C3	❼ UD11 CBK 6B7	❽ UC2 AAJ 6A6	❾ UB8 GKH 5K4	❿ UA5 BJG 7J9	❶ ZK5 KHF 4H1	❷ ZJ8 EGE 8G12	❸ ZH2 JFD 3F10	❹ ZG11 JEC 9E3	❺ ZF2 ADB 5D10	❻ ZE11 KCA 7C3	
10月	❼ ZD11 HBK 4B7	❽ ZC2 JAJ 8A6	❾ ZB8 JKH 3K4	❿ ZA5 JJG 9J9	❶ YK5 EHF 2H1	❷ YJ8 KGE 10G12	❸ YH2 HFD 1F10	❹ YG11 GEG 11H2	❺ YF2 ADF 3E11	❻ YE11 GCE 9F2	❼ YD11 FBD 2C8	❽ YC2 KAC 10D5	❾ YB8 HKB 1A5	❿ YA5 EJA 11B8	❶ XK5 EHK 12J2	❷ XJ8 GGJ 12K11	❸ XH2 FFH 11G11	❹ XG11 KAE 1H2	❺ XF2 FKD 1E11	❻ XE11 CJC 11F2	❼ XD11 GJK 12C8	❽ XC2 EKJ 12D5	❾ XB8 GGH 11A5	❿ XA5 FHG 1B8	❶ WK5 FEF 10J2	❷ WJ8 EFE 2K11	❸ WH2 ECD 9G11	❹ WG11 EDC 3H2	❺ WF2 AAB 11E11	❻ WE11 FBA 1F2	❼ WD11 DJK 10C8
11月	❽ WC2 JKJ 2D5	❾ WB8 CGH 9A5	❿ WA5 CHG 3B8	❶ VK5 EEF 8J2	❷ VJ8 DFE 4K11	❸ VH2 BCD 7G11	❹ VG11 AKG 5G1	❺ VF2 AGF 9F12	❻ VE11 CHE 3E1	❼ VD11 BED 8D9	❽ VC2 FFC 4C4	❾ VB8 BCB 7B6	❿ VA5 ADA 5A7	❶ UK5 EAK 6K3	❷ UJ8 ABJ 6J10	❸ UH2 KJH 5H12	❹ UG11 FKE 7G1	❺ UF2 BGD 7F12	❻ UE11 GHC 5E1	❼ UD11 CCK 6D9	❽ UC2 ADJ 6C4	❾ UB8 GAH 5B6	❿ UA5 BBG 7A7	❶ ZK5 KJF 4K3	❷ ZJ8 EKE 8J10	❸ ZH2 JGD 3H12	❹ ZG11 JHC 9G1	❺ ZF2 AEB 5F12	❻ ZE11 KFA 7E1	❼ ZD11 HCK 4D9	
12月	❽ ZC2 JDJ 8C4	❾ ZB8 JAH 3B6	❿ ZA5 JBG 9A7	❶ YK5 EJF 2K3	❷ YJ8 KKE 10J10	❸ YH2 HGD 1H12	❹ YG11 GGG 11K12	❺ YF2 AFF 3G1	❻ YE11 GEE 9H12	❼ YD11 FDD 2E10	❽ YC2 KCC 10F3	❾ YB8 HBB 1C7	❿ YA5 EAA 11D6	❶ XK5 EKK 12A4	❷ XJ8 GJJ 12B9	❸ XH2 FHH 11J1	❹ XG11 KGE 1K12	❺ XF2 FFD 1G1	❻ XE11 CEC 11H12	❼ XD11 GDK 12E10	❽ XC2 ECJ 12F3	❾ XB8 GBH 11C7	❿ XA5 FAG 1D6	❶ WK5 FKF 10A4	❷ WJ8 EJE 2B9	❸ WH2 EHD 9J1	❹ WG11 EGC 3K12	❺ WF2 AFB 11G1	❻ WE11 FEA 1H12	❼ WD11 DDK 10E10	❽ WC2 JCJ 2F3

1974年（民國63年）

1974年

	1日	2日	3日	4日	5日	6日	7日	8日	9日	10日	11日	12日	13日	14日	15日	16日
1月	❾ WB8 CBH 9C7	❿ WA5 CAG 3D6	❶ VK5 EKF 8A4	❷ VJ8 DJE 4B9	❸ VH2 BHD 7J1	❹ VG11 AGG 5J11	❺ VF2 AFF 9H2	❻ VE11 CEE 3G11	❼ VD11 BDD 8F11	❽ VC2 FCC 4E2	❾ VB8 BBB 7D8	❿ VA5 AAA 5C5	❶ UK5 EKK 6B5	❷ UJ8 AJJ 6A8	❸ UH2 KHH 5K2	❹ UG11 FEE 7J11
2月	❿ ZA5 JGG 9C5	❶ YK5 EFF 2B5	❷ YJ8 KEE 10A8	❸ YJ3 HCC 1A3	❹ YK10 GDD 11B10	❺ YG3 AAA 3J3	❻ YH10 GBB 9K10	❼ YE12 FJJ 2G12	❽ YF1 KKK 10H1	❾ YC9 HGG 1E9	❿ YD4 EHH 11F4	❶ XA6 ECC 12C6	❷ XB7 GDD 12D7	❸ XJ3 BAA 11A3	❹ XK10 KBB 1B10	❺ XG3 FJJ 1J3
3月	❽ WF1 JFF 2H1	❾ WC9 CCC 9E9	❿ WD4 CDD 3F4	❶ VA6 EAA 8C6	❷ VB7 DBB 4D7	❸ VJ3 DKC 7B4	❹ VK10 AJD 5A9	❺ VG3 AHA 9K4	❻ VH10 CGB 3J9	❼ VE12 BFJ 8H1	❽ VF1 FEK 4G12	❾ VC9 BDG 7F10	❿ VD4 ACH 5E3	❶ UA6 CBC 6D7	❷ UB7 AAD 6C6	❸ UJ3 HKA 5B4
4月	❾ ZC9 JDC 3F10	❿ ZD4 JCD 9E3	❶ YA6 EBA 2D7	❷ YB7 KAB 10C6	❸ YJ3 HKC 1C5	❹ YK10 GJD 11D8	❺ YG3 AHA 3A5	❻ YH10 GGB 9B8	❼ YE12 FFJ 2J2	❽ YF1 KEK 10K11	❾ YC9 HDG 1G11	❿ YD4 ECH 11H2	❶ XA6 EBC 12E8	❷ XB7 GAD 12F5	❸ XJ3 BHA 11C5	❹ XK10 KGB 1D8
5月	❾ WC9 CGC 9G11	❿ WD4 CHD 3H2	❶ VA6 EEA 8E8	❷ VB7 DFB 4F5	❸ VJ3 BCJ 7C5	❹ VK10 ADD 5C7	❺ VG3 AAA 9B6	❻ VH10 CBB 3A7	❼ VE12 BJJ 8K3	❽ VF1 FKK 4J10	❾ VC9 BGG 7H12	❿ VD4 AKH 5G1	❶ UA6 EGE 6F9	❷ UB7 AHD 6E4	❸ UJ3 KEA 5D6	❹ UK10 FFB 7C7
6月	❿ ZD4 JFD 9G1	❶ YA6 ECA 2F9	❷ YB7 KDB 10E4	❸ YJ3 HAJ 1D6	❹ YK10 CBK 11C7	❺ YG3 ABA 3C7	❻ YH10 GAB 9D6	❼ YE12 FKJ 2A4	❽ YF1 KJK 10B9	❾ YC9 HHG 1J1	❿ YD4 EGH 11K12	❶ XA6 EFE 12G10	❷ XB7 GEF 12H3	❸ XJ3 FDA 11E7	❹ XK10 KCB 1F6	❺ XG3 FBJ 1C7
7月	❿ WD4 CED 3K12	❶ VA6 EDA 8G10	❷ VB7 DCB 4H3	❸ VJ3 BBJ 7E7	❹ VK10 CAK 5F6	❺ VG3 CKG 9C7	❻ VH10 CJB 3C5	❼ VE12 BHJ 8B5	❽ VF1 FGK 4A8	❾ VC9 BFG 7K2	❿ VD4 AEH 5J11	❶ UA6 EDE 6H11	❷ UB7 ACF 6G2	❸ UJ3 KBC 5F8	❹ UK10 FAB 7E5	❺ UG3 BKJ 7D8
8月	❶ YA6 EFA 2H11	❷ YB7 KEB 10G2	❸ YJ3 HDJ 1F8	❹ YK10 CCK 11E5	❺ YG3 GBG 3D8	❻ YH10 GAH 9C5	❼ YE12 JKE 2B5	❽ YF1 KKK 10D7	❾ YC9 HGG 1A3	❿ YD4 EHH 11B10	❶ XA6 EEE 12J12	❷ XB7 GFF 12K1	❸ XJ3 FCC 11G9	❹ XK10 KDD 1H4	❺ XG3 FAA 1E9	❻ XH10 EBK 11F4
9月	❷ VB7 DHB 4K1	❸ VJ3 BEJ 7G9	❹ VK10 CFK 5H4	❺ VG3 CCG 9E9	❻ VH10 CDH 3F4	❼ VE12 JAE 8C6	❽ VF1 DBF 4D7	❾ VC9 BKG 7B4	❿ VD4 AJH 5A9	❶ UA6 EHE 6K1	❷ UB7 AGF 6J12	❸ UJ3 KFC 5H10	❹ UK10 DED 7G3	❺ UG3 BDA 7F10	❻ UH10 JCB 5E3	❼ UE12 JBG 6D7
10月	❷ YB7 KGB 10J12	❸ YJ3 HFJ 1H10	❹ YK10 CEK 11G3	❺ YG3 GDG 3F10	❻ YH10 GCH 9E3	❼ YE12 JBE 2D7	❽ YF1 HAF 10C6	❾ YC9 FKC 1B4	❿ YD4 EJH 11D8	❶ XA6 EHE 12A2	❷ XB7 GGF 12B11	❸ XJ3 FFC 11J11	❹ XK10 KED 1K2	❺ XG3 FDA 1G11	❻ XH10 ECB 11H2	❼ XE12 JBJ 12E8
11月	❸ VJ3 BCJ 7J11	❹ VK10 CDK 5K2	❺ VG3 CAG 9G11	❻ VH10 CBH 3H2	❼ VE12 JJE 8E8	❽ VF1 DKF 4F5	❾ VC9 BGC 7C5	❿ VD4 ADH 5C7	❶ UA6 EAE 6B3	❷ UB7 ABF 6A10	❸ UJ3 KJC 5K12	❹ UK10 DKD 7J1	❺ UG3 BGA 7H12	❻ UH10 JHB 5G1	❼ UE12 JEJ 6F9	❽ UF1 AFH 6E4
12月	❸ YJ3 HGJ 1K12	❹ YK10 CHK 11J1	❺ YG3 GEG 3H12	❻ YH10 GFH 9G1	❼ YE12 JCE 2F9	❽ YF1 HDF 10E4	❾ YC9 HBG 1E7	❿ YD4 EAH 11F6	❶ XA6 EKE 12C4	❷ XB7 GJF 12D9	❸ XJ3 FHC 11A1	❹ XK10 KGD 1B12	❺ XG3 FFA 1J1	❻ XH10 EEB 11K12	❼ XE12 GDG 12G10	❽ XF1 ECH 12H3

	17日	18日	19日	20日	21日	22日	23日	24日	25日	26日	27日	28日	29日	30日	31日
1月	❺ UF2 BDD 7H2	❻ UE11 GCC 5G11	❼ UD11 CKK 6F11	❽ UC2 AJJ 6E2	❾ UB8 GHH 5D8	❿ UA5 BGG 7C5	❶ ZK5 KFF 4B5	❷ ZJ8 EEE 8A8	❸ ZH2 JDD 3K2	❹ ZG11 JCC 9J11	❺ ZF2 ABB 5H2	❻ ZE11 KAA 7G11	❼ ZD11 HKK 4F11	❽ ZC2 JJJ 8E2	❾ ZB8 JHH 3D8
2月	❻ XH10 AKK 11K10	❼ XE12 GGG 12G12	❽ XF1 EFF 12H1	❾ XC9 GCC 11E9	❿ XD4 FDD 1F4	❶ WA6 FAA 10C6	❷ WB7 EBB 2D7	❸ WJ3 EJJ 9A3	❹ WK10 EKK 3B10	❺ WG3 AGG 11J3	❻ WH10 FHH 1K10	❼ WE12 DEE 10G12			
3月	❹ UK10 FJB 7A9	❺ UG3 BHJ 7K4	❻ UH10 AGK 5J9	❼ UE12 AFG 6H1	❽ UF1 AEF 6G12	❾ UC9 GDC 5F10	❿ UD4 BCD 7E3	❶ ZA6 KBA 4D7	❷ ZB7 EAB 8C6	❸ ZJ3 JKJ 3B4	❹ ZK10 JJK 9A9	❺ ZG3 AHG 5K4	❻ ZH10 KGH 7J9	❼ ZE12 HFE 4H1	❽ ZF1 JEF 8G12
4月	❺ XG3 FFJ 1A5	❻ XH10 ABK 11B8	❼ XE12 GJG 12J2	❽ XF1 EKF 12K11	❾ XC9 GGC 11G11	❿ XD4 FHD 1H2	❶ WA6 FEA 10E8	❷ WB7 EFB 2F5	❸ WJ3 ECJ 9C5	❹ WK10 EDK 3D8	❺ WG3 AAG 11A5	❻ WH10 FBH 1B8	❼ WE12 DJE 10J2	❽ WF1 JKF 2K11	
5月	❺ UG3 BCJ 7B6	❻ UH10 GDK 5A7	❼ UE12 CAG 6K3	❽ UF1 ABH 6J10	❾ UC9 GEC 5H12	❿ UD4 BFD 7G1	❶ ZA6 KCA 4F9	❷ ZB7 EDB 8E4	❸ ZJ3 JAJ 3D6	❹ ZK10 JBK 9C7	❺ ZG3 AJG 5B6	❻ ZH10 KKH 7A7	❼ ZE12 HGE 4K3	❽ ZF1 JHF 8J10	❾ ZC9 JEC 3H12
6月	❻ XH10 CAK 11D6	❼ XE12 GKG 12A4	❽ XF1 EJH 12B9	❾ XC9 GHE 11J1	❿ XD4 FGD 1K12	❶ WA6 FFA 10G10	❷ WB7 EEB 2H3	❸ WJ3 EDJ 9E7	❹ WK10 ECK 3F6	❺ WG3 AKG 11C7	❻ WH10 FJH 1D6	❼ WE12 DHE 10A4	❽ WF1 JGF 2B9	❾ WC9 CFC 9J1	
7月	❻ UH10 GGK 5C5	❼ UE12 CFG 6B5	❽ UF1 AEH 6A8	❾ UC9 GHE 5K2	❿ UD4 BGF 7J11	❶ ZA6 KFA 4H11	❷ ZB7 EEB 8G2	❸ ZJ3 JDJ 3F8	❹ ZK10 JCK 9E5	❺ ZG3 ABG 5D8	❻ ZH10 KAH 7C5	❼ ZE12 HKE 4B5	❽ ZF1 JJF 8A8	❾ ZC9 JHC 3K2	❿ ZD4 JGD 9J11
8月	❼ XE12 GJG 12C6	❽ XF1 EKH 12D7	❾ XC9 BAE 11A3	❿ XD4 KBF 1B10	❶ WA6 FJC 10J12	❷ WB7 EHD 2K1	❸ WJ3 EEJ 9G9	❹ WK10 EFK 3H4	❺ WG3 ACG 11E9	❻ WH10 FDH 1F4	❼ WE12 DAE 10C6	❽ WF1 JBF 2D7	❾ WC9 CJC 9A3	❿ WD4 CKD 3B10	❶ VA6 EGA 8J12
9月	❽ UF1 AAH 6C6	❾ UC9 FKE 5B4	❿ UD4 DJF 7A9	❶ ZA6 KHC 4K1	❷ ZB7 EGD 8J12	❸ ZJ3 AFA 3H10	❹ ZK10 JEK 9G3	❺ ZG3 ADG 5F10	❻ ZH10 KCH 7E3	❼ ZE12 KBE 4D7	❽ ZF1 JAF 8C6	❾ ZC9 JKC 3B4	❿ ZD4 JJD 9A9	❶ YA6 EHA 2K1	
10月	❽ XF1 EAH 12F5	❾ XC9 DKE 11C5	❿ XD4 KEF 1D8	❶ WA6 FDC 10A2	❷ WB7 ACD 2B11	❸ WJ3 GCA 9J11	❹ WK10 EDB 3K2	❺ WG3 AAG 11G11	❻ WH10 FBH 1H2	❼ WE12 DJE 10E8	❽ WF1 JKF 2F5	❾ WC9 CGC 9C5	❿ WD4 CHD 3D8	❶ VA6 EEA 8A2	❷ VB7 DFB 4B11
11月	❾ UC9 KCE 5D6	❿ UD4 DDF 7C7	❶ ZA6 KAC 4B3	❷ ZB7 GBD 8A10	❸ ZJ3 AGA 3K12	❹ ZK10 JHB 9J1	❺ ZG3 AEG 5H12	❻ ZH10 KFH 7G1	❼ ZE12 KCE 4F9	❽ ZF1 JDF 8E4	❾ ZC9 JAC 3D6	❿ ZD4 JBD 9C7	❶ YA6 EJA 2B3	❷ YB7 KKB 10A10	
12月	❾ XC9 BBE 11E7	❿ XD4 KAF 1F6	❶ WA6 FKC 10C4	❷ WB7 EJD 2D9	❸ WJ3 EHA 9A1	❹ WK10 EGK 3B12	❺ WG3 AFG 11J1	❻ WH10 FEH 1K12	❼ WE12 DDE 10G10	❽ WF1 JCF 2H3	❾ WC9 CBC 9E7	❿ WD4 CAD 3F6	❶ VA6 EKA 8C4	❷ VB7 DJB 4D9	❸ VJ3 BHJ 7A1

1975年（民國64年）

1975年	1日	2日	3日	4日	5日	6日	7日	8日	9日	10日	11日	12日	13日	14日	15日	16日
1月	❹ VK10 CGK 5B12	❺ VG3 CFG 9J1	❻ VH10 CEH 3K12	❼ VE12 JDE 8G10	❽ VF1 DCF 4H3	❾ VC9 BBG 7F8	❿ VD4 AAH 5E5	❶ UA6 EKE 6D5	❷ UB7 AJF 6C8	❸ UJ3 KHC 5B2	❹ UK10 DGD 7A11	❺ UG3 BFA 7K2	❻ UH10 JEB 5J11	❼ UE12 JDG 6H11	❽ UF1 ACH 6G2	❾ UC9 FKE 5F8
2月	❺ YG3 GBG 3K2	❻ YH10 GAH 9J11	❼ YE12 JKE 2H11	❽ YE12 KKE 10K1	❾ YD10 HGD 1G9	❿ YC3 EHC 11H4	❶ XB7 EEB 12E6	❷ XA6 GFA 12F7	❸ XK4 FCK 11C3	❹ XJ9 KDJ 1D10	❺ XH4 FAH 1A3	❻ XG9 EKG 11B10	❼ XF1 GGF 12J12	❽ XE12 EHE 12K1	❾ XD10 BED 11G9	❿ XC3 KFC 1H4
3月	❸ VK4 BJK 7C3	❹ VJ9 CKJ 5D10	❺ VH4 CGH 9A3	❻ VG9 CHG 3B10	❼ VF1 JEF 8J12	❽ VE12 FEE 4J12	❾ VD10 BDD 7H10	❿ VC3 ACC 5G3	❶ UB7 EBB 6F7	❷ UA6 AAA 6E6	❸ UK4 KKK 5D4	❹ UJ9 FJJ 7C9	❺ UH4 BHH 7B4	❻ UG9 JGG 5A9	❼ UF1 JFF 6K1	❽ UE12 AEE 6J12
4月	❹ YJ9 CJJ 11C9	❺ YH4 GHH 3B4	❻ YG9 GGG 9A9	❼ YF1 JFF 2K1	❽ YE12 KEE 10B11	❾ YD10 HDD 1J11	❿ YC3 ECC 11K2	❶ XB7 EBB 12G8	❷ XA6 GAA 12H5	❸ XK4 FKK 11E5	❹ XJ9 KJJ 1F8	❺ XH4 FHH 1C5	❻ XG9 EGG 11D8	❼ XF1 GFF 12A2	❽ XE12 ECE 12B11	❾ XD10 BBD 11J11
5月	❹ VJ9 CDJ 5F8	❺ VH4 CAH 9C5	❻ VG9 CBG 3D8	❼ VF1 JJF 8A2	❽ VE12 DKE 4B11	❾ VD10 BGD 7K12	❿ VC3 AHC 5J1	❶ UB7 EEB 6H9	❷ UA6 AFA 6G4	❸ UK4 KCK 5F6	❹ UJ9 DDJ 7E7	❺ UH4 BCH 7D6	❻ UG9 JDG 5C7	❼ UF1 JAF 6B3	❽ UE12 ABE 6A10	❾ UD10 FJD 5K12
6月	❺ YH4 GJH 3D6	❻ YG9 GKG 9C7	❼ YF1 JGF 2B3	❽ YE12 HHE 10A10	❾ YD10 FED 1K12	❿ YC3 EGC 11B12	❶ XB7 EFB 12J10	❷ XA6 GEA 12K3	❸ XK4 FDK 11G7	❹ XJ9 KCJ 1H6	❺ XH4 FBH 1E7	❻ XG9 EAG 11F6	❼ XF1 JKF 12C4	❽ XE12 EJE 12D9	❾ XD10 DHD 11A1	❿ XC3 KGC 1B12
7月	❺ VH4 CKH 9E7	❻ VG9 CJG 3F6	❼ VF1 JHF 8C4	❽ VE12 DGE 4D9	❾ VD10 BFD 7A1	❿ VC3 GEC 5B12	❶ UB7 ADB 6J10	❷ UA6 ACA 6J2	❸ UK4 KBK 5H8	❹ UJ9 DAJ 7G5	❺ UH4 BKH 7F8	❻ UG9 JJG 5E5	❼ UF1 JHF 6D5	❽ UE12 AGE 6C8	❾ UD10 KFD 5B2	❿ UC3 DEC 7A11
8月	❻ YG9 GAG 9E5	❼ YF1 JKF 2D5	❽ YE12 HJE 10C8	❾ YD10 FHD 1B2	❿ YC3 GGC 11A11	❶ XB7 GFB 12K11	❷ XA6 GEA 12J2	❸ XK4 FCK 11J9	❹ XJ9 KDJ 1K4	❺ XH4 FAH 1G9	❻ XG9 EBG 11H4	❼ XF1 JJF 12E6	❽ XE12 EKE 12F7	❾ XD10 DGD 11C3	❿ XC3 KHC 1D10	❶ WB7 FEB 10A12
9月	❼ VF1 JAF 8E6	❽ VE12 DBE 4F7	❾ VD10 BJD 7C3	❿ VC3 GKC 5D10	❶ UB7 AGB 6A12	❷ UA6 AHA 6B1	❸ UK4 CEK 5J9	❹ UJ9 DEJ 7J3	❺ UH4 BDH 7H10	❻ UG9 JCG 5G3	❼ UF1 JBF 6F7	❽ UE12 AAE 6E6	❾ UD10 KKD 5D4	❿ UC3 DJC 7C9	❶ ZB7 KHB 4B1	❷ ZA6 JGA 8A12
10月	❼ YF1 JBF 2F7	❽ YE12 HAE 10E6	❾ YD10 FKD 1D4	❿ YC3 GJC 11C9	❶ XB7 GHB 12B1	❷ XA6 GGA 12A12	❸ XK4 CFK 11K10	❹ XJ9 HEJ 1J3	❺ XH4 FDH 1J11	❻ XG9 ECG 11K2	❼ XF1 JBF 12G8	❽ XE12 EAE 12H5	❾ XD10 DKD 11E5	❿ XC3 HJC 1F8	❶ WB7 FHB 10C2	❷ WA6 CGA 2D11
11月	❽ VE12 DKE 4H5	❾ VD10 BGD 7E5	❿ VC3 GHC 5F8	❶ UB7 AEB 6C2	❷ UA6 AFA 6D11	❸ UK4 CCK 5A11	❹ UJ9 BDJ 7B2	❺ UH4 BGH 7K12	❻ UG9 JHG 5J1	❼ UF1 JEF 6H9	❽ UE12 AFE 6G4	❾ UD10 KCD 5F6	❿ UC3 DDC 7E7	❶ ZB7 KAB 4D3	❷ ZA6 JBA 8C10	❸ ZK4 AJK 3B12
12月	❽ YE12 HDE 10G4	❾ YD10 FAD 1F6	❿ YC3 GBC 11E7	❶ XB7 GJB 12D3	❷ XA6 GKA 12C10	❸ XK4 CGK 11B12	❹ XJ9 HHJ 1A1	❺ XH4 FFH 1A1	❻ XG9 EEG 11B12	❼ XF1 JDF 12J10	❽ XE12 ECE 12K3	❾ XD10 DBD 11G7	❿ XC3 HAC 1H6	❶ WB7 FKB 10E4	❷ WA6 CJA 2F9	❸ WK4 CHK 9C1

1975年	17日	18日	19日	20日	21日	22日	23日	24日	25日	26日	27日	28日	29日	30日	31日
1月	❿ UD4 DJF 7E5	❶ ZA6 KHC 4D5	❷ ZB7 EED 8C8	❸ ZJ3 ADA 3B2	❹ ZK10 JCK 9A11	❺ ZG3 ABG 5K2	❻ ZH10 KAH 7J11	❼ ZE12 KKE 4H11	❽ ZF1 JJF 8G2	❾ ZC9 JHC 3F8	❿ ZD4 JGD 9E5	❶ YA6 EFA 2D5	❷ YB7 KEB 10C8	❸ YJ3 HDJ 1B2	❹ YK10 CCK 11A11
2月	❶ WB7 FCB 10E6	❷ WA6 EDA 2F7	❸ WK4 EJK 9C3	❹ WJ9 EKJ 3D10	❺ WH4 AGH 11A3	❻ WG9 FHG 1B10	❼ WF1 DEF 10J12	❽ WE12 JFE 2K1	❾ WD10 CCD 9G9	❿ WC3 CDC 3H4	❶ VB7 EAB 8E6	❷ VA6 DBA 4F7			
3月	❾ UD10 FDD 5H10	❿ UC3 DCC 7G3	❶ ZB7 KBB 4F7	❷ ZA6 EAA 8E6	❸ ZK4 JKK 3D4	❹ ZJ9 JJJ 9C9	❺ ZH4 AHH 5B4	❻ ZG9 KGG 7A9	❼ ZF1 KFF 4K1	❽ ZE12 JEE 8J12	❾ ZD10 JDD 3H10	❿ ZC3 JCC 9G3	❶ YB7 EBB 2F7	❷ YA6 KAA 10E6	❸ YK4 HKK 1D4
4月	❿ XC3 KAC 1K2	❶ WB7 FEB 10G8	❷ WA6 EFA 2H5	❸ WK4 ECK 9E5	❹ WJ9 EDJ 3F8	❺ WH4 AAH 11C5	❻ WG9 FBG 1D8	❼ WF1 DJF 10A2	❽ WE12 JKE 2B11	❾ WD10 CGD 9J11	❿ WC3 CHC 3K2	❶ VB7 EEB 8G8	❷ VA6 DFA 4H5	❸ VK4 BCK 7E5	
5月	❿ UC3 DKC 7J1	❶ ZB7 KGB 4H9	❷ ZA6 EHA 8G4	❸ ZK4 AEK 3F6	❹ ZJ9 JBJ 9E7	❺ ZH4 AJH 5D6	❻ ZG9 KKG 7C7	❼ ZF1 KGF 4B3	❽ ZE12 JHE 8A10	❾ ZD10 JED 3K12	❿ ZC3 JFC 9J1	❶ YB7 ECB 2H9	❷ YA6 KDA 10G4	❸ YK4 HAK 1F6	❹ YJ9 CBJ 11E7
6月	❶ WB7 FFB 10J10	❷ WA6 AEA 2K3	❸ WK4 GDK 9G7	❹ WJ9 ECJ 3H6	❺ WH4 ABH 11E7	❻ WG9 FAG 1F6	❼ WF1 DKF 10C4	❽ WE12 JJE 2D9	❾ WD10 CHD 9A1	❿ WC3 CEC 3B12	❶ VB7 EDB 8J10	❷ VA6 DCA 4K3	❸ VK4 BBK 7G7	❹ VJ9 CAJ 5H6	
7月	❶ ZB7 KDB 4K11	❷ ZA6 GAA 8J2	❸ ZK4 AKK 3H8	❹ ZJ9 JJJ 9G5	❺ ZH4 ABH 5F8	❻ ZG9 DAG 7E5	❼ ZF1 KKF 4D5	❽ ZE12 JJE 8C8	❾ ZD10 JHD 3B2	❿ ZC3 JGC 9A11	❶ YB7 EFB 2K11	❷ YA6 KEA 10J2	❸ YK4 HDK 1H8	❹ YJ9 CCJ 11G5	❺ YH4 GBH 3F8
8月	❷ WA6 CFA 2B1	❸ WK4 CCK 9J9	❹ WJ9 EHJ 3K4	❺ WH4 KEH 11G9	❻ WG9 FFG 1H4	❼ WF1 DAF 10E6	❽ WE12 JBE 2F7	❾ WD10 CJD 9C3	❿ WC3 CKC 3D10	❶ VB7 EGB 8A12	❷ VA6 DHA 4B1	❸ VK4 BEK 7J9	❹ VJ9 CFJ 5K4	❺ VH4 CCH 9G9	❻ VG9 CDG 3H4
9月	❸ ZK4 AFK 3K10	❹ ZJ9 JEJ 9J3	❺ ZH4 FDH 5H10	❻ ZG9 DCG 7G3	❼ ZF1 KBF 4F7	❽ ZE12 JAE 8E6	❾ ZD10 JKD 3D4	❿ ZC3 JJC 9C9	❶ YB7 EHB 2B1	❷ YA6 KGA 10A12	❸ YK4 HFK 1K10	❹ YJ9 CEJ 11J3	❺ YH4 GDH 3H10	❻ YG9 GCG 9G3	
10月	❸ WK4 CFK 9A11	❹ WJ9 EEJ 3B2	❺ WH4 KKH 11J11	❻ WG9 HJG 1K2	❼ WF1 DHF 10G8	❽ WE12 JKE 2H5	❾ WD10 EGD 9E5	❿ WC3 CHC 3F8	❶ VB7 EEB 8C2	❷ VA6 DFA 4D11	❸ VK4 DCK 7A11	❹ VJ9 CDJ 5B2	❺ VH4 CAH 9J11	❻ VG9 CBG 3K2	❼ VF1 JJF 8G8
11月	❹ ZJ9 JKJ 9A1	❺ ZH4 FGH 5K12	❻ ZG9 DHG 7J1	❼ ZF1 KEF 4H9	❽ ZE12 JDE 8G4	❾ ZD10 JAD 3F6	❿ ZC3 JBC 9E7	❶ YB7 EJB 2D3	❷ YA6 KKA 10C10	❸ YK4 HGK 1B12	❹ YJ9 CHJ 11A1	❺ YH4 GEH 3K12	❻ YG9 GFG 9J1	❼ YF1 JCF 2H9	
12月	❹ WJ9 EGJ 3D12	❺ WH4 KFH 11A1	❻ WG9 HEG 1B12	❼ WF1 DDF 10J10	❽ WE12 JCE 2K3	❾ WD10 EBD 9G7	❿ WC3 CAC 3H6	❶ VB7 EKB 8E4	❷ VA6 DJA 4F9	❸ VK4 DHK 7C1	❹ VJ9 CGJ 5D12	❺ VH4 CFH 9A1	❻ VG9 CEG 3B12	❼ VF1 JDF 8J10	❽ VE12 DCE 4K3

1976年（民國65年）

1976年	1日	2日	3日	4日	5日	6日	7日	8日	9日	10日	11日	12日	13日	14日	15日	16日
1月	❾ VD10 BBD 7G7	❿ VC3 GAC 5H6	❶ UB7 AKB 6E4	❷ UA6 AJA 6F9	❸ UK4 CHK 5C1	❹ UJ9 DGJ 7C11	❺ UH4 BFH 7B2	❻ UG9 JEG 5A11	❼ UF1 JDF 6K11	❽ UE12 ACE 6J2	❾ UD10 KBD 5H8	❿ UC3 DAC 7G5	❶ ZB7 KKB 4F5	❷ ZA6 JJA 8E8	❸ ZK4 AHK 3D2	❹ ZJ9 JEJ 9C11
2月	❿ YC3 GGC 11G5	❶ XB7 GFB 12F5	❷ XA6 GEA 12E8	❸ XK4 CDK 11D2	❹ XB8 KDJ 1F10	❺ XJ5 FAH 1C3	❻ XK8 EBG 11D10	❼ XG2 JJF 12A12	❽ XH11 EKE 12B1	❾ XE11 DGD 11J9	❿ XF2 KHC 1K4	❶ WC8 FEB 10G6	❷ WD5 CDA 2H7	❸ WA5 CAK 9E3	❹ WB8 EBG 3F10	❺ WJ5 KJF 11C3
3月	❾ VE11 BCG 7J9	❿ VF2 GDH 5K4	❶ UC8 AAE 6G6	❷ UD5 ABF 6H7	❸ UA5 KKK 5F4	❹ UB8 DJJ 7E9	❺ UJ5 BHH 7D4	❻ UK8 JGG 5C9	❼ UG2 JFF 6B1	❽ UH11 AEE 6A12	❾ UE11 KDD 5K10	❿ UF2 DCC 7J3	❶ ZC8 KBB 4H7	❷ ZD5 JAA 8G6	❸ ZA5 AKH 3F4	❹ ZB8 JJG 9E9
4月	❿ YF2 GCH 11J3	❶ XC8 GBE 12H7	❷ XD5 GAF 12G6	❸ XA5 CKC 11F4	❹ XB8 KJJ 1H8	❺ XJ5 FHH 1E5	❻ XK8 EGG 11F8	❼ XG2 JFF 12C2	❽ XH11 EEE 12D11	❾ XE11 DDD 11A11	❿ XF2 KCC 1B2	❶ WC8 FBB 10J8	❷ WD5 CAA 2K5	❸ WA5 CKK 9G5	❹ WB8 EGG 3H8	❺ WJ5 KFF 11E5
5月	❿ VF2 GHH 5B2	❶ UC8 AEE 6J8	❷ UD5 AFF 6K5	❸ UA5 CCC 5G5	❹ UB8 DDJ 7G7	❺ UJ5 BAH 7F6	❻ UK8 JBG 5E7	❼ UG2 JJF 6D3	❽ UH11 AKE 6C10	❾ UE11 KGD 5B12	❿ UF2 DKC 7A1	❶ ZC8 KGB 4K9	❷ ZD5 JHA 8J4	❸ ZA5 AEK 3H6	❹ ZB8 JFG 9G7	❺ ZJ5 FCF 5F6
6月	❶ XC8 GCE 12K9	❷ XD5 GDF 12J4	❸ XA5 CAC 11H6	❹ XB8 HBD 1G7	❺ XJ5 FBH 1G7	❻ XK8 EAG 11H6	❼ XG2 JKF 12E4	❽ XH11 EJE 12F9	❾ XE11 DHD 11C1	❿ XF2 HGC 1D12	❶ WC8 FFB 10A10	❷ WD5 CEA 2B3	❸ WA5 CDK 9J7	❹ WB8 ECJ 3K6	❺ WJ5 KBF 11G7	❻ WK8 HAE 1H6
7月	❶ UC8 ADE 6A10	❷ UD5 ACF 6B3	❸ UA5 CBC 5J7	❹ UB8 BAD 7K6	❺ UJ5 KKA 7G7	❻ UK8 AJB 5H6	❼ UG2 JHF 6F5	❽ UH11 AGE 6E8	❾ UE11 KFD 5D2	❿ UF2 DEC 7C11	❶ ZC8 KDB 4B11	❷ ZD5 JCA 8A2	❸ ZA5 CBK 3K8	❹ ZB8 JAJ 9J5	❺ ZJ5 HKH 5H8	❻ ZK8 DJG 7G5
8月	❷ XD5 GEF 12A2	❸ XA5 CDC 11K8	❹ XB8 HCD 1J5	❺ XJ5 FBA 1H8	❻ XK8 AAB 11G5	❼ XG2 EKJ 12F5	❽ XH11 EKE 12H7	❾ XE11 DGD 11E3	❿ XF2 HHC 1F10	❶ WC8 FEB 10C12	❷ WD5 CFA 2D1	❸ WA5 CCK 9A9	❹ WB8 EDJ 3B4	❺ WJ5 DAH 11J9	❻ WK8 HBG 1K4	❼ WG2 DJF 10G6
9月	❸ UA5 CEC 5A9	❹ UB8 BFD 7B4	❺ UJ5 KCA 7J9	❻ UK8 ADB 5K4	❼ UG2 AAJ 6G6	❽ UH11 ABK 6H7	❾ UE11 KKD 5F4	❿ UF2 DJC 7E9	❶ ZC8 KHB 4D1	❷ ZD5 JGA 8C12	❸ ZA5 CFK 3B10	❹ ZB8 JEJ 9A3	❺ ZJ5 HDH 5K10	❻ ZK8 DCG 7J3	❼ ZG2 KBF 4H7	❽ ZH11 GAE 8G6
10月	❸ XA5 CFC 11B10	❹ XB8 HED 1A3	❺ XJ5 FDA 1K10	❻ XK8 ACB 11J3	❼ XG2 EBJ 12H7	❽ XH11 EAK 12G6	❾ XE11 GKG 11F4	❿ XF2 HJC 1H8	❶ WC8 FHB 10E2	❷ WD5 CGA 2F11	❸ WA5 CFK 9C11	❹ WB8 EEJ 3D2	❺ WJ5 DDH 11A11	❻ WK8 HCG 1B2	❼ WG2 DBF 10J8	❽ WH11 CAE 2K5
11月	❹ UB8 BDD 7D2	❺ UJ5 KAA 7A11	❻ UK8 ABB 5B2	❼ UG2 AJJ 6J8	❽ UH11 AKK 6K5	❾ UE11 GGG 5G5	❿ UF2 DDC 7G7	❶ ZC8 KAB 4F3	❷ ZD5 JBA 8E10	❸ ZA5 CJK 3D12	❹ ZB8 JKJ 9C1	❺ ZJ5 HGH 5B12	❻ ZK8 DHG 7A1	❼ ZG2 KEF 4K9	❽ ZH11 GFE 8J4	❾ ZE11 GCD 3H6
12月	❹ XB8 HHD 1C1	❺ XJ5 FEA 1B12	❻ XK8 AFB 11A1	❼ XG2 ECJ 12K9	❽ XH11 EDK 12J4	❾ XE11 GAG 11H6	❿ XF2 HAC 1K6	❶ WC8 FKB 10G4	❷ WD5 CJA 2H9	❸ WA5 CHK 9E1	❹ WB8 EGJ 3F12	❺ WJ5 DFH 11C1	❻ WK8 HEG 1D12	❼ WG2 DDF 10A10	❽ WH11 CCE 2B3	❾ WE11 EBD 9J7

1976年	17日	18日	19日	20日	21日	22日	23日	24日	25日	26日	27日	28日	29日	30日	31日
1月	❺ ZH4 FDH 5B2	❻ ZG9 DCG 7A11	❼ ZF1 KKF 4K11	❽ ZE12 JJE 8J2	❾ ZD10 JHD 3H8	❿ ZC3 JGC 9G5	❶ YB7 EFB 2F5	❷ YA6 KEA 10E8	❸ YK4 HDK 1D2	❹ YJ9 CCJ 11C11	❺ YH4 GBH 3B2	❻ YG9 GAG 9A11	❼ YF1 JKF 2K11	❽ YE12 HJE 10J2	❾ YD10 FHD 1H8
2月	❻ WK8 HKE 1D10	❼ WG2 DGJ 10A12	❽ WH11 JHK 2B1	❾ WE11 CCG 9J9	❿ WF2 CDH 3K4	❶ VC8 EAE 8G6	❷ VD5 DBF 4H7	❸ VA5 DJC 7E3	❹ VB8 CKD 5F10	❺ VJ5 CGA 9C3	❻ VK8 CHB 3D10	❼ VG2 JEJ 8A12	❽ VH11 DFK 4B1		
3月	❺ ZJ5 FHF 5D4	❻ ZK8 DGB 7C9	❼ ZG2 KFJ 4B1	❽ ZH11 JEK 8A12	❾ ZE11 JDG 3K10	❿ ZF2 JCH 9J3	❶ YC8 EBE 2H7	❷ YD5 KAF 10G6	❸ YA5 HKC 1F4	❹ YB8 CJD 11E9	❺ YJ5 GHA 3D4	❻ YK8 GGB 9C9	❼ YG2 JFJ 2B1	❽ YH11 HEK 10A12	❾ YE11 FDG 1K10
4月	❻ WK8 HEE 1F8	❼ WG2 DJJ 10C2	❽ WH11 JKK 2D11	❾ WE11 CGG 9A11	❿ WF2 CHH 3B2	❶ VC8 EEE 8J8	❷ VD5 DFF 4K5	❸ VA5 DCC 7G5	❹ VB8 CDD 5H8	❺ VJ5 CAA 9E5	❻ VK8 CBB 3F8	❼ VG2 JJJ 8C2	❽ VH11 DKK 4D11	❾ VE11 BGG 7A11	
5月	❻ ZK8 DDE 7E7	❼ ZG2 KAJ 4D3	❽ ZH11 JBK 8C10	❾ ZE11 JEG 3B12	❿ ZF2 JFH 9A1	❶ YC8 ECE 2K9	❷ YD5 KDF 10J4	❸ YA5 HAC 1H6	❹ YB8 CBD 11G7	❺ YJ5 GJA 3F6	❻ YK8 GKB 9E7	❼ YG2 JGJ 2D3	❽ YH11 HHK 10C10	❾ YE11 FEG 1B12	❿ YF2 GFH 11A1
6月	❼ WG2 DKD 10E4	❽ WH11 JJK 2F9	❾ WE11 EHG 9C1	❿ WF2 CGH 3D12	❶ VC8 EFE 8A10	❷ VD5 DEF 4B3	❸ VA5 DDC 7J7	❹ VB8 CCD 5K6	❺ VJ5 CKA 9G7	❻ VK8 CJB 3H6	❼ VG2 JHJ 8E4	❽ VH11 DGK 4F9	❾ VE11 BFG 7C1	❿ VF2 GEH 5D12	
7月	❼ ZG2 KFD 4F5	❽ ZH11 EEC 8E8	❾ ZE11 ADB 3D2	❿ ZF2 JGH 9C11	❶ YC8 EFE 2B11	❷ YD5 KEF 10A2	❸ YA5 HDC 1K8	❹ YB8 CCD 11J5	❺ YJ5 GBA 3H8	❻ YK8 GAB 9G5	❼ YG2 JKJ 2F5	❽ YH11 HJK 10E8	❾ YE11 FHG 1D2	❿ YF2 GGH 11C11	❶ XC8 GFE 12B11
8月	❽ WH11 AKC 2H7	❾ WE11 EAB 9E3	❿ WF2 CBA 3F10	❶ VC8 EJE 8C12	❷ VD5 HHF 4D1	❸ VA5 DEC 7A9	❹ VB8 CFD 5B4	❺ VJ5 CCA 9J9	❻ VK8 CDB 3K4	❼ VG2 JAJ 8G6	❽ VH11 DBK 4H7	❾ VE11 BJG 7E3	❿ VF2 GKH 5F10	❶ UC8 AGE 6C12	❷ UD5 AHF 6D1
9月	❾ ZE11 GKB 3F4	❿ ZF2 JJA 9E9	❶ YC8 DHK 2D1	❷ YD5 KGF 10C12	❸ YA5 HFC 1B10	❹ YB8 CED 11A3	❺ YJ5 GDA 3K10	❻ YK8 GCB 9J3	❼ YG2 JBJ 2H7	❽ YH11 HAK 10G6	❾ YE11 FKG 1F4	❿ YF2 GJH 11E9	❶ XC8 GHE 12D1	❷ XD5 GGF 12C12	
10月	❾ WE11 EKD 9G5	❿ WF2 CEA 3H8	❶ VC8 KDK 8E2	❷ VD5 HCJ 4F11	❸ VA5 DCC 7C11	❹ VB8 CDD 5D2	❺ VJ5 CAA 9A11	❻ VK8 CBB 3B2	❼ VG2 JJJ 8J8	❽ VH11 DKK 4K5	❾ VE11 BGG 7G5	❿ VF2 GHH 5H8	❶ UC8 AEE 6E2	❷ UD5 AFF 6F11	❸ UA5 CCC 5C11
11月	❿ ZF2 JDA 9G7	❶ YC8 DAK 2F3	❷ YD5 BBJ 10E10	❸ YA5 HGC 1D12	❹ YB8 CHD 11C1	❺ YJ5 GEA 3B12	❻ YK8 GFB 9A1	❼ YG2 JCJ 2K9	❽ YH11 HDK 10J4	❾ YE11 HAG 1H6	❿ YF2 GBH 11G7	❶ XC8 GJE 12F3	❷ XD5 GKF 12E10	❸ XA5 CGC 11D12	
12月	❿ WF2 CAA 3K6	❶ VC8 KKK 8G4	❷ VD5 HJJ 4H9	❸ VA5 DHC 7E1	❹ VB8 CGD 5F12	❺ VJ5 CFA 9C1	❻ VK8 CEB 3D12	❼ VG2 JDJ 8A10	❽ VH11 DCK 4B3	❾ VE11 BBG 7J7	❿ VF2 GAH 5K6	❶ UC8 AKE 6G4	❷ UD5 AJF 6H9	❸ UA5 CHC 5E1	❹ UB8 BGD 7F12

1977年	1日	2日	3日	4日	5日	6日	7日	8日	9日	10日	11日	12日	13日	14日	15日	16日
1月	❺ UJ5 KFA 7C1	❻ UK8 AEB 5D12	❼ UG2 ADJ 6A10	❽ UH11 ACK 6B3	❾ UE11 KBD 5K8	❿ UF2 DAC 7J5	❶ ZC8 KKB 4H5	❷ ZD5 JJA 8G8	❸ ZA5 CHK 3F2	❹ ZB8 JGJ 9E11	❺ ZJ5 HFH 5D2	❻ ZK8 DEG 7C11	❼ ZG2 KDF 4B11	❽ ZH11 GCE 8A2	❾ ZE11 GKB 3K8	❿ ZF2 JJA 9J5
2月	❻ XK8 AAB 11C11	❼ XG2 EKJ 12B11	❽ XH11 EJK 12A2	❾ XF12 DGG 11A9	❿ XE1 HHH 1B4	❶ WD9 FEE 10J6	❷ WC4 CFF 2K7	❸ WB6 CCC 9G3	❹ WA7 EDD 3H10	❺ WK6 DAC 11E3	❻ WJ7 HBD 1F10	❼ WH3 DGA 10C12	❽ WG10 CHB 2D1	❾ WF12 EEJ 9A9	❿ WE1 CFK 3B4	❶ VD9 KCG 8J6
3月	❹ UA7 BKB 7H10	❺ UK6 KGJ 7E3	❻ UJ7 AHK 5F10	❼ UH3 AEG 6C12	❽ UG10 AFH 6D1	❾ UF12 KDG 5B10	❿ UE1 DCH 7A3	❶ ZD9 KBE 4K7	❷ ZC4 JAF 8J6	❸ ZB6 CKC 3H4	❹ ZA7 JJD 9G9	❺ ZK6 HHC 5F4	❻ ZJ7 DGD 7E9	❼ ZH3 KFA 4D1	❽ ZG10 GEB 8C12	❾ ZF12 GDJ 3B10
4月	❺ XK6 FHJ 1F4	❻ XJ7 AGK 11E9	❼ XH3 EFG 12D1	❽ XG10 EEH 12C12	❾ XF12 DDG 11C11	❿ XE1 HCH 1D2	❶ WD9 FBE 10A8	❷ WC4 CAF 2B5	❸ WB6 CKC 9J5	❹ WA7 EJD 3K8	❺ WK6 DHC 11G5	❻ WJ7 HGD 1H8	❼ WH3 DFA 10E2	❽ WG10 CEB 2F11	❾ WF12 EBJ 9C11	❿ WE1 CAK 3D2
5月	❺ UK6 KAJ 7G5	❻ UJ7 ABK 5H8	❼ UH3 AJG 6E2	❽ UG10 AKH 6F11	❾ UF12 GGE 5C11	❿ UE1 DHH 7C1	❶ ZD9 KEE 4B9	❷ ZC4 JFF 8A4	❸ ZB6 CCC 3K6	❹ ZA7 JDD 9J7	❺ ZK6 HAA 5H6	❻ ZJ7 DDD 7G7	❼ ZH3 KAA 4F3	❽ ZG10 GBB 8E10	❾ ZF12 GJJ 3D12	❿ ZE1 JKK 9C1
6月	❻ XJ7 AKK 11G7	❼ XH3 EGG 12F3	❽ XG10 EHH 12E10	❾ XF12 GEE 11D12	❿ XE1 FFF 1C1	❶ WD9 FFE 10C10	❷ WC4 CEF 2D3	❸ WB6 CDC 9A7	❹ WA7 ECD 3B6	❺ WK6 DBA 11J7	❻ WJ7 HAB 1K6	❼ WH3 DKA 10G4	❽ WG10 CJB 2H9	❾ WF12 EHJ 9E1	❿ WE1 CGK 3F12	❶ VD9 KFG 8C10
7月	❻ UJ7 AJK 5K6	❼ UH3 AHG 6G4	❽ UG10 AGH 6H9	❾ UF12 GFE 5E1	❿ UE1 BEF 7F12	❶ ZD9 KDC 4C10	❷ ZC4 JCF 8C2	❸ ZB6 CBC 3B8	❹ ZA7 JAD 9A5	❺ ZK6 HKA 5K8	❻ ZJ7 BJB 7J5	❼ ZH3 KHJ 4H5	❽ ZG10 GGB 8G8	❾ ZF12 GFJ 3F2	❿ ZE1 JEK 9E11	❶ YD9 HDG 2D11
8月	❼ XH3 EKG 12H5	❽ XG10 EJH 12G8	❾ XF12 GHE 11F2	❿ XE1 FGF 1E11	❶ WD9 DFC 10D11	❷ WC4 EED 2C2	❸ WB6 EDA 9B8	❹ WA7 EDD 3D4	❺ WK6 DAA 11A9	❻ WJ7 HBB 1B4	❼ WH3 DJJ 10J6	❽ WG10 CKK 2K7	❾ WF12 GGG 9G3	❿ WE1 CHK 3H10	❶ VD9 BEG 8E12	❷ VC4 HFH 4F1
9月	❽ UG10 ABH 6K7	❾ UF12 GJE 5G3	❿ UE1 BKF 7H10	❶ ZD9 KGC 4E12	❷ ZC4 EHD 8F1	❸ ZB6 JEA 3C9	❹ ZA7 JFB 9D4	❺ ZK6 HDA 5B10	❻ ZJ7 BCB 7A3	❼ ZH3 KBJ 4K7	❽ ZG10 GAK 8J6	❾ ZF12 GKG 3H4	❿ ZE1 JJH 9G9	❶ YD9 HHG 2F1	❷ YC4 BGH 10E12	❸ YB6 HFE 1D10
10月	❽ XG10 EAH 12J6	❾ XF12 GKE 11H4	❿ XE1 FJF 1G9	❶ WD9 DHC 10F1	❷ WC4 EGD 2E12	❸ WB6 EFA 9D10	❹ WA7 EEB 3C3	❺ WK6 DDA 11C11	❻ WJ7 HCB 1D2	❼ WH3 DBJ 10A8	❽ WG10 CAK 2B5	❾ WF12 GKG 9J5	❿ WE1 CJH 3K8	❶ VD9 BHG 8G2	❷ VC4 HGH 4H11	❸ VB6 DFE 7E11
11月	❾ UF12 GGE 5J5	❿ UE1 BHF 7K8	❶ ZD9 KEC 4G2	❷ ZC4 EFD 8H11	❸ ZB6 JCA 3E11	❹ ZA7 JDB 9F2	❺ ZK6 HGA 5D12	❻ ZJ7 BHB 7C1	❼ ZH3 KEJ 4B9	❽ ZG10 GFK 8A4	❾ ZF12 GCG 3K6	❿ ZE1 JDH 9J7	❶ YD9 HAG 2H3	❷ YC4 BBH 10G10	❸ YB6 HJE 1F12	❹ YA7 GKF 11E1
12月	❾ XF12 GAE 11K6	❿ XE1 FBF 1J7	❶ WD9 DJC 10H3	❷ WC4 EKD 2G10	❸ WB6 EGA 9F12	❹ WA7 EHB 3E1	❺ WK6 DFA 11E1	❻ WJ7 HEB 1F12	❼ WH3 DDJ 10C10	❽ WG10 CCK 2D3	❾ WF12 GBG 9A7	❿ WE1 CAH 3B6	❶ VD9 BKG 8J4	❷ VC4 HJH 4K9	❸ VB6 DHE 7G1	❹ VA7 AGF 5H12

1977年	17日	18日	19日	20日	21日	22日	23日	24日	25日	26日	27日	28日	29日	30日	31日
1月	❶ YC8 DHK 2H5	❷ YD5 KEF 10G8	❸ YA5 HDC 1F2	❹ YB8 CCD 11E11	❺ YJ5 GBA 3D2	❻ YK8 GAB 9C11	❼ YG2 JKJ 2B11	❽ YH11 HJK 10A2	❾ YE11 FHG 1K8	❿ YF2 GGH 11J5	❶ XC8 GFE 12H5	❷ XD5 GEF 12G8	❸ XA5 CDC 11F2	❹ XB8 HCD 1E11	❺ XJ5 FBA 1D2
2月	❷ VC4 HDH 4K7	❸ VB6 DAE 7G3	❹ VA7 CKB 5H10	❺ VK6 CGJ 9E3	❻ VJ7 CHK 3F10	❼ VH3 JEG 8C12	❽ VG10 DFH 4D1	❾ VF12 BCE 7A9	❿ VE1 GDF 5B4	❶ UD9 AAC 6J6	❷ UC4 ABD 6K7	❸ UB6 CJA 5G3			
3月	❿ ZE1 JCK 9A3	❶ YD9 DBG 2K7	❷ YC4 KAH 10J6	❸ YB6 HKE 1H4	❹ YA7 CJB 11G9	❺ YK6 GHJ 3F4	❻ YJ7 GGK 9E9	❼ YH3 JFG 2D1	❽ YG10 HEH 10C12	❾ YF12 FDE 1B10	❿ YE1 GCF 11A3	❶ XD9 GBC 12K7	❷ XC4 GAD 12J6	❸ XB6 CKA 11H4	❹ XA7 HJB 1G9
4月	❶ VD9 KKG 8A8	❷ VC4 HFH 4B5	❸ VB6 DCE 7J5	❹ VA7 CDB 5K8	❺ VK6 CAJ 9G5	❻ VJ7 CBK 3H8	❼ VH3 JJG 8E2	❽ VG10 DKH 4F11	❾ VF12 BGE 7C11	❿ VE1 GHF 5D2	❶ UD9 AEC 6A8	❷ UC4 AFD 6B5	❸ UB6 CCA 5J5	❹ UA7 BDB 7K8	
5月	❶ YD9 DGG 2B9	❷ YC4 BHH 10A4	❸ YB6 HEE 1K6	❹ YA7 CFF 11J7	❺ YK6 GJJ 3H6	❻ YJ7 GKK 9G7	❼ YH3 JGG 2F3	❽ YG10 HHH 10E10	❾ YF12 HEE 1D12	❿ YE1 GFF 11C1	❶ XD9 GCC 12B9	❷ XC4 GDD 12A4	❸ XB6 CAA 11K6	❹ XA7 HBB 1J7	❺ XK6 FJJ 1H6
6月	❷ VC4 HEH 4D3	❸ VB6 DDE 7A7	❹ VA7 CCF 5B6	❺ VK6 CBC 9J7	❻ VJ7 CAK 3K6	❼ VH3 JKG 8G4	❽ VG10 DJH 4H9	❾ VF12 BHE 7E1	❿ VE1 GGF 5F12	❶ UD9 ADC 6C10	❷ UC4 ACD 6D3	❸ UB6 CBA 5A7	❹ UA7 BAB 7B6	❺ UK6 KKJ 7J7	
7月	❷ YC4 BAH 10C2	❸ YB6 HKE 1B8	❹ YA7 EJF 11A5	❺ YK6 JBC 3K8	❻ YJ7 GAD 9J5	❼ YH3 JKG 2H5	❽ YG10 HJH 10G8	❾ YF12 HHE 1F2	❿ YE1 GGF 11E11	❶ XD9 GFC 12D11	❷ XC4 GED 12C2	❸ XB6 CDA 11B8	❹ XA7 HCB 1A5	❺ XK6 FBJ 1K8	❻ XJ7 AAK 11J5
8月	❸ VB6 DCE 7C9	❹ VA7 JDF 5D4	❺ VK6 EEC 9A9	❻ VJ7 CFD 3B4	❼ VH3 JCA 8J6	❽ VG10 DBB 4K7	❾ VF12 BJE 7G3	❿ VE1 GKF 5H10	❶ UD9 AGC 6E12	❷ UC4 AHD 6F1	❸ UB6 CEA 5C9	❹ UA7 BFB 7D4	❺ UK6 KCJ 7A9	❻ UJ7 ADK 5B4	❼ UH3 AAG 6J6
9月	❹ YA7 GEF 11C3	❺ YK6 JDC 3B10	❻ YJ7 GCD 9A3	❼ YH3 DBA 2K7	❽ YG10 BAB 10J6	❾ YF12 HKJ 1H4	❿ YE1 GJF 11G9	❶ XD9 GHC 12F1	❷ XC4 GGD 12E12	❸ XB6 CFA 11D10	❹ XA7 HEB 1C3	❺ XK6 FDJ 1B10	❻ XJ7 ACK 11A3	❼ XH3 EBG 12K7	
10月	❹ VA7 AEF 5F2	❺ VK6 AKC 9C11	❻ VJ7 CJD 3D2	❼ VH3 HHA 8A8	❽ VG10 DKB 4B5	❾ VF12 BGJ 7J5	❿ VE1 GHF 5K8	❶ UD9 AEC 6G2	❷ UC4 AFD 6H11	❸ UB6 CCA 5E11	❹ UA7 BDB 7F2	❺ UK6 KAJ 7C11	❻ UJ7 ABK 5D2	❼ UH3 AJG 6A8	❽ UG10 AKH 6B5
11月	❺ YK6 JGC 3D12	❻ YJ7 GHD 9C1	❼ YH3 DEA 2B9	❽ YG10 BDB 10A4	❾ YF12 HAJ 1K6	❿ YE1 GBF 11J7	❶ XD9 GJC 12H3	❷ XC4 GKD 12G10	❸ XB6 CGA 11F12	❹ XA7 HHB 1E1	❺ XK6 FEJ 1D12	❻ XJ7 AFK 11C1	❼ XH3 ECG 12B9	❽ XG10 EDH 12A4	
12月	❺ VK6 AFC 9E1	❻ VJ7 CED 3F12	❼ VH3 HDA 8C10	❽ VG10 DCB 4D3	❾ VF12 BBJ 7A7	❿ VE1 GAF 5B6	❶ UD9 AKC 6J4	❷ UC4 AJD 6K9	❸ UB6 CHA 5G1	❹ UA7 BGB 7H12	❺ UK6 KFJ 7E1	❻ UJ7 AEK 5F12	❼ UH3 ADG 6C10	❽ UG10 ACH 6D3	❾ UF12 GBE 5A7

1978年（民國67年）

1978年	1日	2日	3日	4日	5日	6日	7日	8日	9日	10日	11日	12日	13日	14日	15日	16日	17日	18日	19日	20日	21日	22日	23日	24日	25日	26日	27日	28日	29日	30日	31日
1月	❿ UE1 BAF 7B6	❶ ZD9 KKC 4J4	❷ ZC4 EJD 8K9	❸ ZB6 JHA 3G1	❹ ZA7 JGB 9H12	❺ ZK6 HFA 5F2	❻ ZJ7 BEB 7E11	❼ ZH3 KDJ 4D11	❽ ZG10 GCK 8C2	❾ ZF12 GBG 3B8	❿ ZE1 JAH 9A5	❶ YD9 HKG 2K5	❷ YC4 BJH 10J8	❸ YB6 HHE 1H2	❹ YA7 GGF 11G11	❺ YK6 JDC 3F2	❻ YJ7 GCD 9E11	❼ YH3 DBA 2D11	❽ YG10 BJB 10C2	❾ YF12 HHJ 1B8	❿ YE1 GGF 11A5	❶ XD9 GFC 12K5	❷ XC4 GED 12J8	❸ XB6 CDA 11H2	❹ XA7 HCB 1G11	❺ XK6 FBJ 1F2	❻ XJ7 AAK 11E11	❼ XH3 EKG 12D11	❽ XG10 EJH 12C2	❾ XF12 GHE 11B8	❿ XE1 FGF 1A5
2月	❶ WD9 DFC 10K5	❷ WC4 EED 2J8	❸ WB6 EDA 9H2	❹ WD6 EDC 3K10	❺ WA7 DAB 11G3	❻ WB6 HBA 1H10	❼ WJ4 DJK 10E12	❽ WK9 CKJ 2F1	❾ WG1 GGH 9C9	❿ WH12 CHG 3D4	❶ VE10 BEF 8A6	❷ VF3 HDE 4B7	❸ VC7 DAD 7J3	❹ VD6 JBC 5K10	❺ VA7 EJB 9G3	❻ VB6 CKA 3H10	❼ VJ4 JGK 8E12	❽ VK9 DHJ 4F1	❾ VG1 BCH 7C9	❿ VH12 GDG 5D4	❶ UE10 AAF 6A6	❷ UF3 ABE 6B7	❸ UC7 CJD 5J3	❹ UD6 BKA 7K10	❺ UA7 KGK 7G3	❻ UB6 AHJ 5H10	❼ UJ4 AEH 6E12	❽ UK9 AFG 6F1			
3月	❾ UG1 GCF 5C9	❿ UH12 BDE 7D4	❶ ZE10 KAD 4A6	❷ ZF3 EBC 8B7	❸ ZC7 JJB 3J3	❹ ZD6 JJC 9J9	❺ ZA7 HHB 5H4	❻ ZB6 BGA 7G9	❼ ZJ4 KFK 4F1	❽ ZK9 GEJ 8E12	❾ ZG1 GDH 3D10	❿ ZH12 JCG 9C3	❶ YE10 HBF 2B7	❷ YF3 BAE 10A6	❸ YC7 HKD 1K4	❹ YD6 EJC 11J9	❺ YA7 JHB 3H4	❻ YB6 GGA 9G9	❼ YJ4 JFK 2F1	❽ YK9 BEJ 10E12	❾ YG1 HDH 1D10	❿ YH12 GCG 11C3	❶ XE10 GBF 12B7	❷ XF3 GAE 12A6	❸ XC7 CKD 11K4	❹ XD6 HJA 1J9	❺ XA7 FHK 1H4	❻ XB6 AGJ 11G9	❼ XJ4 EFH 12F1	❽ XK9 EEG 12E12	❾ XG1 GDF 11D10
4月	❿ XH12 FCE 1C3	❶ WE10 DBD 10B7	❷ WF3 EAC 2A6	❸ WC7 EKB 9K4	❹ WD6 EJC 3B8	❺ WA7 DHB 11J5	❻ WB6 HGA 1K8	❼ WJ4 DFK 10G2	❽ WK9 CEJ 2H11	❾ WG1 GDH 9E11	❿ WH12 CCG 3F2	❶ VE10 BBF 8C8	❷ VF3 HAE 4D5	❸ VC7 DKD 7A5	❹ VD6 JGC 5B8	❺ VA7 EFB 9J5	❻ VB6 CEA 3K8	❼ VJ4 JJK 8G2	❽ VK9 DKJ 4H11	❾ VG1 BGH 7E11	❿ VH12 GHG 5F2	❶ UE10 AEF 6C8	❷ UF3 AFE 6D5	❸ UC7 CCD 5A5	❹ UD6 BDA 7B8	❺ UA7 KAK 7J5	❻ UB6 ABJ 5K8	❼ UJ4 AJH 6G2	❽ UK9 AKG 6H11	❾ UG1 GGF 5E11	
5月	❿ UH12 BHE 7F2	❶ ZE10 KED 4C8	❷ ZF3 EFC 8D5	❸ ZC7 JCB 3A5	❹ ZD6 JDA 9B8	❺ ZA7 HAB 5K6	❻ ZB6 BBA 7J7	❼ ZJ4 KJK 4H3	❽ ZK9 GKJ 8G10	❾ ZG1 GGH 3F12	❿ ZH12 JHG 9E1	❶ YE10 HGF 2D9	❷ YF3 BHE 10C4	❸ YC7 HED 1B6	❹ YD6 GFC 11A7	❺ YA7 JCB 3K6	❻ YB6 GDA 9J7	❼ YJ4 DAK 2H3	❽ YK9 BBJ 10G10	❾ YG1 HJH 1F12	❿ YH12 GFG 11E1	❶ XE10 GCF 12D9	❷ XF3 GDE 12C4	❸ XC7 CAD 11B6	❹ XD6 HBC 1A7	❺ XA7 FJK 1K6	❻ XB6 AKJ 11J7	❼ XJ4 EGH 12H3	❽ XK9 EHG 12G10	❾ XG1 GEF 11F12	❿ XH12 FFE 1E1
6月	❶ WE10 DCD 10D9	❷ WF3 EDC 2C4	❸ WC7 EAB 9B6	❹ WD6 EBA 3A7	❺ WA7 AJK 11K6	❻ WB6 HAA 1B6	❼ WJ4 DKK 10J4	❽ WK9 CJJ 2K9	❾ WG1 GHH 9G1	❿ WH12 CGG 3H12	❶ VE10 BFF 8E10	❷ VF3 HEE 4F3	❸ VC7 DDD 7C7	❹ VD6 ACC 5D6	❺ VA7 ABB 9A7	❻ VB6 CAA 3B6	❼ VJ4 HKK 8J4	❽ VK9 FJJ 4K9	❾ VG1 BHH 7G1	❿ VH12 GGG 5H12	❶ UE10 AFF 6E10	❷ UF3 AEE 6F3	❸ UC7 CDD 5C7	❹ UD6 BCC 7D6	❺ UA7 BBB 7A7	❻ UB6 AJJ 5B6	❼ UJ4 AHH 6J4	❽ UK9 AGG 6K9	❾ UG1 GFF 5G1	❿ UH12 BEE 7H12	
7月	❶ ZE10 KDD 4E10	❷ ZF3 ECC 8F3	❸ ZC7 JBB 3C7	❹ ZD6 JAA 9D6	❺ ZA7 AKK 5A7	❻ ZB6 KJJ 7B6	❼ ZJ4 KHK 4K5	❽ ZK9 GGJ 8J8	❾ ZG1 GFH 3H2	❿ ZH12 JEG 9G11	❶ YE10 HDF 2F11	❷ YF3 BCE 10E2	❸ YC7 HBD 1D8	❹ YD6 GAC 11C5	❺ YA7 JKB 3B8	❻ YB6 GJA 9A5	❼ YJ4 DFK 2K5	❽ YK9 BEJ 10J8	❾ YG1 HDH 1H2	❿ YH12 GGG 11G11	❶ XE10 GFF 12F11	❷ XF3 GEE 12E2	❸ XC7 CDD 11D8	❹ XD6 HCC 1C5	❺ XA7 FBB 1B8	❻ XB6 AAA 11A5	❼ XJ4 EKH 12K5	❽ XK9 EJG 12J8	❾ XG1 GHF 11H2	❿ XH12 FGE 1G11	❶ WE10 DFD 10F11
8月	❷ WF3 EEC 2E2	❸ WC7 EDB 9D8	❹ WD6 ECA 3C5	❺ WA7 ABK 11B8	❻ WB6 FAJ 1A5	❼ WJ4 DKH 10K5	❽ WK9 JJG 2J8	❾ WG1 GGH 9J3	❿ WH12 CHG 3K10	❶ VE10 BEF 8G12	❷ VF3 FFE 4H1	❸ VC7 DCD 7E9	❹ VD6 ADC 5F4	❺ VA7 AAB 9C9	❻ VB6 CBA 3D4	❼ VJ4 BJK 8A6	❽ VK9 FKJ 4B7	❾ VG1 BGH 7J3	❿ VH12 JBG 5K10	❶ UE10 CJF 6G12	❷ UF3 AKE 6H1	❸ UC7 CED 5E9	❹ UD6 BFC 7F4	❺ UA7 BCB 7C9	❻ UB6 ADA 5D4	❼ UJ4 AAK 6A6	❽ UK9 ABJ 6B7	❾ UG1 GJF 5J3	❿ UH12 BKE 7K10	❶ ZE10 KGD 4G12	❷ ZF3 EHC 8H1
9月	❸ ZC7 JEB 3E9	❹ ZD6 JFA 9F4	❺ ZA7 ACK 5C9	❻ ZB6 KDJ 7D4	❼ ZJ4 HAH 4A6	❽ ZK9 JBG 8B7	❾ ZG1 JJF 3J3	❿ ZH12 JJG 9J9	❶ YE10 HHF 2H1	❷ YF3 BGE 10G12	❸ YC7 HFD 1F10	❹ YD6 GEC 11E3	❺ YA7 ADB 3D10	❻ YB6 GCA 9C3	❼ YJ4 FBK 2B7	❽ YK9 BAJ 10A6	❾ YG1 HKH 1K4	❿ YH12 CJG 11J9	❶ XE10 JHF 12H1	❷ XF3 GGE 12G12	❸ XC7 CFD 11F10	❹ XD6 HEC 1E3	❺ XA7 FDB 1D10	❻ XB6 ACA 11C3	❼ XJ4 EBK 12B7	❽ XK9 EAJ 12A6	❾ XG1 GKH 11K4	❿ XH12 FJE 1J9	❶ WE10 DHD 10H1	❷ WF3 EGC 2G12	
10月	❸ WC7 EFB 9F10	❹ WD6 EEA 3E3	❺ WA7 ADK 11D10	❻ WB6 FCJ 1C3	❼ WJ4 DBH 10B7	❽ WK9 JAG 2A6	❾ WG1 CKF 9K4	❿ WH12 CJE 3J9	❶ VE10 BHF 8J2	❷ VF3 FGE 4K11	❸ VC7 DFD 7G11	❹ VD6 AEC 5H2	❺ VA7 ADB 9E11	❻ VB6 CCA 3F2	❼ VJ4 BBK 8C8	❽ VK9 FAJ 4D5	❾ VG1 BKH 7A5	❿ VH12 AJG 5B8	❶ UE10 CDF 6J2	❷ UF3 ACE 6K11	❸ UC7 HBD 5G11	❹ UD6 FDC 7H2	❺ UA7 BAB 7E11	❻ UB6 ABA 5F2	❼ UJ4 AJK 6C8	❽ UK9 AKJ 6D5	❾ UG1 GGH 5A5	❿ UH12 BHG 7B8	❶ ZE10 KED 4J2	❷ ZF3 EFC 8K11	❸ ZC7 JCB 3G11
11月	❹ ZD6 JDA 9H2	❺ ZA7 AAK 5E11	❻ ZB6 KBJ 7F2	❼ ZJ4 HJH 4C8	❽ ZK9 JKG 8D5	❾ ZG1 JGF 3A5	❿ ZH12 JHE 9B8	❶ YE10 HAF 2K3	❷ YF3 BBE 10J10	❸ YC7 HJD 1H12	❹ YD6 GKC 11G1	❺ YA7 AGB 3F12	❻ YB6 GHA 9E1	❼ YJ4 FEK 2D9	❽ YK9 BFJ 10C4	❾ YG1 HCH 1B6	❿ YH12 EDG 11A7	❶ XE10 EAF 12K3	❷ XF3 GBE 12J10	❸ XC7 BJD 11H12	❹ XD6 HHC 1G1	❺ XA7 FEB 1F12	❻ XB6 AFA 11E1	❼ XJ4 ECK 12D9	❽ XK9 EDJ 12C4	❾ XG1 GAH 11B6	❿ XH12 FBG 1A7	❶ WE10 DJD 10K3	❷ WF3 EKC 2J10	❸ WC7 EGB 9H12	
12月	❹ WD6 EHA 3G1	❺ WA7 AEK 11F12	❻ WB6 FFJ 1E1	❼ WJ4 DCH 10D9	❽ WK9 JDG 2C4	❾ WG1 CAF 9B6	❿ WH12 CAG 3D6	❶ VE10 BKF 8A4	❷ VF3 FJE 4B9	❸ VC7 DHD 7J1	❹ VD6 AGC 5K12	❺ VA7 AFB 9G1	❻ VB6 CEA 3H12	❼ VJ4 BDK 8E10	❽ VK9 FCJ 4F3	❾ VG1 BBH 7C7	❿ VH12 JAG 5D6	❶ UE10 CKF 6A4	❷ UF3 AJE 6B9	❸ UC7 CHD 5J1	❹ UD6 FGC 7K12	❺ UA7 BFB 7G1	❻ UB6 AEA 5H12	❼ UJ4 ADK 6E10	❽ UK9 ACJ 6F3	❾ UG1 GBH 5C7	❿ UH12 BAE 7D6	❶ ZE10 KKD 4A4	❷ ZF3 EJC 8B9	❸ ZC7 JHB 3J1	❹ ZD6 JGA 9K12

1979年（民國68年）

1979年	1日	2日	3日	4日	5日	6日	7日	8日	9日	10日	11日	12日	13日	14日	15日	16日
1月	❺ ZA7 AFK 5G1	❻ ZB6 KEJ 7H12	❼ ZJ4 HDH 4E10	❽ ZK9 JCG 8F3	❾ ZG1 JBF 3C7	❿ ZH12 JAG 9C5	❶ YE10 HKF 2B5	❷ YF3 BJE 10A8	❸ YC7 HHD 1K2	❹ YD6 GGC 11J11	❺ YA7 AFB 3H2	❻ YB6 GEA 9G11	❼ YJ4 FDK 2F11	❽ YK9 BCJ 10E2	❾ YG1 HBH 1D8	❿ YH12 CJG 11C5
2月	❻ WB6 FAJ 1G11	❼ WJ4 DKH 10F11	❽ WK9 JJG 2E2	❾ WH2 GGF 9E9	❿ WG11 CHE 3F4	❶ VF11 BED 8C6	❷ VE2 FFC 4D7	❸ VD8 DCB 7A3	❹ VC5 ADA 5B10	❺ VB8 AAK 9J3	❻ VA5 CBJ 3K10	❼ VK5 BGH 8G12	❽ VJ8 FHG 4H1	❾ VH2 BED 7E9	❿ VG11 JFC 5F4	❶ UF11 CCB 6C6
3月	❹ ZC5 JKC 9B10	❺ ZB8 AGB 5J3	❻ ZA5 KHA 7K10	❼ ZK5 HEK 4G12	❽ ZJ8 JFJ 8H1	❾ ZH2 GDF 3F10	❿ ZG11 JCE 9E3	❶ YF11 HBD 2D7	❷ YE2 BAC 10C6	❸ YD8 HKB 1B4	❹ YC5 GJA 11A9	❺ YB8 AHK 3K4	❻ YA5 GGJ 9J9	❼ YK5 FFH 2H1	❽ YJ8 BEG 10G12	❾ YH2 HDD 1F10
4月	❺ WB8 AHB 11K4	❻ WA5 FGA 1J9	❼ WK5 DFK 10H1	❽ WJ8 JEJ 2G12	❾ WH2 GDF 9G11	❿ WG11 CCE 3H2	❶ VF11 BBD 8E8	❷ VE2 FAC 4F5	❸ VD8 DKB 7C5	❹ VC5 AJA 5D8	❺ VB8 AHK 9A5	❻ VA5 CGJ 3B8	❼ VK5 BFH 8J2	❽ VJ8 FEG 4K11	❾ VH2 BBD 7G11	❿ VG11 JAC 5H2
5月	❺ ZB8 AAB 5A5	❻ ZA5 KBA 7B8	❼ ZK5 HJK 4J2	❽ ZJ8 JKJ 8K11	❾ ZH2 JGH 3G11	❿ ZG11 JHE 9G1	❶ YF11 HED 2F9	❷ YE2 BFC 10E4	❸ YD8 HCB 1D6	❹ YC5 GDA 11C7	❺ YB8 AAK 3B6	❻ YA5 GDJ 9A7	❼ YK5 FAH 2K3	❽ YJ8 BBG 10J10	❾ YH2 HJF 1H12	❿ YG11 CKC 11G1
6月	❻ WA5 FKA 1A7	❼ WK5 DGK 10K3	❽ WJ8 JHJ 2J10	❾ WH2 CEH 9H12	❿ WG11 CFG 3G1	❶ VF11 BFD 8G10	❷ VE2 FEC 4H3	❸ VD8 DDB 7E7	❹ VC5 ACA 5F6	❺ VB8 ABK 9C7	❻ VA5 CAJ 3D6	❼ VK5 BKH 8A4	❽ VJ8 FJG 4B9	❾ VH2 BHF 7J1	❿ VG11 AGE 5K12	❶ UF11 CFB 6G10
7月	❻ ZA5 KJA 7D6	❼ ZK5 HHK 4A4	❽ ZJ8 JGJ 8B9	❾ ZH2 JFH 3J1	❿ ZG11 JEG 9K12	❶ YF11 EDF 2G10	❷ YE2 KCE 10H3	❸ YD8 HBB 1F8	❹ YC5 GAA 11E5	❺ YB8 AKK 3D8	❻ YA5 GJJ 9C5	❼ YK5 FHH 2B5	❽ YJ8 KGG 10A8	❾ YH2 HFF 1K2	❿ YG11 EEE 11J11	❶ XF11 EDD 12H11
8月	❼ WK5 DKK 10B5	❽ WJ8 JJJ 2A8	❾ WH2 CHH 9K2	❿ WG11 CGG 3J11	❶ VF11 EFF 8H11	❷ VE2 DEE 4G2	❸ VD8 BDD 7F8	❹ VC5 ADA 5H4	❺ VB8 AAK 9E9	❻ VA5 CBJ 3F4	❼ VK5 BJH 8C6	❽ VJ8 FKG 4D7	❾ VH2 BGF 7A3	❿ VG11 AHE 5B10	❶ UF11 EED 6J12	❷ UE2 AFC 6K1
9月	❽ ZJ8 JBJ 8D7	❾ ZH2 JJH 3A3	❿ ZG11 JKG 9B10	❶ YF11 EGF 2J12	❷ YE2 KHE 10K1	❸ YD8 HED 1G9	❹ YC5 CFC 11H4	❺ YB8 ADK 3F10	❻ YA5 GCJ 9E3	❼ YK5 FBH 2D7	❽ YJ8 KAG 10C6	❾ YH2 HKF 1B4	❿ YG11 EJE 11A9	❶ XF11 EHD 12K1	❷ XE2 GGC 12J12	❸ XD8 FFB 11H10
10月	❽ WJ8 JAJ 2C6	❾ WH2 CKH 9B4	❿ WG11 CJG 3A9	❶ VF11 EHF 8K1	❷ VE2 DGE 4J12	❸ VD8 BFD 7H10	❹ VC5 CEC 5G3	❺ VB8 CDB 9F10	❻ VA5 CCJ 3H2	❼ VK5 BBH 8E8	❽ VJ8 FAG 4F5	❾ VH2 BKF 7C5	❿ VG11 AJE 5D8	❶ UF11 EHD 6A2	❷ UE2 AGC 6B11	❸ UD8 KFB 5J11
11月	❾ ZH2 JGH 3C5	[illegible] ZG11 JHG 9D8	❶ YF11 EEF 2A2	❷ YE2 KFE 10B11	❸ YD8 HCD 1J11	❹ YC5 CDC 11K2	❺ YB8 GAB 3G11	❻ YA5 GHJ 9G1	❼ YK5 FEH 2F9	❽ YJ8 KFG 10E4	❾ YH2 HCF 1D6	❿ YG11 EDE 11C7	❶ XF11 EAD 12B3	❷ XE2 GBC 12A10	❸ XD8 FJB 11K12	❹ XC5 KKA 1J1
12月	❾ WH2 CAH 9D6	❿ WG11 CBG 3C7	❶ VF11 EJF 8B3	❷ VE2 DKE 4A10	❸ VD8 BGD 7K12	❹ VC5 CHC 5J1	❺ VB8 CEB 9H12	❻ VA5 CEJ 3K12	❼ VK5 BDH 8G10	❽ VJ8 FCG 4H3	❾ VH2 BBF 7E7	❿ VG11 AAE 5F6	❶ UF11 EKD 6C4	❷ UE2 AJC 6D9	❸ UD8 KHB 5A1	❹ UC5 FGA 7B12

1979年	17日	18日	19日	20日	21日	22日	23日	24日	25日	26日	27日	28日	29日	30日	31日
1月	❶ XE10 JHF 12B5	❷ XF3 GGE 12A8	❸ XC7 CDD 11K2	❹ XD6 HCC 1J11	❺ XA7 FBB 1H2	❻ XB6 AAA 11G11	❼ XJ4 EKK 12F11	❽ XK9 EJJ 12E2	❾ XG1 GHH 11D8	❿ XH12 FGE 1C5	❶ WE10 DFD 10B5	❷ WF3 EEC 2A8	❸ WC7 EDB 9K2	❹ WD6 ECA 3J11	❺ WA7 ABK 11H2
2月	❷ UE2 ADE 6D7	❸ UD8 CAD 5A3	❹ UC5 BKC 7B10	❺ UB8 BGB 7J3	❻ UA5 AHA 5K10	❼ UK5 AEK 6G12	❽ UJ8 AFJ 6H1	❾ UH2 GCH 5E9	❿ UG11 BDG 7F4	❶ ZF11 KAF 4C6	❷ ZE2 EBE 8D7	❸ ZD8 JJD 3A3			
3月	❿ YG11 CCC 11E3	❶ XF11 JBB 12D7	❷ XE2 GAE 12C6	❸ XD8 CKD 11B4	❹ XC5 HJC 1A9	❺ XB8 FHB 1K4	❻ XA5 AGA 11J9	❼ XK5 EFK 12H1	❽ XJ8 EEJ 12G12	❾ XH2 GDH 11F10	❿ XG11 FCG 1E3	❶ WF11 DBF 10D7	❷ WE2 EAE 2C6	❸ WD8 EKD 9B4	❹ WC5 EJC 3A9
4月	❶ UF11 CKB 6E8	❷ UE2 AFE 6F5	❸ UD8 CCD 5C5	❹ UC5 BDC 7D8	❺ UB8 BAB 7A5	❻ UA5 ABA 5B8	❼ UK5 AJK 6J2	❽ UJ8 AKJ 6K11	❾ UH2 GGH 5G11	❿ UG11 BHG 7H2	❶ ZF11 KEF 4E8	❷ ZE2 EFE 8F5	❸ ZD8 JCD 3C5	❹ ZC5 JDC 9D8	
5月	❶ XF11 JGB 12F9	❷ XE2 GHA 12E4	❸ XD8 CED 11D6	❹ XC5 HFC 1C7	❺ XB8 FJB 1B6	❻ XA5 AKA 11A7	❼ XK5 EGK 12K3	❽ XJ8 EHJ 12J10	❾ XH2 GEH 11H12	❿ XG11 FFG 1G1	❶ WF11 DCF 10F9	❷ WE2 EDE 2E4	❸ WD8 EAD 9D6	❹ WC5 EBC 3C7	❺ WB8 AJB 11B6
6月	❷ UE2 AEA 6H3	❸ UD8 HDK 5E7	❹ UC5 FCC 7F6	❺ UB8 BBB 7C7	❻ UA5 AAA 5D6	❼ UK5 AKK 6A4	❽ UJ8 AJJ 6B9	❾ UH2 GHH 5J1	❿ UG11 BGG 7K12	❶ ZF11 KDF 4G10	❷ ZE2 ECE 8H3	❸ ZD8 JBD 3E7	❹ ZC5 JAC 9F6	❺ ZB8 AKB 5C7	
7月	❷ XE2 GCC 12G2	❸ XD8 BKK 11F8	❹ XC5 KJJ 1E5	❺ XB8 FHH 1D8	❻ XA5 AAA 11C5	❼ XK5 GKK 12B5	❽ XJ8 EJJ 12A8	❾ XH2 GHH 11K2	❿ XG11 FGG 1J11	❶ WF11 FFF 10H11	❷ WE2 EEE 2G2	❸ WD8 EDD 9F8	❹ WC5 ECC 3E5	❺ WB8 ABB 11D8	❻ WA5 FAA 1C5
8月	❸ UD8 KCB 5G9	❹ UC5 FDJ 7H4	❺ UB8 BEH 7E9	❻ UA5 GFG 5F4	❼ UK5 CCK 6C6	❽ UJ8 ABJ 6D7	❾ UH2 GJH 5A3	❿ UG11 BKG 7B10	❶ ZF11 KGF 4J12	❷ ZE2 EHE 8K1	❸ ZD8 JED 3G9	❹ ZC5 JFC 9H4	❺ ZB8 ACB 5E9	❻ ZA5 KDA 7F4	❼ ZK5 HAK 4C6
9月	❹ XC5 KEA 1G3	❺ XB8 FDH 1F10	❻ XA5 CCG 11E3	❼ XK5 GBF 12D7	❽ XJ8 EAJ 12C6	❾ XH2 GKH 11B4	❿ XG11 FJG 1A9	❶ WF11 FHF 10K1	❷ WE2 EGE 2J12	❸ WD8 EFD 9H10	❹ WC5 EEC 3G3	❺ WB8 ADB 11F10	❻ WA5 FCA 1E3	❼ WK5 DBK 10D7	
10月	❹ UC5 FEA 7K2	❺ UB8 BDK 7G11	❻ UA5 GJG 5H2	❼ UK5 CHF 6E8	❽ UJ8 AGE 6F5	❾ UH2 GGH 5C5	❿ UG11 BHG 7D8	❶ ZF11 KEF 4A2	❷ ZE2 EFE 8B11	❸ ZD8 JCD 3J11	❹ ZC5 JDC 9K2	❺ ZB8 AAB 5G11	❻ ZA5 KBA 7H2	❼ ZK5 HJK 4E8	❽ ZJ8 JKJ 8F5
11月	❺ XB8 FGK 1H12	❻ XA5 CHG 11G1	❼ XK5 GEF 12F9	❽ XJ8 EFE 12E4	❾ XH2 GAH 11D6	❿ XG11 KBG 1C7	❶ WF11 FJF 10B3	❷ WE2 EKE 2A10	❸ WD8 EGD 9K12	❹ WC5 EHC 3J1	❺ WB8 AEB 11H12	❻ WA5 FFA 1G1	❼ WK5 DCK 10F9	❽ WJ8 JDJ 2E4	
12月	❺ UB8 BFK 7J1	❻ UA5 GEG 5K12	❼ UK5 CDF 6G10	❽ UJ8 ACE 6H3	❾ UH2 GBH 5E7	❿ UG11 BAG 7F6	❶ ZF11 KKF 4C4	❷ ZE2 EJE 8D9	❸ ZD8 JHD 3A1	❹ ZC5 JGC 9B12	❺ ZB8 AFB 5J1	❻ ZA5 KEA 7K12	❼ ZK5 HDK 4G10	❽ ZJ8 JCJ 8H3	❾ ZH2 JBH 3E7

1980年（民國69年）

1980年	1日	2日	3日	4日	5日	6日	7日	8日	9日	10日	11日	12日	13日	14日	15日	16日	17日	18日	19日	20日	21日	22日	23日	24日	25日	26日	27日	28日	29日	30日	31日
1月	❿ ZG11 JAG 9F6	❶ YF11 EKF 2C4	❷ YE2 KJE 10D9	❸ YD8 HHD 1A1	❹ YC5 CGC 11B12	❺ YB8 AFK 3K2	❻ YA5 GEJ 9J11	❼ YK5 FDH 2H11	❽ YJ8 KCG 10G2	❾ YH2 HBF 1F8	❿ YG11 EAE 11E5	❶ XF11 EKD 12D5	❷ XE2 GJC 12C8	❸ XD8 FHB 11B2	❹ XC5 KGA 1A11	❺ XB8 FDH 1K2	❻ XA5 CCG 11J11	❼ XK5 GBF 12H11	❽ XJ8 EJJ 12G2	❾ XH2 GHH 11F8	❿ XG11 FGG 1E5	❶ WF11 FFF 10D5	❷ WE2 EEE 2C8	❸ WD8 EDD 9B2	❹ WC5 ECC 3A11	❺ WB8 ABB 11K2	❻ WA5 FAA 1J11	❼ WK5 DKK 10H11	❽ WJ8 JJJ 2G2	❾ WH2 CHH 9F8	❿ WG11 CGG 3E5
2月	❶ VF11 EFF 8D5	❷ VE2 DEE 4C8	❸ VD8 BDD 7B2	❹ VC5 CCC 5A11	❺ VC9 AAA 9A3	❻ VD4 CBB 3B10	❼ VA6 BJJ 8J12	❽ VB7 FKK 4K1	❾ VJ3 BGG 7G9	❿ VK10 AHH 5H4	❶ UG12 EEE 6E6	❷ UH1 AFF 6F7	❸ UE9 KAC 5C3	❹ UF4 FBD 7D10	❺ UC9 BJA 7A3	❻ UD4 GKF 5B10	❼ UA6 CGC 6J12	❽ UB7 AHD 6K1	❾ UJ3 GEJ 5G9	❿ UK10 BDK 7H4	❶ ZG12 KAG 4E6	❷ ZH1 EBH 8F7	❸ ZE9 JJE 3C3	❹ ZF4 JKF 9D10	❺ ZC9 AGC 5A3	❻ ZD4 KHD 7B10	❼ ZA6 HEA 4J12	❽ ZB7 JFB 8K1	❾ ZJ3 JCJ 3G9		
3月	❿ ZK10 JDK 9H4	❶ YG12 EAG 2E6	❷ YH1 KBH 10F7	❸ YE9 HJE 1C3	❹ YF4 GJD 11C9	❺ YC9 AHA 3B4	❻ YD4 GGB 9A9	❼ YA6 FFJ 2K1	❽ YB7 KEK 10J12	❾ YJ3 HDG 1H10	❿ YK10 ECH 11G3	❶ XG12 EBE 12F7	❷ XH1 GAF 12E6	❸ XE9 FKC 11D4	❹ XF4 KJD 1C9	❺ XC9 FHE 1B4	❻ XD4 CGF 11A9	❼ XA6 GFC 12K1	❽ XB7 EEB 12J12	❾ XJ3 GDJ 11H10	❿ XK10 FCK 1G3	❶ WG12 FBG 10F7	❷ WH1 EAH 2E6	❸ WE9 EKE 9D4	❹ WF4 EJF 3C9	❺ WC9 AHC 11B4	❻ WD4 FGD 1A9	❼ WA6 DFA 10K1	❽ WB7 JEB 2J12	❾ WJ3 CDJ 9H10	❿ WK10 CCK 3G3
4月	❶ VG12 EBG 8F7	❷ VH1 DAH 4E6	❸ VE9 BKE 7D4	❹ VF4 CJF 5C9	❺ VC9 AHA 9C5	❻ VD4 CGB 3D8	❼ VA6 BFJ 8A2	❽ VB7 FEK 4B11	❾ VJ3 BDG 7J11	❿ VK10 ACH 5K2	❶ UG12 EBE 6G8	❷ UH1 AAF 6H5	❸ UE9 KKC 5E5	❹ UF4 FJD 7F8	❺ UC9 BFA 7C5	❻ UD4 GEF 5D8	❼ UA6 CDC 6A2	❽ UB7 AKD 6B11	❾ UJ3 GGJ 5J11	❿ UK10 BHK 7K2	❶ ZG12 KEG 4G8	❷ ZH1 EFH 8H5	❸ ZE9 JCE 3E5	❹ ZF4 JDF 9F8	❺ ZC9 AAC 5C5	❻ ZD4 KBD 7D8	❼ ZA6 HJA 4A2	❽ ZB7 JKB 8B11	❾ ZJ3 JGJ 3J11	❿ ZK10 JHK 9K2	
5月	❶ YG12 EEG 2G8	❷ YH1 KFH 10H5	❸ YE9 HCE 1E5	❹ YF4 CDF 11F8	❺ YC9 AAA 3D6	❻ YD4 GBB 9C7	❼ YA6 FJJ 2B3	❽ YB7 KKK 10A10	❾ YJ3 HGG 1K12	❿ YK10 EHH 11J1	❶ XG12 EGE 12H9	❷ XH1 GHF 12G4	❸ XE9 FEC 11F6	❹ XF4 KFD 1E7	❺ XC9 FCA 1D6	❻ XD4 CDF 11C7	❼ XA6 GAC 12B3	❽ XB7 EBD 12A10	❾ XJ3 GJJ 11K12	❿ XK10 FFK 1J1	❶ WG12 FCG 10H9	❷ WH1 EDH 2G4	❸ WE9 EAE 9F6	❹ WF4 EBF 3E7	❺ WC9 AJC 11D6	❻ WD4 FKD 1C7	❼ WA6 DGA 10B3	❽ WB7 JHB 2A10	❾ WJ3 CEJ 9K12	❿ WK10 CFK 3J1	❶ VG12 ECG 8H9
6月	❷ VH1 DDH 4G4	❸ VE9 BAE 7F6	❹ VF4 CBF 5E7	❺ VC9 CJC 9D6	❻ VD4 CAB 3F6	❼ VA6 BKJ 8C4	❽ VB7 FJK 4D9	❾ VJ3 BHG 7A1	❿ VK10 AGH 5B12	❶ UG12 EFE 6J10	❷ UH1 AEF 6K3	❸ UE9 KDC 5G7	❹ UF4 FCD 7H6	❺ UC9 BBA 7E7	❻ UD4 GAB 5F6	❼ UA6 CKC 6C4	❽ UB7 AJD 6D9	❾ UJ3 GHA 5A1	❿ UK10 BGK 7B12	❶ ZG12 KFG 4J10	❷ ZH1 EEH 8K3	❸ ZE9 JDE 3G7	❹ ZF4 JCF 9H6	❺ ZC9 ABC 5E7	❻ ZD4 KJD 7F6	❼ ZA6 HHA 4C4	❽ ZB7 JGB 8D9	❾ ZJ3 JFJ 3A1	❿ ZK10 JEK 9B12	❶ YG12 EDG 2J10	
7月	❷ YH1 KCH 10K3	❸ YE9 HBE 1G7	❹ YF4 CAF 11H6	❺ YC9 GKC 3E7	❻ YD4 GJD 9F6	❼ YA6 JHA 2C4	❽ YB7 KGK 10C8	❾ YJ3 HFG 1B2	❿ YK10 EEH 11A11	❶ XG12 EDE 12K11	❷ XH1 GCF 12J2	❸ XE9 FBC 11H8	❹ XF4 KAD 1G5	❺ XC9 FKA 1F8	❻ XD4 EJB 11E5	❼ XA6 GHJ 12D5	❽ XB7 EEK 12C8	❾ XJ3 BDA 11B2	❿ XK10 KCB 1A11	❶ WG12 FFJ 10K11	❷ WH1 EEH 2J2	❸ WE9 EDE 9H8	❹ WF4 ECF 3G5	❺ WC9 ABC 11F8	❻ WD4 FAD 1E5	❼ WA6 DKA 10D5	❽ WB7 JJB 2C8	❾ WJ3 CHJ 9B2	❿ WK10 CGK 3A11	❶ VG12 EFG 8K11	❷ VH1 DEH 4J2
8月	❸ VE9 BDE 7H8	❹ VF4 CCF 5G5	❺ VC9 CBC 9F8	❻ VD4 CAD 3E5	❼ VA6 JKA 8D5	❽ VB7 DJB 4C8	❾ VJ3 BGG 7C3	❿ VK10 AHH 5D10	❶ UG12 EEE 6A12	❷ UH1 AFF 6B1	❸ UE9 KCC 5J9	❹ UF4 DDD 7K4	❺ UC9 BAA 7G9	❻ UD4 JBB 5H4	❼ UA6 JJJ 6E6	❽ UB7 AKK 6F7	❾ UJ3 FGG 5C3	❿ UK10 DBB 7D10	❶ ZG12 KJJ 4A12	❷ ZH1 EKK 8B1	❸ ZE9 AEE 3J9	❹ ZF4 JFF 9K4	❺ ZC9 ACC 5G9	❻ ZD4 KDD 7H4	❼ ZA6 KAA 4E6	❽ ZB7 JBB 8F7	❾ ZJ3 JJJ 3C3	❿ ZK10 JKK 9D10	❶ YG12 EGG 2A12	❷ YH1 KHH 10B1	❸ YE9 HEE 1J9
9月	❹ YF4 CFF 11K4	❺ YC9 GCC 3G9	❻ YD4 GDD 9H4	❼ YA6 JAA 2E6	❽ YB7 HBB 10F7	❾ YJ3 FJJ 1C3	❿ YK10 EJH 11C9	❶ XG12 EHE 12B1	❷ XH1 GGF 12A12	❸ XE9 FFC 11K10	❹ XF4 KED 1J3	❺ XC9 FDA 1H10	❻ XD4 ECB 11G3	❼ XA6 JBJ 12F7	❽ XB7 EAK 12E6	❾ XJ3 DKG 11D4	❿ XK10 KJH 1C9	❶ WG12 FHJ 10B1	❷ WH1 AGK 2A12	❸ WE9 GFG 9K10	❹ WF4 EEF 3J3	❺ WC9 ADC 11H10	❻ WD4 FCD 1G3	❼ WA6 DBA 10F7	❽ WB7 JAB 2E6	❾ WJ3 CKJ 9D4	❿ WK10 CJK 3C9	❶ VG12 EHG 8B1	❷ VH1 DGH 4A12	❸ VE9 BFE 7K10	
10月	❹ VF4 CEF 5J3	❺ VC9 CDC 9H10	❻ VD4 CCD 3G3	❼ VA6 JBA 8F7	❽ VB7 DAB 4E6	❾ VJ3 BKJ 7D4	❿ VK10 GJK 5C9	❶ UG12 EHE 6C2	❷ UH1 AGF 6D11	❸ UE9 KFC 5A11	❹ UF4 DED 7B2	❺ UC9 BDA 7J11	❻ UD4 JCB 5K2	❼ UA6 JBJ 6G8	❽ UB7 AAK 6H5	❾ UJ3 KKG 5E5	❿ UK10 DJH 7F8	❶ ZG12 KDE 4C2	❷ ZH1 GCK 8D11	❸ ZE9 ABG 3A11	❹ ZF4 JDH 9B2	❺ ZC9 AAC 5J11	❻ ZD4 KBD 7K2	❼ ZA6 KJA 4G8	❽ ZB7 JKB 8H5	❾ ZJ3 JGJ 3E5	❿ ZK10 JHK 9F8	❶ YG12 EEG 2C2	❷ YH1 KFH 10D11	❸ YE9 HCE 1A11	❹ YF4 CDF 11B2
11月	❺ YC9 GAC 3J11	❻ YD4 GBD 9K2	❼ YA6 JJA 2G8	❽ YB7 HKB 10H5	❾ YJ3 FGJ 1E5	❿ YK10 GHK 11F8	❶ XG12 EAE 12D3	❷ XH1 GBF 12C10	❸ XE9 FJC 11B12	❹ XF4 KKD 1A1	❺ XC9 FGA 1K12	❻ XD4 EHB 11J1	❼ XA6 JEJ 12H9	❽ XB7 EFK 12G4	❾ XJ3 DCG 11F6	❿ XK10 KDH 1E7	❶ WG12 FAE 10D3	❷ WH1 ABK 2C10	❸ WE9 GJG 9B12	❹ WF4 EHH 3A1	❺ WC9 AEC 11K12	❻ WD4 FFD 1J1	❼ WA6 DCA 10H9	❽ WB7 JDB 2G4	❾ WJ3 CAJ 9F6	❿ WK10 CBK 3E7	❶ VG12 EJG 8D3	❷ VH1 DKH 4C10	❸ VE9 BGE 7B12	❹ VF4 CHF 5A1	
12月	❺ VC9 CEC 9K12	❻ VD4 CFD 3J1	❼ VA6 JCA 8H9	❽ VB7 DDB 4G4	❾ VJ3 BAJ 7F6	❿ VK10 GBK 5E7	❶ UG12 EKE 6E4	❷ UH1 AJF 6F9	❸ UE9 KHC 5C1	❹ UF4 DGD 7D12	❺ UC9 BFA 7A1	❻ UD4 JEB 5B12	❼ UA6 JDJ 6J10	❽ UB7 ACK 6K3	❾ UJ3 KBG 5G7	❿ UK10 DAH 7H6	❶ ZG12 KKE 4E4	❷ ZH1 GJK 8F9	❸ ZE9 AHG 3C1	❹ ZF4 JGH 9D12	❺ ZC9 AFC 5A1	❻ ZD4 KED 7B12	❼ ZA6 KDA 4J10	❽ ZB7 JCB 8K3	❾ ZJ3 JBJ 3G7	❿ ZK10 JAK 9H6	❶ YG12 EKG 2E4	❷ YH1 KJH 10F9	❸ YE9 HHE 1C1	❹ YF4 CGF 11D12	❺ YC9 GFC 3A1

1981年	1日	2日	3日	4日	5日	6日	7日	8日	9日	10日	11日	12日	13日	14日	15日	16日
1月	❻ YD4 GED 9B12	❼ YA6 JDA 2J10	❽ YB7 HCB 10K3	❾ YJ3 FBJ 1G7	❿ YK10 EAH 11G5	❶ XG12 EKE 12F5	❷ XH1 GJF 12E8	❸ XE9 FHC 11D2	❹ XF4 KGD 1C11	❺ XC9 FFA 1B2	❻ XD4 EEB 11A11	❼ XA6 JDJ 12K11	❽ XB7 ECK 12J2	❾ XJ3 DBG 11H8	❿ XK10 KJH 1G5	❶ WG12 FHJ 10F5
2月	❼ VA6 JKA 8K11	❽ VB7 DJB 4J2	❾ VJ3 BHJ 7H8	❿ VJ9 AHJ 5K4	❶ UH1 EEH 6G6	❷ UG12 AFG 6H7	❸ UF10 KCF 5E3	❹ UE3 DDE 7F10	❺ UD10 BAD 7C3	❻ UC3 JBC 5D10	❼ UB7 JJB 6A12	❽ UA6 AHA 6B1	❾ UK4 KEK 5J9	❿ UJ9 DFJ 7K4	❶ ZH1 KCH 4G6	❷ ZG12 GDG 8H7
3月	❺ YD10 GGD 3C3	❻ YC3 GHC 9D10	❼ YB7 JEB 2A12	❽ YA6 HFA 10B1	❾ YK4 FCK 1J9	❿ YJ9 ECJ 11J3	❶ XH1 EBH 12H7	❷ XG12 GAG 12G6	❸ XF10 FKF 11F4	❹ XE3 KJE 1E9	❺ XD10 FHD 1D4	❻ XC3 EGC 11C9	❼ XB7 JFB 12B1	❽ XA6 EEA 12A12	❾ XK4 DDK 11K10	❿ XJ9 KCJ 1J3
4月	❻ VC3 CGC 3C9	❼ VB7 JFB 8B1	❽ VA6 DEA 4A12	❾ VK4 BDK 7K10	❿ VJ9 ACJ 5B2	❶ UH1 EBH 6J8	❷ UG12 AAG 6K5	❸ UF10 KKF 5G5	❹ UE3 DJE 7H8	❺ UD10 BHD 7E5	❻ UC3 JGC 5F8	❼ UB7 JFB 6C2	❽ UA6 AEA 6D11	❾ UK4 KDK 5A11	❿ UJ9 DAJ 7B2	❶ ZH1 KKH 4J8
5月	❻ YC3 GBC 9F8	❼ YB7 JJB 2C2	❽ YA6 HKA 10D11	❾ YK4 FGK 1A11	❿ YJ9 EHJ 11A1	❶ XH1 EEH 12K9	❷ XG12 GFG 12J4	❸ XF10 FCF 11H6	❹ XE3 KDE 1G7	❺ XD10 FAD 1F6	❻ XC3 EDC 11E7	❼ XB7 JAB 12D3	❽ XA6 EBA 12C10	❾ XK4 DJK 11B12	❿ XJ9 KKJ 1A1	❶ WH1 FGH 10K9
6月	❼ VB7 JGB 8D3	❽ VA6 DHA 4C10	❾ VK4 BEK 7B12	❿ VJ9 GFJ 5A1	❶ UH1 ACH 6K9	❷ UG12 AEG 6B3	❸ UF10 KDF 5J7	❹ UE3 DCE 7K6	❺ UD10 BBD 7G7	❻ UC3 JAC 5H6	❼ UB7 JKB 6E4	❽ UA6 AJA 6F9	❾ UK4 KHK 5C1	❿ UJ9 DGJ 7D12	❶ ZH1 KFH 4A10	❷ ZG12 GEG 8B3
7月	❼ YB7 JHB 2E4	❽ YA6 HGA 10F9	❾ YK4 FFK 1C1	❿ YJ9 GEJ 11D12	❶ XH1 GDH 12A10	❷ XG12 GCG 12B3	❸ XF10 FBF 11K8	❹ XE3 KAE 1J5	❺ XD10 FKD 1H8	❻ XC3 EJC 11G5	❼ XB7 JHB 12F5	❽ XA6 EGA 12E8	❾ XK4 DFK 11D2	❿ XJ9 KEJ 1C11	❶ WH1 FDH 10B11	❷ WG12 CCG 2A2
8月	❽ VA6 DJA 4E8	❾ VK4 BHK 7D2	❿ VJ9 GGJ 5C11	❶ UH1 AFH 6B11	❷ UG12 AEG 6A2	❸ UF10 CDF 5K8	❹ UE3 DDE 7B4	❺ UD10 BAD 7J9	❻ UC3 JBC 5K4	❼ UB7 JJB 6G6	❽ UA6 AKA 6H7	❾ UK4 KGK 5E3	❿ UJ9 DHJ 7F10	❶ ZH1 KEH 4C12	❷ ZG12 JFG 8D1	❸ ZF10 ACF 3A9
9月	❾ YK4 FJK 1E3	❿ YJ9 GKJ 11F10	❶ XH1 GGH 12C12	❷ XG12 GHG 12D1	❸ XF10 CEF 11A9	❹ XE3 HFE 1B4	❺ XD10 FCD 1J9	❻ XC3 ECC 11J3	❼ XB7 JBB 12H7	❽ XA6 EAA 12G6	❾ XK4 DKK 11F4	❿ XJ9 HJJ 1E9	❶ WH1 FHH 10D1	❷ WG12 CGG 2C12	❸ WF10 CFF 9B10	❹ WE3 EEE 3A3
10月	❾ VK4 BKK 7F4	❿ VJ9 GJJ 5E9	❶ UH1 AHH 6D1	❷ UG12 AGG 6C12	❸ UF10 CFF 5B10	❹ UE3 BEE 7A3	❺ UD10 KDD 7K10	❻ UC3 JCC 5B2	❼ UB7 JBB 6J8	❽ UA6 AAA 6K5	❾ UK4 KKK 5G5	❿ UJ9 DJJ 7H8	❶ ZH1 KHH 4E2	❷ ZG12 JGG 8F11	❸ ZF10 CFF 3C11	❹ ZE3 JEE 9D2
11月	❿ YJ9 GHJ 11H8	❶ XH1 GEH 12E2	❷ XG12 GFG 12F11	❸ XF10 CCF 11C11	❹ XE3 HDE 1D2	❺ XD10 FAD 1A11	❻ XC3 EHC 11A1	❼ XB7 JEB 12K9	❽ XA6 EFA 12J4	❾ XK4 DCK 11H6	❿ XJ9 HDJ 1G7	❶ WH1 FAH 10F3	❷ WG12 CBG 2E10	❸ WF10 CJF 9D12	❹ WE3 EKE 3C1	❺ WD10 DGD 11B12
12月	❿ VJ9 GBJ 5G7	❶ UH1 AJH 6F3	❷ UG12 AKG 6E10	❸ UF10 CGF 5D12	❹ UE3 BHE 7C1	❺ UD10 KED 7B12	❻ UC3 JEC 5D12	❼ UB7 JDB 6A10	❽ UA6 ACA 6B3	❾ UK4 KBK 5J7	❿ UJ9 DAJ 7K6	❶ ZH1 KKH 4G4	❷ ZG12 JJG 8H9	❸ ZF10 CHF 3E1	❹ ZE3 JGE 9F12	❺ ZD10 HFD 5C1

1981年	17日	18日	19日	20日	21日	22日	23日	24日	25日	26日	27日	28日	29日	30日	31日
1月	❷ WH1 AGK 2E8	❸ WE9 GDG 9D2	❹ WF4 ECF 3C11	❺ WC9 ABC 11B2	❻ WD4 FAD 1A11	❼ WA6 DKA 10K11	❽ WB7 JJB 2J2	❾ WJ3 CHJ 9H8	❿ WK10 CGK 3G5	❶ VG12 EFG 8F5	❷ VH1 DEH 4E8	❸ VE9 BDE 7D2	❹ VF4 CCF 5C11	❺ VC9 CBC 9B2	❻ VD4 CAD 3A11
2月	❸ ZF10 AAF 3E3	❹ ZE3 JBE 9F10	❺ ZD10 AGD 5C3	❻ ZC3 KHC 7D10	❼ ZB7 KEB 4A12	❽ ZA6 JFA 8B1	❾ ZK4 JCK 3J9	❿ ZJ9 JDJ 9K4	❶ YH1 EAH 2G6	❷ YG12 KBG 10H7	❸ YF10 HJF 1E3	❹ YE3 CKE 11F10			
3月	❶ WH1 FBH 10H7	❷ WG12 AAG 2G6	❸ WF10 GKF 9F4	❹ WE3 EJE 3E9	❺ WD10 AHD 11D4	❻ WC3 FGC 1C9	❼ WB7 DFB 10B1	❽ WA6 JEA 2A12	❾ WK4 CDK 9K10	❿ WJ9 CCJ 3J3	❶ VH1 EBH 8H7	❷ VG12 DAG 4G6	❸ VF10 BKF 7F4	❹ VE3 CJE 5E9	❺ VD10 CHD 9D4
4月	❷ ZG12 GJG 8K5	❸ ZF10 ACF 3G5	❹ ZE3 JDE 9H8	❺ ZD10 AAD 5E5	❻ ZC3 KBC 7F8	❼ ZB7 KJB 4C2	❽ ZA6 JKA 8D11	❾ ZK4 JGK 3A11	❿ ZJ9 JHJ 9B2	❶ YH1 EEH 2J8	❷ YG12 KFG 10K5	❸ YF10 HCF 1G5	❹ YE3 CDE 11H8	❺ YD10 GAD 3E5	
5月	❷ WG12 AHG 2J4	❸ WF10 GEF 9H6	❹ WE3 EFE 3G7	❺ WD10 AJD 11F6	❻ WC3 FKC 1E7	❼ WB7 DGB 10D3	❽ WA6 JHA 2C10	❾ WK4 CEK 9B12	❿ WJ9 CFJ 3A1	❶ VH1 ECH 8K9	❷ VG12 DDG 4J4	❸ VF10 BAF 7H6	❹ VE3 CBE 5G7	❺ VD10 CJD 9F6	❻ VC3 CKC 3E7
6月	❸ ZF10 ADF 3J7	❹ ZE3 JCE 9K6	❺ ZD10 ABD 5G7	❻ ZC3 DAC 7H6	❼ ZB7 KKB 4E4	❽ ZA6 JJA 8F9	❾ ZK4 JHK 3C1	❿ ZJ9 JGJ 9D12	❶ YH1 EFH 2A10	❷ YG12 KCG 10B3	❸ YF10 HBF 1J7	❹ YE3 CAE 11K6	❺ YD10 GKD 3G7	❻ YC3 GJC 9H6	
7月	❸ WF10 CKF 9K8	❹ WE3 EJE 3J5	❺ WD10 KHD 11H8	❻ WC3 FAC 1G5	❼ WB7 DKB 10F5	❽ WA6 JJA 2E8	❾ WK4 CHK 9D2	❿ WJ9 CGJ 3C11	❶ VH1 EFH 8B11	❷ VG12 DEG 4A2	❸ VF10 BDF 7K8	❹ VE3 CCE 5J5	❺ VD10 CBD 9H8	❻ VC3 CAC 3G5	❼ VB7 JKB 8F5
8月	❹ ZE3 JDE 9B4	❺ ZD10 FED 5J9	❻ ZC3 DFC 7K4	❼ ZB7 KCB 4G6	❽ ZA6 JBA 8H7	❾ ZK4 JJK 3E3	❿ ZJ9 JKJ 9F10	❶ YH1 EGH 2C12	❷ YG12 KHG 10D1	❸ YF10 HEF 1A9	❹ YE3 CFE 11B4	❺ YD10 GCD 3J9	❻ YC3 GDC 9K4	❼ YB7 JAB 2G6	❽ YA6 HBA 10H7
9月	❺ WD10 DDD 11K10	❻ WC3 HCC 1J3	❼ WB7 DBB 10H7	❽ WA6 AAA 2G6	❾ WK4 EKK 9F4	❿ WJ9 CJJ 3E9	❶ VH1 EHH 8D1	❷ VG12 DGG 4C12	❸ VF10 DFF 7B10	❹ VE3 CEE 5A3	❺ VD10 CDD 9K10	❻ VC3 CCC 3J3	❼ VB7 JBB 8H7	❽ VA6 DAA 4G6	
10月	❺ ZD10 HDD 5A11	❻ ZC3 DJC 7B2	❼ ZB7 KHB 4J8	❽ ZA6 EGA 8K5	❾ ZK4 AGK 3G5	❿ ZJ9 JHJ 9H8	❶ YH1 EEH 2E2	❷ YG12 KFG 10F11	❸ YF10 HCF 1C11	❹ YE3 CDE 11D2	❺ YD10 GAD 3A11	❻ YC3 GBC 9B2	❼ YB7 JJB 2J8	❽ YA6 HKA 10K5	❾ YK4 FGK 1G5
11月	❻ WC3 HHC 1A1	❼ WB7 DEB 10K9	❽ WA6 AFA 2J4	❾ WK4 EAK 9H6	❿ WJ9 CBJ 3G7	❶ VH1 EJH 8F3	❷ VG12 DKG 4E10	❸ VF10 DGF 7D12	❹ VE3 CHE 5C1	❺ VD10 CED 9B12	❻ VC3 CFC 3A1	❼ VB7 JCB 8K9	❽ VA6 DDA 4J4	❾ VK4 BAK 7H6	
12月	❻ ZC3 DEC 7D12	❼ ZB7 KDB 4A10	❽ ZA6 ECA 8B3	❾ ZK4 ABK 3J7	❿ ZJ9 JAJ 9K6	❶ YH1 EKH 2G4	❷ YG12 KJG 10H9	❸ YF10 HHF 1E1	❹ YE3 CGE 11F12	❺ YD10 GFD 3C1	❻ YC3 GEC 9D12	❼ YB7 JDB 2A10	❽ YA6 HCA 10B3	❾ YK4 FBK 1J7	❿ YJ9 GAJ 11K6

1982年(民國71年)

1982年

	1日	2日	3日	4日	5日	6日	7日	8日	9日	10日	11日	12日	13日	14日	15日	16日
1月	❶ XH1 GKH 12G4	❷ XG12 GJG 12H9	❸ XF10 CHF 11E1	❹ XE3 HGE 1F12	❺ XD10 FFD 1C1	❻ XC3 EEC 11C11	❼ XB7 JDB 12B11	❽ XA6 ECA 12A2	❾ XK4 DBK 11K8	❿ XJ9 HAJ 1J5	❶ WH1 FKH 10H5	❷ WG12 CJG 2G8	❸ WF10 CHF 9F2	❹ WE3 EGE 3E11	❺ WD10 DFD 11D2	❻ WC3 HCC 1C11
2月	❷ UG12 AEG 6G8	❸ UF10 CDF 5F2	❹ UE3 BCE 7E11	❺ UE11 BAD 7E3	❻ UF2 JBC 5F10	❼ UC8 JJB 6C12	❽ UD5 AKA 6D1	❾ UA5 KGK 5A9	❿ UB8 DHJ 7B4	❶ ZJ2 KEH 4J6	❷ ZK11 JFG 8K7	❸ ZG11 AAF 3G3	❹ ZH2 JBE 9H10	❺ ZE11 FJK 5E3	❻ ZF2 DKJ 7F10	❼ ZC8 KGH 4C12
3月	❿ YB8 GDH 11B4	❶ XJ2 GAE 12J6	❷ XK11 GBF 12K7	❸ XG11 CJC 11G3	❹ XH2 HKD 1H10	❺ XE11 FHD 1F4	❻ XF2 EGC 11E9	❼ XC8 JFB 12D1	❽ XD5 EEA 12C12	❾ XA5 DDK 11B10	❿ XB8 HCJ 1A3	❶ WJ2 FBH 10K7	❷ WK11 CAG 2J6	❸ WG11 CKF 9H4	❹ WH2 EJE 3G9	❺ WE11 KHK 11F4
4月	❶ UJ2 ABE 6K7	❷ UK11 AAF 6J6	❸ UG11 CKC 5H4	❹ UH2 BJD 7G9	❺ UE11 BHD 7G5	❻ UF2 JGC 5H8	❼ UC8 JFB 6E2	❽ UD5 AEA 6F11	❾ UA5 KDK 5C11	❿ UB8 DCJ 7D2	❶ ZJ2 KBH 4A8	❷ ZK11 JAG 8B5	❸ ZG11 AKF 3J5	❹ ZH2 JJE 9K8	❺ ZE11 FFK 5G5	❻ ZF2 DEJ 7H8
5月	❶ XJ2 GEE 12A8	❷ XK11 GFF 12B5	❸ XG11 CCC 11J5	❹ XH2 HDD 1K8	❺ XE11 FAA 1G5	❻ XF2 EBC 11G7	❼ XC8 JJB 12F3	❽ XD5 EKA 12E10	❾ XA5 DGK 11D12	❿ XB8 HHJ 1C1	❶ WJ2 FEH 10B9	❷ WK11 CHG 2A4	❸ WG11 CEF 9K6	❹ WH2 EFE 3J7	❺ WE11 DCD 11H6	❻ WF2 HDJ 1G7
6月	❷ UK11 ADF 6A4	❸ UG11 CAC 5K6	❹ UH2 BBD 7J7	❺ UE11 KJA 7H6	❻ UF2 AKB 5G7	❼ UC8 JKB 6G4	❽ UD5 AJA 6H9	❾ UA5 KHK 5E1	❿ UB8 DGJ 7F12	❶ ZJ2 KFH 4C10	❷ ZK11 JEG 8D3	❸ ZG11 CDF 3A7	❹ ZH2 JCE 9B6	❺ ZE11 HBD 5J7	❻ ZF2 DAC 7K6	❼ ZC8 KKH 4G4
7月	❷ XK11 GCF 12D3	❸ XG11 CBC 11A7	❹ XH2 HAD 1B6	❺ XE11 FKA 1J7	❻ XF2 AJB 11K6	❼ XC8 EHJ 12G4	❽ XD5 EGA 12G8	❾ XA5 DFK 11F2	❿ XB8 HEJ 1E11	❶ WJ2 FDH 10D11	❷ WK11 CCG 2C2	❸ WG11 CBF 9B8	❹ WH2 EAE 3A5	❺ WE11 DKD 11K8	❻ WF2 HJC 1J5	❼ WC8 DHB 10H5
8月	❸ UG11 CDC 5B8	❹ UH2 BCD 7A5	❺ UE11 KBA 7K8	❻ UF2 AAB 5J5	❼ UC8 AKJ 6H5	❽ UD5 AJK 6G8	❾ UA5 GHG 5F2	❿ UB8 DHJ 7H10	❶ ZJ2 KEH 4E12	❷ ZK11 JFG 8F1	❸ ZG11 CCF 3C9	❹ ZH2 JDE 9D4	❺ ZE11 HAD 5A9	❻ ZF2 DBC 7B4	❼ ZC8 KJB 4J6	❽ ZD5 GKA 8K7
9月	❹ XH2 HFD 1D4	❺ XE11 FCA 1A9	❻ XF2 ADB 11B4	❼ XC8 EAJ 12J6	❽ XD5 EBK 12K7	❾ XA5 GJG 11G3	❿ XB8 FKH 1H10	❶ WJ2 FHH 10F1	❷ WK11 CGG 2E12	❸ WG11 CFF 9D10	❹ WH2 EEE 3C3	❺ WE11 DDD 11B10	❻ WF2 HCC 1A3	❼ WC8 DBB 10K7	❽ WD5 CAA 2J6	❾ WA5 EKK 9H4
10月	❹ UH2 BED 7C3	❺ UE11 KDA 7B10	❻ UF2 ACB 5A3	❼ UC8 ABJ 6K7	❽ UD5 AAK 6J6	❾ UA5 GKG 5H4	❿ UB8 BJH 7G9	❶ ZJ2 KHE 4F1	❷ ZK11 JGG 8H11	❸ ZG11 CFF 3E11	❹ ZH2 JEE 9F2	❺ ZE11 HDD 5C11	❻ ZF2 BCC 7D2	❼ ZC8 KBB 4A8	❽ ZD5 GAA 8B5	❾ ZA5 GKK 3J5
11月	❺ XE11 FAA 1C11	❻ XF2 ABB 11D2	❼ XC8 EJJ 12A8	❽ XD5 EKK 12B5	❾ XA5 GGG 11J5	❿ XB8 FHH 1K8	❶ WJ2 DEE 10G2	❷ WK11 CBG 2G10	❸ WG11 CJF 9F12	❹ WH2 EKE 3E1	❺ WE11 DGD 11D12	❻ WF2 HHC 1C1	❼ WC8 DEB 10B9	❽ WD5 CFA 2A4	❾ WA5 GCK 9K6	❿ WB8 CDJ 3J7
12月	❺ UE11 KEA 7D12	❻ UF2 AFB 5C1	❼ UC8 ACJ 6B9	❽ UD5 ADK 6A4	❾ UA5 GAG 5K6	❿ UB8 BBH 7J7	❶ ZJ2 KKH 4J4	❷ ZK11 JJG 8K9	❸ ZG11 CHF 3G1	❹ ZH2 JGE 9H12	❺ ZE11 HFD 5E1	❻ ZF2 BEC 7F12	❼ ZC8 KDB 4C10	❽ ZD5 GCA 8D3	❾ ZA5 GBK 3A7	❿ ZB8 JAJ 9B6

	17日	18日	19日	20日	21日	22日	23日	24日	25日	26日	27日	28日	29日	30日	31日
1月	❼ WB7 DBB 10B11	❽ WA6 AAA 2A2	❾ WK4 EHK 9K8	❿ WJ9 CGJ 3J5	❶ VH1 EFH 8H5	❷ VG12 DEG 4G8	❸ VF10 DDF 7F2	❹ VE3 CCE 5E11	❺ VD10 CBD 9D2	❻ VC3 CAC 3C11	❼ VB7 JKB 8B11	❽ VA6 DJA 4A2	❾ VK4 BHK 7K8	❿ VJ9 GGJ 5J5	❶ UH1 AFH 6H5
2月	❽ ZD5 JHK 8D1	❾ ZA5 JEG 3A9	❿ ZB8 JDH 9B4	❶ YJ2 EAE 2J6	❷ YK11 KBF 10K7	❸ YG11 HJC 1G3	❹ YH2 CKD 11H10	❺ YE11 GGA 3E3	❻ YF2 GHB 9F10	❼ YC8 JEJ 2C12	❽ YD5 HFK 10D1	❾ YA5 FCG 1A9			
3月	❻ WF2 HGJ 1E9	❼ WC8 DFH 10D1	❽ WD5 JEK 2C12	❾ WA5 EDG 9B10	❿ WB8 CCH 3A3	❶ VJ2 EBE 8K7	❷ VK11 DAF 4J6	❸ VG11 DKC 7H4	❹ VH2 CJD 5G9	❺ VE11 CHA 9F4	❻ VF2 CGB 3E9	❼ VC8 JFJ 8D1	❽ VD5 DEK 4C12	❾ VA5 BDG 7B10	❿ VB8 GCH 5A3
4月	❼ ZC8 KDH 4E2	❽ ZD5 JKK 8F11	❾ ZA5 JGG 3C11	❿ ZB8 JHH 9D2	❶ YJ2 EEE 2A8	❷ YK11 KFF 10B5	❸ YG11 HCC 1J5	❹ YH2 CDD 11K8	❺ YE11 GAA 3G5	❻ YF2 GBB 9H8	❼ YC8 JJJ 2E2	❽ YD5 HKK 10F11	❾ YA5 FGG 1C11	❿ YB8 GHH 11D2	
5月	❼ WC8 DAH 10F3	❽ WD5 ABG 2E10	❾ WA5 EJG 9D12	❿ WB8 CKH 3C1	❶ VJ2 ECE 8B9	❷ VK11 DDF 4A4	❸ VG11 DAC 7K6	❹ VH2 CBD 5J7	❺ VE11 CJA 9H6	❻ VF2 CKB 3G7	❼ VC8 JGJ 8F3	❽ VD5 DHK 4E10	❾ VA5 BEG 7D12	❿ VB8 GFH 5C1	❶ UJ2 ACE 6B9
6月	❽ ZD5 EJG 8H9	❾ ZA5 AHF 3E1	❿ ZB8 JGH 9F12	❶ YJ2 EFE 2C10	❷ YK11 KEF 10D3	❸ YG11 HDC 1A7	❹ YH2 CCD 11B6	❺ YE11 GBA 3J7	❻ YF2 GAB 9K6	❼ YC8 JHJ 2G4	❽ YD5 HGK 10H9	❾ YA5 FFG 1E1	❿ YB8 GEH 11F12	❶ XJ2 GDE 12C10	
7月	❽ WD5 AEG 2G8	❾ WA5 EDF 9F2	❿ WB8 CCE 3E11	❶ VJ2 EFE 8D11	❷ VK11 HEF 4C2	❸ VG11 DDC 7B8	❹ VH2 CCD 5A5	❺ VE11 CBA 9K8	❻ VF2 CAB 3J5	❼ VC8 JKJ 8H5	❽ VD5 DJK 4G8	❾ VA5 BHG 7F2	❿ VB8 GGH 5E11	❶ UJ2 AFE 6D11	❷ UK11 AEF 6C2
8月	❾ ZA5 GGK 3G3	❿ ZB8 JHE 9H10	❶ YJ2 DJD 2E12	❷ YK11 BKC 10F1	❸ YG11 HGC 1C9	❹ YH2 CFD 11D4	❺ YE11 GCA 3A9	❻ YF2 GDB 9B4	❼ YC8 JAJ 2J6	❽ YD5 HBK 10K7	❾ YA5 HJG 1G3	❿ YB8 GKH 11H10	❶ XJ2 GGE 12E12	❷ XK11 GHF 12F1	❸ XG11 CEC 11C9
9月	❿ WB8 CJJ 3G9	❶ VJ2 KHD 8F1	❷ VK11 HGC 4E12	❸ VG11 DFB 7D10	❹ VH2 CED 5C3	❺ VE11 CDA 9B10	❻ VF2 CCB 3A3	❼ VC8 JBJ 8K7	❽ VD5 DAK 4J6	❾ VA5 BKG 7H4	❿ VB8 GJH 5G9	❶ UJ2 AHE 6F1	❷ UK11 AGF 6E12	❸ UG11 CFC 5D10	
10月	❿ ZB8 JJJ 9K8	❶ YJ2 HHH 2G2	❷ YK11 BCC 10H11	❸ YG11 HBB 1E11	❹ YH2 EAA 11F2	❺ YE11 JAA 3C11	❻ YF2 GBB 9D2	❼ YC8 JJJ 2A8	❽ YD5 HKK 10B5	❾ YA5 HGG 1J5	❿ YB8 GHH 11K8	❶ XJ2 GEE 12G2	❷ XK11 GFF 12H11	❸ XG11 CCC 11E11	❹ XH2 HDD 1F2
11月	❶ VJ2 BAH 8H3	❷ VK11 HBC 4G10	❸ VG11 DJB 7F12	❹ VH2 JKA 5E1	❺ VE11 EEA 9D12	❻ VF2 CFB 3C1	❼ VC8 JCJ 8B9	❽ VD5 DDK 4A4	❾ VA5 BAG 7K6	❿ VB8 GBH 5J7	❶ UJ2 AJE 6H3	❷ UK11 AKF 6G10	❸ UG11 CGC 5F12	❹ UH2 BHD 7E1	
12月	❶ YJ2 DKD 2J4	❷ YK11 BJC 10K9	❸ YG11 HHB 1G1	❹ YH2 CGD 11H12	❺ YE11 JFA 3E1	❻ YF2 GEB 9F12	❼ YC8 JDJ 2C10	❽ YD5 HCK 10D3	❾ YA5 HBG 1A7	❿ YB8 GAH 11B6	❶ XJ2 GKE 12J4	❷ XK11 GJF 12K9	❸ XG11 CHC 11G1	❹ XH2 HGD 1H12	❺ XE11 FFA 1E1

1983年（民國72年）

1983年	1日	2日	3日	4日	5日	6日	7日	8日	9日	10日	11日	12日	13日	14日	15日	16日
1月	❻ XF2 AEB 11F12	❼ XC8 EDJ 12C10	❽ XD5 ECK 12D3	❾ XA5 GBG 11A7	❿ XB8 FAH 1B6	❶ WJ2 FKH 10K5	❷ WK11 CJG 2J8	❸ WG11 CHF 9H2	❹ WH2 EGE 3G11	❺ WE11 DFD 11F2	❻ WF2 HEC 1E11	❼ WC8 DDB 10D11	❽ WD5 CCA 2C2	❾ WA5 EBK 9B8	❿ WB8 CAJ 3A5	❶ VJ2 KHD 8K5
2月	❼ UC8 AKJ 6D11	❽ UD5 AJK 6C2	❾ UA5 GHG 5B8	❿ UA7 DHD 7D4	❶ ZK3 KEA 4A6	❷ ZJ10 JFB 8B7	❸ ZH12 CCJ 3J3	❹ ZG1 JDK 9K10	❺ ZF12 HAG 5G3	❻ ZE1 DBH 7H10	❼ ZD9 KJE 4E12	❽ ZC4 GHF 8F1	❾ ZB6 GEC 3C9	❿ ZA7 JFD 9D4	❶ YK3 DCA 2A6	❷ YJ10 BDB 10B7
3月	❺ XF12 FGE 1G3	❻ XE1 AHF 11H10	❼ XD9 EEC 12E12	❽ XC4 EFD 12F1	❾ XB6 GCA 11C9	❿ XA7 HCD 1C3	❶ WK3 FBA 10B7	❷ WJ10 CAB 2A6	❸ WH12 CKJ 9K4	❹ WG1 EJK 3J9	❺ WF12 DHG 11H4	❻ WE1 HGH 1G9	❼ WD9 DFE 10F1	❽ WC4 CEF 2E12	❾ WB6 EDC 9D10	❿ WA7 CCD 3C3
4月	❻ UE1 AGF 5G9	❼ UD9 AFC 6F1	❽ UC4 AED 6E12	❾ UB6 GDA 5D10	❿ UA7 DCD 7F2	❶ ZK3 KBA 4C8	❷ ZJ10 JAB 8D5	❸ ZH12 CKJ 3A5	❹ ZG1 JJK 9B8	❺ ZF12 HHG 5J5	❻ ZE1 DGH 7K8	❼ ZD9 KFE 4G2	❽ ZC4 GEF 8H11	❾ ZB6 GDC 3E11	❿ ZA7 JAD 9F2	❶ YK3 DKA 2C8
5月	❻ XE1 ABF 11K8	❼ XD9 EJC 12G2	❽ XC4 EKD 12H11	❾ XB6 GGA 11E11	❿ XA7 FHB 1F2	❶ WK3 FEA 10D9	❷ WJ10 CFB 2C4	❸ WH12 CCJ 9B6	❹ WG1 EDK 3A7	❺ WF12 DAG 11K6	❻ WE1 HBH 1J7	❼ WD9 DAE 10H3	❽ WC4 CBF 2G10	❾ WB6 EJC 9F12	❿ WA7 CKD 3E1	❶ VK3 KGA 8D9
6月	❼ UD9 AGC 6H3	❽ UC4 AHD 6G10	❾ UB6 GEA 5F12	❿ UA7 BFB 7E1	❶ ZK3 KCJ 4D9	❷ ZJ10 JEB 8F3	❸ ZH12 CDJ 3C7	❹ ZG1 JCK 9D6	❺ ZF12 HBG 5A7	❻ ZE1 BAH 7B6	❼ ZD9 KKE 4J4	❽ ZC4 GJF 8K9	❾ ZB6 GHC 3G1	❿ ZA7 JGD 9H12	❶ YK3 HFA 2E10	❷ YJ10 BEB 10F3
7月	❼ XD9 EHC 12J4	❽ XC4 EGD 12K9	❾ XB6 GFA 11G1	❿ XA7 FEB 1H12	❶ WK3 DDJ 10E10	❷ WJ10 ECK 2F3	❸ WH12 EBG 9C7	❹ WG1 EAK 3C5	❺ WF12 DKG 11B8	❻ WE1 HJH 1A5	❼ WD9 DHE 10K5	❽ WC4 CGF 2J8	❾ WB6 GFC 9H2	❿ WA7 CED 3G11	❶ VK3 BDA 8F11	❷ VJ10 HCB 4E2
8月	❽ UC4 AJD 6J8	❾ UB6 GHA 5H2	❿ UA7 BGB 7G11	❶ ZK3 KFJ 4F11	❷ ZJ10 EEK 8E2	❸ ZH12 JDG 3D8	❹ ZG1 JCH 9C5	❺ ZF12 HAG 5C9	❻ ZE1 BBH 7D4	❼ ZD9 KJE 4A6	❽ ZC4 GKF 8B7	❾ ZB6 GGC 3J3	❿ ZA7 JHD 9K10	❶ YK3 HEA 2G12	❷ YJ10 BFB 10H1	❸ YH12 HCJ 1E9
9月	❾ XB6 GJA 11J3	❿ XA7 FKB 1K10	❶ WK3 DGJ 10G12	❷ WJ10 EHK 2H1	❸ WH12 EEG 9E9	❹ WG1 EFH 3F4	❺ WF12 ACE 11C9	❻ WE1 HCH 1C3	❼ WD9 DBE 10B7	❽ WC4 CAF 2A6	❾ WB6 GKC 9K4	❿ WA7 CJD 3J9	❶ VK3 BHA 8H1	❷ VJ10 HGB 4G12	❸ VH12 DFJ 7F10	❹ VG1 AEK 5E3
10月	❾ UB6 GKA 5K4	❿ UA7 BJB 7J9	❶ ZK3 KHJ 4H1	❷ ZJ10 EGK 8G12	❸ ZH12 JFG 3F10	❹ ZG1 JEH 9E3	❺ ZF12 ADE 5D10	❻ ZE1 KCF 7C3	❼ ZD9 KBE 4C8	❽ ZC4 GAF 8D5	❾ ZB6 GKC 3A5	❿ ZA7 JJD 9B8	❶ YK3 HHA 2J2	❷ YJ10 BGB 10K11	❸ YH12 HFJ 1G11	❹ YG1 GEK 11H2
11月	❿ XA7 FHB 1B8	❶ WK3 DEJ 10J2	❷ WJ10 EFK 2K11	❸ WH12 ECG 9G11	❹ WG1 EDH 3H2	❺ WF12 AAE 11E11	❻ WE1 FBF 1F2	❼ WD9 DEE 10D9	❽ WC4 CFF 2C4	❾ WB6 GCC 9B6	❿ WA7 CDD 3A7	❶ VK3 BAA 8K3	❷ VJ10 FBB 4J10	❸ VH12 DJJ 7H12	❹ VG1 AKK 5G1	❺ VF12 AGG 9F12
12月	❿ UA7 BBB 7A7	❶ ZK3 KJJ 4K3	❷ ZJ10 EKK 8J10	❸ ZH12 JGG 3H12	❹ ZG1 JHH 9G1	❺ ZF12 AEE 5F12	❻ ZE1 KFF 7E1	❼ ZD9 KDE 4E10	❽ ZC4 GCF 8F3	❾ ZB6 GBC 3C7	❿ ZA7 JAD 9D6	❶ YK3 HKA 2A4	❷ YJ10 BJB 10B9	❸ YH12 HHJ 1J1	❹ YG1 GGK 11K12	❺ YF12 JFG 3G1

1983年	17日	18日	19日	20日	21日	22日	23日	24日	25日	26日	27日	28日	29日	30日	31日
1月	❷ VK11 HGC 4J8	❸ VG11 DFB 7H2	❹ VH2 CCD 5G11	❺ VE11 CBA 9F2	❻ VF2 CAB 3E11	❼ VC8 JKJ 8D11	❽ VD5 DJK 4C2	❾ VA5 BHG 7B8	❿ VB8 GGH 5A5	❶ UJ2 AFE 6K5	❷ UK11 AEF 6J8	❸ UG11 CDC 5H2	❹ UH2 BCD 7G11	❺ UE11 KBA 7F2	❻ UF2 AAB 5E11
2月	❸ YH12 HAG 1J3	❹ YG1 CBH 11K10	❺ YF12 GGE 3G3	❻ YE1 GHF 9H10	❼ YD9 JEC 2E12	❽ YC4 HFD 10F1	❾ YB6 HCA 1C9	❿ YA7 GDB 11D4	❶ XK3 GAJ 12A6	❷ XJ10 GBK 12B7	❸ XH12 CJG 11J3	❹ XG1 HKH 1K10			
3月	❶ VK3 KBA 8B7	❷ VJ10 HAB 4A6	❸ VH12 DKG 7K4	❹ VG1 CJH 5J9	❺ VF12 CHE 9H4	❻ VE1 CGF 3G9	❼ VD9 JFC 8F1	❽ VC4 DED 4E12	❾ VB6 BDA 7D10	❿ VA7 GCB 5C3	❶ UK3 ABJ 6B7	❷ UJ10 AAK 6A6	❸ UH12 CKG 5K4	❹ UG1 BJH 7J9	❺ UF12 KHE 7H4
4月	❷ YJ10 BJB 10D5	❸ YH12 HCG 1A5	❹ YG1 CDH 11B8	❺ YF12 GAE 3J5	❻ YE1 GBF 9K8	❼ YD9 JJC 2G2	❽ YC4 HKD 10H11	❾ YB6 HGA 1E11	❿ YA7 GHB 11F2	❶ XK3 GEJ 12C8	❷ XJ10 GFK 12D5	❸ XH12 CCG 11A5	❹ XG1 HDH 1B8	❺ XF12 FAE 1J5	
5月	❷ VJ10 HHB 4C4	❸ VH12 DEJ 7B6	❹ VG1 CFH 5A7	❺ VF12 CCE 9K6	❻ VE1 CKF 3J7	❼ VD9 JGC 8H3	❽ VC4 DHD 4G10	❾ VB6 BEA 7F12	❿ VA7 GFB 5E1	❶ UK3 ACJ 6D9	❷ UJ10 ADK 6C4	❸ UH12 CAG 5B6	❹ UG1 BBH 7A7	❺ UF12 KJE 7K6	❻ UE1 AKF 5J7
6月	❸ YH12 HDJ 1C7	❹ YG1 ECK 11D6	❺ YF12 JBE 3A7	❻ YE1 GAF 9B6	❼ YD9 JKC 2J4	❽ YC4 HJD 10K9	❾ YB6 HHA 1G1	❿ YA7 GGB 11H12	❶ XK3 GFJ 12E10	❷ XJ10 GCK 12F3	❸ XH12 CBG 11C7	❹ XG1 HAH 1D6	❺ XF12 FKE 1A7	❻ XE1 AJF 11B6	
7月	❸ VH12 DBJ 7D8	❹ VG1 JJK 5C5	❺ VF12 EHG 9B8	❻ VE1 CGH 3A5	❼ VD9 JKC 8K5	❽ VC4 DJD 4J8	❾ VB6 BHA 7H2	❿ VA7 GGB 5G11	❶ UK3 AFJ 6F11	❷ UJ10 AEK 6E2	❸ UH12 CDG 5D8	❹ UG1 BCH 7C5	❺ UF12 KBE 7B8	❻ UE1 AAF 5A5	❼ UD9 AKC 6K5
8月	❹ YG1 GDK 11F4	❺ YF12 JAG 3C9	❻ YE1 GFH 9D4	❼ YD9 DCE 2A6	❽ YC4 BDD 10B7	❾ YB6 HJA 1J3	❿ YA7 GKB 11K10	❶ XK3 GGJ 12G12	❷ XJ10 GHK 12H1	❸ XH12 CEG 11E9	❹ XG1 HFH 1F4	❺ XF12 FCE 1C9	❻ XE1 ADF 11D4	❼ XD9 EAC 12A6	❽ XC4 EBD 12B7
9月	❺ VF12 ADG 9D10	❻ VE1 CCH 3C3	❼ VD9 HBE 8B7	❽ VC4 FAF 4A6	❾ VB6 BKA 7K4	❿ VA7 GJB 5J9	❶ UK3 AHJ 6H1	❷ UJ10 AGK 6G12	❸ UH12 CFG 5F10	❹ UG1 BEH 7E3	❺ UF12 BDE 7D10	❻ UE1 ACF 5C3	❼ UD9 ABC 6B7	❽ UC4 AAD 6A6	
10月	❺ YF12 JDG 3E11	❻ YE1 GCH 9F2	❼ YD9 DHE 2C8	❽ YC4 BGF 10D5	❾ YB6 HFC 1A5	❿ YA7 GHB 11B8	❶ XK3 GEJ 12J2	❷ XJ10 GFK 12K11	❸ XH12 CCG 11G11	❹ XG1 HDH 1H2	❺ XF12 FAE 1E11	❻ XE1 ABF 11F2	❼ XD9 EJC 12C8	❽ XC4 EKD 12D5	❾ XB6 GGA 11A5
11月	❻ VE1 CHH 3E1	❼ VD9 HEE 8D9	❽ VC4 FFF 4C4	❾ VB6 BCC 7B6	❿ VA7 GBB 5A7	❶ UK3 CJJ 6K3	❷ UJ10 AKK 6J10	❸ UH12 CGG 5H12	❹ UG1 BHH 7G1	❺ UF12 BEE 7F12	❻ UE1 AFF 5E1	❼ UD9 ACC 6D9	❽ UC4 ADD 6C4	❾ UB6 GAA 5B6	
12月	❻ YE1 GEH 9H12	❼ YD9 DDE 2E10	❽ YC4 BCF 10F3	❾ YB6 HBC 1C7	❿ YA7 GAB 11D6	❶ XK3 GKJ 12A4	❷ XJ10 GJK 12B9	❸ XH12 CHG 11J1	❹ XG1 HGH 1K12	❺ XF12 FFE 1G1	❻ XE1 AEF 11H12	❼ XD9 EDC 12E10	❽ XC4 ECD 12F3	❾ XB6 GBA 11C7	❿ XA7 FAB 1D6

1984年（民國73年）

1984年	1日	2日	3日	4日	5日	6日	7日	8日	9日	10日	11日	12日	13日	14日	15日	16日
1月	❶ WK3 DKJ 10A4	❷ WJ10 EJK 2B9	❸ WH12 EHG 9J1	❹ WG1 EGH 3K12	❺ WF12 AFE 11G1	❻ WE1 HEH 1G11	❼ WD9 DDE 10F11	❽ WC4 CCF 2E2	❾ WB6 GBC 9D8	❿ WA7 CAD 3C5	❶ VK3 BKA 8B5	❷ VJ10 HJB 4A8	❸ VH12 DHJ 7K2	❹ VG1 AGK 5J11	❺ VF12 AFG 9H2	❻ VE1 CCH 3G11
2月	❷ ZJ10 EEK 8A8	❸ ZH12 JDG 3K2	❹ ZG1 JCH 9J11	❺ ZF12 ABE 5H2	❻ ZH12 BBE 7K10	❼ ZE10 KJD 4G12	❽ ZF3 GKC 8H1	❾ ZC7 GGB 3E9	❿ ZD6 JHA 9F4	❶ YA4 HEK 2C6	❷ YB9 BFJ 10D7	❸ YJ1 HCH 1A3	❹ YK12 GBG 11B10	❺ YG1 JJF 3J3	❻ YH12 GKE 9K10	❼ YE10 DGD 2G12
3月	❶ WA4 DAK 10C6	❷ WB9 EBJ 2D7	❸ WJ1 EJH 9A3	❹ WK12 EKG 3B10	❺ WG1 DHF 11K4	❻ WH12 HGE 1J9	❼ WE10 DFD 10H1	❽ WF3 CEC 2G12	❾ WC7 GDB 9F10	❿ WD6 CCA 3E3	❶ VA4 BBK 8D7	❷ VB9 HAJ 4C6	❸ VJ1 DKH 7B4	❹ VK12 AJG 5A9	❺ VG1 AHF 9K4	❻ VH12 CGE 3J9
4月	❷ ZB9 EAJ 8C6	❸ ZJ1 JKH 3B4	❹ ZK12 JJG 9A9	❺ ZG1 HHF 5A5	❻ ZH12 BGE 7B8	❼ ZE10 KFD 4J2	❽ ZF3 GEC 8K11	❾ ZC7 GDB 3G11	❿ ZD6 JCA 9H2	❶ YA4 HBK 2E8	❷ YB9 BAJ 10F5	❸ YJ1 HKH 1C5	❹ YK12 GJG 11D8	❺ YG1 JFF 3A5	❻ YH12 GEE 9B8	❼ YE10 DDD 2J2
5月	❷ WB9 EFJ 2F5	❸ WJ1 ECH 9C5	❹ WK12 EDG 3D8	❺ WG1 AAF 11A5	❻ WH12 HBE 1A7	❼ WE10 DJD 10K3	❽ WF3 CKC 2J10	❾ WC7 GGB 9H12	❿ WD6 CHA 3G1	❶ VA4 BEK 8F9	❷ VB9 HHJ 4E4	❸ VJ1 DEH 7D6	❹ VK12 AFG 5C7	❺ VG1 ACF 9B6	❻ VH12 CDE 3A7	❼ VE10 HAD 8K3
6月	❸ ZJ1 JAH 3D6	❹ ZK12 JBG 9C7	❺ ZG1 AJF 5B6	❻ ZH12 KKE 7A7	❼ ZE10 KKD 4A4	❽ ZF3 GJC 8B9	❾ ZC7 GHB 3J1	❿ ZD6 JGA 9K12	❶ YA4 HFK 2G10	❷ YB9 BEJ 10H3	❸ YJ1 HDH 1E7	❹ YK12 GCG 11F6	❺ YG1 JBF 3C7	❻ YH12 GAE 9D6	❼ YE10 DKD 2A4	❽ YF3 BJC 10B9
7月	❸ WJ1 EBH 9E7	❹ WK12 EAG 3F6	❺ WG1 AKF 11C7	❻ WH12 FJE 1D6	❼ WE10 DHD 10A4	❽ WF3 JGC 2B9	❾ WC7 GFB 9K2	❿ WD6 CEA 3J11	❶ VA4 BDK 8H11	❷ VB9 FCJ 4G2	❸ VJ1 DBH 7F8	❹ VK12 AAG 5E5	❺ VG1 AKF 9D8	❻ VH12 CJE 3C5	❼ VE10 BHD 8B5	❽ VF3 FGC 4A8
8月	❹ ZK12 JCG 9E5	❺ ZG1 ABF 5D8	❻ ZH12 KAE 7C5	❼ ZE10 HKD 4B5	❽ ZF3 JJC 8A8	❾ ZC7 JHB 3K2	❿ ZD6 JHA 9B10	❶ YA4 HEK 2J12	❷ YB9 BFJ 10K1	❸ YJ1 HCH 1G9	❹ YK12 GDG 11H4	❺ YG1 AAF 3E9	❻ YH12 GBE 9F4	❼ YE10 FJD 2C6	❽ YF3 BKC 10D7	❾ YC7 HGB 1A3
9月	❺ WG1 ACF 11E9	❻ WH12 FDE 1F4	❼ WE10 DAD 10C6	❽ WF3 JBC 2D7	❾ WC7 CJB 9A3	❿ WD6 CKA 3B10	❶ VA4 BHK 8K1	❷ VB9 FGJ 4J12	❸ VJ1 DFH 7H10	❹ VK12 AEG 5G3	❺ VG1 ADF 9F10	❻ VH12 CCE 3E3	❼ VE10 BBD 8D7	❽ VF3 FAC 4C6	❾ VC7 BKB 7B4	❿ VD6 AJA 5A9
10月	❺ ZG1 ADF 5F10	❻ ZH12 KCE 7E3	❼ ZE10 HBD 4D7	❽ ZF3 JAC 8C6	❾ ZC7 JKB 3B4	❿ ZD6 JJA 9A9	❶ YA4 EHK 2K1	❷ YB9 BGJ 10B11	❸ YJ1 HFH 1J11	❹ YK12 GEG 11K2	❺ YG1 ADF 3G11	❻ YH12 GCE 9H2	❼ YE10 FBD 2E8	❽ YF3 BAC 10F5	❾ YC7 HKB 1C5	❿ YD6 EJA 11D8
11月	❻ WH12 FBE 1H2	❼ WE10 DJD 10E8	❽ WF3 JKC 2F5	❾ WC7 CGB 9C5	❿ WD6 CHA 3D8	❶ VA4 EEK 8A2	❷ VB9 FBJ 4A10	❸ VJ1 DJH 7K12	❹ VK12 AKG 5J1	❺ VG1 AGF 9H12	❻ VH12 CHE 3G1	❼ VE10 BED 8F9	❽ VF3 FFC 4E4	❾ VC7 BCB 7D6	❿ VD6 ADA 5C7	❶ UA4 CAK 6B3
12月	❻ ZH12 KFE 7G1	❼ ZE10 HCD 4F9	❽ ZF3 JDC 8E4	❾ ZC7 JAB 3D6	❿ ZD6 JBA 9C7	❶ YA4 EJK 2B3	❷ YB9 BJJ 10D9	❸ YJ1 HHH 1A1	❹ YK12 GGG 11B12	❺ YG1 AFF 3J1	❻ YH12 GEE 9K12	❼ YE10 FDD 2G10	❽ YF3 BCC 10H3	❾ YC7 HBB 1E7	❿ YD6 EAA 11F6	❶ XA4 EKK 12C4

1984年	17日	18日	19日	20日	21日	22日	23日	24日	25日	26日	27日	28日	29日	30日	31日
1月	❼ VD9 HBE 8F11	❽ VC4 FAF 4E2	❾ VB6 BHA 7D8	❿ VA7 GGB 5C5	❶ UK3 AFJ 6B5	❷ UJ10 AEK 6A8	❸ UH12 CDG 5K2	❹ UG1 BCH 7J11	❺ UF12 BBE 7H2	❻ UE1 AAF 5G11	❼ UD9 AKC 6F11	❽ UC4 AJD 6E2	❾ UB6 GHA 5D8	❿ UA7 BGB 7C5	❶ ZK3 KFJ 4B5
2月	❽ YF3 BHC 10H1	❾ YC7 HEB 1E9	❿ YD6 GFA 11F4	❶ XA4 GAK 12C6	❷ XB9 GBJ 12D7	❸ XJ1 CJH 11A3	❹ XK12 HKG 1B10	❺ XG1 FGF 1J3	❻ XH12 AHE 11K10	❼ XE10 EED 12G12	❽ XF3 EFC 12H1	❾ XC7 GCB 11E9	❿ XD6 FDA 1F4		
3月	❼ VE10 HFD 8H1	❽ VF3 DEC 4G12	❾ VC7 BDB 7F10	❿ VD6 GCA 5E3	❶ UA4 ABK 6D7	❷ UB9 AAJ 6C6	❸ UJ1 CKH 5B4	❹ UK12 BJG 7A9	❺ UG1 KHF 7K4	❻ UH12 AGE 5J9	❼ UE10 AFD 6H1	❽ UF3 AEC 6G12	❾ UC7 GDB 5F10	❿ UD6 BCA 7E3	❶ ZA4 KBK 4D7
4月	❽ YF3 BKC 10K11	❾ YC7 HGB 1G11	❿ YD6 GHA 11H2	❶ XA4 GEK 12E8	❷ XB9 GFJ 12F5	❸ XJ1 CCH 11C5	❹ XK12 HDG 1D8	❺ XG1 FAF 1A5	❻ XH12 ABE 11B8	❼ XE10 EJD 12J2	❽ XF3 EKC 12K11	❾ XC7 GGB 11G11	❿ XD6 FHA 1H2	❶ WA4 DEK 10E8	
5月	❽ VF3 FBC 4J10	❾ VC7 BJB 7H12	❿ VD6 GKA 5G1	❶ UA4 ACK 6F9	❷ UB9 ADJ 6E4	❸ UJ1 CAH 5D6	❹ UK12 BBG 7C7	❺ UG1 BJF 7B6	❻ UH12 AKE 5A7	❼ UE10 AGD 6K3	❽ UF3 AHC 6J10	❾ UC7 GEB 5H12	❿ UD6 BFA 7G1	❶ ZA4 KCK 4F9	❷ ZB9 EDJ 8E4
6月	❾ YC7 HHB 1J1	❿ YD6 GGA 11K12	❶ XA4 GFK 12G10	❷ XB9 GEJ 12H3	❸ XJ1 CDH 11E7	❹ XK12 HCG 1F6	❺ XG1 FBF 1C7	❻ XH12 AAE 11D6	❼ XE10 EHD 12A4	❽ XF3 EGC 12B9	❾ XC7 GFB 11J1	❿ XD6 FEA 1K12	❶ WA4 DDK 10G10	❷ WB9 ECJ 2H3	
7月	❾ VC7 BDB 7K2	❿ VD6 JCA 5J11	❶ UA4 CBK 6H11	❷ UB9 AEJ 6G2	❸ UJ1 CDH 5F8	❹ UK12 BCG 7E5	❺ UG1 BBF 7D8	❻ UH12 AAE 5C5	❼ UE10 AKD 6B5	❽ UF3 AJC 6A8	❾ UC7 GHB 5K2	❿ UD6 BGA 7J11	❶ ZA4 KFK 4H11	❷ ZB9 EEJ 8G2	❸ ZJ1 JDH 3F8
8月	❿ YD6 CHA 11B10	❶ XA4 JJK 12J12	❷ XB9 GKJ 12K1	❸ XJ1 CGH 11G9	❹ XK12 HFG 1H4	❺ XG1 FCF 1E9	❻ XH12 ADE 11F4	❼ XE10 EAD 12C6	❽ XF3 EBC 12D7	❾ XC7 GJB 11A3	❿ XD6 FKA 1B10	❶ WA4 DGK 10J12	❷ WB9 EHJ 2K1	❸ WJ1 EEH 9G9	❹ WK12 EFG 3H4
9月	❶ UA4 CHK 6K1	❷ UB9 AGJ 6J12	❸ UJ1 HFH 5H10	❹ UK12 FEG 7G3	❺ UG1 BDF 7F10	❻ UH12 ACE 5E3	❼ UE10 ABD 6D7	❽ UF3 AAC 6C6	❾ UC7 GKB 5B4	❿ UD6 BJA 7A9	❶ ZA4 KHK 4K1	❷ ZB9 EGJ 8J12	❸ ZJ1 JFH 3H10	❹ ZK12 JEG 9G3	
10月	❶ XA4 EHK 12A2	❷ XB9 GCJ 12B11	❸ XJ1 BBH 11J11	❹ XK12 KAG 1K2	❺ XG1 FAF 1G11	❻ XH12 ABE 11H2	❼ XE10 EJD 12E8	❽ XF3 EKC 12F5	❾ XC7 GGB 11C5	❿ XD6 FHA 1D8	❶ WA4 FEK 10A2	❷ WB9 EFJ 2B11	❸ WJ1 ECH 9J11	❹ WK12 EDG 3K2	❺ WG1 AAF 11G11
11月	❷ UB9 ABJ 6A10	❸ UJ1 HJH 5K12	❹ UK12 FKG 7J1	❺ UG1 BEF 7H12	❻ UH12 AFE 5G1	❼ UE10 ACD 6F9	❽ UF3 ADC 6E4	❾ UC7 GAB 5D6	❿ UD6 BBA 7C7	❶ ZA4 KJK 4B3	❷ ZB9 EKJ 8A10	❸ ZJ1 JGH 3K12	❹ ZK12 JHG 9J1	❺ ZG1 AEF 5H12	
12月	❷ XB9 GJJ 12D9	❸ XJ1 BHH 11A1	❹ XK12 KGG 1B12	❺ XG1 FFF 1J1	❻ XH12 AEE 11K12	❼ XE10 EDD 12G10	❽ XF3 ECC 12H3	❾ XC7 GBB 11E7	❿ XD6 FAA 1F6	❶ WA4 FKK 10C4	❷ WB9 EJJ 2D9	❸ WJ1 EHH 9A1	❹ WK12 EGG 3B12	❺ WG1 AFF 11J1	❻ WH12 FEE 1K12

1985年(民國74年)

1985年

	1日	2日	3日	4日	5日	6日	7日	8日	9日	10日	11日	12日	13日	14日	15日	16日
1月	❼ WE10 DDD 10G10	❽ WF3 JCC 2H3	❾ WC7 CBB 9E7	❿ WD6 CAA 3F6	❶ VA4 BKK 8D5	❷ VB9 FJJ 4C8	❸ VJ1 DHH 7B2	❹ VK12 AGG 5A11	❺ VG1 AFF 9K2	❻ VH12 CEE 3J11	❼ VE10 BDD 8H11	❽ VF3 FCC 4G2	❾ VC7 BBB 7F8	❿ VD6 AAA 5E5	❶ UA4 CHK 6D5	❷ UB9 AGJ 6C8
2月	❽ ZF3 JJC 8G2	❾ ZC7 JHB 3F8	❿ ZD6 JGA 9E5	❶ YB5 HEK 2E6	❷ YA8 BFJ 10F7	❸ YK2 HCH 1C3	❹ YJ11 GDG 11D10	❺ YH2 AAF 3A3	❻ YG11 GBE 9B10	❼ YF11 FJD 2J12	❽ YE2 BKC 10K1	❾ YD8 HEB 1G9	❿ YC5 EFA 11H4	❶ XB5 ECH 12E6	❷ XA8 GDG 12F7	❸ XK2 BAF 11C3
3月	❻ WG11 FHA 1B10	❼ WF11 DEK 10J12	❽ WE2 JFJ 2K1	❾ WD8 CCH 9G9	❿ WC5 CDG 3H4	❶ VB5 BBK 8F7	❷ VA8 FAJ 4E6	❸ VK2 DKH 7D4	❹ VJ11 AJG 5C9	❺ VH2 AHF 9B4	❻ VG11 CGE 3A9	❼ VF11 BFD 8K1	❽ VE2 FEC 4J12	❾ VD8 BDB 7H10	❿ VC5 ACA 5G3	❶ UB5 CBH 6F7
4月	❼ ZF11 HFK 4K1	❽ ZE2 JEJ 8J12	❾ ZD8 JDH 3H10	❿ ZC5 JCG 9G3	❶ YB5 HBK 2G8	❷ YA8 BAJ 10H5	❸ YK2 HKH 1E5	❹ YJ11 GJG 11F8	❺ YH2 AHF 3C5	❻ YG11 GGE 9D8	❼ YF11 FFD 2A2	❽ YE2 BEC 10B11	❾ YD8 HDB 1J11	❿ YC5 ECA 11K2	❶ XB5 EKH 12G8	❷ XA8 GJG 12H5
5月	❼ WF11 DJK 10A2	❽ WE2 JKJ 2B11	❾ WD8 CGH 9J11	❿ WC5 CHG 3K2	❶ VB5 BEK 8H9	❷ VA8 FFJ 4G4	❸ VK2 DCH 7F6	❹ VJ11 ADG 5E7	❺ VH2 AAF 9D6	❻ VG11 CBE 3C7	❼ VF11 BAD 8B3	❽ VE2 FBC 4A10	❾ VD8 BJB 7K12	❿ VC5 AKA 5J1	❶ UB5 CGH 6H9	❷ UA8 AHG 6G4
6月	❽ ZE2 JHJ 8A10	❾ ZD8 JEH 3K12	❿ ZC5 JFG 9J1	❶ YB5 ECF 2H9	❷ YA8 KDE 10G4	❸ YK2 HDH 1G7	❹ YJ11 GCG 11H6	❺ YH2 ABF 3E7	❻ YG11 GAE 9F6	❼ YF11 FKD 2C4	❽ YE2 KJC 10D9	❾ YD8 HHB 1A1	❿ YC5 EGA 11B12	❶ XB5 EFK 12J10	❷ XA8 GEJ 12K3	❸ XK2 BDF 11G7
7月	❽ WE2 JGJ 2D9	❾ WD8 CFH 9A1	❿ WC5 CEG 3B12	❶ VB5 EDF 8J10	❷ VA8 DCE 4K3	❸ VK2 BBD 7G7	❹ VJ11 AAG 5G5	❺ VH2 AKF 9F8	❻ VG11 CJE 3E5	❼ VF11 BHD 8D5	❽ VE2 FGC 4C8	❾ VD8 BFB 7B2	❿ VC5 AEA 5A11	❶ UB5 EDK 6K11	❷ UA8 ACJ 6J2	❸ UK2 KBH 5H8
8月	❾ ZD8 JHH 3B2	❿ ZC5 JGG 9A11	❶ YB5 EFF 2K11	❷ YA8 KEE 10J2	❸ YK2 HDD 1H8	❹ YJ11 CCC 11G5	❺ YH2 AAF 3G9	❻ YG11 GBE 9H4	❼ YF11 FJD 2E6	❽ YE2 KKC 10F7	❾ YD8 HGB 1C3	❿ YC5 EHA 11D10	❶ XB5 EEK 12A12	❷ XA8 GFJ 12B1	❸ XK2 FCH 11J9	❹ XJ11 KDG 1K4
9月	❿ WC5 CKG 3D10	❶ VB5 EGF 8A12	❷ VA8 DHE 4B1	❸ VK2 BED 7J9	❹ VJ11 CFC 5K4	❺ VH2 CCB 9G9	❻ VG11 CDA 3H4	❼ VF11 BBD 8F7	❽ VE2 FAC 4E6	❾ VD8 BKB 7D4	❿ VC5 AJA 5C9	❶ UB5 EHK 6B1	❷ UA8 AGJ 6A12	❸ UK2 KFH 5K10	❹ UJ11 FEG 7J3	❺ UH2 BDF 7H10
10月	❿ ZC5 JJG 9C9	❶ YB5 EHF 2B1	❷ YA8 KGE 10A12	❸ YK2 HFD 1K10	❹ YJ11 CEC 11J3	❺ YH2 GDB 3H10	❻ YG11 GCA 9G3	❼ YF11 FBD 2G8	❽ YE2 KAC 10H5	❾ YD8 HKB 1E5	❿ YC5 EJA 11F8	❶ XB5 EHK 12C2	❷ XA8 GGJ 12D11	❸ XK2 FFH 11A11	❹ XJ11 KEG 1B2	❺ XH2 FDF 1J11
11月	❶ VB5 EEF 8C2	❷ VA8 DFE 4D11	❸ VK2 BCD 7A11	❹ VJ11 CDC 5B2	❺ VH2 CAB 9J11	❻ VG11 CBA 3K2	❼ VF11 BED 8H9	❽ VE2 FFC 4G4	❾ VD8 BCB 7F6	❿ VC5 ADA 5E7	❶ UB5 EAK 6D3	❷ UA8 ABJ 6C10	❸ UK2 KJH 5B12	❹ UJ11 FKG 7A1	❺ UH2 BGF 7K12	❻ UG11 JHE 5J1
12月	❶ YB5 EJF 2D3	❷ YA8 KKE 10C10	❸ YK2 HGD 1B12	❹ YJ11 CHC 11A1	❺ YH2 GEB 3K12	❻ YG11 GFA 9J1	❼ YF11 FDD 2J10	❽ YE2 KCC 10K3	❾ YD8 HBB 1G7	❿ YC5 EAA 11H6	❶ XB5 EKK 12E4	❷ XA8 GJJ 12F9	❸ XK2 FHH 11C1	❹ XJ11 KGG 1D12	❺ XH2 FFF 1A1	❻ XG11 EEE 11B12

	17日	18日	19日	20日	21日	22日	23日	24日	25日	26日	27日	28日	29日	30日	31日
1月	❸ UJ1 HFH 5B2	❹ UK12 FCG 7A11	❺ UG1 BBF 7K2	❻ UH12 AAE 5J11	❼ UE10 AKD 6H11	❽ UF3 AJC 6G2	❾ UC7 GHB 5F8	❿ UD6 BGA 7E5	❶ ZA4 KFK 4D5	❷ ZB9 EEJ 8C8	❸ ZJ1 JDH 3B2	❹ ZK12 JCG 9A11	❺ ZG1 ABF 5K2	❻ ZH12 KAE 7J11	❼ ZE10 HKD 4H11
2月	❹ XJ11 HBC 1D10	❺ XH2 FJB 1A3	❻ XG11 AHA 11B10	❼ XF11 EEK 12J12	❽ XE2 EFJ 12K1	❾ XD8 GCH 11G9	❿ XC5 FDG 1H4	❶ WB5 DAF 10E6	❷ WA8 EBE 2F7	❸ WK2 EJD 9C3	❹ WJ11 EKC 3D10	❺ WH2 AGB 11A3			
3月	❷ UA8 AAG 6E6	❸ UK2 HKF 5D4	❹ UJ11 FJC 7C9	❺ UH2 BHB 7B4	❻ UG11 AGA 5A9	❼ UF11 AFK 6K1	❽ UE2 AEJ 6J12	❾ UD8 GDH 5H10	❿ UC5 BCG 7G3	❶ ZB5 KBF 4F7	❷ ZA8 EAE 8E6	❸ ZK2 JKD 3D4	❹ ZJ11 JJC 9C9	❺ ZH2 AHB 5B4	❻ ZG11 KGA 7A9
4月	❸ XK2 BHF 11E5	❹ XJ11 HDC 1F8	❺ XH2 FAB 1C5	❻ XG11 ABA 11D8	❼ XF11 EJK 12A2	❽ XE2 EKJ 12B11	❾ XD8 GGH 11J11	❿ XC5 FHG 1K2	❶ WB5 DEF 10G8	❷ WA8 EFE 2H5	❸ WK2 ECD 9E5	❹ WJ11 EDC 3F8	❺ WH2 AAB 11C5	❻ WG11 FBA 1D8	
5月	❸ UK2 HEF 5F6	❹ UJ11 FFC 7E7	❺ UH2 BCB 7D6	❻ UG11 AKA 5C7	❼ UF11 AGK 6B3	❽ UE2 AHJ 6A10	❾ UD8 GEH 5K12	❿ UC5 BFG 7J1	❶ ZB5 KCF 4H9	❷ ZA8 EDE 8G4	❸ ZK2 JAD 3F6	❹ ZJ11 JBC 9E7	❺ ZH2 AJB 5D6	❻ ZG11 KKA 7C7	❼ ZF11 HGK 4B3
6月	❹ XJ11 KCE 1H6	❺ XH2 FBD 1E7	❻ XG11 AAA 11F6	❼ XF11 GKK 12C4	❽ XE2 EJJ 12D9	❾ XD8 GHH 11A1	❿ XC5 FGG 1B12	❶ WB5 FFF 10J10	❷ WA8 EEE 2K3	❸ WK2 EBD 9G7	❹ WJ11 EAC 3H6	❺ WH2 AKB 11E7	❻ WG11 FJA 1F6	❼ WF11 DHK 10C4	
7月	❹ UJ11 FJE 7G5	❺ UH2 BHD 7F8	❻ UG11 GGC 5E5	❼ UF11 CKK 6D5	❽ UE2 AJJ 6C8	❾ UD8 GHH 5B2	❿ UC5 BGG 7A11	❶ ZB5 KFF 4K11	❷ ZA8 EEE 8J2	❸ ZK2 JDD 3H8	❹ ZJ11 JCC 9G5	❺ ZH2 ABB 5F8	❻ ZG11 KAA 7E5	❼ ZF11 HKK 4D5	❽ ZE2 JJJ 8C8
8月	❺ XH2 FAD 1G9	❻ XG11 CFC 11H4	❼ XF11 GCB 12E6	❽ XE2 EDJ 12F7	❾ XD8 GJH 11C3	❿ XC5 FKG 1D10	❶ WB5 FGF 10A12	❷ WA8 EHE 2B1	❸ WK2 EED 9J9	❹ WJ11 EFC 3K4	❺ WH2 ACB 11G9	❻ WG11 FDA 1H4	❼ WF11 DAK 10E6	❽ WE2 JBJ 2F7	❾ WD8 CJH 9C3
9月	❻ UG11 JCE 5G3	❼ UF11 JBB 6F7	❽ UE2 AAA 6E6	❾ UD8 FKK 5D4	❿ UC5 BJG 7C9	❶ ZB5 KHF 4B1	❷ ZA8 EGE 8A12	❸ ZK2 JFD 3K10	❹ ZJ11 JEC 9J3	❺ ZH2 ADB 5H10	❻ ZG11 KCA 7G3	❼ ZF11 HBK 4F7	❽ ZE2 JAJ 8E6	❾ ZD8 JKH 3D4	
10月	❻ XG11 ECE 11K2	❼ XF11 GHB 12G8	❽ XE2 EGA 12H5	❾ XD8 BFK 11E5	❿ XC5 KHG 1F8	❶ WB5 FEF 10C2	❷ WA8 EFE 2D11	❸ WK2 ECD 9A11	❹ WJ11 EDC 3B2	❺ WH2 AAB 11J11	❻ WG11 FBA 1K2	❼ WF11 DJK 10G8	❽ WE2 JKJ 2H5	❾ WD8 CGH 9E5	❿ WC5 CHG 3F8
11月	❼ UF11 JEB 6H9	❽ UE2 AFA 6G4	❾ UD8 FCK 5F6	❿ UC5 BBG 7E7	❶ ZB5 KJF 4D3	❷ ZA8 EKE 8C10	❸ ZK2 JGD 3B12	❹ ZJ11 JHC 9A1	❺ ZH2 AEB 5K12	❻ ZG11 KFA 7J1	❼ ZF11 HCK 4H9	❽ ZE2 JDJ 8G4	❾ ZD8 JAH 3F6	❿ ZC5 JBG 9E7	
12月	❼ XF11 GDB 12J10	❽ XE2 ECA 12K3	❾ XD8 BBK 11G7	❿ XC5 KAG 1H6	❶ WB5 FKF 10E4	❷ WA8 EJE 2F9	❸ WK2 EHD 9C1	❹ WJ11 EGC 3D12	❺ WH2 AFB 11A1	❻ WG11 FEA 1B12	❼ WF11 DDK 10J10	❽ WE2 JCJ 2K3	❾ WD8 CBH 9G7	❿ WC5 CAG 3H6	❶ VB5 EKF 8E4

1986年（民國75年）

1986年	1日	2日	3日	4日	5日	6日	7日	8日	9日	10日	11日	12日	13日	14日	15日	16日	17日	18日	19日	20日	21日	22日	23日	24日	25日	26日	27日	28日	29日	30日	31日
1月	❷ VA8 DJE 4F9	❸ VK2 BHD 7C1	❹ VJ11 CGC 5D12	❺ VH2 CFB 9A1	❻ VG11 CEA 3B12	❼ VF11 BDD 8K11	❽ VE2 FCC 4J2	❾ VD8 BBB 7H8	❿ VC5 AAA 5G5	❶ UB5 EKK 6F5	❷ UA8 AJJ 6E8	❸ UK2 KHH 5D2	❹ UJ11 FGG 7C11	❺ UH2 BFF 7B2	❻ UG11 JEE 5A11	❼ UF11 JBB 6K11	❽ UE2 AAA 6J2	❾ UD8 FKK 5H8	❿ UC5 BGG 7G5	❶ ZB5 KFF 4F5	❷ ZA8 EEE 8E8	❸ ZK2 JDD 3D2	❹ ZJ11 JCC 9C11	❺ ZH2 ABB 5B2	❻ ZG11 KAA 7A11	❼ ZF11 HKK 4K11	❽ ZE2 JJJ 8J2	❾ ZD8 JHH 3H8	❿ ZC5 JGG 9G5	❶ YB5 EFF 2F5	❷ YA8 KEE 10E8
2月	❸ YK2 HDD 1D2	❹ YJ11 CCC 11C11	❺ YH2 GBB 3B2	❻ YK10 GBB 9D10	❼ YG12 FJJ 2A12	❽ YH1 KKK 10B1	❾ YE9 HGG 1J9	❿ YF4 EHH 11K4	❶ XC6 EEE 12G6	❷ XD7 GFF 12H7	❸ XA3 FCC 11E3	❹ XB10 KBB 1F10	❺ XJ3 FJJ 1C3	❻ XK10 CKK 11D10	❼ XG12 GGG 12A12	❽ XH1 EHH 12B1	❾ XE9 GEE 11J9	❿ XF4 KFF 1K4	❶ WC6 FAA 10G6	❷ WD7 EBB 2H7	❸ WA3 EJJ 9E3	❹ WB10 EKK 3F10	❺ WJ3 AGG 11C3	❻ WK10 FHH 1D10	❼ WG12 DEE 10A12	❽ WH1 JFF 2B1	❾ WE9 CCC 9J9	❿ WF4 CDD 3K4			
3月	❶ VC6 EAA 8G6	❷ VD7 DBB 4H7	❸ VA3 BJJ 7E3	❹ VB10 CKK 5F10	❺ VJ3 CGG 9C3	❻ VK10 CGB 3C9	❼ VG12 BFJ 8B1	❽ VH1 FEK 4A12	❾ VE9 BDG 7K10	❿ VF4 ACH 5J3	❶ UC6 EBE 6H7	❷ UD7 AAF 6G6	❸ UA3 KKC 5F4	❹ UB10 FJB 7E9	❺ UJ3 BHJ 7D4	❻ UK10 GGK 5C9	❼ UG12 CFG 6B1	❽ UH1 AEH 6A12	❾ UE9 GDE 5K10	❿ UF4 BCF 7J3	❶ ZC6 KBA 4H7	❷ ZD7 EAB 8G6	❸ ZA3 JKJ 3F4	❹ ZB10 JJK 9E9	❺ ZJ3 AHG 5D4	❻ ZK10 KGH 7C9	❼ ZG12 HFE 4B1	❽ ZH1 JEF 8A12	❾ ZE9 JDC 3K10	❿ ZF4 JCD 9J3	❶ YC6 EBA 2H7
4月	❷ YD7 KAB 10G6	❸ YA3 HKJ 1F4	❹ YB10 CJK 11E9	❺ YJ3 GHG 3D4	❻ YK10 GGB 9F8	❼ YG12 FFJ 2C2	❽ YH1 KEK 10D11	❾ YE9 HDG 1A11	❿ YF4 ECH 11B2	❶ XC6 EBE 12J8	❷ XD7 GAF 12K5	❸ XA3 FKC 11G5	❹ XB10 KJB 1H8	❺ XJ3 FHJ 1E5	❻ XK10 CEK 11F8	❼ XG12 GDG 12C2	❽ XH1 ECH 12D11	❾ XE9 GGE 11A11	❿ XF4 KHF 1B2	❶ WC6 FEA 10J8	❷ WD7 EFB 2K5	❸ WA3 ECJ 9G5	❹ WB10 EDK 3H8	❺ WJ3 AAG 11E5	❻ WK10 FBH 1F8	❼ WG12 DJE 10C2	❽ WH1 JKF 2D11	❾ WE9 CGC 9A11	❿ WF4 CHD 3B2	❶ VC6 EEA 8J8	
5月	❷ VD7 DFB 4K5	❸ VA3 BCJ 7G5	❹ VB10 CDK 5H8	❺ VJ3 CAG 9E5	❻ VK10 CBH 3F8	❼ VG12 BJJ 8D3	❽ VH1 FKK 4C10	❾ VE9 BGG 7B12	❿ VF4 AHH 5A1	❶ UC6 EEE 6K9	❷ UD7 AFF 6J4	❸ UA3 KEC 5H6	❹ UB10 FFD 7G7	❺ UJ3 BCJ 7F6	❻ UK10 JDK 5E7	❼ UG12 JAG 6D3	❽ UH1 ABH 6C10	❾ UE9 FJE 5B12	❿ UF4 BKF 7A1	❶ ZC6 KGC 4K9	❷ ZD7 EDB 8J4	❸ ZA3 JAJ 3H6	❹ ZB10 JBK 9G7	❺ ZJ3 AJG 5F6	❻ ZK10 KKH 7E7	❼ ZG12 HGE 4D3	❽ ZH1 JHF 8C10	❾ ZE9 JEC 3B12	❿ ZF4 JFD 9A1	❶ YC6 ECA 2K9	❷ YD7 KDB 10J4
6月	❸ YA3 HAJ 1H6	❹ YB10 CBK 11G7	❺ YJ3 GJG 3F6	❻ YK10 GKH 9E7	❼ YG12 JGE 2D3	❽ YH1 KJK 10F9	❾ YE9 HHG 1C1	❿ YF4 EGH 11D12	❶ XC6 EFE 12A10	❷ XD7 GEF 12B3	❸ XA3 FDC 11J7	❹ XB10 KCD 1K6	❺ XJ3 FBA 1G7	❻ XK10 EAK 11H6	❼ XG12 GKG 12E4	❽ XH1 EJH 12F9	❾ XE9 BHE 11C1	❿ XF4 KGF 1D12	❶ WC6 FFC 10A10	❷ WD7 EED 2B3	❸ WA3 EDJ 9J7	❹ WB10 ECK 3K6	❺ WJ3 ABG 11G7	❻ WK10 FAH 1H6	❼ WG12 DKE 10E4	❽ WH1 JGF 2F9	❾ WE9 CFC 9C1	❿ WF4 CED 3D12	❶ VC6 EDA 8A10	❷ VD7 DCB 4B3	
7月	❸ VA3 BBJ 7J7	❹ VB10 CAK 5K6	❺ VJ3 CKG 9G7	❻ VK10 CJH 3H6	❼ VG12 JHE 8E4	❽ VH1 DGF 4F9	❾ VE9 BFG 7D2	❿ VF4 AEH 5C11	❶ UC6 EDE 6B11	❷ UD7 ACF 6A2	❸ UA3 KBC 5K8	❹ UB10 DAD 7J5	❺ UJ3 BKA 7H8	❻ UK10 JJB 5G5	❼ UG12 JHG 6F5	❽ UH1 AGH 6E8	❾ UE9 FDE 5D2	❿ UF4 DCF 7C11	❶ ZC6 KBC 4B11	❷ ZD7 EED 8A2	❸ ZA3 ADA 3K8	❹ ZB10 JCK 9J5	❺ ZJ3 ABG 5H8	❻ ZK10 KAH 7G5	❼ ZG12 KKE 4F5	❽ ZH1 JJF 8E8	❾ ZE9 JHC 3D2	❿ ZF4 JGD 9C11	❶ YC6 EFA 2B11	❷ YD7 KEB 10A2	❸ YA3 HDJ 1K8
8月	❹ YB10 CCK 11J5	❺ YJ3 GBG 3H8	❻ YK10 GAH 9G5	❼ YG12 JKE 2F5	❽ YH1 HJF 10E8	❾ YE9 FHC 1D2	❿ YF4 GGD 11C11	❶ XC6 EEE 12C12	❷ XD7 GFF 12D1	❸ XA3 FCC 11A9	❹ XB10 KDD 1B4	❺ XJ3 FAA 1J9	❻ XK10 EBB 11K4	❼ XG12 JJJ 12G6	❽ XH1 EKK 12H7	❾ XE9 DGE 11E3	❿ XF4 KHF 1F10	❶ WC6 FEC 10C12	❷ WD7 AKD 2D1	❸ WA3 GGA 9A9	❹ WB10 EHB 3B4	❺ WJ3 ACJ 11J9	❻ WK10 FDH 1K4	❼ WG12 DAE 10G6	❽ WH1 JBF 2H7	❾ WE9 CJC 9E3	❿ WF4 CKD 3F10	❶ VC6 EGA 8C12	❷ VD7 DHB 4D1	❸ VA3 BEJ 7A9	❹ VB10 CFK 5B4
9月	❺ VJ3 CCG 9J9	❻ VK10 CDH 3K4	❼ VG12 JAE 8G6	❽ VH1 DBF 4H7	❾ VE9 BJC 7E3	❿ VF4 GKD 5F10	❶ UC6 AGA 6C12	❷ UD7 AGF 6C12	❸ UA3 KFC 5B10	❹ UB10 DED 7A3	❺ UJ3 BDA 7K10	❻ UK10 JCB 5J3	❼ UG12 JBJ 6H7	❽ UH1 AAK 6G6	❾ UE9 KKG 5F4	❿ UF4 DJF 7E9	❶ ZC6 KHC 4D1	❷ ZD7 GGD 8C12	❸ ZA3 AFA 3B10	❹ ZB10 JEB 9A3	❺ ZJ3 ADJ 5K10	❻ ZK10 DCK 7J3	❼ ZG12 KBE 4H7	❽ ZH1 JAF 8G6	❾ ZE9 JKC 3F4	❿ ZF4 JJD 9E9	❶ YC6 EHA 2D1	❷ YD7 KGB 10C12	❸ YA3 HFJ 1B10	❹ YB10 CEK 11A3	
10月	❺ YJ3 GDG 3K10	❻ YK10 GCH 9J3	❼ YG12 JBE 2H7	❽ YH1 HAF 10G6	❾ YE9 FKC 1F4	❿ YF4 GJD 11E9	❶ XC6 GHA 12D1	❷ XD7 GGF 12F11	❸ XA3 FFC 11C11	❹ XB10 KED 1D2	❺ XJ3 FDA 1A11	❻ XK10 ECB 11B2	❼ XG12 JBJ 12J8	❽ XH1 EAK 12K5	❾ XE9 DKG 11G5	❿ XF4 KJF 1H8	❶ WC6 FHC 10E2	❷ WD7 ACD 2F11	❸ WA3 GBA 9C11	❹ WB10 EAB 3D2	❺ WJ3 AAJ 11A11	❻ WK10 FBK 1B2	❼ WG12 DJE 10J8	❽ WH1 JKF 2K5	❾ WE9 CGC 9G5	❿ WF4 CHD 3H8	❶ VC6 EEA 8E2	❷ VD7 DFB 4F11	❸ VA3 BCJ 7C11	❹ VB10 CDK 5D2	❺ VJ3 CAG 9A11
11月	❻ VK10 CBH 3B2	❼ VG12 JJE 8J8	❽ VH1 DKF 4K5	❾ VE9 BGC 7G5	❿ VF4 GHD 5H8	❶ UC6 AEA 6E2	❷ UD7 AFB 6F11	❸ UA3 KJC 5D12	❹ UB10 DKD 7C1	❺ UJ3 BGA 7B12	❻ UK10 JHB 5A1	❼ UG12 JEJ 6K9	❽ UH1 AFK 6J4	❾ UE9 KCG 5H6	❿ UF4 DDH 7G7	❶ ZC6 KAC 4F3	❷ ZD7 JBD 8E10	❸ ZA3 AJA 3D12	❹ ZB10 JKB 9C1	❺ ZJ3 FGJ 5B12	❻ ZK10 DFK 7A1	❼ ZG12 KCG 4K9	❽ ZH1 JDF 8J4	❾ ZE9 JAC 3H6	❿ ZF4 JBD 9G7	❶ YC6 EJA 2F3	❷ YD7 KKB 10E10	❸ YA3 HGJ 1D12	❹ YB10 CHK 11C1	❺ YJ3 GEG 3B12	
12月	❻ YK10 GFH 9A1	❼ YG12 JCE 2K9	❽ YH1 HDF 10J4	❾ YE9 FAC 1H6	❿ YF4 GBD 11G7	❶ XC6 GJA 12F3	❷ XD7 GJF 12H9	❸ XA3 FHC 11E1	❹ XB10 KGD 1F12	❺ XJ3 FFA 1C1	❻ XK10 EEB 11D12	❼ XG12 JDJ 12A10	❽ XH1 ECK 12B3	❾ XE9 DBG 11J7	❿ XF4 KAF 1K6	❶ WC6 FKC 10G4	❷ WD7 AJD 2H9	❸ WA3 GHA 9E1	❹ WB10 EGB 3F12	❺ WJ3 AFJ 11C1	❻ WK10 FEK 1D12	❼ WG12 DDE 10A10	❽ WH1 JCF 2B3	❾ WE9 CBC 9J7	❿ WF4 CAD 3K6	❶ VC6 EKA 8G4	❷ VD7 DJB 4H9	❸ VA3 BHJ 7E1	❹ VB10 CGK 5F12	❺ VJ3 CFG 9C1	❻ VK10 CEH 3D12

1987年	1日	2日	3日	4日	5日	6日	7日	8日	9日	10日	11日	12日	13日	14日	15日	16日
1月	❼ VG12 JDE 8A10	❽ VH1 DCF 4B3	❾ VE9 BBC 7J7	❿ VF4 GAD 5K6	❶ UC6 AKA 6G4	❷ UD7 AJF 6G8	❸ UA3 KHC 5F2	❹ UB10 DGD 7E11	❺ UJ3 BFA 7D2	❻ UK10 JEB 5C11	❼ UG12 JDJ 6B11	❽ UH1 ACK 6A2	❾ UE9 KBG 5K8	❿ UF4 DAF 7J5	❶ ZC6 KKC 4H5	❷ ZD7 GGD 8G8
2月	❽ YH1 HJF 10A2	❾ YE9 FHC 1K8	❿ YF4 GGD 11J5	❶ XD7 EEB 12J6	❷ XC6 GFA 12K7	❸ XB4 FCK 11G3	❹ XA9 KDJ 1H10	❺ XK4 FAH 1E3	❻ XJ9 EBG 11F10	❼ XH1 JJF 12C12	❽ XG12 EKE 12D1	❾ XF10 DED 11A9	❿ XE3 KFC 1B4	❶ WD7 FCB 10J6	❷ WC6 ADA 2K7	❸ WB4 GAK 9G3
3月	❻ VJ9 CHG 3F10	❼ VH1 JEF 8C12	❽ VG12 DFE 4D1	❾ VF10 BCD 7A9	❿ VE3 GDC 5B4	❶ UD7 EBB 6K7	❷ UC6 AAA 6J6	❸ UB4 KKK 5H4	❹ UA9 DJJ 7G9	❺ UK4 BHH 7F4	❻ UJ9 JGG 5E9	❼ UH1 JFF 6D1	❽ UG12 AEE 6C12	❾ UF10 KDD 5B10	❿ UE3 DCC 7A3	❶ ZD7 KBB 4K7
4月	❼ YH1 JFF 2D1	❽ YG12 HEE 10C12	❾ YF10 FDD 1B10	❿ YE3 GCC 11A3	❶ XD7 EBB 12A8	❷ XC6 GAA 12B5	❸ XB4 FKK 11J5	❹ XA9 KJJ 1K8	❺ XK4 FHH 1G5	❻ XJ9 EGG 11H8	❼ XH1 JFF 12E2	❽ XG12 EEE 12F11	❾ XF10 DDD 11C11	❿ XE3 KCC 1D2	❶ WD7 FKB 10A8	❷ WC6 AJA 2B5
5月	❼ VH1 JJF 8E2	❽ VG12 DKE 4F11	❾ VF10 BGD 7C11	❿ VE3 GHC 5D2	❶ UD7 AEB 6A8	❷ UC6 AFA 6A4	❸ UB4 KCK 5K6	❹ UA9 DDJ 7J7	❺ UK4 BAH 7H6	❻ UJ9 JBG 5G7	❼ UH1 JJF 6F3	❽ UG12 ABE 6E10	❾ UF10 KJD 5D12	❿ UE3 DKC 7C1	❶ ZD7 KGB 4B9	❷ ZC6 GHA 8A4
6月	❽ YG12 HHE 10E10	❾ YF10 FED 1D12	❿ YE3 GFC 11C1	❶ XD7 GCB 12B9	❷ XC6 GDA 12A4	❸ XB4 FDK 11A7	❹ XA9 KCJ 1B6	❺ XK4 FBH 1J7	❻ XJ9 EAG 11K6	❼ XH1 JKF 12G4	❽ XG12 EJE 12H9	❾ XF10 DHD 11E1	❿ XE3 KGC 1F12	❶ WD7 FFB 10C10	❷ WC6 CEA 2D3	❸ WB4 CDK 9A7
7月	❽ VG12 DGE 4H9	❾ VF10 BFD 7E1	❿ VE3 GEC 5F12	❶ UD7 ADB 6C10	❷ UC6 ACA 6D3	❸ UB4 CBK 5A7	❹ UA9 BAJ 7B6	❺ UK4 BKH 7K8	❻ UJ9 JJG 5J5	❼ UH1 JHF 6H5	❽ UG12 AGE 6G8	❾ UF10 KFD 5F2	❿ UE3 DEC 7E11	❶ ZD7 KDB 4D11	❷ ZC6 JCA 8C2	❸ ZB4 ABK 3B8
8月	❾ YF10 FHD 1F2	❿ YE3 GGC 11E11	❶ XD7 GFB 12D11	❷ XC6 GEA 12C2	❸ XB4 CDK 11B8	❹ XA9 HCJ 1A5	❺ XK4 FBH 1K8	❻ XJ9 EBG 11B4	❼ XH1 JJF 12J6	❽ XG12 EKE 12K7	❾ XF10 DGD 11G3	❿ XE3 HHC 1H10	❶ WD7 FEB 10E12	❷ WC6 CFA 2F1	❸ WB4 CCK 9C9	❹ WA9 EDJ 3D4
9月	❿ VE3 GKC 5H10	❶ UD7 AGB 6E12	❷ UC6 AHA 6F1	❸ UB4 CEK 5C9	❹ UA9 BFJ 7D4	❺ UK4 KCH 7A9	❻ UJ9 ADG 5B4	❼ UH1 JBF 6K7	❽ UG12 AAE 6J6	❾ UF10 KKD 5H4	❿ UE3 DJC 7G9	❶ ZD7 KHB 4F1	❷ ZC6 JGA 8E12	❸ ZB4 CFK 3D10	❹ ZA9 JEJ 9C3	❺ ZK4 HDH 5B10
10月	❿ YE3 GJC 11G9	❶ XD7 GHB 12F1	❷ XC6 GGA 12E12	❸ XB4 CFK 11D10	❹ XA9 HEJ 1C3	❺ XK4 FDH 1B10	❻ XJ9 ACG 11A3	❼ XH1 EBF 12K7	❽ XG12 EAE 12B5	❾ XF10 DKD 11J5	❿ XE3 HJC 1K8	❶ WD7 FHB 10G2	❷ WC6 CGA 2H11	❸ WB4 CFK 9E11	❹ WA9 EEJ 3F2	❺ WK4 DDH 11C11
11月	❶ UD7 AEB 6G2	❷ UC6 AFA 6H11	❸ UB4 CCK 5E11	❹ UA9 BDJ 7F2	❺ UK4 KAH 7C11	❻ UJ9 ABG 5D2	❼ UH1 AJF 6A8	❽ UG12 AFE 6A4	❾ UF10 KCD 5K6	❿ UE3 DDC 7J7	❶ ZD7 KAB 4H3	❷ ZC6 JBA 8G10	❸ ZB4 CJK 3F12	❹ ZA9 JKJ 9E1	❺ ZK4 HGH 5D12	❻ ZJ9 DHG 7C1
12月	❶ XD7 GJB 12H3	❷ XC6 GKA 12G10	❸ XB4 CGK 11F12	❹ XA9 HHJ 1E1	❺ XK4 FEH 1D12	❻ XJ9 AFG 11C1	❼ XH1 ECF 12B9	❽ XG12 ECE 12D3	❾ XF10 DBD 11A7	❿ XE3 HAC 1B6	❶ WD7 FKB 10J4	❷ WC6 CJA 2K9	❸ WB4 CHK 9G1	❹ WA9 EGJ 3H12	❺ WK4 DFH 11E1	❻ WJ9 HEG 1F12

1987年	17日	18日	19日	20日	21日	22日	23日	24日	25日	26日	27日	28日	29日	30日	31日
1月	❸ ZA3 AFA 3F2	❹ ZB10 JEB 9E11	❺ ZJ3 ABJ 5D2	❻ ZK10 DAK 7C11	❼ ZG12 KKE 4B11	❽ ZH1 JJF 8A2	❾ ZE9 JHC 3K8	❿ ZF4 JGD 9J5	❶ YC6 EFA 2H5	❷ YD7 KEB 10G8	❸ YA3 HDJ 1F2	❹ YB10 CCK 11E11	❺ YJ3 GBG 3D2	❻ YK10 GAH 9C11	❼ YG12 JKE 2B11
2月	❹ WA9 EBJ 3H10	❺ WK4 AJH 11E3	❻ WJ9 FHG 1F10	❼ WH1 DEF 10C12	❽ WG12 JFE 2D1	❾ WF10 CCD 9A9	❿ WE3 CDC 3B4	❶ VD7 EAB 8J6	❷ VC6 DBA 4K7	❸ VB4 BJK 7G3	❹ VA9 CKJ 5H10	❺ VK4 CGH 9E3			
3月	❷ ZC6 GAA 8J6	❸ ZB4 AKK 3H4	❹ ZA9 JJJ 9G9	❺ ZK4 AHH 5F4	❻ ZJ9 KGG 7E9	❼ ZH1 KFF 4D1	❽ ZG12 JEE 8C12	❾ ZF10 JDD 3B10	❿ ZE3 JCC 9A3	❶ YD7 EBB 2K7	❷ YC6 KAA 10J6	❸ YB4 HKK 1H4	❹ YA9 CJJ 11G9	❺ YK4 GHH 3F4	❻ YJ9 GGG 9E9
4月	❸ WB4 GHK 9J5	❹ WA9 EDJ 3K8	❺ WK4 AAH 11G5	❻ WJ9 FBG 1H8	❼ WH1 DJF 10E2	❽ WG12 JKE 2F11	❾ WF10 CGD 9C11	❿ WE3 CHC 3D2	❶ VD7 EEB 8A8	❷ VC6 DFA 4B5	❸ VB4 BCK 7J5	❹ VA9 CDJ 5K8	❺ VK4 CAH 9G5	❻ VJ9 CBG 3H8	
5月	❸ ZB4 AEK 3K6	❹ ZA9 JFJ 9J7	❺ ZK4 ACH 5H6	❻ ZJ9 DDG 7G7	❼ ZH1 KGF 4F3	❽ ZG12 JHE 8E10	❾ ZF10 JED 3D12	❿ ZE3 JFC 9C1	❶ YD7 ECB 2B9	❷ YC6 KDA 10A4	❸ YB4 HAK 1K6	❹ YA9 CBJ 11J7	❺ YK4 GJH 3H6	❻ YJ9 GKG 9G7	❼ YH1 JGF 2F3
6月	❹ WA9 ECJ 3B6	❺ WK4 KBH 11J7	❻ WJ9 FAG 1K6	❼ WH1 DKF 10G4	❽ WG12 JJE 2H9	❾ WF10 CHD 9E1	❿ WE3 CGC 3F12	❶ VD7 EFB 8C10	❷ VC6 DEA 4D3	❸ VB4 BBK 7A7	❹ VA9 CAJ 5B6	❺ VK4 CKH 9J7	❻ VJ9 CJG 3K6	❼ VH1 JHF 8G4	
7月	❹ ZA9 JAJ 9A5	❺ ZK4 FHH 5K8	❻ ZJ9 DGG 7J5	❼ ZH1 KFF 4H5	❽ ZG12 JJE 8G8	❾ ZF10 JHD 3F2	❿ ZE3 JGC 9E11	❶ YD7 EFB 2D11	❷ YC6 KEA 10C2	❸ YB4 HDK 1B8	❹ YA9 CCJ 11A5	❺ YK4 GBH 3K8	❻ YJ9 GAG 9J5	❼ YH1 JKF 2H5	❽ YG12 HJE 10G8
8月	❺ WK4 DAH 11A9	❻ WJ9 HBG 1B4	❼ WH1 DCF 10J6	❽ WG12 ADE 2K7	❾ WF10 EAD 9G3	❿ WE3 CKC 3H10	❶ VD7 EGB 8E12	❷ VC6 DHA 4F1	❸ VB4 DEK 7C9	❹ VA9 CFJ 5D4	❺ VK4 CCH 9A9	❻ VJ9 CDG 3B4	❼ VH1 JAF 8J6	❽ VG12 DBE 4K7	❾ VF10 BJD 7G3
9月	❻ ZJ9 DCG 7A3	❼ ZH1 KBF 4K7	❽ ZG12 EAE 8J6	❾ ZF10 AKD 3H4	❿ ZE3 JJC 9G9	❶ YD7 EHB 2F1	❷ YC6 KGA 10E12	❸ YB4 HFK 1D10	❹ YA9 CEJ 11C3	[illegible] YK4 GDH 3B10	❻ YJ9 GCG 9A3	❼ YH1 JBF 2K7	❽ YG12 HAE 10J6	❾ YF10 FKD 1H4	
10月	❻ WJ9 HCG 1D2	❼ WH1 DBF 10A8	❽ WG12 AGE 2B5	❾ WF10 EFD 9J5	❿ WE3 CEC 3K8	❶ VD7 EEB 8G2	❷ VC6 HFA 4H11	❸ VB4 DCK 7E11	❹ VA9 CDJ 5F2	❺ VK4 CAH 9C11	❻ VJ9 CBG 3D2	❼ VH1 JJF 8A8	❽ VG12 DKE 4B5	❾ VF10 BGD 7J5	❿ VE3 GHC 5K8
11月	❼ ZH1 KEF 4B9	❽ ZG12 EFE 8A4	❾ ZF10 ACD 3K6	❿ ZE3 JDC 9J7	❶ YD7 EJB 2H3	❷ YC6 KKA 10G10	❸ YB4 HGK 1F12	❹ YA9 CHJ 11E1	❺ YK4 GEH 3D12	❻ YJ9 GFG 9C1	❼ YH1 JCF 2B9	❽ YG12 HDE 10A4	❾ YF10 FAD 1K6	❿ YE3 GBC 11J7	
12月	❼ WH1 DDF 10C10	❽ WG12 ACE 2D3	❾ WF10 EBD 9A7	❿ WE3 CAC 3B6	❶ VD7 EKB 8J4	❷ VC6 HJA 4K9	❸ VB4 DHK 7G1	❹ VA9 CGJ 5H12	❺ VK4 CFH 9E1	❻ VJ9 CEG 3F12	❼ VH1 JDF 8C10	❽ VG12 DCE 4D3	❾ VF10 BBD 7A7	❿ VE3 GAC 5B6	❶ UD7 AKB 6J4

1988年（民國77年）

1988年	1日	2日	3日	4日	5日	6日	7日	8日	9日	10日	11日	12日	13日	14日	15日	16日
1月	❷ UC6 AJA 6K9	❸ UB4 CHK 5G1	❹ UA9 BGJ 7H12	❺ UK4 KFH 7E1	❻ UJ9 AEG 5F12	❼ UH1 JDF 6D11	❽ UG12 ACE 6C2	❾ UF10 KBD 5B8	❿ UE3 DAC 7A5	❶ ZD7 KKB 4K5	❷ ZC6 JJA 8J8	❸ ZB4 CHK 3H2	❹ ZA9 JGJ 9G11	❺ ZK4 HFH 5F2	❻ ZJ9 DEG 7E11	❼ ZH1 KBF 4D11
2月	❸ XB4 CDK 11H2	❹ XA9 HCJ 1G11	❺ XK4 FBH 1F2	❻ XB8 EBG 11H10	❼ XJ2 JJF 12E12	❽ XK11 EKE 12F1	❾ XG11 DGD 11C9	❿ XH2 HHC 1D4	❶ WE8 FEB 10A6	❷ WF5 CFA 2B7	❸ WC5 CCK 9J3	❹ WD8 EBJ 3K10	❺ WA5 DJH 11G3	❻ WB8 HKE 1H10	❼ WJ2 DGD 10E12	❽ WK11 AHC 2F1
3月	❷ UF5 ABF 6B7	❸ UC5 CJC 5J3	❹ UD8 BKD 7K10	❺ UA5 KGA 7G3	❻ UB8 JGG 5G9	❼ UJ2 JFF 6F1	❽ UK11 AEE 6E12	❾ UG11 KDD 5D10	❿ UH2 DCC 7C3	❶ ZE8 KBB 4B7	❷ ZF5 JAA 8A6	❸ ZC5 CKK 3K4	❹ ZD8 JJJ 9J9	❺ ZA5 HHH 5H4	❻ ZB8 DGE 7G9	❼ ZJ2 KFD 4F1
4月	❸ XC5 CKC 11K4	❹ XD8 HJD 1J9	❺ XA5 FHA 1H4	❻ XB8 EGG 11K8	❼ XJ2 JFF 12G2	❽ XK11 EEE 12H11	❾ XG11 DDD 11E11	❿ XH2 HCC 1F2	❶ WE8 FBB 10C8	❷ WF5 CAA 2D5	❸ WC5 CKK 9A5	❹ WD8 EJJ 3B8	❺ WA5 DHH 11J5	❻ WB8 HEE 1K8	❼ WJ2 DDD 10G2	❽ WK11 ACC 2H11
5月	❸ UC5 CCC 5A5	❹ UD8 BDD 7B8	❺ UA5 KAA 7J5	❻ UB8 ABB 5K8	❼ UJ2 JJF 6H3	❽ UK11 AKE 6G10	❾ UG11 KGD 5F12	❿ UH2 DHC 7E1	❶ ZE8 KEB 4D9	❷ ZF5 JFA 8C4	❸ ZC5 CEK 3B6	❹ ZD8 JFJ 9A7	❺ ZA5 HCH 5K6	❻ ZB8 DDG 7J7	❼ ZJ2 KAD 4H3	❽ ZK11 EBC 8G10
6月	❹ XD8 HBD 1A7	❺ XA5 FJA 1K6	❻ XB8 AKB 11J7	❼ XJ2 EGJ 12H3	❽ XK11 EJE 12K9	❾ XG11 DHD 11G1	❿ XH2 HGC 1H12	❶ WE8 FFB 10E10	❷ WF5 CEA 2F3	❸ WC5 CDK 9C7	❹ WD8 ECJ 3D6	❺ WA5 DBH 11A7	❻ WB8 HAG 1B6	❼ WJ2 DKF 10J4	❽ WK11 AJC 2K9	❾ WG11 EHB 9G1
7月	❹ UD8 BAD 7D6	❺ UA5 KKA 7A7	❻ UB8 AJB 5B6	❼ UJ2 AHJ 6J4	❽ UK11 AGK 6K9	❾ UG11 GFG 5G1	❿ UH2 DEC 7G11	❶ ZE8 KDB 4F11	❷ ZF5 JCA 8E2	❸ ZC5 CBK 3D8	❹ ZD8 JAJ 9C5	❺ ZA5 HKH 5B8	❻ ZB8 DJG 7A5	❼ ZJ2 KHF 4K5	❽ ZK11 GGE 8J8	❾ ZG11 GFD 3H2
8月	❺ XA5 FBA 1B8	❻ XB8 AAB 11A5	❼ XJ2 EKJ 12K5	❽ XK11 EJK 12J8	❾ XG11 GHG 11H2	❿ XH2 FGH 1G11	❶ WE8 FEB 10G12	❷ WF5 CFA 2H1	❸ WC5 CCK 9E9	❹ WD8 EDJ 3F4	❺ WA5 DAH 11C9	❻ WB8 HBG 1D4	❼ WJ2 DJF 10A6	❽ WK11 CKE 2B7	❾ WG11 EGD 9J3	❿ WH2 CHC 3K10
9月	❻ UB8 ADB 5D4	❼ UJ2 AAJ 6A6	❽ UK11 ABK 6B7	❾ UG11 GJG 5J3	❿ UH2 BKH 7K10	❶ ZE8 KGE 4G12	❷ ZF5 JGA 8G12	❸ ZC5 CFK 3F10	❹ ZD8 JEJ 9E3	❺ ZA5 HDH 5D10	❻ ZB8 BCG 7C3	❼ ZJ2 KBF 4B7	❽ ZK11 GAE 8A6	❾ ZG11 GKD 3K4	❿ ZH2 JJC 9J9	❶ YE8 HHB 2H1
10月	❻ XB8 ACB 11C3	❼ XJ2 EBJ 12B7	❽ XK11 EAK 12A6	❾ XG11 GKG 11K4	❿ XH2 FJH 1J9	❶ WE8 DHE 10H1	❷ WF5 EGF 2G12	❸ WC5 CFK 9G11	❹ WD8 EEJ 3H2	❺ WA5 DDH 11E11	❻ WB8 HCG 1F2	❼ WJ2 DBF 10C8	❽ WK11 CAE 2D5	❾ WG11 GKD 9A5	❿ WH2 CJC 3B8	❶ VE8 BHB 8J2
11月	❼ UJ2 AJJ 6C8	❽ UK11 AKK 6D5	❾ UG11 GGG 5A5	❿ UH2 BHH 7B8	❶ ZE8 KEE 4J2	❷ ZF5 EFF 8K11	❸ ZC5 CJK 3H12	❹ ZD8 JKJ 9G1	❺ ZA5 HGH 5F12	❻ ZB8 BHG 7E1	❼ ZJ2 KEF 4D9	❽ ZK11 GFE 8C4	❾ ZG11 GCD 3B6	❿ ZH2 JDC 9A7	❶ YE8 HAB 2K3	❷ YF5 BBA 10J10
12月	❼ XJ2 ECJ 12D9	❽ XK11 EDK 12C4	❾ XG11 GAG 11B6	❿ XH2 FBH 1A7	❶ WE8 DJE 10K3	❷ WF5 EKF 2J10	❸ WC5 CHK 9J1	❹ WD8 EGJ 3K12	❺ WA5 DFH 11G1	❻ WB8 HEG 1H12	❼ WJ2 DDF 10E10	❽ WK11 CCE 2F3	❾ WG11 GBD 9C7	❿ WH2 CAC 3D6	❶ VE8 BKB 8A4	❷ VF5 HJA 4B9

1988年	17日	18日	19日	20日	21日	22日	23日	24日	25日	26日	27日	28日	29日	30日	31日
1月	❽ ZG12 EAE 8C2	❾ ZF10 AKD 3B8	❿ ZE3 JGC 9A5	❶ YD7 EFB 2K5	❷ YC6 KEA 10J8	❸ YB4 HDK 1H2	❹ YA9 CCJ 11G11	❺ YK4 GBH 3F2	❻ YJ9 GAG 9E11	❼ YH1 JKF 2D11	❽ YG12 HJE 10C2	❾ YF10 FHD 1B8	❿ YE3 GGC 11A5	❶ XD7 GFB 12K5	❷ XC6 GEA 12J8
2月	❾ WG11 EEG 9C9	❿ WH2 CFH 3D4	❶ VE8 EAE 8A6	❷ VF5 DBF 4B7	❸ VC5 DJC 7J3	❹ VD8 CKD 5K10	❺ VA5 CGA 9G3	❻ VB8 CHB 3H10	❼ VJ2 JEJ 8E12	❽ VK11 DFK 4F1	❾ VG11 BCG 7C9	❿ VH2 GDH 5D4	❶ UE8 AAE 6A6		
3月	❽ ZK11 EEC 8E12	❾ ZG11 ADG 3D10	❿ ZH2 JCH 9C3	❶ YE8 EBE 2B7	❷ YF5 KAF 10A6	❸ YC5 HKC 1K4	❹ YD8 CJD 11J9	❺ YA5 GHA 3H4	❻ YB8 GGB 9G9	❼ YJ2 JFJ 2F1	❽ YK11 HEK 10E12	❾ YG11 FDG 1D10	❿ YH2 GCH 11C3	❶ XE8 GBE 12B7	❷ XF5 GAF 12A6
4月	❾ WG11 EGG 9E11	❿ WH2 CHH 3F2	❶ VE8 EEE 8C8	❷ VF5 DFF 4D5	❸ VC5 DCC 7A5	❹ VD8 CDD 5B8	❺ VA5 CAA 9J5	❻ VB8 CBB 3K8	❼ VJ2 JJJ 8G2	❽ VK11 DKK 4H11	❾ VG11 BGG 7E11	❿ VH2 GHH 5F2	❶ UE8 AEE 6C8	❷ UF5 AFF 6D5	
5月	❾ ZG11 AJB 3F12	❿ ZH2 JKH 9E1	❶ YE8 EGE 2D9	❷ YF5 KDF 10C4	❸ YC5 HAC 1B6	❹ YD8 CBD 11A7	❺ YA5 GJA 3K6	❻ YB8 GKB 9J7	❼ YJ2 JGJ 2H3	❽ YK11 HHK 10G10	❾ YG11 FEG 1F12	❿ YH2 GFH 11E1	❶ XE8 GCE 12D9	❷ XF5 GDF 12C4	❸ XC5 CAC 11B6
6月	❿ WH2 CGA 3H12	❶ VE8 EFE 8E10	❷ VF5 HEF 4F3	❸ VC5 DDC 7C7	❹ VD8 CCD 5D6	❺ VA5 CBA 9A7	❻ VB8 CAB 3B6	❼ VJ2 JKJ 8J4	❽ VK11 DGK 4K9	❾ VG11 BFG 7G1	❿ VH2 GEH 5H12	❶ UE8 ADE 6E10	❷ UF5 ACF 6F3	❸ UC5 CBC 5C7	
7月	❿ ZH2 JCA 9G11	❶ YE8 DBK 2F11	❷ YF5 BAJ 10E2	❸ YC5 HDC 1D8	❹ YD8 CCD 11C5	❺ YA5 GBA 3B8	❻ YB8 GAB 9A5	❼ YJ2 JKJ 2K5	❽ YK11 HJK 10J8	❾ YG11 HHG 1H2	❿ YH2 GGH 11G11	❶ XE8 GFE 12F11	❷ XF5 GEF 12E2	❸ XC5 CDC 11D8	❹ XD8 HCD 1C5
8月	❶ VE8 KEK 8G12	❷ VF5 HKJ 4H1	❸ VC5 DGH 7E9	❹ VD8 CHD 5F4	❺ VA5 CCA 9C9	❻ VB8 CDB 3D4	❼ VJ2 JAJ 8A6	❽ VK11 DBK 4B7	❾ VG11 BJG 7J3	❿ VH2 GKH 5K10	❶ UE8 AGE 6G12	❷ UF5 AHF 6H1	❸ UC5 CEC 5E9	❹ UD8 BFD 7F4	❺ UA5 KCA 7C9
9月	❷ YF5 BGJ 10G12	❸ YC5 HFH 1F10	❹ YD8 EEG 11E3	❺ YA5 JDA 3D10	❻ YB8 GCB 9C3	❼ YJ2 JBJ 2B7	❽ YK11 HAK 10A6	❾ YG11 HKG 1K4	❿ YH2 GJH 11J9	❶ XE8 GHE 12H1	❷ XF5 GGF 12G12	❸ XC5 CFC 11F10	❹ XD8 HED 1E3	❺ XA5 FDA 1D10	
10月	❷ VF5 HGA 4K11	❸ VC5 DBH 7G11	❹ VD8 JAG 5H2	❺ VA5 EKF 9E11	❻ VB8 CBB 3F2	❼ VJ2 JJJ 8C8	❽ VK11 DKK 4D5	❾ VG11 BGG 7A5	❿ VH2 GHH 5B8	❶ UE8 AEE 6J2	❷ UF5 AFF 6K11	❸ UC5 CCC 5G11	❹ UD8 BDD 7H2	❺ UA5 KAA 7E11	❻ UB8 ABB 5F2
11月	❸ YC5 HJH 1H12	❹ YD8 EKG 11G1	❺ YA5 JGF 3F12	❻ YB8 GFB 9E1	❼ YJ2 JCJ 2D9	❽ YK11 HDK 10C4	❾ YG11 HAG 1B6	❿ YH2 GBH 11A7	❶ XE8 GJE 12K3	❷ XF5 GKF 12J10	❸ XC5 CGC 11H12	❹ XD8 HHD 1G1	❺ XA5 FEA 1F12	❻ XB8 AFB 11E1	
12月	❸ VC5 DHH 7J1	❹ VD8 JGG 5K12	❺ VA5 EFF 9G1	❻ VB8 CEB 3H12	❼ VJ2 JDJ 8E10	❽ VK11 DCK 4F3	❾ VG11 BBG 7C7	❿ VH2 GAH 5D6	❶ UE8 AKE 6A4	❷ UF5 AJF 6B9	❸ UC5 CHC 5J1	❹ UD8 BGD 7K12	❺ UA5 KFA 7G1	❻ UB8 AEB 5H12	❼ UJ2 ADJ 6E10

1989年（民國78年）

1989年	1日	2日	3日	4日	5日	6日	7日	8日	9日	10日	11日	12日	13日	14日	15日	16日	17日	18日	19日	20日	21日	22日	23日	24日	25日	26日	27日	28日	29日	30日	31日
1月	❽ UK11 ACK 6F3	❾ UG11 GBG 5C7	❿ UH2 BAH 7D6	❶ ZE8 KKE 4A4	❷ ZF5 JJA 8A8	❸ ZC5 CHK 3K2	❹ ZD8 JGJ 9J11	❺ ZA5 HFH 5H2	❻ ZB8 BEG 7G11	❼ ZJ2 KDF 4F11	❽ ZK11 GCE 8E2	❾ ZG11 GBD 3D8	❿ ZH2 JAC 9C5	❶ YE8 HKB 2B5	❷ YF5 BGJ 10A8	❸ YC5 HFH 1K2	❹ YD8 EEG 11J11	❺ YA5 JBA 3H2	❻ YB8 GAB 9G11	❼ YJ2 JKJ 2F11	❽ YK11 HJK 10E2	❾ YG11 HHG 1D8	❿ YH2 GGH 11C5	❶ XE8 GFE 12B5	❷ XF5 GEF 12A8	❸ XC5 CDC 11K2	❹ XD8 HCD 1J11	❺ XA5 FBA 1H2	❻ XB8 AAB 11G11	❼ XJ2 EKJ 12F11	❽ XK11 EJK 12E2
2月	❾ XG11 GHG 11D8	❿ XH2 FGH 1C5	❶ WE8 DFE 10B5	❷ WE4 CFF 2D7	❸ WD6 CCC 9A3	❹ WC7 EDD 3B10	❺ WB6 DAA 11J3	❻ WA7 HBB 1K10	❼ WK3 DJJ 10G12	❽ WJ10 CKB 2H1	❾ WH12 GGJ 9E9	❿ WG1 CFK 3F4	❶ VF9 BCG 8C6	❷ VE4 HDH 4D7	❸ VD6 DAE 7A3	❹ VC7 JBF 5B10	❺ VB6 EJC 9J3	❻ VA7 CKD 3K10	❼ VK3 JEG 8G12	❽ VJ10 DFH 4H1	❾ VH12 BCE 7E9	❿ VG1 GDF 5F4	❶ UF9 AAC 6C6	❷ UE4 ABD 6D7	❸ UD6 CJA 5A3	❹ UC7 BKB 7B10	❺ UB6 KGJ 7J3	❻ UA7 AHK 5K10			
3月	❼ UK3 AEG 6G12	❽ UJ10 AFH 6H1	❾ UH12 GCE 5E9	❿ UG1 BDF 7F4	❶ ZF9 KBE 4D7	❷ ZE4 JAF 8C6	❸ ZD6 CKC 3B4	❹ ZC7 JJD 9A9	❺ ZB6 HHA 5K4	❻ ZA7 BGB 7J9	❼ ZK3 KFA 4H1	❽ ZJ10 GEB 8G12	❾ ZH12 GDJ 3F10	❿ ZG1 JCK 9E3	❶ YF9 DBG 2D7	❷ YE4 BAH 10C6	❸ YD6 HKE 1B4	❹ YC7 CJF 11A9	❺ YB6 JHC 3K4	❻ YA7 GGK 9J9	❼ YK3 JFG 2H1	❽ YJ10 HEH 10G12	❾ YH12 HDE 1F10	❿ YG1 GCF 11E3	❶ XF9 GBC 12D7	❷ XE4 GAD 12C6	❸ XD6 CKA 11B4	❹ XC7 HJB 1A9	❺ XB6 FHJ 1K4	❻ XA7 AGK 11J9	❼ XK3 EFG 12H1
4月	❽ XJ10 EEH 12G12	❾ XH12 GDE 11F10	❿ XG1 FCF 1E3	❶ WF9 DBC 10D7	❷ WE4 CAF 2F5	❸ WD6 CKC 9C5	❹ WC7 EJD 3D8	❺ WB6 DHA 11A5	❻ WA7 HGB 1B8	❼ WK3 DFJ 10J2	❽ WJ10 CEB 2K11	❾ WH12 GDJ 9G11	❿ WG1 CCK 3H2	❶ VF9 BBG 8E8	❷ VE4 HJH 4F5	❸ VD6 DHE 7C5	❹ VC7 JGF 5D8	❺ VB6 EAC 9A5	❻ VA7 CBD 3B8	❼ VK3 JJG 8J2	❽ VJ10 DKH 4K11	❾ VH12 BGE 7G11	❿ VG1 GHF 5H2	❶ UF9 AEC 6E8	❷ UE4 AFD 6F5	❸ UD6 CCA 5C5	❹ UC7 BDB 7D8	❺ UB6 KAJ 7A5	❻ UA7 ABK 5B8	❼ UK3 AJG 6J2	
5月	❽ UJ10 AKH 6K11	❾ UH12 GGE 5G11	❿ UG1 BHF 7H2	❶ ZF9 KEC 4E8	❷ ZE4 JFF 8E4	❸ ZD6 CCC 3D6	❹ ZC7 JDD 9C7	❺ ZB6 HAA 5B6	❻ ZA7 BBB 7A7	❼ ZK3 KJJ 4K3	❽ ZJ10 GBB 8J10	❾ ZH12 GJJ 3H12	❿ ZG1 JKK 9G1	❶ YF9 HGG 2F9	❷ YE4 BHH 10E4	❸ YD6 HEE 1D6	❹ YC7 EFF 11C7	❺ YB6 JCC 3B6	❻ YA7 GDD 9A7	❼ YK3 JGG 2K3	❽ YJ10 HHH 10J10	❾ YH12 HEE 1H12	❿ YG1 GFF 11G1	❶ XF9 GCC 12F9	❷ XE4 GDD 12E4	❸ XD6 CAA 11D6	❹ XC7 HBB 1C7	❺ XB6 FJJ 1B6	❻ XA7 AKK 11A7	❼ XK3 EGG 12K3	❽ XJ10 EHH 12J10
6月	❾ XH12 GEE 11H12	❿ XG1 FFF 1G1	❶ WF9 DCC 10F9	❷ WE4 EDD 2E4	❸ WD6 EAA 9D6	❹ WC7 ECD 3F6	❺ WB6 DBA 11C7	❻ WA7 HAB 1D6	❼ WK3 DKJ 10A4	❽ WJ10 CJK 2B9	❾ WH12 GHG 9J1	❿ WG1 CGK 3K12	❶ VF9 BFG 8G10	❷ VE4 HEH 4H3	❸ VD6 DDE 7E7	❹ VC7 JCF 5F6	❺ VB6 EBC 9C7	❻ VA7 CAD 3D6	❼ VK3 JKA 8A4	❽ VJ10 DJB 4B9	❾ VH12 BHE 7J1	❿ VG1 GGF 5K12	❶ UF9 AFC 6G10	❷ UE4 AED 6H3	❸ UD6 CDA 5E7	❹ UC7 BAB 7F6	❺ UB6 KKJ 7C7	❻ UA7 AJK 5D6	❼ UK3 AHG 6A4	❽ UJ10 AGH 6B9	
7月	❾ UH12 GFE 5J1	❿ UG1 BEF 7K12	❶ ZF9 KDC 4G10	❷ ZE4 ECD 8H3	❸ ZD6 JBA 3E7	❹ ZC7 JAB 9F6	❺ ZB6 HKA 5D8	❻ ZA7 BJB 7C5	❼ ZK3 KHJ 4B5	❽ ZJ10 GGK 8A8	❾ ZH12 GFG 3K2	❿ ZG1 JEH 9J11	❶ YF9 HDG 2H11	❷ YE4 BCH 10G2	❸ YD6 HBE 1F8	❹ YC7 GAF 11E5	❺ YB6 JHC 3D8	❻ YA7 GGD 9C5	❼ YK3 DFA 2B5	❽ YJ10 BJB 10A8	❾ YH12 HHJ 1K2	❿ YG1 GGF 11J11	❶ XF9 GFC 12H11	❷ XE4 GED 12G2	❸ XD6 CDA 11F8	❹ XC7 HCB 1E5	❺ XB6 FBJ 1D8	❻ XA7 AAK 11C5	❼ XK3 EKG 12B5	❽ XJ10 EJH 12A8	❾ XH12 GHE 11K2
8月	❿ XG1 FGF 1J11	❶ WF9 DFC 10H11	❷ WE4 EED 2G2	❸ WD6 EDA 9F8	❹ WC7 ECB 3E5	❺ WB6 ABJ 11D8	❻ WA7 HBB 1F4	❼ WK3 DJJ 10C6	❽ WJ10 CKK 2D7	❾ WH12 GGG 9A3	❿ WG1 CHH 3B10	❶ VF9 BEE 8J12	❷ VE4 HFH 4K1	❸ VD6 DCE 7G9	❹ VC7 ADF 5H4	❺ VB6 AAC 9E9	❻ VA7 CBD 3F4	❼ VK3 HCA 8C6	❽ VJ10 FDB 4D7	❾ VH12 BAJ 7A3	❿ VG1 GKK 5B10	❶ UF9 AGC 6J12	❷ UE4 AHD 6K1	❸ UD6 CEA 5G9	❹ UC7 BFB 7H4	❺ UB6 BCJ 7E9	❻ UA7 ADK 5F4	❼ UK3 AAG 6C6	❽ UJ10 ABH 6D7	❾ UH12 GJE 5A3	❿ UG1 BKF 7B10
9月	❶ ZF9 KGC 4J12	❷ ZE4 EHD 8K1	❸ ZD6 JEA 3G9	❹ ZC7 JFB 9H4	❺ ZB6 ACJ 5E9	❻ ZA7 KDK 7F4	❼ ZK3 HAG 4C6	❽ ZJ10 GAK 8C6	❾ ZH12 GKG 3B4	❿ ZG1 JJH 9A9	❶ YF9 HHE 2K1	❷ YE4 BGF 10J12	❸ YD6 HFC 1H10	❹ YC7 GEF 11G3	❺ YB6 ADC 3F10	❻ YA7 GCD 9E3	❼ YK3 FBA 2D7	❽ YJ10 BAB 10C6	❾ YH12 HKJ 1B4	❿ YG1 CJK 11A9	❶ XF9 JHG 12K1	❷ XE4 GGH 12J12	❸ XD6 CFA 11H10	❹ XC7 HEB 1G3	❺ XB6 FDJ 1F10	❻ XA7 ACK 11E3	❼ XK3 EBG 12D7	❽ XJ10 EAH 12C6	❾ XH12 GKE 11B4	❿ XG1 FJF 1A9	
10月	❶ WF9 DHC 10K1	❷ WE4 EGD 2J12	❸ WD6 EFA 9H10	❹ WC7 EEB 3G3	❺ WB6 ADJ 11F10	❻ WA7 FCK 1E3	❼ WK3 DBG 10D7	❽ WJ10 CAK 2F5	❾ WH12 GKG 9C5	❿ WG1 CJH 3D8	❶ VF9 BHE 8A2	❷ VE4 FGF 4B11	❸ VD6 DFC 7J11	❹ VC7 AEF 5K2	❺ VB6 ADC 9G11	❻ VA7 CCD 3H2	❼ VK3 BBA 8E8	❽ VJ10 FGB 4F5	❾ VH12 BFJ 7C5	❿ VG1 JEK 5D8	❶ UF9 CEG 6A2	❷ UE4 AFH 6B11	❸ UD6 CCA 5J11	❹ UC7 BDB 7K2	❺ UB6 BAJ 7G11	❻ UA7 ABK 5H2	❼ UK3 AJG 6E8	❽ UJ10 AKH 6F5	❾ UH12 GGE 5C5	❿ UG1 BHF 7D8	❶ ZF9 KEC 4A2
11月	❷ ZE4 EFD 8B11	❸ ZD6 JCA 3J11	❹ ZC7 JDB 9K2	❺ ZB6 AAJ 5G11	❻ ZA7 KBK 7H2	❼ ZK3 HJG 4E8	❽ ZJ10 GFK 8E4	❾ ZH12 GCG 3D6	❿ ZG1 JDH 9C7	❶ YF9 HAE 2B3	❷ YE4 BBF 10A10	❸ YD6 HJC 1K12	❹ YC7 GKF 11J1	❺ YB6 AGC 3H12	❻ YA7 GHD 9G1	❼ YK3 FEA 2F9	❽ YJ10 BFB 10E4	❾ YH12 HCJ 1D6	❿ YG1 CDK 11C7	❶ XF9 JJG 12B3	❷ XE4 GKH 12A10	❸ XD6 CGA 11K12	❹ XC7 HHB 1J1	❺ XB6 FEJ 1H12	❻ XA7 AFK 11G1	❼ XK3 ECG 12F9	❽ XJ10 EDH 12E4	❾ XH12 GAE 11D6	❿ XG1 FBF 1C7	❶ WF9 DJC 10B3	
12月	❷ WE4 EKD 2A10	❸ WD6 EGA 9K12	❹ WC7 EHB 3J1	❺ WB6 AEJ 11H12	❻ WA7 FFK 1G1	❼ WK3 DCG 10F9	❽ WJ10 CCK 2H3	❾ WH12 GBG 9E7	❿ WG1 CAH 3F6	❶ VF9 BKE 8C4	❷ VE4 FJF 4D9	❸ VD6 DHC 7A1	❹ VC7 AGF 5B12	❺ VB6 AFC 9J1	❻ VA7 CED 3K12	❼ VK3 BDA 8G10	❽ VJ10 FCB 4H3	❾ VH12 BBJ 7E7	❿ VG1 JAK 5F6	❶ UF9 CKG 6C4	❷ UE4 AJH 6D9	❸ UD6 CHA 5A1	❹ UC7 BGB 7B12	❺ UB6 BFJ 7J1	❻ UA7 AEK 5K12	❼ UK3 ADG 6G10	❽ UJ10 ACH 6H3	❾ UH12 GBE 5E7	❿ UG1 BAF 7F6	❶ ZF9 KKC 4C4	❷ ZE4 EJD 8D9

1990年(民國79年)

1990年	1日	2日	3日	4日	5日	6日	7日	8日	9日	10日	11日	12日	13日	14日	15日	16日
1月	❸ ZD6 JHA 3A1	❹ ZC7 JGB 9B12	❺ ZB6 AFJ 5J1	❻ ZA7 KEK 7K12	❼ ZK3 KDJ 4H11	❽ ZJ10 GCK 8G2	❾ ZH12 GBG 3F8	❿ ZG1 JAH 9E5	❶ YF9 HKE 2D5	❷ YE4 BJF 10C8	❸ YD6 HHE 1B2	❹ YC7 GGF 11A11	❺ YB6 JFC 3K2	❻ YA7 GED 9J11	❼ YK3 DBA 2H11	❽ YJ10 BAB 10G2
2月	❹ WC7 ECB 3A11	❺ WB6 ABJ 11K2	❻ WA7 FAK 1J11	❼ WA4 DJK 10J12	❽ WB9 CKJ 2K1	❾ WJ1 GGH 9G9	❿ WK12 CHG 3H4	❶ VG10 BEF 8E6	❷ VH3 FFE 4F7	❸ VE7 DCD 7C3	❹ VF6 ADC 5D10	❺ VC7 AJB 9A3	❻ VD6 CKA 3B10	❼ VA4 HGK 8J12	❽ VB9 FHJ 4K1	❾ VJ1 BEH 7G9
3月	❷ ZH3 EBC 8F7	❸ ZE7 JJB 3C3	❹ ZF6 JKA 9D10	❺ ZC7 AGK 5A3	❻ ZD6 KHJ 7B10	❼ ZA4 KFK 4K1	❽ ZB9 GEJ 8J12	❾ ZJ1 GDH 3H10	❿ ZK12 JCG 9G3	❶ YG10 HBF 2F7	❷ YH3 BAE 10E6	❸ YE7 HKD 1D4	❹ YF6 GJC 11C9	❺ YC7 JHB 3B4	❻ YD6 GGA 9A9	❼ YA4 DFK 2K1
4月	❸ WE7 EKB 9D4	❹ WF6 EJA 3C9	❺ WC7 AHK 11B4	❻ WD6 FGJ 1A9	❼ WA4 DFK 10A2	❽ WB9 CEJ 2B11	❾ WJ1 GDH 9J11	❿ WK12 CCG 3K2	❶ VG10 BBF 8G8	❷ VH3 FAE 4H5	❸ VE7 DKD 7E5	❹ VF6 AJC 5F8	❺ VC7 AHB 9C5	❻ VD6 CGA 3D8	❼ VA4 HDK 8A2	❽ VB9 FCJ 4B11
5月	❸ ZE7 JCB 3E5	❹ ZF6 JDA 9F8	❺ ZC7 AAK 5C5	❻ ZD6 KBJ 7D8	❼ ZA4 HJH 4A2	❽ ZB9 GKJ 8A10	❾ ZJ1 GGH 3K12	❿ ZK12 JHG 9J1	❶ YG10 HEF 2H9	❷ YH3 BFE 10G4	❸ YE7 HCD 1F6	❹ YF6 GFC 11E7	❺ YC7 ACB 3D6	❻ YD6 GDA 9C7	❼ YA4 FAK 2B3	❽ YB9 BBJ 10A10
6月	❹ WF6 EBA 3E7	❺ WC7 AJK 11D6	❻ WD6 FKJ 1C7	❼ WA4 DGH 10B3	❽ WB9 JHG 2A10	❾ WJ1 GHH 9A1	❿ WK12 CGG 3B12	❶ VG10 BFF 8J10	❷ VH3 FEE 4K3	❸ VE7 DDD 7G7	❹ VF6 ACC 5H6	❺ VC7 ABB 9E7	❻ VD6 CAA 3F6	❼ VA4 BKK 8C4	❽ VB9 FJJ 4D9	❾ VJ1 BHH 7A1
7月	❹ ZF6 JAA 9H6	❺ ZC7 AKK 5E7	❻ ZD6 KJJ 7F6	❼ ZA4 HHH 4C4	❽ ZB9 JGG 8D9	❾ ZJ1 JFF 3A1	❿ ZK12 JEG 9A11	❶ YG10 HDF 2K11	❷ YH3 BCE 10J2	❸ YE7 HBD 1H8	❹ YF6 GAC 11G5	❺ YC7 AKB 3F8	❻ YD6 GJA 9E5	❼ YA4 FHK 2D5	❽ YB9 BGJ 10C8	❾ YJ1 HFH 1B2
8月	❺ WC7 ABK 11F8	❻ WD6 FAJ 1E5	❼ WA4 DKH 10D5	❽ WB9 JJG 2C8	❾ WJ1 CHF 9B2	❿ WK12 CGE 3A11	❶ VG10 EFD 8K11	❷ VH3 FFE 4B1	❸ VE7 DCD 7J9	❹ VF6 ADC 5K4	❺ VC7 AAB 9G9	❻ VD6 CBA 3H4	❼ VA4 BJK 8E6	❽ VB9 FKJ 4F7	❾ VJ1 BGH 7C3	❿ VK12 AHG 5D10
9月	❻ ZD6 KDJ 7H4	❼ ZA4 HAH 4E6	❽ ZB9 JBG 8F7	❾ ZJ1 JJF 3C3	❿ ZK12 JKE 9D10	❶ YG10 EGD 2A12	❷ YH3 KHC 10B1	❸ YE7 HFD 1K10	❹ YF6 GEC 11J3	❺ YC7 ADB 3H10	❻ YD6 GCA 9G3	❼ YA4 FBK 2F7	❽ YB9 KAJ 10E6	❾ YJ1 HKH 1D4	❿ YK12 EJG 11C9	❶ XG10 EHF 12B1
10月	❻ WD6 FCJ 1G3	❼ WA4 DBH 10F7	❽ WB9 JAG 2E6	❾ WJ1 CKF 9D4	❿ WK12 CJE 3C9	❶ VG10 EHD 8B1	❷ VH3 DGC 4A12	❸ VE7 DFD 7A11	❹ VF6 AEC 5B2	❺ VC7 ADB 9J11	❻ VD6 CCA 3K2	❼ VA4 BBK 8G8	❽ VB9 FAJ 4H5	❾ VJ1 BKH 7E5	❿ VK12 AJG 5F8	❶ UG10 CHF 6C2
11月	❼ ZA4 HJH 4G8	❽ ZB9 JKG 8H5	❾ ZJ1 JGF 3E5	❿ ZK12 JHE 9F8	❶ YG10 EED 2C2	❷ YH3 KFC 10D11	❸ YE7 HCB 1A11	❹ YF6 GKC 11A1	❺ YC7 AGB 3K12	❻ YD6 GHA 9J1	❼ YA4 FEK 2H9	❽ YB9 KFJ 10G4	❾ YJ1 HCH 1F6	❿ YK12 EDG 11E7	❶ XG10 EAF 12D3	❷ XH3 GBE 12C10
12月	❼ WA4 DCH 10H9	❽ WB9 JDG 2G4	❾ WJ1 CAF 9F6	❿ WK12 CBE 3E7	❶ VG10 EJD 8D3	❷ VH3 DKC 4C10	❸ VE7 DHD 7C1	❹ VF6 AGC 5D12	❺ VC7 AFB 9A1	❻ VD6 CEA 3B12	❼ VA4 BDK 8J10	❽ VB9 FCJ 4K3	❾ VJ1 BBH 7G7	❿ VK12 AAG 5H6	❶ UG10 CKF 6E4	❷ UH3 AJE 6F9

1990年	17日	18日	19日	20日	21日	22日	23日	24日	25日	26日	27日	28日	29日	30日	31日
1月	❾ YH12 HKJ 1F8	❿ YG1 GGK 11E5	❶ XF9 GFG 12D5	❷ XE4 GED 12C8	❸ XD6 CDA 11B2	❹ XC7 HCB 1A11	❺ XB6 FBJ 1K2	❻ XA7 AAK 11J11	❼ XK3 EKG 12H11	❽ XJ10 EJH 12G2	❾ XH12 GHE 11F8	❿ XG1 FGF 1E5	❶ WF9 DFC 10D5	❷ WE4 EED 2C8	❸ WD6 EDA 9B2
2月	❿ VK12 GFG 5H4	❶ UG10 CCF 6E6	❷ UH3 ABE 6F7	❸ UE7 CJD 5C3	❹ UF6 BKC 7D10	❺ UC7 BGB 7A3	❻ UD6 AHA 5B10	❼ UA4 AEH 6J12	❽ UB9 AFG 6K1	❾ UJ1 GCF 5G9	❿ UK12 BDE 7H4	❶ ZG10 KAD 4E6			
3月	❽ YB9 BEJ 10J12	❾ YJ1 HDH 1H10	❿ YK12 GCG 11G3	❶ XG10 GBF 12F7	❷ XH3 GAE 12E6	❸ XE7 CKD 11D4	❹ XF6 HJC 1C9	❺ XC7 FHB 1B4	❻ XD6 AGA 11A9	❼ XA4 EFH 12K1	❽ XB9 EEG 12J12	❾ XJ1 GDF 11H10	❿ XK12 FCE 1G3	❶ WG10 DBD 10F7	❷ WH3 EAC 2E6
4月	❾ VJ1 BBH 7J11	❿ VK12 GHG 5K2	❶ UG10 CEF 6G8	❷ UH3 AFE 6H5	❸ UE7 CCD 5E5	❹ UF6 BDC 7F8	❺ UC7 BAB 7C5	❻ UD6 ABA 5D8	❼ UA4 AJH 6A2	❽ UB9 AKG 6B11	❾ UJ1 GGF 5J11	❿ UK12 BHE 7K2	❶ ZG10 KED 4G8	❷ ZH3 EFC 8H5	
5月	❾ YJ1 HJH 1K12	❿ YK12 CKG 11J1	❶ XG10 JGF 12H9	❷ XH3 GHE 12G4	❸ XE7 CAD 11F6	❹ XF6 HBC 1E7	❺ XC7 FJB 1D6	❻ XD6 AKA 11C7	❼ XA4 EGK 12B3	❽ XB9 EHG 12A10	❾ XJ1 GEF 11K12	❿ XK12 FFE 1J1	❶ WG10 DCD 10H9	❷ WH3 EDC 2G4	❸ WE7 EAB 9F6
6月	❿ VK12 JGG 5B12	❶ UG10 CFF 6J10	❷ UH3 AEE 6K3	❸ UE7 CDD 5G7	❹ UF6 BCC 7H6	❺ UC7 BBB 7E7	❻ UD6 AAA 5F6	❼ UA4 AKK 6C4	❽ UB9 AJJ 6D9	❾ UJ1 GFF 5A1	❿ UK12 BEE 7B12	❶ ZG10 KDD 4J10	❷ ZH3 ECC 8K3	❸ ZE7 JBB 3G7	
7月	❿ YK12 CCG 11A11	❶ XG10 JBF 12K11	❷ XH3 GAE 12J2	❸ XE7 CDD 11H8	❹ XF6 HCC 1G5	❺ XC7 FBB 1F8	❻ XD6 AAA 11E5	❼ XA4 EKK 12D5	❽ XB9 EJJ 12C8	❾ XJ1 GHH 11B2	❿ XK12 FGE 1A11	❶ WG10 DFD 10K11	❷ WH3 EEC 2J2	❸ WE7 EDB 9H8	❹ WF6 ECA 3G5
8月	❶ UG10 CEF 6A12	❷ UH3 AFE 6B1	❸ UE7 HGD 5J9	❹ UF6 FHC 7K4	❺ UC7 BEB 7G9	❻ UD6 ADA 5H4	❼ UA4 AAK 6E6	❽ UB9 ABJ 6F7	❾ UJ1 GJH 5C3	❿ UK12 BKG 7D10	❶ ZG10 KGF 4A12	❷ ZH3 EHC 8B1	❸ ZE7 JEB 3J9	❹ ZF6 JFA 9K4	❺ ZC7 ACK 5G9
9月	❷ XH3 GGE 12A12	❸ XE7 BFD 11K10	❹ XF6 KEC 1J3	❺ XC7 FDB 1H10	❻ XD6 ACA 11G3	❼ XA4 GBK 12F7	❽ XB9 EAJ 12E6	❾ XJ1 GKH 11D4	❿ XK12 FJG 1C9	❶ WG10 FHF 10B1	❷ WH3 EGE 2A12	❸ WE7 EFB 9K10	❹ WF6 EEA 3J3	❺ WC7 ADK 11H10	
10月	❷ UH3 AGE 6D11	❸ UE7 HBD 5A11	❹ UF6 FAC 7B2	❺ UC7 BKB 7J11	❻ UD6 ABA 5K2	❼ UA4 AJK 6G8	❽ UB9 AKJ 6H5	❾ UJ1 GGH 5E5	❿ UK12 BHG 7F8	❶ ZG10 KEF 4C2	❷ ZH3 EFE 8D11	❸ ZE7 JCB 3A11	❹ ZF6 JDA 9B2	❺ ZC7 AAK 5J11	❻ ZD6 KBJ 7K2
11月	❸ XE7 FJD 11B12	❹ XF6 KKC 1A1	❺ XC7 FGB 1K12	❻ XD6 CHA 11J1	❼ XA4 GCK 12H9	❽ XB9 EDJ 12G4	❾ XJ1 GAH 11F6	❿ XK12 FBG 1E7	❶ WG10 FJF 10D3	❷ WH3 EKE 2C10	❸ WE7 EGD 9B12	❹ WF6 EHA 3A1	❺ WC7 AEK 11K12	❻ WD6 FFJ 1J1	
12月	❸ UE7 HHD 5C1	❹ UF6 FGC 7D12	❺ UC7 BFB 7A1	❻ UD6 AEA 5B12	❼ UA4 ADK 6J10	❽ UB9 ACJ 6K3	❾ UJ1 GBH 5G7	❿ UK12 BAG 7H6	❶ ZG10 KKF 4E4	❷ ZH3 EJE 8F9	❸ ZE7 JHB 3C1	❹ ZF6 JGA 9D12	❺ ZC7 AFK 5A1	❻ ZD6 KEJ 7B12	❼ ZA4 HDH 4J10

1991年(民國80年)

1991年	1日	2日	3日	4日	5日	6日	7日	8日	9日	10日	11日	12日	13日	14日	15日	16日
1月	❽ ZB9 JCG 8K3	❾ ZJ1 JBF 3G7	❿ ZK12 JAE 9H6	❶ YG10 EKD 2E4	❷ YH3 KJC 10F9	❸ YE7 HHD 1D2	❹ YF6 GGC 11C11	❺ YC7 AFB 3B2	❻ YD6 GEA 9A11	❼ YA4 FDK 2K11	❽ YB9 KCJ 10J2	❾ YJ1 HBH 1H8	❿ YK12 EAG 11G5	❶ XG10 EKF 12F5	❷ XH3 GJE 12E8	❸ XE7 BFD 11D2
2月	❾ WJ1 CHF 9H8	❿ WK12 CGE 3G5	❶ VG10 EFD 8F5	❷ VG2 FFC 4H7	❸ VF8 DCB 7E3	❹ VE5 ADA 5F10	❺ VD8 AAK 9C3	❻ VC5 CBJ 3D10	❼ VB5 BJH 8A12	❽ VA8 FKG 4B1	❾ VK2 BGF 7J9	❿ VJ11 AFE 5K4	❶ UH11 CCD 6G6	❷ UG2 ADA 6H7	❸ UF8 HAK 5E3	❹ UE5 FBJ 7F10
3月	❼ ZB5 HEK 4A12	❽ ZA8 JFJ 8B1	❾ ZK2 JCH 3J9	❿ ZJ11 JDG 9K4	❶ YH11 EAF 2G6	❷ YG2 BAC 10G6	❸ YF8 HKB 1F4	❹ YE5 GJA 11E9	❺ YD8 AHK 3D4	❻ YC5 GGJ 9C9	❼ YB5 FFH 2B1	❽ YA8 BEG 10A12	❾ YK2 HDF 1K10	❿ YJ11 ECE 11J3	❶ XH11 EBD 12H7	❷ XG2 GAA 12G6
4月	❽ WA8 JEJ 2A12	❾ WK2 CDH 9K10	❿ WJ11 CCG 3J3	❶ VH11 EBF 8H7	❷ VG2 FAC 4K5	❸ VF8 DKB 7G5	❹ VE5 AJA 5H8	❺ VD8 AHK 9E5	❻ VC5 CGJ 3F8	❼ VB5 BFH 8C2	❽ VA8 FEG 4D11	❾ VK2 BDF 7A11	❿ VJ11 ACE 5B2	❶ UH11 CBD 6J8	❷ UG2 AJA 6K5	❸ UF8 HHK 5G5
5月	❽ ZA8 JKJ 8D11	❾ ZK2 JGH 3A11	❿ ZJ11 JHG 9B2	❶ YH11 EEF 2J8	❷ YG2 KFE 10K5	❸ YF8 HCB 1H6	❹ YE5 GDA 11G7	❺ YD8 AAK 3F6	❻ YC5 GBJ 9E7	❼ YB5 FJH 2D3	❽ YA8 KKG 10C10	❾ YK2 HJF 1B12	❿ YJ11 EKE 11A1	❶ XH11 EGD 12K9	❷ XG2 GHC 12J4	❸ XF8 BEK 11H6
6月	❾ WK2 CEH 9B12	❿ WJ11 CFG 3A1	❶ VH11 ECF 8K9	❷ VG2 DDE 4J4	❸ VF8 BAD 7H6	❹ VE5 ACA 5K6	❺ VD8 ABK 9G7	❻ VC5 CAJ 3H6	❼ VB5 BKH 8E4	❽ VA8 FJG 4F9	❾ VK2 BHF 7C1	❿ VJ11 AGE 5D12	❶ UH11 EFD 6A10	❷ UG2 AEC 6B3	❸ UF8 KDB 5J7	❹ UE5 FCJ 7K6
7月	❾ ZK2 JFH 3C1	❿ ZJ11 JEG 9D12	❶ YH11 EDF 2A10	❷ YG2 KCE 10B3	❸ YF8 HBD 1J7	❹ YE5 CAC 11K6	❺ YD8 AKK 3H8	❻ YC5 GJJ 9G5	❼ YB5 FHH 2F5	❽ YA8 KGG 10E8	❾ YK2 HFF 1D2	❿ YJ11 EEE 11C11	❶ XH11 EDD 12B11	❷ XG2 GCC 12A2	❸ XF8 FBB 11K8	❹ XE5 KAA 1J5
8月	❿ WJ11 CGG 3C11	❶ VH11 EFF 8B11	❷ VG2 DEE 4A2	❸ VF8 BDD 7K8	❹ VE5 CCC 5J5	❺ VD8 CBB 9H8	❻ VC5 CAA 3G5	❼ VB5 BJH 8G6	❽ VA8 FKG 4H7	❾ VK2 BGF 7E3	❿ VJ11 AHE 5F10	❶ UH11 EED 6C12	❷ UG2 AFC 6D1	❸ UF8 KCB 5A9	❹ UE5 FDA 7B4	❺ UD8 BAK 7J9
9月	❶ YH11 EGF 2C12	❷ YG2 KHE 10D1	❸ YF8 HED 1A9	❹ YE5 CFC 11B4	❺ YD8 GCB 3J9	❻ YC5 GDA 9K4	❼ YB5 JAK 2G6	❽ YA8 KAG 10G6	❾ YK2 HKF 1F4	❿ YJ11 EJE 11E9	❶ XH11 EHD 12D1	❷ XG2 GGC 12C12	❸ XF8 FFB 11B10	❹ XE5 KEA 1A3	❺ XD8 FDK 1K10	❻ XC5 ECJ 11J3
10月	❶ VH11 EHF 8D1	❷ VG2 DGE 4C12	❸ VF8 BFD 7B10	❹ VE5 CEC 5A3	❺ VD8 CDB 9K10	❻ VC5 CCA 3J3	❼ VB5 JBK 8H7	❽ VA8 DAJ 4G6	❾ VK2 BKF 7G5	❿ VJ11 AJE 5H8	❶ UH11 EHD 6E2	❷ UG2 AGC 6F11	❸ UF8 KFB 5C11	❹ UE5 DEA 7D2	❺ UD8 BDK 7A11	❻ UC5 JCJ 5B2
11月	❷ YG2 KFE 10F11	❸ YF8 HCD 1C11	❹ YE5 CDC 11D2	❺ YD8 GAB 3A11	❻ YC5 GBA 9B2	❼ YB5 JJK 2J8	❽ YA8 HKJ 10K5	❾ YK2 HCF 1H6	❿ YJ11 EDE 11G7	❶ XH11 EAD 12F3	❷ XG2 GBC 12E10	❸ XF8 FJB 11D12	❹ XE5 KKA 1C1	❺ XD8 FGK 1B12	❻ XC5 EHJ 11A1	❼ XB5 GEH 12K9
12月	❷ VG2 DKE 4E10	❸ VF8 BGD 7D12	❹ VE5 CHC 5C1	❺ VD8 CEB 9B12	❻ VC5 CFA 3A1	❼ VB5 JCK 8K9	❽ VA8 FCG 4B3	❾ VK2 BBF 7J7	❿ VJ11 AAE 5K6	❶ UH11 EKD 6G4	❷ UG2 AJC 6H9	❸ UF8 KHB 5E1	❹ UE5 FGA 7F12	❺ UD8 BFK 7C1	❻ UC5 JEJ 5D12	❼ UB5 JDH 6A10

1991年	17日	18日	19日	20日	21日	22日	23日	24日	25日	26日	27日	28日	29日	30日	31日
1月	❹ XF6 KEC 1C11	❺ XC7 FDB 1B2	❻ XD6 AAA 11A11	❼ XA4 GKK 12K11	❽ XB9 EJJ 12J2	❾ XJ1 GHH 11H8	❿ XK12 FGG 1G5	❶ WG10 FFF 10F5	❷ WH3 EEE 2E8	❸ WE7 EDB 9D2	❹ WF6 ECA 3C11	❺ WC7 ABK 11B2	❻ WD6 FAJ 1A11	❼ WA4 DKH 10K11	❽ WB9 JJG 2J2
2月	❺ UD8 BJB 7C3	❻ UC5 AKA 5D10	❼ UB5 AEK 6A12	❽ UA8 AFJ 6B1	❾ UK2 GCH 5J9	❿ UJ11 BDG 7K4	❶ ZH11 KAF 4G6	❷ ZG2 EBE 8H7	❸ ZF8 JJD 3E3	❹ ZE5 JKC 9F10	❺ ZD8 AGB 5C3	❻ ZC5 KHA 7D10			
3月	❸ XF8 BKK 11F4	❹ XE5 KJJ 1E9	❺ XD8 FHB 1D4	❻ XC5 AGA 11C9	❼ XB5 EFK 12B1	❽ XA8 EEJ 12A12	❾ XK2 GDH 11K10	❿ XJ11 FCG 1J3	❶ WH11 FBF 10H7	❷ WG2 EAE 2G6	❸ WF8 EKD 9F4	❹ WE5 EJC 3E9	❺ WD8 AHB 11D4	❻ WC5 FGA 1C9	❼ WB5 DFK 10B1
4月	❹ UE5 FGJ 7H8	❺ UD8 BAB 7E5	❻ UC5 ABA 5F8	❼ UB5 AJK 6C2	❽ UA8 AKJ 6D11	❾ UK2 GGH 5A11	❿ UJ11 BHG 7B2	❶ ZH11 KEF 4J8	❷ ZG2 EFE 8K5	❸ ZF8 JCD 3G5	❹ ZE5 JDC 9H8	❺ ZD8 AAB 5E5	❻ ZC5 KBA 7F8	❼ ZB5 HJK 4C2	
5月	❹ XE5 KFJ 1G7	❺ XD8 FCH 1F6	❻ XC5 ADA 11E7	❼ XB5 GAK 12D3	❽ XA8 EHJ 12C10	❾ XK2 GEH 11B12	❿ XJ11 FFG 1A1	❶ WH11 FCF 10K9	❷ WG2 EDE 2J4	❸ WF8 EAD 9H6	❹ WE5 EBC 3G7	❺ WD8 AJB 11F6	❻ WC5 FKA 1E7	❼ WB5 DGK 10D3	❽ WA8 JHJ 2C10
6月	❺ UD8 BBH 7G7	❻ UC5 GAG 5H6	❼ UB5 CKK 6E4	❽ UA8 AJJ 6F9	❾ UK2 GHH 5C1	❿ UJ11 BGG 7D12	❶ ZH11 KFF 4A10	❷ ZG2 EEE 8B3	❸ ZF8 JDD 3J7	❹ ZE5 JAC 9K6	❺ ZD8 AKB 5G7	❻ ZC5 KJA 7H6	❼ ZB5 HHK 4E4	❽ ZA8 JGJ 8F9	
7月	❺ XD8 FHH 1H8	❻ XC5 CGG 11G5	❼ XB5 GFF 12F5	❽ XA8 EJJ 12E8	❾ XK2 GHH 11D2	❿ XJ11 FGG 1C11	❶ WH11 FFF 10B11	❷ WG2 EEE 2A2	❸ WF8 EDD 9K8	❹ WE5 ECC 3J5	❺ WD8 ABB 11H8	❻ WC5 FAA 1G5	❼ WB5 DKK 10F5	❽ WA8 JJJ 2E8	❾ WK2 CHH 9D2
8月	❻ UC5 JBJ 5K4	❼ UB5 JJF 6G6	❽ UA8 ADE 6H7	❾ UK2 FAD 5E3	❿ UJ11 BBG 7F10	❶ ZH11 KGF 4C12	❷ ZG2 EHE 8D1	❸ ZF8 JED 3A9	❹ ZE5 JFC 9B4	❺ ZD8 ACB 5J9	❻ ZC5 KDA 7K4	❼ ZB5 HAK 4G6	❽ ZA8 JBJ 8H7	❾ ZK2 JJH 3E3	❿ ZJ11 JKG 9F10
9月	❼ XB5 GBH 12H7	❽ XA8 EAE 12G6	❾ XK2 BKD 11F4	❿ XJ11 KJC 1E9	❶ WH11 FHF 10D1	❷ WG2 EGE 2C12	❸ WF8 EFD 9B10	❹ WE5 EEC 3A3	❺ WD8 ADB 11K10	❻ WC5 FCA 1J3	❼ WB5 DBK 10H7	❽ WA8 JAJ 2G6	❾ WK2 CKH 9F4	❿ WJ11 CJG 3E9	
10月	❼ UB5 JBH 6J8	❽ UA8 AAG 6K5	❾ UK2 FFD 5G5	❿ UJ11 DEC 7H8	❶ ZH11 KDB 4E2	❷ ZG2 EFE 8F11	❸ ZF8 ACD 3C11	❹ ZE5 JDC 9D2	❺ ZD8 AAB 5A11	❻ ZC5 KBA 7B2	❼ ZB5 KJK 4J8	❽ ZA8 JKJ 8K5	❾ ZK2 JGH 3G5	❿ ZJ11 JHG 9H8	❶ YH11 EEF 2E2
11月	❽ XA8 EFG 12J4	❾ XK2 BCD 11H6	❿ XJ11 KDC 1G7	❶ WH11 FAB 10F3	❷ WG2 EKE 2E10	❸ WF8 EGD 9D12	❹ WE5 EHC 3C1	❺ WD8 AEB 11B12	❻ WC5 FFA 1A1	❼ WB5 DCK 10K9	❽ WA8 JDJ 2J4	❾ WK2 CAH 9H6	❿ WJ11 CBG 3G7	❶ VH11 EJF 8F3	
12月	❽ UA8 ACE 6B3	❾ UK2 FBD 5J7	❿ UJ11 DAC 7K6	❶ ZH11 KKF 4G4	❷ ZG2 EJE 8H9	❸ ZF8 JHD 3E1	❹ ZE5 JGC 9F12	❺ ZD8 AFB 5C1	❻ ZC5 KEA 7D12	❼ ZB5 KDK 4A10	❽ ZA8 JCJ 8B3	❾ ZK2 JBH 3J7	❿ ZJ11 JAG 9K6	❶ YH11 EKF 2G4	❷ YG2 KJE 10H9

1992年（民國81年）

1992年	1日	2日	3日	4日	5日	6日	7日	8日	9日	10日	11日	12日	13日	14日	15日	16日
1月	❸ YF8 HHD 1E1	❹ YE5 CGC 11F12	❺ YD8 GFB 3C1	❻ YC5 GEA 9D12	❼ YB5 JDK 2A10	❽ YA8 KCG 10A2	❾ YK2 HBF 1K8	❿ YJ11 EAE 11J5	❶ XH11 EKD 12H5	❷ XG2 GJC 12G8	❸ XF8 FHB 11F2	❹ XE5 KGA 1E11	❺ XD8 FFK 1D2	❻ XC5 EEJ 11C11	❼ XB5 GDH 12B11	❽ XA8 EAE 12A2
2月	❹ VE5 CCC 5E11	❺ VD8 CBB 9D2	❻ VC5 CAA 3C11	❼ VC6 BJJ 8C12	❽ VD7 FKK 4D1	❾ VA3 BGG 7A9	❿ VB10 AHH 5B4	❶ UJ12 EEE 6J6	❷ UK1 AFF 6K7	❸ UG9 KCC 5G3	❹ UH4 FDD 7H10	❺ UE9 BJA 7E3	❻ UF4 JKB 5F10	❼ UC6 JGJ 6C12	❽ UD7 AHD 6D1	❾ UA3 FEA 5A9
3月	❸ YG9 HJE 1G3	❹ YH4 CKF 11H10	❺ YE9 GGC 3E3	❻ YF4 GHD 9F10	❼ YC6 FFJ 2D1	❽ YD7 KEK 10C12	❾ YA3 HDG 1B10	❿ YB10 ECH 11A3	❶ XJ12 EBE 12K7	❷ XK1 GAF 12J6	❸ XG9 FKC 11H4	❹ XH4 KJD 1G9	❺ XE9 FHA 1F4	❻ XF4 EGB 11E9	❼ XC6 GFJ 12D1	❽ XD7 EED 12C12
4月	❹ VH4 CJF 5G9	❺ VE9 CHC 9F4	❻ VF4 CGD 3E9	❼ VC6 BFJ 8E2	❽ VD7 FEK 4F11	❾ VA3 BDG 7C11	❿ VB10 ACH 5D2	❶ UJ12 EBE 6A8	❷ UK1 AAF 6B5	❸ UG9 KKC 5J5	❹ UH4 FJD 7K8	❺ UE9 BHA 7G5	❻ UF4 JGB 5H8	❼ UC6 JDJ 6E2	❽ UD7 ACD 6F11	❾ UA3 FBA 5C11
5月	❹ YH4 CDF 11K8	❺ YE9 GAC 3G5	❻ YF4 GBD 9H8	❼ YC6 JJA 2E2	❽ YD7 KKK 10E10	❾ YA3 HGG 1D12	❿ YB10 EHH 11C1	❶ XJ12 EEE 12B9	❷ XK1 GFF 12A4	❸ XG9 FCC 11K6	❹ XH4 KFD 1J7	❺ XE9 FCA 1H6	❻ XF4 EDB 11G7	❼ XC6 GAJ 12F3	❽ XD7 EBK 12E10	❾ XA3 BJA 11D12
6月	❺ VE9 CJC 9H6	❻ VF4 CKD 3G7	❼ VC6 JGA 8F3	❽ VD7 DHB 4E10	❾ VA3 BHG 7E1	❿ VB10 AGH 5F12	❶ UJ12 EFE 6C10	❷ UK1 AEF 6D3	❸ UG9 KDC 5A7	❹ UH4 DCD 7B6	❺ UE9 BBA 7J7	❻ UF4 JAB 5K6	❼ UC6 JKJ 6G4	❽ UD7 AJK 6H9	❾ UA3 FHG 5E1	❿ UB10 DGB 7F12
7月	❺ YE9 GKC 3J7	❻ YF4 GJD 9K6	❼ YC6 JHA 2G4	❽ YD7 HGB 10H9	❾ YA3 FFJ 1E1	❿ YB10 GEK 11F12	❶ XJ12 EDE 12D11	❷ XK1 GCF 12C2	❸ XG9 FBC 11B8	❹ XH4 KAD 1A5	❺ XE9 FKA 1K8	❻ XF4 EJB 11J5	❼ XC6 JHJ 12H5	❽ XD7 EGK 12G8	❾ XA3 DFG 11F2	❿ XB10 KEH 1E11
8月	❻ VF4 CAD 3J5	❼ VC6 JKA 8H5	❽ VD7 DJB 4G8	❾ VA3 BHJ 7F2	❿ VB10 GGK 5E11	❶ UJ12 AFG 6D11	❷ UK1 AFF 6F1	❸ UG9 KCC 5C9	❹ UH4 DDD 7D4	❺ UE9 BAA 7A9	❻ UF4 JBB 5B4	❼ UC6 JJJ 6J6	❽ UD7 AKK 6K7	❾ UA3 KGG 5G3	❿ UB10 DHH 7H10	❶ ZJ12 KEE 4E12
9月	❼ YC6 JAA 2J6	❽ YD7 HBB 10K7	❾ YA3 FJJ 1G3	❿ YB10 GKK 11H10	❶ XJ12 GGG 12E12	❷ XK1 GHH 12F1	❸ XG9 FFC 11D10	❹ XH4 KED 1C3	❺ XE9 FDA 1B10	❻ XF4 ECB 11A3	❼ XC6 JBJ 12K7	❽ XD7 EAK 12J6	❾ XA3 DKG 11H4	❿ XB10 KJH 1G9	❶ WJ12 FHE 10F1	❷ WK1 CGF 2E12
10月	❼ VC6 JBA 8K7	❽ VD7 DAB 4J6	❾ VA3 BKJ 7H4	❿ VB10 GJK 5G9	❶ UJ12 AHG 6F1	❷ UK1 AGH 6E12	❸ UG9 CFE 5D10	❹ UH4 DED 7F2	❺ UE9 BDA 7C11	❻ UF4 JCB 5D2	❼ UC6 JBJ 6A8	❽ UD7 AAK 6B5	❾ UA3 KKG 5J5	❿ UB10 DJH 7K8	❶ ZJ12 KHE 4G2	❷ ZK1 JGF 8H11
11月	❽ YD7 HKB 10B5	❾ YA3 FGJ 1J5	❿ YB10 GHK 11K8	❶ XJ12 GEG 12G2	❷ XK1 GFH 12H11	❸ XG9 CCE 11E11	❹ XH4 KKD 1E1	❺ XE9 FGA 1D12	❻ XF4 EHB 11C1	❼ XC6 JEJ 12B9	❽ XD7 EFK 12A4	❾ XA3 DCG 11K6	❿ XB10 KDH 1J7	❶ WJ12 FAE 10H3	❷ WK1 CBF 2G10	❸ WG9 CJC 9F12
12月	❽ VD7 DDB 4A4	❾ VA3 BAJ 7K6	❿ VB10 GBK 5J7	❶ UJ12 AJG 6H3	❷ UK1 AKH 6G10	❸ UG9 CGE 5F12	❹ UH4 DGD 7H12	❺ UE9 BFA 7E1	❻ UF4 JEB 5F12	❼ UC6 JDJ 6C10	❽ UD7 ACK 6D3	❾ UA3 KBG 5A7	❿ UB10 DAH 7B6	❶ ZJ12 KKE 4J4	❷ ZK1 JJF 8K9	❸ ZG9 AHC 3G1

1992年	17日	18日	19日	20日	21日	22日	23日	24日	25日	26日	27日	28日	29日	30日	31日
1月	❾ XK2 BKD 11K8	❿ XJ11 KJC 1J5	❶ WH11 FFF 10H5	❷ WG2 EEE 2G8	❸ WF8 EDD 9F2	❹ WE5 ECC 3E11	❺ WD8 ABB 11D2	❻ WC5 FAA 1C11	❼ WB5 DKK 10B11	❽ WA8 JJJ 2A2	❾ WK2 CHH 9K8	❿ WJ11 CGG 3J5	❶ VH11 EFF 8H5	❷ VG2 DEE 4G8	❸ VF8 BDD 7F2
2月	❿ UB10 BFB 7B4	❶ ZJ12 KCG 4J6	❷ ZK1 EBH 8K7	❸ ZG9 JJE 3G3	❹ ZH4 JKF 9H10	❺ ZE9 AGC 5E3	❻ ZF4 KHD 7F10	❼ ZC6 HEA 4C12	❽ ZD7 JFB 8D1	❾ ZA3 JCJ 3A9	❿ ZB10 JDK 9B4	❶ YJ12 EAG 2J6	❷ YK1 KBH 10K7		
3月	❾ XA3 BDA 11B10	❿ XB10 KCB 1A3	❶ WJ12 FBG 10K7	❷ WK1 EAH 2J6	❸ WG9 EKE 9H4	❹ WH4 EJF 3G9	❺ WE9 AHC 11F4	❻ WF4 FGD 1E9	❼ WC6 DFA 10D1	❽ WD7 JEB 2C12	❾ WA3 CDJ 9B10	❿ WB10 CCK 3A3	❶ VJ12 EBG 8K7	❷ VK1 DAH 4J6	❸ VG9 BKE 7H4
4月	❿ UB10 BHB 7D2	❶ ZJ12 KEG 4A8	❷ ZK1 EFH 8B5	❸ ZG9 JCE 3J5	❹ ZH4 JDF 9K8	❺ ZE9 AAC 5G5	❻ ZF4 KBD 7H8	❼ ZC6 HJA 4E2	❽ ZD7 JKB 8F11	❾ ZA3 JGJ 3C11	❿ ZB10 JHK 9D2	❶ YJ12 EEG 2A8	❷ YK1 KFH 10B5	❸ YG9 HCE 1J5	
5月	❿ XB10 KKB 1C1	❶ WJ12 FGJ 10B9	❷ WK1 EHH 2A4	❸ WG9 EAE 9K6	❹ WH4 EBF 3J7	❺ WE9 AJC 11H6	❻ WF4 FKD 1G7	❼ WC6 DGA 10F3	❽ WD7 JHB 2E10	❾ WA3 CEJ 9D12	❿ WB10 CFK 3C1	❶ VJ12 ECG 8B9	❷ VK1 DDH 4A4	❸ VG9 BAE 7K6	❹ VH4 CBF 5J7
6月	❶ ZJ12 KFJ 4C10	❷ ZK1 EEK 8D3	❸ ZG9 ADE 3A7	❹ ZH4 JCF 9B6	❺ ZE9 ABC 5J7	❻ ZF4 KAD 7K6	❼ ZC6 KKA 4G4	❽ ZD7 JJB 8H9	❾ ZA3 JFJ 3E1	❿ ZB10 JEK 9F12	❶ YJ12 EDG 2C10	❷ YK1 KCH 10D3	❸ YG9 HBE 1A7	❹ YH4 CAF 11B6	
7月	❶ WJ12 FBE 10D11	❷ WK1 AAK 2C2	❸ WG9 GKG 9B8	❹ WH4 ECH 3A5	❺ WE9 ABC 11K8	❻ WF4 FAD 1J5	❼ WC6 DKA 10H5	❽ WD7 JJB 2G8	❾ WA3 CHJ 9F2	❿ WB10 CGK 3E11	❶ VJ12 EFG 8D11	❷ VK1 DEH 4C2	❸ VG9 BDE 7B8	❹ VH4 CCF 5A5	❺ VE9 CBC 9K8
8月	❷ ZK1 GFF 8F1	❸ ZG9 AGG 3C9	❹ ZH4 JHH 9D4	❺ ZE9 AEE 5A9	❻ ZF4 DDD 7B4	❼ ZC6 KAA 4J6	❽ ZD7 JBB 8K7	❾ ZA3 JJJ 3G3	❿ ZB10 JKK 9H10	❶ YJ12 EGG 2E12	❷ YK1 KHH 10F1	❸ YG9 HEE 1C9	❹ YH4 CFF 11D4	❺ YE9 GCC 3A9	❻ YF4 GDD 9B4
9月	❸ WG9 CFC 9D10	❹ WH4 EEH 3C3	❺ WE9 KDE 11B10	❻ WF4 FCF 1A3	❼ WC6 DBA 10K7	❽ WD7 JAB 2J6	❾ WA3 CKJ 9H4	❿ WB10 CJK 3G9	❶ VJ12 EHG 8F1	❷ VK1 DGH 4E12	❸ VG9 BFE 7D10	❹ VH4 CEF 5C3	❺ VE9 CDC 9B10	❻ VF4 CCD 3A3	
10月	❸ ZG9 AFC 3E11	❹ ZH4 JAD 9F2	❺ ZE9 FKE 5C11	❻ ZF4 DJF 7D2	❼ ZC6 KJC 4A8	❽ ZD7 JKB 8B5	❾ ZA3 JGJ 3J5	❿ ZB10 JHK 9K8	❶ YJ12 EEG 2G2	❷ YK1 KFH 10H11	❸ YG9 HCE 1E11	❹ YH4 CDF 11F2	❺ YE9 GAC 3C11	❻ YF4 GBD 9D2	❼ YC6 JJA 2A8
11月	❹ WH4 EKD 3E1	❺ WE9 KGE 11D12	❻ WF4 HHF 1C1	❼ WC6 DCC 10B9	❽ WD7 JDB 2A4	❾ WA3 CAJ 9K6	❿ WB10 CBK 3J7	❶ VJ12 EJG 8H3	❷ VK1 DKH 4G10	❸ VG9 DGE 7F12	❹ VH4 CHF 5E1	❺ VE9 CEC 9D12	❻ VF4 CFD 3C1	❼ VC6 JCA 8B9	
12月	❹ ZH4 JGD 9H12	❺ ZE9 FFE 5E1	❻ ZF4 DEF 7F12	❼ ZC6 KDC 4C10	❽ ZD7 JCB 8D3	❾ ZA3 JBJ 3A7	❿ ZB10 JAK 9B6	❶ YJ12 EKG 2J4	❷ YK1 KJH 10K9	❸ YG9 HHE 1G1	❹ YH4 CGF 11H12	❺ YE9 GFC 3E1	❻ YF4 GED 9F12	❼ YC6 JDA 2C10	❽ YD7 HCB 10D3

1993年（民國82年）

1993年	1日	2日	3日	4日	5日	6日	7日	8日	9日	10日	11日	12日	13日	14日	15日	16日	17日	18日	19日	20日	21日	22日	23日	24日	25日	26日	27日	28日	29日	30日	31日
1月	❾ YA3 FBJ 1A7	❿ YB10 GAK 11B6	❶ XJ12 GKG 12J4	❷ XK1 GJH 12K9	❸ XG9 FHC 11H2	❹ XH4 KGD 1G11	❺ XE9 FFA 1F2	❻ XF4 EEB 11E11	❼ XC6 JDJ 12D11	❽ XD7 ECK 12C2	❾ XA3 DBG 11B8	❿ XB10 KAH 1A5	❶ WJ12 FKE 10K5	❷ WK1 CJF 2J8	❸ WG9 CFC 9H2	❹ WH4 EEH 3G11	❺ WE9 KDE 11F2	❻ WF4 FAF 1E11	❼ WC6 DKA 10D11	❽ WD7 JJB 2C2	❾ WA3 CHJ 9B8	❿ WB10 CGK 3A5	❶ VJ12 EFG 8K5	❷ VK1 DEH 4J8	❸ VG9 BDE 7H2	❹ VH4 CCF 5G11	❺ VE9 CBC 9F2	❻ VF4 CAD 3E11	❼ VC6 JKA 8D11	❽ VD7 DJB 4C2	❾ VA3 BHJ 7B8
2月	❿ VB10 GGK 5A5	❶ UJ12 AFG 6K5	❷ UK1 AEH 6J8	❸ UH10 KCF 5J3	❹ UG3 DDE 7K10	❺ UF10 BAD 7G3	❻ UE3 JBC 5H10	❼ UD7 JJB 6E12	❽ UC6 AKA 6F1	❾ UB4 KGK 5C9	❿ UA9 DHJ 7D4	❶ ZK1 KCH 4A6	❷ ZJ12 JDG 8B7	❸ ZH10 AAF 3J3	❹ ZG3 JBE 9K10	❺ ZF10 FJD 5G3	❻ ZE3 DKC 7H10	❼ ZD7 KGB 4E12	❽ ZC6 JFA 8F1	❾ ZB4 JCK 3C9	❿ ZA9 JDJ 9D4	❶ YK1 EAH 2A6	❷ YJ12 KBG 10B7	❸ YH10 HJF 1J3	❹ YG3 CKE 11K10	❺ YF10 GGD 3G3	❻ YE3 GHC 9H10	❼ YD7 JEB 2E12			
3月	❽ YC6 HFA 10F1	❾ YB4 FCK 1C9	❿ YA9 GDJ 11D4	❶ XK1 GAH 12A6	❷ XJ12 GAG 12A6	❸ XH10 FKF 11K4	❹ XG3 KJE 1J9	❺ XF10 FHD 1H4	❻ XE3 EGC 11G9	❼ XD7 JFB 12F1	❽ XC6 EEA 12E12	❾ XB4 DDK 11D10	❿ XA9 KCJ 1C3	❶ WK1 FBH 10B7	❷ WJ12 AAG 2A6	❸ WH10 GKF 9K4	❹ WG3 EJE 3J9	❺ WF10 AHD 11H4	❻ WE3 FGC 1G9	❼ WD7 DFB 10F1	❽ WC6 JEA 2E12	❾ WB4 CDK 9D10	❿ WA9 CCJ 3C3	❶ VK1 EBH 8B7	❷ VJ12 DAG 4A6	❸ VH10 BKF 7K4	❹ VG3 CJE 5J9	❺ VF10 CHD 9H4	❻ VE3 CGC 3G9	❼ VD7 JFB 8F1	❽ VC6 DEA 4E12
4月	❾ VB4 BDK 7D10	❿ VA9 GCJ 5C3	❶ UK1 ABH 6B7	❷ UJ12 AAG 6A6	❸ UH10 KKF 5A5	❹ UG3 DJE 7B8	❺ UF10 BHD 7J5	❻ UE3 JGC 5K8	❼ UD7 JFB 6G2	❽ UC6 AEA 6H11	❾ UB4 KDK 5E11	❿ UA9 DCJ 7F2	❶ ZK1 KBH 4C8	❷ ZJ12 JAG 8D5	❸ ZH10 AHF 3A5	❹ ZG3 JGE 9B8	❺ ZF10 FFD 5J5	❻ ZE3 DBC 7K8	❼ ZD7 KJB 4G2	❽ ZC6 JKA 8H11	❾ ZB4 JGK 3E11	❿ ZA9 JHJ 9F2	❶ YK1 EEH 2C8	❷ YJ12 KFG 10D5	❸ YH10 HCF 1A5	❹ YG3 CDE 11B8	❺ YF10 GAD 3J5	❻ YE3 GBC 9K8	❼ YD7 JJB 2G2	❽ YC6 HKA 10H11	
5月	❾ YB4 FGK 1E11	❿ YA9 GHJ 11F2	❶ XK1 GEH 12C8	❷ XJ12 GFG 12D5	❸ XH10 FCF 11B6	❹ XG3 KDE 1A7	❺ XF10 FAD 1K6	❻ XE3 EBC 11J7	❼ XD7 JJB 12H3	❽ XC6 EKA 12G10	❾ XB4 DJK 11F12	❿ XA9 KKJ 1E1	❶ WK1 FGH 10D9	❷ WJ12 CHG 2C4	❸ WH10 CEF 9B6	❹ WG3 EFE 3A7	❺ WF10 KCD 11K6	❻ WE3 FDC 1J7	❼ WD7 DAB 10H3	❽ WC6 JHA 2G10	❾ WB4 CEK 9F12	❿ WA9 CFJ 3E1	❶ VK1 ECH 8D9	❷ VJ12 DDG 4C4	❸ VH10 BAF 7B6	❹ VG3 CBE 5A7	❺ VF10 CJD 9K6	❻ VE3 CKC 3J7	❼ VD7 JGB 8H3	❽ VC6 DHA 4G10	❾ VB4 BEK 7F12
6月	❿ VA9 GFJ 5E1	❶ UK1 ACH 6D9	❷ UJ12 ADG 6C4	❸ UH10 CAF 5B6	❹ UG3 BBE 7A7	❺ UF10 BBD 7A7	❻ UE3 JAC 5B6	❼ UD7 JKB 6J4	❽ UC6 AJA 6K9	❾ UB4 KHK 5G1	❿ UA9 DGJ 7H12	❶ ZK1 KFH 4E10	❷ ZJ12 JEG 8F3	❸ ZH10 ADF 3C7	❹ ZG3 JCE 9D6	❺ ZF10 FBD 5A7	❻ ZE3 DAC 7B6	❼ ZD7 KKB 4J4	❽ ZC6 JJA 8K9	❾ ZB4 JHK 3G1	❿ ZA9 JGJ 9H12	❶ YK1 EFH 2E10	❷ YJ12 KEG 10F3	❸ YH10 HDF 1C7	❹ YG3 CCE 11D6	❺ YF10 GKD 3A7	❻ YE3 GJC 9B6	❼ YD7 JHB 2J4	❽ YC6 HGA 10K9	❾ YB4 FFK 1G1	
7月	❿ YA9 GEJ 11H12	❶ XK1 GDH 12E10	❷ XJ12 GCG 12F3	❸ XH10 CBF 11C7	❹ XG3 HAE 1D6	❺ XF10 FKD 1A7	❻ XE3 EJC 11A5	❼ XD7 JHB 12K5	❽ XC6 EGA 12J8	❾ XB4 DFK 11H2	❿ XA9 HEJ 1G11	❶ WK1 FDH 10F11	❷ WJ12 CCG 2E2	❸ WH10 CBF 9D8	❹ WG3 EAE 3C5	❺ WF10 DKD 11B8	❻ WE3 HGC 1A5	❼ WD7 DFB 10K5	❽ WC6 AEA 2J8	❾ WB4 EHK 9H2	❿ WA9 CGJ 3G11	❶ VK1 EFH 8F11	❷ VJ12 DEG 4E2	❸ VH10 DDF 7D8	❹ VG3 CCE 5C5	❺ VF10 CBD 9B8	❻ VE3 CAC 3A5	❼ VD7 JKB 8K5	❽ VC6 DJA 4J8	❾ VB4 BHK 7H2	❿ VA9 GGJ 5G11
8月	❶ UK1 AFH 6F11	❷ UJ12 AEG 6E2	❸ UH10 CDF 5D8	❹ UG3 BCE 7C5	❺ UF10 KBD 7B8	❻ UE3 AAC 5A5	❼ UD7 JJB 6A6	❽ UC6 AKA 6B7	❾ UB4 KGK 5J3	❿ UA9 DHJ 7K10	❶ ZK1 KEH 4G12	❷ ZJ12 JFG 8H1	❸ ZH10 CCF 3E9	❹ ZG3 JDE 9F4	❺ ZF10 HAD 5C9	❻ ZE3 DBC 7D4	❼ ZD7 KJB 4A6	❽ ZC6 EDA 8B7	❾ ZB4 AAK 3J3	❿ ZA9 JBJ 9K10	❶ YK1 EGH 2G12	❷ YJ12 KHG 10H1	❸ YH10 HEF 1E9	❹ YG3 CFE 11F4	❺ YF10 GCD 3C9	❻ YE3 GDC 9D4	❼ YD7 JAB 2A6	❽ YC6 HBA 10B7	❾ YB4 FJK 1J3	❿ YA9 GKJ 11K10	❶ XK1 GGH 12G12
9月	❷ XJ12 GHG 12H1	❸ XH10 CEF 11E9	❹ XG3 HFE 1F4	❺ XF10 FCD 1C9	❻ XE3 ADC 11D4	❼ XD7 EAB 12A6	❽ XC6 EBA 12B7	❾ XB4 DKK 11K4	❿ XA9 HJJ 1J9	❶ WK1 FHH 10H1	❷ WJ12 CGG 2G12	❸ WH10 CFF 9F10	❹ WG3 EEE 3E3	❺ WF10 DDD 11D10	❻ WE3 HCC 1C3	❼ WD7 DBB 10B7	❽ WC6 CAA 2A6	❾ WB4 EKK 9K4	❿ WA9 CJJ 3J9	❶ VK1 KHH 8H1	❷ VJ12 HGG 4G12	❸ VH10 DFF 7F10	❹ VG3 CEE 5E3	❺ VF10 CDD 9D10	❻ VE3 CCC 3C3	❼ VD7 JBB 8B7	❽ VC6 DAA 4A6	❾ VB4 BKK 7K4	❿ VA9 GJJ 5J9	❶ UK1 AHH 6H1	
10月	❷ UJ12 AGG 6G12	❸ UH10 CFF 5F10	❹ UG3 BEE 7E3	❺ UF10 KDD 7D10	❻ UE3 ACC 5C3	❼ UD7 ABB 6B7	❽ UC6 AAA 6A6	❾ UB4 KKK 5A5	❿ UA9 DJJ 7B8	❶ ZK1 KHH 4J2	❷ ZJ12 JGG 8K11	❸ ZH10 CFF 3G11	❹ ZG3 JEE 9H2	❺ ZF10 HDD 5E11	❻ ZE3 DCC 7F2	❼ ZD7 KBB 4C8	❽ ZC6 GAA 8D5	❾ ZB4 GFK 3A5	❿ ZA9 JEJ 9B8	❶ YK1 DDH 2J2	❷ YJ12 KFG 10K11	❸ YH10 HCF 1G11	❹ YG3 CDE 11H2	❺ YF10 GAD 3E11	❻ YE3 GBC 9F2	❼ YD7 JJB 2C8	❽ YC6 HKA 10D5	❾ YB4 FGK 1A5	❿ YA9 GHJ 11B8	❶ XK1 GEH 12J2	❷ XJ12 GFG 12K11
11月	❸ XH10 CCF 11G11	❹ XG3 HDE 1H2	❺ XF10 FAD 1E11	❻ XE3 ABC 11F2	❼ XD7 EJB 12C8	❽ XC6 EKA 12D5	❾ XB4 DCK 11B6	❿ XA9 HDJ 1A7	❶ WK1 FAH 10K3	❷ WJ12 CBG 2J10	❸ WH10 CJF 9H12	❹ WG3 EKE 3G1	❺ WF10 DGD 11F12	❻ WE3 HHC 1E1	❼ WD7 DEB 10D9	❽ WC6 CFA 2C4	❾ WB4 ECK 9B6	❿ WA9 CDJ 3A7	❶ VK1 KAH 8K3	❷ VJ12 HKG 4J10	❸ VH10 DGF 7H12	❹ VG3 CHE 5G1	❺ VF10 CED 9F12	❻ VE3 CFC 3E1	❼ VD7 JCB 8D9	❽ VC6 DDA 4C4	❾ VB4 BAK 7B6	❿ VA9 GBJ 5A7	❶ UK1 AJH 6K3	❷ UJ12 AKG 6J10	
12月	❸ UH10 CGF 5H12	❹ UG3 BHE 7G1	❺ UF10 KED 7F12	❻ UE3 AFC 5E1	❼ UD7 ACB 6D9	❽ UC6 ADA 6C4	❾ UB4 KBK 5C7	❿ UA9 DAJ 7D6	❶ ZK1 KKH 4A4	❷ ZJ12 JJG 8B9	❸ ZH10 CHF 3J1	❹ ZG3 JGE 9K12	❺ ZF10 HFD 5G1	❻ ZE3 DEC 7H12	❼ ZD7 KDB 4E10	❽ ZC6 GCA 8F3	❾ ZB4 GBK 3C7	❿ ZA9 JAJ 9D6	❶ YK1 DKH 2A4	❷ YJ12 KJG 10B9	❸ YH10 HHF 1J1	❹ YG3 CGE 11K12	❺ YF10 GFD 3G1	❻ YE3 GEC 9H12	❼ YD7 JDB 2E10	❽ YC6 HCA 10F3	❾ YB4 FBK 1C7	❿ YA9 GAJ 11D6	❶ XK1 GKH 12A4	❷ XJ12 GJG 12B9	❸ XH10 CHF 11J1

1994年(民國83年)

1994年	1日	2日	3日	4日	5日	6日	7日	8日	9日	10日	11日	12日	13日	14日	15日	16日
1月	❹ XG3 HGE 1K12	❺ XF10 FFD 1G1	❻ XE3 AEC 11H12	❼ XD7 EDB 12E10	❽ XC6 ECA 12E2	❾ XB4 DBK 11D8	❿ XA9 HAJ 1C5	❶ WK1 FKH 10B5	❷ WJ12 CJG 2A8	❸ WH10 CHF 9K2	❹ WG3 EGE 3J11	❺ WF10 DFD 11H2	❻ WE3 HEC 1G11	❼ WD7 DDB 10F11	❽ WC6 AAA 2E2	❾ WB4 EKK 9D8
2月	❺ UF10 KBD 7H2	❻ UE3 AAC 5G11	❼ UD7 AKB 6F11	❽ UF5 AKA 6H1	❾ UC5 KGK 5E9	❿ UD8 DHJ 7F4	❶ ZA2 KEH 4C6	❷ ZB11 JFG 8D7	❸ ZJ11 CCF 3A3	❹ ZK2 JDE 9B10	❺ ZG11 HAD 5J3	❻ ZH2 DKC 7K10	❼ ZE8 KGB 4G12	❽ ZF5 EHG 8H1	❾ ZC5 AEF 3E9	❿ ZD8 JFE 9F4
3月	❸ XJ11 CJC 11A3	❹ XK2 HKD 1B10	❺ XG11 FGA 1J3	❻ XH2 AHB 11K10	❼ XE8 EEJ 12G12	❽ XF5 EEA 12G12	❾ XC5 DDK 11F10	❿ XD8 HCJ 1E3	❶ WA2 FBH 10D7	❷ WB11 CAG 2C6	❸ WJ11 CKF 9B4	❹ WK2 EJE 3A9	❺ WG11 DHD 11K4	❻ WH2 HGC 1J9	❼ WE8 DFB 10H1	❽ WF5 AEG 2G12
4月	❹ UK2 BJD 7A9	❺ UG11 KHA 7K4	❻ UH2 AGB 5J9	❼ UE8 AFJ 6H1	❽ UF5 AEA 6K11	❾ UC5 KDK 5G11	❿ UD8 DCJ 7H2	❶ ZA2 KBH 4E8	❷ ZB11 JAG 8F5	❸ ZJ11 CKF 3C5	❹ ZK2 JJE 9D8	❺ ZG11 HHD 5A5	❻ ZH2 DGC 7B8	❼ ZE8 KFB 4J2	❽ ZF5 ECG 8K11	❾ ZC5 ABF 3G11
5月	❹ XK2 HDD 1D8	❺ XG11 FAA 1A5	❻ XH2 ABB 11B8	❼ XE8 EJJ 12J2	❽ XF5 EKK 12K11	❾ XC5 DGK 11H12	❿ XD8 HHJ 1G1	❶ WA2 FEH 10F9	❷ WB11 CFG 2E4	❸ WJ11 CCF 9D6	❹ WK2 EDE 3C7	❺ WG11 DCD 11B6	❻ WH2 HDC 1A7	❼ WE8 DAB 10K3	❽ WF5 CBA 2J10	❾ WC5 EJF 9H12
6月	❺ UG11 KJA 7B6	❻ UH2 AKB 5A7	❼ UE8 AGJ 6K3	❽ UF5 AHK 6J10	❾ UC5 GEG 5H12	❿ UD8 DGJ 7K12	❶ ZA2 KFH 4G10	❷ ZB11 JEG 8H3	❸ ZJ11 CDF 3E7	❹ ZK2 JCE 9F6	❺ ZG11 HBD 5C7	❻ ZH2 DAC 7D6	❼ ZE8 KKB 4A4	❽ ZF5 GJA 8B9	❾ ZC5 GHK 3J1	❿ ZD8 JGE 9K12
7月	❺ XG11 FKA 1C7	❻ XH2 AJB 11D6	❼ XE8 EHJ 12A4	❽ XF5 EGK 12B9	❾ XC5 GFG 11J1	❿ XD8 FEH 1K12	❶ WA2 FDH 10H11	❷ WB11 CCG 2G2	❸ WJ11 CBF 9F8	❹ WK2 EAE 3E5	❺ WG11 DKD 11D8	❻ WH2 HJC 1C5	❼ WE8 DHB 10B5	❽ WF5 CGA 2A8	❾ WC5 EFK 9K2	❿ WD8 CEJ 3J11
8月	❻ UH2 AAB 5C5	❼ UE8 AKJ 6B5	❽ UF5 AJK 6A8	❾ UC5 GHG 5K2	❿ UD8 BGH 7J11	❶ ZA2 KFE 4H11	❷ ZB11 EEF 8G2	❸ ZJ11 CCF 3G9	❹ ZK2 JDE 9H4	❺ ZG11 HAD 5E9	❻ ZH2 BBC 7F4	❼ ZE8 KJB 4C6	❽ ZF5 GKA 8D7	❾ ZC5 GGK 3A3	❿ ZD8 JHJ 9B10	❶ YA2 HEH 2J12
9月	❼ XE8 EAJ 12C6	❽ XF5 EBK 12D7	❾ XC5 GJG 11A3	❿ XD8 FKH 1B10	❶ WA2 DGE 10J12	❷ WB11 EHF 2K1	❸ WJ11 EEC 9G9	❹ WK2 EEE 3G3	❺ WG11 DDD 11F10	❻ WH2 HCC 1E3	❼ WE8 DBB 10D7	❽ WF5 CAA 2C6	❾ WC5 GKK 9B4	❿ WD8 CJJ 3A9	❶ VA2 BHH 8K1	❷ VB11 HGG 4J12
10月	❼ UE8 ABJ 6D7	❽ UF5 AAK 6C6	❾ UC5 GKG 5B4	❿ UD8 BJH 7A9	❶ ZA2 KHE 4K1	❷ ZB11 EGF 8J12	❸ ZJ11 JFC 3H10	❹ ZK2 JEE 9K2	❺ ZG11 HDD 5G11	❻ ZH2 BCC 7H2	❼ ZE8 KBB 4E8	❽ ZF5 GAA 8F5	❾ ZC5 GKK 3C5	❿ ZD8 JJJ 9D8	❶ YA2 HHH 2A2	❷ YB11 BGG 10B11
11月	❽ XF5 EKK 12F5	❾ XC5 GGG 11C5	❿ XD8 FHH 1D8	❶ WA2 DEE 10A2	❷ WB11 EFF 2B11	❸ WJ11 ECC 9J11	❹ WK2 EDD 3K2	❺ WG11 DGD 11H12	❻ WH2 HHC 1G1	❼ WE8 DEB 10F9	❽ WF5 CFA 2E4	❾ WC5 GCK 9D6	❿ WD8 CDJ 3C7	❶ VA2 BAH 8B3	❷ VB11 HBG 4A10	❸ VJ11 DJF 7K12
12月	❽ UF5 ADK 6E4	❾ UC5 GAG 5D6	❿ UD8 BBH 7C7	❶ ZA2 KJE 4B3	❷ ZB11 EKF 8A10	❸ ZJ11 JGC 3K12	❹ ZK2 JGE 9B12	❺ ZG11 HFD 5J1	❻ ZH2 BEC 7K12	❼ ZE8 KDB 4G10	❽ ZF5 GCA 8H3	❾ ZC5 GBK 3E7	❿ ZD8 JAJ 9F6	❶ YA2 HKH 2C4	❷ YB11 BJG 10D9	❸ YJ11 HHF 1A1

1994年	17日	18日	19日	20日	21日	22日	23日	24日	25日	26日	27日	28日	29日	30日	31日
1月	❿ WA9 CJJ 3C5	❶ VK1 EFH 8B5	❷ VJ12 HEG 4A8	❸ VH10 DDF 7K2	❹ VG3 CCE 5J11	❺ VF10 CBD 9H2	❻ VE3 CAC 3G11	❼ VD7 JKB 8F11	❽ VC6 DJA 4E2	❾ VB4 BHK 7D8	❿ VA9 GGJ 5C5	❶ UK1 AFH 6B5	❷ UJ12 AEG 6A8	❸ UH10 CDF 5K2	❹ UG3 BCE 7J11
2月	❶ YA2 ECE 2C6	❷ YB11 KDF 10D7	❸ YJ11 HJC 1A3	❹ YK2 CKD 11B10	❺ YG11 GGA 3J3	❻ YH2 GHB 9K10	❼ YE8 JEJ 2G12	❽ YF5 HFK 10H1	❾ YC5 FCG 1E9	❿ YD8 GDH 11F4	❶ XA2 GAE 12C6	❷ XB11 GBF 12D7			
3月	❾ WC5 EDF 9F10	❿ WD8 CCE 3E3	❶ VA2 EBE 8D7	❷ VB11 HAF 4C6	❸ VJ11 DKC 7B4	❹ VK2 CJD 5A9	❺ VG11 CHA 9K4	❻ VH2 CGB 3J9	❼ VE8 JFJ 8H1	❽ VF5 DEK 4G12	❾ VC5 BDG 7F10	❿ VD8 GCH 5E3	❶ UA2 ABE 6D7	❷ UB11 AAF 6C6	❸ UJ11 CKC 5B4
4月	❿ ZD8 JAE 9H2	❶ YA2 EEE 2E8	❷ YB11 KFF 10F5	❸ YJ11 HCC 1C5	❹ YK2 CDD 11D8	❺ YG11 GAA 3A5	❻ YH2 GBB 9B8	❼ YE8 JJJ 2J2	❽ YF5 HKK 10K11	❾ YC5 FGG 1G11	❿ YD8 GHH 11H2	❶ XA2 GEE 12E8	❷ XB11 GFF 12F5	❸ XJ11 CCC 11C5	
5月	❿ WD8 CKE 3G1	❶ VA2 KGD 8F9	❷ VB11 HHF 4E4	❸ VJ11 DEC 7D6	❹ VK2 CBD 5C7	❺ VG11 CJA 9B6	❻ VH2 CKB 3A7	❼ VE8 JGJ 8K3	❽ VF5 DHK 4J10	❾ VC5 BEG 7H12	❿ VD8 GFH 5G1	❶ UA2 ACE 6F9	❷ UB11 ADF 6E4	❸ UJ11 CAC 5D6	❹ UK2 BBD 7C7
6月	❶ YA2 DFD 2G10	❷ YB11 BEC 10H3	❸ YJ11 HDC 1E7	❹ YK2 CCD 11F6	❺ YG11 GBA 3C7	❻ YH2 GAB 9D6	❼ YE8 JKJ 2A4	❽ YF5 HJK 10B9	❾ YC5 HHG 1J1	❿ YD8 GEH 11K12	❶ XA2 GDE 12G10	❷ XB11 GCF 12H3	❸ XJ11 CBC 11E7	❹ XK2 HAD 1F6	
7月	❶ VA2 KBD 8H11	❷ VB11 HAC 4G2	❸ VJ11 DKB 7F8	❹ VK2 CCD 5E5	❺ VG11 CBA 9D8	❻ VH2 CAB 3C5	❼ VE8 JKJ 8B5	❽ VF5 DJK 4A8	❾ VC5 BHG 7K2	❿ VD8 GGH 5J11	❶ UA2 AFE 6H11	❷ UB11 AEF 6G2	❸ UJ11 CDC 5F8	❹ UK2 BCD 7E5	❺ UG11 KBA 7D8
8月	❷ YB11 BFG 10K1	❸ YJ11 HCB 1G9	❹ YK2 EHA 11H4	❺ YG11 JEK 3E9	❻ YH2 GFB 9F4	❼ YE8 JAJ 2C6	❽ YF5 HBK 10D7	❾ YC5 HJG 1A3	❿ YD8 GKH 11B10	❶ XA2 GGE 12J12	❷ XB11 GHF 12K1	❸ XJ11 CEC 11G9	❹ XK2 HFD 1H4	❺ XG11 FCA 1E9	❻ XH2 ADB 11F4
9月	❸ VJ11 DFF 7H10	❹ VK2 JEA 5G3	❺ VG11 EDK 9F10	❻ VH2 CCJ 3E3	❼ VE8 JBJ 8D7	❽ VF5 DAK 4C6	❾ VC5 BKG 7B4	❿ VD8 GJH 5A9	❶ UA2 AHE 6K1	❷ UB11 AGF 6J12	❸ UJ11 CFC 5H10	❹ UK2 BED 7G3	❺ UG11 KDA 7F10	❻ UH2 ACB 5E3	
10月	❸ YJ11 HFF 1J11	❹ YK2 EAA 11K2	❺ YG11 JKK 3G11	❻ YH2 GJJ 9H2	❼ YE8 JJJ 2E8	❽ YF5 BKK 10F5	❾ YC5 HGG 1C5	❿ YD8 GHH 11D8	❶ XA2 GEE 12A2	❷ XB11 GFF 12B11	❸ XJ11 CCC 11J11	❹ XK2 HDD 1K2	❺ XG11 FAA 1G11	❻ XH2 ABB 11H2	❼ XE8 EJJ 12E8
11月	❹ VK2 AKE 5J1	❺ VG11 AGK 9H12	❻ VH2 CHJ 3G1	❼ VE8 HEH 8F9	❽ VF5 DDK 4E4	❾ VC5 BAG 7D6	❿ VD8 GBH 5C7	❶ UA2 AJE 6B3	❷ UB11 AKF 6A10	❸ UJ11 CGC 5K12	❹ UK2 BHD 7J1	❺ UG11 KEA 7H12	❻ UH2 AFB 5G1	❼ UE8 ACJ 6F9	
12月	❹ YK2 EGA 11B12	❺ YG11 JFK 3J1	❻ YH2 GEJ 9K12	❼ YE8 JDJ 2G10	❽ YF5 BCK 10H3	❾ YC5 HBG 1E7	❿ YD8 GAH 11F6	❶ XA2 GKE 12C4	❷ XB11 GJF 12D9	❸ XJ11 CHC 11A1	❹ XK2 HGD 1B12	❺ XG11 FFA 1J1	❻ XH2 AEB 11K12	❼ XE8 EDJ 12G10	❽ XF5 ECK 12H3

1995年（民國84年）

1995年

	1日	2日	3日	4日	5日	6日	7日	8日	9日	10日	11日	12日	13日	14日	15日	16日
1月	❾ XC5 GBG 11E7	❿ XD8 FAH 1F6	❶ WA2 DKE 10C4	❷ WB11 EJF 2D9	❸ WJ11 EHC 9A1	❹ WK2 EGE 3A11	❺ WG11 DFD 11K2	❻ WH2 HEC 1J11	❼ WE8 DDB 10H11	❽ WF5 CCA 2G2	❾ WC5 GBK 9F8	❿ WD8 CAJ 3E5	❶ VA2 BKH 8D5	❷ VB11 HJG 4C8	❸ VJ11 DHF 7B2	❹ VK2 JEA 5A11
2月	❿ UD8 BGH 7E5	❶ ZA2 KFE 4D5	❷ ZB11 EEF 8C8	❸ ZK12 CCJ 3C3	❹ ZJ1 JDK 9D10	❺ ZH12 HAG 5A3	❻ ZG1 BBH 7B10	❼ ZF9 KJE 4J12	❽ ZE4 GKF 8K1	❾ ZD6 GGC 3G9	❿ ZC7 JHD 9H4	❶ YB3 HCA 2E6	❷ YA10 BDB 10F7	❸ YK12 HAJ 1C3	❹ YJ1 EBK 11D10	❺ YH12 JJG 3A3
3月	❽ XE4 EFD 12K1	❾ XD6 GCA 11G9	❿ XC7 FDB 1H4	❶ WB3 DAJ 10E6	❷ WA10 EBK 2F7	❸ WK12 CKJ 9D4	❹ WJ1 EJK 3C9	❺ WH12 DHG 11B4	❻ WG1 HGH 1A9	❼ WF9 DFE 10K1	❽ WE4 CEF 2J12	❾ WD6 GDC 9H10	❿ WC7 CCD 3G3	❶ VB3 BBA 8F7	❷ VA10 HAB 4E6	❸ VK12 DKJ 7D4
4月	❾ UD6 GDA 5H10	❿ UC7 BCB 7G3	❶ ZB3 KBJ 4F7	❷ ZA10 EAK 8E6	❸ ZK12 CKJ 3E5	❹ ZJ1 JJK 9F8	❺ ZH12 HHG 5C5	❻ ZG1 BGH 7D8	❼ ZF9 KFE 4A2	❽ ZE4 GEF 8B11	❾ ZD6 GDC 3J11	❿ ZC7 JCD 9K2	❶ YB3 HBA 2G8	❷ YA10 BAB 10H5	❸ YK12 HHJ 1E5	❹ YJ1 EGK 11F8
5月	❾ XD6 GGA 11J11	❿ XC7 FHB 1K4	❶ WB3 DEJ 10G8	❷ WA10 EFK 2H5	❸ WK12 ECG 9E5	❹ WJ1 EDK 3E7	❺ WH12 DAG 11D6	❻ WG1 HBH 1C7	❼ WF9 DJE 10B3	❽ WE4 CKF 2A10	❾ WD6 GGC 9K12	❿ WC7 CKD 3J1	❶ VB3 BGA 8H9	❷ VA10 HHB 4G4	❸ VK12 DEJ 7F6	❹ VJ1 JFK 5E7
6月	❿ UC7 BFB 7J1	❶ ZB3 KCJ 4H9	❷ ZA10 EDK 8G4	❸ ZK12 JAG 3F6	❹ ZJ1 JBH 9E7	❺ ZH12 HBG 5E7	❻ ZG1 BAH 7F6	❼ ZF9 KKE 4C4	❽ ZE4 GJF 8D9	❾ ZD6 GHC 3A1	❿ ZC7 JGD 9B12	❶ YB3 HFA 2J10	❷ YA10 BEB 10K3	❸ YK12 HDJ 1G7	❹ YJ1 GCK 11H6	❺ YH12 JBG 3E7
7月	❿ XC7 FEB 1B12	❶ WB3 DDJ 10J10	❷ WA10 ECK 2K3	❸ WK12 EBG 9G7	❹ WJ1 EAH 3H6	❺ WH12 AKE 11E7	❻ WG1 HJH 1E5	❼ WF9 DHE 10D5	❽ WE4 CGF 2C8	❾ WD6 GFC 9B2	❿ WC7 CED 3A11	❶ VB3 BDA 8K11	❷ VA10 HCB 4J2	❸ VK12 DBJ 7H8	❹ VJ1 AAK 5G5	❺ VH12 AKG 9F8
8月	❶ ZB3 KFJ 4K11	❷ ZA10 EEK 8J2	❸ ZK12 JDG 3H8	❹ ZJ1 JCH 9G5	❺ ZH12 ABE 5F8	❻ ZG1 KAF 7E5	❼ ZF9 HKC 4D5	❽ ZE4 GKF 8F7	❾ ZD6 GGC 3C3	❿ ZC7 JHD 9D10	❶ YB3 HEA 2A12	❷ YA10 BFB 10B1	❸ YK12 HCJ 1J9	❹ YJ1 GDK 11K4	❺ YH12 AAG 3G9	❻ YG1 GBH 9H4
9月	❷ WA10 EHK 2B1	❸ WK12 EEG 9J9	❹ WJ1 EFH 3K4	❺ WH12 ACE 11G9	❻ WG1 FDF 1H4	❼ WF9 DAC 10E6	❽ WE4 JBD 2F7	❾ WD6 GKC 9D4	❿ WC7 CJD 3C9	❶ VB3 BHA 8B1	❷ VA10 FGB 4A12	❸ VK12 DFJ 7K10	❹ VJ1 AEK 5J3	❺ VH12 ADG 9H10	❻ VG1 CCH 3G3	❼ VF9 BBE 8F7
10月	❷ ZA10 EGK 8A12	❸ ZK12 JFG 3K10	❹ ZJ1 JEH 9J3	❺ ZH12 ADE 5H10	❻ ZG1 KCF 7G3	❼ ZF9 HBC 4F7	❽ ZE4 JAD 8E6	❾ ZD6 JKA 3D4	❿ ZC7 JJD 9F8	❶ YB3 HHA 2C2	❷ YA10 BGB 10D11	❸ YK12 HFJ 1A11	❹ YJ1 GEK 11B2	❺ YH12 ADG 3J11	❻ YG1 GCH 9K2	❼ YF9 FBE 2G8
11月	❸ WK12 ECG 9A11	❹ WJ1 EDH 3B2	❺ WH12 AAE 11J11	❻ WG1 FBF 1K2	❼ WF9 DJC 10G8	❽ WE4 JKD 2H5	❾ WD6 CGA 9E5	❿ WC7 CDD 3E7	❶ VB3 BAA 8D3	❷ VA10 FBB 4C10	❸ VK12 DJJ 7B12	❹ VJ1 AKK 5A1	❺ VH12 AGG 9K12	❻ VG1 CHH 3J1	❼ VF9 BEE 8H9	❽ VE4 FFF 4G4
12月	❸ ZK12 JGG 3B12	❹ ZJ1 JHH 9A1	❺ ZH12 AEE 5K12	❻ ZG1 KFF 7J1	❼ ZF9 HCC 4H9	❽ ZE4 JDD 8G4	❾ ZD6 GBC 3G7	❿ ZC7 JAD 9H6	❶ YB3 HKA 2E4	❷ YA10 BJB 10F9	❸ YK12 HHJ 1C1	❹ YJ1 GGK 11D12	❺ YH12 AFG 3A1	❻ YG1 GEH 9B12	❼ YF9 FDE 2J10	❽ YE4 BCF 10K3

	17日	18日	19日	20日	21日	22日	23日	24日	25日	26日	27日	28日	29日	30日	31日
1月	❺ VG11 EDK 9K2	❻ VH2 CCJ 3J11	❼ VE8 JKJ 8H11	❽ VF5 DJK 4G2	❾ VC5 BHG 7F8	❿ VD8 GGH 5E5	❶ UA2 AFE 6D5	❷ UB11 AEF 6C8	❸ UJ11 CDC 5B2	❹ UK2 BCD 7A11	❺ UG11 KBA 7K2	❻ UH2 AAB 5J11	❼ UE8 AKJ 6H11	❽ UF5 AJK 6G2	❾ UC5 GHG 5F8
2月	❻ YG1 GKF 9B10	❼ YF9 JGC 2J12	❽ YE4 HFD 10K1	❾ YD6 HCA 1G9	❿ YC7 GDB 11H4	❶ XB3 GAJ 12E6	❷ XA10 GBK 12F7	❸ XK12 CJG 11C3	❹ XJ1 HKH 1D10	❺ XH12 FGE 1A3	❻ XG1 AHF 11B10	❼ XF9 EEC 12J12			
3月	❹ VJ1 JJK 5C9	❺ VH12 EHG 9B4	❻ VG1 CGF 3A9	❼ VF9 JFC 8K1	❽ VE4 DED 4J12	❾ VD6 BDA 7H10	❿ VC7 GCB 5G3	❶ UB3 ABJ 6F7	❷ UA10 AAK 6E6	❸ UK12 CKG 5D4	❹ UJ1 BJH 7C9	❺ UH12 KHE 7B4	❻ UG1 AGF 5A9	❼ UF9 AFC 6K1	❽ UE4 AED 6J12
4月	❺ YH12 JFG 3C5	❻ YG1 GBF 9D8	❼ YF9 JJC 2A2	❽ YE4 HKD 10B11	❾ YD6 HGA 1J11	❿ YC7 GHB 11K2	❶ XB3 GEJ 12G8	❷ XA10 GFK 12H5	❸ XK12 CCG 11E5	❹ XJ1 HDH 1F8	❺ XH12 FAE 1C5	❻ XG1 ABF 11D8	❼ XF9 EJC 12A2	❽ XE4 EKD 12B11	
5月	❺ VH12 ECG 9D6	❻ VG1 CDH 3C7	❼ VF9 JAC 8B3	❽ VE4 DBD 4A10	❾ VD6 BEA 7K12	❿ VC7 GFB 5J1	❶ UB3 ACJ 6H9	❷ UA10 ADK 6G4	❸ UK12 CAG 5F6	❹ UJ1 BBH 7E7	❺ UH12 KJE 7D6	❻ UG1 AKF 5C7	❼ UF9 AGC 6B3	❽ UE4 AHD 6A10	❾ UD6 GEA 5K12
6月	❻ YG1 GAH 9F6	❼ YF9 DKE 2C4	❽ YE4 BJD 10D9	❾ YD6 HHA 1A1	❿ YC7 GGB 11B12	❶ XB3 GFJ 12J10	❷ XA10 GEK 12K3	❸ XK12 CDG 11G7	❹ XJ1 HCH 1H6	❺ XH12 FKE 1E7	❻ XG1 AJF 11F6	❼ XF9 EHC 12C4	❽ XE4 EGD 12D9	❾ XD6 GFA 11A1	
7月	❻ VG1 CGH 3E5	❼ VF9 HFE 8D5	❽ VE4 FEF 4C8	❾ VD6 BHA 7B2	❿ VC7 GGB 5A11	❶ UB3 AFJ 6K11	❷ UA10 AEK 6J2	❸ UK12 CDG 5H8	❹ UJ1 BCH 7G5	❺ UH12 BBE 7F8	❻ UG1 AAF 5E5	❼ UF9 AKC 6D5	❽ UE4 AJD 6C8	❾ UD6 GHA 5B2	❿ UC7 BGB 7A11
8月	❼ YF9 FJE 2E6	❽ YE4 BKF 10F7	❾ YD6 HAC 1C3	❿ YC7 CBD 11D10	❶ XB3 JJJ 12A12	❷ XA10 GHK 12B1	❸ XK12 CEG 11J9	❹ XJ1 HFH 1K4	❺ XH12 FCE 1G9	❻ XG1 ADF 11H4	❼ XF9 EAC 12E6	❽ XE4 EBD 12F7	❾ XD6 GJA 11C3	❿ XC7 FKB 1D10	❶ WB3 DGJ 10A12
9月	❽ VE4 FAF 4E6	❾ VD6 BKC 7D4	❿ VC7 JJD 5C9	❶ UB3 CHA 6B1	❷ UA10 AGK 6A12	❸ UK12 CFG 5K10	❹ UJ1 BEH 7J3	❺ UH12 BDE 7H10	❻ UG1 ACF 5G3	❼ UF9 ABC 6F7	❽ UE4 AAD 6E6	❾ UD6 GKA 5D4	❿ UC7 BJB 7C9	❶ ZB3 KHJ 4B1	
10月	❽ YE4 BAF 10H5	❾ YD6 HKC 1E5	❿ YC7 CED 11F8	❶ XB3 JDA 12C2	❷ XA10 GCB 12D11	❸ XK12 CCG 11A11	❹ XJ1 HDH 1B2	❺ XH12 FAE 1J11	❻ XG1 ABF 11K2	❼ XF9 EJC 12G8	❽ XE4 EKD 12H5	❾ XD6 GGA 11E5	❿ XC7 FHB 1F8	❶ WB3 DEJ 10C2	❷ WA10 EFK 2D11
11月	❾ VD6 BCC 7F6	❿ VC7 JDD 5E7	❶ UB3 CAA 6D3	❷ UA10 ABB 6C10	❸ UK12 CGG 5B12	❹ UJ1 FHH 7A1	❺ UH12 BEE 7K12	❻ UG1 AFF 5J1	❼ UF9 ACC 6H9	❽ UE4 ADD 6G4	❾ UD6 GAA 5F6	❿ UC7 BBB 7E7	❶ ZB3 KJJ 4D3	❷ ZA10 EKK 8C10	
12月	❾ YD6 HBC 1G7	❿ YC7 CAD 11H6	❶ XB3 JKA 12E4	❷ XA10 GJK 12F9	❸ XK12 CHG 11C1	❹ XJ1 HGH 1D12	❺ XH12 FFE 1A1	❻ XG1 AEF 11B12	❼ XF9 EDC 12J10	❽ XE4 ECD 12K3	❾ XD6 GBA 11G7	❿ XC7 FAB 1H6	❶ WB3 DKJ 10E4	❷ WA10 EJK 2F9	❸ WK12 EHG 9C1

1996年	1日	2日	3日	4日	5日	6日	7日	8日	9日	10日	11日	12日	13日	14日	15日	16日	17日	18日	19日	20日	21日	22日	23日	24日	25日	26日	27日	28日	29日	30日	31日
1月	❹ WJ1 EGH 3D12	❺ WH12 AFE 11A1	❻ WG1 FEF 1B12	❼ WF9 DDC 10J10	❽ WE4 JCD 2K3	❾ WD6 GBC 9H8	❿ WC7 CAD 3G5	❶ VB3 BKA 8F5	❷ VA10 FJB 4E8	❸ VK12 DHJ 7D2	❹ VJ1 AGK 5C11	❺ VH12 AFG 9B2	❻ VG1 CEH 3A11	❼ VF9 BDE 8K11	❽ VE4 FCF 4J2	❾ VD6 BKC 7H8	❿ VC7 JJD 5G5	❶ UB3 CHA 6F5	❷ UA10 AEK 6E8	❸ UK12 CDG 5D2	❹ UJ1 BCH 7C11	❺ UH12 BBE 7B2	❻ UG1 AAF 5A11	❼ UF9 AKC 6K11	❽ UE4 AJD 6J2	❾ UD6 GHA 5H8	❿ UC7 BGB 7G5	❶ ZB3 KFJ 4F5	❷ ZA10 EEK 8E8	❸ ZK12 JDG 3D2	❹ ZJ1 JCH 9C11
2月	❺ ZH12 ABE 5B2	❻ ZG1 KAF 7A11	❼ ZF9 HKC 4K11	❽ ZH3 GKC 8B1	❾ ZE7 GGB 3J9	❿ ZF6 JHA 9K4	❶ YC4 HEK 2G6	❷ YD9 BFJ 10H7	❸ YA1 HCH 1E3	❹ YB12 GDG 11F10	❺ YJ1 AAF 3C3	❻ YK12 GKE 9D10	❼ YG10 FGD 2A12	❽ YH3 BHC 10B1	❾ YE7 HEB 1J9	❿ YF6 CFA 11K4	❶ XC4 JCK 12G6	❷ XD9 GDJ 12H7	❸ XA1 CJH 11E3	❹ XB12 HKG 1F10	❺ XJ1 FGF 1C3	❻ XK12 AHE 11D10	❼ XG10 EED 12A12	❽ XH3 EFC 12B1	❾ XE7 GCB 11J9	❿ XF6 FDA 1K4	❶ WC4 DAK 10G6	❷ WD9 EBJ 2H7	❸ WA1 EJH 9E3		
3月	❹ WB12 EKG 3F10	❺ WJ1 AGF 11C3	❻ WK12 FHE 1D10	❼ WG10 DED 10A12	❽ WH3 CEC 2A12	❾ WE7 GDB 9K10	❿ WF6 CCA 3J3	❶ VC4 BBK 8H7	❷ VD9 FAJ 4G6	❸ VA1 DKH 7F4	❹ VB12 AJG 5E9	❺ VJ1 AHF 9D4	❻ VK12 CGE 3C9	❼ VG10 BFD 8B1	❽ VH3 FEC 4A12	❾ VE7 BDB 7K10	❿ VF6 JCA 5J3	❶ UC4 CBK 6H7	❷ UD9 AAJ 6G6	❸ UA1 CKH 5F4	❹ UB12 BJG 7E9	❺ UJ1 BHF 7D4	❻ UK12 AGE 5C9	❼ UG10 AFD 6B1	❽ UH3 AEC 6A12	❾ UE7 GDB 5K10	❿ UF6 BCA 7J3	❶ ZC4 KBK 4H7	❷ ZD9 EAJ 8G6	❸ ZA1 JKH 3F4	❹ ZB12 JJG 9E9
4月	❺ ZJ1 AHF 5D4	❻ ZK12 KGE 7C9	❼ ZG10 HFD 4B1	❽ ZH3 GEC 8D11	❾ ZE7 GDB 3A11	❿ ZF6 JCA 9B2	❶ YC4 HBK 2J8	❷ YD9 BAJ 10K5	❸ YA1 HKH 1G5	❹ YB12 GJG 11H8	❺ YJ1 AHF 3E5	❻ YK12 GGE 9F8	❼ YG10 FFD 2C2	❽ YH3 BCC 10D11	❾ YE7 HBB 1A11	❿ YF6 CAA 11B2	❶ XC4 JEK 12J8	❷ XD9 GFJ 12K5	❸ XA1 CCH 11G5	❹ XB12 HDG 1H8	❺ XJ1 FAF 1E5	❻ XK12 ABE 11F8	❼ XG10 EJD 12C2	❽ XH3 EKC 12D11	❾ XE7 GGB 11A11	❿ XF6 FHA 1B2	❶ WC4 DEK 10J8	❷ WD9 EFJ 2K5	❸ WA1 ECH 9G5	❹ WB12 EDG 3H8	
5月	❺ WJ1 AAF 11E5	❻ WK12 FBE 1F8	❼ WG10 DJD 10C2	❽ WH3 JKC 2D11	❾ WE7 GGB 9B12	❿ WF6 CHA 3A1	❶ VC4 BEK 8K9	❷ VD9 FFJ 4J4	❸ VA1 DCH 7H6	❹ VB12 ADG 5G7	❺ VJ1 ACF 9F6	❻ VK12 CDE 3E7	❼ VG10 BAD 8D3	❽ VH3 FBC 4C10	❾ VE7 BJB 7B12	❿ VF6 JKA 5A1	❶ UC4 CGK 6K9	❷ UD9 AHJ 6J4	❸ UA1 CEH 5H6	❹ UB12 BBG 7G7	❺ UJ1 BJF 7F6	❻ UK12 AKE 5E7	❼ UG10 AGD 6D3	❽ UH3 AHC 6C10	❾ UE7 GEB 5B12	❿ UF6 BFA 7A1	❶ ZC4 KCK 4K9	❷ ZD9 EDJ 8J4	❸ ZA1 JAH 3H6	❹ ZB12 JBG 9G7	❺ ZJ1 AJF 5F6
6月	❻ ZK12 KKE 7E7	❼ ZG10 HGD 4D3	❽ ZH3 JHC 8C10	❾ ZE7 JEB 3B12	❿ ZF6 JGA 9D12	❶ YC4 HFK 2A10	❷ YD9 BEJ 10B3	❸ YA1 HDH 1J7	❹ YB12 GCG 11K6	❺ YJ1 ABF 3G7	❻ YK12 GAE 9H6	❼ YG10 FKD 2E4	❽ YH3 BJC 10F9	❾ YE7 HHB 1C1	❿ YF6 CGA 11D12	❶ XC4 JFK 12A10	❷ XD9 GEJ 12B3	❸ XA1 CDH 11J7	❹ XB12 HCG 1K6	❺ XJ1 FBF 1G7	❻ XK12 AAE 11H6	❼ XG10 EKD 12E4	❽ XH3 EJC 12F9	❾ XE7 GHB 11C1	❿ XF6 FEA 1D12	❶ WC4 DDK 10A10	❷ WD9 ECJ 2B3	❸ WA1 EBH 9J7	❹ WB12 EAG 3K6	❺ WJ1 AKF 11G7	
7月	❻ WK12 FJE 1H6	❼ WG10 DHD 10E4	❽ WH3 JGC 2F9	❾ WE7 CFB 9C1	❿ WF6 CEA 3D12	❶ VC4 EDK 8A10	❷ VD9 FCJ 4A2	❸ VA1 DBH 7K8	❹ VB12 AAG 5J5	❺ VJ1 AKF 9H8	❻ VK12 CJE 3G5	❼ VG10 BHD 8F5	❽ VH3 FGC 4E8	❾ VE7 BFB 7D2	❿ VF6 AEA 5C11	❶ UC4 CDK 6B11	❷ UD9 AAJ 6A2	❸ UA1 HKH 5K8	❹ UB12 FJG 7J5	❺ UJ1 BBF 7H8	❻ UK12 AAE 5G5	❼ UG10 AKD 6F5	❽ UH3 AJC 6E8	❾ UE7 GHB 5D2	❿ UF6 BGA 7C11	❶ ZC4 KFK 4B11	❷ ZD9 EEJ 8A2	❸ ZA1 JDH 3K8	❹ ZB12 JCG 9J5	❺ ZJ1 ABF 5H8	❻ ZK12 KAE 7G5
8月	❼ ZG10 HKD 4F5	❽ ZH3 JJC 8E8	❾ ZE7 JHB 3D2	❿ ZF6 JGA 9C11	❶ YC4 EFK 2B11	❷ YD9 KEJ 10A2	❸ YA1 HCH 1A9	❹ YB12 GDG 11B4	❺ YJ1 AAF 3J9	❻ YK12 GBE 9K4	❼ YG10 FJD 2G6	❽ YH3 KKC 10H7	❾ YE7 HGB 1E3	❿ YF6 EHA 11F10	❶ XC4 EEK 12C12	❷ XD9 GFJ 12D1	❸ XA1 BCH 11A9	❹ XB12 KHG 1B4	❺ XJ1 FEF 1J9	❻ XK12 AFE 11K4	❼ XG10 GAD 12G6	❽ XH3 EBC 12H7	❾ XE7 GJB 11E3	❿ XF6 FKA 1F10	❶ WC4 FGK 10C12	❷ WD9 EHJ 2D1	❸ WA1 EEH 9A9	❹ WB12 EFG 3B4	❺ WJ1 ACF 11J9	❻ WK12 FDE 1K4	❼ WG10 DAD 10G6
9月	❽ WH3 JBC 2H7	❾ WE7 CJB 9E3	❿ WF6 CKA 3F10	❶ VC4 EGK 8C12	❷ VD9 DHJ 4D1	❸ VA1 BEH 7A9	❹ VB12 AEG 5A3	❺ VJ1 ADF 9K10	❻ VK12 CCE 3J3	❼ VG10 BBD 8H7	❽ VH3 FAC 4G6	❾ VE7 BKB 7F4	❿ VF6 AJA 5E9	❶ UC4 EHK 6D1	❷ UD9 AGJ 6C12	❸ UA1 KFH 5B10	❹ UB12 FEG 7A3	❺ UJ1 BDF 7K10	❻ UK12 GCE 5J3	❼ UG10 CBD 6H7	❽ UH3 AAC 6G6	❾ UE7 GKB 5F4	❿ UF6 BJA 7E9	❶ ZC4 KHK 4D1	❷ ZD9 EGJ 8C12	❸ ZA1 JFH 3B10	❹ ZB12 J·EG 9A3	❺ ZJ1 ADF 5K10	❻ ZK12 KCE 7J3	❼ ZG10 HBD 4H7	
10月	❽ ZH3 JAC 8G6	❾ ZE7 JKB 3F4	❿ ZF6 JJA 9E9	❶ YC4 EHK 2D1	❷ YD9 KGJ 10C12	❸ YA1 HFH 1B10	❹ YB12 CEG 11A3	❺ YJ1 ADF 3A11	❻ YK12 GCE 9B2	❼ YG10 FBD 2J8	❽ YH3 KAC 10K5	❾ YE7 HKB 1G5	❿ YF6 EJA 11H8	❶ XC4 EHK 12E2	❷ XD9 GGJ 12F11	❸ XA1 FFH 11C11	❹ XB12 KEG 1D2	❺ XJ1 FKF 1A11	❻ XK12 CJE 11B2	❼ XG10 GHD 12J8	❽ XH3 EKC 12K5	❾ XE7 GGB 11G5	❿ XF6 FHA 1H8	❶ WC4 FEK 10E2	❷ WD9 EFJ 2F11	❸ WA1 ECH 9C11	❹ WB12 EDG 3D2	❺ WJ1 AAF 11A11	❻ WK12 FBE 1B2	❼ WG10 DJD 10J8	❽ WH3 JKC 2K5
11月	❾ WE7 CGB 9G5	❿ WF6 CHA 3H8	❶ VC4 EEK 8E2	❷ VD9 DFJ 4F11	❸ VA1 BCH 7C11	❹ VB12 CDG 5D2	❺ VJ1 AGF 9B12	❻ VK12 CHE 3A1	❼ VG10 BED 8K9	❽ VH3 FFC 4J4	❾ VE7 BCB 7H6	❿ VF6 ADA 5G7	❶ UC4 EAK 6F3	❷ UD9 ABJ 6E10	❸ UA1 KJH 5D12	❹ UB12 FKG 7C1	❺ UJ1 BGF 7B12	❻ UK12 GHE 5A1	❼ UG10 CED 6K9	❽ UH3 ADC 6J4	❾ UE7 GAB 5H6	❿ UF6 BBA 7G7	❶ ZC4 KJK 4F3	❷ ZD9 EKJ 8E10	❸ ZA1 JGH 3D12	❹ ZB12 JHG 9C1	❺ ZJ1 AEF 5B12	❻ ZK12 KFE 7A1	❼ ZG10 HCD 4K9	❽ ZH3 JDC 8J4	
12月	❾ ZE7 JAB 3H6	❿ ZF6 JBA 9G7	❶ YC4 EJK 2F3	❷ YD9 KKJ 10E10	❸ YA1 HGH 1D12	❹ YB12 CHG 11C1	❺ YJ1 AFF 3C1	❻ YK12 GEE 9D12	❼ YG10 FDD 2A10	❽ YH3 KCC 10B3	❾ YE7 HBB 1J7	❿ YF6 EAA 11K6	❶ XC4 EKK 12G4	❷ XD9 GJJ 12H9	❸ XA1 FHH 11E1	❹ XB12 KGG 1F12	❺ XJ1 FFF 1C1	❻ XK12 CEE 11D12	❼ XG10 GDD 12A10	❽ XH3 ECC 12B3	❾ XE7 GBB 11J7	❿ XF6 FAA 1K6	❶ WC4 FKK 10G4	❷ WD9 EJJ 2H9	❸ WA1 EHH 9E1	❹ WB12 EGG 3F12	❺ WJ1 AFF 11C1	❻ WK12 FEE 1D12	❼ WG10 DDD 10A10	❽ WH3 JCC 2B3	❾ WE7 CBB 9J7

1997年	1日	2日	3日	4日	5日	6日	7日	8日	9日	10日	11日	12日	13日	14日	15日	16日
1月	❿ WF6 CAA 3K6	❶ VC4 EKK 8G4	❷ VD9 DJJ 4H9	❸ VA1 BHH 7E1	❹ VB12 AGG 5E11	❺ VJ1 AFF 9D2	❻ VK12 CEE 3C11	❼ VG10 BDD 8B11	❽ VH3 FCC 4A2	❾ VE7 BBB 7K8	❿ VF6 AAA 5J5	❶ UC4 EKK 6H5	❷ UD9 AJJ 6G8	❸ UA1 KHH 5F2	❹ UB12 FEG 7E11	❺ UJ1 BDF 7D2
2月	❶ YC4 EFK 2H5	❷ YD9 KEJ 10G8	❸ YA1 HDH 1F2	❹ YA11 GDG 11H10	❺ YK2 AAF 3E3	❻ YJ11 GBE 9F10	❼ YH11 FJD 2C12	❽ YG2 KKC 10D1	❾ YF8 HGB 1A9	❿ YE5 EHA 11B4	❶ XD5 EEK 12J6	❷ XC8 GDJ 12K7	❸ XB2 FAH 11G3	❹ XA11 KBE 1H10	❺ XK2 FJD 1E3	❻ XJ11 CKC 11F10
3月	❾ WF8 CCH 9A9	❿ WE5 CDG 3B4	❶ VD5 EAF 8J6	❷ VC8 DBE 4K7	❸ VB2 DKH 7H4	❹ VA11 AJG 5G9	❺ VK2 AHF 9F4	❻ VJ11 CGE 3E9	❼ VH11 BFD 8D1	❽ VG2 FEC 4C12	❾ VF8 BDB 7B10	❿ VE5 ACA 5A3	❶ UD5 CBK 6K7	❷ UC8 AAJ 6J6	❸ UB2 HKF 5H4	❹ UA11 FJE 7G9
4月	❿ ZE5 JCG 9A3	❶ YD5 EBF 2K7	❷ YC8 KAE 10J6	❸ YB2 HKD 1H4	❹ YA11 GJG 11K8	❺ YK2 AHF 3G5	❻ YJ11 GGE 9H8	❼ YH11 FFD 2E2	❽ YG2 KEC 10F11	❾ YF8 HDB 1C11	❿ YE5 ECA 11D2	❶ XD5 EBK 12A8	❷ XC8 GAJ 12B5	❸ XB2 FKH 11J5	❹ XA11 KGE 1K8	❺ XK2 FFD 1G5
5月	❿ WE5 CHG 3D2	❶ VD5 EEF 8A8	❷ VC8 DFE 4B5	❸ VB2 BCD 7J5	❹ VA11 ADG 5J7	❺ VK2 AAF 9H6	❻ VJ11 CBE 3G7	❼ VH11 BJD 8F3	❽ VG2 FKC 4E10	❾ VF8 BGB 7D12	❿ VE5 AKA 5C1	❶ UD5 EGK 6B9	❷ UC8 AHJ 6A4	❸ UB2 KEH 5K6	❹ UA11 FFE 7J7	❺ UK2 BCD 7H6
6月	❶ YD5 ECF 2B9	❷ YC8 KDE 10A4	❸ YB2 HAD 1K6	❹ YA11 CBC 11J7	❺ YK2 GJB 3H6	❻ YJ11 GAE 9K6	❼ YH11 FKD 2G4	❽ YG2 KJC 10H9	❾ YF8 HHB 1E1	❿ YE5 EGA 11F12	❶ XD5 EFK 12C10	❷ XC8 GEJ 12D3	❸ XB2 FDH 11A7	❹ XA11 KCG 1B6	❺ XK2 FBF 1J7	❻ XJ11 CAC 11K6
7月	❶ VD5 EDF 8C10	❷ VC8 DCE 4D3	❸ VB2 BBD 7A7	❹ VA11 CAC 5B6	❺ VK2 CKB 9J7	❻ VJ11 CJA 3K6	❼ VH11 BHD 8H5	❽ VG2 FGC 4G8	❾ VF8 BFB 7F2	❿ VE5 AEA 5F11	❶ UD5 EDK 6D11	❷ UC8 ACJ 6C2	❸ UB2 KBH 5B8	❹ UA11 FAG 7A5	❺ UK2 BKF 7K8	❻ UJ11 JJE 5J5
8月	❷ YC8 KEE 10C2	❸ YB2 HDD 1B8	❹ YA11 CCC 11A5	❺ YK2 GBB 3K8	❻ YJ11 GAA 9J5	❼ YH11 JKK 2H5	❽ YG2 KKC 10K7	❾ YF8 HGB 1G3	❿ YE5 EHA 11H10	❶ XD5 EEK 12E12	❷ XC8 GFJ 12F1	❸ XB2 FCH 11C9	❹ XA11 KDG 1D4	❺ XK2 FAF 1A9	❻ XJ11 EBE 11B4	❼ XH11 GJD 12J6
9月	❸ VB2 BED 7C9	❹ VA11 CFC 5D4	❺ VK2 CCB 9A9	❻ VJ11 CDA 3B4	❼ VH11 JAK 8J6	❽ VG2 DBJ 4K7	❾ VF8 BKB 7H4	❿ VE5 AJA 5G9	❶ UD5 EHK 6F1	❷ UC8 AGJ 6E12	❸ UB2 KFH 5D10	❹ UA11 DEG 7C3	❺ UK2 BDF 7B10	❻ UJ11 JCE 5A3	❼ UH11 JBD 6K7	❽ UG2 AAC 6J6
10月	❸ YB2 HFD 1D10	❹ YA11 CEC 11C3	❺ YK2 GDB 3B10	❻ YJ11 GCA 9A3	❼ YH11 JBK 2K7	❽ YG2 HAJ 10J6	❾ YF8 FKH 1H4	❿ YE5 EJA 11K8	❶ XD5 EHK 12G2	❷ XC8 GGJ 12H11	❸ XB2 FFH 11E11	❹ XA11 KEG 1F2	❺ XK2 FDF 1C11	❻ XJ11 ECE 11D2	❼ XH11 JBD 12A8	❽ XG2 EAC 12B5
11月	❹ VA11 CDC 5F2	❺ VK2 CAB 9C11	❻ VJ11 CBA 3D2	❼ VH11 JJK 8A8	❽ VG2 DKJ 4B5	❾ VF8 BGH 7J5	❿ VE5 ADA 5J7	❶ UD5 EAK 6H3	❷ UC8 ABJ 6G10	❸ UB2 KJH 5F12	❹ UA11 DKG 7E1	❺ UK2 BGF 7D12	❻ UJ11 JHE 5C1	❼ UH11 JED 6B9	❽ UG2 AFC 6A4	❾ UF8 KCB 5K6
12月	❹ YA11 CHC 11E1	❺ YK2 GEB 3D12	❻ YJ11 GFA 9C1	❼ YH11 JCK 2B9	❽ YG2 HDJ 10A4	❾ YF8 FAH 1K6	❿ YE5 EAA 11B6	❶ XD5 EKK 12J4	❷ XC8 GJJ 12K9	❸ XB2 FHH 11G1	❹ XA11 KGG 1H12	❺ XK2 FFF 1E1	❻ XJ11 EEE 11F12	❼ XH11 JDD 12C10	❽ XG2 ECC 12D3	❾ XF8 DBB 11A7

1997年	17日	18日	19日	20日	21日	22日	23日	24日	25日	26日	27日	28日	29日	30日	31日
1月	❻ UK12 GCE 5C11	❼ UG10 CKD 6B11	❽ UH3 AJC 6A2	❾ UE7 GHB 5K8	❿ UF6 BGA 7J5	❶ ZC4 KFK 4H5	❷ ZD9 EEJ 8G8	❸ ZA1 JDH 3F2	❹ ZB12 JCG 9E11	❺ ZJ1 ABF 5D2	❻ ZK12 KAE 7C11	❼ ZG10 HKD 4B11	❽ ZH3 JJC 8A2	❾ ZE7 JHB 3K8	❿ ZF6 JGA 9J5
2月	❼ XH11 GGK 12C12	❽ XG2 EHJ 12D1	❾ XF8 GCH 11A9	❿ XE5 FDG 1B4	❶ WD5 FAF 10J6	❷ WC8 EBE 2K7	❸ WB2 EJD 9G3	❹ WA11 EKC 3H10	❺ WK2 AGB 11E3	❻ WJ11 FHA 1F10	❼ WH11 DEK 10C12	❽ WG2 JFJ 2D1			
3月	❺ UK2 BHD 7F4	❻ UJ11 AGA 5E9	❼ UH11 AFK 6D1	❽ UG2 AEJ 6C12	❾ UF8 GDH 5B10	❿ UE5 BCG 7A3	❶ ZD5 KBF 4K7	❷ ZC8 EAE 8J6	❸ ZB2 JKD 3H4	❹ ZA11 JJC 9G9	❺ ZK2 AHB 5F4	❻ ZJ11 KGA 7E9	❼ ZH11 HFK 4D1	❽ ZG2 JEJ 8C12	❾ ZF8 JDH 3B10
4月	❻ XJ11 CEC 11H8	❼ XH11 GJK 12E2	❽ XG2 EKJ 12F11	❾ XF8 GGH 11C11	❿ XE5 FHG 1D2	❶ WD5 FEF 10A8	❷ WC8 EFE 2B5	❸ WB2 ECD 9J5	❹ WA11 EDC 3K8	❺ WK2 AAB 11G5	❻ WJ11 FBA 1H8	❼ WH11 DJK 10E2	❽ WG2 JKJ 2F11	❾ WF8 CGH 9C11	
5月	❻ UJ11 GDC 5G7	❼ UH11 CAK 6F3	❽ UG2 ABJ 6E10	❾ UF8 GEH 5D12	❿ UE5 BFG 7C1	❶ ZD5 KCF 4B9	❷ ZC8 EDE 8A4	❸ ZB2 JAD 3K6	❹ ZA11 JBC 9J7	❺ ZK2 AJB 5H6	❻ ZJ11 KKA 7G7	❼ ZH11 HGK 4F3	❽ ZG2 JHJ 8E10	❾ ZF8 JEH 3D12	❿ ZE5 JFG 9C1
6月	❼ XH11 GKB 12G4	❽ XG2 EJA 12H9	❾ XF8 GHH 11E1	❿ XE5 KGG 1F12	❶ WD5 FFF 10C10	❷ WC8 EEE 2D3	❸ WB2 EDD 9A7	❹ WA11 ECC 3B6	❺ WK2 ABB 11J7	❻ WJ11 FJA 1K6	❼ WH11 DHK 10G4	❽ WG2 JGJ 2H9	❾ WF8 CFH 9E1	❿ WE5 CEG 3F12	
7月	❼ UH11 JFB 6H5	❽ UG2 AEA 6G8	❾ UF8 FDK 5F2	❿ UE5 BGG 7E11	❶ ZD5 KFF 4D11	❷ ZC8 EEE 8C2	❸ ZB2 JDD 3B8	❹ ZA11 JCC 9A5	❺ ZK2 ABB 5K8	❻ ZJ11 KAA 7J5	❼ ZH11 HKK 4H5	❽ ZG2 JJJ 8G8	❾ ZF8 JHH 3F2	❿ ZE5 JGG 9E11	❶ YD5 EFF 2D11
8月	❽ XG2 EKA 12K7	❾ XF8 BAK 11G3	❿ XE5 KBJ 1H10	❶ WD5 FJF 10E12	❷ WC8 EHE 2F1	❸ WB2 EED 9C9	❹ WA11 EFC 3D4	❺ WK2 ACB 11A9	❻ WJ11 FDA 1B4	❼ WH11 DAK 10J6	❽ WG2 JBJ 2K7	❾ WF8 CJH 9G3	❿ WE5 CKG 3H10	❶ VD5 EGF 8E12	❷ VC8 DHE 4F1
9月	❾ UF8 FKK 5H4	❿ UE5 DJJ 7G9	❶ ZD5 KHH 4F1	❷ ZC8 EGE 8E12	❸ ZB2 AFD 3D10	❹ ZA11 JEC 9C3	❺ ZK2 ADB 5B10	❻ ZJ11 KCA 7A3	❼ ZH11 KBK 4K7	❽ ZG2 JAJ 8J6	❾ ZF8 JKH 3H4	❿ ZE5 JJG 9G9	❶ YD5 EHF 2F1	❷ YC8 KGE 10E12	
10月	❾ XF8 DKB 11J5	❿ XE5 KEJ 1K8	❶ WD5 FDH 10G2	❷ WC8 ACG 2H11	❸ WB2 GCD 9E11	❹ WA11 EDC 3F2	❺ WK2 AAB 11C11	❻ WJ11 FBA 1D2	❼ WH11 DJK 10A8	❽ WG2 JKJ 2B5	❾ WF8 CGH 9J5	❿ WE5 CHG 3K8	❶ VD5 EEF 8G2	❷ VC8 DFE 4H11	❸ VB2 BCD 7E11
11月	❿ UE5 DDJ 7J7	❶ ZD5 KAH 4H3	❷ ZC8 GBG 8G10	❸ ZB2 AGD 3F12	❹ ZA11 JHC 9E1	❺ ZK2 AEB 5D12	❻ ZJ11 KFA 7C1	❼ ZH11 KCK 4B9	❽ ZG2 JDJ 8A4	❾ ZF8 JAH 3K6	❿ ZE5 JBG 9J7	❶ YD5 EJF 2H3	❷ YC8 KKE 10G10	❸ YB2 HGD 1F12	
12月	❿ XE5 KAJ 1B6	❶ WD5 FKH 10J4	❷ WC8 AJG 2K9	❸ WB2 GHD 9G1	❹ WA11 EGC 3H12	❺ WK2 AFB 11E1	❻ WJ11 FEA 1F12	❼ WH11 DDK 10C10	❽ WG2 JCJ 2D3	❾ WF8 CBH 9A7	❿ WE5 CAG 3B6	❶ VD5 EKF 8J4	❷ VC8 DJE 4K9	❸ VB2 BHD 7G1	❹ VA11 CGC 5H12

1998年(民國87年)

1998年	1日	2日	3日	4日	5日	6日	7日	8日	9日	10日
1月	❺ VK2 CFB 9E1	❻ VJ11 CEA 3F12	❼ VH11 JDK 8C10	❽ VG2 DCJ 4D3	❾ VF8 BBB 7B8	❿ VE5 AAA 5A5	❶ UD5 EKK 6K5	❷ UC8 AJJ 6J8	❸ UB2 KHH 5H2	❹ UA11 DGG 7G11
2月	❻ YJ11 GAA 9E11	❼ YH11 JKK 2D11	❽ YG2 HJJ 10C2	❾ YG9 HGG 1C9	❿ YH4 EHH 11D4	❶ XE6 EEE 12A6	❷ XF7 GFF 12B7	❸ XC3 FCC 11J3	❹ XD10 KDD 1K10	❺ XA3 FAA 1G3
3月	❹ VD10 CKK 5K10	❺ VA3 CGG 9G3	❻ VB10 CHH 3H10	❼ VJ12 JEE 8E12	❽ VK1 DFF 4F1	❾ VG9 BDG 7D10	❿ VH4 ACH 5C3	❶ UE6 EBE 6B7	❷ UF7 AAF 6A6	❸ UC3 KKC 5K4
4月	❺ YA3 GHG 3H4	❻ YB10 GGH 9G9	❼ YJ12 JFE 2F1	❽ YK1 HEF 10E12	❾ YG9 HDG 1E11	❿ YH4 ECH 11F2	❶ XE6 EBE 12C8	❷ XF7 GAF 12D5	❸ XC3 FKC 11A5	❹ XD10 KJD 1B8
5月	❺ VA3 CAG 9J5	❻ VB10 CBH 3K8	❼ VJ12 JJE 8G2	❽ VK1 DKF 4H11	❾ VG9 BGC 7E11	❿ VH4 AHH 5E1	❶ UE6 EEE 6D9	❷ UF7 AFF 6C4	❸ UC3 KCC 5B6	❹ UD10 DDD 7A7
6月	❻ YB10 GKH 9J7	❼ YJ12 JGE 2H3	❽ YK1 HHF 10G10	❾ YG9 FEC 1F12	❿ YH4 GFD 11E1	❶ XE6 EFE 12E10	❷ XF7 GEF 12F3	❸ XC3 FDC 11C7	❹ XD10 KCD 1D6	❺ XA3 FBA 1A7
7月	❻ VB10 CJH 3B6	❼ VJ12 JHE 8J4	❽ VK1 DGF 4K9	❾ VG9 BFC 7G1	❿ VH4 GED 5H12	❶ UE6 ADA 6E10	❷ UF7 ACF 6E2	❸ UC3 KBC 5D8	❹ UD10 DAD 7C5	❺ UA3 BKA 7B8
8月	❼ YJ12 JKE 2K5	❽ YK1 HJF 10J8	❾ YG9 FHC 1H2	❿ YH4 GGD 11G11	❶ XE6 GFA 12F11	❷ XF7 GEB 12E2	❸ XC3 CDJ 11D8	❹ XD10 KDD 1F4	❺ XA3 FAA 1C9	❻ XB10 EBB 11D4
9月	❽ VK1 DBF 4B7	❾ VG9 BJC 7J3	❿ VH4 GKD 5K10	❶ UE6 AGA 6G12	❷ UF7 AHB 6H1	❸ UC3 CEJ 5E9	❹ UD10 BFK 7F4	❺ UA3 BDA 7D10	❻ UB10 JCB 5C3	❼ UJ12 JBJ 6B7
10月	❽ YK1 HAF 10A6	❾ YG9 FKC 1K4	❿ YH4 GJD 11J9	❶ XE6 GHA 12H1	❷ XF7 GGB 12G12	❸ XC3 CFJ 11F10	❹ XD10 HEK 1E3	❺ XA3 FDA 1E11	❻ XB10 ECB 11F2	❼ XJ12 JBJ 12C8
11月	❾ VG9 BGC 7A5	❿ VH4 GHD 5B8	❶ UE6 AEA 6J2	❷ UF7 AFB 6K11	❸ UC3 CCJ 5G11	❹ UD10 BDK 7H2	❺ UA3 KAG 7E11	❻ UB10 JHB 5E1	❼ UJ12 JEJ 6D9	❽ UK1 AFK 6C4
12月	❾ YG9 FAC 1B6	❿ YH4 GBD 11A7	❶ XE6 GJA 12K3	❷ XF7 GKB 12J10	❸ XC3 CGJ 11H12	❹ XD10 HHK 1G1	❺ XA3 FFA 1G1	❻ XB10 EEB 11H12	❼ XJ12 JDJ 12E10	❽ XK1 ECK 12F3

1998年	11日	12日	13日	14日	15日	16日	17日	18日	19日	20日
1月	❺ UK2 BFF 7F2	❻ UJ11 JEE 5E11	❼ UH11 JDD 6D11	❽ UG2 ACC 6C2	❾ UF8 FKK 5B8	❿ UE5 DJJ 7A5	❶ ZD5 KHH 4K5	❷ ZC8 EEE 8J8	❸ ZB2 ADD 3H2	❹ ZA11 JCC 9G11
2月	❻ XB10 EBB 11H10	❼ XJ12 GGG 12E12	❽ XK1 EHH 12F1	❾ XG9 BEE 11C9	❿ XH4 KFF 1D4	❶ WE6 FCC 10A6	❷ WF7 EDD 2B7	❸ WC3 EAA 9J3	❹ WD10 EKK 3K10	❺ WA3 AGG 11G3
3月	❹ UD10 DJD 7J9	❺ UA3 BHA 7H4	❻ UB10 JGB 5G9	❼ UJ12 JFG 6F1	❽ UK1 AEH 6E12	❾ UG9 FDE 5D10	❿ UH4 DCF 7C3	❶ ZE6 KBC 4B7	❷ ZF7 EAD 8A6	❸ ZC3 AKA 3K4
4月	❺ XA3 FHA 1J5	❻ XB10 EGB 11K8	❼ XJ12 GFG 12G2	❽ XK1 EEH 12H11	❾ XG9 BBE 11E11	❿ XH4 KAF 1F2	❶ WE6 FKC 10C8	❷ WF7 EFD 2D5	❸ WC3 ECA 9A5	❹ WD10 EDK 3B8
5月	❺ UA3 BAA 7K6	❻ UB10 JDB 5J7	❼ UJ12 JAJ 6H3	❽ UK1 ABH 6G10	❾ UG9 KJE 5F12	❿ UH4 DKF 7E1	❶ ZE6 KGC 4D9	❷ ZF7 GHD 8C4	❸ ZC3 AEA 3B6	❹ ZD10 JFB 9A7
6月	❻ XB10 EAB 11B6	❼ XJ12 JKJ 12J4	❽ XK1 EJK 12K9	❾ XG9 DHE 11G1	❿ XH4 KGF 1H12	❶ WE6 FFC 10E10	❷ WF7 AED 2F3	❸ WC3 GDA 9C7	❹ WD10 ECB 3D6	❺ WA3 ABJ 11A7
7月	❻ UB10 JJB 5A5	❼ UJ12 JHJ 6K5	❽ UK1 AGK 6J8	❾ UG9 KFG 5H2	❿ UH4 DEF 7G11	❶ ZE6 KDC 4F11	❷ ZF7 GAD 8E2	❸ ZC3 AKA 3D8	❹ ZD10 JJB 9C5	❺ ZA3 ABJ 5B8
8月	❼ XJ12 JJJ 12A6	❽ XK1 EKK 12B7	❾ XG9 DGG 11J3	❿ XH4 KHH 1K10	❶ WE6 FEE 10G12	❷ WF7 CFD 2H1	❸ WC3 CCA 9E9	❹ WD10 EDB 3F4	❺ WA3 KEJ 11C9	❻ WB10 HFK 1D4
9月	❽ UK1 AAK 6A6	❾ UG9 KKG 5K4	❿ UH4 DJH 7J9	❶ ZE6 KHE 4H1	❷ ZF7 JGF 8G12	❸ ZC3 AFA 3F10	❹ ZD10 JEB 9E3	❺ ZA3 FDJ 5D10	❻ ZB10 DCK 7C3	❼ ZJ12 KBG 4B7
10月	❽ XK1 EAK 12D5	❾ XG9 DKG 11A5	❿ XH4 HJH 1B8	❶ WE6 FHE 10J2	❷ WF7 CGF 2K11	❸ WC3 CFA 9G11	❹ WD10 EEB 3H2	❺ WA3 KKJ 11E11	❻ WB10 HJK 1F2	❼ WJ12 DHG 10C8
11月	❾ UG9 KCG 5B6	❿ UH4 DDH 7A7	❶ ZE6 KAE 4K3	❷ ZF7 JBF 8J10	❸ ZC3 CJC 3H12	❹ ZD10 JKB 9G1	❺ ZA3 HGJ 5F12	❻ ZB10 DHK 7E1	❼ ZJ12 KEG 4D9	❽ ZK1 EFH 8C4
12月	❾ XG9 DBG 11C7	❿ XH4 HAH 1D6	❶ WE6 FKE 10A4	❷ WF7 CJF 2B9	❸ WC3 CHA 9J1	❹ WD10 EGB 3K12	❺ WA3 KFJ 11G1	❻ WB10 HEK 1H12	❼ WJ12 DDG 10E10	❽ WK1 JCH 2F3

1998年	21日	22日	23日	24日	25日	26日	27日	28日	29日	30日	31日
1月	❺ ZK2 ABB 5F2	❻ ZJ11 KAA 7E11	❼ ZH11 KKK 4D11	❽ ZG2 JJJ 8C2	❾ ZF8 JHH 3B8	❿ ZE5 JGG 9A5	❶ YD5 EFF 2K5	❷ YC8 KEE 10J8	❸ YB2 HDD 1H2	❹ YA11 CCC 11G11	❺ YK2 GBB 3F2
2月	❻ WB10 FHH 1H10	❼ WJ12 DEE 10E12	❽ WK1 JFF 2F1	❾ WG9 CCC 9C9	❿ WH4 CDD 3D4	❶ VE6 EAA 8A6	❷ VF7 DBB 4B7	❸ VC3 BJJ 7J3			
3月	❹ ZD10 JJK 9J9	❺ ZA3 AHG 5H4	❻ ZB10 KGH 7G9	❼ ZJ12 KFE 4F1	❽ ZK1 JEF 8E12	❾ ZG9 JDC 3D10	❿ ZH4 JCD 9C3	❶ YE6 EBA 2B7	❷ YF7 KAB 10A6	❸ YC3 HKJ 1K4	❹ YD10 CJK 11J9
4月	❺ WA3 AAG 11J5	❻ WB10 FBH 1K8	❼ WJ12 DJE 10G2	❽ WK1 JKF 2H11	❾ WG9 CGC 9E11	❿ WH4 CHD 3F2	❶ VE6 EEA 8C8	❷ VF7 DFB 4D5	❸ VC3 BCJ 7A5	❹ VD10 CDK 5B8	
5月	❺ ZA3 AJG 5K6	❻ ZB10 KKH 7J7	❼ ZJ12 KGE 4H3	❽ ZK1 JHF 8G10	❾ ZG9 JEC 3F12	❿ ZH4 JFD 9E1	❶ YE6 ECA 2D9	❷ YF7 KDB 10C4	❸ YC3 HAJ 1B6	❹ YD10 CBK 11A7	❺ YA3 GJG 3K6
6月	❻ WB10 FAH 1B6	❼ WJ12 DKE 10J4	❽ WK1 JJF 2K9	❾ WG9 CHC 9G1	❿ WH4 CGD 3H12	❶ VE6 EDA 8E10	❷ VF7 DCB 4F3	❸ VC3 BBJ 7C7	❹ VD10 CAK 5D6	❺ VA3 CKG 9A7	
7月	❻ ZB10 DAK 7A5	❼ ZJ12 KKE 4K5	❽ ZK1 JJF 8J8	❾ ZG9 JHC 3H2	❿ ZH4 JGD 9G11	❶ YE6 EFA 2F11	❷ YF7 KEB 10E2	❸ YC3 HDJ 1D8	❹ YD10 CCK 11C5	❺ YA3 GBG 3B8	❻ YB10 GAH 9A5
8月	❼ WJ12 DCG 10A6	❽ WK1 JBH 2B7	❾ WG9 CJC 9J3	❿ WH4 CKD 3K10	❶ VE6 EGA 8G12	❷ VF7 DHB 4H1	❸ VC3 DEJ 7E9	❹ VD10 CFK 5F4	❺ VA3 CCG 9C9	❻ VB10 CDH 3D4	❼ VJ12 JAE 8A6
9月	❽ ZK1 JAH 8A6	❾ ZG9 JKE 3K4	❿ ZH4 JJD 9J9	❶ YE6 EHA 2H1	❷ YF7 KGB 10G12	❸ YC3 HFJ 1F10	❹ YD10 CEK 11E3	❺ YA3 GDG 3D10	❻ YB10 GCH 9C3	❼ YJ12 JBE 2B7	
10月	❽ WK1 JKH 2D5	❾ WG9 EGE 9A5	❿ WH4 CHD 3B8	❶ VE6 EEA 8J2	❷ VF7 DFB 4K11	❸ VC3 DCJ 7G11	❹ VD10 CDK 5H2	❺ VA3 CAG 9E11	❻ VB10 CBH 3F2	❼ VJ12 JJE 8C8	❽ VK1 DKF 4D5
11月	❾ ZG9 AAE 3B6	❿ ZH4 JBF 9A7	❶ YE6 EJA 2K3	❷ YF7 KKB 10J10	❸ YC3 HGJ 1H12	❹ YD10 CHK 11G1	❺ YA3 GEG 3F12	❻ YB10 GFH 9E1	❼ YJ12 JCE 2D9	❽ YK1 HDF 10C4	
12月	❾ WG9 EBE 9C7	❿ WH4 CAD 3D6	❶ VE6 EKA 8A4	❷ VF7 DJB 4B9	❸ VC3 DHJ 7J1	❹ VD10 CGK 5K12	❺ VA3 CFG 9G1	❻ VB10 CEH 3H12	❼ VJ12 JDE 8E10	❽ VK1 DCF 4F3	❾ VG9 BBC 7C7

1999年(民國88年)

1999年	1日	2日	3日	4日	5日	6日	7日	8日	9日	10日	11日	12日	13日	14日	15日	16日
1月	❿ VH4 GAD 5D6	❶ UE6 AKA 6A4	❷ UF7 AJB 6B9	❸ UC3 CHJ 5J1	❹ UD10 BGK 7K12	❺ UA3 BFA 7H2	❻ UB10 JEB 5G11	❼ UJ12 JDJ 6F11	❽ UK1 ACK 6E2	❾ UG9 KBG 5D8	❿ UH4 DAH 7C5	❶ ZE6 KKE 4B5	❷ ZF7 JJF 8A8	❸ ZC3 AHA 3K2	❹ ZD10 JGB 9J11	❺ ZA3 FDJ 5H2
2月	❶ XE6 GFA 12B5	❷ XF7 GEB 12A8	❸ XC3 CDJ 11K2	❹ XC9 KDJ 1B10	❺ XB4 FAH 1J3	❻ XA9 EBG 11K10	❼ XK1 JJF 12G12	❽ XJ12 EKE 12H1	❾ XH10 DGD 11E9	❿ XG3 KHC 1F4	❶ WF7 FEB 10C6	❷ WE6 CDA 2D7	❸ WD4 CAK 9A3	❹ WC9 EBJ 3B10	❺ WB4 KJH 11J3	❻ WA9 HKG 1K10
3月	❾ VH10 BCD 7E9	❿ VG3 GDC 5F4	❶ UF7 AAB 6C6	❷ UE6 ABA 6D7	❸ UD4 CJK 5A3	❹ UC9 DJJ 7A9	❺ UB4 BHH 7K4	❻ UA9 JGG 5J9	❼ UK1 JFF 6H1	❽ UJ12 AEE 6G12	❾ UH10 KDD 5F10	❿ UG3 DCC 7E3	❶ ZF7 KBB 4D7	❷ ZE6 JAA 8C6	❸ ZD4 AKK 3B4	❹ ZC9 JJJ 9A9
4月	❿ YG3 GCC 11E3	❶ XF7 GBB 12D7	❷ XE6 GAA 12C6	❸ XD4 CKK 11B4	❹ XC9 KJJ 1D8	❺ XB4 FHH 1A5	❻ XA9 EGG 11B8	❼ XK1 JFF 12J2	❽ XJ12 EEE 12K11	❾ XH10 DDD 11G11	❿ XG3 KCC 1H2	❶ WF7 FBB 10E8	❷ WE6 CAA 2F5	❸ WD4 CKK 9C5	❹ WC9 EGJ 3D8	❺ WB4 KFH 11A5
5月	❿ VG3 GHC 5H2	❶ UF7 AEB 6E8	❷ UE6 AFA 6F5	❸ UD4 CCK 5C5	❹ UC9 BDJ 7D8	❺ UB4 BAH 7B6	❻ UA9 JBG 5A7	❼ UK1 JJF 6K3	❽ UJ12 AKE 6J10	❾ UH10 KGD 5H12	❿ UG3 DHC 7G1	❶ ZF7 KGB 4F9	❷ ZE6 JHA 8E4	❸ ZD4 AEK 3D6	❹ ZC9 JFJ 9C7	❺ ZB4 FCH 5B6
6月	❶ XF7 GCB 12F9	❷ XE6 GDA 12E4	❸ XD4 CAK 11D6	❹ XC9 HBJ 1C7	❺ XB4 FJH 1B6	❻ XA9 EAG 11D6	❼ XK1 JKF 12A4	❽ XJ12 EJE 12B9	❾ XH10 DHD 11J1	❿ XG3 HGC 1K12	❶ WF7 FFB 10G10	❷ WE6 CEA 2H3	❸ WD4 CDK 9E7	❹ WC9 ECJ 3F6	❺ WB4 DBH 11C7	❻ WA9 HAG 1D6
7月	❶ UF7 ADB 6G10	❷ UE6 ACA 6H3	❸ UD4 CBK 5E7	❹ UC9 BAJ 7F6	❺ UB4 KKH 7C7	❻ UA9 AJG 5D6	❼ UK1 JHF 6B5	❽ UJ12 AGE 6A8	❾ UH10 KFD 5K2	❿ UG3 DEC 7J11	❶ ZF7 KDB 4H11	❷ ZE6 JCA 8G2	❸ ZD4 CBK 3F8	❹ ZC9 JAJ 9E5	❺ ZB4 HKH 5D8	❻ ZA9 DJG 7C5
8月	❷ XE6 GEA 12G2	❸ XD4 CDK 11F8	❹ XC9 HCJ 1E5	❺ XB4 FBH 1D8	❻ XA9 AAG 11C5	❼ XK1 EKF 12B5	❽ XJ12 EJE 12A8	❾ XH10 DGD 11A3	❿ XG3 HHC 1B10	❶ WF7 FEB 10J12	❷ WE6 CFA 2K1	❸ WD4 CCK 9G9	❹ WC9 EDJ 3H4	❺ WB4 DAH 11E9	❻ WA9 HBG 1F4	❼ WK1 DJF 10C6
9月	❸ UD4 CEK 5G9	❹ UC9 BFJ 7H4	❺ UB4 KCH 7E9	❻ UA9 ADG 5F4	❼ UK1 AAF 6C6	❽ UJ12 ABE 6D7	❾ UH10 GJD 5A3	❿ UG3 DJC 7A9	❶ ZF7 KHB 4K1	❷ ZE6 JGA 8J12	❸ ZD4 CFK 3H10	❹ ZC9 JEJ 9G3	❺ ZB4 HDH 5F10	❻ ZA9 DCG 7E3	❼ ZK1 KBF 4D7	❽ ZJ12 GAE 8C6
10月	❸ XD4 CFK 11H10	❹ XC9 HEJ 1G3	❺ XB4 FDH 1F10	❻ XA9 ACG 11E3	❼ XK1 EBF 12D7	❽ XJ12 EAE 12C6	❾ XH10 GKD 11B4	❿ XG3 FJC 1A9	❶ WF7 FHB 10A2	❷ WE6 CGA 2B11	❸ WD4 CFK 9J11	❹ WC9 EEJ 3K2	❺ WB4 DDH 11G11	❻ WA9 HCG 1H2	❼ WK1 DBF 10E8	❽ WJ12 CAE 2F5
11月	❹ UC9 BDJ 7K2	❺ UB4 KAH 7G11	❻ UA9 ABG 5H2	❼ UK1 AJF 6E8	❽ UJ12 AKE 6F5	❾ UH10 GGD 5C5	❿ UG3 BHC 7D8	❶ ZF7 KAB 4B3	❷ ZE6 JBA 8A10	❸ ZD4 CJK 3K12	❹ ZC9 JKJ 9J1	❺ ZB4 HGH 5H12	❻ ZA9 BHG 7G1	❼ ZK1 KEF 4F9	❽ ZJ12 GFE 8E4	❾ ZH10 GCD 3D6
12月	❹ XC9 HHJ 1J1	❺ XB4 FEH 1H12	❻ XA9 AFG 11G1	❼ XK1 ECF 12F9	❽ XJ12 EDE 12E4	❾ XH10 GAD 11D6	❿ XG3 HAC 1F6	❶ WF7 FKB 10C4	❷ WE6 CJA 2D9	❸ WD4 CHK 9A1	❹ WC9 EGJ 3B12	❺ WB4 DFH 11J1	❻ WA9 HEG 1K12	❼ WK1 DDF 10G10	❽ WJ12 CCE 2H3	❾ WH10 EBD 9E7

1999年	17日	18日	19日	20日	21日	22日	23日	24日	25日	26日	27日	28日	29日	30日	31日
1月	❻ ZB10 DCK 7G11	❼ ZJ12 KBG 4F11	❽ ZK1 JJH 8E2	❾ ZG9 JHE 3D8	❿ ZH4 JGD 9C5	❶ YE6 EFA 2B5	❷ YF7 KEB 10A8	❸ YC3 HDJ 1K2	❹ YD10 CCK 11J11	❺ YA3 GBG 3H2	❻ YB10 GAH 9G11	❼ YJ12 JKE 2F11	❽ YK1 HJF 10E2	❾ YG9 FHC 1D8	❿ YH4 GGD 11C5
2月	❼ WK1 DGF 10G12	❽ WJ12 JHE 2H1	❾ WH10 CCD 9E9	❿ WG3 CDC 3F4	❶ VF7 EAB 8C6	❷ VE6 DBA 4D7	❸ VD4 DJK 7A3	❹ VC9 CKJ 5B10	❺ VB4 CGH 9J3	❻ VA9 CHG 3K10	❼ VK1 JEF 8G12	❽ VJ12 DFE 4H1			
3月	❺ ZB4 FHH 5K4	❻ ZA9 DGG 7J9	❼ ZK1 KFF 4H1	❽ ZJ12 JEE 8G12	❾ ZH10 JDD 3F10	❿ ZG3 JCC 9E3	❶ YF7 EBB 2D7	❷ YE6 KAA 10C6	❸ YD4 HKK 1B4	❹ YC9 CJJ 11A9	❺ YB4 GHH 3K4	❻ YA9 GGG 9J9	❼ YK1 JFF 2H1	❽ YJ12 HEE 10G12	❾ YH10 FDD 1F10
4月	❻ WA9 HEG 1B8	❼ WK1 DJF 10J2	❽ WJ12 JKE 2K11	❾ WH10 CGD 9G11	❿ WG3 CHC 3H2	❶ VF7 EEB 8E8	❷ VE6 DFA 4F5	❸ VD4 DCK 7C5	❹ VC9 CDJ 5D8	❺ VB4 CAH 9A5	❻ VA9 CBG 3B8	❼ VK1 JJF 8J2	❽ VJ12 DKE 4K11	❾ VH10 BGD 7G11	
5月	❻ ZA9 DDG 7A7	❼ ZK1 KAF 4K3	❽ ZJ12 JBE 8J10	❾ ZH10 JJD 3H12	❿ ZG3 JFC 9G1	❶ YF7 ECB 2F9	❷ YE6 KDA 10E4	❸ YD4 HAK 1D6	❹ YC9 CBJ 11C7	❺ YB4 GJH 3B6	❻ YA9 GKG 9A7	❼ YK1 JGF 2K3	❽ YJ12 HHE 10J10	❾ YH10 FED 1H12	❿ YG3 GFC 11G1
6月	❼ WK1 DKF 10A4	❽ WJ12 AJE 2B9	❾ WH10 EHD 9J1	❿ WG3 CGC 3K12	❶ VF7 EFB 8G10	❷ VE6 DEA 4H3	❸ VD4 DDK 7E7	❹ VC9 CCJ 5F6	❺ VB4 CBH 9C7	❻ VA9 CJG 3D6	❼ VK1 JHF 8A4	❽ VJ12 DGE 4B9	❾ VH10 BFD 7J1	❿ VG3 GEC 5K12	
7月	❼ ZK1 KFF 4B5	❽ ZJ12 EEE 8A8	❾ ZH10 ADD 3K2	❿ ZG3 JGC 9J11	❶ YF7 EFB 2H11	❷ YE6 KEA 10G2	❸ YD4 HDK 1F8	❹ YC9 CCJ 11E5	❺ YB4 GBH 3D8	❻ YA9 GAG 9C5	❼ YK1 JKF 2B5	❽ YJ12 HJE 10A8	❾ YH10 FHD 1K2	❿ YG3 GGC 11J11	❶ XF7 GFB 12H11
8月	❽ WJ12 CKE 2D7	❾ WH10 EGD 9A3	❿ WG3 CBC 3B10	❶ VF7 KJB 8J12	❷ VE6 HKA 4K1	❸ VD4 DEK 7G9	❹ VC9 CFJ 5H4	❺ VB4 CCH 9E9	❻ VA9 CDG 3F4	❼ VK1 JAF 8C6	❽ VJ12 DBE 4D7	❾ VH10 BJD 7A3	❿ VG3 GKC 5B10	❶ UF7 AGB 6J12	❷ UE6 AHA 6K1
9月	❾ ZH10 GKD 3B4	❿ ZG3 JJC 9A9	❶ YF7 DHB 2K1	❷ YE6 BGA 10J12	❸ YD4 HFK 1H10	❹ YC9 CEJ 11G3	❺ YB4 GDH 3F10	❻ YA9 GCG 9E3	❼ YK1 JBF 2D7	❽ YJ12 HAE 10C6	❾ YH10 HKD 1B4	❿ YG3 GJC 11A9	❶ XF7 GHB 12K1	❷ XE6 GGA 12J12	
10月	❾ WH10 EKD 9C5	❿ WG3 CJC 3D8	❶ VF7 KDB 8A2	❷ VE6 HCA 4B11	❸ VD4 DBK 7J11	❹ VC9 CDJ 5K2	❺ VB4 CAH 9G11	❻ VA9 CBG 3H2	❼ VK1 JJF 8E8	❽ VJ12 DKE 4F5	❾ VH10 BGD 7C5	❿ VG3 GHC 5D8	❶ UF7 AEB 6A2	❷ UE6 AFA 6B11	❸ UD4 CCK 5J11
11月	❿ ZG3 JDC 9C7	❶ YF7 DAB 2B3	❷ YE6 BBA 10A10	❸ YD4 HJK 1K12	❹ YC9 CHJ 11J1	❺ YB4 JEH 3H12	❻ YA9 GFG 9G1	❼ YK1 JCF 2F9	❽ YJ12 HDE 10E4	❾ YH10 HAD 1D6	❿ YG3 GBC 11C7	❶ XF7 GJB 12B3	❷ XE6 GKA 12A10	❸ XD4 CGK 11K12	
12月	❿ WG3 CAC 3F6	❶ VF7 KKB 8C4	❷ VE6 HJA 4D9	❸ VD4 DHK 7A1	❹ VC9 CGJ 5B12	❺ VB4 CFH 9J1	❻ VA9 CEG 3K12	❼ VK1 JDF 8G10	❽ VJ12 DCE 4H3	❾ VH10 BBD 7E7	❿ VG3 GAC 5F6	❶ UF7 AKB 6C4	❷ UE6 AJA 6D9	❸ UD4 CHK 5A1	❹ UC9 BGJ 7B12

2000年（民國89年）

2000年

	1日	2日	3日	4日	5日	6日	7日	8日	9日	10日	11日	12日	13日	14日	15日	16日
1月	❺ UB4 KFH 7J1	❻ UA9 AEG 5K12	❼ UK1 ADF 6G10	❽ UJ12 ACE 6H3	❾ UH10 GBD 5E7	❿ UG3 DAC 7E5	❶ ZF7 KKB 4D5	❷ ZE6 JJA 8C8	❸ ZD4 CHK 3B2	❹ ZC9 JGJ 9A11	❺ ZB4 HFH 5K2	❻ ZA9 DEG 7J11	❼ ZK1 KDF 4H11	❽ ZJ12 GCE 8G2	❾ ZH10 GBD 3F8	❿ ZG3 JJC 9E5
2月	❻ XA9 AAG 11J11	❼ XK1 EKF 12H11	❽ XJ12 EJE 12G2	❾ XJ11 DGD 11G9	❿ XK2 HHC 1H4	❶ WG8 FEB 10E6	❷ WH5 CFA 2F7	❸ WE5 CCK 9C3	❹ WF8 EDJ 3D10	❺ WC5 DAH 11A3	❻ WD8 HBG 1B10	❼ WA2 DGF 10J12	❽ WB11 CHE 2K1	❾ WJ11 EEB 9G9	❿ WK2 CFA 3H4	❶ VG8 KCK 8E6
3月	❺ UC5 KGA 7A3	❻ UD8 AHB 5B10	❼ UA2 AEJ 6J12	❽ UB11 AFK 6K1	❾ UJ11 KDD 5H10	❿ UK2 DCC 7G3	❶ ZG8 KBB 4F7	❷ ZH5 JAA 8E6	❸ ZE5 CKK 3D4	❹ ZF8 JJJ 9C9	❺ ZC5 HHH 5B4	❻ ZD8 DGG 7A9	❼ ZA2 KFF 4K1	❽ ZB11 GEE 8J12	❾ ZJ11 GDB 3H10	❿ ZK2 JCA 9G3
4月	❻ XD8 AGB 11A9	❼ XA2 EFJ 12K1	❽ XB11 EEK 12J12	❾ XJ11 DDD 11J11	❿ XK2 HCC 1K2	❶ WG8 FBB 10G8	❷ WH5 CAA 2H5	❸ WE5 CKK 9E5	❹ WF8 EJJ 3F8	❺ WC5 DHH 11C5	❻ WD8 HGG 1D8	❼ WA2 DFF 10A2	❽ WB11 CEE 2B11	❾ WJ11 EBB 9J11	❿ WK2 CAA 3K2	❶ VG8 KKK 8G8
5月	❻ UD8 ABB 5D8	❼ UA2 AJJ 6A2	❽ UB11 AKK 6B11	❾ UJ11 GGG 5J11	❿ UK2 DHC 7J1	❶ ZG8 KEB 4H9	❷ ZH5 JFA 8G4	❸ ZE5 CCK 3F6	❹ ZF8 JDJ 9E7	❺ ZC5 HAH 5D6	❻ ZD8 DDG 7C7	❼ ZA2 KAF 4B3	❽ ZB11 GBE 8A10	❾ ZJ11 GJD 3K12	❿ ZK2 JKA 9J1	❶ YG8 DGK 2H9
6月	❼ XA2 EGJ 12B3	❽ XB11 EHK 12A10	❾ XJ11 GEG 11K12	❿ XK2 FFH 1J1	❶ WG8 FFB 10J10	❷ WH5 CEA 2K3	❸ WE5 CDK 9G7	❹ WF8 ECJ 3H6	❺ WC5 DBH 11E7	❻ WD8 HAG 1F6	❼ WA2 DKF 10C4	❽ WB11 CJE 2D9	❾ WJ11 EHD 9A1	❿ WK2 CGC 3B12	❶ VG8 KFK 8J10	❷ VH5 HEJ 4K3
7月	❼ UA2 AHJ 6C4	❽ UB11 AGK 6D9	❾ UJ11 GFG 5A1	❿ UK2 BEH 7B12	❶ ZG8 KDE 4J10	❷ ZH5 ECF 8K3	❸ ZE5 CBK 3H8	❹ ZF8 JAJ 9G5	❺ ZC5 HKH 5F8	❻ ZD8 BJG 7E5	❼ ZA2 KHF 4D5	❽ ZB11 GGE 8C8	❾ ZJ11 GFD 3B2	❿ ZK2 JEC 9A11	❶ YG8 HDB 2K11	❷ YH5 BCA 10J2
8月	❽ XB11 EJK 12C8	❾ XJ11 GHG 11B2	❿ XK2 FGH 1A11	❶ WG8 DFE 10K11	❷ WH5 EEF 2J2	❸ WE5 EDC 9H8	❹ WF8 EDJ 3K4	❺ WC5 DAH 11G9	❻ WD8 HBG 1H4	❼ WA2 DJF 10E6	❽ WB11 CKE 2F7	❾ WJ11 GGD 9C3	❿ WK2 CHC 3D10	❶ VG8 BEB 8A12	❷ VH5 HFA 4B1	❸ VE5 DCK 7J9
9月	❾ UJ11 GJG 5C3	❿ UK2 BKH 7D10	❶ ZG8 KGE 4A12	❷ ZH5 EHF 8B1	❸ ZE5 JEC 3J9	❹ ZF8 JFD 9K4	❺ ZC5 HDH 5H10	❻ ZD8 BCG 7G3	❼ ZA2 KBF 4F7	❽ ZB11 GAE 8E6	❾ ZJ11 GKD 3D4	❿ ZK2 JJC 9C9	❶ YG8 HHB 2B1	❷ YH5 BGA 10A12	❸ YE5 HFK 1K10	❹ YF8 GEJ 11J3
10月	❾ XJ11 GKG 11D4	❿ XK2 FJH 1C9	❶ WG8 DHE 10B1	❷ WH5 EGF 2A12	❸ WE5 EFC 9K10	❹ WF8 EED 3J3	❺ WC5 ADA 11H10	❻ WD8 HCG 1K2	❼ WA2 DBF 10G8	❽ WB11 CAE 2H5	❾ WJ11 GKD 9E5	❿ WK2 CJC 3F8	❶ VG8 BHB 8C2	❷ VH5 HGA 4D11	❸ VE5 DFK 7A11	❹ VF8 AEJ 5B2
11月	❿ UK2 BHH 7F8	❶ ZG8 KEE 4C2	❷ ZH5 EFF 8D11	❸ ZE5 JCC 3A11	❹ ZF8 JDD 9B2	❺ ZC5 AAA 5J11	❻ ZD8 BHG 7J1	❼ ZA2 KEF 4H9	❽ ZB11 GFE 8G4	❾ ZJ11 GCD 3F6	❿ ZK2 JDC 9E7	❶ YG8 HAB 2D3	❷ YH5 BBA 10C10	❸ YE5 HJK 1B12	❹ YF8 GKJ 11A1	❺ YC5 JGH 3K12
12月	❿ XK2 FBH 1E7	❶ WG8 DJE 10D3	❷ WH5 EKF 2C10	❸ WE5 EGC 9B12	❹ WF8 EHD 3A1	❺ WC5 AEA 11K12	❻ WD8 HEG 1B12	❼ WA2 DDF 10J10	❽ WB11 CCE 2K3	❾ WJ11 GBD 9G7	❿ WK2 CAC 3H6	❶ VG8 BKB 8E4	❷ VH5 HJA 4F9	❸ VE5 DHK 7C1	❹ VF8 AGJ 5D12	❺ VC5 AFH 9A1

	17日	18日	19日	20日	21日	22日	23日	24日	25日	26日	27日	28日	29日	30日	31日
1月	❶ YF7 DHB 2D5	❷ YE6 BGA 10C8	❸ YD4 HDK 1B2	❹ YC9 CCJ 11A11	❺ YB4 GBH 3K2	❻ YA9 GAG 9J11	❼ YK1 JKF 2H11	❽ YJ12 HJE 10G2	❾ YH10 HHD 1F8	❿ YG3 GGC 11E5	❶ XF7 GFB 12D5	❷ XE6 GEA 12C8	❸ XD4 CDK 11B2	❹ XC9 HCJ 1A11	❺ XB4 FBH 1K2
2月	❷ VH5 HDF 4F7	❸ VE5 DAC 7C3	❹ VF8 CKD 5D10	❺ VC5 CGA 9A3	❻ VD8 CHB 3B10	❼ VA2 JEJ 8J12	❽ VB11 DFK 4K1	❾ VJ11 BCG 7G9	❿ VK2 GDH 5H4	❶ UG8 AAE 6E6	❷ UH5 ABF 6F7	❸ UE5 CJC 5C3	❹ UF8 BKD 7D10		
3月	❶ YG8 DBK 2F7	❷ YH5 KAF 10E6	❸ YE5 HKC 1D4	❹ YF8 CJD 11C9	❺ YC5 GHA 3B4	❻ YD8 GGB 9A9	❼ YA2 JFJ 2K1	❽ YB11 HEK 10J12	❾ YJ11 FDG 1H10	❿ YK2 GCH 11G3	❶ XG8 GBE 12F7	❷ XH5 GAF 12E6	❸ XE5 CKC 11D4	❹ XF8 HJD 1C9	❺ XC5 FHA 1B4
4月	❷ VH5 HFF 4H5	❸ VE5 DCC 7E5	❹ VF8 CDD 5F8	❺ VC5 CAA 9C5	❻ VD8 CBB 3D8	❼ VA2 JJJ 8A2	❽ VB11 DKK 4B11	❾ VJ11 BGG 7J11	❿ VK2 GHH 5K2	❶ UG8 AEE 6G8	❷ UH5 AFF 6H5	❸ UE5 CCC 5E5	❹ UF8 BDD 7F8	❺ UC5 KAA 7C5	
5月	❷ YH5 BHJ 10G4	❸ YE5 HEC 1F6	❹ YF8 CFD 11E7	❺ YC5 GJA 3D6	❻ YD8 GKB 9C7	❼ YA2 JGJ 2B3	❽ YB11 HHK 10A10	❾ YJ11 HEG 1K12	❿ YK2 GFH 11J1	❶ XG8 GCE 12H9	❷ XH5 GDF 12G4	❸ XE5 CAC 11F6	❹ XF8 HBD 1E7	❺ XC5 FJA 1D6	❻ XD8 AKB 11C7
6月	❸ VE5 DDH 7G7	❹ VF8 CCD 5H6	❺ VC5 CBA 9E7	❻ VD8 CAB 3F6	❼ VA2 JKJ 8C4	❽ VB11 DJK 4D9	❾ VJ11 BHG 7A1	❿ VK2 GGH 5B12	❶ UG8 ADE 6J10	❷ UH5 ACF 6K3	❸ UE5 CBC 5G7	❹ UF8 BAD 7H6	❺ UC5 KKA 7E7	❻ UD8 AJB 5F6	
7月	❸ YE5 HKH 1H8	❹ YF8 EJG 11G5	❺ YC5 JHF 3F8	❻ YD8 GAB 9E5	❼ YA2 JKJ 2D5	❽ YB11 HJK 10C8	❾ YJ11 HHG 1B2	❿ YK2 GGH 11A11	❶ XG8 GFE 12K11	❷ XH5 GEF 12J2	❸ XE5 CDC 11H8	❹ XF8 HCD 1G5	❺ XC5 FBA 1F8	❻ XD8 AAB 11E5	❼ XA2 EKJ 12D5
8月	❹ VF8 JDG 5K4	❺ VC5 EEF 9G9	❻ VD8 CFE 3H4	❼ VA2 JCJ 8E6	❽ VB11 DBK 4F7	❾ VJ11 BJG 7C3	❿ VK2 GKH 5D10	❶ UG8 AGE 6A12	❷ UH5 AHF 6B1	❸ UE5 CEC 5J9	❹ UF8 BFD 7K4	❺ UC5 KCA 7G9	❻ UD8 ADB 5H4	❼ UA2 AAJ 6E6	❽ UB11 ABK 6F7
9月	❺ YC5 JDF 3H10	❻ YD8 GCE 9G3	❼ YA2 DBD 2F7	❽ YB11 BAK 10E6	❾ YJ11 HKG 1D4	❿ YK2 GJH 11C9	❶ XG8 GHE 12B1	❷ XH5 GGF 12A12	❸ XE5 CFC 11K10	❹ XF8 HED 1J3	❺ XC5 FDA 1H10	❻ XD8 ACB 11G3	❼ XA2 EBJ 12F7	❽ XB11 EAK 12E6	
10月	❺ VC5 ADH 9J11	❻ VD8 CJE 3K2	❼ VA2 HHD 8G8	❽ VB11 FGC 4H5	❾ VJ11 BGG 7E5	❿ VK2 GHH 5F8	❶ UG8 AEE 6C2	❷ UH5 AFF 6D11	❸ UE5 CCC 5A11	❹ UF8 BDD 7B2	❺ UC5 BAA 7J11	❻ UD8 ABB 5K2	❼ UA2 AJJ 6G8	❽ UB11 AKK 6H5	❾ UJ11 GGG 5E5
11月	❻ YD8 GHE 9J1	❼ YA2 DED 2H9	❽ YB11 BFC 10G4	❾ YJ11 HAG 1F6	❿ YK2 GBH 11E7	❶ XG8 GJE 12D3	❷ XH5 GKF 12C10	❸ XE5 CGC 11B12	❹ XF8 HHD 1A1	❺ XC5 FEA 1K12	❻ XD8 AFB 11J1	❼ XA2 ECJ 12H9	❽ XB11 EDK 12G4	❾ XJ11 GAG 11F6	
12月	❻ VD8 CEE 3B12	❼ VA2 HDD 8J10	❽ VB11 FCC 4K3	❾ VJ11 BBG 7G7	❿ VK2 GAH 5H6	❶ UG8 AKE 6E4	❷ UH5 AJF 6F9	❸ UE5 CHC 5C1	❹ UF8 BGD 7D12	❺ UC5 BFA 7A1	❻ UD8 AEB 5B12	❼ UA2 ADJ 6J10	❽ UB11 ACK 6K3	❾ UJ11 GBG 5G7	❿ UK2 BAH 7H6

2001年(民國90年)

2001年	1日	2日	3日	4日	5日	6日	7日	8日	9日	10日
1月	❶ ZG8 KKE 4E4	❷ ZH5 EJF 8F9	❸ ZE5 JHC 3C1	❹ ZF8 JGD 9D12	❺ ZC5 HFH 5B2	❻ ZD8 BEG 7A11	❼ ZA2 KDF 4K11	❽ ZB11 GCE 8J2	❾ ZJ11 GBD 3H8	❿ ZK2 JAC 9G5
2月	❷ WH5 EEF 2E8	❸ WE5 EDC 9D2	❹ WF8 ECD 3C11	❺ WD6 DAA 11C3	❻ WC7 HBB 1D10	❼ WB3 DJJ 10A12	❽ WA10 CKK 2B1	❾ WK12 GGG 9J9	❿ WJ1 CHH 3K4	❶ VH9 BEG 8G6
3月	❿ UJ1 BDF 7K4	❶ ZH9 KAC 4G6	❷ ZG4 EBD 8H7	❸ ZF6 JJA 3E3	❹ ZE7 JJD 9E9	❺ ZD6 HHA 5D4	❻ ZC7 BGB 7C9	❼ ZB3 KFJ 4B1	❽ ZA10 GEK 8A12	❾ ZK12 GDG 3K10
4月	❶ WH9 DBC 10H7	❷ WG4 EAD 2G6	❸ WF6 EKA 9F4	❹ WE7 EJB 3E9	❺ WD6 DHA 11E5	❻ WC7 HGB 1F8	❼ WB3 DFJ 10C2	❽ WA10 CEK 2D11	❾ WK12 GDG 9A11	❿ WJ1 CCH 3B2
5月	❶ ZH9 KEC 4J8	❷ ZG4 EFD 8K5	❸ ZF6 JCA 3G5	❹ ZE7 JDB 9H8	❺ ZD6 HAA 5F6	❻ ZC7 BBB 7E7	❼ ZB3 KJJ 4D3	❽ ZA10 GKK 8C10	❾ ZK12 GGG 3B12	❿ ZJ1 JHH 9A1
6月	❷ WG4 EDD 2J4	❸ WF6 EAA 9H6	❹ WE7 EBB 3G7	❺ WD6 AJJ 11F6	❻ WC7 HAB 1H6	❼ WB3 DKJ 10E4	❽ WA10 CJK 2F9	❾ WK12 GHG 9C1	❿ WJ1 CGH 3D12	❶ VH9 BFE 8A10
7月	❷ ZG4 ECD 8B3	❸ ZF6 JBA 3J7	❹ ZE7 JAB 9K6	❺ ZD6 AKJ 5G7	❻ ZC7 KJK 7H6	❼ ZB3 HHG 4E4	❽ ZA10 GGK 8E8	❾ ZK12 GFG 3D2	❿ ZJ1 JEH 9C11	❶ YH9 HDE 2B11
8月	❸ WF6 EDA 9K8	❹ WE7 ECB 3J5	❺ WD6 ABJ 11H8	❻ WC7 FAK 1G5	❼ WB3 DKG 10F5	❽ WA10 JJH 2E8	❾ WK12 GGG 9E3	❿ WJ1 CHH 3F10	❶ VH9 BEE 8C12	❷ VG4 FFF 4D1
9月	❹ ZE7 JFB 9B4	❺ ZD6 ACJ 5J9	❻ ZC7 KDK 7K4	❼ ZB3 HAG 4G6	❽ ZA10 JBH 8H7	❾ ZK12 JJE 3E3	❿ ZJ1 JJH 9E9	❶ YH9 HHE 2D1	❷ YG4 BGF 10C12	❸ YF6 HFC 1B10
10月	❹ WE7 EEB 3A3	❺ WD6 ADJ 11K10	❻ WC7 FCK 1J3	❼ WB3 DBG 10H7	❽ WA10 JAH 2G6	❾ WK12 CKE 9F4	❿ WJ1 CJF 3E9	❶ VH9 BHE 8E2	❷ VG4 FGF 4F11	❸ VF6 DFC 7C11
11月	❺ ZD6 AAJ 5A11	❻ ZC7 KBK 7B2	❼ ZB3 HJG 4J8	❽ ZA10 JKH 8K5	❾ ZK12 JGE 3G5	❿ ZJ1 JHF 9H8	❶ YH9 HAE 2F3	❷ YG4 BBF 10E10	❸ YF6 HJC 1D12	❹ YE7 GKD 11C1
12月	❺ WD6 AEJ 11B12	❻ WC7 FFK 1A1	❼ WB3 DCG 10K9	❽ WA10 JDH 2J4	❾ WK12 CAE 9H6	❿ WJ1 CBF 3G7	❶ VH9 BKE 8G4	❷ VG4 FJF 4H9	❸ VF6 DHC 7E1	❹ VE7 AGD 5F12

2001年	11日	12日	13日	14日	15日	16日	17日	18日	19日	20日
1月	❶ YG8 HKB 2F5	❷ YH5 BJA 10E8	❸ YE5 HHK 1D2	❹ YF8 GGJ 11C11	❺ YC5 JDF 3B2	❻ YD8 GCE 9A11	❼ YA2 DBD 2K11	❽ YB11 BJK 10J2	❾ YJ11 HHG 1H8	❿ YK2 GGH 11G5
2月	❷ VG4 HFH 4H7	❸ VF6 DAE 7E3	❹ VE7 ABF 5F10	❺ VD6 AJC 9C3	❻ VC7 CKD 3D10	❼ VB3 HGA 8A12	❽ VA10 DHB 4B1.	❾ VK12 BEJ 7J9	❿ VJ1 GDF 5K4	❶ UH9 AAC 6G6
3月	❿ ZJ1 JCK 9J3	❶ YH9 HBG 2H7	❷ YG4 BAH 10G6	❸ YF6 HKE 1F4	❹ YE7 EJF 11E9	❺ YD6 JHC 3D4	❻ YC7 GGD 9C9	❼ YB3 JFA 2B1	❽ YA10 BEB 10A12	❾ YK12 HDE 1K10
4月	❶ VH9 BBG 8J8	❷ VG4 HAH 4K5	❸ VF6 DKE 7G5	❹ VE7 AJF 5H8	❺ VD6 AFC 9E5	❻ VC7 CED 3F8	❼ VB3 HDA 8C2	❽ VA10 DKB 4D11	❾ VK12 BGJ 7A11	❿ VJ1 GHF 5B2
5月	❶ YH9 HGG 2K9	❷ YG4 BHH 10J4	❸ YF6 HEE 1H6	❹ YE7 GFF 11G7	❺ YD6 JCC 3F6	❻ YC7 GDD 9E7	❼ YB3 DAA 2D3	❽ YA10 BBB 10C10	❾ YK12 HJJ 1B12	❿ YJ1 GFF 11A1
6月	❷ VG4 HEH 4B3	❸ VF6 DDE 7J7	❹ VE7 ACF 5K6	❺ VD6 ABC 9G7	❻ VC7 CAD 3H6	❼ VB3 HKA 8E4	❽ VA10 FJB 4F9	❾ VK12 BHJ 7C1	❿ VJ1 GGK 5D12	❶ UH9 AFC 6A10
7月	❷ YG4 BCF 10A2	❸ YF6 HBC 1K8	❹ YE7 GAF 11J5	❺ YD6 AKC 3H8	❻ YC7 GJD 9G5	❼ YB3 FHA 2F5	❽ YA10 BEB 10E8	❾ YK12 HDJ 1D2	❿ YJ1 CCK 11C11	❶ XH9 JFG 12B11
8月	❸ VF6 DCC 7A9	❹ VE7 ADD 5B4	❺ VD6 AAC 9J9	❻ VC7 CBD 3K4	❼ VB3 BJA 8G6	❽ VA10 FKB 4H7	❾ VK12 BGJ 7E3	❿ VJ1 JBK 5F10	❶ UH9 CJG 6C12	❷ UG4 AKH 6D1
9月	❹ YE7 GED 11A3	❺ YD6 ADA 3K10	❻ YC7 GCD 9J3	❼ YB3 FBA 2H7	❽ YA10 BAB 10G6	❾ YK12 HKJ 1F4	❿ YJ1 CJK 11E9	❶ XH9 JHG 12D1	❷ XG4 GGH 12C12	❸ XF6 CFE 11B10
10月	❹ VE7 AED 5D2	❺ VD6 ADA 9A11	❻ VC7 CCB 3B2	❼ VB3 BBA 8J8	❽ VA10 FAB 4K5	❾ VK12 BKJ 7G5	❿ VJ1 AJK 5H8	❶ UH9 CDG 6E2	❷ UG4 ACH 6F11	❸ UF6 HBE 5C11
11月	❺ YD6 AGA 3B12	❻ YC7 GHB 9A1	❼ YB3 FEA 2K9	❽ YA10 BFB 10J4	❾ YK12 HCJ 1H6	❿ YJ1 EDK 11G7	❶ XH9 EAG 12F3	❷ XG4 GBH 12E10	❸ XF6 BJE 11D12	❹ XE7 HHF 1C1
12月	❺ VD6 AFA 9C1	❻ VC7 CEB 3D12	❼ VB3 BDA 8A10	❽ VA10 FCB 4B3	❾ VK12 BBJ 7J7	❿ VJ1 AAK 5K6	❶ UH9 CKG 6G4	❷ UG4 AJH 6H9	❸ UF6 HHE 5E1	❹ UE7 FGF 7F12

2001年	21日	22日	23日	24日	25日	26日	27日	28日	29日	30日	31日
1月	❶ XG8 GFE 12F5	❷ XH5 GEF 12E8	❸ XE5 CDC 11D2	❹ XF8 HCD 1C11	❺ XC5 FBA 1B2	❻ XD8 AAB 11A11	❼ XA2 EKJ 12K11	❽ XB11 EJK 12J2	❾ XJ11 GHG 11H8	❿ XK2 FGH 1G5	❶ WG8 DFE 10F5
2月	❷ UG4 ABD 6H7	❸ UF6 CJA 5E3	❹ UE7 BKB 7F10	❺ UD6 KGJ 7C3	❻ UC7 AHK 5D10	❼ UB3 AEG 6A12	❽ UA10 AFH 6B1	❾ UK12 GCE 5J9			
3月	❿ YJ1 GCF 11J3	❶ XH9 GBC 12H7	❷ XG4 GAD 12G6	❸ XF6 CKA 11F4	❹ XE7 HJB 1E9	❺ XD6 FHJ 1D4	❻ XC7 AGK 11C9	❼ XB3 EFG 12B1	❽ XA10 EEH 12A12	❾ XK12 GDE 11K10	❿ XJ1 FCF 1J3
4月	❶ UH9 AEC 6J8	❷ UG4 AFD 6K5	❸ UF6 CCA 5G5	❹ UE7 BDB 7H8	❺ UD6 KAJ 7E5	❻ UC7 ABK 5F8	❼ UB3 AJG 6C2	❽ UA10 AKH 6D11	❾ UK12 GGE 5A11	❿ UJ1 BHF 7B2	
5月	❶ XH9 GCC 12K9	❷ XG4 GDD 12J4	❸ XF6 CAA 11H6	❹ XE7 HBB 1G7	❺ XD6 FJJ 1F6	❻ XC7 AKK 11E7	❼ XB3 EGG 12D3	❽ XA10 EHH 12C10	❾ XK12 GEE 11B12	❿ XJ1 FFF 1A1	❶ WH9 DCC 10K9
6月	❷ UG4 AED 6B3	❸ UF6 CDA 5J7	❹ UE7 BCB 7K6	❺ UD6 BBJ 7G7	❻ UC7 AJK 5H6	❼ UB3 AHG 6E4	❽ UA10 AGH 6F9	❾ UK12 GFE 5C1	❿ UJ1 BEF 7D12	❶ ZH9 KDC 4A10	
7月	❷ XG4 GEH 12A2	❸ XF6 CDA 11K8	❹ XE7 HCB 1J5	❺ XD6 FBJ 1H8	❻ XC7 AAK 11G5	❼ XB3 EKG 12F5	❽ XA10 EJH 12E8	❾ XK12 GHE 11D2	❿ XJ1 FGF 1C11	❶ WH9 DFC 10B11	❷ WG4 EED 2A2
8月	❸ UF6 CEE 5A9	❹ UE7 BFB 7B4	❺ UD6 BCJ 7J9	❻ UC7 ADK 5K4	❼ UB3 AAG 6G6	❽ UA10 ABH 6H7	❾ UK12 GJE 5E3	❿ UJ1 BKF 7F10	❶ ZH9 KGC 4C12	❷ ZG4 EHD 8D1	❸ ZF6 JEA 3A9
9月	❹ XE7 HEF 1A3	❺ XD6 FDJ 1K10	❻ XC7 ACK 11J3	❼ XB3 EBG 12H7	❽ XA10 EAH 12G6	❾ XK12 GKE 11F4	❿ XJ1 FJF 1E9	❶ WH9 DHC 10D1	❷ WG4 EGD 2C12	❸ WF6 EFA 9B10	
10月	❹ UE7 FDF 7D2	❺ UD6 BAC 7A11	❻ UC7 ABK 5B2	❼ UB3 AJG 6J8	❽ UA10 AKH 6K5	❾ UK12 GGE 5G5	❿ UJ1 BHF 7H8	❶ ZH9 KEC 4E2	❷ ZG4 EFD 8F11	❸ ZF6 JCA 3C11	❹ ZE7 JDB 9D2
11月	❺ XD6 FEC 1B12	❻ XC7 AFK 11A1	❼ XB3 ECG 12K9	❽ XA10 EDH 12J4	❾ XK12 GAE 11H6	❿ XJ1 FBF 1G7	❶ WH9 DJC 10F3	❷ WG4 EKD 2E10	❸ WF6 EGA 9D12	❹ WE7 EHB 3C1	
12月	❺ UD6 BFC 7C1	❻ UC7 AEK 5D12	❼ UB3 ADG 6A10	❽ UA10 ACH 6B3	❾ UK12 GBE 5J7	❿ UJ1 BAF 7K6	❶ ZH9 KKC 4G4	❷ ZG4 EJD 8H9	❸ ZF6 JHA 3E1	❹ ZE7 JGB 9F12	❺ ZD6 AFJ 5C1

大展出版社有限公司
品冠文化出版社

圖書目錄

地址：台北市北投區(石牌)
致遠一路二段 12 巷 1 號
電話：(02)28236031
28236033
郵撥：0166955～1
傳真：(02)28272069

・法律專欄連載・電腦編號 58

台大法學院　法律學系／策劃
法律服務社／編著

1. 別讓您的權利睡著了 ① 200 元
2. 別讓您的權利睡著了 ② 200 元

・秘傳占卜系列・電腦編號 14

1. 手相術	淺野八郎著	180 元
2. 人相術	淺野八郎著	180 元
3. 西洋占星術	淺野八郎著	180 元
4. 中國神奇占卜	淺野八郎著	150 元
5. 夢判斷	淺野八郎著	150 元
6. 前世、來世占卜	淺野八郎著	150 元
7. 法國式血型學	淺野八郎著	150 元
8. 靈感、符咒學	淺野八郎著	150 元
9. 紙牌占卜學	淺野八郎著	150 元
10. ESP 超能力占卜	淺野八郎著	150 元
11. 猶太數的秘術	淺野八郎著	150 元
12. 新心理測驗	淺野八郎著	160 元
13. 塔羅牌預言秘法	淺野八郎著	200 元

・趣味心理講座・電腦編號 15

1. 性格測驗① 探索男與女	淺野八郎著	140 元
2. 性格測驗② 透視人心奧秘	淺野八郎著	140 元
3. 性格測驗③ 發現陌生的自己	淺野八郎著	140 元
4. 性格測驗④ 發現你的真面目	淺野八郎著	140 元
5. 性格測驗⑤ 讓你們吃驚	淺野八郎著	140 元
6. 性格測驗⑥ 洞穿心理盲點	淺野八郎著	140 元
7. 性格測驗⑦ 探索對方心理	淺野八郎著	140 元
8. 性格測驗⑧ 由吃認識自己	淺野八郎著	160 元
9. 性格測驗⑨ 戀愛知多少	淺野八郎著	160 元

10. 性格測驗⑩ 由裝扮瞭解人心 淺野八郎著 160元
11. 性格測驗⑪ 敲開內心玄機 淺野八郎著 140元
12. 性格測驗⑫ 透視你的未來 淺野八郎著 160元
13. 血型與你的一生 淺野八郎著 160元
14. 趣味推理遊戲 淺野八郎著 160元
15. 行為語言解析 淺野八郎著 160元

・婦幼天地・電腦編號 16

1. 八萬人減肥成果 黃靜香譯 180元
2. 三分鐘減肥體操 楊鴻儒譯 150元
3. 窈窕淑女美髮秘訣 柯素娥譯 130元
4. 使妳更迷人 成 玉譯 130元
5. 女性的更年期 官舒妍編譯 160元
6. 胎內育兒法 李玉瓊編譯 150元
7. 早產兒袋鼠式護理 唐岱蘭譯 200元
8. 初次懷孕與生產 婦幼天地編譯組 180元
9. 初次育兒12個月 婦幼天地編譯組 180元
10. 斷乳食與幼兒食 婦幼天地編譯組 180元
11. 培養幼兒能力與性向 婦幼天地編譯組 180元
12. 培養幼兒創造力的玩具與遊戲 婦幼天地編譯組 180元
13. 幼兒的症狀與疾病 婦幼天地編譯組 180元
14. 腿部苗條健美法 婦幼天地編譯組 180元
15. 女性腰痛別忽視 婦幼天地編譯組 150元
16. 舒展身心體操術 李玉瓊編譯 130元
17. 三分鐘臉部體操 趙薇妮著 160元
18. 生動的笑容表情術 趙薇妮著 160元
19. 心曠神怡減肥法 川津祐介著 130元
20. 內衣使妳更美麗 陳玄茹譯 130元
21. 瑜伽美姿美容 黃靜香編著 180元
22. 高雅女性裝扮學 陳珮玲譯 180元
23. 蠶糞肌膚美顏法 坂梨秀子著 160元
24. 認識妳的身體 李玉瓊譯 160元
25. 產後恢復苗條體態 居理安・芙萊喬著 200元
26. 正確護髮美容法 山崎伊久江著 180元
27. 安琪拉美姿養生學 安琪拉蘭斯博瑞著 180元
28. 女體性醫學剖析 增田豐著 220元
29. 懷孕與生產剖析 岡部綾子著 180元
30. 斷奶後的健康育兒 東城百合子著 220元
31. 引出孩子幹勁的責罵藝術 多湖輝著 170元
32. 培養孩子獨立的藝術 多湖輝著 170元
33. 子宮肌瘤與卵巢囊腫 陳秀琳編著 180元
34. 下半身減肥法 納他夏・史達賓著 180元
35. 女性自然美容法 吳雅菁編著 180元

36. 再也不發胖	池園悅太郎著	170 元
37. 生男生女控制術	中垣勝裕著	220 元
38. 使妳的肌膚更亮麗	楊　皓編著	170 元
39. 臉部輪廓變美	芝崎義夫著	180 元
40. 斑點、皺紋自己治療	高須克彌著	180 元
41. 面皰自己治療	伊藤雄康著	180 元
42. 隨心所欲瘦身冥想法	原久子著	180 元
43. 胎兒革命	鈴木丈織著	180 元
44. NS 磁氣平衡法塑造窈窕奇蹟	古屋和江著	180 元
45. 享瘦從腳開始	山田陽子著	180 元
46. 小改變瘦 4 公斤	宮本裕子著	180 元
47. 軟管減肥瘦身	高橋輝男著	180 元
48. 海藻精神秘美容法	劉名揚編著	180 元
49. 肌膚保養與脫毛	鈴木真理著	180 元
50. 10 天減肥 3 公斤	彤雲編輯組	180 元
51. 穿出自己的品味	西村玲子著	280 元
52. 小孩髮型設計	李芳黛譯	250 元

・青春天地・電腦編號 17

1. A 血型與星座	柯素娥編譯	160 元
2. B 血型與星座	柯素娥編譯	160 元
3. O 血型與星座	柯素娥編譯	160 元
4. AB 血型與星座	柯素娥編譯	120 元
5. 青春期性教室	呂貴嵐編譯	130 元
7. 難解數學破題	宋釗宜編譯	130 元
9. 小論文寫作秘訣	林顯茂編譯	120 元
11. 中學生野外遊戲	熊谷康編著	120 元
12. 恐怖極短篇	柯素娥編譯	130 元
13. 恐怖夜話	小毛驢編譯	130 元
14. 恐怖幽默短篇	小毛驢編譯	120 元
15. 黑色幽默短篇	小毛驢編譯	120 元
16. 靈異怪談	小毛驢編譯	130 元
17. 錯覺遊戲	小毛驢編著	130 元
18. 整人遊戲	小毛驢編著	150 元
19. 有趣的超常識	柯素娥編譯	130 元
20. 哦！原來如此	林慶旺編譯	130 元
21. 趣味競賽 100 種	劉名揚編譯	120 元
22. 數學謎題入門	宋釗宜編譯	150 元
23. 數學謎題解析	宋釗宜編譯	150 元
24. 透視男女心理	林慶旺編譯	120 元
25. 少女情懷的自白	李桂蘭編譯	120 元
26. 由兄弟姊妹看命運	李玉瓊編譯	130 元
27. 趣味的科學魔術	林慶旺編譯	150 元

國家圖書館出版品預行編目資料

現代鬼谷算命學/維湘居士編著
——初版，——臺北市，大展，2000〔民89〕
面；21公分，——（命理與預言；62）
ISBN 957-557-996-8（平裝）
1.命書
293.1 89003950

現代 鬼谷算命學

ISBN 957-557-996-8

編著者/ 維湘居士
發行人/ 蔡 森 明
出版者/ 大展出版社有限公司
社 址/ 台北市北投區（石牌）致遠一路2段12巷1號
電 話/ （02）28236031・28236033・28233123
傳 真/ （02）28272069
郵政劃撥/ 01669551
E－mail / dah－jaan @ms 9.tisnet.net.tw
登記證/ 局版臺業字第2171號
承印者/ 高星企業有限公司
裝 訂/ 日新裝訂所
排版者/ 弘益電腦排版有限公司
初版1刷/ 2000年（民89年） 6月

定 價/ 280元

大展好書 好書大展